Kita und Grundschule:
Kooperation und Übergangsgestaltung

Benedikt A. Rathmer

Kita und Grundschule: Kooperation und Übergangsgestaltung

Konzeptionen – Empirische Bestandsaufnahme – Perspektiven

Waxmann 2012
Münster / New York / München / Berlin

Bibliografische Informationen der Deutschen Nationalbibliothek
Die Deutsche Nationalbibliothek verzeichnet diese Publikation in
der Deutschen Nationalbibliografie; detaillierte bibliografische
Daten sind im Internet über http://dnb.d-nb.de abrufbar.

D 6

Internationale Hochschulschriften, Bd. 575
Die Reihe für Habilitationen und sehr
gute und ausgezeichnete Dissertationen

ISBN 978-3-8309-2728-0
ISSN 0932-4763

© Waxmann Verlag GmbH, 2012
Postfach 8603, 48046 Münster

www.waxmann.com
info@waxmann.com

Umschlaggestaltung: Christian Averbeck, Münster
Umschlagabbildung: Aufgenommen von Benedikt A. Rathmer
in der Nikolaischule Wolbeck in Münster mit freundlicher Einwilligung
der Akteurinnen Karin Kraft und Vera Knocke-Müller.
Druck: Hubert & Co., Göttingen
Gedruckt auf alterungsbeständigem Papier,
säurefrei gemäß ISO 9706

Printed in Germany

für meine Tochter Lillie:

„Papa liebt dich!"

Vorwort

Die vorliegende Dissertation ist im Rahmen des Landesprojekts TransKiGs Nordrhein-Westfalen (Phase II) entstanden. Die Charakteristika dieser Dissertation ergeben sich aus der bisher in Bezug auf die Kooperationsthematik empirisch sehr wenig elaborierten Forschungslandschaft. Die Arbeit ist stark exploratorisch angelegt, bezieht internationale Literatur mit ein, wendet fundierte moderne Verfahren der Datenauswertung an und entwirft ein innovatives differenziertes Grundlagenmodell zur Erschließung des Forschungsfeldes sowie zur perspektivischen Entwicklung eines methodischen Evaluationsinstruments und Förderungskonzepts für die Praxis der Kooperation in und zwischen Kindertageseinrichtung und Grundschule. Das so entwickelte Münsteraner Kooperations-Tableau ist damit ein Evaluations- und Interventionsmodell für intra- und interinstitutionelle Zusammenarbeit auf dem Bildungssektor und darüber hinaus. Es kann für das Sachgebiet Kooperation interdisziplinär sowohl zur Evaluation auf makrogesellschaftlicher Ebene (beispielsweise im Rahmen der Zusammenarbeit von Spitzenverbänden) als auch zur Analyse und Beschreibung konkreter kleiner Kooperationsgefüge genutzt werden.

Die Idee, ein Kooperationstableau aufzustellen, wurde durch das Qualitätstableau für die Qualitätsanalyse an Schulen in Nordrhein-Westfalen angestoßen. Dieses Qualitätstableau beinhaltet selbst zwei Felder, die das Thema der Kooperation ansprechen („Außerschulische Kooperation" im Bereich Schulkultur sowie „Kooperation der Lehrkräfte" im Bereich Professionalität der Lehrkräfte, siehe Müller / Dedering / Bos 2008). Das Münsteraner Kooperations-Tableau kann folglich in gewisser Hinsicht zum Teil als Grundlage für eine instrumentelle Differenzierung der Qualitätsanalyse gesehen werden.

Durch die statistisch-analytische Auswertung der Felderhebung liefert diese Arbeit sowohl originäre empirische Befunde über die Korrelationen zwischen verschiedenen Kooperationsmerkmalen für die Wissenschaft als auch durch die Diskussion über kooperationsfördernde Interventionsmaßnahmen konzeptionelle Alternativen und konkrete Handlungskonsequenzen für die Praxis.

Die Arbeit belegt sämtliche Befunde anhand von 131 Tabellen, die aus Gründen der Lesefreundlichkeit an passender Stelle in den Text integriert sind, um ein ständiges Nachschlagen im Anhang zu vermeiden. Zentrale Theorien und Sachverhalte sind durch 47 Abbildungen und übersichtliche Aufzählungen dargestellt. Abbildungen und Tabellen sind ausführlich beschriftet, um auch dem Querleser eine korrekte Dateneinsicht und -nutzung zu ermöglichen.

Für die intensive fachliche Betreuung, stetige Förderung und großartige persönliche Unterstützung bei der Anfertigung dieser Arbeit bedanke ich mich herzlich bei Frau Professorin Dr.in Petra Hanke. Auch dem Zweitgutachter, Herrn Professor Dr. Peter Heitkämper, sei für seinen Einsatz und seine vielfältigen Hilfen großer Dank ausgesprochen. Wertvolle Impulse erhielt ich auch durch die Projektmitarbeiterinnen Imke Merkelbach, Johanna Backhaus und Inga Zensen sowie durch die Teilnehmer/innen des Forschungskolloquiums unter der Leitung von Frau Professorin Dr.in Petra Hanke an der Westfälischen Wilhelms-Universität Münster im Wintersemester 2008/09 und Sommersemester 2009. Ein ganz besonders großer Dank gilt meiner lieben Kollegin Melanie Eckerth, die mir insbesondere bei der Anfertigung der statistischen Berechnungen für diese Arbeit stets durch Rat und Tat wertvolle und kundige Hilfe leistete.

Dank gebührt auch den Fachministerien des Landes Nordrhein-Westfalen für Schule und Weiterbildung (MSW) sowie für Generationen, Familie, Frauen und Integration (MGFFI), die durch ihre gemeinsame Trägerschaft des unabhängigen Forschungsprojektes TransKiGs NRW und die Abordnung meiner Person in dieses Arbeitsfeld diese Dissertation ermöglicht haben. Insbesondere bedanke ich mich für die begleitende Unterstützung und Zusammenarbeit bei den Vertreter/inne/n der Ministerien Frau Dorothee Schneider, Herrn Ralph Fleischhauer, Herrn Wolfgang Schumacher (alle drei Vertreter/innen des MSW) und Herrn Bernt Michael Breuksch (MGFFI) sowie bei Frau Heidemarie Goßmann (Bezirksregierung Münster) und Frau Monika Schlattmann (Schulamt Münster).

Herrn Dr. Tobias Stubbe vom Institut für Schulentwicklungsforschung an der Technischen Universität Dortmund sei hiermit für seine wissenschaftliche Beratung in Bezug auf die Datenauswertung ebenfalls gedankt. Besonders hervorzuheben ist auch das Engagement von Herrn Cristoforo Schweeger, der die Aufgabe des Korrekturlesens übernahm, und die Anregung und das „Coaching" durch meinen teuren Freund Hans Lösener (Professor an der Pädagogischen Hochschule Heidelberg), der mich bei diesem explorativen Forschungsabenteuer stets motivierte und dazu ermutigte, neue Methoden zu erproben und neue Konstrukte zu wagen.

Abschließend sei hier meiner Familie und meinen Freunden gedankt. Das, was Familie und Freunde als Unterstützung und Hilfe zu leisten vermögen, was sie an Geduld und Verständnis aufbringen können, spendete mir bei der Erstellung dieser Arbeit in unermesslichen Aufkommen von Rat und Tat, von Energie und Liebe meine Eltern Gerda und Heinz Rathmer sowie insbesondere meine Freunde Romanus Lüke, Burkhard Knöpker und der bereits zuvor erwähnte Cristoforo Schweger. Gewinnbringende intellektuelle Impulse in Form von anregenden gedanklichen Querverweisen zu zahlreichen Fachdisziplinen steuerten meine Schwester Birgit (Lehrerin) und ihr Ehemann Henricus van Reemen (Volkswirt) sowie mein Bruder Christian Rathmer (Historiker) in zahlreichen philosophischen Gesprächen zum Gelingen dieser Arbeit bei. Zudem war das anspruchsvolle Training von meinen Freunden Ivonne Gast und Falko Hoffmann, die zu meinem Stolz zu den besten Reitlehrkräften Deutschlands zählen, besonders wertvoll. Ihr excellenter Reitunterricht sorgte für einen gesunden Ausgleich und vermochte es, meine Persönlichkeit auf vielen Ebenen weiterzuentwickeln und zu stärken.

Benedikt A. Rathmer, Juni 2012

Inhalt

I. Einleitung

Der Eintritt des Kindes in das formale Schulsystem ist für das Kind ein bedeutender Entwicklungsschritt und eine sensible Lebensphase. In dieser Zeitspanne konstruiert und entfaltet es unter anderem intensiv sein Selbstbild, insbesondere hinsichtlich lern- und leistungsspezifischer Konzepte. Auch das nachhaltige Interesse am lebenslangen Lernen wird in diesem Entwicklungsstadium prägend konstituiert und modelliert. Der Übergang betrifft beim Kind nicht nur einen kognitiven Bildungsaspekt schulischer Entwicklung, sondern dessen gesamte Persönlichkeit. Bronfenbrenner (1981) spricht von einem ökologischen Übergang, Nickel (1981; 1988; 1990; 1992) behandelt das Problem der Einschulung aus einer ökosystemischen Perspektive und arbeitet die Problematik der Schulfähigkeit als „Sonderfall eines ökologischen Übergangs" (1988, 47) vertiefend heraus, und Filipp (1982) bezeichnet diesen Lebensabschnitt als kritisches Lebensereignis. Ein gelungener Übergang von der Kindertageseinrichtung in die Grundschule prägt Erfolgskomponenten für die Bewältigung weiterer Transitionen (vgl. Grotz 2005, 11). Oerter (1995, 123) verweist auf Längsschnittuntersuchungen, die belegen, dass die Bewältigung späterer Entwicklungsaufgaben davon abhängt, wie die vorausgehenden gemeistert wurden. Der Übergang vom Elementar- in den Primarbereich als Entwicklungsaufgabe (siehe Oerter 1978, 77; Kammermeyer 2001, 101f.) birgt für Kinder somit sowohl bedeutsame Chancen als auch nachhaltige Risiken (vgl. Einsiedler 1988; Witting 1989; Stöckli 1989; Speck-Hamdan 1991; Kammermeyer 2005). In Deutschland sorgt die Gestaltung des Übergangs für etwa ein Sechstel Übergangsgewinner/innen sowie ein knappes Drittel Risikokinder plus ein Sechstel Kinder mit Stresssymptomen nach dem Übergang (vgl. Beelmann 2000). International wird die Kooperation zwischen vorschulischer Einrichtung und Schule als ausschlaggebender Faktor bei der Gestaltung des Übergangs angesehen (vgl. Broström 2002; Broström 2003; Broström / Wagner 2003a; Broström / Wagner 2003b; Dunlop / Fabian 2002; Fabian 2002; Margetts 2002; Peters 2002; Pianta / Kraft-Sayre 2003; Yeboah 2002). Auch die Ergebnisse der aktuelleren nationalen und internationalen Schulleistungsstudien zu zentralen Problemstellen im deutschen Bildungswesen deuten auf die Notwendigkeit hin, die Kooperation zwischen Kindertageseinrichtungen (Kita) und Grundschule praktisch und theoretisch weiterzuentwickeln (vgl. BMBF 2009).

Die Grundannahme dieser Arbeit ist, dass die Zusammenarbeit zwischen Kindertageseinrichtung und Grundschule beziehungsweise den pädagogischen Fachkräften der Einrichtungen für Kinder und den Lehrkräften der Schule neben anderen sich wechselseitig beeinflussenden Komponenten des sozialkulturellen Makrosystems (siehe Nickel 1999, 154) eine wichtige Grundlage für eine erfolgreiche Bewältigung des Übergangs durch das Kind darstellt und somit die Kooperation in letzter Konsequenz als entscheidende Größe im Rahmen individueller und gesellschaftlicher Entwicklungsprozesse anzusehen ist.

Die Bedeutung von Kooperation zwischen Kindertageseinrichtungen und Grundschule wird bereits seit langem sowohl in bildungspolitischen Vorgaben als auch in pädagogischen Fachpublikationen hervorgehoben. Empirische Befunde zur Kooperationspraxis sind allerdings relativ selten, und Aufbau und Pflege grundlegender Netzwerke von Kindertageseinrichtungen, Grundschule und anderen Stellen sind bisher nur in Ansätzen gelungen (vgl. Reichert-Garschhammer 2003, 292).

Die Bildungs- und Erziehungsqualität in Kindertageseinrichtungen und Grundschulen zu stärken und den Übergang zwischen den beiden Bildungseinrichtungen zu verbessern, ist Anliegen des bis Ende 2006 von Bund und Ländern unterstützten BLK-Programmes und des seit 2007 vom Bundesministerium für Bildung und Forschung geförderten Verbundprojektes „Transition vom Kindergarten in die Grundschule (TransKiGs)". Dafür soll unter anderem die Kooperation aller Beteiligten in Kindergarten, Grundschule und Elternhaus erfasst und weiterentwickelt werden. An diesem Verbundprojekt nehmen die Bundesländer Berlin, Brandenburg, Bremen, Nordrhein-Westfalen und Thüringen teil.

Die Zielstellung des Landesprojektes TransKiGs Nordrhein-Westfalen bestand in der ersten, praxisorientiert angelegten Phase darin, in der Praxis existierende Arbeitskreise zur Kooperation zwischen Kindergarten und Grundschule landesweit zu erfassen, zu vernetzen sowie Beispiele vorbildlicher Kooperationspraxis zu dokumentieren. Die Zielstellung der wissenschaftlich ausgerichteten zweiten Phase besteht im Auftrag der Ministerien für Generationen, Familie, Frauen und Integration sowie für Schule und Weiterbildung Nordrhein-Westfalen darin, zu evaluieren, inwiefern sich über die gemeinsame Durchführung einer top-down implementierten verbindlichen Sprachstandsdiagnostik Veränderungen in Bezug auf konkrete Aspekte der Kooperation zwischen den pädagogischen Fachkräften der Kindertageseinrichtungen und den Grundschullehrkräften, das heißt in Bezug auf die Arbeit der beiden Institutionen, ergeben haben und welche Bedingungen und Faktoren sich für diese interinstitutionelle Kooperation als unterstützend oder als hemmend erweisen.

Die vorliegende Studie ist in das Verbundprojekt TransKiGs eingebettet und der Autor greift auf ausgewähltes Datenmaterial aus dem Projekt im Hinblick auf die eigenen Fragestellungen zurück.

II   Konzeption und Kontext der Arbeit

In diesem Kapitel werden zunächst der Problemaufriss mit den Zielen und abgeleiteten Fragen der Studie in ihrer Gesamtheit dargestellt. Daran anschließend wird das Verständnis des Begriffs der Kooperation, deren Dimensionen und Ebenen und ihr Verhältnis zum pädagogischen Qualitätsbegriff im Zusammenhang mit dem Gegenstand der vorliegenden Untersuchung geklärt, indem unter anderem die Kennzeichen von Kooperation zwischen den pädagogischen Fach- und Lehrkräften sowie grundlegende Ziele dieser Zusammenarbeit expliziert werden. Für die Darstellung des aktuellen Befundes der Praxis der Kooperation zwischen Kindertageseinrichtungen und Grundschule bietet dieses Kapitel abschließend eine Zusammenfassung der Ergebnisse aus der Studie TransKiGs (Transition Kindertageseinrichtung – Grundschule) NRW (Phase II).

1   Problemkontext sowie Ziel- und Fragestellung

In den folgenden Ausführungen dieses Unterkapitels werden der Kontext des Untersuchungsgegenstandes im Problemaufriss dargestellt, die Zielstellungen benannt sowie die Frage formuliert, der diese Forschungsarbeit nachgeht.

1.1   Problemaufriss

In der aktuelleren pädagogischen Literatur für den Elementar- und Primarbereich sowie in den aktuellen entwicklungs- und lernpsychologischen Forschungsaufsätzen lassen sich thematisch differenzierte Forschungsstränge mit jeweils unterschiedlichen Forschungsfragen zum Thema des Übergangs mit unterschiedlichen forschungsmethodischen und -methodologischen Zugangswegen identifizieren (siehe Hanke 2008). Ein empirisch gestütztes und möglichst normfreies Evaluations- und Funktionsmodell für die Kooperation zwischen Kindertageseinrichtung und Grundschule ist zurzeit in ausgearbeiteter Form noch nicht zu erkennen.

Seit Beginn der 1970er-Jahre fordern unter anderen der Deutsche Bildungsrat und die Bund-Länder-Kommission in ihren entsprechenden Programmen eine Ausgestaltung der Kooperation zwischen Kindertageseinrichtungen und Grundschulen. Während in dieser Debatte als zentrales Ziel der Kooperation die Gewährleistung von Kontinuität in der Gestaltung des Übergangs und der Förderung der Lern- und Bildungsprozesse von Kindern galt, zielt die Kooperation in den letzten Jahren im Sinne des Transitionsansatzes (vgl. Griebel / Niesel 2004) auf die Herstellung einer Anschlussfähigkeit zwischen Elementar- und Primarbereich (vgl. Faust / Götz / Hacker / Rossbach 2004; Hanke 2007). Diese „Anschlussfähigkeit" in der Gestaltung des Übergangs von der Kindertageseinrichtung zur Grundschule geht über Kontinuität hinaus, und auch pädagogisch genutzte Diskontinuitäten werden als Entwicklungsanregungen für Kinder gesehen (vgl. Faust 2008).

Der Übergang von der Kindertageseinrichtung in die Grundschule erweist sich in der Praxis jedoch häufig für viele Kinder als problematisch: „Etwa ein Zehntel von ihnen schafft nicht ohne größere Schwierigkeiten den Übergang in die Schule" (Huppertz / Rumpf 1983, 9). Nickel (1981) und Stuck (2003) machen darauf aufmerksam, dass es sich dabei für das Kind nicht nur um einen gesellschaftlichen, sondern auch um einen ökologischen Systemwandel handelt, innerhalb dessen sich beispielsweise der Freundeskreis ändert und neue Teilsysteme wie die Schulklasse entstehen. Hier sind Absprachen zwischen den Fachkräften beider Institutionen von besonderer Bedeutung, damit Kinder nicht gegensätzlichen Erwartungen und Anforderungen ausgesetzt sind (vgl. Olbermann 1982, 4). Damit der Übergang durch das Kind bewältigt werden kann, seine Resilienz, seine transitions- und lernmethodische Kompetenz und auch sein Kommunikations- und Sozialverhalten gestärkt aus diesem Zeitfenster hervorgehen können, sollte eine gemeinsame pädagogische Gestaltung des Übergangs von der Kindertageseinrichtung zur Grundschule angestrebt werden. Bei der Beurteilung der Schulfähigkeit von Kindern vor der Einschulung ist die Kooperation überdies besonders sinnvoll (Hausmann-Vohl 2003, 66f.).

In der Praxis hat sich eine konstruktive flächendeckende Zusammenarbeit der beiden Institutionen bislang noch nicht etabliert. Studien und Modellprojekte unter anderem von Tietze, Rossbach und Grenner (2005), Emmerl (2008) und Tröschel (2006) belegen diese Aussage. Das Bild ist disparat, es existieren Beispiele für eine intensive über eine punktuelle bis hin zu fehlender Zusammenarbeit. Ein mögliches Problem stellen dabei die recht unterschiedlichen Ausgangsvoraussetzungen für eine interinstitutionelle Kooperation zwischen Kindertageseinrichtung und Grundschule aufseiten beider Institutionen dar. Hanke und Rathmer (2009, 63f.) führen dazu das Folgende aus:

> Sowohl Kindertageseinrichtung als auch Grundschule verfügen über eine je eigene sozialgeschichtliche Entwicklung (vgl. Gernand / Hüttenberger 1989) und eine jeweils spezifische Institutionengeschichte (vgl. Reyer 2006). Das Jugendhilfesystem ist anders als das Schulsystem strukturiert, verankert und organisiert. Zumeist herrscht auf Länderebene eine unterschiedliche ministerielle Zuordnung. Inhaltlich und konzeptionell sind die Träger der Kindertageseinrichtungen in ihrer pluralistischen Landschaft verschieden ausgerichtet, wohingegen im Schulbereich eine einheitliche curriculare Orientierung vorzufinden ist. Darüber hinaus sind die Ausbildungsbedingungen und -wertigkeiten für die Elementar- und Primarpädagog/inn/en unterschiedlich geprägt. Zudem unterscheiden sich die Professionen in ihrem Selbstverständnis und ihren Traditionen in Bezug auf grundlegende Zuschreibungen der Aufgaben von Betreuung und Bildung. Auch verfügen beide Institutionen über verschiedene Kulturen der Kooperation innerhalb der eigenen Institution: Im Bereich der Kindertageseinrichtungen ist Teamarbeit geläufiger als in der Grundschule (vgl. Gernand / Hüttenberger 1989), die Gruppenarbeit ist vorwiegend als Teamarbeit organisiert. Im schulischen Bereich erschweren insbesondere die zellulare organisatorische Struktur der Schule, die Isolation des Arbeitsplatzes Klassenzimmer sowie die am Autonomie-Paritäts-Muster orientierte Berufskultur der Lehrerschaft die Kooperation zwischen Lehrern (vgl. Terhart / Klieme 2006; Herzmann / Sparka / Gräsel 2006).

Die Forderung nach einer Weiterentwicklung der Zusammenarbeit zwischen den beiden Bildungsinstitutionen Kindertageseinrichtung und Grundschule findet sich in verschiedenen neueren bildungspolitischen Beschlüssen und Empfehlungen sowie in praxisorientierten Projekten. Beispiele hierfür sind in dem gemeinsamen Beschluss der Jugendministerkonferenz und der Kultusministerkonferenz 2004 zu einem „Gemeinsamen Rahmen der Länder für die frühe Bildung in Kindertageseinrichtungen" beziehungsweise dem gemeinsamen Beschluss zur Zusammenarbeit von Schule und Jugendhilfe bezüglich Maßnahmen zur Gestaltung des Übergangs und dem gemeinsamen Beschluss „Den Übergang von der Tageseinrichtung für Kinder in die Grundschule sinnvoll und wirksam gestalten – das Zusammenwirken von Elementarbereich und Primarstufe optimieren" (Kultusministerkonferenz / Jugend- und Familienministerkonferenz 2009) sowie in dem seit 2005 laufenden Verbundprojekt TransKiGs zu sehen (siehe Hanke / Rathmer 2009) zu finden. Auch im Kinderbildungsgesetz (§ 14 KiBiz 2007) ist die Zusammenarbeit der Kindertageseinrichtungen mit der Schule zur Wahrnehmung einer gemeinsamen Verantwortung für die beständige Förderung des Kindes und seinen Übergang in die Grundschule festgeschrieben.

- KiBiz § 14 (1); Bildungsvereinbarung NRW, S. 8:
  - erfolgreiche Transition des Kindes vom Kindergarten in die Grundschule
  - gemeinsame Verantwortung für die beständige Förderung des Kindes
- KiBiz § 14 (2); Bildungsvereinbarung NRW, S. 8; SchulG § 36 (2):
  - kontinuierliche gegenseitige Information
  - regelmäßige gegenseitige Hospitationen
  - Benennung fester Ansprechpersonen
  - gemeinsame Informationsveranstaltungen für die Eltern
  - gemeinsame Konferenzen zur Gestaltung des Übergangs in die Grundschule
  - gemeinsame Fort- und Weiterbildungsmaßnahmen
  - Feststellung des Sprachstandes

Abb. 1: Übersicht über die bildungsprogrammatischen Vorgaben für die Kooperation zwischen Kindertageseinrichtungen und Grundschule in Nordrhein-Westfalen

Das Projekt TransKiGs NRW, in dessen Rahmen diese Arbeit entstanden ist und die ihm zugrunde liegenden Daten erhoben wurden, untersucht in seiner zweiten Phase die Kooperation zwischen Kindertageseinrichtung und Grundschule im Kontext von Delfin 4. In Nordrhein-Westfalen ist auf der gesetzlichen Grundlage einer vorgezogenen Schulpflicht seit 2007 Delfin 4 (Fried 2008) das für alle Kinder zwei Jahre vor der Einschulung verbindliche Sprachstandsfeststellungsverfahren. Diese einbeziehungsweise zweistufige Diagnostik ermittelt für eine zusätzliche Sprachförderung auf Grundlage des § 36 Abs. 2 des Schulgesetzes für Nordrhein-Westfalen (2006) die Kinder, bei denen sich Sprachschwierigkeiten abzeichnen. Da die obligatorische Teilnahme der Vierjährigen an der Sprachstandsfeststellung in rechtlicher Hinsicht nur im Vorgriff auf die Schulpflicht begründet werden kann, wurde die Durchführung der Sprachstandsdiagnose auf die staatlichen Schulämter und damit auf die Grundschullehrkräfte übertragen. Im Sinne einer pädagogisch fach- und kindgerechten Umsetzung des Verfahrens in der ersten Stufe wird von den Ministerien für Schule und Weiterbildung sowie für Generationen, Familie, Frauen und Integration des Landes Nordrhein-Westfalen eine enge Kooperation der Grundschullehrkräfte und der Fachkräfte aus der Kindertageseinrichtung als „wünschenswert" (MSW / MGFFI 2007; vgl. auch § 36 Abs. 2 Schulgesetz NRW 2006) hervorgehoben. Im Rahmen des Untersuchungsbereichs dieser top-down implementierten Zusammenarbeit, auf deren bildungsprogrammatischer Grundlage die Ziele und Inhalte der Innovation in der Praxis verbreitet werden sollen (vgl. Gräsel / Parchmann 2004), konkretisiert sich Kooperation. So stellt sich der weitläufige und komplexe Untersuchungsgegenstand für die Evaluation und Analyse in zweckmäßiger Deutlichkeit und Abgrenzung dar.

Im Folgenden erfolgt eine knappe, auf den Kooperationsaspekt gerichtete Präzisierung des Prozedere im Jahr 2008, insbesondere auf Stufe 1 (vgl. MSW / MGFFI 2007), die die nachfolgenden Darstellungen über die Ziele und Fragen dieser Arbeit kontextuell einbindet:

Nach geltender Gesetzeslage sind die Gemeinden dazu verpflichtet, Eltern über Bildungs- und Fördermöglichkeiten für ihre Kinder insbesondere im vorschulischen Alter zu informieren. In diesem Rahmen erfolgt auch eine Information der Eltern über das Verfahren und die Zielsetzung von Delfin 4. Hierfür wird in den bildungsprogrammatischen Regelwerken eine gemeinsame Informationsveranstaltung von Kindertageseinrichtungen und Grundschule empfohlen.

Die Sprachstandsfeststellung liegt grundsätzlich in der rechtlichen Verantwortung des staatlichen Schulamtes. Die Teilnahme aller Vierjährigen zwei Jahre vor Einschulung am Verfahren ist verpflichtend. Zur pädagogisch fachgerechten Umsetzung der ersten Stufe „Besuch im Zoo" geschieht dies in einer engen Kooperation von Grundschullehrkraft und einer Erzieherin beziehungsweise einem Erzieher aus der Kindertageseinrichtung trotz der oben erwähnten verhaltenen De-jure-Formulierung „wünschenswert" de facto als Top-down Implementierung. Die erste Stufe wird in einer Kleingruppe von vier Kindern durchgeführt, und am Ende werden die getesteten Kinder durch die Grundschullehrkraft nach gemeinsamer Beratung mit der Erzieherin beziehungsweise dem Erzieher Fallgruppen zugeordnet. Kinder, die aufgrund der von ihnen erreichten Punktzahl einer Fallgruppe zugeordnet werden, in der im Hinblick auf Sprachfördermaßnahmen noch keine abschließende Aussage zur Sprachentwicklung getroffen werden kann, werden einzeln mit der zweiten vertiefenden Stufe „Besuch im Pfiffikus-Haus" nochmals getestet. Diesen zweiten Test führen in der Regel vom staatlichen Schulamt benannte sozialpädagogische Fachkräfte oder Lehrkräfte durch. Kinder, denen nach Stufe 1 oder Stufe 2 die Notwendigkeit einer zusätzlichen Sprachförderung bescheinigt wurde, erhalten diese grundsätzlich in den Kindertageseinrichtungen. Weitere Details und Ausnahmeregelungen, beispielsweise für Kinder, die keine Kindertageseinrichtung besuchen, sowie Aktualisierungen für den Testdurchgang 2009 und 2010 sind auf den Homepages der Ministerien für Schule und Weiterbildung sowie für Generationen, Familie, Frauen und Integration nachzulesen.

1.2 Zielstellung

Ziel der vorliegenden Arbeit ist es, ein aspektreiches Modell zur differenzierten Beschreibung der Praxis der Kooperation zwischen Kindertageseinrichtung und Grundschule auf der Grundlage unterschiedlicher Disziplinen zu entwickeln. Dabei sollen die vieldeutigen und vielschichtigen historisch gewachsenen Ausprägungen und Erklärungen des Kooperationsbegriffs berücksichtigt werden und ein spezifisches Verständnis von interprofessioneller Kooperation zwischen den pädagogischen Fach- und Lehrkräften ausgebildet und dargelegt werden.

Die Arbeit soll ausgehend von diesem neu zu entwickelden Kooperationsmodell eine entsprechende forschungsmethodische Operationalisierung der Evaluation konkret darstellen und empirische Befunde über das Klima der Kooperation und die in der Praxis realisierten Kooperationsformen zwischen Kindertageseinrichtungen und Grundschule in Nordrhein-Westfalen liefern.

Auf der Grundlage der Daten des Projekts TransKiGs NRW (Phase II) sollen zudem Erkenntnisse über die Zusammenhänge zwischen Kooperationsformen, Kooperationsklima und Rahmenbedingungen gewonnen werden und nach Möglichkeit im Sinne eines ökosystemischen Ansatzes Gelingensbedingungen für die Praxis der Kooperation zwischen Kindertageseinrichtungen und Grundschule identifiziert werden.

Diese Arbeit zielt in Bezug auf den Untersuchungsgegenstand folglich auf eine „Erkenntnis-, Rückmelde- und Optimierungsfunktion" ab (Flick 2006).

1.3 Fragestellung

Was bedeutet Kooperation in Bezug auf Kindertageseinrichtungen und Grundschule? Welche Funktionen hat Kooperation und wie funktioniert sie? Wodurch ist diese Kooperation gekennzeichnet, wie lässt sie sich beschreiben und analysieren? Gibt es im Rahmen dieser Kooperation unterschiedliche Ebenen und Dimensionen, Qualitäten oder Niveaustufen? Welcher Voraussetzungen bedarf Kooperation?
Folgenden Fragestellungen soll im empirisch-statistischen Teil im Speziellen nachgegangen werden:

- Rahmenbedingungen
  - Welche unterstützenden Bedingungen sind von welcher Seite aus gegeben?
  - Welche Rahmenbedingungen erweisen sich für die Kooperationspraxis als konstruktiv?
  - Welche Korrelationen bestehen innerhalb der Bedingungen?
- Formen der Kooperation
  - Welche Formen der Zusammenarbeit existieren, und wie häufig werden sie praktiziert?
  - Welche Korrelationen bestehen zwischen den praktizierten Formen?
  - Welche Korrelationen bestehen zwischen den Formen der Kooperation und den Rahmenbedingungen?

- Klima der Kooperation
  - Wie nehmen die unterschiedlichen Professionen das Kooperationsklima wahr?
  - Welche Korrelationen bestehen zwischen den Klimafaktoren?
  - Welche Korrelationen bestehen zwischen Klimafaktoren und Aspekten der Rahmenbedingungen?
  - Welche Korrelationen bestehen zwischen Klimafaktoren und den praktizierten Formen der Kooperation?
- Kooperationsmuster
  - Gibt es in der Kooperationspraxis von Kindertageseinrichtungen und Grundschule Kooperationsmuster?
  - Sind diese etwaigen interinstitutionellen Muster abhängig von Aspekten der Kooperation aus den Bereichen Rahmenbedingungen, Formen, Klima oder der interinstitutionellen Kooperationskultur?
- Gelingensbedingungen
  - Welche Gelingensbedingungen für die interinstitutionelle Kooperation lassen sich durch eine Betrachtung der Einschätzungen vonseiten der Akteur/inn/e/n identifizieren?
  - Welche Gelingensbedingungen für die interinstitutionelle Kooperation lassen sich durch eine statistische Berechnung auf der Basis der Daten des verwendeten Fragebogens unter Verwendung erstellter Kennwerte identifizieren?

2 Stand der Kooperationsforschung

Kooperation ist eines der wichtigsten Erfolgsgeheimnisse der Evolution (vgl. Bauer 2008) und somit sowohl als anthropologische Konstante als auch als zwischenmenschliche Interaktionsform ein Untersuchungsgegenstand höchster Komplexität in den verschiedensten wissenschaftlichen Disziplinen.

Unter anderem ist Kooperation ein Thema der Wirtschaftswissenschaften, der Soziologie, der Anthropologie, der Sozial- und Organisationspsychologie, der Politikwissenschaft und der Erziehungswissenschaft (vgl. Smith / Carroll / Ashford 1995; Spieß 2004; Hanke / Rathmer 2009). Den disziplinären Diskursen liegen teils im-, teils explizit sehr differente Definitionen und Bestimmungen des Kooperationsbegriffs zugrunde. Dieses Kapitel stellt eine Kompilation zentraler Forschungstheorien dar.

Während in den Wirtschaftswissenschaften seit den 70er-Jahren des vergangenen Jahrhunderts Abhandlungen über kooperative Organisationsstrukturen, Kooperationspartnerschaften und Kooperationsgegenstände mit differenzierten Modellen Einzug in die makro- und mikroökonomische Fachliteratur gehalten haben (vgl. Feger 1972; Boettcher 1974; Deutsch 1976; Schwarz 1979; Wunderer / Grunwald 1980; Kraus 1980; Grunwald / Lilge 1981), findet der Begriff der Kooperation in der Erziehungswissenschaft und ihren sozialwissenschaftlichen Nachbardisziplinen zwar häufig und teils in Bezug auf strukturelle Mängel des institutionalisierten Erziehungs- und Bildungssystems (Pfeiffer 2004, 5) mit hohen Erwartungen an Kooperationsdebatten Verwendung, jedoch ohne in hinreichendem Maße von einem theoretischen Erklärungs- und Darstellungsmodell systematisch getragen zu sein.

Der Begriff der Kooperation wird sowohl von Wissenschaftlern als auch von Praktikern zumeist selbstverständlich als selbsterklärend verwendet, obwohl er ebenso häufig wie er verwendet wird, auch unterschiedlich verstanden wird. Van Santen und Seckinger konstatieren die aktuelle Gültigkeit der Einschätzung von Weiss (van Santen / Seckinger 2003, 26): Alle reden von Kooperation, in der festen Überzeugung, genau zu wissen, was damit zum Ausdruck gebracht wird, aber jeder meint etwas anderes und manchmal bedeutet die Rede über Kooperation auch gar nichts (Weiss 1981, 41). Laut Grunwald ist es auch kaum möglich, eine präzise, intersubjektiv akzeptable Begriffsbestimmung von ,Kooperation' zu formulieren, da es sich um ein normatives, vages, mehrdeutiges und mehrdimensionales Konzept handelt (Grunwald 1981, 72).

Kooperation zwischen Kindertageseinrichtungen und Grundschule im Kontext der Übergangsgestaltung ist als Gegenstand einer Evaluation besonders schwer zu erfassen, denn die Amplitude der Variationsbreite im Verständnis von Kooperation erstreckt sich von beispielsweise einem flüchtigen Gedankenaustausch über ein Kind bis hin zu beispielsweise einer kontinuierlichen gemeinsamen Planung, Durchführung und Nachbereitung langfristig angelegter Arbeitsphasen in festen Strukturen. Zudem ist Kooperation an sich ein interaktiver Prozess zwischen Menschen, der weit mehr als die Summe der Kooperationspartner/innen und ihrer Leistungen ist. Kooperation verläuft also höchst dynamisch und ist somit nicht als einmalig zu erlernende Fähigkeit, sondern als Prozess des gemeinsamen Arbeitens zu verstehen (Tröschel 2006, 18).

Sowohl in den bildungsprogrammatischen Vorgaben als auch in den pädagogischen Veröffentlichungen wird zumeist normativ von der Produktivität und Wirksamkeit von Kooperation zwischen den pädagogischen Fachkräften in Kindertageseinrichtung und Grundschule und den Eltern ausgegangen. Spieß stellt fest, dass auch insbesondere Arbeiten aus dem sozialwissenschaftlichen Bereich dazu neigen, Kooperation normativ vorwiegend positiv konnotiert zu beschreiben (Spieß, 2004). Neuere Ergebnisse der Schuleffektivitäts- und Schulentwicklungsforschung, der Lehrerbelastungsforschung, der Forschung zu Professionellen Lerngemeinschaften (PLG) und der Implementationsforschung verweisen auf einer empirischen Grundlage durchaus auf positive Auswirkungen von Lehrerkooperationen auf Organisations- und Entwicklungsprozesse in den Schulen, auf wichtige Dimensionen schulischer Qualität sowie auf die Übernahme und Umsetzung von Innovationen an Schulen (vgl. Herzmann / Sparka / Gräsel 2006; Gräsel / Fußangel / Pröbstel 2006; Maag Merki 2009; Hanke / Rathmer 2009). Wie Terhart und Klieme hervorheben, kann (schulische) Kooperation jedoch sehr viele verschiedene Formen annehmen. Kooperation stellt sich dabei nicht automatisch und jederzeit tatsächlich als ein positiver Beitrag zur Schul- und Unterrichtsentwicklung heraus (Terhart / Klieme 2006).

Für die vorliegende Arbeit und ihren wissenschaftlichen Ansatz ist es zunächst erforderlich, eine griffige, spezifische und zugleich flexible Begriffsbestimmung für die offene und dynamische Kooperation im Kontext der Zusammenarbeit zwischen Kindertageseinrichtungen und Grundschule zu ermitteln.

2.1 Grundlegende Modelle

In diesem Unterkapitel werden zunächst Modelle für die Beschreibung von Kooperationsprozessen vorgestellt und anschließend Konstrukte des pädagogischen Qualitätsbegriffs für die Verbindung von Aussagen über Kooperation und deren Güte.

2.1.1 Grundlegende Modelle zum Kooperationsbegriff

Kooperation bedeutet Zusammenarbeit, Mitwirkung (lateinisch: cooperatio; englisch: co-operation / collaboration; französisch: coopération; italienisch: cooperazione). In dieser einfachen Übersetzung findet der Begriff als sozialethische Norm, internalisierte Einstellung oder Erwartung, Strukturprinzip von Gruppen und Organisationen, als Verhaltens- beziehungsweise Interaktionsform im Gesellschaftsbereich von Erziehung und Bildung diverse Verwendungen, jedoch meist ohne weitreichende Reflexion; anders gesagt, der Kooperationsbegriff wird als hinreichend bekannt oder selbsterklärend vorausgesetzt.

Der erste Wortbestandteil des Kompositums ‚Zusammenarbeit‘ bringt zum Ausdruck, dass es sich bei Kooperation allgemein um eine soziale Interaktion zwischen verschiedenen autonomen Systemen in gemeinsamen Kommunikationsprozessen handelt (vgl. Behringer / Höfer 2005, 23).

Der zweite Wortbestandteil ‚-arbeit‘ deutet darauf hin, dass Kooperation kein Selbstzweck, sondern ein auf eine Aufgabe hin orientierter Aushandlungsprozess ist. Hense und Buschmeier (2002, 9) nehmen diesen Aspekt auf und definieren Kooperation unter anderem als bewusste und zielgerichtete Zusammenarbeit. In der Übertragung dieses Befundes auf die Kooperation zwischen Kindertageseinrichtung und Grundschule ist als Ziel die Absicht zu verstehen, dass die gemeinsame Aufgabenorientierung der pädagogischen Fachkräfte aus den Kindertageseinrichtungen und der Grundschullehrkräfte allgemein in der Optimierung der Bildungs- und Erziehungsqualität in beiden Einrichtungen zu finden ist. In der gemeinsamen Umsetzung des Sprachstandsfeststellungsverfahrens Delfin 4 zwei Jahre vor Einschulung findet eine solche Aufgabe beispielsweise in Nordrhein-Westfalen eine spezielle Konkretisierung.

In der Erziehungswissenschaft und ihren sozialwissenschaftlichen Nachbardisziplinen ist die Diskussion um und über den Begriff der Kooperation bisher noch nicht in hinreichend zufriedenstellendem Maße geführt, jedoch erfährt der wissenschaftliche Diskurs im Zusammenhang mit Unterrichts- und Qualitätsentwicklung, Implementationsforschung, Kooperativem Lernen und professionellem Lehren und Lernen zunehmend an Gewicht. Im angloamerikanischen Raum gilt die Kooperation des Kollegiums an einer Schule als entscheidende Bedingung für Schulqualität (vgl.

Bonsen / Rolff 2006). Ebenso gilt Lehrerkooperation als zentrales Konzept für die Schulqualität (vgl. Dalin / Rolff 1990; Dalin 1999; Ditton / Arnold / Bornemann 2002; Ditton 2000; 2004; Fend 1986; 1998; Fullan / Miles / Taylor 1980; Leithwood / Seashore 1998; Rolff 1980; 1991; 1992; 1998; Sammons / Hillman / Mortimore 1995; Scheerens / Bosker 1997; Schnabel 1998; Slavin 1996; Stringfield 1994; Teddlie / Reynolds 2000; Wang / Haertel / Walberg 1993).

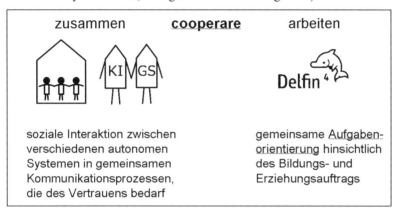

Abb. 2: Kooperation am Beispiel der Zusammenarbeit von Kindertageseinrichtung und Grundschule im Kontext von Delfin 4

In Deutschland hemmt die Berufskultur allerdings noch Kooperationsstrukturen in den Einrichtungen (Terhart 1998). Neuere Forschungsergebnisse zeigen aber deutlich, dass die Unterrichtsentwicklung davon abhängt, inwieweit Teamarbeit und Kooperationsstrukturen genutzt werden (Bastian / Rolff 2002). Kooperierende Lehrkräfte fühlen sich gemeinsam für das Lernen der Schülerinnen und Schüler verantwortlich und können besser auf deren Bedürfnisse eingehen (vgl. Seashore / Kruse / Marks 1996; Hord 1997). Kooperation ist unter einem auf das Kind gerichteten Blickwinkel folglich unter anderem ein Thema von wachsender Bedeutsamkeit für die Verbesserung der Erziehungs- und Bildungsarbeit sowohl innerhalb des Elementar- und Primarbereichs als auch insbesondere für die Gestaltung des Übergangs von der Kindertageseinrichtung zur Grundschule.

Einige interessante Kooperationsmodelle liegen bereits für die Anwendung auf den Bereich der Kooperation zwischen Kindertageseinrichtungen und Grundschule vor, um deren Kooperation zu erfassen, zu beschreiben, zu analysieren und zu bewerten.

Lohmann (o.J.) fasst aus der Literatur (Pfeiffer 2004; Balling 1997; Behringer / Höfer 2005) sechs Bezugspunkte für Kooperation zusammen:

- Kooperationspartner/innen,
- kooperierende Institutionen,
- außen stehende Personen und Institutionen,
- Kooperationsinhalte und -formen,
- Kommunikation,

- Vertrauen.

Für Erzieher/innen und Grundschullehrkräfte lassen sich aus diesen Bezugspunkten Voraussetzungen für eine Zusammenarbeit ableiten. Die Kooperationspartner/innen sind darauf angewiesen, dass sie sich in einem gleichgewichtigen Verhältnis einander wechselseitig öffnen und dabei ein notwendiges Maß an Abstand und Autonomie wahren. Lohmann erläutert darüber hinaus die Bedeutung weiterer Elemente, die für die Zusammenarbeit von Erzieher/inne/n und Grundschullehrkräften ebenfalls von Bedeutung sind: kooperatives Engagement; Einsatz der Ressourcen; Kenntnis der Partnerin beziehungsweise des Partners; Gruppengröße; Motivation und Kooperationserwartung; etc.

Robert E. Slavin (1992) beschreibt für den Zusammenhang von Kooperativem Lernen und Leistung sechs theoretische Perspektiven für die Betrachtung der Kooperation:

- motivationale Perspektive,
- Perspektive der sozialen Kohäsion,
- Entwicklungsperspektiven,
- Perspektive der kognitiven Elaboration,
- Übungsperspektiven,
- Organisationsperspektive.

Die beiden ersten Perspektiven sind eng miteinander verknüpft und weisen in Bezug auf die Kooperation zwischen Kindertageseinrichtungen und Grundschule darauf hin, wie wichtig es ist, dass Erzieher/innen und Lehrkräfte durch die Gesellschaft eine Belohnung in Form von Anerkennung für die von ihnen geleistete Arbeit bekommen und dass sie ihren Bildungs- und Erziehungsauftrag als gemeinsame Aufgabe für das Kind wahrnehmen. Erzieher/innen und Grundschullehrkräfte bedürfen als die Bildungsprofis für die kindliche Entwicklung in Deutschland eines gemeinsamen Bildungs- und Berufsverständnisses für eine gemeinsame Zusammenarbeit.

Gräsel, Stark, Sparka und Herzmann (2007) identifizierten bei einer Untersuchung an Schulen über die Variablen Rahmenbedingungen, Kooperation im Kollegium, unterrichtsbezogene Kooperation und Schulklima vier Kooperationsmuster (Cluster):

- Fragmentierung,
- intensive Kooperation,
- Standardkooperation,
- unterrichtsbezogene Kooperation.

Dem ersten Cluster sind Kooperationsverhältnisse zuzuordnen, die durch eine einheitlich negative Wahrnehmung aller oben aufgeführten Variablen durch die Lehrkräfte gekennzeichnet sind. Zusammenarbeit findet sowohl in Bezug auf das Kollegium als auch hinsichtlich der Unterrichtsvorbereitung nur vereinzelt und bruchstückhaft statt. Aktuelle Forschungsergebnisse zeigen, dass die Zusammenarbeit zwischen den Einrichtungen des Elementar- und Primarbereichs einem ähnlichen Muster entspricht.

Der zweite Cluster stellt die Kontrastgruppe zum ersten dar, die Lehrkräfte nehmen deutlich positive Rahmenbedingungen und ein positives Schulklima wahr und arbeiten im Kollegium und im Kontext der Unterrichtsvorbereitung eng zusammen.

Der dritte Cluster ist der größte, verzeichnet Werte im positiven Bereich und ist als „normale Kooperation" zu beschreiben.

Cluster 4 sticht dadurch hervor, dass drei der vier Variablen negative Werte aufweisen, die Variable der unterrichtsvorbereitenden Kooperation aber einen deutlich positiven Wert anzeigt. Dieser Cluster könnte im Blick auf das positive Merkmal dazu anregen, eine Vision zu entwerfen, in der pädagogische Fachkräfte aus der Kindertageseinrichtung und Grundschullehrkräfte eine gemeinsame analoge, anschlussfähige oder altersheterogen integrative Lernsituation für Kinder aus dem Elementar- und Primarbereich modellieren, die beide Professionen gemeinsam vorbereiten und in ihrer Bildungsarbeit in gemeinsamer Verantwortung gemeinsam durchführen. Vor vagen Visionen müssen allerdings zunächst grundlegende Konzepte zur Kooperation zwischen Kindertageseinrichtung und Grundschule ausgearbeitet werden.

Die aktuelle Studie TransKiGs NRW zeigt allerdings, dass die „normale Kooperation" auf dem Gebiet der Zusammenarbeit zwischen Kindertageseinrichtungen und Grundschule in Bezug auf die Häufigkeit der Kooperationsformen nicht dem Cluster 3 nach Gräsel, Stark, Sparka und Herzmann entspricht, sondern der Niveaustufe der Fragmentierung (vgl. Hanke / Merkelbach / Rathmer / Zensen 2009).

In Anlehnung an Erkenntnisse der organisationspsychologischen Forschung und der Schulforschung wird von folgenden Kernbedingungen für eine Kooperation ausgegangen (Spieß 2004; Gräsel / Fußangel / Pröbstel 2006; Maag Merki 2009; Hanke / Rathmer 2009):

• gemeinsame Ziele und Aufgaben der Kooperationspartner/innen:

Klassischen Ansätzen der Sozialpsychologie zufolge verfolgen Individuen ihre Ziele aus Eigeninteresse: Damit Individuen eine Zusammenarbeit als nützlich bewerten und sich auf sie einlassen, müssen sie eine positive wechselseitige Abhängigkeit ihrer Ziele mit den Zielen der anderen Kooperationspartner/innen feststellen, das heißt die Zielerreichung eines Individuums muss die Zielerreichung der anderen unterstützen und umgekehrt. In verschiedenen Untersuchungen konnte gezeigt werden, wie bedeutsam gemeinsam getragene, transparente und klar formulierte Ziele und Aufgaben für eine effektive Kooperation sind (Gräsel / Fußangel / Pröbstel 2006, 207).

Die Ziele der gemeinsamen Sprachstandsdiagnose durch die pädagogischen Fachkräfte aus Kindertageseinrichtung und Grundschule bestehen nach den bildungsprogrammatischen Vorlagen darin, zu ermitteln, ob der sprachliche Entwicklungsstand der Kinder zwei Jahre vor der Einschulung altersgemäß ist und ob ein zusätzlicher pädagogischer Sprachförderbedarf besteht. Inwiefern die Kooperationspartner/innen aus der Kindertageseinrichtung in diesem Zusammenhang eine positive Interdependenz ihrer Ziele mit den Zielen der anderen Kooperationspartner/innen aus der Grundschule erleben und umgekehrt, inwiefern diese Ziele von den Kooperationspartner/inne/n beider Institutionen schließlich gemeinsam getragen werden, für sie hinreichend transparent und klar formuliert sind, ist bislang wenig empirisch erforscht.

- Reziprozität im Sinne einer wechselseitigen Interaktion zwischen den Kooperationspartner/inne/n:

  Für kooperatives Handeln steht nach Spieß eine wechselseitige, gleichgerichtete Interaktion beziehungsweise ein gleichsinniger Austausch zwischen freien und gleichen Personen nach der Norm des wechselseitigen Gebens und Nehmens (Spieß 2004, 196).
  Inwiefern bei der Zusammenarbeit zwischen Kindertageseinrichtungen und Grundschule in Anbetracht der unterschiedlichen Ausgangsbedingungen für diese interinstitutionelle Kooperation ein symmetrisches Verhältnis zwischen den Kooperationspartner/inne/n aus beiden Einrichtungen besteht beziehungsweise bestehen kann, ist noch differenzierter zu untersuchen.

- Vertrauen der Kooperationspartner/innen:

  Als wesentliche Voraussetzung für Kooperation gilt, dass die Kooperationspartner/innen sich gegenseitig vertrauen. Vertrauen – so Gräsel, Fußangel und Pröbstel (2006, 208) – bezieht sich auf zukünftige Handlungen anderer, die sich der eigenen Kontrolle entziehen und die mit einem Risiko oder einer Bedrohung für die eigene Person einhergehen.
  Vertrauen scheint im Verhältnis zwischen den pädagogischen Fachkräften aus Kindertageseinrichtung und Grundschule eine besondere Rolle zu spielen. Einerseits fordert Vertrauen den Kooperationspartner/inne/n ab, dass sie sich auf eine Person verlassen, die sich der eigenen Kontrolle und der eigenen Institution entzieht. Andererseits wird das persönliche Sicherheitsempfinden insofern bedroht, als die andere Profession die eigenen beruflichen Fähigkeiten grundsätzlich in Frage stellen kann, wenn es sich beispielsweise um einen gemeinsamen, aber traditionell eher getrennt behandelten Gegenstand wie die Sprachstandsdiagnostik handelt.

- ein gewisser Grad an Autonomie der Kooperationspartner/innen:

  Im Hinblick auf die Zusammenarbeit in einer Gruppe ist Autonomie ein ambivalentes Merkmal: Ein hoher Grad an Autonomie der Einzelperson verhindert echten Gruppenzusammenhalt und die Übernahme von Verantwortung für das Ergebnis der Zusammenarbeit. Ein zu geringer Grad an Autonomie in einer Gruppe wirkt hingegen einschränkend auf die Motivation der Einzelperson (Gräsel / Fußangel / Pröbstel 2006, 208).

Gräsel, Fußangel und Pröbstel (2006, 209f.) unterscheiden darüber hinaus bezüglich der Funktionalität von Kooperation drei Stufen von Formen und Niveaus: den Austausch zur wechselseitigen Information, die Arbeitsteilung zur Effizienzsteigerung und die Kokonstruktion zur professionellen Weiterentwicklung.

Die erste Form der Zusammenarbeit besteht in einem wechselseitigen Austausch von Informationen über berufliche Inhalte und Gegebenheiten sowie dem Austausch von Materialien. Dieser Austausch beruht auf der Interdependenz knapper personeller, zeitlicher und auch materieller oder räumlicher Ressourcen und erfordert keine wechselseitige Abhängigkeit durch spezielle gemeinsame Ziele; die Akteur/inn/e/n arbeiten in einem hohen Maße unabhängig voneinander. In Bezug auf die Zusammenarbeit von Kindertageseinrichtung und Grundschule sind beispielsweise gemeinsame Absprachen über Termine und die Organisation der Sprachstandsfeststellung gemeint oder der Austausch über den sprachlichen Entwicklungsstand eines Kindes.

Die zweite Form der Zusammenarbeit ist die arbeitsteilige Kooperation, eine Aufteilung der Arbeit zwischen Individuen, bei der die Stärken der Beteiligten berücksichtigt werden. Diese setzt im engeren Sinne ebenfalls noch kein gemeinsames Arbeiten voraus, bindet jedoch über eine präzise Zielstellung und eine effiziente Form der Aufgabenteilung und -zusammenführung, über eine gemeinsame Planung und Verantwortung des Ziels die an der Kooperation beteiligten Akteur/inn/e/n in einen funktionalen Arbeitsprozess ein.

Die Kooperationsform des höchsten Niveaus ist die Kokonstruktion, bei der die kooperierenden Partner/innen über weite Strecken zusammenarbeiten, sich austauschen, ihr Wissen erweitern und aufeinander beziehen (kokonstruieren). Dabei kreieren sie unter produktorientierter Zielstellung mit Blick auf den gemeinsamen Arbeitsprozess effizient innovatives Know-How, gemeinsame Strategien, Aufgaben- und Problemlösungen, Pläne und Konzepte. Die Autonomie der beziehungsweise des Einzelnen ist nach Gräsel, Fußangel und Pröbstel hier deutlich eingeschränkter als bei den beiden anderen Formen, jedoch ist es ein interessantes perspektivisches Forschungsziel, zu ermitteln, ob das Individuum durch Einbettung in eine kokonstruktive Arbeitsform nicht auch Chancen im Streben nach Autonomie erfahren kann.

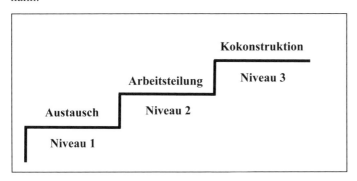

Abb. 3: Niveaustufen der Kooperation nach Gräsel / Fußangel / Pröbstel (2006)

Die Kokonstruktion ist die anspruchsvollste und intensivste Form der Zusammenarbeit. Gegeben ist diese Zusammenarbeit zwischen den beiden Bildungsinstitutionen Kindertageseinrichtung und Grundschule dann, wenn beispielsweise gemeinsam anschlussfähige pädagogische Konzepte oder fachdidaktische Modelle entwickelt werden.

Untersuchungsbefunde zur Kooperation zwischen Kindertageseinrichtung und Grundschule in der Übergangsphase verweisen darauf, dass traditionelle Formen der Kooperation wie gegenseitige Besuche und ein wechselseitiger Informationsaustausch überwiegen. Formen der gemeinsamen Gestaltung des Übergangs sowie Formen der Kokonstruktion scheinen nach verschiedenen Studien nur begrenzt realisiert zu werden (Tietze / Rossbach / Grenner 2005; Hanke / Hein i.Dr.). Weitgehend unberücksichtigt blieb in den vorliegenden Studien die Untersuchung von Auswirkungen der verschiedenen Kooperationsformen auf die Kinder sowie auf das professionelle Handeln der pädagogischen Fachkräfte.

Herzmann, Sparka und Gräsel (2006, 42f.) formulieren für eine kokonstruktive Kooperation, also eine Zusammenarbeit auf hohem, anspruchsvollem Niveau, fünf unerlässliche Bedingungen, die sich für die Praxis der Kooperation zwischen Kindertageseinrichtungen und Grundschule als Gelingensbedingungen ableiten lassen:

- die Kooperationspartner/innen müssen über eine gemeinsame Praxis verfügen,
- die Partner/innen müssen sich gegenseitig Handlungswissen zu bieten haben,
- die Kooperierenden brauchen Erfolgserlebnisse,
- die Reflexion über die Zusammenarbeit muss auf Datenmaterial beruhen,
- Kokonstruktion braucht Zeit.

Steinert, Klieme, Maag Merki, Döbrich, Halbheer und Kunz (2006) legen ihrer Untersuchung über Lehrerkooperation in der Schule ein Modell mit Niveaustufe 1–4 zugrunde:

- Integration (N4),
- Interaktion (N3),
- Koordination (N2),
- Differenzierung (N1).

Der ersten Niveaustufe geht ein Stadium der Fragmentierung voraus, in dem es wenig abgestimmtes Lehrerhandeln und nur einen vereinzelten Austausch gibt. Die Zielkonzeption ist unklar. Das Niveau der Differenzierung ist unter anderem gekennzeichnet durch ein globales Zielkonzept und einen formal geregelten Austausch in festen Kooperationsstrukturen sowie eine Kooperation bei der Unterrichtsvorbereitung. Auf Niveaustufe 2 wird Unterricht ebenfalls partiell gemeinsam durchgeführt und es erfolgt ein umfassender Austausch über Fachinhalte, Notenmaßstäbe etc. Auf der Niveaustufe der Interaktion gibt es ein detailliertes Zielkonzept, umfassende Fortbildungen, wechselseitige übergreifende Beratungen über fachliche und überfachliche Inhalte sowie ein umfassend abgestimmtes und jahrgangsübergreifendes Lehrerhandeln. Auf dem höchsten Niveau schließlich sind gegenseitige Unterrichtsbesuche selbstverständlicher Teil der Arbeit, ebenso wie Selbst- und Fremdevaluation, systematische Beobachtung und Fortbildung. Das Erreichen der Niveaustufe der Integration in der Kooperation zwischen Kindertageseinrichtung und Grundschule liegt sicherlich nicht allein in der Verantwortung der lokalen Akteur/inn/e/n in den Einrichtungen, sondern setzt einen politischen Willen und das

Handeln der Träger von Kindertageseinrichtungen sowie der Landes- und Bezirksregierungen voraus, damit sich die Rechtsvorschriften und Konzepte, die Verwaltungen sowie die Bildungs- und Erziehungsorganisation entsprechend wandeln können.

Einige Autor/inn/en führen auch Qualitätskriterien für eine Kooperation auf (z.B. Emmerl 2008, 342f.). Dies erweist sich allerdings dann als kritisch, wenn im Umgang mit diesen Kriterien normative Bewertungen der Praxis vorgenommen werden, da es bisher in der Forschung bezüglich der Kooperation zwischen Kindertageseinrichtungen und Grundschule noch zu wenig empirisches Datenmaterial gibt. Insofern erweist sich der Qualitätsbegriff eben als problematisch und wird bezüglich seiner Verwendung in Kapitel II.2.1.2 genauer betrachtet.

Neben den oben aufgeführten teils eher abstrakten Modellen und Merkmalen gibt es in der Forschung auch sehr konkrete inhaltliche Formulierungen bezüglich der Kooperation. Petillon (1993, 112ff.) definiert das Ziel von Kooperation griffig als Fähigkeit und Bereitschaft, mit anderen zusammenzuarbeiten (ebd., 115). Die Bereiche Kommunikation und Kontakt bilden für ihn dabei die Basis für Kooperation. Zur Bereitschaft zu kooperieren gehört folglich auch die Bereitschaft zu kommunizieren und Kontakt aufzunehmen. Folgende Handlungsorientierungen sind demnach aus der Sicht Petillons für ein Gelingen von Kooperation als grundlegende Voraussetzung erforderlich:

- Vertrauen entwickeln,
- Kontaktbereitschaft signalisieren, Kontakte ausbauen und vernetzen,
- Informationen anderer als subjektive Bedeutungen betrachten,
- Bereitschaft zum Risiko, sich der Rückmeldung anderer zu stellen (Kritiktoleranz),
- aktives Zuhören (Konzentration der Wahrnehmung auf die Partnerin beziehungsweise den Partner),
- empathisches Verhalten,
- Reflexion von Vorurteilen und Bereitschaft zu deren Revision,
- Akzeptanz und Toleranz in Bezug auf verschiedene Arbeits- und Handlungsweisen,
- Reflexion der Strategien und Taktiken in der Zusammenarbeit, Konsequenzen für den Einzelnen verstehen und Alternativen diskutieren,
- Bewältigung eigener sozialer Ängste und diesbezüglich Hilfestellung für die Kooperationspartnerin beziehungsweise den Kooperationspartner,
- Modellierung positiver Gruppennormen, -strukturen und -stimmungen.

Als notwendige Fähigkeiten für eine Kooperation selbst führt Petillon die von Hielscher (1974) aufgestellten Kooperationsfähigkeiten auf:

- die Fähigkeit, zu anderen Menschen befriedigende Beziehungen aufzubauen, die eine Zusammenarbeit erleichtern beziehungsweise erst ermöglichen,

- die Fähigkeit, Probleme und Aufgaben so zu strukturieren, dass mehrere an der Lösung arbeiten können,
- die Fähigkeit, gemeinsam mit anderen Ziele zu finden und deren mögliche Folgen denkend vorwegzunehmen (Konsequenzantizipation),
- die Bereitschaft, aufgrund der gemeinsamen Zielsetzungen gemeinsam zu handeln,
- die Bereitschaft, zugunsten gemeinsamer Ziele und Handlungen eigene Interessen und Bedürfnisse vorläufig zurückzustellen (Bedürfniskontrolle),
- die Möglichkeit, die Folgen des gemeinsamen Handelns „verwendungsbereit" in die eigene Person zu integrieren.

Van Santen und Seckinger (2003, 359ff.) unterscheiden in der Komplexität des gesamten Kooperationsgeschehens zwischen beiden Institutionen beim Blick über die individuellen Dispositionen hinaus zudem sechs Arten von Beweggründen, die verschiedene Perspektiven auf den gesamten Beobachtungsgegenstand eröffnen:

- subjektbezogene Motive,
- individuelle beziehungsweise persönliche Motive,
- informationsbezogene Motive,
- fachliche Motive,
- strategische Motive,
- exogene Motive.

Subjektbezogene Motive sind vor allem in der Einstellung zum Kind zu suchen. Individuelle beziehungsweise persönliche Motive können beispielsweise die eigene Erfahrung als Eltern oder die Begeisterung und das Engagement für Kooperation sein. Informationsbezogene Motive können beispielsweise darin bestehen, dass die Akteurin beziehungsweise der Akteur über direkte Informationen verfügt oder diese erwerben möchte. Ein fachliches Motiv wäre dann gegeben, wenn die betreffende Person über besondere, spezialisierte Fachkenntnisse verfügt oder durch ihre Funktion innerhalb der Institution beispielsweise als Kooperationsbeauftragte/r, Erstklasslehrer/in, Erzieher/in mit besonderen Aufgaben für die Sprachförderung oder für Schulanfänger für diesen Bereich der Kooperation kompetent ist. Strategische Motive ließen sich zum Beispiel auf der interinstitutionellen Ebene dort ausmachen, wo bestimmte Personen aufgrund ihrer Kooperationserfahrungen, besonderen fachlichen Kompetenzen oder aufgrund ihrer Fähigkeit für die Zusammenarbeit im Netzwerk oder der institutionellen Interessenvertretung ausgewählt werden. Auch die Auswahl anderer kooperierender Institutionen für die Zusammensetzung des Netzwerkes kann auf strategischen Motiven basieren. Exogene Motive sind zu erkennen, wenn die Kooperation von außen gesteuert wird, beispielsweise durch Leitungen, Fachaufsichten, Träger oder Schulaufsichtsbehörden.

2.1.2 Grundlegende Modelle zum Qualitätsbegriff

Qualität ist zu einem Leitbegriff innerhalb des allgemeinen Bildungsdiskurses geworden (Terhart 2000). Wenn sich die aktuelle Forschung mit der Kooperation zwischen Kindertageseinrichtungen und Grundschule auseinandersetzt, postuliert dieses Interesse auch eine Relation zwischen den Begriffen ‚Kooperation' und ‚Qualität'. Die unreflektierte Verwendung des Begriffs Qualität erweist sich als schwierig, da der Begriff verschiedene Dimensionen eröffnet, in denen Qualität bestimmt und interpretiert werden kann. In Bildungskontexten hat der Qualitätsbegriff sehr unterschiedliche Bedeutungen, und es liegen sehr differenzierte Analysen vor (vgl. Helmke 2007, 70; Heid 2000; Harvey / Green 1993; 2000; Terhart 2000; 2002).

In Anlehnung an Terhart (2000, 814ff.) lassen sich im Wesentlichen folgende unterschiedliche Verwendungsweisen des Begriffs ‚Qualität' darstellen:

- Qualität als Beschaffenheit: Bezeichnung der umfassenden Beschaffenheit im Rahmen einer ganzheitlich-ästhetischen, immer nur subjektiv einstufenden Deskription;
- Qualität als Bewertung der Güte: a) auf der Grundlage von Normen;
    b) auf der Grundlage von empirischen Befunden.

Weil im Forschungsfeld der Kooperation zwischen Kindertageseinrichtungen und Grundschule bisher noch zu wenig empirische Ergebnisse vorliegen, ist eine Verwendung des Begriffs ‚Qualität' im Sinne einer Bewertung durch instrumentell erfasste und differenzierte Kennwerte sowie empirisch begründete Argumente bisher nur sehr eingeschränkt möglich. Ein ganzheitliches Verständnis von Qualität nimmt innerhalb des neueren Qualitätsdiskurses im Bildungsbereich lediglich eine Randstellung ein.

Fthenakis betrachtet den Qualitätsbegriff aus drei differenzierten Perspektiven, da die gegenwärtig geführte Debatte über pädagogische Qualität im Kontext einer weltweit geführten Qualitätsdiskussion vor dem Hintergrund der sukzessiven Expansion von Einrichtungen für Kinder in Deutschland einen sehr engen Ansatz vertritt, der der Komplexität des Phänomens Qualität nicht gerecht werden kann. Fthenakis unterscheidet für die Feststellung und Definition von Bildungs- und Erziehungsqualität drei wesentliche Perspektiven (Fthenakis 1998; 2005):

- Qualität als relativistisches Konstrukt,
- Qualität als dynamisches Konstrukt,
- Qualität als mehrdimensionales und strukturell-prozessuales Konstrukt.

Als relativistisches Konstrukt gesehen, ist Qualität als gesamtgesellschaftlicher, demokratisch organisierter Prozess der permanenten Ausbalancierung der unterschiedlichsten Bedürfnisse, Überzeugungen und Wertorientierungen von Eltern, Kindern, Pädagog/inn/en, Familien und Gesellschaft zu verstehen. Der Prozess einer Bewertung der Qualität ist hier in einen spezifischen historischen und sozioökonomischen

Kulturkontext eingebettet und darüber hinaus in sehr erfahrungsspezifische Perspektiven der beurteilenden Akteur/inn/e/n.

Für die Bewertung der Qualität von Kindertageseinrichtungen ergeben sich hier folgende Perspektiven:

- die Perspektive der Expert/inn/en beziehungsweise Wissenschaftler/innen (Qualitätskriterien: objektivierbare und quantifizierbare Merkmale wie beispielsweise Betreuungsschlüssel, Gruppengröße etc.);
- die Perspektive der Kinder (Qualitätskriterien: Anwesenheit anderer Kinder, Spaßaktivitäten, Entscheidungsfreiheiten etc.);
- die Perspektive der Eltern (Qualitätskriterien: flexible Bring- und Abholzeiten, Anfahrtsweg, Sicherheit und Sauberkeit der Einrichtung, Responsivität des pädagogischen Personals etc.);
- die Perspektive der Erzieher/innen und Leiter/innen (Qualitätskriterien: Gehalt, Arbeitsklima, berufliche Weiterentwicklung, Betreuerschlüssel etc.);
- die Perspektive der Gesellschaft (Qualitätskriterien: das praktizierte Konzept entspricht den Werten und Glaubensgrundhaltungen der Gemeinschaft, die Betreuungssituation entspricht den Bedürfnissen der betroffenen Personen etc.).

Da die Kooperation zwischen Kindertageseinrichtungen und Grundschulen für die Kinder nicht direkt nachvollziehbar ist, ist in dieser Forschungsarbeit zunächst die Perspektive der pädagogischen Akteur/inn/e/n, der Fachkräfte aus den Kindertageseinrichtungen und der Grundschullehrkräfte sowie der jeweiligen Leiter/innen, aber auch der Eltern von Interesse.

Der relativistische Ansatz berücksichtigt und verdeutlicht, dass Qualität ein dynamischer und sich ständig weiterentwickelnder Prozess ist (Phillips 1995) und dessen Interpretation von der Perspektive der beteiligten Personen und vom kulturellen (Entwicklungs-)Kontext abhängig ist (Farquhar 1990). Insofern sind bei der Beurteilung der Qualität Diskrepanzen inhärent und die Verfügbarkeit objektiver und übergreifender Qualitätsstandards begrenzt (Moss / Pence 1994). Unter anderen definieren Balaguer, Mestres und Penn (1992), Dragonas, Tsiantis und Lambidi (1995) sowie Evans (1996) aus den Erkenntnissen ihrer Untersuchungen heraus einige wertorientiert und kontextbezogen übergreifende Merkmale für grundlegende Qualität:

- Sicherheit (zum Beispiel Aufsicht, Ausstattung der Einrichtung),
- Gesundheit (zum Beispiel Hygiene, Ernährung, Erholung),
- Gleichberechtigung (hinsichtlich Geschlecht, Kultur, Rasse, etc.),
- positive Interaktionen mit Erwachsenen (Zuneigung, Vertrauen, Freude etc. erleben),
- emotionales Wachstum (zum Beispiel ein Betreuungsumfeld, in dem Kinder unabhängig, sicher und kompetent handeln können),
- positive Beziehung zu anderen Kindern (Betreuungskontext, in dem der Kontakt zu Gleichaltrigen aktiv gefördert wird).

Das Verständnis von Qualität als dynamischem Konzept deckt sich weitgehend mit dem relativistischen Ansatz und betont insbesondere die Beweglichkeit, die Flexibilität und den transitorischen Charakter der konzeptuellen Inhalte eines Qualitätsbegriffs, bedingt durch permanente gesellschaftliche Veränderungen und die Auswirkungen von Generationsunterschieden bei der Bestimmung von Qualität.

Im mehrdimensionalen, strukturell-prozessualen Modell wird zwischen drei Dimensionen unterschieden:

- strukturelle Dimension:
  - Gruppengröße,
  - Personalschlüssel,
  - Qualität und Niveau der Ausbildung von Fachkräften,
  - Stabilität der Betreuung,
  - Gesundheit und Sicherheit,
  - Raumgestaltung,
  - Strukturierung des Betreuungsablaufs;

- prozessuale Dimension:
  - Qualität der Interaktionen zwischen Kind und Betreuungspersonal (Interesse und Involvierung, Sensitivität und Responsivität, Reziprozität und Restriktivität etc.),
  - Qualität der Interaktion zwischen den Kindern,
  - Qualität der Interaktion zwischen den Erzieher/-inne/n,
  - Qualität der Interaktion zwischen den Erzieher/-inne/n und den Trägern,
  - Qualität der Interaktion zwischen den Erzieher/-inne/n und den Eltern,
  - …;

- kontextuale Dimension:
  - Führungsstil der Leitung,
  - Betriebsklima,
  - Vergütung des Fachpersonals,
  - Arbeitsbedingungen,
  - Trägerschaft der Einrichtung,
  - staatliche Finanzierungsmaßnahmen,
  - staatliche Regulierungsmaßnahmen,
  - …

Fthenakis konstatiert, dass sich die Diskussion über die pädagogische Qualität in Deutschland während der letzten Jahre vorwiegend auf strukturelle Merkmale bezogen habe, obwohl die Forschung zeige, „dass bei gleichen strukturellen Bedingungen in den Einrichtungen dennoch unterschiedliche Qualität erzeugt werden kann. Von entscheidender Bedeutung dabei sind die prozessualen Dimensionen von Qualität sowie Wechselwirkungseffekte zwischen strukturellen und prozessualen Dimensionen" (Fthenakis 2005, 228). Für die vorliegende Arbeit leitet sich hieraus analog das Forschungsinteresse ab, mögliche Korrelationen zwischen allgemeinen Rahmenbedingungen (hinsichtlich des Kontextes), Kooperationsformen (hinsichtlich der Struktur und des Prozesses) und Kooperationsklima (hinsichtlich des Prozesses) in der Zusammenarbeit von Kindertageseinrichtungen und Grundschule zu untersuchen. Konkret stellt sich dann beispielsweise die Frage: Welche strukturellen Aspekte können innerhalb welcher Interaktionsmuster realisiert werden, und reziprok, welche prozessualen Kooperationsaspekte werden in ihrer Ausgestaltung durch welche strukturellen Muster unterstützt und gefördert?

Schädler (2001) und auch Feuser (2002) verstehen unter Strukturqualität „die einem Leistungserbringer konstant zur Verfügung stehenden Mittel und Ressourcen wie Personal, Ausstattung, Aufbauorganisation, Bedingungen des Hilfesystems, Finanzierung" (Schädler 2001, 29), unter Prozessqualität „Art, […] Inhalt und […] Umfang aller im Rahmen der vereinbarten Dienstleistung für die Nutzer/innen erbrachten Tätigkeiten" (Schädler 2001, 29).

Für den Entwurf eines neuen Konzeptes von Kooperation ist ebenfalls das Modell der Qualitätsbereiche von Tietze (Tietze 1999; Tietze / Rossbach / Grenner 2005) sehr hilfreich. In diesem Modell, das sich an die jüngste angelsächsische Forschung anschließt (vgl. unter anderem Charlesworth u.a. 1993), werden drei Qualitätsbereiche unterschieden:

- Prozessqualität: Qualität der Interaktionen, Erfahrungen und Stimulationen;
- Strukturqualität: Qualität der situationsunabhängigen pädagogischen Rahmenbedingungen;
- Orientierungsqualität: Qualität der pädagogischen Einstellungen, Überzeugungen und Glaubenssysteme.

Dieses Modell ergänzt die oben erläuterte strukturelle und prozessuale Dimension um die Kategorie der Orientierungsqualität. Dieses Qualitätskonstrukt konkretisiert sich in Werten, Normen, Regeln und Überzeugungen, im mentalen Klima, in bildungspolitischen Vorgaben und Rechtsvorschriften, in den pädagogischen Konzepten der Einrichtungen für Kinder und in Schulprogrammen, in Einstellungen und Zielen – im Überzeugungssystem (belief system) der handelnden pädagogischen Akteur/inn/e/n. Die Orientierung nimmt folglich im Interdependenzgeschehen der drei Qualitätsbereiche in wesentlichem Umfang Einfluss auf die Ausgestaltung der Interaktionen und Strukturen. Allerdings wird in dieser Arbeit die Orientierungsqualität in ihrer zweifelsohne großen Bedeutung sowohl als kontextbildende Größe als auch in ihren Konkretisierungen als Bestandteil der Strukturqualität verstanden. Verortet wird die Orientierungsqualität in der Konzeption des weiter unten dargestellten Münsteraner Kooperations-Tableaus (siehe Kap. III) deshalb in den Bereichen Kontext und Struktur beziehungsweise im Feld der Bedingungen.

Da Kooperation wie oben beschrieben aus ihrer Bedeutung heraus einem zielorientierten Arbeitszweck gerecht werden muss, ist auch die Größe einer Ergebnisqualität mit eigenem gesondertem Stellenwert in die Betrachtung der Kooperationspraxis einzubeziehen. Ergebnisqualität definiert Schädler (2001, 29) als „die Summe der erbrachten Leistungen und ihre Wirkungen auf die Nutzer/innen der Dienstleistung". Zusammen mit der Ergebnisebene ergibt sich zunächst folgendes Betrachtungsbild:

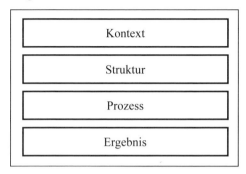

Abb. 4: Übersicht über die Ebenen, auf denen
         die Qualität von Kooperation betrachtet werden kann

Die vorliegende Arbeit konzentriert sich bei der Konstruktion des Kooperations-Tableaus in Kapitel III auf die Ebenen Kontext und Struktur (Bedingungen), in die die Orientierungsqualität integriert sein wird, sowie die Ebene Prozess (Formen und Klima), da das Tableaumodell in der ersten Entwicklungsstufe zunächst der feststellenden Beschreibung der Kooperationspraxis dienen soll. Insofern wird hier auch im weiteren Sinne bezüglich der angesprochenen Ebenen eines Kooperationsgeschehens ein Ergebnis dargestellt. Die Bestimmung von Ergebnisqualität im engeren Sinne hinsichtlich konkreter Interventionen, die für die Praxis handlungsrelevante Konsequenzen konzedieren lässt, setzt allerdings ein Instrumentarium voraus, das es bestenfalls unter Ausklammerung von Störvariablen und mittels zweier Bestandsaufnahmen zu Beginn der Maßnahme(n) sowie zum Zeitpunkt der Erhebung des aktuellen Istzustandes empirisch ermöglicht, die Wirkung der als kooperationsfördernd intendierten Intervention im Vergleich zum Geschehen in einer Kontrollgruppe genau zu eruieren. Deshalb kann hier eine Art allgemeine Ergebnisqualität aus dem sich abzeichnenden Bild von Kontext-, Struktur- und Prozessqualität der zu evaluierenden Kooperationspraxis gewonnen werden, indem die Ergebnisse der Bestandsaufnahme hinsichtlich eines Erfolges im Sinne einer Zielerreichung mit den diesbezüglich (normativ) gesetzten Kooperationszielen verglichen werden. Aussagen über einen Ursache-Wirkungs-Mechanismus hingegen können nicht getroffen werden.

2.2 Definitionen für die Evaluation der Kooperation zwischen Kindertageseinrichtungen und Grundschule

In diesem Unterkapitel wird als Grundlage dieser Arbeit das Verständnis von Kooperation, der Kooperationsakteur/inn/e/n sowie der Dimensionen und Ebenen des Kooperationsgeschehens definiert.

2.2.1 Definition: Kooperation

Während in den Wirtschaftswissenschaften und in Teildisziplinen der Psychologie wie bereits erwähnt spezifische und tragfähige Erklärungs- und Darstellungsmodelle für Kooperationsvorgänge, teils im engen Zusammenhang mit den Themen Konkurrenz und Konflikt, entwickelt wurden, ist der Begriff für die Pädagogik in seiner ganzen Tiefe noch weitgehend ungeklärt. Eine präzise, intersubjektive und akzeptable Begriffsbestimmung von ‚Kooperation‘ erweist sich als schwierig, unter anderem da Kooperation ähnlich den begrifflichen Verdichtungen ‚Kreativität‘ oder ‚Soziales Lernen‘ ein Phänomen der Menschheit ist, das sich sprachlich nur unter Reduktion seines mannigfaltigen und facettenreichen Bedeutungsinhalts definieren lässt. Eine Definition läuft entweder Gefahr, zu eng gefasst zu sein und so der konkreten Situation in der Praxis nicht gerecht zu werden, oder aber, zu weit gefasst zu sein und damit im Raum der Beliebigkeit an Aussagekraft zu verlieren. Zudem ist speziell der sozial-interaktive und konstruktivistisch-dynamische Kooperationsbegriff so komplex, dass ihm auch eine hochkomplexe Definition nur annähernd gerecht werden könnte. Mit dieser inhärenten Unschärfe dient nachfolgende Definition aus der Perspektive der Organisationspsychologie als Grundlage für die weiteren Ausführungen in dieser Arbeit: Kooperation wird verstanden als eine Form der Zusammenarbeit zwischen Personen beziehungsweise Akteursgruppen der gleichen oder verschiedener Institutionen, als eine Form sozialer und kommunikativer Interaktion, die auf Vertrauen basiert, einen gewissen Grad an Autonomie beansprucht, der Norm von Reziprozität verpflichtet ist sowie das Verfolgen gemeinsamer Ziele und Aufgaben intendiert. (vgl. Spieß 2004; Maag Merki 2009; Hanke / Rathmer 2009; Hanke / Merkelbach / Rathmer / Zensen 2009)

Diese Definition erfordert keine einseitigen Gruppennormen und keine festen Strukturen, und durch ihre Plastizität ist sie für die vielfältigen Formen und Bedingungen der Zusammenarbeit von Kindertageseinrichtungen und Grundschule in der gesamten Breite des Untersuchungsgegenstandes besonders gut geeignet – bei gleichzeitiger aussagekräftiger Fokussierung auf zentrale Kernbedingungen für Kooperation. Insofern trennt sich dieser Ansatz von einem traditionellen Kooperationsbegriff, der rein von einem strengen Regelwerk und einer klar ausgehandelten Struktur ausgeht. In einem neuzeitlichen Kooperationsverständnis richtet sich die Zusammenarbeit zudem stark am jeweiligen Bedarf und an der jeweiligen Situation aus (Roehl / Rollwagen 2005, 169). In der Praxis erweist sich die Kooperation zwischen Kindertageseinrichtung und Grundschule als sowohl an organisatorisch und zielorientiert klar verabredete Strukturen und Inhalte gebunden als auch durch die permanent neu geschaffenen Bedingungen offen für neue Entwicklungen, Tendenzen und veränderte Ideen.

Eine erfolgreiche Zusammenarbeit zwischen Kindertageseinrichtungen und Grundschule ist normativ idealtypisch dadurch gekennzeichnet, dass die Handlungen aller an der Kooperation primär beteiligten pädagogischen Fachkräfte und sekundär beteiligten Kräfte von Vertrauen geprägt in einer Weise wechselseitig aufeinander bezogen beziehungsweise koordiniert sind, dass die Wirkung der Handlungen und der Kommunikation zum Nutzen aller und insbesondere der Kinder beiträgt. Mit Nutzen ist sowohl das Gelingen der komplexen interinstitutionellen sozialen Interaktion zwischen Kindertageseinrichtung und Grundschule auf der Persönlichkeits- und Beziehungsebene der pädagogisch handelnden Menschen gemeint als auch das Funktionieren zwischen den Institutionen auf der Organisationsebene sowie das Erreichen des Ziels beziehungsweise das Erfüllen der Aufgabe, die Erziehungs- und Bildungsqualität durch eine möglichst optimal verlaufende Transition des Kindes in die Grundschule erfolgreich zu gestalten und eine gemeinsame Verantwortung beider Einrichtungen für die beständige Förderung des Kindes zu übernehmen (vgl. KiBiz § 14, Abs. 1; MSJK 2003 (Bildungsvereinbarung NRW), 8).

2.2.2 Definition: Akteurinnen und Akteure der Kooperation

Kooperation ist im vorliegenden Untersuchungsfeld als Kooperation zwischen Kindertageseinrichtungen und Grundschule folglich die soziale und kommunikative Aufeinanderbezogenheit von zielgerichteten und aufgabenorientierten Handlungen und Verhaltensweisen der pädagogischen Fachkräfte aus den Einrichtungen für Kinder und den Lehrkräften aus der Grundschule im Kontext von a) der Gestaltung des Übergangs, b) der interinstitutionellen Organisationsstruktur der Einrichtungen und c) des Wirkungsbereichs förderlicher und hemmender Bedingungen, ausgehend von außenstehenden Personen und Institutionen.

Dabei sind die pädagogischen Fach- und Lehrkräfte, die den Bildungs- und Erziehungsauftrag in ihrer Arbeit am Kind vollziehen, sowie die Eltern der Kinder, die durch die Kooperation beider Bildungsinstitutionen unmittelbar oder mittelbar betroffen sind, als Primärakteur/inn/e/n zu bezeichnen. Allerdings fällt den Eltern in gewisser Weise eine Sonderrolle zu. Im kokonstruktiven Transitionsmodell von Griebel und Niesel (2003; 2007) sind die Eltern zum einen Primärakteur/inn/e/n, die einen direkten Einfluss auf die Entwicklung ihrer Kinder nehmen, zum anderen nehmen sie aber auch bewusst und unbewusst über Erzieher/innen und Lehrer/innen als Sekundärakteur/inn/e/n Einfluss auf die institutionelle Ebene. Eine Ambivalenz zeigt sich auch darin, dass Eltern ihre Kinder nach Möglichkeit fördern, aber zugleich auch in diesem Bemühen auf Unterstützung und Förderung angewiesen sind. Aus dem Erwartungsdruck der Eltern resultieren auch häufig Maßnahmen der pädagogischen Fachkräfte bezüglich der Gestaltung des Übergangs von der Kindertageseinrichtung zur Grundschule, und die Zufriedenheit der Eltern fungiert dann oftmals als Motivation und ideelle Honorierung der Pädagog/inn/en. Insofern sind Eltern auch als extrainstitutionelle Größe wirksam. Insgesamt ist es wichtig zu konstatieren, dass die Zusammenarbeit mit Eltern als Bildungs- und Erziehungspartner/inne/n für Erzieher/innen und Grundschullehrkräfte sowohl in der Theorie als auch insbesondere in der Praxis der Pädagogik einen zentralen Stellenwert einnimmt (vgl. Duffy 2002; Griebel / Niesel 2003; Hebenstreit-Müller 2004; Knauf / Schubert 2006; Prott / Hautumm 2004; Textor / Blank 2004; Tietze 2006).

Den Kindern im Übergang selbst, die Zentrum der von Kindertageseinrichtung und Grundschule gemeinsam ausgestalteten pädagogischen Arbeit sind beziehungsweise sein sollten, ist ebenfalls die Rolle von Primärakteur/inn/en zuzuordnen, jedoch entzieht sich den Kindern hinsichtlich einer Evaluation der Kooperation zwischen Kindertageseinrichtung und Grundschule entwicklungsbedingt und von ihrer Position im Bildungssystem her weitgehend ein angemessener Blick auf die Strukturen, Rahmenbedingungen, Formen und das Klima der Zusammenarbeit beider Institutionen. Mit Kindern im Übergang sind Kinder gemeint, die von der Übergangsgestaltung betroffen sind, zumeist also Kinder in ihrem letzten Jahr in der Tageseinrichtung und Kinder in der Schuleingangsphase. Die Einbeziehung der Perspektive nicht nur der professionellen Pädagog/inn/en, sondern auch der Eltern und der Kinder selbst ist auch für das Verständnis von Bewältigungsprozessen eine wichtige Voraussetzung (vgl. Dunlop 2003; Dupree / Bertram / Pascal 2000; Einarsdóttir 2003a; Einarsdóttir 2003b; Griebel / Niesel 2001; 2002; 2003).

Sekundärakteur/inn/e/n sind jene Personen beziehungsweise Institutionen, die direkten oder mittelbaren Einfluss auf die interinstitutionelle Kooperation zwischen Kindertageseinrichtung und Grundschule nehmen. Intrainstitutionell sind dies vor allem die Leiter/innen der Institutionen, extrainstitutionell sind dies die Fachaufsichten und Träger im Bereich der Tageseinrichtungen beziehungsweise die unteren Schulaufsichtsbehörden im Schulbereich im engeren Kreise und die Politik sowie die mittleren und oberen Verwaltungsbehörden sowie die Öffentlichkeit im weiteren Kreise. Durch Unterstützung und Honorierung, durch Wertschätzung und Bereitstellung von Ressourcen können die Sekundärakteur/inn/e/n die Kooperation stärken (Pfeiffer 2004, 9). Allgemein stellt Voelker (2007, 39) dazu fest, dass je knapper die zur Verfügung stehenden Mittel in einer Organisation sind, desto eher konkurrierend gegeneinander als kooperativ miteinander gearbeitet wird.

Die Leiter/innen von Kindertageseinrichtungen und Grundschulen sind durch ihre Involvierung in die konkrete pädagogische Arbeit zumeist Primär- und Sekundärakteur/in zugleich.

In dieser Arbeit beziehen sich die Bezeichnungen Fachkräfte und Lehrkräfte auf:

- die mit der Durchführung der Sprachstandsfeststellung beauftragten pädagogischen Fachkräfte aus Kindertageseinrichtungen (Erzieher/innen, Heilpädagog/inn/en etc.) und
- die mit der Durchführung der Sprachstandsfeststellung beauftragten pädagogischen Fachkräfte an Grundschulen (Lehrkräfte, Sozialpädagog/inn/en in der Schuleingangsphase etc.).

Mit Eltern sind Eltern gemeint,

- deren Kinder im Jahr 2008 mit dem Sprachstandsfeststellungsverfahren Delfin 4 getestet worden sind.

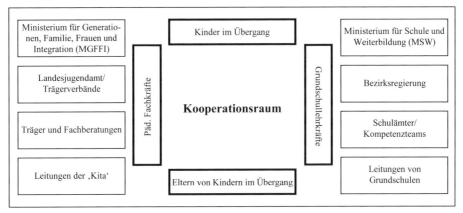

Abb. 5: Primärakteur/inn/e/n (dicker Rahmen) und Sekundärakteur/inn/e/n (dünner Rahmen) im Raum der Zusammenarbeit zwischen Kindertageseinrichtung und Grundschule in Nordrhein-Westfalen. Innerhalb der dargestellten Elemente besteht für die jeweiligen Vertreter/innen untereinander ebenfalls Raum für Kooperation.

Während die Autonomie der beiden kooperativen Institutionssysteme Kindertageseinrichtung und Grundschule relativ stabil gesellschaftlich und politisch verankert ist, liegt die Verantwortung für die Ausgestaltung der Kommunikation und des Vertrauens, der Reziprozität, insbesondere der aufeinander bezogenen Wechselseitigkeit von Wertschätzung und gegenseitiger Anerkennung gegenüber der jeweils anderen Profession, im Rahmen der konkreten Kooperation vor Ort in den Einrichtungen stark in der Handlungsgestaltung und den Einstellungen der Primärakteur/inn/e/n selbst. Den Primärakteur/inn/en kommt somit eine bedeutende Rolle ebenso zu wie den Personen, welche die Einrichtungen leiten. In der Forschung besteht große Einigkeit darüber, dass die Leitung einer Einrichtung großen Einfluss darauf hat, wie intensiv die pädagogischen Fachkräfte zusammenarbeiten. Der Führungsstil beeinflusst die Kooperationszusammenhänge (vgl. Gräsel / Stark / Sparka / Herzmann 2007, 96). An Schulen erweist sich die „partizipative Führung" als für die Kooperation förderliches Merkmal (McLaughlin / Talbert 2006).

2.2.3 Definition: Dimensionen und Ebenen der Kooperation

Die Kooperation zwischen Kindertageseinrichtungen und Grundschule ist ein mehrdimensionales Interdependenzgeschehen; in jeder ihrer Dimensionen existieren ausdifferenzierte Ebenen. Kooperation ist in ihrer Ausgestaltung flexibel. Beispielsweise stehen Einzel- und Gruppeninteressen häufig im Konflikt, und kontextuelle Rahmenbedingungen, strukturelle Formen und interaktive klimatische Prozesse bedingen sich über bisher noch größtenteils ungeklärte Wirkungsmechanismen gegenseitig. Somit ist die Kooperation zwischen Kindertageseinrichtung und Grundschule ein höchst komplexer und weitgehend noch unerforschter Untersuchungsgegenstand. Es ist daher zunächst notwendig, dem Phänomen Kooperation eine genotypische Struktur mit Dimensionen und Ebenen zu geben.

Getragen wird die Kooperation von den pädagogischen Fach- und Lehrkräften, die ihre Persönlichkeit in die Zusammenarbeit einbringen. Durch ihre Einstellungen und Werthaltungen zu und in ihrer Arbeit sowie gegenüber Entwicklungsprozessen, ihre Motivation und ihre Überzeugung vom Nutzen der Kooperation, ihr Verständnis ihrer Aufgaben und deren aktiver Umsetzung, durch ihr Engagement und ihre Courage, aber auch durch ihr Fachwissen gestaltet sich die konkrete Kooperation in der Praxis. Insbesondere von sozialen Werten wird angenommen, dass sie Einfluss auf kooperatives Verhalten nehmen (Korsgaard / Meglino / Lester 1997). In der Forschung haben neben dem Begriff der Empathie als Fähigkeit, sich in andere hineinversetzen zu können, die „Big Five" als fünf zentrale nicht kognitive Persönlichkeitsmerkmale Beachtung gefunden (Costa / McCrae 1992; Pervin 2000; Weinert 2004; Baltz / Spieß 2009):

- emotionale Stabilität,
- Extraversion,
- Offenheit für Erfahrungen,
- Freundlichkeit / Verträglichkeit,
- Beharrlichkeit / Gewissenhaftigkeit.

Eine wichtige Komponente im Geschehen der Zusammenarbeit ist also die beziehungsweise der Einzelne mit ihren beziehungsweise seinen individuellen Voraussetzungen für eine Kooperation. Basis der Kooperation im Feld von Kindertageseinrichtung und Grundschule ist also in erster Linie kein institutionalisiertes Konstrukt, sondern der Mensch in seiner Profession, der homo paedagogicus. Die Beschreibung der Kooperationsvorgänge auf der individuellen Ebene umfasst im Kontext dieser Arbeit allerdings lediglich allgemeine Angaben zur Person sowie zu Motivations- und Vertrauensfaktoren hinsichtlich der Schwerpunktsetzung für die interinstitutionelle Zusammenarbeit von Kindertageseinrichtung und Grundschule, die im Zentrum des Forschungsinteresses steht. Eine detaillierte psychologische Analyse einzelner pädagogischer Fachkräfte und ihrer Persönlichkeitsmerkmale ist nicht vorgesehen.

Die zweite Komponente bildet die in den Einrichtungen vorherrschende Kooperationskultur. Darauf aufbauend kann die Kooperation zwischen den Institutionen Kindertageseinrichtung und Grundschule auf verschiedenen Ebenen und in unterschiedlichen Formen modelliert werden. Bereichert und flankierend unterstützt werden kann die Zusammenarbeit und die Gestaltung des Übergangs von der Kindertageseinrichtung in die Grundschule durch die Kooperationstätigkeit in einem organisierten Netzwerk und die Beteiligung von Fachberatungen, Schulaufsichtsbehörden, Trägern, Vertreterinnen und Vertretern der Politik und der Wirtschaft sowie von therapeutischen und pädagogischen Berufsgruppen und -verbänden im extrainstitutionellen Kooperationsraum. Daraus ergeben sich folgende vier Dimensionen:

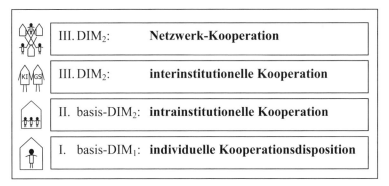

Abb. 6: Dimensionen des Kooperationsgeschehens im Verhältnis zwischen Kindertageseinrichtung und Grundschule

Innerhalb der Dimensionen existieren verschiedene Ebenen, auf denen Kooperation stattfindet und die die Kooperation bestimmen. Die hier zugrunde liegende Konzeption der verschiedenen Arten von Ebenen ist auf den Kontext und die Struktur der Kooperationstätigkeit fokussiert, mit dem Schwerpunkt auf allgemeinen Angaben und Rahmenbedingungen innerhalb der jeweiligen Dimensionen. Prozessmerkmale der Zusammenarbeit werden durch eine Betrachtung der Formen und des Klimas der Kooperation in den Blick genommen. Die Ebenen ‚Allgemeine Angaben‘, ‚Rahmenbedingungen‘ und ‚Formen der Kooperation‘ geben Aufschluss über die Umsetzung der Kooperationsvorhaben von Kindertageseinrichtung und Grundschule. Die Akzeptanz der praktizierten Zusammenarbeit bringt ihre Qualität auf der Ebene ‚Klima der Kooperation‘ zum Ausdruck. Die Ebenen ‚Transfererfolg‘ und ‚Optimierungspotenzial‘ betrachten im Ergebnis die erwartete Auswirkung entsprechender Interventionen auf das Kooperationsgeschehen und die konstruktive Reflexion von Möglichkeiten, die Zusammenarbeit weiterzuentwickeln.

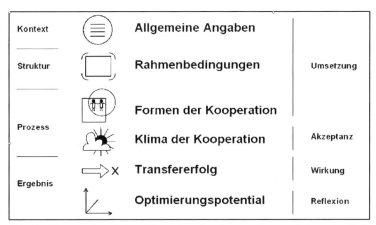

Abb. 7: Ebenen einer jeden Dimension des Kooperationsgeschehens im Rahmen der Kooperation zwischen Kindertageseinrichtung und Grundschule

Schwerpunkte dieser Arbeit werden im Folgenden die Ebenen bilden, die auch in der Konstruktion der Erhebungsbögen für die repräsentative Studie von TransKiGs NRW (Phase II) die Leitstruktur hauptsächlich bestimmten:

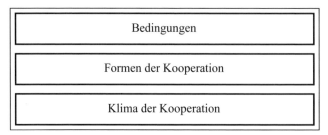

Abb. 8: Übersicht über die Ebenen, auf denen Kooperation innerhalb dieser Arbeit betrachtet wird

Auf der Ebene der Bedingungen werden Kontext- und Strukturmerkmale untersucht, Formen und Klima der Kooperation jeweils auf ihre prozessualen Merkmale hin.

Die oben kurz skizzierten Modelle fließen als grundlegende Bausteine in die wissenschaftstheoretische Konstruktion des Münsteraner Kooperations-Tableaus ein und bildeten auch die Grundlage für die aktuelle Studie TransKiGs NRW (Phase II) zur Evaluation der Praxis der Kooperation zwischen Kindertageseinrichtungen und Grundschule in Nordrhein-Westfalen.

2.2.4 Definition: Evaluation

Evaluation erfreut sich als Modewort für die Bewertung der Arbeit von Bildungsinstitutionen bei den Praktikern vielfach nicht immer größter Beliebtheit, da die Einsicht in die Vorteile empirischer Verfahren nicht flächendeckend gegeben ist. Das Wort Evaluation findet im Französischen bereits im 19. Jahrhundert Verwendung. Seit den 30er-Jahren des 20. Jahrhunderts ist es auch im angloamerikanischen Raum gebräuchlich und wurde Anfang der 60er-Jahre aus der amerikanischen Praxis in Deutschland übernommen (vgl. Wulf 1972). Seit Beginn der Qualitätssicherungs- und Qualitätssteigerungsdebatten Anfang der 80er-Jahre ist der Begriff der Evaluation ins Zentrum der Bewertung, Beurteilung und Beschreibung von Bildungsinstitutionen und Bildungsprozessen gerückt. Eine Vielzahl von Evaluationsinstrumenten wurde modelliert, erprobt und validiert. Mit dieser Entwicklung hat sich auch der Evaluationsbegriff analog gewandelt, modernisiert und zunehmend differenziert. Analyse und Messung, Inspektion und Kontrolle, Überprüfung und Untersuchung, Validierung und Verifizierung, Ranking und Rating, Test und Check sind unter anderen verwendete Synonyme für Evaluation. In allen Zusammenhängen ist eine praxisorientierte beziehungsweise handlungsgerichtete Erkenntnisgewinnung intendiert, um Praxis nachvollziehbar zu bewerten und Handlungsvorschläge zur Optimierung zu unterbreiten. Dies geschieht durch eine systematische Analyse des Evaluationsgegenstandes und seiner Darstellung, insbesondere mit Blick auf Wert, Nutzen beziehungsweise Effektivität und Effizienz sowie Entsprechung zur Erwartung beziehungsweise zur Vereinbarung bezüglich jeweiliger Funktionen. Grundsätzlich sind alle Welterfahrungsobjekte und Lebensbereiche einer Evaluation zugänglich, und Evaluationsverfahren können sich auf Kontext-, Struktur- oder Prozessqualitäten oder auch auf Ergebnisse beziehen. Eine Evaluation übt neben der Erkenntnisfunktion zudem häufig eine Kontroll-, Dialog- oder Legitimationsfunktion aus.

In dieser Arbeit soll der Begriff der Evaluation gemäß der pädagogischen Definition für den Bildungsbereich nach Reischmann (1995, 1) Verwendung finden, nach der Evaluation als Fachbegriff „das Erfassen und Bewerten von Prozessen und Ergebnissen zur Wirkungskontrolle, Steuerung und Reflexion im Bildungsbereich" bedeutet. Stärker auf den Wirkungsaspekt konzentriert definieren Bortz und Döring (1995, 614) Evaluation als „Überprüfung der Wirksamkeit einer sozialen Intervention [...] mit den Mitteln der empirischen Forschung". Hier handelt es sich um eine empirische Arbeit, die die Wirkung der Implementation des Sprachstandsfeststellungsverfahren Delfin 4 auf die Praxis der Kooperation zwischen Kindertageseinrichtung und Grundschule nach Einschätzung der beteiligten Pädagog/inn/en aus dem Elementar- und Primarbereich untersucht. Darüber hinaus ist die Beschreibung der Beschaffenheit der Kooperationspraxis im Rahmen der Funktion von Erkenntnisgewinnung und Optimierungsintervention zentraler Bestandteil der Untersuchung. Insofern ist diese Studie auf die folgende Definition ausgerichtet, die sich auch bei Balzer, Frey und Nenninger finden lässt (1999, 393):

> Evaluation dient als Planungs- und Entscheidungshilfe und hat somit etwas mit der Bewertung von Handlungsalternativen zu tun [...]. Evaluation ist ziel- und zweckorientiert" und sollte „dem aktuellen Stand wissenschaftlicher Techniken und Forschungsmethoden angepasst sein (Wottawa / Thierau 1998, 14).

Dementsprechend soll diese Arbeit als Planungs- und Entscheidungshilfe für die intendierte Weiterentwicklung der Kooperationspraxis von Kindertageseinrichtungen und Grundschule Nutzen bringen. Sie liefert grundlegende Erkenntnisse über den Istzustand und Korrelationen im Kooperationsgeschehen und zeigt alternative Interventionsmaßnahmen auf. Dabei bedient sich der Untersuchungsprozess aktueller Forschungsmethoden und -techniken.

Balzer, Frey und Nenninger (1999) stellen in Anlehnung an Wottawa und Thierau (1998) eine Übersicht über strukturelle Gemeinsamkeiten in Evaluationsprozessen auf, die bei allen Arten von Evaluationen vorkommen. Diesen Strukturmerkmalen folgt auch diese Arbeit:

- Definition der zu evaluierenden Maßnahme, Grundlage der Evaluation (insbesondere Kapitel II.2.1 und II.3.2.1–3.2.3),
- Zielsetzung der Evaluation (insbesondere Kapitel II.2.2),
- Planung des Evaluationsprojekts (insbesondere Kapitel IV.2.2.4),
- Datenerhebung und Datenauswertung (Kapitel IV.2 und IV.3),
- Berichtlegung (insbesondere Kapitel IV.4),

- Bewertung und weitergehende Nutzung (Kapitel IV.4 und V).

In Bezug auf die Zusammenstellungen zentraler Evaluationsbegriffe bei Balzer (1998) sowie Dlugosch und Wottawa (1994) lässt sich diese Evaluation wie folgt charakterisieren: Hinsichtlich der Rahmenbedingungen handelt es sich hier um eine offene Fremdevaluation im Feld. In Bezug auf das Evaluationsmodell ist dieses Evaluationsvorhaben schwerpunktmäßig als praxis- und entwicklungsorientierte Evaluation zu bezeichnen, da die Ergebnisse der Implementierung des Sprachstandsfeststellungsverfahrens gleichermaßen in den Mittelpunkt des Interesses rücken wie die zukünftige Optimierung der Kooperationspraxis. Da die Fragestellungen der Arbeit auf einen Teil des ganzen Systems frühkindlicher und kindlicher Bildung zielen, ist die Ausrichtung der Evaluation auf der Ebene einer Makroevaluation anzusiedeln, die präziser auch als Compliance-Evaluation kategorisiert werden kann, weil der Untersuchungsgegenstand Kooperation in erster Linie ein Verhalten ist. In Bezug auf den Zeitpunkt ist die Evaluation als Ex-post-Evaluation oder auch Ergebnisevaluation zu charakterisieren, da sie nach der erfolgten Maßnahme (Delfin 4 im Jahr 2008) durchgeführt wurde. In Bezug auf die Durchführungsformen ist diese Evaluation wiederum als extrinsisch zu kennzeichnen, weil die Auswirkung der Maßnahme bei den Akteur/inn/en der Kooperation evaluiert wird, als extern, weil es sich um eine Fremdevaluation handelt, als summativ, weil es über Delfin 4 hinaus um globale Bewertungsaussagen über die Kooperationspraxis von Kindertageseinrichtungen und Grundschule geht, sowie als nicht vergleichend, da keine Kindertageseinrichtungen und Grundschulen in die Untersuchung eingeschlossen wurden, die nicht miteinander kooperieren. Da in der Konsequenz Planung, Methoden und Ziele von Kooperation und deren Evaluation in dieser Arbeit einer Analyse und Bewertung unterzogen werden, handelt es sich hier auf der Metaebene auch um eine Programm-Design-Evaluation (Wottawa / Thierau 1998, 32).

2.3 Ergebnisse ausgewählter aktueller Forschungsstudien

Für eine hinsichtlich des Schwerpunkts dieser Arbeit zusammenfassend angelegte Darstellung der aktuellen Forschungsergebnisse wurden hier die Studien und Projekte von Tietze, Rossbach und Grenner (2005), Tröschel (2006), Carle / Samuel (2007), Feichtl, Kalicki, Oberhuemer und Warfolomjeew (2008), Emmerl (2008) sowie Schmidt (2009) ausgewählt.

Tietze, Rossbach und Grenner (2005) erstellten eine umfangreiche Untersuchung zur Qualität der Erziehung und Bildung in Kindergarten, Grundschule und Familie, eine Kombination einer Querschnitts- (Familien- und Kindergartensetting bei einem Durchschnittsalter der Kinder von etwa viereinhalb Jahren) und zweier Längsschnittanalysen (erste Ausweitung: Einfluss auf den Entwicklungsstand des Kindes am Ende der Kindergartenzeit; zweite Ausweitung: Einfluss der pädagogischen Qualität im Familien- und Kindergartensetting während der Vorschulzeit und der pädagogischen Qualität in der Grundschule und im Familiensetting während der ersten beiden Grundschuljahre auf den Entwicklungsstand am Ende der zweiten

Klasse). Die Ergebnisse basieren auf einer breit gestreuten und repräsentativen Stichprobe (N = 103 Kindergartengruppen / 422 Kinder), um Aussagen über die „Regelpraxis" in Deutschland treffen zu können (siehe Tietze / Rossbach / Grenner 2005, 28 ff.). Die Auswahl der Erhebungsinstrumente zur Erfassung der pädagogischen Orientierungs-, Prozess- und Strukturqualität fiel dabei auf einen gezielten Methodenmix aus standardisierten Interviews mit Erzieher/inne/n beziehungsweise Gruppen- und Einrichtungsleiter/inne/n und Müttern, Beobachtung der pädagogischen Prozesse in den Einrichtungen und Verwendung diverser wissenschaftlich fundierter Einschätzungs- und Ratingskalen, Fragebögen zu kindlichen Aktivitäten im Familiensetting und Hausbesuchen in den Familien. In der Studienkonzeption erhielt die „Übergangsphase" zwischen „Kindergartenphase" und „Grundschulphase" einen eigenen Stellenwert (siehe Tietze / Rossbach / Grenner 2005, 24f.), in dem auch Formen der Kooperation zwischen Kindertageseinrichtung und Grundschule explizit Berücksichtigung erfahren (siehe Tietze / Rossbach / Grenner 2005, 125 ff.) Der diesbezügliche Befund lässt sich zusammenfassend wie folgt darstellen:

- Die Kooperation ist nicht ausgeprägt;
- die Kooperationsform des Schulbesuchstages von Kindergartenkindern in der Grundschule ist als Standardrepertoire etabliert;
- alle anderen Kooperationsformen kommen deutlich weniger vor und werden kaum beziehungsweise nur in geringem Maße genutzt;
- eine Zusammenarbeit auf konzeptionellem beziehungsweise kokonstruktivem Niveau kommt in weniger als 10 % der Kindergartengruppen vor;
- besonders selten sind Fortbildungen, von denen der größte Effekt in Bezug auf eine Entschärfung der Übergangsproblematik erwartet werden könnte.

Diese quantitativen Ergebnisse lassen sich in der Diskussion hervorragend mit den in dieser Arbeit gewonnenen repräsentativen Daten in Beziehung setzen, da beide Untersuchungen den Untersuchungsgegenstand Kooperationsformen behandeln (siehe Kapitel IV.4.2.2; IV.4.4).

Tröschel (2006) geht in ihrer Evaluation des Oldenburger Fortbildungsmodells zur vorschulischen Sprachförderung für Erzieher/innen und Lehrkräfte der Frage nach, welche Kooperationsstrukturen bei den beteiligten Einrichtungen vorhanden waren und wie sich diese durch die gemeinsamen Veranstaltungen mit der Universität Oldenburg verändert haben. Sie nimmt dabei Probleme und Hindernisse in den Blick, die im Rahmen der Kooperation aufgetreten sind, sowie die Wünsche und konkreten Planungsvorhaben der Beteiligten in Bezug auf eine zukünftige Kooperation (siehe Tröschel 2006, 85). Dabei bedient sie sich der Methoden Fragebogenerhebung (N = 74 Workshopteilnehmer/innen), teilnehmende Beobachtung und Expert/inn/eninterviews. In ihrer Studie stellt sie fest, dass die Kooperation zwischen den Einrichtungen von Erzieher/inne/n und Grundschullehrkräften häufig unterschiedlich beurteilt wird. Tendenziell schätzen Grundschullehrkräfte sie positiver als Erzieher/innen ein, jedoch bescheinigen sie den eigenen Leitungen wenig Kooperationsbereitschaft. In Bezug auf Kooperationsformen stellt Tröschel eine Etablierung von gegenseitigen Besuchstagen beziehungsweise „Schnuppertagen" fest, während es an weiteren Kooperationsformen mangelt. Allerdings existieren diesbezüglich Planungen für die Zukunft. Beide Professionen verfügen über wenig Wissen über die Bezugseinrichtung. Tröschel (2006, 196 f.) stellt folgende Wünsche und Schwierigkeiten im Kooperationsgeschehen heraus:

Wünsche:
- gegenseitige Akzeptanz und Kooperationsbereitschaft,
- Absprachen,
- regelmäßiger Austausch,
- gemeinsame Fortbildungen,
- Vorleseaktionen und gegenseitige Einladungen zu Veranstaltungen,
- gemeinsame Elternabende.

Schwierigkeiten:
- geringe Kooperationsbereitschaft der Bezugsschulen,
- Vorurteile und Berührungsängste,
- höherer Redeanteil der Lehrer/innen,
- zeitliche und allgemein organisatorische Schwierigkeiten,
- fehlende und verspätete Weiterleitung von Informationen an Eltern durch Schule und Kindertageseinrichtung,
- geringe Wertschätzung der Eltern gegenüber Erzieher/inne/n.

Bei den Workshops selbst allerdings konstatiert Tröschel (2006, 198) in Bezug auf das Kooperationsklima eine gute und offene Arbeitsatmosphäre mit einem nachhaltigen Motivationsgewinn für die Kooperationspraxis in beiden Einrichtungen. Genau diese geschilderten Ausprägungen des Kooperationsklimas und der Befund über das Praktizieren von Kooperationsformen werden sich mit den repräsentativen Ergebnissen der vorliegenden Arbeit am Ende gut vergleichen lassen (siehe Kapitel IV.4.4).

Carle leitete die wissenschaftliche Begleitung des Bremer Modellprojekts „Frühes Lernen – Kindergarten und Grundschule kooperieren" (siehe Carle / Samuel 2007), bei dem vier regionale Kooperationsverbünde (mit Kindertageseinrichtungen von sieben Trägern, Grundschulen und der Schulbehörde sowie einem konfessionellem Schulträger) für ihre Zusammenarbeit Unterstützung in Form eines systematischen Beratungs- und Fortbildungsangebots erhalten haben. Dabei kamen folgende Erhebungen und Methoden zur Anwendung (vgl. Carle / Samuel 2007, 75):

- Analysen von Stärken und Schwächen sowie von Engpässen auf der Ebene der Verbünde,
- Hospitationen und Gruppendiskussionen zum Zweck einer Erhebung der Ausgangslage, des Verlaufs und des Abschlusszustandes in den Einzeleinrichtungen,
- eine Erhebung der zahlenmäßigen Rahmenbedingungen durch Fragebögen,
- Gruppendiskussionen mit den Mitgliedern des zentralen Unterstützungssystems (Beratung und Fortbildungsangebote),

- eine leitfadengestützte Befragung der Projektleitung.

Carle befindet zudem, dass die Voraussetzungen für eine Kooperation beziehungsweise die Beziehungsebene im Verhältnis zwischen Erzieher/inne/n und Lehrer/inne/n durch folgende Faktoren bestimmt werden (Carle / Samuel 2007, 227ff.):

- gegenseitige Fremdheit und Ressentiments,
- Erwartung von Missachtung und Schuldzuweisungen,
- erhebliche Vorbehalte gegenüber der Qualität der Arbeit der jeweils anderen Profession,
- Berührungsängste,
- keine inhaltlichen Absprachen über das Bildungsangebot und stark voneinander abweichende Vorstellungen darüber,
- keine Kenntnisse über die bereichsspezifische kindliche Entwicklung, über Methoden der Lernbegleitung im Übergang und häufig nicht mehr haltbare Vorstellungen von Schulreife und Zurückstellungen,
- entwicklungsbedürftige Strukturen bei der Elternarbeit, jedoch eine fast durchweg ansprechbare Elternschaft zum Zeitpunkt des Schulanfangs.

Die Ergebnisse des Projekts „Frühes Lernen – Kindergarten und Schule kooperieren" und der von ihr geleiteten wissenschaftlichen Begleitung lassen Carle eine Anzahl von Empfehlungen für die Fortführung der Kooperation im Übergang zwischen Kindertageseinrichtung und Grundschule auf struktureller und personeller Ebene formulieren (Carle / Samuel 2007, 234ff.). Neben ressourcenbezogenen Handlungsaufforderungen und schulorganisatorischen Vorschlägen sind in Bezug auf die vorliegende Arbeit insbesondere folgende Empfehlungen von Interesse:

- Einsatz unabhängiger Moderator/inn/en beziehungsweise Expert/inn/en,
- Abstimmung der „Curricula" beziehungsweise des pädagogischen Konzepts der Kindertageseinrichtung und des Schulprogramms,
- gemeinsame Fort- und Weiterbildungsprogramme,
- Verstärkung der Elternarbeit.

Diese Ergebnisse sind allerdings kritisch zu betrachten, da sie wegen des forschungsmethodischen Hintergrunds nicht repräsentativ und somit nicht generalisierbar sind.

Feichtl, Kalicki, Oberhuemer und Warfolomjeew (2008) berichten in ihrem Evaluationsbericht über Zwischenergebnisse der bayrischen Kampagne „Übergang als Chance" zur Intensivierung der Kooperation zwischen Kindertageseinrichtungen und Grundschule. Diese „Kampagne soll die Kooperation der beiden Bildungssysteme Kindertageseinrichtung und Grundschule weiter intensivieren und die gegenseitige Öffnung beider Institutionen im Sinne einer gleichwertigen Partnerschaft zusätzlich stärken" (Feichtl / Kalicki / Oberhuemer / Warfolomjeew 2008, 6) sowie „Impulse für eine nachhaltige Kooperation" (Feichtl / Kalicki / Oberhuemer / Warfolomjeew 2008, 9) geben. Dazu befassen sich im Rahmen einer Fortbildung pädagogische Fachkräfte und Lehrkräfte gemeinsam an zwei Seminartagen mit dem Thema ‚Übergänge'. Zwischen den Seminartagen liegt eine mehrwöchige Praxisphase, in der die Pädagog/inn/en Gelegenheit haben, gemeinsame Schritte der Zusammenarbeit zu planen und umzusetzen. Die Kampagne erreichte im Jahr 2006 über 1100 und im Jahr 2007 über 1500 Teilnehmer/innen. Die wissenschaftliche Begleitforschung liefert bis dato hauptsächlich Ergebnisse über die Seminare und deren Gestaltung, detaillierte Daten in Bezug auf die Kooperation zwischen den beiden Professionen stehen noch aus. Von besonderem Interesse für die vorliegende Arbeit sind jedoch die bereits dargestellten Ergebnisse in Bezug auf die Lernatmosphäre im Seminar und die interdisziplinäre Zusammenarbeit. Folgendes Bild ließ sich aus den Angaben der Teilnehmer/innen in einem Evaluationsbogen entwickeln (vgl. Feichtl / Kalicki / Oberhuemer / Warfolomjeew 2008, Anhang Abbildung 10 / 11):

- Lernatmosphäre im Seminar: angenehm, kooperativ, motivierend und vertrauensvoll;
- Zusammenarbeit beider Professionen: geprägt von Hilfsbereitschaft, Offenheit, Interesse und gegenseitiger Wertschätzung.

Auch Emmerl (2008) schreibt in ihrer Längsschnittstudie über ein Bildungsprogramm für Elementar- und Primarpädagog/inn/en. „Gegenstand der qualitativen Evaluationsstudie ist ein fortlaufendes Bildungsprogramm eines staatlichen Schul- und Kreisjugendamtes in Bayern, das auf Stadt- und Landkreisebene durchgeführt wird. Im Rahmen des Projektes wird ein jährlicher Fortbildungstag veranstaltet, der für Grundschullehrkräfte und Erzieherinnen von Tageseinrichtungen des dörflichen und städtischen Milieus konzipiert wurde, um die Kooperation zwischen Elementar- und Schulbereich zu intensivieren und zu standardisieren" (Emmerl 2008, 42). Ausgehend von der Fragestellung, wie sich diese Zielstellung des Projekts auf die Zusammenarbeit bestimmter regionaler Stakeholdergruppen innerhalb der Praxisgruppe auswirkt und welche „Anliegen und Konfliktthemen" (Emmerl 2008, 99) die Praxisakteur/inn/e/n haben, ermittelt Emmerl in einer ersten Erhebung, wie sich die Kooperation zwischen Erzieher/inne/n und Grundschullehrkräften im Zeitraum vor den Bildungsveranstaltungen gestaltet hat und „welche Themen für die Stakeholder im Mittelpunkt standen, welche Orientierungsrahmen und welche handlungsleitenden Interessen das Kooperationsgeschehen bestimmten" (Emmerl 2008, 61). Durch einen analytischen Vergleich dieser Befunde mit einer zweiten Erhebung eineinhalb Jahre später gewinnt Emmerl in der empirischen Rekonstruktion des Kooperationsgeschehens nach den Schulungen Erkenntnisse, die sich mit Ergebnissen der vorliegenden Arbeit in Verbindung setzen lassen. Ein solcher Vergleich ist besonders interessant, da Emmerl qualitativ und bezogen auf den Verlauf der Schulungen ethnografisch mit den Methoden Gruppendiskussionsverfahren (22 Gruppendiskussionen in elf Stakeholdergruppen (sechs Dorfgruppen, fünf Stadtgruppen)) und teilnehmender Beobachtung vorgeht, wohingegen die vorliegende Arbeit über die repräsentative Fragebogenerhebung quantitativ ausgerichtet ist. Emmerl kommt in einem kontrastierenden Vergleich zwischen jeweils drei ausgewählten dörflichen und städtischen Kooperationsgruppen unter anderem mit Blick auf das Erkenntnisinteresse der vorliegenden Arbeit vor allem zu dem Ergebnis, dass zwischen den beiden Professionen der Primärakteur/inn/e/n ein Hierarchiegefälle besteht:

> Die Lehrer unterstützen dieses Gefälle, indem sie sich, gesellschaftlichem Statusdenken folgend, eine höhere berufliche Selbstkompetenz beziehungsweise einen höherwertigen beruflichen Status zuschreiben. Dabei stufen sie die Übergangsphase als einseitige Anpassungsleistung der Erzieherinnen beziehungsweise des elementarpädagogischen Gesamtkonzepts ein und qualifizieren damit den Kindergarten als Vorläuferinstitution ab. Die Erzieherinnen tragen zur Aufrechterhaltung der hierarchischen Struktur bei, indem sie partiell mit den hierarchischen Orientierungen der Lehrkräfte übereinstimmen. Folglich tendieren sie dazu, sich den Vorgaben der Schule anzupassen und etwaige divergierende Orientierungen verdeckt zu halten. Sie demonstrieren ein geringes persönliches und berufliches Selbstverständnis, ihre fachlich pädagogisch-methodischen Wissenskompetenzen bringen sie nur vereinzelt ein. Sie setzen die Bedeutung des Kindergartens als wichtiger Bildungs- und Erziehungsorganisation herab und vertreten diese nicht (Emmerl 2008, 302).

Emmerls Ergebnis ist zunächst aufgrund der qualitativen Stichprobengröße und der Methode der „teilnehmende[n] Beobachtung ‚fokussierte Ethnografie'" (Emmerl 2008, 97) hinsichtlich einer Generalisierung kritisch zu betrachten.

Schmidt (2009) stellt in seinem Evaluationsbericht im Rahmen des Verbundprojekts „Transition von der Kindertageseinrichtung in die Grundschule" (TransKiGs), an dem die fünf Bundesländer Berlin, Brandenburg, Bremen, Nordrhein-Westfalen und Thüringen teilgenommen haben und in dessen Kontext auch diese Arbeit entstanden ist, die Ergebnisse einer Befragung der am Projekt beteiligten Akteur/inn/e/n dar (N=340): 54 % sind Pädagog/inn/en aus dem Elementarbereich, 32 % Pädagog/inn/en aus dem Primarbereich und 8 % Personen mit konzeptionellen Aufgaben (über 6 % liegen keine Angaben vor). Anliegen des Projekts ist es, „die Bildungs- und Erziehungsqualität in Kindertageseinrichtungen und Grundschulen zu stärken und den Übergang zwischen den beiden Bildungseinrichtungen zu verbessern. Dafür soll u.a. die Kooperation aller Beteiligten (in Kindertageseinrichtung, Grundschule und Elternhaus) weiterentwickelt werden" (Hanke / Rathmer 2009, 58). Schmidts Untersuchung richtet sich hauptsächlich auf den Gegenstand einer gemeinsamen Bildungs- und Erziehungsphilosophie der Bereiche Kindertageseinrichtung und Grundschule. Die in direkten Zusammenhang mit dieser Arbeit zu bringenden Befunde sind die folgenden (siehe Schmidt 2009, 44ff.):

- gemeinsame Einstellungen und Überzeugungen bei den Angehörigen beider Professionen als Voraussetzung kooperativen Handelns und
- Kooperation der Akteur/inn/e/n auf anspruchvollstem kokonstruktiven Niveau.

Auch die Gelingensbedingungen, die Schmidt in seiner Studie formuliert, lassen sich mit den in dieser Arbeit dargestellten Auswertungen der Einschätzungen der Akteur/inn/en sinnvoll vergleichen (siehe Kapitel IV.3.4; IV.4.4). Schmidt fordert auf Grund seiner Auswertungen:

- zu Beginn der Kooperation eine externe Moderation und ausreichend Zeit für das gegenseitige Kennenlernen, beispielsweise durch wechselseitige Hospitationen,
- eine durchgängige Unterstützung der Kooperation durch Planung, Vorbereitung und Organisation vonseiten der jeweiligen Leitungen der Bildungseinrichtungen sowie vonseiten der Sekundärakteur/inn/e/n, beispielsweise in Form von Fortbildungen, der Formulierung von Handlungszielen oder einer Analyse des Istzustandes und Definition des Entwicklungsbedarfs der Kooperation,
- eine Unterstützung der Kooperation durch Kolleg/inn/en in der eigenen Einrichtung,
- eine Motivation der Akteur/inn/e/n,
- ausreichend Zeit für die Kooperation,
- eine Zieltransparenz der Kooperation,
- die Sicherung einer vertieften Kooperation durch Kooperationsverträge.

Bei der Betrachtung dieser Ergebnisse ist kritisch zu bedenken, dass der Fragebogen einen speziellen Kreis projekteingebundener Akteur/inn/e/n angesprochen hat und die Ergebnisse folglich nicht repräsentativ für die allgemeine Kooperationspraxis von Kindertageseinrichtungen und Grundschulen sind.

2.4 Ergebnisse der Studie TransKiGs NRW (Phase II)

Die Studie TransKiGs NRW (Phase II) lässt sich in die oben skizzierte Forschungslandschaft einordnen, denn auch sie evaluiert die Kooperation zwischen Kindertageseinrichtungen und Grundschule. Dabei profiliert sich TransKiGs sowohl inhaltlich als auch forschungsmethodisch mit neuen Akzenten, da über eine repräsentative Stichprobe anhand der Angaben aus der Perspektive der Primärakteur/inn/e/n Merkmale der Kooperation hinsichtlich der Bedingungen, der Formen und des Klimas mit Blick auf spezielle Aspekte der Zusammenarbeit erhoben wurden.

Die bisherigen, aus Häufigkeitsanalysen resultierenden Ergebnisse der sich derzeit im Auswertungsprozess befindenden Studie zur Evaluation der Praxis der Kooperation zwischen Kindertageseinrichtungen und Grundschule im Kontext des Sprachstandsfeststellungsverfahrens Delfin 4 in Nordrhein-Westfalen (TransKiGs NRW (Phase II)) lassen sich unter Berücksichtigung der oben dargestellten Ebenen wie folgt in stark reduzierter Form zusammenfassen (Hanke / Merkelbach / Rathmer / Zensen 2009):

- Rahmenbedingungen der Kooperation:

  Im Jahr 2008 kooperierte im Kontext der Durchführung von Delfin 4 eine Kindertageseinrichtung mit durchschnittlich einer Grundschule, eine Grundschule dagegen mit etwa drei Kindertageseinrichtungen. In bestehenden gewachsenen Strukturen arbeiten eine Kindertageseinrichtung durchschnittlich mit etwa zwei

Grundschulen und die Grundschulen mit vier Kindertageseinrichtungen zusammen.

Eine Unterstützung der interinstitutionellen Kooperation ist in der großen Mehrheit der Fälle gegeben, und zwar hinsichtlich folgender Faktoren: Absprachen zwischen den Leitungen, Engagement der Fach- und Lehrkräfte, personelle Kontinuität der Ansprechpartner/innen, Fachsprache, Informationswege, Mitbestimmung bei der personalen Zusammensetzung der Kooperationspartner/innen. Selten verfügen die Kooperierenden über unabhängige Moderator/inn/en und selten werden Kooperationsergebnisse protokolliert oder Verträge beziehungsweise Absprachen schriftlich abgefasst. Die Leitungen beider Institutionen leisten eine ausgeprägte Unterstützungsarbeit.

- Formen der Kooperation:

  Die in der Praxis am häufigsten vorzufindenden Kooperationsformen (Schulbesuchstage, Informationsveranstaltungen) konzentrieren sich vorwiegend auf einen Austausch von Informationen. Kooperationsformen höheren Niveaus wie beispielsweise eine gemeinsame konzeptionelle Entwicklungsarbeit sind nur in einem sehr geringen Maße etabliert. Gemeinsame Fortbildungen, gegenseitige Hospitationen und Kooperationsverträge sind ebenfalls in der Praxis nur selten gegeben.

- Klima der Kooperation:

  Die Mehrheit der befragten Pädagog/inn/en gibt an, in einer Atmosphäre der gegenseitigen Wertschätzung und Akzeptanz, des Vertrauens in die berufliche Kompetenz des Kooperationspartners beziehungsweise der -partnerin, der Aufgeschlossenheit und Offenheit zu kooperieren. Allerdings ist zu konstatieren, dass ein beachtlicher Teil der Akteur/inn/e/n aus beiden Einrichtungen nur über geringe Kenntnisse in Bezug auf praktizierte Regeln, Rituale und Arbeitsformen sowie des zu realisierenden Bildungs- und Erziehungsauftrags in der jeweils anderen Institution verfügt.

Für die Ermittlung von Erfolgsfaktoren für die Kooperation konnten die Befragten nicht nur das Vorhandensein unterstützender Bedingungen angeben, sondern darauf bezogen auch, welche Art von Veränderungen sie in allen Bereichen als notwendig erachten. Es kristallisierten sich unter anderem folgende Gelingensbedingungen heraus (Hanke / Merkelbach / Rathmer / Zensen 2009, 46):

- personelle Kontinuität der Ansprechpartner/innen,
- Gemeinsamkeiten im pädagogischen Konzept und im Schulprogramm,
- gemeinsame Standards für die Bildungsdokumentation,
- gegenseitige Hospitationen,
- gemeinsame Fortbildungen,
- rechtzeitige und ausreichende Information bezüglich der Kooperation.

In diesem Zusammenhang ist bemerkenswert, dass einige Kooperationsmerkmale wie beispielsweise Kooperationsverträge, schriftliche Absprachen, gemeinsame Fachsprache und die Möglichkeit der Mitbestimmung bei der Zusammensetzung der kooperierenden Fach- und Lehrkräfte zwar normativ als Erfolgsfaktoren allgemein angenommen werden, von den befragten Pädagog/inn/en aber als nicht erforderlich für ein Gelingen der Kooperation angesehen werden. Dieser Befund lässt sich nicht eindeutig begründen, jedoch ist zu vermuten, dass es den Akteur/inn/en an entsprechenden Erfahrungen mit den oben genannten Bedingungen fehlt und sie folglich eine kooperationsfördernde Wirkung dieser Merkmale nicht erkennen können.

Alle Ergebnisse basieren auf der Analyse von rekonstruierter Erinnerung und Einschätzung aus subjektiver Sicht der Akteursgruppen: Leitungen der Kindertageseinrichtungen, Leitungen der Grundschulen, pädagogische Fachkräfte aus den Kindertageseinrichtungen, Lehrkräfte aus der Grundschule und Eltern (Ex-post-Evaluation). Die oben dargestellten vorläufigen Ergebnisse der Studie beziehen sich auf die jeweils zusammengefassten Gesamtperspektiven der Institution Kindertageseinrichtung und der Institution Grundschule.

Das repräsentative Datenmaterial verspricht interessante Erkenntnisse aus den bevorstehenden Korrelations- und Clusteranalysen. Zusätzlich wurden im Projekt TransKiGs NRW (Phase II) leitfadengestützte Interviews mit Experten aus ausgewählten etablierten Netzwerken für die Kooperation zwischen Kindertageseinrichtungen und Grundschulen durchgeführt. Die Auswertung dieser Interviews wird differenzierte Aussagen über Bedingungen und Formen einer erfolgreichen Kooperation zwischen Kindertageseinrichtungen und Grundschulen ermöglichen.

III. Das Münsteraner Kooperations-Tableau (MKT)

Es ist anzunehmen, dass eine Bewusstwerdung der Vorgänge im Rahmen einer Zusammenarbeit diese stärken kann – das vorliegende Modell dient ebendiesem Zweck.

Perspektivisch setzt das Münsteraner Kooperations-Tableau einen neuen Standard zur Evaluation der Gesamtheit individueller, intra- und interinstitutioneller Faktoren in der Kooperationspraxis von Kindertageseinrichtungen und Grundschule. Intention der ersten Entwicklungsphase des Münsteraner Kooperations-Tableaus ist es, ein Modell zu entwerfen, das Formen, Klima und Bedingungen der Kooperation zwischen Kindertageseinrichtungen und Grundschule systematisch erfasst und beschreibt. Das Tableau eignet sich sowohl zur Bestandsaufnahme eines einzelnen Kooperationsgeflechts konkreter Einrichtungen als auch zur Bestimmung der Kooperationskultur auf Bezirks- und Länderebene. Die Entwicklung des Tableaus zu einer statistisch-empirischen und weitgehend normfreien Grundlage für ein ausgereiftes (Selbst-)Evaluationsinstrumentarium ist zunächst Ziel von Forschungsperspektiven.

Das Tableau nimmt die komplexen Prozesse institutioneller und individueller Zusammenhänge in den Blick. Zur Erfassung der Kooperationsmerkmale werden für die Operationalisierung nicht nur Fragen an die pädagogischen Primärakteur/inn/e/n angeregt, sondern auch an die Eltern (siehe Anhang: Ergänzungen der Bereiche des Münsteraner Kooperations-Tableau um Möglichkeiten der Operationalisierung). Eltern sind als Primärakteur/inn/e/n in einer besonderen Rolle anzusehen (siehe Kapitel II.3.2.2) und unverzichtbar bei der Gestaltung und Beurteilung institutionellen pädagogischen Handelns.

1. Ordnungsstruktur des MKT

Angesichts des komplexen, interaktiosbezogenen, dynamischen, multidimensionalen und auf unterschiedlichen Personal-, Form- und Strukturebenen betrachtbaren Untersuchungsgegenstandes „Interinstitutionelle Kooperation" ist die Voraussetzung für eine erkenntnisträchtige Bestandsaufnahme eine systematische Ordnungsstruktur. Diesem Zweck dient das Münsteraner Kooperations-Tableau (MKT).

Das MKT gliedert sich in Felder, in denen jeweils auf verschiedenen Ebenen differenzierte Bereiche angelegt sind, um die Wirklichkeit der Kooperation zwischen Kindertageseinrichtungen und Grundschule modellhaft darzustellen. Da es sich um einen so komplexen und durch reziproke Kohäsion charakterisierten Gegenstand handelt, ist der Modellcharakter besonders hervorzuheben. Eine exakte Trennschärfe zwischen den dargestellten Beschreibungselementen der Kooperation besteht weder hinsichtlich der Felder noch bezüglich der Ebenen und auch nicht zwischen den Bereichen. Die Zusammenhänge sind bisher wenig erforscht; diese Arbeit leistet in Kapitel IV einen Beitrag dazu.

Zum jetzigen Zeitpunkt seiner Entwicklung besitzt das Modell einen stark deskriptiven Charakter. Mit zunehmenden empirischen Befunden sollen in der Forschungsperspektive die Beschreibungsfelder, -ebenen und -bereiche zu Qualitätsfeldern, -ebenen und -bereichen weiterentwickelt werden.

1.1 Beschreibungsfelder

Die in Kapitel II herausgearbeiteten und im Abschnitt II.3.2.3 festgelegten Ebenen, auf denen Kooperation betrachtet werden kann (Abbildung 7), entfalten entsprechend für das MKT drei Felder, innerhalb derer Kooperation beschrieben wird: je ein Feld für die Beschreibung von

- Kontext- und Strukturfaktoren (Rahmenbedingungen und Unterstützungselemente),
- formenbezogene Prozessfaktoren,
- klimatische Prozessfaktoren.

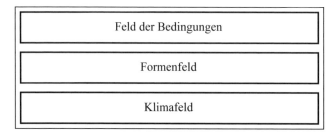

Abb. 9:   Übersicht über die Felder des MKT

Die Grenzen sind hier ebenfalls modellhaft angelegt und zu relativieren. Formen sind an sich auch Strukturen, und das Klima ist auch an sich ein Kontextmerkmal, Bedingungen wie beispielsweise die Anzahl der Kooperationspartner/innen bilden Form und Klima aus. Dennoch erweist sich diese Kategorisierung zur Ordnung der Ebenen und Bereiche des Kooperationsgeschehens in der systematischen Beschreibung als zweckmäßig, denn Beschreibung als Instrument mit dem Ziel, zur anwendungsorientierten Nutzung in der Praxis zu dienen, sollte auf Optimierungsinterventionen ausgerichtet sein, und die Felder lassen nicht nur schnell erkennen, wo Handlungsbedarf besteht, sie geben auch konkrete Möglichkeiten an, in welchen Bereichen konkrete Maßnahmen ergriffen werden könnten. Die Faktoren aus dem Feld der Bedingungen und aus dem Formenfeld lassen sich betont rational über programmatische Konzeptualisierungen beeinflussen. Die Faktoren des Klimafeldes entziehen sich dagegen in der Regel einer direkten Steuerung, und sozial-emotionale Prozesse, mit denen ein Klimawandel angestrebt wird, können unter Umständen sehr viel Zeit in Anspruch nehmen.

1.2 Beschreibungsebenen

Die in jedem der drei Felder des MKT gesetzten Beschreibungsebenen sind Metaebenen, auf denen die einzelnen differenzierten Faktoren des Kooperationsgeschehens gebündelt werden.

Das Feld der Bedingungen weist drei Beschreibungsebenen auf. Eine Ebene behandelt allgemeine Angaben zur Person und zur Institution sowie zur Partnerinstitution beziehungsweise den Partnerinstitutionen, eine weitere den Rahmen, der die Kooperation bedingt, und die dritte Ebene stellt die Strukturen der sachbezogenen Information dar.

Das Formenfeld beinhaltet zwei Metaebenen: die Ebene, die beschreibt, um welches Format der Kooperation es sich handelt, und die Ebene, auf der über die Eigenschaften des praktizierten Formentypus befunden wird. Röhrle (1994, 46) unterscheidet Merkmale von Netzwerken darüber hinaus nach den Kategorien, die im hier entwickelten Münsteraner Kooperations-Tableau in den verschiedensten Bereichen an anderer Stelle ihren Ausdruck finden:

- relationale Merkmale: starke versus schwache Beziehungen; Kontakthäufigkeit; latente versus aktualisierte Beziehungen; Dauer und Stabilität;
- funktionale Merkmale: soziale Unterstützung; soziale Kontrolle;
- Merkmale der Morphologie: Größe; Dichte; Zentralität; Sektoren.

Das Klimafeld beinhaltet die Ebenen Motivation, Kommunikation und Vertrauen. Wie im Unterkapitel II.3.1.1 erörtert, basiert die Kooperation auf Vertrauen und verdient deshalb eine herausgehobene Rolle. Vertrauen ist sowohl ein Persönlichkeitsmerkmal als auch ein interpersoneller Prozess, der in Kindertageseinrichtung und Grundschule der Gruppendynamik unterliegt. Zum einen verlangt und erfordert es von den Kooperationspartner/inne/n, dass sie sich zeitweilig auf eine Person und deren Arbeitsleistung verlassen, die sich der eigenen Kontrolle und der eigenen Institution entzieht (vgl. Bierhoff / Müller 1993), zum anderen wird das persönliche Sicherheitsempfinden insofern bedroht, als die andere Profession die eigenen beruflichen Fähigkeiten potenziell erst einmal grundsätzlich in Frage stellen kann, wenn es beispielsweise um einen gemeinsamen, aber traditionell getrennt behandelten Gegenstand wie die Sprachdiagnostik von Kindern handelt. Rosenholtz (1991) wies die große Bedeutung einer gefühlten potenziellen Bedrohung für das eigene Selbstwertgefühl nach. Somit ist Vertrauen in Kooperationszusammenhängen nicht nur eine Erwartung vorhersehbaren Verhaltens, sondern auch Zuversicht angesichts eines möglichen Risikos (vgl. Luhmann 2000). Luhmann zufolge ist Vertrauen ein Mechanismus zur Reduktion sozialer Komplexität. Lewicki und Bunker (1995) unterscheiden hinsichtlich dieses Mechanismus drei verschiedene Formen:

- Vertrauen als Kalkül (Investition von Vertrauen zum Nutzen eigener Interessen),
- Vertrauen aus Wissen und Erfahrung (bei Beziehungen über einen längeren Zeitraum),

- Vertrauen auf der Basis von Identifikation (bei kongruenten Absichten).

Erzieher/innen und Lehrer/innen brauchen genügend gemeinsame Zeit und Gelegenheiten, um ein stabiles Vertrauen als Fundament für die Kooperation aufzubauen, denn Vertrauen lässt sich nicht verordnen, sondern bedarf einer zeitintensiven und sich gesund entwickelnden Erfahrungskultur.

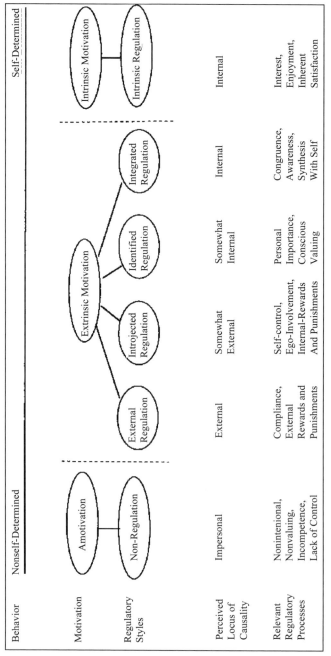

Abb. 10: Übersicht über das Kontinuum zwischen Fremd- und Selbstbestimmung (aus: Ryan / Deci 2000)

Die Metaebene, die Faktoren der Motivation zur Kooperation bündelt, beinhaltet nicht nur Daten über allgemein schnell assoziierte Gratifikationen und Sanktionen, sondern richtet über die Konstruktion der zugehörigen Bereiche auf der Grundlage der Selbstbestimmungstheorie von Deci und Ryan (1985; 2000) den Fokus insbesondere auf Aspekte von Autonomie, Verantwortung und Partizipation. Dieses Modell ermöglicht nicht nur einen Blick auf die Stärke, sondern auch auf die Qualität der Motivation.

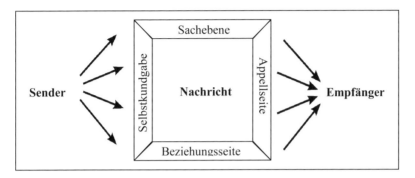

Abb. 11: Grafische Rekonstruktion des Kommunikationsquadrats nach Schulz von Thun (1981)

Die Motivation der Kooperationspartner/innen prägt auch deren Kommunikationsverhalten. Kooperation ist auf die gegenseitige Mitteilung von Ideen, Ansichten und Gefühlen angewiesen. Im MKT unterscheidet sich die Ebene der Kommunikationsfaktoren im Klimafeld von der Ebene der Informationsstrukturen im Feld der Bedingungen. Die Sachinhalte einer Nachricht und der beruflich-aufgabenorientierte Appell an den Adressaten, entsprechend energisch tätig zu werden, ist der Ebene der Informationsstrukturen zuzuordnen. Hier geht es auch um die Beschreibung der Distribution von Informationen. Die Wirkung beziehungsweise der Erfolg von Kommunikationsprozessen hängt aber nicht nur von dem vom Sender in Sprachsymbole kodierten Sachinhalt ab, sondern von der Interpretation der Nachricht bei Sender und Empfänger. Im Kommunikationsmodell nach Schulz von Thun (1981; 1999) beinhaltet jede Nachricht mehrere Botschaften. Die Beziehung zwischen den Kommunikationspartner/inne/n hat einen entscheidenden Einfluss auf die Interpretation der Nachricht. Kommunikation ist folglich nicht nur ein Akt eindimensional sachdienlichen Austausches von Informationen, sondern immer auch Beziehungsgestaltung und intentional auf einen Anderen und dessen Verständnis und Verhalten bezogen und damit im Unterschied zu anderem Verhalten immer auch soziales Verhalten (Maturana; Varela 1987). Etymologisch gesehen bringt das Wort Kommunikation von seiner Herkunft vom lateinischen Wort „communis" dies auch zum Ausdruck. Die Bedingungen, die die Beziehungsebene in der Kommunikation im Rahmen der Kooperation zwischen Kindertageseinrichtung und Grundschule beeinflussen, werden auf der Ebene der Kommunikationsfaktoren aufgenommen. Selbstverständlich sind die Kommunikationsebenen in der sozialen Wirklichkeit nur im Modell voneinander zu trennen. Sache, Beziehung, Selbstoffenbarung und Appell sind eng miteinander verflochten.

Aus den angesprochenen Ebenen der Felder ergibt sich insgesamt folgende Übersicht mit acht Beschreibungsebenen für die Darstellung der Kooperationspraxis:

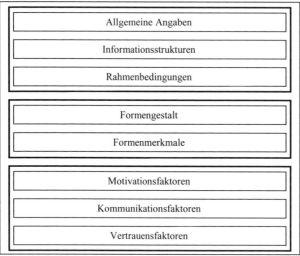

Abb. 12:   Übersicht über die Ebenen des MKT

1.3   Beschreibungsbereiche

Die Bereiche des MKT sind offene modulare Beschreibungseinheiten, innerhalb derer Faktoren des Kooperationsgeschehens mit einem gewissen Merkmalsfokus behandelt werden. Darüber, inwiefern und in welcher Stärke die jeweiligen Inhalte der verschiedenen Bereiche miteinander korrelieren und teilweise kongruieren, wird der Untersuchungsteil Aufschluss geben. Für eine kartografische Darstellung der interinstitutionellen Kooperation zwischen Kindertageseinrichtung und Grundschule sind die im folgenden Unterkapitel aufgeführten Bereiche im Modell konstruiert worden.

2   Kooperationsfaktoren des MKT

Die Kooperationsfaktoren des MKT werden entsprechend den Betrachtungsebenen für die Kooperation (Abbildung 7) und den Feldern des MKT (Abbildung 8) folgenden Kategorien zugeordnet: Kontext- und Strukturfaktoren (Rahmenbedingungen und Unterstützungselemente), formenbezogene Prozessfaktoren sowie klimatische Prozessfaktoren.

Diese Bereiche werden nun jeweils in einem einleitenden Absatz kurz charakterisiert. Beispiele für eine konkrete Operationalisierung in einem Fragebogen, für die Gestaltung der Items, Instruktionen sowie Skalen können auch anhand der Fragebögen von TransKiGs NRW (Phase II) im Anhang eingesehen werden.

2.1 Kontext- und Strukturfaktoren

In dieser Kategorie werden allgemeine Angaben und statistische Grunddaten sowohl über die Person des Kooperateurs als auch über die kooperierende Institution erhoben. Darüber hinaus werden Daten über Rahmenbedingungen bezüglich der pädagogischen Orientierung, der Unterstützung und Arbeitsorganisation sowie Daten über die Informationsstrukturen im Kooperationsprozess gewonnen.

Bei einer Betrachtung der Arbeitskonditionen wird schnell in erster Linie an das Gehalt gedacht. Die gesellschaftspolitische Frage, wie unser Land die Dotierung seiner „Bildungsprofis" beispielsweise im Vergleich zu Mediziner/inne/n oder Jurist/inn/en gestaltet, berührt eine andere Dimension. Es wäre auch nicht zu erwarten, dass bei einem Anstieg der Vergütungen für Fach- und Lehrkräfte im Elementar- und Primarbereich gleichzeitig auch automatisch die Bereitschaft zur Kooperation zwischen Kindertageseinrichtung und Grundschule steigen würde. Mit Blick auf die konkreten Kooperationsaspekte bleibt deshalb diese Ressourcenfrage zunächst ausgeklammert, und der Fokus richtet sich auf weitere Rahmenbedingungen und die Orientierungsqualität.

2.1.1 Akteur/in

Kooperation ist in erster Linie nicht ein Zusammenspiel von Institutionen, sondern von Individuen. Im Bild einer solchen Spielmetaphorik bilden die Einrichtungen sowie deren interne und externe Strukturen das Spielfeld und geben das Reglement vor, während die Spieler/innen, die das Spielklima gestalten und von denen der Spielverlauf maßgeblich abhängt, die kooperierenden Akteur/inn/e/n sind. Träger der sozialen Handlung Kooperation ist also der Mensch und nicht die Institution. Selbstverständlich muss also für eine Evaluation zunächst geklärt werden, wer diese Träger/innen des Kooperationsgeschehens sind und wie ihre allgemeinen persönlichen Merkmale ausgeprägt sind. An dieser Stelle geht es noch nicht um die Beschreibung von Einstellungen, Attitüden oder der Motivation bezüglich der interinstitutionellen Kooperation mit der Partnereinrichtung (Kooperationsdimension III), sondern um statische beziehungsweise relativ stabile individuelle Kennwerte (Kooperationsdimension I) wie beispielsweise Geburtsdatum beziehungsweise Alter, Geschlecht, Bildungsabschluss oder Berufserfahrung, die jeweils unabhängig von der Kooperationsbeziehung zwischen Kindertageseinrichtung und Grundschule betrachtet werden können. Bestimmte fachliche Qualifikationen, die nicht unter dem Blickwinkel der Motivation (Feld K – EI/B4) betrachtet werden, gehören aber auch zu dieser Kategorie.

Bei Einbeziehung der Eltern in die Evaluation sind auch deren Kennwerte zu betrachten.

2.1.2 Institution

Das Individuum prägt die Institution, und wechselwirksam bestimmt die Institution gleichzeitig die Rolle der Akteurin beziehungsweise des Akteurs in der Ausübung ihrer beziehungsweise seiner Profession. Die Institution bildet durch ihre Strukturen und in ihnen den realen Kontext gesellschaftlicher Rahmenbedingungen aus, wie beispielsweise gesetzliche Grundlagen, kulturelle Standards, Beschlüsse der Kultusminister- und Jugendministerkonferenzen etc. Um das Kooperationsgeschehen analysieren zu können, ist es notwendig, die Charakteristika der Einrichtung zur Kenntnis zu nehmen – zunächst die regionalen Bezüge und Gegebenheiten der Einrichtung, in der die befragte Akteurin beziehungsweise der Akteur tätig ist und dann selbstverständlich auch der Kontext und die Strukturen der kooperierenden Partnerinstitution/en (III.2.1.3) beziehungsweise Bezugseinrichtung/en.

2.1.3 Partnerinstitution/en

Um ein Bild der Kooperationspraxis zeichnen zu können, ist es selbstverständlich wichtig, beide beziehungsweise alle kooperierenden Institutionen in den Blick zu nehmen. Einrichtung und Partnereinrichtung/en sind auf institutioneller Ebene die komplementären Elemente der Kooperation. Der Befund von TransKiGs NRW (Phase II) stellt folgendes Bild für die Zusammenarbeit von Kindertageseinrichtungen und Grundschule in Nordrhein-Westfalen fest: „In Bezug auf Themen des Übergangs kooperieren Kindertageseinrichtungen in bestehenden gewachsenen Strukturen durchschnittlich mit ca. zwei Grundschulen und die Grundschulen durchschnittlich mit vier Kindertageseinrichtungen" (Hanke / Merkelbach / Rathmer / Zensen 2009, 43).

In eine Evaluationsmaßnahme sollten hier auch diejenigen Partnerinstitutionen aufgenommen werden, mit denen Kindertageseinrichtung und Grundschule über ihre institutionellen Grenzen hinaus im Kontext der Gestaltung des Übergangs kooperieren, beispielsweise ein Netzwerk, das sich mit dem Thema des Übergangs von der Kindertageseinrichtung in die Grundschule beschäftigt. In diesem Zusammenhang macht Balling (1997, 124) darauf aufmerksam, dass der Kooperationserfolg von einer überschaubaren Anzahl von Kooperationsbeteiligten (vgl. Akgün 2006) sowie von einer professionellen Steuerung abhängt.

Als Partner/innen werden auch die Eltern der Kinder in den Einrichtungen verstanden, die sich im Übergang befinden. Die Einbeziehung von Eltern in die Bildungsarbeit ist sowohl bildungspolitisch gewünscht als auch teilweise in der Praxis bewährt. Tietze, Rossbach und Grenner (2005, 180) machen darauf aufmerksam, dass sich aktuelle Herausforderungen durch Bildungs- und Entwicklungsprobleme der veränderten Kindheit im Allgemeinen nur gemeinsam mit den Eltern erfolgreich meistern lassen.

2.1.4 Orientierung und Ziele

Mit Orientierung sind zum einen Zielsetzungen gemeint, an denen sich die pädagogischen Wege orientieren, sowie zum anderen die konkretisierten umfassenden Konzepte der Kindertageseinrichtungen und Programme der Schulen, welche die pädagogischen Ansätze darstellen und an denen sich der Alltag in den Institutionen ausrichtet. Einfluss auf diese Orientierung haben selbstverständlich der gesellschaftliche Kontext und gesetzliche Rahmenbedingungen. Eine für die Kooperationspraxis von Kindertageseinrichtungen und Grundschule spezifische Orientierungsgröße ist der Datenschutz, der dem Informationsaustausch Grenzen setzt und Unsicherheiten bei den Akteur/inn/en hervorrufen kann.

Die Orientierung an pädagogischen Überzeugungen eröffnet eine eigene Qualitätsdimension (vgl. Kapitel II.3.1.2) und wird in der aktuellen Bildungsdiskussion bereits als Qualitätskriterium angesehen (Knauf 2005). Die pädagogischen Konzepte und Schulprogramme verleihen den Einrichtungen Profil und eine pädagogische Identität, sie fördern einen kontinuierlichen Diskurs über pädagogische Fragen und richten den Fokus auf wesentliche Gestaltungsräume. Wichtige Aspekte sind dabei unter anderem die Klarheit der Konzepte und inwieweit die Pädagog/inn/en nach innen wie nach außen für die Konzepte einstehen, insbesondere inwiefern die Leitungen ihren Mitarbeiter/inne/n tatsächlich entsprechende Unterstützung für die Umsetzung der durch die Konzepte geforderten Wirklichkeitsansprüche bieten.

Die Orientierung offenbart und konkretisiert sich vor allem in ihren Zielen. Das gemeinsam von beiden Bildungseinrichtungen zu erreichende Ziel ist durch den Erziehungs- und Bildungsauftrag im Sinne eines für das Kind möglichst optimal zu gestaltenden Übergangs allgemein klar in bildungspolitischen Vorgaben definiert. Allerdings genügt diese allgemeine Klarheit aber in der konkreten Ausgestaltung in den pädagogischen Einrichtungen nicht, weil diese objektive Gegebenheit nicht so von Bedeutung ist wie die Einschätzung der Kooperationspartner/innen (vgl. Tjosvold 1991; Tjosvold / West / Smith 2003). Das bedeutet, dass die persönliche Orientierung beziehungsweise Zielstellungen der Erzieher/innen und der Lehrer/innen der Kooperation mehr Gestalt verleihen als allgemeine Vorgaben. Auch wenn die Kooperation zwischen Kindertageseinrichtung und Grundschule in Gesetzestexten als wünschenswert hervorgehoben wird, beeinflusst dies die Orientierung und vor allem die Handlungsweise der Pädagog/inn/en nicht zwangsläufig automatisch. Die pädagogischen Akteur/inn/e/n sind deshalb im Sinne einer effizienten Kooperation gut beraten, die von ihnen gemeinsam getragenen Ziele klar auf ihrer jeweiligen Ebene präzise und situationsbezogen zu formulieren und transparent zu kommunizieren. Dies ist insbesondere deswegen so wichtig, da hier zwei Bildungskulturen aufeinandertreffen, die unterschiedliche Wege des Übergangs favorisieren: Die Kindertageseinrichtung sieht für sich primär einen sozial-integrativen Auftrag und versucht jeder Form der Selektion entgegenzuwirken, wohingegen die Grundschule traditionell durch Schulfähigkeits- oder Schulreifekonzepte, Rückstellungen, Notengebung,

Jahrgangswiederholungen und Empfehlungen für den Übergang zu weiterführenden Schulen auch eine selektive Funktion hat (vgl. Emmerl 2008, 37).

Gemeinsame Ziele sollten zum einen immer wieder von beiden Institutionen überprüft und aktualisiert werden und zum anderen präzise, handlungsleitend und wirksam formuliert werden. Walter und Peller (2002; vgl. Baltz / Spieß 2009) empfehlen die effektive SMART-Formel: S = spezifisch und simpel (konkret und detailliert, leicht verständlich); M = messbar und machbar (qualitativ und quantitativ beobachtbar, realistisch umsetzbar); A = attraktiv und aktivierend (passgenau fordernd, Sinn und Nutzen stiftend, emotional bedeutsam und ansprechend); R = realistisch und relevant (authentisch und hilfreich für das Erreichen übergeordneter Ziele und Visionen); T = terminiert (Zeit- und Arbeitsplan mit Festlegung der Verantwortlichkeiten). Die explizite Benennung und Differenzierung von distalen und proximalen Zielen beziehungsweise Fern- und Nahzielen ist somit ein Postulat, das umgesetzt werden sollte.

In Bezug auf die Elternmitarbeit ist auch die Orientierung der Eltern in Bezug auf die Zusammenarbeit mit der Einrichtung ihres Kindes von Interesse: Positionieren sich die Eltern so, dass sie es für ihre Aufgabe halten, mit der Einrichtung zusammenzuarbeiten? Begrüßen die Vertreter/innen der Bildungseinrichtung eine Einbeziehung der Eltern in ihre Aufgabenbereiche?

2.1.5 Themen und Inhalte

Das Thema für die Kooperationspraxis leitet sich aus den Orientierungen ab, setzt einen Schwerpunkt, in dessen Kontext Ziele formuliert werden. Die Ziele und die Erfahrungen, die im Bestreben, die Ziele zu verwirklichen, gemacht werden, binden sich an die Leitvorstellungen und die Auswahl der Inhalte zurück. Orientierungen, Themen und Ziele bilden ein eng verwobenes Geflecht. Themen und Inhalte verleihen der konkreten Kooperationspraxis Profil, da sie ihrerseits wiederum eine Orientierung darstellen. Themen, mit denen sich Kooperationspartner/innen im Zusammenhang mit dem Erkenntnisinteresse dieser Arbeit beschäftigen, sind beispielsweise die gemeinsame Gestaltung des Übergangs von der Kindertageseinrichtung zur Grundschule, die Zusammenarbeit mit Eltern von Kindern in der Übergangszeit, eine gemeinsame Sprachstandsdiagnostik oder Sprachförderung oder auch anschlussfähige Projekte und Programme zu Ernährung, Bewegung, Forschen und Entdecken, Kunst, Musik oder Ähnlichem.

2.1.6 Arbeitsorganisation

Die Arbeitsorganisation ist eine entscheidende Grundlage für das Gelingen von Kooperation und beeinflusst die Akzeptanz gegenüber der Zusammenarbeit und die Zufriedenheit mit ihr, sie bestimmt, welche Bedeutung der Kooperation beigemessen wird und inwiefern die Pädagog/inn/en be- beziehungsweise entlastet werden und wie sich demzufolge ihre Motivation und ihr Kommunikationsverhalten gestaltet.

Arbeitsorganisation bezieht sich hier vor allem auf zwei verschiedene Aspekte, zum einen auf die Organisation der Arbeitsabläufe für die interinstitutionelle Kooperation innerhalb der Einrichtungen und zum anderen auf die Organisation der gemeinsamen Tätigkeiten im Rahmen der interinstitutionellen Kooperation.

Innerhalb der Einrichtungen geht es hauptsächlich um Entlastungsmöglichkeiten für die kooperierenden Akteur/inn/e/n durch die Leitungen, aber auch durch sie selber, da Fach- und Lehrkräfte auch selbst in der Verantwortung stehen und über den Spielraum verfügen, ihre Arbeitsprozesse eigenaktiv ressourcenschonend zu gestalten. Werden Pädagog/inn/en für interinstitutionelle Kooperationstätigkeiten freigestellt, stellen sich die Fragen, wofür genau und wovon genau. Werden die Akteur/inn/e/n entsprechend ihrer Qualifikation eingesetzt? Weiter ist von Interesse, was mit den Aufgaben geschieht, von denen die Akteurin beziehungsweise der Akteur Abstand nimmt. Wird diesen Aufgaben nicht nachgegangen oder übernimmt sie jemand anderes? Die Entlastung der Leitungen der Einrichtungen durch Träger oder Fachberatungen beziehungsweise durch das Schulamt stellt ebenfalls eine zu berücksichtigende Option dar.

Für den zweiten Aspekt ist besonders von Bedeutung, wann, in welchen Abständen und wo die Zusammenarbeit ausgeübt wird sowie in welcher Form (siehe Kapitel III.2.2.1). Welche Möglichkeiten bieten die Strukturen der eigenen Einrichtung und diejenigen der Partnerinstitution/en? Wie werden die Arbeitsabläufe kommuniziert und dargestellt? Gibt es eine ungleiche Verteilung der Arbeit zulasten einer Institution?

Einen weiteren Aspekt der Arbeitsorganisation stellt aber auch die Einbeziehung externer Fachreferent/inn/en und unabhängiger Moderator/inn/en dar.

Nach Buhren und Rolff (2002) empfehlen sich folgende Regeln für ein effektives Sitzungsmanagement:

- Keine Sitzung ohne Rahmen:

  Klärung von Prozessfragen / gemeinsame Erstellung der Tagesordnung, Absprachen zur Zeit, Pausenplanung, Protokollfrage etc.);
  konzentrierte inhaltliche Arbeit (Strukturierung der Diskussionsbeiträge, Festlegen von Zuständigkeiten, Verdeutlichung gegensätzlicher Standpunkte etc.);
  Prozessauswertung und Prozessanalyse (Feedback über den Gruppenprozess, Schlussfolgerungen für das nächste Treffen etc.).

- Keine Sitzung ohne Zeitabsprache:

  Zeitabsprache bezüglich der generellen Zeit- und Pausenplanung;
  frühzeitige Festlegung aller Sitzungstermine mit Uhrzeit und Tagungsort;
  eventuell Zeitabsprache bezüglich der Länge von Redebeiträgen (keine Monologe, beispielsweise Zwei-Minuten-Regel).

- Keine Sitzung ohne Schlussabsprachen:

  Verabredungen müssen als feste Vereinbarungen verstanden und festgehalten werden;

  Absprachen müssen konkret sein.

Bei der Einbeziehung der Eltern in eine Evaluation ist auch die Einschätzung von deren Zeitmanagement für ein Verständnis des von ihnen gezeigten beziehungsweise nicht erbrachten Engagements von Bedeutung.

Konkrete Empfehlungen zur Gestaltung eines Kooperationskalenders und Musterbeispiele finden sich in den im Rahmen des TransKiGs-Projekts entstandenen Materialien (beispielsweise Freie Hansestadt Bremen 2009).

2.1.7 Arbeitsräume

Arbeitsraum ist nicht gleich Arbeitsraum. Ein schöner Raum kann Freude erzeugen und das „Ankommen" der Teilnehmer/innen am Sitzungsort zu Beginn erleichtern. Ein Raum kann unter verschiedenen Gesichtspunkten in den Blick genommen werden: ästhetischer Gesamteindruck; dominante Farben und Formen im Raum sowie Gestaltung der Boden- und Deckenflächen; Einrichtung und Anordnung des Mobiliars; raumarchitektonischer Zuschnitt (Höhe, Breite, Erker …); Raumklima, Be- und Entlüftung; Beleuchtung und Lichteintrittsflächen beziehungsweise Sichtverbindung zum Freien; Raumakustik und Geräuscheinwirkungen von außen; Lage im Gebäude und Barrierefreiheit. Diese Kriterien üben eine nicht zu unterschätzende Wirkung auf Menschen und deren Arbeitsprozesse aus. Ohne jedoch näher auf technische und ästhetische Details einzugehen, sollen vorrangig die für die praktische Kooperation notwendigen Bedingungen untersucht werden. Dabei wird der Schwerpunkt der Betrachtung darauf gelegt, ob überhaupt geeignete Räumlichkeiten für die Kooperationstätigkeit grundsätzlich zur Verfügung stehen oder ob für jedes Arbeitstreffen entweder unter großen Mühen ein Raum organisiert werden oder wiederholt spontan auf inakzeptable Alternativen zurückgegriffen werden muss. Dann stellt sich die Frage, ob die Orte, an denen sich die Räume befinden, auch von allen an der Kooperation Beteiligten mit angemessenem Aufwand an zeitlichen und finanziellen Ressourcen zu erreichen sind. Letztlich ist noch entscheidend, ob die Räume bedarfsorientiert ausgestattet sind. Eine Tafel, ein Whiteboard, ein Flipchart oder Ähnliches mit Präsentationsutensilien und -materialien erweisen sich meistens als zweckmäßig. Besondere Kooperationsinhalte können darüber hinaus aber auch eine besondere Ausstattung erfordern oder Räume, in denen spezielle Arbeits- und Sozialformen realisiert werden können.

2.1.8 Fortbildungsangebote

Pädagog/inn/en in Bildungssystemen und Bildungsprozessen bedürfen der stetigen Fortbildung, um den Ansprüchen einer hoch komplexen und dynamischen Realität menschlicher und gesellschaftlicher Bedürfnisse, Erwartungen, Einflüsse und Veränderungen annähernd gerecht werden zu können. In diesem Abschnitt werden Fortbildungsangebote allgemein in den Blick genommen, die Teilnahme an Fortbildungen ist dem Bereich Format (III.2.2.1) im Formenfeld zugeordnet.

Fortbildungen nehmen eine herausragende Stellung unter den Möglichkeiten ein, Kooperation zwischen den Akteur/inn/en aus Kindertageseinrichtungen und Grundschule zu gestalten und weiterzuentwickeln. Häufig wissen die beiden Professionen aus dem Elementar- und Primarbereich nur wenig beziehungsweise zu wenig voneinander, die Herausforderungen des pädagogischen Alltags werden aufgrund mangelnder eigener Erfahrung und Konfrontation häufig falsch eingeschätzt. Fortbildungen können Kenntnisse über die andere Arbeitswelt vermitteln, sie können alternative Sichtweisen auf die pädagogische Praxis bieten und die Toleranz gegenüber fremdartig und unbekannt wirkenden Ritualen und Regeln erweitern sowie ein Verständnis des viel umschriebenen Bildes vom Kind beziehungsweise Schülerbildes der kooperierenden Einrichtung anstoßen und gegebenenfalls ausbauen. Unterschiede, die aufgrund der verschiedenen Ausbildungsgänge zustande gekommen sind, und Unterschiede in der Fachsprache können durch geeignete Fortbildungen zumindest partiell kompensiert werden. Über Fortbildungen lassen sich Neuerungen, neues Wissen und neue Methoden implementieren und neue Auffassungen und Überzeugungen etablieren. Dies alles können Fortbildungen entweder direkt durch entsprechende Inhalte bewirken oder mittelbar, indem sie als Forum der Begegnung von Pädagog/inn/en aus beiden Bereichen fungieren. Fortbildungen vermitteln nicht nur Impulse und Ideen an die Praxis, sondern sind auch Orte der Reflexion und ko-konstruktiver Wissensschaffung, die wichtige Praxiserfahrungen und Modifizierungsvorschläge zur Optimierung praktizierter Modelle an die Konstrukteur/inn/e/n der Bildungslandschaft zurückmelden. Es scheint, dass sowohl ein Gelingen der Kooperation zwischen beiden Bildungsbereichen als auch die tragfähige Konstruktion einer anschlussfähigen Didaktik und die Nutzung einer ausgewogenen Balance von Kontinuitäten und Diskontinuitäten im Übergang von der Kindertageseinrichtung in die Grundschule das Instrument der Fortbildungen benötigen.

Bei allen positiven Aspekten von Fortbildungen darf nicht darüber hinweggesehen werden, dass diese Maßnahmen sehr kostenintensiv sind und ihr Erfolg sich in der konkreten Alltagspraxis nicht immer in einem engen zeitlichen Kontext zu ihrer Einführung erkennen lässt. Insbesondere das Angebot von Fortbildungen für pädagogische Akteur/inn/e/n aus beiden Bereichen der kindlichen Bildung stellt die Organisator/inn/en ohnehin erst einmal vor schwer überbrückbare rechtliche und verwaltungstechnische Barrieren wie beispielsweise Versicherungsschutz und Fahrtkostenübernahme.

2.1.9 Fachdiskurs

Der Fachdiskurs betont den sachlichen Aspekt in der Kommunikation zwischen den Bezugspartner/inne/n, er gewährleistet ein gewisses Niveau des wechselseitigen Austauschs von Informationen und dessen Effizienz. Darüber hinaus bietet die Verwendung einer fachorientierten Sprache auch Vorteile für die Einzelne beziehungsweise den Einzelnen, denn sich in seinem Gebiet gut auszukennen und die eigenen Mitteilungsinhalte präzise benennen zu können sowie die anderer erfolgreich zu dekodieren, verleiht Menschen Sicherheit und ermöglicht den Akteur/inn/en des Kooperationsgeschehens, an Gesprächen und Entscheidungsprozessen beteiligt zu werden. Aus dieser Sicherheit folgt häufig auch Anerkennung und Fortschritt für persönliche Ziele.

Ein geordneter und mit intersubjektiven Standards ausgestatteter Fachdiskurs, in dem entweder eine gemeinsame Fachsprache verwendet wird oder als Voraussetzung eine Klärung und Abgrenzung der verschiedenen Fachsprachen erfolgt ist, fördert also Synergieeffekte, erleichtert Verständigungsprozesse und begünstigt im Falle von Konflikten in einem konstruktiven Streitgespräch eine sachorientierte und zielführende Herbeiführung von Problemlösungen.

Der Fachdiskurs hängt in hohem Maße von der entsprechend gepflegten Kultur der jeweiligen Institution und ihren Bezugseinrichtungen sowie den an der jeweiligen Kooperationsform beteiligten Teilnehmer/inne/n ab. Zu betrachten sind in diesem Untersuchungsbereich vor allem drei Fragestellungen bezüglich der Kooperationsmerkmale: Findet eine Kultur der fachlichen Beratung statt? Gibt es eine gemeinsame Fachsprache beziehungsweise sind die lexikalischen Phänomene und das inhaltliche Verständnis koexistenter Fachsprachen der jeweiligen Kooperationspartner/innen geklärt? Werden im internen und interinstitutionellen Austausch Standards für den Informationstransfer verwendet?

2.1.10 Informationsfluss

Die ganze Welt ist Information, und der Mensch ist als Bestandteil der erfahrbaren Welt selbst Kommunikation und somit ein Wesen, das sich dem Austausch von Informationen nicht zu entziehen vermag. Das Kommunizieren ist Eigenschaft des Menschen und gehört zu den komplexesten Fähigkeiten, die der Mensch und die Gesellschaft, in der er besteht, im Leben ausbilden.

In diesem Unterkapitel geht es jedoch zunächst um grundlegende Strukturen und spezifische Informationswege auf dem Feld des Untersuchungsgegenstandes. Die Ebene II im Klimafeld beschreibt weitere explizite Aspekte der Kommunikation (ab Kapitel III.2.3.10).

Unsere Gesellschaft ist eine Informationsgesellschaft mit einer höchstgradigen Verdichtung von Informationen. Insofern ist der Informationsfluss das elementare Versorgungssystem im Bildungssektor. Dementsprechend müssen Informationen aufbereitet und rechtzeitig sowie in ausreichendem Umfang vermittelt werden. Dies gilt insbesondere für die Verständigung und Kommunikation zwischen zwei autonomen Systemen wie Kindertageseinrichtung und Grundschule, die jeweils eigene und sich unterscheidende Kulturen der Distribution von Informationen pflegen.

Die berühmte Lasswell-Formel, benannt nach ihrem Verfasser, dem US-amerikanischen Politik- und Kommunikationswissenschaftler Harold Dwight Lasswell, bietet ein griffiges Modell zur elementaren Analyse von Informationsstrukturen:

„Who says what in which channel to whom with what effect?"
(Lasswell 1948, 48)
[Wer sagt was in welchem Kanal zu wem mit welcher Wirkung?]

Für eine Evaluation der Informationsflüsse in der Kooperation zwischen Kindertageseinrichtungen und Grundschule sind dieser Formel nach also grundsätzlich vor einer praktikablen reduzierten Operationalisierung die folgenden Faktoren in allgemeiner, theoretischer Form zu beschreiben:

- Sender/innen, Kommunikator/inn/en und Quellen,
- Botschaften und Mitteilungen,
- Medien,
- Empfänger/innen, Rezipient/inn/en und Adressat/inn/en,
- Funktionen, Ziele und Auswirkungen.

Zentraler Beobachtungsschwerpunkt für die Analyse von Informationsflüssen ist der Blick auf deren Struktur. Kommunikationsbeziehungen lassen sich nach Shaw (1964) als Netzwerkmuster abbilden. Shaw definiert anhand von Häufigkeiten und Richtungen elementare Typen, die als Interaktionseinheiten immer wieder in Erscheinung treten. Davon sind einige in der folgenden Abbildung dargestellt.

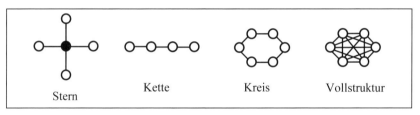

Stern   Kette   Kreis   Vollstruktur

Abb. 13:   Auswahl elementarer Netzwerktypen in Kommunikationsbeziehungen nach Shaw (1964)

In der Praxis entstehen spontan häufig autoritäre Interaktionsnetzwerke, die auf eine/n aktive/n Teilnehmer/in ausgerichtet sind (Fisch / Beck 2002), die beziehungsweise der idealtypisch ein/e Aufgabenspezialist/in ist (Wilke / Wit 2002). Die oben auf der Grundlage der Befunde Shaws dargestellten Strukturen können generell nicht mit den Prädikaten „gut" oder „schlecht" versehen werden. Während in Bezug auf einfache Aufgabentypen die Kriterien individuelle Zufriedenheit, Führung und Effizienz bei Zentralisierung und Autoritätenorientierung der Kommunikation sowie wenigen Kommunikationskanälen bessere Qualitäten aufweisen, zeigt sich bei komplexen und innovationsorientierten Aufgabentypen und Problemen eine höhere Gruppenzufriedenheit und ein höherer Erfolg in Strukturen, in denen sich alle Mitglieder gleichermaßen an den Kommunikationsprozessen beteiligen (vgl. Staehle 1994, 285; Hellriegel / Slocum 1976, 169; Hightower / Sayeed 1996, 452; Allen / Lee / Tushman 1980). Beck und Orth (2002) stellen in ihrer Studie Ordnungsmuster und Wirkungsmechanismen in Bezug auf Kommunikationsstrukturen ausführlich dar.

Von praktischer Relevanz für die Kooperationspraxis ist in diesem Teilbereich des Kooperationsgeschehens zunächst, ob Informationen die Akteur/inn/e/n rechtzeitig und in einem ausreichenden Umfang erreichen. Grundlage hierfür sind geeignete Kommunikationswege und -medien wie Telefon, E-Mail, Schwarzes Brett etc. Andere Aspekte der Kommunikation werden an anderer Stelle des Kooperations-Tableaus, nämlich im Klimafeld in den Bereichen auf der Ebene der Kommunikation, behandelt.

2.1.11 Transparenz

Die Frage der Transparenz ist mit dem Bereich der Sicherheit eng verknüpft. Beide sind für den Menschen Protagonistinnen im Spiel der Gefühle, denn das Verborgene bereitet dem Menschen Angst, die „teils in schleichend-quälender Form eine elementare Erschütterung bewirkt" (Bergius / Caspar 2004) und somit grundsätzlich alles in Frage stellt. Diese Zweifel an der Welt und ihrem Geschehen als mit Erregung und Bedrohung verknüpftes Lebensgefühl hebt die verstandesmäßige Steuerung persönlicher Einstellungen und Handlungen mehr oder minder auf und gefährdet so in einer Kooperationssituation das so wichtige Vertrauen zu den beteiligten Personen.

Für die Ebene der Informationsstrukturen ist es deshalb von enormer Bedeutung, Transparenz in möglichst vielfältiger Hinsicht herzustellen. Dabei ist mit Transparenz kein Angebot an realitätsfremden Konstruktionen von Erklärungen und Begründungen gemeint, welche die Beschwichtigung der kooperierenden Akteur/inn/e/n zum Ziel hat, sondern die ehrliche und authentische Darstellung der Inhalte und Ziele der Kooperation, der bestehenden und angestrebten Beziehungsmuster innerhalb und außerhalb des Kreises kooperierender Personen, der Erwartungen, der Arbeitsplanung und -verteilung etc. Es darf dabei aber auch nicht übersehen werden, dass ein Informationsbereich besteht, der der vertraulichen Abschirmung bedarf, um die Interessen einzelner Personen oder Personengruppen zu wahren und deren Privatsphäre und Arbeitsprozesse zu schützen. Gläserne Personen sind nicht gewünscht, sondern eine Klärung der Sache und Stärkung des Menschen (in Anlehnung an von Hentig 1985).

Intransparenz kann vor allem durch gewollte manipulative Desinformation erzeugt werden, oder durch mangelnde Sachkenntnis der Akteur/inn/e/n.

2.1.12 Feedback

Jegliche Entwicklung basiert auf Lernen, und Lernen ist ein Prozess, der gemäß allen existierenden Lerntheorien bei aller Differenz und Vielfalt derselben auf Rückkopplungen beziehungsweise die Interpretation von Reaktionen der Umwelt angewiesen ist. Insofern kann davon ausgegangen werden, dass im Zusammenhang von Kooperation als Komplex sozialen Lernens eine Kultur von Rückmeldungen auch eine Entwicklungskultur für die Zusammenarbeit zwischen Kindertageseinrichtung und Grundschule bedingt und der Kooperation eine konstruktive Dynamik verleihen kann.

Der Begriff ‚Feedback' bedeutet Rücksprache, stammt ursprünglich aus der Physik und ist aktuell in vielen Disziplinen mit unterschiedlich akzentuierten Inhalten etabliert, insbesondere in der Sozial- und Organisationspsychologie sowie im Bildungsbereich. Feedback wird hier nicht nur allgemein als Rückmeldung an eine Person über deren Verhalten und wie es von anderen wahrgenommen, aufgefasst und erlebt wird, verstanden, sondern speziell als Rückmeldung über die von der Person in den Kooperationszusammenhang eingebrachte Arbeitsleistung. Feedback ist also an dieser Stelle auf der Ebene der Informationsstruktur nicht in den soziopsychologischen Zusammenhang von Selbst- und Fremdbild (Johari-Fenster) einzuordnen, sondern eher in den davon allerdings nicht zu trennenden Bereich der fachlich und inhaltsorientierten Rücksprache in Bezug auf Arbeitsaufgaben und die Prozesse der Aufgabenbewältigung beziehungsweise die Zielerreichung in einer Form des Dialogs. Dieser Dialog kann und sollte sich auf alle beruflichen Aspekte der Kooperation beziehen.

Dieser Dialog, angestrebt als inhaltszentrierte Reflexion, ist ein Feld, in dem höchst sensible Gefühle des Selbstwerts tangiert werden. Deswegen empfiehlt sich immer eine turnusmäßig sowie prozedural strukturierte Ritualisierung der Rückmeldungen, die stets themenbezogen, fachorientiert und kriteriengeleitet orientiert sein sollten, damit die Gefahr unerwünschter Gefühlserlebnisse minimiert wird.

Bei Problemen im Bereich des Feedbacks ist stets zu beachten, dass Rückmeldungen immer eines Rahmens bedürfen, der die Kooperateur/inn/e/n in dieser höchst sensiblen Atmosphäre der Kritikäußerung vor Verletzungen schützt. Dafür empfehlen sich einige Grundsätze für das Management, wie Feedback gestaltet sein sollte (vgl. Antons 2000):

- „erbeten":

  Ein Feedback soll von der Empfängerin beziehungsweise vom Empfänger erwünscht sein. Die Moderatorin beziehungsweise der Moderator sollte ihr beziehungsweise sein Einverständnis explizit einholen.

- „deskriptiv":

  Die Feedbackgeberin beziehungsweise der Feedbackgeber soll ihre beziehungsweise seine Wahrnehmungen sachlich beschreiben. Bewertungen und Interpretationen sind von der Feedbackgeberin beziehungsweise vom Feedbackempfänger allenfalls im Verlauf des Dialogs selbstreflektiert anzustoßen oder einzufordern.

- „positiv *und konstruktiv*":

  Grundsätzlich und durchgehend sind positive Formulierungen zu verwenden. Positives ist zuerst darzustellen und die Überleitung zur Kritik mit einem „und" und niemals mit einem „aber" vorzunehmen. Falls Negatives deutlich angesprochen werden muss, empfiehlt die sogenannte „Sandwich-Theorie", die negative Kritik zwischen zwei Schichten positiver Elemente einzubetten. Jede Kritik muss Perspektiven für die Zukunft eröffnen.

- „konkret":

  Die Feedbackgeberin beziehungsweise der Feedbackgeber soll sich konkret und präzise auf die Situation beziehen. Verallgemeinerungen und Pauschalaussagen sind unangebracht und meistens von der Empfängerin beziehungsweise vom Empfänger nicht nachvollziehbar.

- „subjektiv *und authentisch*":

  Grundsätzlich soll mit Ich-Botschaften gearbeitet werden. Aussagen sollen authentisch, auf der Grundlage eigener Beobachtungen und Eindrücke formuliert sein und nicht auf Aussagen anderer gestützt sein. Der Bezug auf andere Referenzpersonen birgt die Gefahr von Lagerbildungen und Polarisierungen, Randdiskussionen und Konflikten in sich.

- „angemessen":

  Ein Feedbackverfahren ist keine Gerichtssitzung, sondern das Bemühen um wechselseitige Erkenntnisprozesse, das auf Wohlwollen und Hilfsbereitschaft beruht. Es geht darum, dass die Empfängerin beziehungsweise der Empfänger etwas über sich und ihre beziehungsweise seine Leistungen erfährt, die Wirkungen ihrer beziehungsweise seiner Rolle im Arbeitsprozess versteht und sich ihr beziehungsweise ihm Möglichkeiten eröffnen, die die Zusammenarbeit insgesamt weiterentwickeln. Es geht nicht darum, dass die Feedbackgeberin beziehungsweise der Feedbackgeber etwas erreicht, aber schon darum, dass sie beziehungsweise er sich in dem Feedbackverfahren ebenso als Lernende/r und über die eigene Person und Situation Reflektierende/r wiederfindet und entsprechend davon profitieren kann. Jede Kritik sollte deshalb in angemessener Form inhaltsbezogen und respektvoll geäußert werden.

- „zeitnah":

  Ein Feedback ist umso ergiebiger und realitätsgetreuer, je dichter es zeitlich am Ereignis liegt, das im Feedback besprochen und rückgemeldet werden soll. Ein späterer Zeitpunkt verzerrt die Wahrnehmung und lässt oft entscheidende Momente in der Zusammenarbeit vergessen. Bei Konflikten kann es jedoch gegebenenfalls auch sinnvoll sein, im Sinne einer klareren Betrachtungsweise eine kurze Zeit zu warten.

- „akzeptiert":

  Das Feedback soll von allen Beteiligten als Hilfsinstrument akzeptiert sein, insbesondere von der Empfängerin beziehungsweise vom Empfänger. Das bedeutet konkret, dass sie beziehungsweise er die Sprecher/innen ausreden lässt und eine innere Haltung der Dankbarkeit dafür entwickelt, dass sie beziehungsweise er ihre beziehungsweise seine Wirkung auf andere und die Wirkung ihrer beziehungsweise seiner Arbeitsprodukte und ihrer beziehungsweise seiner Art der

Leistungserbringung kennenlernen darf und dadurch an Kompetenz gewinnen kann. Ausdruck der Akzeptanz und des Verständnisses gegenüber dem Feedback ist der konstruktive Umgang mit Kritik im Gespräch, in dem sich dann die Empfängerin beziehungsweise der Empfänger weder rechtfertigt noch verteidigt.

2.1.13 Dokumentation

Der Ethnologe Jack Goody spricht von einer schriftinduzierten „Domestizierung des Geistes" (1977) für die Zeit, in der die Menschen begannen, Sprache in grafische Repräsentationen zu fassen. Die Erfindung der Schrift verlieh den Gesellschaften, die sie nutzten, eine große Macht gegenüber schriftlosen Gesellschaften, da die Schriftlichkeit durch ihre ordnende und das Gedankengut konservierende Wirkung viele Vorteile mit sich brachte. Es ist daher anzunehmen, dass eine Dokumentation als spezielle Form der Schriftlichkeit ebenfalls viele Vorteile und großen Nutzen für eine Kooperation mit sich bringt. In der Praxis wird Dokumentation von den Akteur/inn/en, die ihre Anwendung nutzen, im gleichen Maße geschätzt wie sie bei denjenigen, die sie zusätzlich zu ihren vielfältigen Arbeitsaufgaben in der pädagogischen Praxis anzufertigen haben, kritisch beäugt wird.

   Das Ziel von Dokumentation ist es, einen Informationsgehalt, der mithilfe der Dokumentation systematisch verwertet wird, für eigene Anliegen und für die Anliegen Dritter nutzbar zu machen. Notwendigkeit und Vorteile von Dokumentation sind in der dokumentationswissenschaftlichen Theorie bereits seit deren Entstehungstagen Anfang des 20. Jahrhunderts vor allem durch Paul Otlet und Henri La Fontaine begründet, klar nachvollziehbar und unstrittig. Die Dokumentationswissenschaft ist aus der Bibliothekswissenschaft hervorgegangen und die Vorläuferin der modernen Informationswissenschaft. Im Bildungsbereich dient das Dokumentieren dem Zweck, Lernprozesse längerfristig nachvollziehen und deuten zu können (siehe Hanke 2007, 86). Im Kontext des Untersuchungsgegenstandes dieser Arbeit dient Dokumentation auch der längerfristigen Nachvollziehbarkeit der Kooperationsprozesse, vor allem aber der Konservierung von Informationen – Kooperationsabsprachen, Kooperationsbeschlüssen, Kooperationsterminen, Kooperationszielen und -aufgaben, Sitzungsprotokollen etc. – sowie der Verteilung von Informationen beziehungsweise der Sicherheit, dass entsprechende Informationen allen an der Kooperation beteiligten Akteur/inn/en zugänglich sind.

2.2   Formenbezogene Prozessfaktoren

In dieser Kategorie werden mit dem Münsteraner Kooperations-Tableau Informationen über die Anzahl, die jeweiligen Formate und Teilnehmerkreise, die Intensität der Kontaktdichte und den Verbindlichkeitscharakter der praktizierten Formen der Kooperation beschrieben.

2.2.1 Format

In der Praxis erhält die Kooperation zwischen Kindertageseinrichtungen und Grundschulen durch die Formen der Zusammenarbeit eine konkrete Gestalt. Diese Formen sind vielfältig, verschieden organisiert und strukturiert und letztlich für sich genommen alle einzigartig. Trotz ihres eigentlich hohen Diversitätsgrades lassen sich diese Erscheinungsformen für die Beschreibung intrainstitutioneller (DIM II) und interinstitutioneller (DIM III) Kooperation wie folgt kategorisieren. (Mit „gemeinsam" und „gegenseitig" sind hierbei stets gemeinsame beziehungsweise aufeinander bezogene Aktivitäten von Kindertageseinrichtung und Grundschule gemeint, mit „Kolleg/inn/en" sowohl die Teammitglieder im Elementarbereich als auch die Mitglieder der Kollegien im Primarbereich.)

Kooperationsformen der Dimension II:

- Gesamtteambesprechungen beziehungsweise Lehrerkonferenzen,
- Gruppenteambesprechung im Elementarbereich und Klassenteambesprechung im Gemeinsamen Unterricht der Grundschule (GU / Integration / Inklusion),
- Jahrgangskonferenzen und Fachkonferenzen im Primarbereich,
- institutionsinterne Arbeitskreise und Steuerungsgruppen,
- interne Hospitationen von Kolleg/inn/en,
- Teamteaching im Schulbereich,
- Arbeitseinheit mit Kolleg/inn/en zur Erarbeitung von Zielen für die Einrichtung,
- Arbeitsformen zur Planung und Durchführung von Einheiten beziehungsweise Unterrichtsstunden und Projekten mit Kolleg/inn/en,
- Arbeitsformen zur Planung und Durchführung von Fördermaßnahmen für Kinder mit speziellen Bedürfnissen beziehungsweise von speziellen Entwicklungsbereichen mit Kolleg/inn/en,
- Arbeitsformen zur Erprobung neuer Ideen oder Materialien mit Kolleg/inn/en,
- interne kollegiale Fallberatung,
- Fortbildungen für den Elementarbereich und für den Primarbereich,
- Zusammenarbeit mit Eltern und Elternbeiräten, deren Kinder die jeweilige Einrichtung besuchen (Beratung der Lern- und Entwicklungsdokumentation, Beratung zu Fragen der Schulfähigkeit etc. (siehe auch Freie Hansestadt Bremen 2009, 31f.)),
- Informationsveranstaltungen und Themenabende für Eltern, deren Kinder die jeweilige Einrichtung besuchen
- und vieles mehr.

Kooperationsformen der Dimension III / teilweise auch der Dimension IV (Netzwerkkooperation) im Kontext der Übergangsgestaltung:

- gemeinsame Konferenzen und Reflexionen von Elementar- und Primarbereich beispielsweise zwecks gemeinsamer Absprachen hinsichtlich der Herbeiführung einer gemeinsamen Jahresplanung, eines gemeinsamen Bildungsverständnisses, einer anschlussfähigen Förderung, eines gemeinsamen Konzeptes für die Bildungsdokumentation, vermehrter Elternmitarbeit etc. (Niveau 3),

- institutionenübergreifende Arbeitskreise und Steuerungsgruppen mit speziellen Aufgaben beziehungsweise Funktionen (Niveau 3),
- gemeinsame Fort- und Weiterbildungen für den Elementar- und Primarbereich (Niveau 3),
- gemeinsame Zusammenarbeit mit Eltern und Elternbeiräten, deren Kinder sich im Übergang von der Kindertageseinrichtung zur Grundschule befinden (in etwa letztes Jahr in der Kindertageseinrichtung bis Ende der Schuleingangsphase), bei der Gestaltungs- und Entwicklungsarbeit der Kindertageseinrichtung und Schule für den Übergang (siehe auch Freie Hansestadt Bremen 2009, 31f.) (Niveau 3),
- gemeinsame Durchführung von Einschulungskonferenzen (Niveau 3),
- gemeinsame Übergabe der Bildungsdokumentation an die Eltern (Niveau 2),
- gemeinsamer Austausch über Bildungsverständnis und Förderkonzepte (Niveau 1),
- gemeinsamer Austausch von Lern- und Arbeitsmaterialien (Niveau 2),
- gemeinsame Fortbildungen für den Elementar- und Primarbereich (Niveau 3),
- gemeinsam gestaltete Projekte, Feste und Veranstaltungen (Niveau 2),
- gegenseitige Hospitationen von pädagogischen Fach- und Lehrkräften (Niveau 1),
- gegenseitige Besuche von Klassen und Gruppen (Niveau 1),
- gemeinsame Durchführung von diagnostischen Lernstandsfeststellungsverfahren (Niveau 2),
- wechselseitige Teilnahme an institutionsintern geplanten Informationsveranstaltungen und Themenabenden für Eltern (Niveau 1),
- gemeinsame Planung und Durchführung von Informationsveranstaltungen und Themenabenden für Eltern, deren Kinder sich im Übergang befinden (Niveau 3),
- und vieles mehr.

Bei der Auswertung und Bewertung der gewonnenen Daten zur Häufigkeit der praktizierten Kooperationsformen spielen die Niveaus der Kooperation (Gräsel / Fußangel / Pröbstel 2006, 209f.; siehe Kapitel II.3.1.1) eine entscheidende Rolle bei der Gewinnung von Aussagen über die Qualität der Zusammenarbeit. Die in der obigen Auflistung in Klammern angegebenen Niveaus sind Richtangaben; auf welchem Niveau die entsprechende Form tatsächlich praktiziert wird, hängt von deren Ausgestaltung und Akzentuierung im Hinblick auf Austausch, Arbeitsteilung oder Kokonstruktion ab. Wegen ihrer herausragenden Bedeutung für die Zusammenarbeit von Erzieher/inne/n und Lehrer/inne/n werden Fortbildungen, die in erster Linie von Sekundärakteur/inn/en ermöglicht werden, unter den Rahmenbedingungen separat behandelt (III.2.1.8).

Bei Einbeziehung der Eltern in eine Evaluation können diese befragt werden, in welche Formen der Zusammenarbeit sie von einer beziehungsweise auch beiden Einrichtungen einbezogen sind:

- Gestaltung von Projekten,
- Gestaltung von Festen und Veranstaltungen,
- Gestaltung von Themenabenden,
- Informationsveranstaltungen,
- Beratungs- und Entwicklungsgespräche in Bezug auf das Kind (Lernstand und Bildungsförderung),
- Besprechung und Gestaltung der Bildungsdokumentation,
- Einbeziehung der Eltern in die pädagogische Bildungsarbeit (angeleitete Lese- und Fördereltern, Eltern als referierende Fachexperten, regelmäßige Spielnachmittage mit Elternbeteiligung etc.)
- und vieles mehr.

Die beispielhaft aufgeführten Formen einer gemeinsamen Zusammenarbeit mit den Eltern eignen sich neben den bestehenden gesetzlich verbindlichen Formen der Mitwirkung von Eltern in Kindertageseinrichtung und Grundschule zur Intensivierung der Elternmitarbeit.

2.2.2 Teilnehmer/innen

Die Teilnehmer/innen mit ihren Persönlichkeiten, Erfahrungen und Kompetenzen bestimmen das Bild der Kooperationsform, in der sie aufeinandertreffen und tätig sind. Gruppendynamische Prozesse entwickeln sich zudem in Abhängigkeit von der Anzahl kooperierender Akteur/inn/e/n. Dabei ist es aber kaum möglich, allgemeingültige Gesetzmäßigkeiten aufzustellen, wie es auch zu erwarten ist, wenn die Größe der kooperierenden Gruppe eine gewisse Anzahl an Teilnehmer/inne/n aufweist; viel eher ist es möglich, Kooperationsbesonderheiten a posteriori durch die gegebene Anzahl kooperierender Akteur/inn/e/n zu erklären. Die Teilnehmer/innen beziehungsweise die Zusammensetzung der kooperierenden Akteur/inn/e/n, ihre Professionen und Funktionen sind bei einer Bestandsaufnahme sehr wichtig, um Ergebnisse interpretieren und verstehen zu können. Ein Kooperationsgeflecht mit Teilnehmer/inne/n aus mehreren pädagogischen, therapeutischen und administrativen Berufsfeldern unterliegt anderen Einfluss- und Entwicklungsfaktoren als eine Struktur, die relativ homogen von hoch spezialisierten Pädagog/inn/en aus Kindertageseinrichtung und Grundschule gebildet wird.

Hinsichtlich der Kohäsion von Gruppen existieren einige empirische Studien (Staehle 1994, 263), die erkennen lassen, dass kleinere Gruppen kohäsiver sind als größere und eine höhere Homogenität mit einer höheren Kohäsion korreliert.

Ein Suchmuster für das Finden und Auswählen kompetenter und geeigneter beziehungsweise erfahrener und motivierter Ansprechpartner/innen insbesondere für die Startphase einer Kooperation liefert Jäger (2008, 31ff., Abb. 14). Jäger setzt Erfahrung und Motivation zueinander in Beziehung und stellt dabei heraus, dass Personen mit hoher Motivation und Erfahrung zwar die erste Wahl als Mitwirkende und Kooperationspartner/innen eines Transfervorhabens seien, dass aber gerade bei diesen Personen die Gefahr der Überlastung bestehe und damit keine langfristige Bindung an das Kooperationsvorhaben möglich sei. Außerdem weisen Personen mit sehr hoher Motivation bezüglich Innovationen Tendenzen eines instabilen Engagements auf, da sie sich nach kurzer Zeit häufig wieder für die nächste Innovation interessieren. Hauptzielgruppe bilden Personen der „zweiten Kategorie – also Personen, die etwas weniger Erfahrung besitzen" (Jäger 2008, 32) sowie solche, die zwar über viel Erfahrung verfügen, aber ein geringeres Maß an Motivation zeigen.

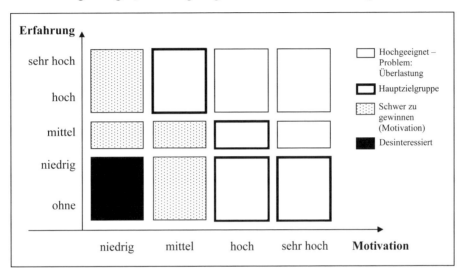

Abb. 14: Auswahl von für Kooperationstätigkeiten geeigneten Personen nach Erfahrung und Motivation nach Jäger (2008, 32)

2.2.3 Kontaktdichte

Die Kontaktdichte ist von vielen Faktoren abhängig, hauptsächlich aber von Aspekten der Motivation und den zur Verfügung stehenden Zeitressourcen. Zeit ist in der Arbeit der Pädagog/inn/en aus beiden Bereichen knapp bemessen und sollte stets sinnvoll und zielführend genutzt werden. Jedes Kooperationsgefüge muss dabei selbst zu einem zufriedenstellenden Rhythmus finden, der genügend Raum für Flexibilität lässt. Der Schlüssel des Erfolgs liegt hier wahrscheinlich auch wieder darin, dass die Prozesse der Kooperation bewusst reflektiert und offen besprochen werden. Ab einer gewissen Größe und je nach Organisationsgrad können auch spezielle Arbeitsgruppen oder Steuerungsgruppen konstituiert werden, damit personelle Ressourcen nicht unnötig an Aktivitäten gebunden werden, bei denen sie nicht effizient eingesetzt werden können.

Die Bedeutung und Tragweite der Kooperation zwischen Kindertageseinrichtung und Grundschule für das Bildungssystem erfordert eine gewisse Regelmäßigkeit, deren Rhythmus nicht auf eine obligatorische Zusammenkunft in einem Bildungs- oder Kalenderjahr begrenzt sein sollte. Bei der Überlegung, wie häufig die Kooperateur/inn/e/n zusammentreffen sollten, ist die Unterteilung der Kooperationsaktivitäten nach den in Kapitel II.3.1.1 explizit erläuterten Niveaustufen nach Grä-sel, Fußangel und Pröbstel hilfreich. Ein reger informeller Austausch zwischen bei-den Institutionen kann in einer etablierten Kultur des Dialogs auf der Ebene der Lei-tungen und der jeweiligen Fachkräfte ohne nennenswerten zusätzlichen Arbeitsauf-wand mit Leichtigkeit einmal im Monat gepflegt werden. Für Kooperationsformen auf Niveau 2 bieten sich ritualisierte Aktivitäten an, die auch monatlich von Kindern im Übergang und Pädagog/inn/en beider Einrichtungen gemeinsam praktiziert wer-den können, beispielsweise eine gemeinsame Literatur- oder Bewegungszeit. Ko-operationsformen der Niveaustufe 3 wie beispielsweise gemeinsame Konferenzen würden bei monatlicher Durchführung wahrscheinlich auf wenig Akzeptanz bei den kooperierenden Akteur/inn/en stoßen. Zum jetzigen Zeitpunkt scheint eine gemein-same Konferenz zur Gestaltung des Übergangs pro Halbjahr mit ausgewählten Teil-nehmer/inne/n, bei der die Zusammenarbeit konzeptionell weiterentwickelt werden kann, empfehlenswert und praktikabel.

2.2.4 Verbindlichkeit

Verbindlichkeit hat eine formale und eine soziale Dimension. Hier im Feld der For-men ist die formale Dimension angesprochen. Darüber hinaus ist Verbindlichkeit auch ein Indikator für die Kohäsion innerhalb der Gruppe der Kooperierenden und Qualitätsmerkmal für das Klima der Zusammenarbeit.

Im Rahmen der Beschreibung der Formen geht es darum, als Merkmal auszu-zeichnen, inwiefern die Teilnahme am Kooperationsgeschehen sowie die Einhaltung von Terminen, mündlichen und schriftlichen Vereinbarungen beziehungsweise die Umsetzung der Kooperationsvereinbarungen verbindlich sind beziehungsweise ver-lässlich verwirklicht werden. Ein Problem stellt wie bei vielen anderen Begriffen auch der Umstand dar, dass kein geeigneter Maßstab zum Messen von Verbindlich-keit existiert und sich das Geschehen in der Praxis in Bezug auf Einhaltung und Um-setzung nicht nur in dichotomen Gegenüberstellungen von Ja und Nein abbilden lässt.

2.3 Klimatische Prozessfaktoren

Der Begriff des Klimas ist kein feststehender und einheitlicher Topos. In der wis-senschaftlichen Forschung weist der Begriff eine Fülle von einzelnen Aspekten aus. Das Kooperationsklima ist folglich empirisch schwer zu erfassen und kann als Durchschnittswert aus individuellen Wirklichkeitsinterpretationen der am jeweiligen Klima beteiligten Akteur/inn/en lediglich eine subjektive Repräsentation objektiver Umweltgegebenheiten darstellen. (vgl. Bessoth / Weibel 2003; Eder 1996, 1998, 2001)

Einfluss auf das subjektive Klimaempfinden beziehungsweise subjektive Wohl-befinden haben situative Bedingungen beziehungsweise Lebensumstände, Persön-lichkeitsfaktoren und vor allem die Wechselwirkungen zwischen der Person und seiner Umwelt (vgl. Hascher 2004, 14f.). Für die Beschreibung der Interaktionsformen unterscheidet Eder (2001, 578f.) drei Klimatypen:

- individuelles Klima: repräsentiert die Klimawahrnehmung des Individuums,
- aggregiertes Klima: repräsentiert durchschnittliche Klimawahrnehmungen einer Gruppe von Personen,
- kollektives Klima: repräsentiert die Klimawahrnehmung von Personengruppen, die infolge kommunikativer und interaktiver Beziehungsebenen ihre Umwelt ähnlich wahrnehmen.

TransKiGs NRW (Phase II) nimmt bezüglich des Klimas die Interaktionsform zwischen den pädagogischen Fachkräften aus der Kindertageseinrichtung und den Lehrkräften aus Grundschulen in den Fokus. Dabei werden die Klimata der verschiedenen Akteursgruppen erhoben und miteinander verglichen um festzustellen, ob es Unterschiede in der Wahrnehmung des Kooperationsklimas bestehen.

Das Klima der Kooperation zwischen Kindertageseinrichtung und Grundschule wird bestimmt durch Faktoren der Motivation, der Kommunikation und des Vertrauens in die soziale Interaktionen zwischen den Kooperationspartner/inne/n aus Kindertageseinrichtungen und Grundschulen. Zur Erfassung des Klimas sind unter anderem folgende Indikatoren durch die Akteur/inn/e/n eingeschätzt worden:

- Freude an der Kooperationstätigkeit,
- Interesse an der Kooperation,
- Offenheit in der Begegnung,
- Partizipation an der Gestaltung der Kooperation und Mitbestimmung,
- Gesprächsbeziehung und Konfliktmanagement in der Kooperation,
- gegenseitige Akzeptanz und Wertschätzung zwischen den Professionen und
- gegenseitige Kenntnis voneinander und Verständnis füreinander.

Die Auswahl dieser Indikatoren stützt sich auf Ergebnisse und Verfahren aus der Schulklimaforschung. Wertschätzende Kommunikation und von gegenseitigem Respekt getragene Beziehungen, Offenheit und Vertrauen, Mitbestimmungsmöglichkeiten und Möglichkeiten der Übernahme von Verantwortung sowie ein positives emotionales Erleben der Umweltgegebenheiten bilden neben anderen schul- und klassenspezifischen Parametern sowohl in dem etablierten Evaluationsinstrument von Bessoth und Weibel (Organisationsinstrument für Schweizer Schulen OKICH 2003) als auch bei Brägger / Posse (2007), Bürgisser (2006), Hascher (2004), Janke (2006), Langer (2008), Meyer / Pfiffner / Walter (2007) und Vuille / Carvajal / Casaulta / Schenkel (2004) zentrale Indikatoren bei der Erforschung des Klimas. Varbelow unterstreicht mit seiner Zusammenfassung der Forschungsdiskussion über Schulklima die Bedeutung des Klimas für das Lernverhalten der Schüler/innen und dadurch auch für die Leistungsfähigkeit des Schulsystems: „Somit kann ohne Einschränkung konstantiert werden, dass positive interne Strukturen adäquates Klima erzeugt und dieses wiederum positiven Einfluss auf das Lernverhalten der der Schüler ausübt" (2003, 163). In einem Transfer dieser Erkenntnisse auf die Praxis der

Zusammenarbeit von Kindertageseinrichtung und Grundschule ließe sich die Hypothese vermuten, dass die Pädagog/inn/en in einem als positiv gefühlten Kooperationsklima eher mehr Einsatz und höhere Leistungen für die Weiterentwicklung der Übergangsgestaltung aufweisen als in einem als negativ empfundenen Klima der Zusammenarbeit.

2.3.1 Freude

„Homo ludens – homo laborans: Der Mensch erschafft sich und seine Kultur durch Spiel und Arbeit" (Heitkämper 2000, 133). Das Spiel und die Arbeit werden entscheidend von der Betroffenheit durch Emotionen und deren Expression gesteuert und beeinflusst. Freude ist als ein alle seelischen Bereiche durchdringendes Gefühlserlebnis der Daseinserweiterung (Lersch 1964) eine der am meisten tragenden Emotionen für die Gestaltung unserer Welt. Folglich ist das Erleben von Freude auch für die Gestaltung der Kooperationspraxis von Kindertageseinrichtungen und Grundschule von entscheidender Bedeutung. Auch in der aktuellen pädagogischen Motivationspsychologie nimmt Freude als positives Erleben im Handlungsfeld einer Tätigkeit eine tragende Rolle ein.

In der Pädagogik und in den Erziehungswissenschaften ist der Begriff der Freude außerhalb der geisteswissenschaftlich geprägten Strömungen etwas aus der Mode gekommen. Eine Renaissance der Beschäftigung mit der Freude stellen jedoch die modernen Erkenntnisse der Gehirnforschung in Aussicht, die die neurodidaktische Bedeutung von Gefühlen wieder mehr in das Zentrum des Interesses der mit Lehr- und Lernprozessen befassten Wissenschaften rückt.

Bei den Akteur/inn/en der Kooperation zwischen Kindertageseinrichtung und Grundschule stellen sich die Fragen, inwiefern sie im Handlungsvollzug der Kooperationstätigkeit positive Emotionen empfinden und wie sehr sie mit ihrer Arbeit zufrieden sind. Für die Evaluation ist zu bedenken, dass Freude viele Aspekte hat, und eine pauschalisierte Aussage, ob jemand Freude an etwas hat, gibt weder eine qualifizierte noch eine differenzierte Auskunft über die bezüglich der Arbeit empfundenen Gefühle, allenfalls eine Information zur Befindlichkeit des aktuellen Gemützustandes. Für einen substanziellen Befund muss bei einer Bewertung des Faktors Freude eine für diesen Untersuchungsgegenstand spezifische Fragenauswahl bezüglich verschiedener Indikatoren zu Hilfe genommen werden.

2.3.2 Interesse

Interesse und Relevanz stehen in einem engen Zusammenhang, wird doch Interesse als „Beachten eines Gegenstandes" beschrieben, „dem ein subjektiver Wert zugeschrieben wird und der eine (theoretische oder praktische) Bedeutung für unsere Bedürfnisse hat" (Häcker / Stapf 2004, 453). An dieser Stelle werden sie dennoch getrennt behandelt, und zwar deshalb, weil hier ein Verständnis von Interesse und Relevanz zugrunde gelegt wird, das die beiden inhaltsverwandten Begriffe wie folgt unterscheidet: Interesse wird relativ konstant erworben und kann als Motiv des Handelns wirksam werden, wohingegen Relevanz in Relation zu einem Kontext auf einer sachlichen Ebene schnell und flexibel erzeugt werden kann (siehe Kapitel III.2.3.3).

Interesse sollten alle an der Kooperation direkt beteiligten Personen ebenso wie Freude aufbringen. Beim Untersuchungsgegenstand geht es nicht nur um das Interesse der Primärakteur/inn/e/n, sondern auch um das manifestierte und eingebrachte Interesse von Leitung und Team beziehungsweise Kollegium als Unterstützungsfaktor für die Kooperationstätigkeit.

Ein Indikator für Interesse ist auch die Aktivität bei Diskussionen, die sichtbare beziehungsweise hörbare Teilnahme in Gestalt von Gesprächsbeiträgen, aber auch das aktive Zuhören. „Hören stiftet die gefühlsmäßig-wahre Verbindung von Innen und Außen" (Heitkämper 2000, 96) und ermöglicht so, dass die interessierten Personen in ihre Umgebung eingebunden sind und ihr Bedürfnis nach neuen Informationen in zufriedenstellendem Maße zu stillen vermögen. Dabei können sie eine Motivation mit hohem Potenzial in Form neuen Forschungs- und Erfahrungsdrangs entwickeln.

2.3.3 Relevanz

Der österreichische Komponist Gustav Mahler nannte das Gefühl „die einzige Wahrheit auf der Erde". Insofern benötigen Akteur/inn/en für ein motiviertes und engagiertes Handeln auch das Gefühl, dass Kooperation sinnvoll und bedeutsam ist. Neue motivationspsychologische Forschungsergebnisse untermauern die diesbezüglichen Schlussfolgerungen aus der Selbstbestimmungstheorie nach Deci und Ryan, nach denen das Erleben der Sinnhaftigkeit eng mit der Einsicht in die Bedeutung des eigenen Tuns zusammenhängt (vgl. Deci / Ryan 1993).

Das Gehirn des Menschen funktioniert nach dem natürlichen Informationsgesetz des Lebens: Informationen selektieren, Unwichtiges verwerfen, Bedeutsames verarbeiten und nutzen. Die meisten dieser Prozesse geschehen zur Aufrechterhaltung der eigenen Person bereits völlig unbewusst auf subkortikalen Ebenen. (vgl. Heitkämper 2006; Spitzer 2000; 2002; Ewert 1998; Edelmann 2000; Kandel 2006) Von Interesse für den Kontext dieser Arbeit können jedoch nur die bewussten Sinnzuweisungen im Raum kultureller Entwicklung sein.

Kooperation ist einerseits als Form sozialer Intelligenz eine stabile evolutive und potenziell omnipräsente Triebkraft im menschlichen Verhalten, andererseits ist ihr Auftreten in realen Anwendungsgebieten stark von der Bedeutung abhängig, die das Subjekt dem Tätigkeitskontext über Prozesse der Interpretation der konkreten Situation dynamisch zuschreibt, da der Mensch den Dingen, die er für nicht relevant erachtet, keine Aufmerksamkeit und Beachtung schenkt. Hat die Bedeutung der Kooperation zwischen Kindertageseinrichtung und Grundschule also im Auge der Betrachter/innen nur einen geringen Stellenwert, wird auch deren Kooperationsbereitschaft und Kooperationsleistung gering sein.

Die Beurteilung der Bedeutsamkeit einer Idee oder einer Handlungsweise basiert zum Teil auf objektiv bewertbaren Analyseparametern, zum Teil auf emotionaler Intuition und allgemeiner Lebenserfahrung. Bedeutungserlebnisse sind aber meist emotional (Bühler 1927; 1934). Außerdem besteht Relevanz immer nur in Relation zu einem Kontext. Mit Veränderungen des Kontextes beziehungsweise von Komponenten desselben oder dem Wechsel von Parametern wandelt sich auch die Relevanz. Somit ist Relevanz individuell, subjektiv, schwer messbar, emotional und instabil. Diese Eigenschaften können als positiv oder negativ betrachtet werden, jedenfalls ermöglichen sie kokonstruktive, flexible und schnell wirksame Interventionsmaßnahmen.

Im Zusammenhang der vorliegenden Untersuchung verdienen folgende Aspekte Beachtung: die Relevanz der Kooperation zwischen Kindertageseinrichtungen und Grundschule in Bezug auf die Förderung des Kindes, auf die Qualität der Bildungs- und Erziehungsarbeit, auf die eigene Entwicklung der Akteur/inn/e/n in persönlicher und fachlicher Hinsicht, auf Elternmitarbeit und Kommunikation mit den Eltern über die Entwicklung ihres Kindes.

2.3.4   Qualifikation und Erfahrung

Erfahrungen sind der Schatz des Lebens, der dem Leben dient. So können Qualifikation und Erfahrung wichtige Motive für das Engagement im Rahmen einer Kooperation sein. Über Erfahrung zu verfügen bedeutet unter anderem auch über eine gewisse Kompetenz zu verfügen, die danach drängt, eingesetzt zu werden. In einem bestimmten Bereich qualifiziert zu sein, geht mit großer Wahrscheinlichkeit mit einem persönlichen emotionalen oder sachorientiert pragmatischen Interesse für das entsprechende Thema und vermutlich auch mit dem Wunsch beziehungsweise der volitiven Einstellung und Haltung einher, in diesem Bereich tätig zu werden.

Eine spezielle Qualifikation oder spezielle Erfahrung ist allerdings keine notwendige Voraussetzung für eine Teilnahme an der Kooperation zwischen Pädagog/inn/en aus Kindertageseinrichtung und Grundschule, da diese durch ihre berufliche Ausbildung bereits weitgehend qualifiziert sind und über Alltagserfahrungen in frühkindlicher oder schulunterrichtlicher Bildungs- und Erziehungsarbeit verfügen. Diese Ausgangslage eröffnet die Möglichkeit der Kooperation also grundsätzlich zunächst einmal für alle Interessierten. Weitere spezielle Qualifikationen und Fortbildungen können die Kooperationspraxis selbstverständlich bereichern und optimieren. Eine erfolgreiche Kooperation zeichnet sich vermutlich auch dadurch aus, dass sie von Akteur/inn/en ausgeübt wird, die über komplementäre pädagogische Ressourcen und soziale beziehungsweise kooperative Kompetenzen verfügen. Dazu zählen fachdidaktische und -methodische Qualifikationen in Bezug auf inhaltliche Themen des Übergangs von der Kindertageseinrichtung zur Grundschule wie beispielsweise spezifische Diagnoseverfahren für die Ermittlung des jeweiligen Lern- und Entwicklungsstandes ebenso wie theoretische Fachkenntnisse in Bezug auf Kooperation und Erfahrungen mit kooperativen Arbeitsformen.

2.3.5 Interdependenz und Reziprozität

„Das Kriterium der Wechselseitigkeit des Austauschs und der Verständigung über den Arbeitsprozeß trägt der Auffassung Rechnung, daß beim kooperativen Handeln eine wechselseitige Abhängigkeit zwischen den Handlungsschritten der einzelnen Partner besteht" (Dutke / Paul / Foks 1996, 25). Es bietet sich daher an, Interdependenz und Reziprozität zusammengefasst zu betrachten.

Quid pro quo – do ut des – manus manum lavat: Akteur/inn/e/n einer Kooperationsbeziehung erwarten aus der Perspektive eines Verhaltensansatzes für ihr Engagement in der Zusammenarbeit auch einen ihrem Aufwand entsprechenden wertgleichen Nutzen für sich oder ihre Aufgabenbewältigung – einige bezeichnen dies als Spiel der Wechselgüter. Bleibt dieser aus, schwindet die Motivation. Aber nicht nur diese Wechselseitigkeit von Erwartungen in Bezug auf ein Ergebnis schafft zwischen den Beteiligten einer Kooperation eine interdependente Beziehung, vielmehr beruht der gesamte Prozess ihrer Zusammenarbeit auf Abstimmungsmechanismen hinsichtlich unterschiedlicher struktureller, formaler und persönlicher Voraussetzungen. Bloh (2000, 212) formuliert wie folgt:

> „Die konkrete Zusammenarbeit, d.h. ein gemeinsames Handeln im Hinblick auf ein gemeinsames Ziel, erfordert die Abstimmung und Zusammensetzung, d.h. die Koordination der Handlungen und Perspektiven der Interaktionsteilnehmer [...]. Es handelt sich um eine Reziprozitäts- oder Gegenseitigkeitsbeziehung, die die gegenseitige Achtung und Gleichstellung der Interaktionspartner impliziert, welche wechselseitig ihre Handlungen aufeinander abstimmen, ihre Perspektiven berücksichtigen und sich gegenüber bestimmten Regeln verpflichten [...]".

Das wechselseitige Geben und Nehmen sowie die Abhängigkeiten erstrecken sich bei einer Kooperation von Kindertageseinrichtung und Grundschule auf fast alle Bereiche derselben, da das ‚Aufeinander-Bezug-Nehmen' Grundelement von Kooperation überhaupt und insbesondere dieser spezifischen Kooperation zwischen Kindertageseinrichtung und Grundschule ist. Der zu führende Fachdiskurs ist abhängig vom Fachdiskurs der Partner/innen, die Orientierung und die Ziele der interinstitutionellen Kooperation sind abhängig von der Orientierung der Partner/innen, und so weiter.

In der Praxis zeigt sich die Interdependenz im Hinblick auf die Ebene der Motivation kontrasttypisch mit zwei Gesichtern: Interdependenz verbindet Menschen zu einem teils reichen gewinnbringenden Gefüge, in dem sie Freude an ihrer Arbeit erleben, vorhandene Herausforderungen und Aufgaben leichter erledigen und zur Gestaltung optimierender Neukonzeptionalisierungen gelangen; Interdependenz schafft zugleich aber auch Abhängigkeiten mit teilweise quälenden oder hemmenden Folgen für die eigene Person oder den eigenen Arbeitsprozess. Ob die Akteur/inn/e/n im Rahmen einer Kooperation die Zusammenarbeit als positive, sozial bindende und fruchtbare Interaktion empfinden oder doch eher ein Gefühl des ‚Dem-anderen-Ausgeliefert-Seins' entsteht, hängt sehr von der Gestaltung der Kooperation hinsichtlich der Merkmale Gerechtigkeit und Fairness ab sowie von der

Effizienz der Arbeitsprozesse und Arbeitsergebnisse und der diesbezüglich gegebenen Transparenz.

Interdependenz und Reziprozität werden hier unter dem Gesichtspunkt der Motivation betrachtet. Ein Gelingen der Kooperation und eine Motivation der beteiligten Akteur/inn/e/n sind vorzugsweise dann zu erwarten, wenn es zu einer sogenannten Win-win-Situation (Harvard-Konzept; siehe Ried 1992; Ury 1991) kommt. Das bedeutet, dass alle beteiligten autonomen Größen einen Vorteil von der Zusammenarbeit zu erwarten haben. Im „Spiel der Kooperation" werden darüber hinaus verschiedene Güter und Werte gehandelt. Im konkreten Fall der Zusammenarbeit zwischen Kindertageseinrichtung und Grundschule geht es den Fach- und Lehrkräften unter anderem um folgende Gewinne: Verbesserung der Bildungs- und Erziehungsqualität in den Institutionen, Erleichterung der Transition zur Grundschule für das Kind, Arbeitsentlastung für die eigene Person, Produktivität der Zusammenarbeit zwischen Kindertageseinrichtung und Grundschule, Anerkennung für geleistete Tätigkeit in Form von beispielsweise allgemeiner motivationaler Unterstützung durch die Leitung, persönliche Qualifikation, sozialer Austausch, Freude an der Arbeit und Wohlergehen, Integration von Heterogenität etc.

Der Zusammenhalt in einer Gruppe wird auch als Kohäsion bezeichnet. Rosenstiel definiert diesen Zusammenhalt als „durchschnittliche Attraktivität der Gruppe für ihre Mitglieder" (1992, 267), Wahren bezeichnet Kohäsion als „Maß für die wechselseitigen positiven Gefühle der Gruppenmitglieder zueinander" (1994, 138). Der Schlüssel für ein motiviertes Agieren der Akteur/inn/e/n bezüglich der Interdependenz ist, dass die Beteiligten ein positives und optimistisches Zusammengehörigkeitsgefühl entwickeln („Alle sitzen in einem Boot"), bezüglich der Wechselseitigkeit hingegen, dass sowohl die Lasten und der Aufwand für die Kooperation als auch der Nutzen beziehungsweise Ertrag der Zusammenarbeit gleichgewichtig beziehungsweise gerecht verteilt werden. Schon im Prozess der Zusammenarbeit sollten sich beide Partner/innen im gleichen Maße aufeinander zubewegen, jedoch ohne dabei ihren Standpunkt zu verlieren, damit aus Kooperation nicht Konfusion entsteht. An dieser Stelle sei daran erinnert, dass Kooperation aus gutem Grund auch ein gewisses Maß an Autonomie erfordert.

Der Bereich der Interdependenz und Wechselseitigkeit hat folglich eine starke Affinität mit den Bereichen Autonomie und Verantwortung, aber auch mit dem Bereich Fairness. Beim Blick auf die Operationalisierungen sollten diese Bereiche als Ergänzung hinzugezogen werden.

Wird in einer Kooperationsbeziehung die Interdependenz zwischen den Partnern als positiv empfunden, so erfahren die Beteiligten eine Motivation zur Zusammenarbeit und es eröffnen sich neue Handlungsspielräume. Befinden sich die kooperierenden Institutionen hingegen in einem kompetitiven Verhältnis, beispielsweise vor dem Hintergrund, welche Institution den „besseren" pädagogischen Ansatz vertritt, so wird die Forderung nach einer Zusammenarbeit beider Institutionen als negativ wahrgenommen und wirkt sich demotivierend auf die Bereitschaft zur Kooperation mit der Partnerin beziehungsweise dem Partner aus.

Gruppenzusammenhalt beziehungsweise ein hoher Grad an Kohäsion ist grundsätzlich kooperationsfördernd, jedoch ist dies nicht zwangsläufig gleichbedeutend mit einer Steigerung der Effizienz. Kohäsion kann sich manchmal für und manchmal gegen die Gruppeneffektivität auswirken (vgl. Thunig 1999, 61; Keiser 2002, 189). Zaccaro und Lowe (1986) sehen sogar das Problem, dass hohe Attraktivität füreinander zu vermehrter personaler Interaktion führen kann, die die Leistung sinken lässt, da sie zur Bearbeitung von Aufgaben nicht notwendig ist.

Auf der individuellen Ebene ist festzustellen, dass mangelnde Einsicht in die Notwendigkeit und den Nutzen von Zusammenarbeit die Kooperation stark hemmt. Im Modell der Misserfolgsfaktoren von Gemünden und Walter (1995) ist diese mangelnde Einsicht ein entscheidender Faktor. Es ist anzunehmen, dass im Rahmen synergetischer Kooperation auf hoher Niveaustufe, in der durch die Zusammenarbeit Neues geschaffen wird, das Maß der gegenseitigen Abhängigkeit stärker ausgeprägt ist als im Rahmen einer rein additiven, arbeitsteiligen Zusammenarbeit, da Kokonstruktion vom Wesen her nicht von einem Partner alleine erschaffen werden kann. Folglich ist zu vermuten, dass die Notwendigkeit für ein Bewusstsein der Sinnhaftigkeit und der Vorteile der Kooperationstätigkeit mit wachsendem Niveau der Kooperation an Dringlichkeit zunimmt.

Ist die Wechselseitigkeit zwischen den Partner/inne/n in Bezug auf die zeitliche und personelle Ressourceninvestition über einen längeren Zeitraum nicht ausgeglichen, schwindet die Motivation der Akteur/inn/e/n ebenfalls.

2.3.6 Partizipation

Anthropologisch gesehen ist der Mensch in der aristotelisch-antiken Beschreibung als „zoon politikon" ebenso wie als moderner „homo faber" oder als neuzeitlicher „faber mundi" von seinem Naturell her ein aktiver Kreateur der Welt, in der er lebt. Er schafft und handelt, plant und gestaltet, um seine Welt nach seinen Bedürfnissen und Vorstellungen zu verändern. Der Mensch möchte also grundsätzlich auf die Prozesse, die ihm begegnen und deren Teil er selbst ist, Einfluss nehmen. Demokratie und Partizipation an Entscheidungen sind kulturelle Formen dieses Urverlangens nach Möglichkeiten der Mitgestaltung. In der Realität begegnen uns in der Kooperationspraxis und der neben der pädagogischen Kooperation bestehenden pädagogischen Praxis allerdings zum einen auch Menschen, die nicht mitgestalten, sondern nur für sich selber isoliert gestalten möchten, sowie eine Vielzahl von Pädagog/inn/en, die sich für einen passiveren Weg entschieden haben und wenig Gestaltungswillen erkennen lassen. Beide Gruppen gilt es zu motivieren und in eine aktive Welt der Kooperation einzubeziehen, die neue Handlungsspielräume für die Bildungs- und Erziehungsarbeit eröffnet.

Die proaktive Teilhabe an der Planung, Gestaltung und Darstellung der Kooperation sowie an den sich daraus ergebenden Entscheidungsprozessen schafft bei den kooperierenden Akteur/inn/en also grundsätzlich eine Motivation, da sie Möglichkeiten erkennen, selbstbestimmt eigene Ideen und Vorstellungen in einen Arbeitsprozess miteinzubringen. Dieser Effekt wird noch verstärkt, wenn Aussichten beste-hen, für das eigene Handeln soziales Ansehen und persönlichen Respekt vonseiten anderer Leistungsträger/innen zu erhalten. Partizipation korreliert folglich auch mit dem Empfinden des „Ernst-genommen-Werdens", da ernst genommen zu werden in Bezug auf Kooperation auch bedeutet, an Gestaltungs- und Entscheidungsprozessen beteiligt zu werden, Mitverantwortung tragen zu dürfen und im Rahmen individuel-ler Kompetenzen an der Zusammenarbeit mitwirken zu können (vgl. Haeberlin / Jenny-Fuchs / Moser Opitz 1992, 24ff.). Sind die genannten Faktoren nicht gegeben, greift dieser Umstand das Selbstwertgefühl des beziehungsweise der an der Koope-ration Beteiligten an und die Motivation für eine aktive und kokonstruktive Zusam-menarbeit sinkt. Erwähnung verdient aber auch die Forderung an die Akteur/inn/e/n, dass das Angebot zur Teilhabe an Prozessen, die durch Verantwortung gekenn-zeichnet sind, Verantwortungsbereitschaft und Verantwortungsfähigkeit, beispiels-weise durch Qualifikation und Kompetenz, erwarten lässt.

Die Teilhabe an der Gestaltung des Kooperationsgeschehens und an Entschei-dungen geht auch auf die Bedürfnisse der Akteure nach Transparenz und Sicherheit ein, da diese in die Prozesse eingebunden sind und somit weniger verdeckt ge-schieht.

2.3.7 Autonomie und Verantwortung

Der Mensch befindet sich zeit seines Lebens in einem Kontinuum der Ambivalenz von Selbstständigkeit und Abhängigkeit. Von seiner Veranlagung her strebt er grundsätzlich in Richtung Autonomie. Deci und Ryan (1985; 1993; 2000) definieren in ihrer Selbstbestimmungstheorie das Bedürfnis nach Autonomie als universelles psychisches Grundbedürfnis. Dieses ist eine Triebfeder des menschlichen Denkens, Handelns und Wirkens. In der Regel ist dies im Kindesalter besonders gut zu erken-nen. Verantwortung nimmt in dem Maße zu, in dem der Mensch Unabhängigkeit gewinnt, und Unabhängigkeit erreicht der Mensch durch Übernahme von Verant-wortung. Welche Potenziale die Akteur/inn/e/n im Rahmen der Zusammenarbeit von Kindertageseinrichtungen und Grundschule mobilisieren, hängt also entscheidend vom vorhandenen Spielraum für diese Motivationsgrößen ab. Bei diesen Betrach-tungen darf Autonomie nicht in einem Konkurrenzverhältnis zum Bindungsverhal-ten gesehen beziehungsweise die Bindung mit Abhängigkeit gleichgesetzt werden. Soziale Bindungen eröffnen Handlungsspielräume und schaffen Freiheit und Unab-hängigkeit (Etzioni 1999). Kooperation ist eine Form der sozialen Bindung und so-mit für den Menschen ein freiheitsfördernder Erfahrungsrahmen, dessen Inhalt der Autonomie des Individuums bedarf.

Eine radikale Autonomie birgt aber auch Risiken, wenn sie ein Verständnis von Verantwortung generiert, dem zufolge die Akteur/inn/e/n ihr Handeln nicht mehr in Beziehung zu den Interessen ihrer Umwelt oder zu den Zielen und der Orientierung einer Kooperationsbeziehung setzt. Die Balance zwischen der Autonomie der bezie-hungsweise des Einzelnen und der Zusammenarbeit zu finden, ist ein kritischer und wichtiger Punkt in der Gestaltung der Kooperation. Zu wenig Selbstständigkeit birgt die Gefahr eines Verlustes von Motivation, zu viel Autonomie bewirkt eine Abnahme der Partnerkohäsion und kann Partner/innen aus der Verantwortung ausschließen (vgl. Johnson / Johnson 2003).

Die an einer Kooperation Beteiligten bedürfen gewisser Zuständigkeiten im Entscheidungsprozess und einer gewissen Entscheidungsautonomie. Das Gegenstück zur gefühlten Autonomie der beziehungsweise des Einzelnen ist das Gefühl einer Kontrolle durch die Anderen im Rahmen der Zusammenarbeit. Das Gefühl des Kontrolliertwerdens ist entweder ein „Motivationskiller" oder, falls die Kontrolle die betroffene Akteurin beziehungsweise den betroffenen Akteur zum intendierten Handeln veranlasst, ein Stressor in der Kooperationsbeziehung. Starke Kontrolle kann Misstrauen und Missgunst im Kooperationsgeschehen erzeugen. Zudem senken starke Kontrollmechanismen das Selbstwertgefühl der Kontrollierten und ihr Entwicklungspotenzial. Jeder kreative Gestaltungsakt setzt einen Rahmen voraus, in dem von Normen und Erwartungen abgewichen werden darf, der Fehler sogar in begrenztem Umfang begünstigt, um ein evolutives Voranschreiten zu ermöglichen.

2.3.8 Belohnung

Der entscheidende Sinn von Belohnung ist das Moment der ursprünglichen Motivation (vgl. Berlyne / Madsen 1973). Belohnungen gibt es in vielen Formen, darunter Würdigungen und soziale Anerkennung. In diesem Bereich geht es aber um externe Gratifikationen beziehungsweise Sanktionen, um eine direkte Vergütung beziehungsweise einen direkten positiven Ausgleich für erbrachte Kooperationsleistungen wie beispielsweise eine Arbeitsentlastung an anderer Stelle, einen Freizeitausgleich oder eine Entlastung auf dem Arbeitszeitkonto, da bisher in beiden Bildungsbereichen keine Möglichkeiten für eine Sonderfinanzierung in Form monetärer Vergütungen für kooperatives Engagement bestehen. Es stellt sich allerdings vor dem Hintergrund moderner Motivationstheorien die Frage, welche Wirkungen mögliche externe Belohnungsmechanismen bei einer Umsetzung in die Wirklichkeit tatsächlich entfalten. Leistung verdient Belohnung, aber im Gesamtkonzept der pädagogischen Alltagsarbeit gerechte und gerechtfertigte Maßstäbe für die jeweiligen Einrichtungen zu finden, ist ein heikles Unterfangen und schafft wahrscheinlich eher ein Gerechtigkeitsproblem, statt es zu lösen. Zudem könnte von einem idealistischen Standpunkt die Frage gestellt werden, ob freiwillig erbrachtes Engagement auf der Grundlage einer emotionalen Bindung bisweilen vielleicht nicht besser und vor allem kontinuierlicher und nachhaltiger ist als ‚erkauftes' Engagement.

Die im Kapitel III.1.2 in Übersicht dargestellte Selbstbestimmungstheorie von Deci und Ryan (1985; 2000) favorisiert für eine niveauvolle Kooperation eine Motivation, die aus Interesse, vor allem aus Freude und inhärenter Befriedigung entsteht. In seiner X-Y-Theorie, die heute noch bedeutenden Einfluss auf die Theorie von Personalmanagement, Führung und Organisation hat (siehe Kasper / Meyrhofer

2002), unterscheidet McGregor (1966) zwei modelltypische Menschenbildgruppen, denen er bestimmte Attribute zuweist:

- X-Typ: charakterisiert durch Passivität, Antriebsarmut, Desinteresse, Arbeitsvermeidungsstrategien, handelt reaktiv, benötigt Kontrolle und erwartet Belohnung;
- Y-Typ: charakterisiert durch Eigenmotivation, Engagement, Interesse, Fleiß, Zielstrebigkeit, handelt proaktiv, zeigt einen eher kooperativen Arbeitsstil, Freude und Interesse an der Tätigkeit.

In einer Weiterentwicklung ist auch ein Z-Typ konstruiert, der im Arbeitsprozess alternierend ein X-Typ-Verhalten oder ein Y-Typ-Verhalten zeigt.

Nicht alle Pädagog/inn/en lassen sich demnach eher durch einen freundlichen Bedingungsrahmen erreichen, der eigenaktives, autonomes, partizipatives und verantwortungsorientiertes Arbeiten ermöglicht und begünstigt, als durch ein Belohnungssystem. Da die Qualität der Motivation des Y-Typs aber eher der Intention entspricht, eine niveauvolle und nachhaltige Kooperation zu etablieren, liegt es nahe, diese Gruppe ins Blickfeld von Teilnehmeraktivierung und -akquieszenz zu nehmen. Allerdings ist es auch aus praktischen und ethischen Gründen äußerst problematisch, ein solches Modell, das Menschen in Bezug auf ihre Antriebsmöglichkeiten in Klassen aufteilt, in die Praxis umzusetzen, da es polarisiert, gegebenenfalls stigmatisiert und einen Großteil der Pädagog/inn/en von einer gewünschten oder auch nicht gewünschten Kooperationsverantwortung ausschließt. Darüber hinaus existieren für die X-Y-Theorie keine ausreichenden empirischen Befunde.

2.3.9 Freiwilligkeit

Libertas (Freiheit), eines der großen Ideale der Menschheit, um das die größten Schlachten geschlagen wurden. Im Bildungsbereich gehört dieses Anliegen in Bezug auf die Akteur/inn/e/n zur Ebene von Top-down und Bottom-up Implementation, von autoritärer Führung und demokratischer Führung, konkret von Dienstanweisung und Freiwilligkeit. Freiwilligkeit ist auch ein Aspekt von Autonomie und kann als ein Zustand werden, in dem die kooperierenden Akteur/inn/en sich ohne Zwang unter verschiedenen Handlungsalternativen für eine Möglichkeit entschieden haben. Motiv für ein freiwilliges Engagement sind beispielsweise das Bedürfnis nach sozialer und gesellschaftlicher Mitgestaltung, gepaart mit der Überzeugung, Prozesse und Ergebnisse zu verbessern, sowie der Wunsch nach sozialen Kontakten, sozialer Einbindung und auch sozialer Anerkennung (vgl. Gensicke / Picot / Geiss 2006). Folglich geht es auch den Akteur/inn/en in der Kooperation zwischen Kindertageseinrichtung und Grundschule nicht nur um sachbezogene Motive, wenn sie freiwillig zusammenarbeiten. Dieser Umstand ist bei der Planung und Ausgestaltung der Kooperationspraxis mit Blick auf die Motivation der beteiligten Pädagog/inn/en unbedingt zu berücksichtigen.

Der Begriff der Freiheit darf auch nicht in eine falsche Nähe zu den Begriffen Beliebigkeit und Unverbindlichkeit gesetzt werden; auch eine freiwillige Entscheidung bindet die Akteurin beziehungsweise den Akteur und legt ihr beziehungsweise ihm Konsequenzen auf, damit die Zusammenarbeit kontinuierlich und verlässlich gestaltet werden kann und die Beteiligten Planungs- und Bestandssicherheit für die Zukunft gewinnen.

Wenn von Vertreter/inne/n der Basis in der Praxis ein gewisser Unmut gegenüber Top-down Implementierungen zu verspüren sein sollte und sich grundsätzliche Abwehrmechanismen einstellen, muss die Frage gestellt werden, ob es sich um ideologische Konflikte oder eine sachbezogene Auseinandersetzung handelt. Es scheint dann auf jeden Fall von Bedeutung zu sein, bei der Gestaltung der Kooperation eine Balance zwischen Pflicht und Kür zu schaffen und sachbezogene pädagogische Fragestellungen in Bezug auf eine kindorientierte Verbesserung der Bildungs- und Erziehungsarbeit ins Zentrum des Dialogs zu rücken.

Unter Vorgriff auf die weiter unten dargestellten Ergebnisse ist zu konstatieren, dass nach Einschätzung der Primärakteur/inn/e/n in der Kooperationslandschaft zwischen Kindertageseinrichtungen und Grundschule Freiwilligkeit die Intensität der Motivation zur Zusammenarbeit stark fördert. Schlussfolgerungen aus der Selbstbestimmungstheorie von Deci und Ryan (1985; 2000) lassen die Unterstellung zu, dass Freiwilligkeit auch die Qualität der Motivation steigert. Hingegen führt die Ausnutzung von Drohmöglichkeiten oder Sanktionsoptionen ebenso wie das Ausspielen von Machtpositionen zu Abwehrreaktionen der Kooperationsakteur/inn/e/n in Bezug auf die Zusammenarbeit (vgl. Bierhoff / Müller 1993).

Eine Alternative zu einer rigorosen autoritären Führung bei der Leitung und Beeinflussung einer Kooperationsbeziehung ist ein praxisbegleitendes Coaching, das die Akteur/inn/e/n in die intendierten Vorstellungen von der Gestaltung der Kooperation einbezieht und Instrumente einer nicht freiwilligen Befehlsgewalt mittels Überzeugung zumindest teilweise überflüssig macht. „Durch praxisbegleitendes ‚Coaching' […] lässt sich mehr Anreiz und Motivation erzielen, den Plan beziehungsweise das Programm umzusetzen, als über ein förderrechtliches ‚Damoklesschwert'. [… Ein] Sanktionierungsmodell [erzeugt] in den Köpfen einen Umsetzungszwang und begünstigt Abwehrhaltung. Unter Zwang lassen sich Innovationen schwerer durchsetzen als über ‚Coaching' in einem Klima, das von pädagogischer und organisatorischer Entscheidungsfreiheit geprägt ist." (Reichert-Garschhammer 2003, 291)

2.3.10 Kontaktbereitschaft

Kooperation ist, wie im ersten Teil dieser Arbeit ausführlich diskutiert, ein sozial interaktives Geschehen, das auf Kommunikation basiert. Die Grundlage für eine funktionierende komplexe verbale Kommunikationsbeziehung ist die Bereitschaft der Akteur/inn/e/n, Kontakt zueinander aufzunehmen und zu pflegen. Dabei spielen in diesem Zusammenhang besonders eine proaktive Gestaltung der Kooperation und strategische Aspekte eine tragende Rolle, beispielsweise zur Erreichung der angestrebten Ziele geeignete Partner/innen für einen gemeinsamen Arbeitsprozess zu gewinnen, Entscheidungsträger/innen zielführend einzubinden oder Beistand in Interessenkonflikten zu erhalten. Kooperierende Akteur/inn/en schmieden häufig auch innerhalb des beteiligten Personenkreises Allianzen und Suballianzen und lösen diese auch wieder auf. Dies geschieht nicht nur im Kontext beruflicher Kooperation, es kommt vielmehr auch zur Vermischung mit privaten Kontakten. Letztere und deren Einfluss auf die Kooperation können an dieser Stelle nicht geklärt werden.

Die Kontaktbereitschaft der beziehungsweise des Einzelnen hängt von der Erfahrung ab, die sie beziehungsweise er in Kontakten mit anderen gemacht hat. Ist die Kontaktbereitschaft hoch, so ist die Kooperationsbeziehung potenziell offen für neue Personen, die das Kooperationsnetzwerk und damit dessen Möglichkeiten erweitern können. Bildet sich bei den Akteur/inn/en aufgrund von Misserfolgen oder der Empfindung eines disstresslastigen Drucks vonseiten einer Autorität eine generalisierte negative Erwartung im Kontakt mit anderen Menschen heraus („sensitivity to rejection", Mehrabian / Ksionzky 1974), dann verschließt sich die kooperierende Gemeinschaft nach außen und ihre Mitglieder untereinander nach innen. Synergie- und Handlungspotenziale der Kooperation werden dann nicht ausgeschöpft werden können, da sozialängstliche Personen dazu neigen, Erfahrungen mit anderen als selbstbedrohlich zu empfinden, Unsicherheiten zu erleben und regressiv auf Sozialkontakte zu reagieren (Frost 1968; Thurner 1970; Watson / Friend 1969). „Soziale Angst" und „Sozialinteresse" (Mehrabian / Epstein 1972) bestimmen in einem hohen Maße über Konstitution und Applikation der Kooperation und somit über deren gesamte Ausgestaltung.

Kontakte zu knüpfen und Kontakte zu pflegen lernt der Mensch, indem er Kontakte knüpft und Kontakte pflegt. Ziel einer etwaigen Fördermaßnahme müsste es also sein, Gelegenheiten und Anreize zu schaffen, Kontaktangebote zu machen und die Angebote anderer anzunehmen. Im handlungsorientierten „Learning by doing" (Baden-Powell 1930; Dewey 1938; Kilpatrick 1951) können Akteur/inn/e/n am besten soziale Muster erproben, die sie bei mehrfach erfolgreicher Anwendung dann in ihr Verhalten integrieren (Jones 1964).

2.3.11 Gesprächsbeziehung

Wie bereits weiter oben dargestellt, ist Kommunikation ein fundamentales Element menschlichen Handelns. Wahren (1994, 179f.) stellt fest, dass Gruppen, also auch Kooperationsgefüge, ohne Kommunikation nicht existieren können. Durch Kommunikation werde die Welt erzeugt, Wissen ausgetauscht, Gemeinsamkeiten entwickelt, Rollen, Normen und Ziele geschaffen sowie Führung und gemeinsame Aufgabenbearbeitung ermöglicht. Sader (1991, 140) weist darauf hin, dass Kommunikation größtenteils so unbewusst verläuft, dass der Zeit- und Kraftaufwand, der für einen erfolgreichen Austausch nötig ist, in der Praxis fast immer unterschätzt wird.

Die gern formelhaft gewünschte „Kooperation auf Augenhöhe" erfordert eine demokratische und durch Wertschätzung geprägte Gesprächsbeziehung. Kooperation ist aber nicht nur eine Sache des Organs Auge, sondern auch des Ohres – „dem anderen Gehör schenken". Die Ursache hierfür liegt unter anderem in der phylogenetischen Entwicklung des Menschen, denn das „Hören war evolutionsgeschichtlich primär, der Mensch war Jahrmillionen lang ein Hörmensch" (Heitkämper 2000, 97). Deshalb ist auch aktives Zuhören als Voraussetzung für einen Bezug zum Gegenüber als wichtige Grundlage für das Gelingen einer Kooperation anzusehen. Für das Konzept der Kommunikation nennt Stange (1974, 64) die Fähigkeit, den eigenen Standpunkt zu Gehör zu bringen, sowie das Bemühen, den Standpunkt des anderen ernst zu nehmen und mit dem eigenen zu koordinieren. Kommunikation ist also immer auch soziales Verhalten (vgl. Maturana / Varela 1987), und der Begriff findet in der pädagogischen Diskussion eine ähnlich unscharfe Verwendung wie der Begriff der Kooperation. In jeder persönlichen Begegnung verständigen sich Pädagog/inn/en über verbale und nonverbale Botschaften. „Man kann nicht nicht kommunizieren" (Watzlawick / Beavin / Jackson 1969, 53). Je stärker unbewusste Signale bewußt gemacht werden, desto mehr wird die Kommunikation mit Analysemöglichkeiten angereichert und durch Gestaltungsmöglichkeiten bereichert.

Gesprächsbeziehungen hängen von der Interpretation der übermittelten Symbole seitens der sendenden und empfangenden Kommunikator/inn/en ab. Inwiefern und wie die Empfängerin beziehungsweise der Empfänger die Botschaften der Senderin beziehungsweise des Senders rezipiert, hängt von der Attraktivität des Angebots, den involvierten Faktoren sowie den sozialen Erfahrungen und Wissensstrukturen der Beteiligten ab. Glaserfeld (1987) unterstellt, dass Konstruktionen verschiedener Personen jeweils in so hohem Maße subjektiv sind, dass sie bestenfalls miteinander kompatibel und intersubjektiv sein können, aber weder gleich noch objektiv. Für die in dieser Arbeit thematisierte Kooperation macht dies deutlich, welche immense Bedeutung und welchen Umfang die Gestaltung der Kommunikation für die Koordination gemeinsamen Handelns in komplexen Bildungs- und Erziehungskontexten hat.

Informationstechnische und technomechanistische Kommunikationsmodelle wie beispielsweise das weltbekannte Sender-Empfänger-Modell von Shannon und Weaver (1949; 1976), oder die Informationstechnik betreffende Derivate des Feldmodells nach Maletzke (1963) helfen bei einer vom Geist des Konstruktivismus beeinflussten Forschungshaltung als Grundlagen für die Analyse und Beschreibung von Kooperationsprozessen und einer intendierten Interventionsplanung nicht weiter, wenn emotionale und interpersonal-klimatische Aspekte den Schwerpunkt der Betrachtung bilden. Deshalb werden die theoretischen Überzeugungen der Konstruktivisten Watzlawick und Schulz von Thun, in denen Sender/in und Empfänger/in nicht Beteiligte eines identischen Vorgangs sind, bei der Behandlung dieses Bereiches als Grundlagen miteinbezogen. Das Kommunikationsmodell von Schulz von Thun wurde bereits in Kapitel III.1.2 kurz vorgestellt.

Als wichtige Grundprinzipien sind die Feststellungen zu betrachten, dass die Information bei der Empfängerin beziehungsweise beim Empfänger auf verschiedenen

Ebenen neu entsteht und dass in der Regel „der Inhaltsaspekt der Kommunikation verbal, der Beziehungsaspekt dagegen weitgehend nonverbal" (Watzlawick / Beavin / Jackson 1969, 64) ist. Die Gesprächsbeziehung wird also im Hinblick auf den klimatischen Aspekt maßgeblich durch nonverbale Kommunikation geprägt. Merkmale der nonverbalen Kommunikation, über die wichtige Informationen zur Gesprächssteuerung vermittelt werden, wie beispielsweise Aufmerksamkeit, Antwortbereitschaft und die Regelung des Gesprächsablaufes sowie Gefühle oder die Einstellung zur Gesprächspartnerin beziehungsweise zum Gesprächspartner, werden allgemein wie folgt unterschieden (vgl. Balz / Spieß 2009; Jandt 1995):

- paralinguistische Merkmale:
  Lautstärke, Tonfall, Betonung, Rhythmus, Phonation (Stimmbildung), Timbre (Klangfarbe), Lachen und Seufzen (,vocal characterizers'), Laute wie „aha" oder „mmh" (,vocal segregates');
- außerlinguistische Merkmale oder nonverbale Symbole:
  Symbole kinetischer Bewegung (zum Beispiel Gestik und Mimik), Symbole ophthalmischer Art (Augenkontakt oder -bewegung), Haltung, proxemische Symbole (Distanz und Nähe), Chronemik (Umgang mit dem Zeitfaktor), olfaktorische (Geruchs-) und haptische (Berührungs-) Signale.

Eine Kommunikatorin beziehungsweise ein Kommunikator kann darüber hinaus aber auch ihr beziehungsweise sein Schweigen, Gegenstände (Statusauszeichnungen, Geschenke) oder den Kontext (Wahl des Raumes oder der Situation, Setting) verwenden, um ihre beziehungsweise seine Botschaften zu übermitteln oder die Kommunikation aktiv zu gestalten.

Von praktischer Bedeutung ist insbesondere die von Harris (1993) konstatierte frustrierende Auswirkung einer einseitigen Kommunikation auf zumindest eine der beteiligten Parteien, die hier mit Blick auf die konkrete Kooperation zwischen pädagogischen Fach- und Lehrkräften aus Kindertageseinrichtungen und Grundschulen genannt sei. Nur eine zweiseitige Kommunikation mit dialogischem Charakter kann als zufriedenstellend empfunden werden. Der Begriff der zweiseitigen Kommunikation mit dialogischem Charakter betont das aktive Zuhören und setzt dieses folglich für eine Kooperation voraus.

2.3.12 Konfliktmanagement

An einem Konflikt kann die Zusammenarbeit scheitern. Die Theorie der Prädestination sagt hinsichtlich der Ursachen von Konflikteskalation aus, dass grundsätzlich jeder Konflikt so angelegt ist, dass er eskalieren kann, vor allem in einer kompetitiven Umgebung (vgl. Deutsch 1990). Immer dort, wo mehrere Menschen aufeinandertreffen beziehungsweise miteinander kooperieren, spannt sich ein Drahtseil, das den beteiligten Akteur/inn/en einen Balanceakt zwischen Konflikt und Synergie abverlangt. Die besondere Kunst einer erfolgreichen Kooperation besteht vermutlich darin, Konflikte konstruktiv zu nutzen und in einen Vorteil für die Zusammenarbeit umzukehren, da Interessenunterschiede sich allen Bemühungen zum Trotz nie ganz vermeiden lassen werden und sich mit Blick auf die Vorteile einer dialektischen Entwicklung vielleicht auch gar nicht immer vermeiden lassen sollten. Ein Konflikt kann, wenn kompetent mit ihm umgegangen wird, verletzte Gefühle offenlegen, Dialoge anregen, psychologische und emotionale Belastungen abfedern und Mängel aller Art aufdecken. Glasl (2002, 14) definiert einen Konflikt als Interaktion zwischen Aktor/inn/en beziehungsweise Akteur/inn/en, bei der wenigstens eine Akteurin beziehungsweise ein Akteur Unvereinbarkeiten im Denken, Vorstellen, Wahrnehmen, Fühlen oder Wollen mit anderen Akteur/inn/en in der Art erlebt, dass in der Reflexion eine Beeinträchtigung durch eine/n andere/n Akteur/in erfolgt. Ein Konflikt kann also bereits dann bestehen, und zwar latent, wenn ein/e Akteur/in das Vorliegen eines „unangenehmen Spannungszustandes" (Kleber 2001, 29) registriert.

Schmidt und Kochan benennen drei Hauptkriterien für einen Konflikt beziehungsweise für eine Konkurrenz (1972, zitiert nach Grunwald 1981, 70):

- Wahrnehmung der Zielkompatibilität beziehungsweise -inkompatibilität,
- Verfügbarkeit von materiellen und immateriellen Ressourcen, die von den beteiligten Parteien beansprucht werden,
- Wahrnehmung einer Interdependenz der Aktivitäten einer Partei, das heißt Behinderung ihrer Aktivitäten.

In der Literatur existieren zahlreiche Konflikttypologien nach Erscheinungsformen, Ebenen und Konfliktbasis (Amason 1996; Coser 1956; de Dreu 1997; Eisenhardt / Kahwajy / Bourgeois 1997; Glasl 2002; Guetzkow / Gyr 1954; Wall / Callister 1995; Jehn 1992; 1997b; Pelled / Eisenhardt / Xin 1999; Pinkley 1990; Priem / Price 1991) sowie Konfliktverlaufsmodelle, auf die an dieser Stelle nicht ausführlich eingegangen werden kann. Für diese Arbeit sind in Bezug auf die Erscheinungsformen diejenigen Konflikte vorrangig zu betrachten, die sich in einem Konfliktverhalten manifestieren. In Bezug auf die Ebenen spricht das Thema dieser Arbeit interpersonale Konflikte zwischen den Pädagog/inn/en beider Professionen und interorganisationale Konflikte zwischen den Institutionen Kindertageseinrichtung und Grundschule an. Die vielen unterschiedlichen und nuancenreichen Bezeichnungen für Konfliktbasistypen lassen sich pragmatisch in die folgenden zwei Typen gliedern (vgl. Passos / Caetano 2005):

- Aufgaben- und Prozesskonflikt:
  Basis beziehungsweise Ursache des Konfliktes sind depersonalisierte divergierende kognitive Vorstellungen der Akteur/inn/e/n auf einer inhaltsbezogenen Sachebene und die Bereitschaft, für diese zu streiten (vgl. Priem / Harrison / Muir 1995, 694; Jehn 1997a);
- affektiver Konflikt:
  Basis beziehungsweise Ursache des Konfliktes sind negative Emotionen, die eng mit den Beziehungen der Akteur/inn/e/n untereinander verbunden sind (Jehn 1997b, 88).

In der Realität sind die Ursachen für Konflikte eng miteinander verwoben, und eine differenzierte Analyse muss immer beide Aspekte und deren Zusammenhänge betrachten. Aus einem Aufgabenkonflikt kann sich ein affektiver Konflikt entwickeln, und ein affektiver Konflikt kann Aufgabenkonflikte provozieren. Die Korrelationen zwischen beiden Aspekten sind empirisch belegt (siehe Simons / Peterson 2000, 103), jedoch sind die Mechanismen noch weitgehend unklar.

Auf der Grundlage von Deutsch (1949), der aufgrund seiner Differenzierung von Kooperation und Wettkampf als bedeutender Wegbereiter für spätere Konfliktmodelle gilt, lassen sich aus einem zweidimensionalen Vierquadrantenschema von Thomas (1976, 900) fünf Konfliktstile herauslesen.

Diese Stile lassen sich wie folgt charakterisieren:

- „avoiding": Vermeidung der Austragung von Konflikten, gering ausgeprägte individuelle Selbstbestimmung beziehungsweise unterentwickeltes individuelles Durchsetzungsvermögen und unkooperatives Verhalten;
- „competing": vom Gedanken des Wettbewerbs geprägte Austragung von Konflikten, bei der die Individuen versuchen, ihr Durchsetzungsvermögen in Bezug auf ihre eigenen Interessen zu behaupten;
- „collaborating": kooperative Konfliktlösungen, bei denen sowohl eigene individuelle Vorteile angestrebt werden als auch die Interessen der anderen beziehungsweise des Systems in hohem Maße Berücksichtigung finden;
- „accomodating": Verhalten, bei denen die beziehungsweise der Einzelne sich in einem hohen Maße den Interessen der Gruppe anpasst und unterordnet, um Konflikte zu schlichten;
- „compromising": Verhaltensstil, bei dem individuelle Selbstbestimmung und Durchsetzungsvermögen auf moderatem Niveau in Verbindung mit einem moderaten Niveau kooperativen Handelns praktiziert werden und kompromissorientiert sowohl Vorteile angestrebt als auch Nachteile akzeptiert werden.

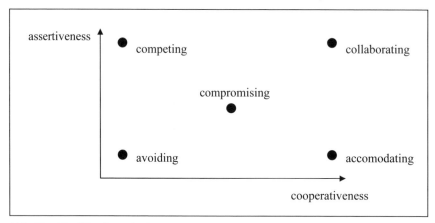

Abb. 15:   Konfliktstile nach Thomas (1976, 900)

Der umfangreichen Literatur zum Konfliktmanagement zufolge wird der kollaborative Ansatz, der auch als „problem solving" beschrieben wird, als der anzustrebende Konfliktstil empfohlen, da er allen beteiligten Akteur/inn/en einen Gewinn aus der Zusammenarbeit verspricht.

2.3.13 Kenntnis

Vertrauen ist die Basis von Kooperation, Ängste sind die Widersacher von Vertrauen. Ängste entstehen häufig durch Unkenntnis, Vorurteile und falsche Verallgemeinerungen. Ein Schlüssel zur erfolgreichen Kooperation ist deshalb die Kenntnis der Kooperationspartner/innen, ihrer Interessen und Arbeitsfelder. Über diese Kenntnis kann sich Verständnis und dann erst ein stabiles Vertrauen bilden. Zudem ist Kenntnis die Voraussetzung von bewusstem und zielgerichtetem Handeln. Auch Tröschel (2006, 19) konstatiert, dass eine erfolgreiche Kooperation Kenntnisse über den Kooperationspartner voraussetzt. Gemünden und Walter (1995) klassifizieren in ihrer Beschreibung der Kooperation vier Misserfolgsfaktoren. Zwei dieser Faktoren sind die mangelnde Kenntnis anderer Bereiche und die Fokussierung auf eigene Orientierungen.

In der Kooperation zwischen Kindertageseinrichtung und Grundschule sind vielfältige Kenntnisse unterschiedlicher Dimensionen bei den Akteur/inn/en notwendig, damit die Zusammenarbeit gelingen kann. Dazu zählen als Voraussetzung für Vertrauen, Orientierung, Transparenz, Prozessgestaltung und anderes mehr beispielsweise die Kenntnis der persönlichen Kooperationspartner/innen und der Partnerinstitution, der Aufgaben und Ziele der Kooperation, der Zuständigkeiten beziehungsweise Aufgabenbereiche der beteiligten Partner/innen und ihrer Einrichtung, der Personalressourcen, der Handlungsmöglichkeiten und ihrer aktuellen Grenzen und Perspektiven sowie die Kenntnis der Informations- und Ablaufstrukturen.

Der Prozess des Kennenlernens von Kooperationspartner/inne/n vollzieht sich ähnlich den Phasen in Gruppenentwicklungsprozessen, wenn Kenntnis nicht ausschließlich als Information in einer isolierten Sachdimension verstanden wird, sondern darüber hinaus als Form des Wissens über die sozialen Beziehungen im Bezugsrahmen der Kooperation und über die Arbeitsprozesse, die Verständnis und Vertrauen erst auszubilden vermag.

Am Anfang trifft sich nach erfolgten Vorarbeiten eine Gruppe von vermutlich fachkompetenten Menschen, die zusammenarbeiten werden und sich im Rahmen der interinstitutionellen Kooperation zwischen Kindertageseinrichtung und Grundschule zu Teilen kennen und zu Teilen nicht kennen beziehungsweise wenig voneinander wissen. Der Prozess der Konstitution und Applikation der Kooperation beginnt. Orientiert an Tuckman und Jensen (Tuckman 1965; Tuckman / Jensen 1977) entwerfen Balz und Spieß (2009, 121) ein Modell mit vier beziehungsweise fünf Phasen, das sich vor dem Hintergrund eines umfassenden Kenntnisbegriffs sowohl auf die Initialisierung der Kooperation zwischen Kindertageseinrichtung und Grundschule als auch auf die Beschreibung eines standortanalytischen Befundes beziehen lässt:

- „Forming":
  Kenntnisbildung in Bezug auf Aufgabenformulierung und Klärung des organisatorischen Rahmens der Kooperation (Beziehungsdynamik: Kontaktaufnahme, Unsicherheit im Umgang miteinander aufgrund defizitärer Kenntnisse über Personen und Situation, ausgeprägte Orientierung an der Leitung beziehungsweise Moderation).

- „Storming":
  Kenntnisbildung in Bezug auf die Klärung der Rollen- und Aufgabenverteilung der Akteur/inn/e/n (Beziehungsdynamik: Aushandeln der Rangordnung, häufiger Rollenwechsel, mögliche Konflikte und Rivalität um Aufgabenverteilung und Profilierungschancen, Bildung von Untergruppen, Infragestellung der Leitung beziehungsweise Moderation).

- „Norming":
  Kenntnisbildung in Bezug auf die Aushandlung der Normen und Werte der Kooperation (Beziehungsdynamik: etablierte Rangordnung, gegenseitige Akzeptanz, Aufgaben und Rollen geklärt).

- „Performing":
  Kenntnisbildung in Bezug auf die Ausführung der Aufgaben und die Arbeitsprozesse (Beziehungsdynamik: Struktur der Akteur/inn/e/n funktional zur Aufgabenstruktur, Leistungsfähigkeit und Produktivität der Kooperationseinheit, Verhandlungen über Arbeitsmethoden).

- „Adjourning"
  (im Kontext der Kooperation zwischen Kindertageseinrichtung und Grundschule allenfalls auf temporär begrenzte Steuerungsgruppen zu beziehen, die dem Zweck der Erreichung relevanter Modalziele dienen):
  Kenntnisbildung in Bezug auf Bilanzierung und die Auflösungsphase (Beziehungsdynamik: Verabschiedung, Beziehungsperspektiven für neue Aufgaben).

Gellert und Nowack (2004, 193) beschreiben in abgewandelter Form ein Alternativmodell, gegliedert in eine erste Phase der Auseinandersetzung und Positionierung, eine zweite Phase der Vertrautheit, eine dritte Phase der konstruktiven Zusammenarbeit und eine vierte Phase der Trennung.

Diese Phasenmodelle sind in ihrer Bedeutung jedoch zu relativieren, da sie nur eine Orientierung und Sensibilisierung für das Kennenlernen von Personen, Institutionen, Verantwortlichkeiten beziehungsweise Rollen- und Aufgabenverteilung sowie der Arbeitsprozesse und Beziehungsdynamiken bieten können. Kooperation ist ein viel zu komplexes soziales Handeln, um in einem reduzierten Modell authentisch dargestellt und vorhersehbar gemacht werden zu können. Kooperation ist nicht zuverlässig berechenbar und in ihrer Entwicklung nicht phasenlinear. Phasenmodelle sind in diesem Zusammenhang somit wissenschaftliche Artefakte (vgl. König / Schattenhofer 2006, 60f.; Ardelt-Gattinger / Gattinger 1998, 9).

Kenntnis ist dicht mit dem Vorliegen von Transparenz verbunden. Je höher der Grad an Transparenz, desto mehr Möglichkeiten haben die Akteur/inn/e/n, sich Kenntnisse über den Kooperationsprozess anzueignen und ein authentisches Bild der Zusammenarbeit zu gewinnen. Eine genaue Kenntnis des Profils der kooperierenden Institution ist ein empirisch belegter entscheidender Faktor für das Gelingen einer Kooperation (Schiersmann / Thiel / Fuchs / Pfizenmaier 1998, 351). Klare Kenntnisse lösen unklare Unsicherheiten auf und ermöglichen es den Akteur/inn/e/n, ihre Stärken zum richtigen Zeitpunkt an der richtigen Stelle produktiv und zielführend einzubringen. Somit bewirkt Kenntnis eine Optimierung und Effizienzsteigerung der Kooperation.

2.3.14 Akzeptanz und Wertschätzung

Wie eine anthropologische Sichtweise nahelegt, strebt der Mensch als soziales Wesen in seinem Leben unter anderem vorrangig nach Annahme und Anerkennung seiner Person, die er in vielen verschiedenen Formen wie beispielsweise Liebe, Lob oder Lohn erfahren kann. Die Bedürfnisse nach Akzeptanz und Wertschätzung sind Bestandteile dieser Triebkraft, und deren bewusste und unbewusste Befriedigung ist grundlegende Voraussetzung für Vertrauen zwischen Menschen und Kooperation in sozialen Beziehungen. Ihre Bedeutung und die Bedeutung ihrer Pflege kann kaum zu hoch eingeschätzt werden.

Akzeptanz und Wertschätzung werden in besonderem Maße in der Kommunikation signalisiert. „Es ist anzunehmen, dass die Funktion der Kommunikation über einen Informationsaustausch dadurch hinausgeht, dass sie eine das eigene Selbst oder das Selbst des anderen bestätigende Wirkung hat" (Petillon 1993, 112). Watzlawick verstärkt diesen Befund noch, wenn er beobachtet, dass es den Anschein habe, „dass wir Menschen mit anderen zum Zweck der Erhaltung unseres Ichbewusstseins kommunizieren müssen" (Watzlawick / Beavin / Jackson 1972, 83). Ohne Akzeptanz und eine anerkennende Bestärkung der Akteur/inn/e/n bleibt Kooperation folglich ein hoffnungsloses Unterfangen, da sie in diesem Fall gegen den Menschen und seine konstanten anthropologischen Bedürfnisse arbeiten würde.

Akzeptanz und Wertschätzung beruhen jeweils auf Kenntnis der Partner/innen und Verständnis für sie. Die Kooperationspartner/innen zu akzeptieren bedeutet mehr als nur eine von Intoleranz geprägte Reaktion zu vermeiden und die anderen im Sinne einer Akzeptanz des Unvermeidbaren zu dulden oder gemäß einer sturen Regelkonformität zu handeln, es bedeutet vielmehr, die Bereitschaft aufzubringen, ihnen zu helfen und sie zu entlasten, eine etwaige Konkurrenz ihrerseits zuzulassen und zu nutzen, sich aktiv mit ihnen auseinanderzusetzen. Bei dieser Auseinandersetzung geht es um das Eingehen auf Eigentümlichkeiten und Hilfsbedürftigkeit, um die Reflexion der Anders- und Gleichartigkeit sowie von Vorurteilen, Stigmata und Stereotypen. Akzeptanz zu praktizieren heißt also auch kognitive Aktualisierungen zu leisten, flexible Dekategorisierungen und innovative Neukategorisierungen. Die Akzeptanz sollte sich in einer funktionierenden Kooperationsbeziehung auf die Person der Partnerin beziehungsweise des Partners, auf deren Verhalten, Ziele und Wertmaßstäbe sowie die Ideen und Vorschläge der Partnerin beziehungweise des Partners beziehen.

Den Kooperationspartner/inne/n Wertschätzung entgegenzubringen bedeutet erstens sich selbst wertzuschätzen und zweitens mit einer positiven Grundhaltung gegenüber den Partner/inne/n deren Persönlichkeit und Leistung, ihre Gedanken und Werke im Arbeitsprozess zu betrachten und dabei zugleich von Be- und Verurteilungen auf der Grundlage eigener begrenzter Werte und Normen weitgehend Abstand zu nehmen. Für das Klima einer Kooperation spielt das gegenseitige Wohlwollen eine wichtige Rolle beim Aufbau von Vertrauen. Eine sachlich orientierte Kritik wird erst auf der Grundlage einer positiven und offenen Arbeitsatmosphäre konstruktiv von den Empfänger/inne/n rezipiert werden können. Eine solche Arbeitsatmosphäre wiederum ist auf gegenseitige Zugewandtheit und Aufmerksamkeit, Interesse und Respekt sowie Freundlichkeit und Kontaktfreudigkeit angewiesen. Wertschätzung hängt auch mit dem Selbstwertgefühl der Akteur/inn/en zusammen, empfangene und gegebene Wertschätzung vergrößert das Selbstwertgefühl sowohl bei der spendenden als auch bei der empfangenden Person. In klientenzentrierten Therapien (siehe Tausch / Tausch 1990; Rogers 1972) ist die positive Wertschätzung der beziehungsweise anderen zentrale Grundhaltung zur Stärkung des Selbstwertes und der Zuversicht. Darüber hinaus fördert Werttschätzung als interpersonale Attraktion den Zusammenhalt in der Gruppe (vgl. Cartwright 1968, 92f.).

Letztlich beruhen Akzeptanz und Wertschätzung auf Freiwilligkeit. Fromm (1986, 73ff.) formuliert deshalb Verhaltensgrundlagen für eine Kooperation, die Akzeptanz und Wertschätzung erhalten und fördern. Dazu zählen Offenheit und Vertrauen sowie der Mut zu beiden Verhaltensweisen, Hilfsbereitschaft und Authentizität, Verlässlichkeit und Zurückhaltung, Respekt vor der anderen Person und eine intensive Pflege der Verhaltensgrundlagen in diesem Sinne.

2.3.15 Kontinuität

In der aktuellen Bildungspolitik sind unter anderem die Begriffe Kontinuität und Diskontinuität in den Mittelpunkt der Diskussionen über Transferbewegungen zwischen Bildungssystemen gerückt. Dabei ist der Begriff der Kontinuität zumeist positiv konnotiert. Im Allgemeinen gilt, dass Kontinuität Vertrautes schafft und Sicherheit erzeugt. Eine Überbetonung des Kontinuitätsprinzipes kann aber auch dringend notwendigen Innovationen entgegenstehen. Folglich muss von den Akteur/inn/en zur Vermeidung von Verkrustungen im Kooperationsprozess unter anderem auch in diesem Zusammenhang die Fähigkeit gefordert werden, sich auf Neues einlassen, Flexibilität, Vertrauen und Verständnis aufbringen, interne und externe Innovationen annehmen sowie Normen und Werte hinterfragen zu können.

Kontinuität ist im Rahmen einer Kooperation das Ergebnis vieler Faktoren, und ebenso beeinflussen Kontinuität beziehungsweise Diskontinuität ihrerseits viele Faktoren einer Kooperation. Normativ davon auszugehen, dass Kontinuität kooperationsfördernd sei, ist sehr gewagt, da Gefahren der ‚Betriebsblindheit' und Monotonisierung von Prozessen bestehen und Diskontinuitäten auch Entwicklungschancen und -perspektiven eröffnen können. Auch in der Transitionsforschung wird Diskontinuität als ein Merkmal von Übergangsprozessen angesehen, dass nicht nur „als Quelle von Problemen, sondern (…) als wichtiger Stimulus für Entwicklung" (Griebel / Niesel 2004, 194) besteht.

Kontinuität kann sich auf die kooperierenden Partner/innen, auf Rahmenbedingungen, Informationsstrukturen, auf die Ziele, Themen und Inhalte der Kooperation und auf andere Merkmale der Zusammenarbeit beziehen. Da Kooperation von Personen getragen und ausgeübt wird, gilt die Aufmerksamkeit hier schwerpunktmäßig der Kontinuität der kooperierenden Akteur/inn/e/n. Die Kontinuität von Ansprech- und Kooperationspartner/innen ist einerseits eine Größe, die im Feld der Bedingungen sicherlich den Rahmenbedingungen zuzuordnen ist. Andererseits gestaltet sie maßgeblich das Kooperationsklima mit und kann als Basis für eine tiefer gehende vertrauensvolle Zusammenarbeit angesehen werden. Mit Blick auf die oben geschilderte herausragende Rolle des Vertrauens für jede Kooperation ist die Kontinuität der Partner/innen im Münsteraner Kooperations-Tableau mit einem deutlichen Querverweis auf die Rahmenbedingungen der Ebene des Vertrauens zugeordnet.

2.3.16 Verständnis

Verständnis kommt von Verstehen. Hier geht es aber unter dem Aspekt des Vertrauens nicht nur um Verständlichkeit im Sinne des inhaltlichen Begreifens eines Sachverhaltes, sondern in erster Linie um eine komplexe Auffassung der geamten sozio-emotionalen Lage, Situation und Befindlichkeit der Kooperationspartnerin beziehungsweise des Kooperationspartners und der Fähigkeit, die eigenen Reaktionen und Handlungen darauf einzustellen. Voraussetzungen für ein Verständnis in diesem Sinne sind folglich die Fähigkeit, die Perspektive einer anderen Person zu übernehmen beziehungsweise kognitiv ihren Standpunkt einzunehmen, ohne den eigenen zu verlieren, und Empathie als die Fähigkeit, die Gefühlslage einer anderen Person zu teilen, ohne sie sich direkt zu eigen zu machen (vgl. Bischof-Köhler 1989; Kohlberg 1969).

Den Kooperationspartner/inne/n Verständnis entgegenzubringen, signalisiert ihnen Anerkennung und Wertschätzung. Es zeigt ihnen die Bereitschaft, sich auf sie einzulassen und ihnen – in gewisser Weise als Investition – die für eine angemessene Auseinandersetzung mit ihrem Denken und Fühlen erforderliche Zeit zu widmen. Verständnis für die Partner/innen ist aber nicht nur unter gefühlsbetonten Aspekten, sondern auch pragmatisch gesehen eine Grundlage für eine Kooperation, da es eine notwendige Voraussetzung für die entsprechende Planung von Arbeitsprozessen und die Wahrnehmung von Problempotenzialen ist. Aus Unverständnis entsteht Frustration auf allen Seiten und vielen Ebenen. Insbesondere eine gut funktionierende Kommunikation ist darauf angewiesen, dass die Kommunikatorin beziehungsweise der Kommunikator auf der Grundlage eines ausgeprägten Verständnisses für die Lage und Befindlichkeit der Empfängerin beziehungsweise des Empfängers der Botschaft deren Interpretation weitgehend zu antizipieren vermag. Es ist anzunehmen, dass Kontinuität in der Zusammenarbeit dem Aufbau eines gegenseitigen Verständnisses grundsätzlich zugutekommt, da die beteiligten Partner/innen über eine längere Zeit Erfahrungen miteinander sammeln können.

Eine für alle Parteien zufriedenstellende und gerechte mehrperspektivische Koordinierung durch die Verantwortlichen ist nur auf der Grundlage eines gegenseitigen Verständnisses möglich.

2.3.17 Fairness und Gerechtigkeit

Gerechtigkeit ist weltweit eine menschliche Grundnorm, die höchst subjektiv bewertet und somit meist umstritten ist. Sie spielt in allen wissenschaftlichen Disziplinen, insbesondere in der Ethik, der Moraltheologie, der Rechts- und Sozialphilosophie sowie in den Bildungs- und Sozialwissenschaften, eine Rolle. In der philosophischen Diskussion gilt die Gerechtigkeit in Platons „Politeia" als Kardinaltugend, in der „Nikomachischen Ethik" des Aristoteles und bei Thomas von Aquin als eine grundsätzlich intersubjektive Geistes- und Denkhaltung. Da Gerechtigkeit von den vorherrschenden Normen abhängig ist, kann vor dem Hintergrund der geschichtlichen Erfahrung von Systemwechseln und des Wandels von Normen und etablierten Wertvorstellungen Gerechtigkeit auch als Illusion gesehen werden. In einer modernen demokratischen und pluralen Gesellschaft kann Gerechtigkeit nur in Form mehrerer gesellschaftlich miteinander konkurrierender Gerechtigkeitsideale existieren (vgl. Rüthers 2009). Millers empirische Befunde bestätigen, dass in der Praxis Gerechtigkeitsansprüche gegeneinander ausbalanciert werden (Miller 2007). Einfluss auf Gerechtigkeitsideale nehmen persönliche, ökonomische und kulturelle Faktoren. Gerechtigkeit impliziert im Allgemeinen eine Regelung, während Fairness hier als eine der inneren Einstellung der Akteur/inn/e/n her entsprechende Grundhaltung beschrieben sein soll, die ein angemessenes, anständiges und ehrliches Verhalten und Handeln aus einem Gespür erzeugt, das nicht primär einem explizit verordneten Regelwerk entspringt.

Auf der Grundlage der Theorie der kognitiven Dissonanz von Festinger (1957) und dessen sozialer Vergleichstheorie konstruierte Homan (1961) ein Konzept der Verteilungsgerechtigkeit, wonach eine Interaktion für die handelnde Person zu einem dem Einsatz entsprechenden, angemessenen Ertrag beziehungsweise einer Belohnung führen muss, damit diese Person sie als gerecht wahrnimmt. Gerechtigkeit bezieht sich in der Kooperation zwischen Kindertageseinrichtung und Grundschule folglich vor allem auf die Verteilung der zu erbringenden Arbeitsleistungen und -lasten sowie der zur Verfügung stehenden Personal-, Zeit-, Raum-, Material- und Finanzressourcen, aber auch auf Maßstäbe und Regeln, die bei der Reflexion und Bewertung pädagogischer Bildungs- und sozialer Interaktionsprozesse gesetzt werden.

Gerechtigkeit und Fairness spielen in der Beurteilung von Kooperationsprozessen ebenso wie Vertrauen eine entscheidende Rolle, und diese abstrakten Begriffe werden in der Kooperationsbeziehung und über die konkreten Auswirkungen des kommunikativen Austausches und der Verhandlungen zu wichtigen Bezugs- und Bewertungsgrößen. Kommunikation, Gerechtigkeit und Vertrauen stehen in einer engen Verbindung. Kommunikation basiert auf Vertrauen, und Vertrauen basiert darauf, in keinerlei Weise von den Bezugspartner/innen durch unangemessenes beziehungsweise ungerechtes Verhalten verletzt zu werden. ‚Fair play‘ ist also eine fundamentale Norm für eine Kooperation, die sich letztlich über alle Bereiche des Kooperations-Tableaus erstreckt. Der Informationsaustausch muss ebenso fair fließen wie der Arbeitseinsatz in der Zusammenarbeit geplant und umgesetzt wird, so wie auch alle anderen reziproken Austauschprozesse der Kooperation keine Übervorteilung mit sich bringen sollten. Das Gefühl von Fairness und Gerechtigkeit ist dabei auch stark von der Transparenz des Kooperationsgeschehens und der Partizipation an dessen Gestaltung abhängig. Zur Fairness gehört das Bemühen um Wahrheit, Hilfsbereitschaft, Authentizität und Verlässlichkeit im Umgang mit den Kooperationspartner/inne/n (vgl. Fromm 1986, 73ff.). Unter diesen Vorzeichen können Leistungsträger/innen ihr Potenzial enorm entfalten und ihre Energien dem Erfolg der Zusammenarbeit effizient zur Verfügung stellen. Je geringer jedoch das Maß an Fairness und Gerechtigkeit in der Kooperation, desto geringer die Motivation für die Kooperation, insofern die betroffenen Akteur/inn/e/n unter der Ungerechtigkeit zu leiden haben. Die Equity-Theorie (siehe Haase 2002; Austin / Hatfield 1980) bestätigt diese Feststellung auf der Grundlage von Korrelationsstudien, die den Zusammenhang von Gerechtigkeitsempfinden und Unbehagen nachgewiesen haben. Wahrscheinlich können sich Menschen in einer Umgebung, in der sie Ungerechtigkeit wahrnehmen, auch nicht vollkommen auf den Inhalt ihrer Arbeit konzentrieren, weil sie sich weder geborgen und angenommen fühlen können noch ihr Sicherheitsbedürfnis in einer tieferen Dimension befriedigt wird.

2.3.18 Sicherheit

Sicherheit ist ein existenzielles Urbedürfnis der Menschheit, und nicht ohne Grund strebt der Mensch nach ihr, denn nur mit einem gewissen Sicherheitsgefühl gegenüber seiner Umwelt, die ihm Schutz und Geborgenheit gibt, kann er sich aus normativer, aber auch aus anthropologischer Sicht frei entfalten und langfristig gesund entwickeln. Sicherheit ist aber auch eine Illusion, vermutlich eine der relevantesten Vorstellungen, auf die der Mensch baut und die er kraft seiner Imagination ständig neu erzeugt. Sowohl individuelle als auch kollektive Sicherheitsvorstellungen, -begriffe, -techniken, -systeme oder Sicherheitsempfindungen und -gefühle sind höchst subjektiv beziehungsweise soziokulturell verschieden ausgeprägt. Faktisch lässt sich keine absolute Sicherheit herstellen. Mit dem Begriff ‚Sicherheit‘ wird also eher ein relativer Zustand der Gefahrenfreiheit umschrieben, der möglichst frei von unvertretbaren Risiken der Beeinträchtigung der physischen, psychischen sowie sozioemotionalen Gesundheit sowie der wirtschaftlichen Existenz des Einzelnen oder eines Kollektivs ist. Sicherheit berührt viele Daseinsdimensionen, unter anderem auch die Freiheit und die Bindung des Individuums. Bedingt durch das hohe Maß an Subjektivität beim Empfinden von Sicherheit fühlt sich so der eine Mensch sicher, wenn er in einer stark regulierten, engen und auf die perpetuierende Fortschreibung von Macht- und Kräfteverhältnissen setzenden Gemeinschaft eingebettet ist und geführt wird und sich somit nicht als schutzloses, erratisches Element in der sozialen Umwelt fühlen muss, wohingegen genau diese Vorstellung anderen Personen geradezu Angst bereitet, die sich in ihrer Sicherheit durch zu viel Kontrolle und Direktiven gefährdet fühlen.

Mit Blick auf die Kooperation zwischen Kindertageseinrichtung und Grundschule bezieht sich der Begriff der Sicherheit im Tableaufeld des Klimas vor allem auf das subjektive Empfinden von Geborgenheit, auf die Erwartung, individuell und loyal von den Kooperationspartner/inne/n behandelt zu werden, sowie den Wunsch, sozial und emotional nicht verletzt zu werden. Sicherheitsgefühl und Vulnerabilität stehen in einem engen Zusammenhang. Je geringer das Maß an Sicherheit empfunden wird, desto höher ist die Verletzlichkeit und desto geringer die Resilienz. Chambers (1989) beschreibt, dass Vulnerabilität weit über ökonomische und materielle Dimensionen hinausreicht und die Verletzbarkeit ein sozialer Zustand ist, der durch Unsicherheit geprägt ist. Unsichere Menschen sind Schock- und Disstressfaktoren ausgesetzt und haben Schwierigkeiten, diese durch geeignete Coping-Strategien zu bewältigen. Gefühle der Verwundbarkeit können als dynamisch angesehen werden, und es ist modellhaft davon auszugehen, dass sie von einem Stadium der Grundanfälligkeit, einer Phase, in der sich die betreffenden Akteur/inn/e/n mit den Gegebenheiten ihrer Umwelt arrangieren, über mehrere Zwischenstadien bis zu einer Wende zum Untergang, einer existenziellen Katastrophe reichen. Eine Form eines solchen Kollapses wird häufig als Burn-out-Syndrom beschrieben. Kooperation ist also darauf angewiesen, dass sich die Kooperationspartner/innen gegenseitig Signale zuspielen, die bei den Beteiligten ein möglichst niedriges Maß von Gefühlen des Misstrauens und ein möglichst hohes Maß von Gefühlen der Sicherheit erzeugen.

Das Empfinden von Sicherheit beziehungsweise Unsicherheit wird bei den Pädagog/inn/en in Kindertageseinrichtungen und Grundschulen durch subjektive Interpretation und die Attribution von Gefahr in Bezug auf Personen, Entitäten oder Zeitpunkte beeinflusst (vgl. Kelley 1967). So entfalten die Kooperationspartner/innen selbst, aber auch der Kontext, also Orientierungen, Ziele, Themen und Inhalte, die Situationen in Kommunikationsprozessen, die Räumlichkeiten etc., ihre Wirkung auf das Sicherheitsgefühl der Akteur/inn/e/n.

Infolge eines ungedeckten Sicherheitsbedürfnisses können Akteur/inn/e/n starke Disstressreaktionen zeigen, die dazu führen können, dass sie in ihrer Aktion und Leistung blockiert, in ihrer Vitalität und Motivation gehemmt oder in der Regulation ihrer Emotionen beeinträchtigt sind (vgl. Lazarus / Launier 1978; Lazarus / Folkmann 1984; Maslach / Jackson 1984; Jüptner 1993).

Der Wunsch nach Sicherheit beziehungsweise Schutz und Zusammenhalt kann aber auch dazu führen, dass Konflikte und Probleme verzerrt wahrgenommen, verdeckt und nicht mit dem Ziel einer Klärung ausgetragen werden (Orendi / Papst 1983).

3 Topologie des MKT

Die folgende Übersicht zeigt die Gesamtkomposition der Felder, Ebenen und Bereiche des Münsteraner Kooperations-Tableaus (Abb. 16).

Die Bereiche erhalten im Rahmen des MKT entsprechend ihrer Verortung im Modell eine alphanumerische Kodierung. Das Feld der Bedingungen wird als Feld B bezeichnet, das Formenfeld als Feld F, das Klimafeld als Feld K. Danach folgen in der Kodierung die Angabe der Ebene und der Bereich mit fortlaufender Nummerierung innerhalb der betreffenden Ebene. So lautet beispielsweise die Kennung für den Bereich Mitbestimmung beziehungsweise Partizipation: „Feld K – E I/B6".

Unterhalb der Bereiche sind die konkreten Operationalisierungen angesiedelt, das heißt die dem Bereich zuzuordnenden Fragen eines Erhebungsbogens (Kriterien) mit Antwortmöglichkeiten, die das Kooperationsmerkmal (Item) kennzeichnen.

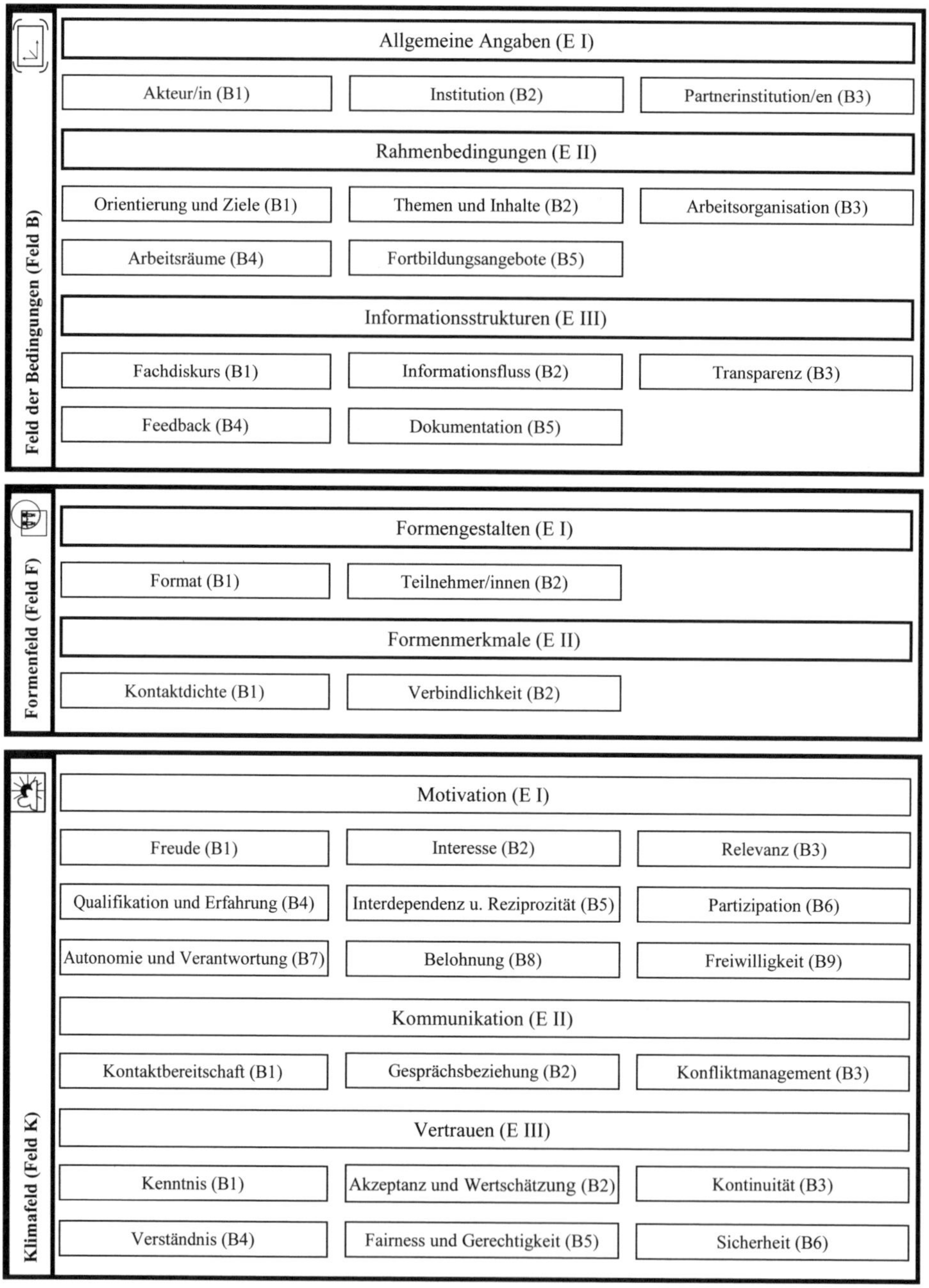

Allgemeine Angaben (E I)		
Akteur/in (B1)	Institution (B2)	Partnerinstitution/en (B3)

Feld der Bedingungen (Feld B)

Rahmenbedingungen (E II)		
Orientierung und Ziele (B1)	Themen und Inhalte (B2)	Arbeitsorganisation (B3)
Arbeitsräume (B4)	Fortbildungsangebote (B5)	

Informationsstrukturen (E III)		
Fachdiskurs (B1)	Informationsfluss (B2)	Transparenz (B3)
Feedback (B4)	Dokumentation (B5)	

Formenfeld (Feld F)

Formengestalten (E I)	
Format (B1)	Teilnehmer/innen (B2)

Formenmerkmale (E II)	
Kontaktdichte (B1)	Verbindlichkeit (B2)

Klimafeld (Feld K)

Motivation (E I)		
Freude (B1)	Interesse (B2)	Relevanz (B3)
Qualifikation und Erfahrung (B4)	Interdependenz u. Reziprozität (B5)	Partizipation (B6)
Autonomie und Verantwortung (B7)	Belohnung (B8)	Freiwilligkeit (B9)

Kommunikation (E II)		
Kontaktbereitschaft (B1)	Gesprächsbeziehung (B2)	Konfliktmanagement (B3)

Vertrauen (E III)		
Kenntnis (B1)	Akzeptanz und Wertschätzung (B2)	Kontinuität (B3)
Verständnis (B4)	Fairness und Gerechtigkeit (B5)	Sicherheit (B6)

Abb. 16: Topologie des MKT

IV. Empirische Bestandsaufnahme

Anknüpfend an die oben konzeptionell dargestellte Kooperationstheorie wird im Folgenden eine Bestandsaufnahme der Praxis der Kooperation zwischen Kindertageseinrichtungen und Grundschule in Nordrhein-Westfalen im Kontext des verbindlichen Sprachstandsfeststellungsverfahrens Delfin 4 in Stufe 1 im Jahr 2008 vorgenommen. Die dargestellten Befunde beziehen sich bei Nennung von Delfin 4 also stets auf die Stufe 1 im Jahr 2008.

Grundlage dieser Erhebung sind die im Projekt TransKiGs NRW (Phase II) verwendeten Fragebögen, die wesentliche Aspekte der Kooperation zwischen Kindertageseinrichtungen und Grundschule abdecken. Die Ergebnisse geben folglich nicht nur Aufschluss über die Zusammenarbeit von Kindertageseinrichtungen und Grundschule während der Durchführung des Sprachstandsfeststellungsverfahrens Delfin 4, sondern treffen auch repräsentative Aussagen über Formen, Klima und Bedingungen der Kooperation zwischen beiden Institutionen. Von besonderer Bedeutung sind dabei die unterschiedlichen Perspektiven der befragten Gruppen von Akteur/inn/en. Ihr Vergleich sorgt unter anderem für eine gewisse Intersubjektivität der Befunde und kann darüber hinaus durch die differenzierte Betrachtung der Wahrnehmungen der Gruppen der Akteur/inn/e/n spezifische Problemfelder der Zusammenarbeit identifizieren.

Aufgrund des signifikant höheren Frauenanteils in beiden Einrichtungen sowie des Umfangs und der besseren Lesbarkeit wegen wurden in den Fragebögen des TransKiGs-Projekts NRW (Phase II) ausschließlich die weiblichen Berufsbezeichnungen verwendet, wohingegen diese Arbeit sich um eine geschlechtsneutrale beziehungsweise beide Geschlechter berücksichtigende Verwendung von Berufs- und Personenbezeichnungen bemüht. Wenn auf die Items aus den Fragebögen Bezug genommen und wenn diese direkt angeführt werden, insbesondere in den Tabellen, kann es in der Folge zu einer uneinheitlichen Handhabung der Bezeichnungen kommen, worauf hiermit hingewiesen sei. Die geneigten Leserinnen und Leser mögen hierüber nachsichtig hinwegsehen.

1 Untersuchungsfragen und Hypothesen

Die grundlegenden Fragen dieser Arbeit sind im Unterkapitel II.1.3 dargestellt. Im empirisch-statistischen Teil werden nun die Forschungsfragen in feinerer Zuspitzung untersucht und Hypothesen bezüglich der unterschiedlichen Perspektiven der befragten Akteur/inn/e/n, der Korrelationen zwischen den verschiedenen Aspekten der Kooperation sowie den Mustern und Typen im Kooperationsgeschehen formuliert.

In einem ersten Untersuchungsschritt erfolgt auf der Grundlage des Münsteraner Kooperations-Tableaus eine Annäherung an den Untersuchungsgegenstand mit Häufigkeitsanalysen.

Für einen zweiten Untersuchungsschritt eröffnet der Untersuchungsgegenstand Kooperation entsprechend den in Abbildung 6 (Kapitel II.2.2.3) dargestellten Dimensionen zwei Forschungsräume. Im ersten Raum werden Aspekte der Kooperation innerhalb jeweils einer Dimension evaluiert, im zweiten Raum werden die Wechselbeziehungen und Zusammenhänge zwischen den Elementen unterschiedlicher Dimensionen untersucht (siehe Abbildungen 18 und 19). Die im Rahmen des Projekts TransKiGs NRW (Phase II) gewonnene Datenlage erlaubt eine exorbitante Vielzahl an Möglichkeiten, die berechnet werden könnten, sodass hier eine auf den in den folgenden Kapiteln dargestellten Fokus gerichtete Auswahl und Eingrenzung der Fragen und Hypothesen vorgenommen wurde.

Befund Teil I (Kapitel IV.3.2)	**Befund Teil II** (Kapitel IV.3.3 – IV.3.6)
• Istzustand auf der Grundlage des Münsteraner Kooperations-Tableaus (univariate Häufigkeitsanalysen)	• Unterschiede zwischen den Institutionen und den Perspektiven der Gruppen der Akteur/inn/e/n (Signifikanzen) • Korrelationen zwischen Kooperationsmerkmalen • Gelingensbedingungen für die Kooperation zwischen Kindertageseinrichtungen und Grundschule (Bedarfe nach Einschätzung der befragten Akteur/inn/e/n) • Kooperationsmuster im Untersuchungsfeld

Abb. 17: Übersicht über die Schwerpunktsetzung für den ersten und zweiten Teil der empirischen Untersuchung

Der erste Untersuchungsbefund auf der Grundlage des Münsteraner Kooperations-Tableaus dient hauptsächlich der Erhebung des Istzustandes der Kooperation, wohingegen die Untersuchungen bezüglich der verschiedenen Dimensionen der Kooperation sich auf Korrelationen zwischen den spezifischen Merkmalen der Kooperationsebenen, Gelingensbedingungen für die Kooperation und Optimierungsoptionen sowie Kooperationsmuster konzentriert. Mit diesen Schwerpunktsetzungen wird eine Redundanz der Ergebnisse weitgehend vermieden.

Für eine stringente übersichtliche Darstellung des Befundes auf der Grundlage des Münsteraner Kooperations-Tableaus wird in dieser Arbeit im ersten wie auch im zweiten empirischen Untersuchungsteil eine tabellarisch klare, präzise und aussagekräftige Form verwendet.

Der erste und zweite Untersuchungsschritt erfolgt auf der Grundlage der Einschätzungen von:

• Leitungen der Kindertageseinrichtungen (Kita L),
• pädagogischen Fachkräften aus Kindertageseinrichtungen (Kita PF),
• Leitungen der Grundschulen (GS L),
• Lehrkräften aus der Grundschule (GS PF) sowie
• Eltern der Vierjährigen.

Die Betrachtung der unterschiedlichen Perspektiven innerhalb der Institution verspricht interessante Aufschlüsse über die verschiedenen für die verschiedenen Gruppen von Akteur/inn/en spezifischen Wahrnehmungen und Bewertungen des Kooperationsgeschehens. So können bei einer diesbezüglich differenzierten Betrachtung detailliertere Aussagen bezüglich der einzelnen Gruppen von Akteur/inn/en und ihrer Einschätzungen getroffen und eventuell vorhandene Effekte sozialer Erwünschtheit und intendierter repräsentativer Außenwirkung aufgedeckt werden, und zwar insofern als angenommen wird, dass Leitungen eher zu entsprechenden Aussagen tendieren. Der Grad an Intersubjektivität erhöht sich durch die Berücksichtigung der Mehrperspektivität.

Die Fragen in Bezug auf das Münsteraner Kooperations-Tableau sind wie folgt kodiert: Als erstes wird die Abkürzung für das Tableau MKT aufgeführt, danach wird das Feld und die Institution genannt. Die Felder werden abgekürzt mit B für das Feld der Bedingungen, F für das Formenfeld und K für das Klimafeld. Die Institutionen werden mit Kita (Kindertageseinrichtung) und GS (Grundschule) abgekürzt.

Die Fragen und Hypothesen für den zweiten Befund sind wie folgt kodiert: Als erstes wird die Dimension benannt, der die Frage beziehungsweise Hypothese zugeordnet wird. Die Frage beziehungsweise Hypothese wird mit F/H abgekürzt und innerhalb einer Dimension fortlaufend nummeriert. Unter den Fragen stehen in alphabetischer Aufzählung die zugehörigen Spezifikationen. Diese sind hauptsächlich auf die unterschiedlichen Perspektiven der befragten pädagogischen Akteur/inn/e/n ausgerichtet. Bei dieser Auflistung sind zusätzlich in Klammern Vermerke beigefügt, die auf die entsprechend passenden Kriterien und Items in den verwendeten Fragebögen verweisen. Die Verweise lassen über die Zeichen L (Leitung), PF (pädagogische Fachkraft) und E (Eltern) sowie KITA (Kindertageseinrichtung) und GS (Grundschule) sowie eine Nummer die datengebenden Stellen in den im Anhang beigefügten Fragebögen genau lokalisieren.

In einigen Formulierungen der Fragebögen wird der Begriff ‚Wirkung‘ verwendet. Dieser Begriff ist im Kontext der Erhebung von TransKiGs NRW (Phase II) zu relativieren, da im wissenschaftlichen Sinne eigentlich nicht von Wirkung gesprochen werden kann. Bei den der Studie zugrunde liegenden Fragebögen handelt es sich um subjektive Einschätzungen bezüglich einer Veränderung der Kooperationspraxis im zeitlichen Zusammenhang mit der Einführung des Sprachstandsfeststellungsverfahrens Delfin 4 aus der Erinnerung der Akteur/inn/e/n. Von einer Wirkung im Sinne kausalitätsorientierter Wenn-dann-Aussagen könnte erst gesprochen werden, wenn mindestens zwei Messungen des Untersuchungsgegenstandes verglichen werden können, eine vor der Einführung des hypothesenbasierten Instruments in das Beobachtungsfeld und eine nach einer bestimmten angemessenen Wirkungsdauer der vermuteten Einflussfaktoren vorgenommene Bestandsaufnahme (vgl. Bortz / Döring 2006, 599ff.). Darüber hinaus ist für den sinnvollen Einsatz von Ursache-Wirkung-Aussagen das Vorhandensein von Kontrollgruppen im Forschungsdesign erforderlich.

1.1 Untersuchungsfragen in Bezug auf das MKT

▶ **MKT B (Feld der Bedingungen) – Kita**

Welches Bild vermitteln die Leitungen und die pädagogischen Fachkräfte aus Kindertageseinrichtungen von den Bedingungen, unter denen die Kooperation zwischen Kindertageseinrichtung und Grundschule stattfindet?

▶ **MKT B (Feld der Bedingungen) – GS**

Welches Bild vermitteln die Leitungen und die Lehrkräfte aus Grundschulen von den Bedingungen, unter denen die Kooperation zwischen Kindertageseinrichtung und Grundschule stattfindet?

▶ **MKT F (Formenfeld) – Kita**

Welches Bild vermitteln die Leitungen und die pädagogischen Fachkräfte aus Kindertageseinrichtungen von den Formen, die in der Kooperation zwischen Kindertageseinrichtung und Grundschule praktiziert werden, und deren Eigenschaften und Merkmalen?

▶ **MKT F (Formenfeld) – GS**

Welches Bild vermitteln die Leitungen und die Lehrkräfte aus Grundschulen von den Formen, die in der Kooperation zwischen Kindertageseinrichtung und Grundschule praktiziert werden, und deren Eigenschaften und Merkmalen?

▶ **MKT K (Klimafeld) – Kita**

Welches Bild vermitteln die Leitungen und die pädagogischen Fachkräfte aus Kindertageseinrichtungen vom Klima der Kooperation zwischen Kindertageseinrichtung und Grundschule und dessen Kennzeichen?

▶ **MKT K (Klimafeld) – GS**

Welches Bild vermitteln die Leitungen und die Lehrkräfte aus Grundschulen vom Klima der Kooperation zwischen Kindertageseinrichtung und Grundschule und dessen Kennzeichen?

1.2 Untersuchungsfragen im intradimensionalen Forschungsraum

Innerhalb jeder der im Kapitel II.2.2.3 erläuterten Dimensionen lassen sich unterschiedlichste Aspekte des komplexen Kooperationsgeschehens evaluieren. Schwerpunkt der gesamten Untersuchung ist der Teilbereich des intradimensionalen Forschungsraumes, der die Kooperationsdimension III behandelt (interinstitutionelle Kooperation). Die Dimensionen I (individuelle Kooperationsdispositionen) und II (intrainstitutionelle Kooperation) finden aufgrund ihres Einflusses auf die Zusammenarbeit beider Institutionen entsprechend Berücksichtigung. Die Fragen beziehen sich auf der Grundlage der Systematik des Münsteraner Kooperations-Tableaus strukturiert auf Bedingungen, Formen und Klima der Zusammenarbeit. Die Dimension IV (Netzwerkkooperation) ist ausgeklammert, weil über Netzwerke bezüglich der Kooperationsaspekte im qualitativen Teil des TransKiGs NRW Projektes (Phase II) in differenzierter Form gesondert geforscht und befunden wird.

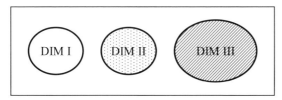

Abb. 18:   Bereiche des hier berücksichtigten intradimensionalen Forschungsraums

Die Fragen, die im Kapitel IV.1.1 bereits in Hinblick auf die Istzustände mittels univariater Häufigkeitsanalysen behandelt wurden, werden hier nicht mehr untersucht. Gemäß Abbildung 17 werden hier ergänzend Unterschiede zwischen den Angaben der Akteursgruppen, Korrelationen zwischen Kooperationsmerkmalen und Veränderungen in der Praxis sowie Gelingensbedingungen und Kooperationsmuster bestimmt.

1.2.1 Forschungsfragen und Hypothesen in Kooperationsdimension I

Die hier dargestellte Frage bezieht sich auf die Dimension I, also auf die individuellen Kooperationsvoraussetzungen. Neben den im Fragebogen in umfangreicherer Form erhobenen Daten konzentriert diese Arbeit ihr Interesse auf die Unterschiede in den Ausbildungsinhalten der Akteur/inn/e/n.

▶ **D I.**   **F/H 01**   **Unterschiede in den Ausbildungsmerkmalen der Akteur/inn/e/n**

Gibt es einen Unterschied bezüglich der übergangsspezifischen Themen, mit denen sich die Gruppen der Akteur/inn/e/n in ihrer Aus- beziehungsweise Fort- oder Weiterbildung beschäftigen? (PF_KITA_09; PF_GS_09)

H_0:   Es gibt keinen signifikanten Unterschied in den Angaben der Gruppen von Akteur/inn/en bezüglich der vertiefend behandelten Themen ihrer Aus- beziehungsweie Fort- oder Weiterbildung.

H_1:   Es gibt einen signifikanten Unterschied in den Angaben der Gruppen von Akteur/inn/en bezüglich der vertiefend behandelten Themen ihrer Aus- beziehungsweise Fort- oder Weiterbildung.

Falls H_1:   In welcher Signifikanzausprägung unterscheiden sich die Gruppen von Akteur/inn/en?

1.2.2 Forschungsfragen und Hypothesen in Kooperationsdimension II

Die hier dargestellten Fragen und Hypothesen beziehen sich auf die Dimension II, also auf die intrainstitutionelle Kooperation. Neben den im Fragebogen in umfangreicherer Form erhobenen Daten wird der Blick hier auf die Orientierung der Einrichtung bezüglich der Kooperation von Kindertageseinrichtung und Grundschule sowie auf die Einschätzung des Unterstützungsbedarfs durch die befragten Gruppen von Akteur/inn/en für ein Gelingen der Kooperation zwischen beiden Einrichtungen gerichtet. Anschließend wird die Sicht der Eltern in die Betrachtung einbezogen, um deren Vorstellungen und Wünsche hinsichtlich einer Optimierung der Zusammenarbeit zu ermitteln.

▶ **D II.** **F/H 01: Unterschiede bei der programmatischen Veranke-rung der Kooperation in den Einrichtungen**

Gibt es einen signifikanten Unterschied im Vergleich der Bereiche Kindertagesein-richtung und Grundschule in Bezug auf die Verankerung der Kooperation zwischen Kindertageseinrichtung und Grundschule als Bestandteil des Pädagogischen Kon-zepts beziehungsweise des Schulprogramms (KITA_L_15; GS_L_15)?

H_0: Es gibt keinen signifikanten Unterschied zwischen der von den jeweiligen Leitungen angegebenen Verankerung der Kooperation zwischen Kinder-tageseinrichtung und Grundschule in den Pädagogischen Konzepten der Kindertageseinrichtungen und der Verankerung in den Schulprogrammen der Grundschulen.

H_1: Es gibt einen signifikanten Unterschied zwischen der von den jeweiligen Leitungen angegebenen Verankerung der Kooperation zwischen Kinder-tageseinrichtung und Grundschule in den pädagogischen Konzepten der Kindertageseinrichtungen und der Verankerung in den Schulprogrammen der Grundschulen.

Falls H_1: In welcher Signifikanzausprägung unterscheiden sich die Formen der Verankerung in den Pädagogischen Konzepten der Kindertageseinrich-tungen und in den Schulprogrammen der Grundschulen?

▶ **D II.** **F/H 02: Einschätzung des Bedarfs an Unterstützung durch Sekundärakteur/inn/e/n für ein Gelingen der Koope-ration zwischen Kindertageseinrichtung und Grund-schule**

Welcher Bedarf an Unterstützung durch Fachberatung und Träger beziehungsweise Schulamt lässt sich aus Sicht der befragten Gruppen von Akteur/inn/e/n identifizie-ren, damit die Kooperation zwischen Kindertageseinrichtung und Grundschule ge-lingt?

a) in Kitas aus Sicht der L (KITA_L_18)
b) in GSn aus Sicht der L (GS_L_18)

▶ **D II.** **F/H 03: Einschätzung des Bedarfs an Unterstützung durch die Leitungen für ein Gelingen der Kooperation zwi-schen Kindertageseinrichtung und Grundschule**

Welcher Bedarf an Unterstützung durch die Leitungen lässt sich aus Sicht der be-fragten Gruppen von Akteur/inn/en identifizieren, damit die Kooperation zwischen Kindertageseinrichtung und Grundschule gelingt?

a) in Kitas aus Sicht der L (KITA_L_17) und aus Sicht der PF (KITA_PF_16.1/16.2)

b) in GSn aus Sicht der L (GS_L_17) und aus Sicht der PF (GS_PF_16.1/16.2)

▶ **D II.** **F/H 04:** **Einschätzung des Bedarfs an Unterstützung durch das Team beziehungsweise Kollegium für ein Gelingen der Kooperation zwischen Kindertageseinrichtung und Grundschule**

Welcher Bedarf an Unterstützung durch das Team beziehungsweise Kollegium lässt sich aus Sicht der befragten Gruppen von Akteur/inn/en identifizieren, damit die Kooperation zwischen Kindertageseinrichtung und Grundschule gelingt?

a) in Kitas aus Sicht der der PF (KITA_PF_16.1)

b) in GSn aus Sicht der PF (GS_PF_16.1)

▶ **D II.** **F/H 05:** **Wünsche von Eltern im Hinblick auf Veränderungen der Kooperationsvoraussetzungen für die Zusammenarbeit zwischen Eltern und Kindertageseinrichtung**

In welchen Bereichen der Zusammenarbeit zwischen Eltern und Kindertageseinrichtung sehen Eltern einen Optimierungsbedarf in Bezug auf die Kooperationsvoraussetzungen (ELT_13)?

▶ **D II.** **F/H 06:** **Wünsche von Eltern im Hinblick auf Veränderungen in Bezug auf Kooperationsformen zwischen Eltern und Kindertageseinrichtung**

In welchen Bereichen der Zusammenarbeit zwischen Eltern und Kindertageseinrichtung sehen Eltern einen Optimierungsbedarf in Bezug auf die Formen ihrer Zusammenarbeit mit der Kindertageseinrichtung (ELT_12 – Kita ohne GS)?

1.2.3 Forschungsfragen und Hypothesen in Kooperationsdimension III

Die hier dargestellten Fragen und Hypothesen beziehen sich auf den Schwerpunkt der Untersuchung, also auf die interinstitutionelle Kooperation der Dimension III. Neben den im Fragebogen in umfangreicherer Form erhobenen Daten richtet sich der Blick hier vor allem auf folgende Faktoren: Anzahl beziehungsweise zahlenmäßiges Verhältnis der institutionellen Kooperationspartnerinnen aus beiden Bildungsbereichen; gemeinsame Fortbildungen; die interinstitutionelle Kooperation unterstützende Faktoren; Vorhandensein und Häufigkeit von Formen der Kooperation zwischen Kindertageseinrichtungen und Grundschule sowie zwischen den Einrichtungen und Eltern sowie von gemeinsamen Formen der Kooperation von Kindertageseinrichtung, Grundschule und Eltern; Klimafaktoren; ausgewählte Elemente der Kooperationsqualität; Sicht der Eltern auf die Kooperation mit den Bildungseinrichtungen ihrer Kinder. Darüber hinaus werden in dieser Dimension ausgewählte Hypothesen über Korrelationen zwischen den zuvor aufgeführten Kooperationsfaktoren genauer betrachtet.

▶ **D III.**   **F/H 01: Zusammenhänge hinsichtlich der Anzahl kooperierender Bezugseinrichtungen**

a.) Bestehen im Bereich der Kindertageseinrichtungen Zusammenhänge zwischen der Anzahl der zum Thema des Übergangs kooperierenden Grundschulen (KITA_L_20.1; GS_L_20.1) und Merkmalsausprägungen der interinstitutionellen Kooperation?

Korrelate:	• Wechsel der Ansprechpartner/innen (KITA_L_21)
	• Art der Unterstützung für die Kooperation im Kontext von Delfin 4 (KITA_L_24)
	• Klima der Kooperation (KITA_L_25)
	• Häufigkeit der Formen der interinstitutionellen Kooperation (KITA_L_26)
	• ausgewählte Qualitätsmerkmale (KITA_L_27)
Hypothesen:	H_0: Es besteht kein signifikanter Zusammenhang zwischen den geprüften Werten.
	H_1: Es besteht ein signifikanter Zusammenhang zwischen den geprüften Werten.
Falls H_1:	Welche Korrelationsausprägung weist der signifikante Zusammenhang auf?

b.) Bestehen im Bereich der Grundschule Zusammenhänge zwischen der Anzahl der zum Thema des Übergangs kooperierenden Kindertageseinrichtungen (GS_20.1) und Merkmalsausprägungen der interinstitutionellen Kooperation?

Korrelate	• Wechsel der Ansprechpartner/innen (GS_L_21)
	• Art der Unterstützung für die Kooperation im Kontext von Delfin 4 (GS_L_24)
	• Klima der Kooperation (GS_L_25)
	• Häufigkeit der Formen der interinstitutionellen Kooperation (GS_L_26)
	• ausgewählte Qualitätsmerkmale (GS_L_27)
Hypothesen:	H_0: Es besteht kein signifikanter Zusammenhang zwischen den geprüften Werten.
	H_1: Es besteht ein signifikanter Zusammenhang zwischen den geprüften Werten.
Falls H_1:	Welche Korrelationsausprägung weist der signifikante Zusammenhang auf?

▶ **D III.**   **F/H 02: Einschätzung des Bedarfs an das Gelingen der Kooperation zwischen Kindertageseinrichtung und Grundschule unterstützenden Aspekten**

Welcher Bedarf an unterstützenden Aspekten lässt sich aus Sicht der befragten Gruppen von Akteur/inn/en identifizieren, damit die Kooperation zwischen Kindertageseinrichtung und Grundschule gelingt?

a) im Bereich der Kindertageseinrichtung aus Sicht der Leitung (KITA_L_24)
b) im Bereich der Kindertageseinrichtung aus Sicht der pädagogischen Fachkräfte (KITA_PF_21)
c) im Bereich der Grundschule aus Sicht der Leitungen (GS_L_24)
d) im Bereich der Grundschule aus Sicht der Lehrkräfte (GS_L_21)

▶ D III.   F/H 03:   **Zusammenhänge zwischen Unterstützungsbedingungen**

Welche Formen der Unterstützung für die interinstitutionelle Zusammenarbeit korrelieren miteinander? (Gesamtperspektive L_24 und PF_21)

▶ D III.   F/H 04:   **Zusammenhänge zwischen den praktizierten Kooperationsformen**

Welche Kooperationsformen der Zusammenarbeit von Kindertageseinrichtung und Grundschule korrelieren miteinander? (Gesamtperspektive L_26 und PF_23)

▶ D III.   F/H 05:   **Zusammenhänge zwischen Klimafaktoren**

Welche Klimafaktoren in der Zusammenarbeit von Kindertageseinrichtung und Grundschule korrelieren miteinander? (Gesamtperspektive L_25 und PF_22)

▶ D III.   F/H 06:   **Zusammenhänge zwischen Unterstützungsbedingungen, Kooperationsformen und Klimafaktoren**

Welche Kooperationsmerkmale der Bedingungen, der Kooperationsformen und des Klimas korrelieren miteinander? (Gesamtperspektive L_24 und PF_21; L_26 und PF_23; L_25 und PF_22)

▶ D III.   F/H 07:   **Unterschiede in der Wahrnehmung ausgewählter Elemente der Kooperationsqualität**

Unterscheiden sich die Wahrnehmungen der vier befragten Gruppen von Akteur/inn/en (KITA_L_27; KITA_PF_24; GS_L_27; GS_PF_24) hinsichtlich ausgewählter Elemente der Kooperationsqualität im Vergleich ...

a) ... der Leitungen mit den Fachkräften im Bereich der Kindertageseinrichtungen,

b) ... der Leitungen mit den Lehrkräften im Bereich der Grundschule,

c) ... der Leitungen der Kindertageseinrichtungen mit den Leitungen der Grundschule,

d) ... der Fachkräfte aus den Kindertageseinrichtungen mit den Lehrkräften aus der Grundschule,

e) ... aller Gruppen von Akteur/inn/en untereinander?

H_0:   Es gibt keinen signifikanten Unterschied.

H₁: Es gibt einen signifikanten Unterschied.

Falls H₁: In welcher Signifikanzausprägung unterscheiden sich die Angaben?

▶ **D III.**   **F/H 08: Einschätzung des Bedarfs an Veränderungen der Kooperationsformen zwischen Eltern, Kindertageseinrichtung und Grundschule aus Sicht der Eltern**

In welchen Bereichen sehen Eltern einen Optimierungsbedarf in Bezug auf die Formen der Kooperation zwischen ihnen, der Kindertageseinrichtung und der Grundschule (ELT_12 – Kita und GS)?

1.3 Hypothesen im interdimensionalen Forschungsraum

Da die vierte Dimension aus den oben erläuterten Gründen nicht im Forschungsbereich dieser Arbeit liegt und sich das Augenmerk auf die Kooperationsdimension III richtet, werden die Beziehungen zwischen Dimension I und III sowie zwischen Dimension II und III untersucht. Alle anderen Kombinationen können Bestandteil zukünftiger empirischer Berechnungen werden.

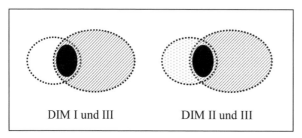

Abb. 19: Bereiche des hier berücksichtigten interdimensionalen Forschungsraums

1.3.1 Hypothese eines Zusammenhangs bezüglich der Kooperationsdimensionen I und III

In diesem Unterkapitel ist eine Frage aufgeführt, die die Hypothese eines Zusammenhangs zwischen den Kooperationsdimensionen I und III klären soll. Aus diesem Zusammenhang lassen sich eventuell Maßnahmen für die Ausbildung von Pädagog/inn/en und die Auswahl von Kooperationskoordinator/inn/en beziehungsweise Ansprechpartner/inne/n für die interinstitutionelle Zusammenarbeit herleiten.

▶ **D I. ↔ III.**   **F/H 01: Zusammenhang zwischen individuellen Kooperationsdispositionen und interinstitutionellen Kooperationsmerkmalen**

Welche Korrelationen bestehen zwischen den intraindividuellen Dispositionsvariablen der befragten pädagogisch tätigen Akteur/inn/e/n „Alter" (01.1), „Geschlecht" (01.2), „Arbeitszeitverpflichtung" (02), „Schulabschluss" (03), „Ausbildungs- beziehungsweise Bildungsabschluss" (04), „Berufserfahrung als Fachkraft" (05), „Dauer der Tätigkeit in der Einrichtung" (06), „Einbindung in die pädagogische Arbeit" (08) sowie „Themen in Aus-, Fort- und Weiterbildung" (09) und ausgewählten Merkmalen der interinstitutionellen Zusammenarbeit?

a) bei den Leitungen der Kindertageseinrichtungen

b) bei den pädagogischen Fachkräften aus dem Bereich der Kindertageseinrichtungen

c) bei den Leitungen der Grundschulen

d) bei den pädagogischen Fachkräften aus dem Bereich der Grundschule

Korrelate:	▪ Wechsel der Ansprechpartner/innen (KITA/GS_L_21; KITA/GS_PF_18)
	▪ gemeinsame Arbeitstreffen zur Vor- und Nachbereitung von Delfin 4 (KITA/GS_L_22; KITA/GS_PF_19)
	▪ Teilnahme an gemeinsamen Fortbildungen von Erzieher/inne/n und Grundschullehrer/inne/n (KITA/GS_L_23; KITA/GS_PF_20)
	▪ Art der Unterstützung für die Kooperation im Kontext von Delfin 4 (KITA/GS_L_24; KITA/GS_PF_21 – jeweils nach Faktorenanalyse)
	▪ Klima der Kooperation (KITA/GS_L_25; KITA/GS_PF_22 – jeweils nach Faktorenanalyse)
	▪ Häufigkeit der Formen der interinstitutionellen Kooperation (KITA/GS_L_26; KITA/GS_PF_23 – jeweils nach Faktorenanalyse)
	▪ ausgewählte Qualitätsmerkmale (KITA/GS_L_27; KITA/GS_PF_24)
Hypothesen:	H_0: Es besteht kein signifikanter Zusammenhang zwischen den geprüften Werten.
	H_1: Es besteht ein signifikanter Zusammenhang zwischen den geprüften Werten.
Falls H_1:	Welche Korrelationsausprägung weist der signifikante Zusammenhang auf?

1.3.2 Hypothese eines Zusammenhangs bezüglich der Kooperationsdimensionen II und III

In diesem Unterkapitel ist eine Frage aufgeführt, die die Hypothese eines Zusammenhangs zwischen der Kooperationsdimension II und der Kooperationsdimension III klären soll. Aus einem solchen Zusammenhang lassen sich Erkenntnisse darüber gewinnen, ob Merkmale einer intrainstitutionell praktizierten Kooperationskultur die Kooperation zwischen den beiden Einrichtungen begünstigen können.

▶ **D II. ↔ III. F/H 01: Zusammenhang zwischen intrainstitutionellen und interinstitutionellen Kooperationsmerkmalen**

Welche Korrelationen bestehen zwischen ausgewählten intrainstitutionellen Kooperationsmerkmalen „Unterstützung für die interinstitutionelle Zusammenarbeit innerhalb der Einrichtung" (KITA/GS_L_17/19; KITA/GS_PF_16/17) und ausgewählten Merkmalen der interinstitutionellen Zusammenarbeit?

a) bei den Leitungen der Kindertageseinrichtungen

b) bei den pädagogischen Fachkräften aus dem Bereich der Kindertageseinrichtungen

c) bei den Leitungen der Grundschulen

d) bei den pädagogischen Fachkräften aus dem Bereich der Grundschule

    Korrelate:
- Art der Unterstützung für die Kooperation im Kontext von Delfin 4 (KITA/GS_L_24; KITA/GS_PF_21 – jeweils nach Faktorenanalyse)
- Klima der Kooperation (KITA/GS_L_25; KITA/GS_ PF_22 – jeweils nach Faktorenanalyse)
- Häufigkeit der Formen der interinstitutionellen Kooperation (KITA/GS_L_26; KITA/GS_PF_23 – jeweils nach Faktorenanalyse)
- ausgewählte Qualitätsmerkmale (KITA/GS_L_27; KITA/GS_PF_24)

    Hypothesen:
    H_0: Es besteht kein signifikanter Zusammenhang zwischen den geprüften Werten.
    H_1: Es besteht ein signifikanter Zusammenhang zwischen den geprüften Werten.

    Falls H_1: Welche Korrelationsausprägung weist der signifikante Zusammenhang auf?

1.4 Frage nach der Existenz von Kooperationsmustern

Welche Typen von Kooperationsmustern lassen sich in der Kooperationspraxis bei den verschiedenen Gruppen von Akteur/inn/en identifizieren?

2 Untersuchungsdesign: Daten, Datenerhebung und Methoden

Die folgenden Ausführungen verdeutlichen die Methode zur Evaluation der Kooperationspraxis und die Hintergründe der Fragebogenkonstruktion. Darüber hinaus werden die Größen der repräsentativen Zufallsstichproben und der Evaluationsverlauf mit den Rücklaufquoten dargestellt. Abschließend zu diesem Inhaltskomplex wird kurz das Vorgehen bei der Datenaufbereitung und -bereinigung geschildert.

2.1 Evaluationsmethode

Als Methode zur Evaluation der Kooperationspraxis von Kindertageseinrichtungen und Grundschule wurde forschungsmethodisch begründet eine Erhebung mittels eines Fragebogens ausgewählt. Der Erhebungsbogen befragt unterschiedliche Gruppen von Akteur/inn/en über konkrete Aspekte der Kooperation im Kontext der Sprachstandsfeststellung Delfin 4 und darüber hinaus im Kontext der Zusammenarbeit zur Gestaltung des Übergangs von der Kindertageseinrichtung in die Grundschule. Die Befragten rekonstruieren mittels Erinnerung und Einschätzung aus ihrer subjektiven Sicht die Zusammenarbeit, die durch einen systematischen Vergleich der verschiedenen Perspektiven der in unterschiedlicher Weise beteiligten Gruppen von Akteur/inn/en mit einem gewissen Maß an Intersubjektivität ex post evaluiert werden kann.

Die vorliegende Arbeit stellt auf der Grundlage des entwickelten Beschreibungsmodells MKT die Ergebnisse dar, die mithilfe dieser Evaluationsmethode gewonnen wurden. Zur präziseren Bestimmung der Gelingensbedingungen bei der Kooperation der pädagogischen Fach- und Lehrkräfte der beteiligten Institutionen werden im TransKiGs-Projekt NRW (Phase II) auch leitfadengestützte Expert/inn/eninterviews mit Vertreter/inne/n ausgewählter etablierter Kooperationsnetzwerke geführt und ausgewertet.

2.2 Fragebogenkonstruktion und Skalendesign

In einem ersten theoretischen Entwicklungsschritt ist es erforderlich, der Planung unabhängig vom Untersuchungsgegenstand ein fundiertes Modell der kognitiven Prozesse bei der Beantwortung von Aufgaben im Fragebogen zugrunde zu legen. Das hier berücksichtigte Stadienmodell für die Aufgabenbeantwortung lässt sich inhaltlich wie in Abbildung 20 in einer Übersicht schematisch darstellen (vgl. Podsakoff / Mackenzie / Lee / Podsakoff 2003).

Die Konstruktion des Fragebogens orientiert sich an dem in der Übersicht abgebildeten Kontinuum von positiver Grundmotivation und oberflächlicher Teilnahme, in dem sich die Akteur/inn/e/n bei der Beantwortung der Fragen bewegen.

Im Projekt TransKiGs NRW (Phase II) wurden zudem die vieldeutigen Ausprägungen und Erklärungen des Kooperationsbegriffs aus dessen dynamischer Entwicklung aufgegriffen und im Kontext der Zusammenarbeit von Kindertageseinrichtungen und Grundschule ein spezifisch auf das Untersuchungsfeld bezogenes deskriptives Verständnis von interprofessioneller Kooperation der pädagogischen Fachkräfte entwickelt und forschungsmethodisch konkret in den Erhebungsbögen operationalisiert.

	mögliche Einflüsse	Vorbeugemaßnahmen
Verständnis (comprehension)	Mehrdeutigkeit von Items	eineindeutige Fragestellung
Abruf (retrieval)	Stimmungslage	Ausbalancieren des Geistes- und Gemütszustands
Urteil (judgement)	Beeinflussung durch zuvor beantwortete Items (globales Meinungsbild)	entsprechende Testinstruktion
Antwortauswahl (response selection)	Antworttendenzen (response sets): a) Tendenz zur Mitte b) Tendenz zu einem extremen Urteil c) Tendenz zur Zustimmung (Akquieszenz) d) Tendenz zur Ablehnung	a) keine neutrale Mittelkategorie; keine extremen Bezeichnungen für die Pole der Skalen; spezielle „Weiß-nicht"-Kategorie b) entsprechende Testinstruktion c) Invertierung von Items d) siehe c)
Antwortabgabe (response reporting)	Soziale Erwünschtheit (social desirability): – Selbsttäuschung (self-deceptive enhancement) – Fremdtäuschung (impression management)	– Aufklärung über den Untersuchungsgegenstand – Zusicherung der Anonymität – Kontrollskala

Optimizing (positive Grundmotivation; gründliche Teilnahme) — **Satisficing** (oberflächliche Teilnahme; arbiträre Antworten)

Abb. 20: Übersicht über kognitive Prozesse bei der Beantwortung von Fragen in der Fragebogenbearbeitung mit Hinweisen auf mögliche Einflüsse und Vorbeugemaßnahmen

So sind die verwendeten Fragebögen von ihrer Konzeption her darauf angelegt, spezifische kognitive Prozesse zu berücksichtigen und die Kooperation zwischen den beiden Bildungseinrichtungen des Elementar- und des Primarbereichs im Kontext des Sprachstandsfeststellungsverfahrens Delfin 4 zu evaluieren sowie allgemeine Aussagen über Merkmale der Kooperation zwischen beiden Einrichtungen zu treffen. Mit den aus den Forschungsbögen gewonnenen Daten können deshalb die Fragen dieser Arbeit beantwortet werden und die Hypothesen valide verifiziert beziehungsweise falsifiziert werden.

Der Konstruktion der Fragebögen wurde der allgemeine theoretische Hintergrund zur Test- und Fragebogenkonstruktion von Jankisz und Moosbrugger (2007) zu Grunde gelegt. Die beiden empfehlen in ihrem Aufsatz für die Wahl des Aufgabentypus zusammengefasst folgende Punkte:

- leichte Verständlichkeit,
- einfache Durchführbarkeit,
- kurze Lösungszeit,
- geringer Material- und Papierverbrauch,
- leichte Auswertbarkeit,
- geringe Häufigkeit von Zufallslösungen.

Schwierig erwies sich im konkreten Fall eine zufriedenstellende Lösung für die Punkte Papierverbrauch und Lösungszeit für das Ausfüllen des Fragebogens. Da viele Einrichtungen im Bereich der Kindertageseinrichtungen nicht über einen Internetanschluss verfügen beziehungsweise diesen nicht komplikationslos nutzen können und außerdem viele Pädagog/inn/en aus beiden Bildungsbereichen immer noch aus unterschiedlichen Gründen eine gewisse Scheu vor der Anwendung einer computerbasierten Evaluationsmaßnahme zeigen, wurde der Fragebogen im herkömmlichen, traditionellen Paper-and-pencil-Format umgesetzt. Zudem ist das Thema Kooperation sehr komplex und vielschichtig. Das wiederum bedeutet einen Balanceakt zwischen dem Wunsch, umfangreiches Datenmaterial zu gewinnen, das für alle Dimensionen und auf allen Ebenen der Kooperationspraxis Aussagen ermöglicht, und der erforderlichen Reduktion des Fragebogenumfangs, damit dieser bei den Adressat/inn/en auf Akzeptanz stößt und eine lohnenswerte Rücklaufquote ergibt.

Die Dimensionen (individuelle Kooperationsdisposition, intrainstitutionelle Kooperation, interinstitutionelle Kooperation, Netzwerkkopperation) und Ebenen (allgemeine Angaben, Rahmenbedingungen, Formen der Kooperation, Klima der Kooperation, Transfererfolg, Optimierungspotenzial) der Kooperation sind im Kapitel II.2.2.3 in Abbildung 6 und 7 dargestellt. Die sechs Ebenen können in jeder Dimension gesondert betrachtet werden. Daraus ergibt sich folgende Übersicht:

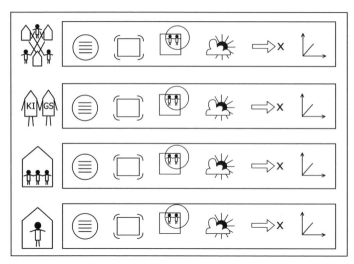

Abb. 21:   Übersicht über die in einer Evaluation der Kooperation zwi-
            schen Kindertageseinrichtung und Grundschule zu beschrei-
            benden Felder hinsichtlich der Dimensionen und Ebenen der
            Kooperation

Dimensionen und Ebenen der Kooperation lassen sich zu einer Untersuchungsmatrix
spannen, die in der weiteren unten dargestellten Übersicht den Umfang der Untersuchung verdeutlicht:

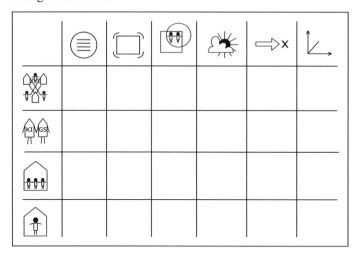

Abb. 22:   Dimensionen-Ebenen-Matrix zur Kooperationspraxis von
            Kindertageseinrichtung und Grundschule

Die Dimensionen und Ebenen der Kooperation stellen zusammen die theoretische
Kategorisierung für die Evaluation der Kooperation dar. Darunter existieren zwei
Subebenen. Auf diesen Subebenen Subebene 1 und Subebene 2 befindet sich das
Forschungsvorhaben im Bereich der konkreten Operationalisierung.

106

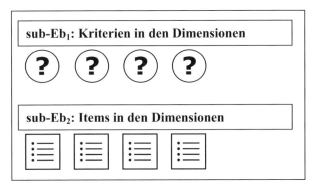

Abb. 23:   Subebenen der Fragebogenkonstruktion

Auf der Subebene 1 werden die Kriterien beziehungsweise die Fragen formuliert, die im Fragebogen gestellt werden. Auf der Subebene 2 werden die Items vorgegeben, die die Antwortmöglichkeiten vorformulieren. Beide Subebenen werden im Fragebogen durch Skalen in Beziehung gesetzt. Daraus ergibt sich für den Fragebogen die in der nächsten Übersicht dargestellte Strukturübersicht hinsichtlich des Abstraktionsgrades.

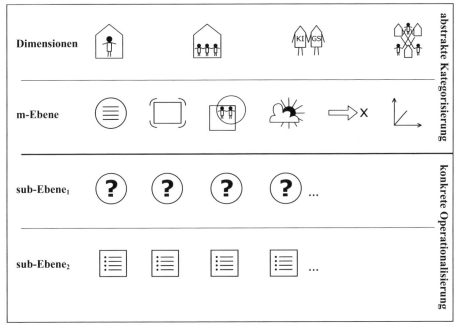

Abb. 24:   Übersicht über die Konstruktionselemente der abstrakten Kategorisierung und konkreten Operationalisierung bei der Entwicklung eines Fragebogens zur Evaluation der Kooperationspraxis von Kindertageseinrichtung und Grundschule

In der konkreten Umsetzung sind neben Nominalskalen hauptsächlich Skalen verwendet worden, die streng genommen Ordinalskalencharakter besitzen, aber bei den Berechnungen zum Teil auch mit einem entsprechenden Hinweis als metrisch angesehen werden können (vgl. Bortz / Döring 2006, 65ff.).

Im Interesse einer möglichst hohen Akzeptanz bei den Adressat/inn/en wurde eine Reduktion dadurch vorgenommen, dass in der praktischen Erhebung einzelne Felder sehr stark reduziert und einige sinnvoll kombiniert wurden. Beispielsweise wurden die Ebenen Transfererfolg und Optimierungsbedarf durch die Formate „vor" und „seit" (in Bezug auf die Einführung von Delfin 4) sowie „mehr", „keine" und „weniger" (in Bezug auf für ein Gelingen der Kooperation erforderliche Veränderungen) in die Skalen von Fragen zum Klima, zu den Formen der Kooperation und zu unterstützenden Bedingungen integriert.

Das Ergebnis des Abwägungsprozesses zwischen Reduktion und Expansion bei der Konstruktion des Fragebogens ist im Anhang dieser Arbeit zu besichtigen. Der Umfang eines Fragebogens ist aber nicht das einzige Kriterium, das angelegt werden darf, wenn es darum geht, einen Fragebogen so zu gestalten, dass die Adressat/inn/en ihm mit einer positiven Grundmotivation begegnen und ihn möglichst gründlich bearbeiten. Die Motivation, den Fragebogen auszufüllen, wird nicht nur durch einen inadäquaten Umfang, sondern auch dadurch beeinträchtigt, dass sprachliche Verständlichkeit und Eindeutigkeit der Inhalte der Items nach einmaligem Durchlesen nicht gegeben sind. Jankisz und Moosbrugger (2007) empfehlen hier für die Formulierung folgende Hinweise zu beachten:

- positive Formulierung;
- zielgruppenorientierte Formulierung;
- simple Satzkonstruktionen;
- keine telegrafischen Kürzel;
- Universalausdrücke vermeiden (immer, nie, alle ...);
- Vorsicht bei Angaben zur Intensität oder Häufigkeit;
- Definitionen – soweit erforderlich – vor die Frage stellen;
- Fallsituationen einengen;
- pro Item nur eine Aussage;
- Ergebnis darf nicht vom Vorwissen abhängen (fachwissenschaftsfreie Formulierung);
- Zeitpunkt und Zeitspanne eindeutig definieren;
- Evidenz der Antwortrichtung;
- Aktualität (keine veralteten Angaben, keine Tagesabhängigkeit);
- keine Wertung;
- keine Suggestion;
- Passung von Item und Antwortformat (besonders bei Ratingskalen).

Weiterhin wurden für die Instruktionen und das Layout folgende Maximen beachtet: klare Handlungsanweisungen, expliziter Hinweis auf die Anonymität, Benennung der durchführenden Institution und der Projektträger, sprachliche und optische Attraktivität (beispielsweise durch alternierende Schattierung) sowie zielgruppenorientierte Differenzierung.

2.3 Stichprobe

Das Gesamtvolumen der Erhebung beträgt rund 2500 Fragebögen. Die repräsentative Zufallsstichprobe für das Projekt TransKiGs NRW (Phase II) wurde von der Geschäftsstelle Statistik des Landesbetriebes Information und Technik Nordrhein-Westfalen (IT.NRW, umgangssprachlich als „Statistisches Landesamt" bekannt) gezogen. Sie beinhaltet 150 Grundschulen des Landes NRW. Über die Koordinator/inn/en für die Sprachstandsfeststellung bei Vierjährigen zwei Jahre vor der Einschulung bei den Bezirksregierungen des Landes NRW in Arnsberg, Detmold, Düsseldorf, Köln und Münster und mithilfe der regionalen Schulämter wurden die mit den zufällig ausgewählten Grundschulen kooperierenden Kindertageseinrichtungen ermittelt. Die spätere Analyse der Daten aus der Fragebogenerhebung zeigte bezüglich der Lagemerkmale der Einrichtungen eine strukturelle Ausgewogenheit (siehe Kapitel IV.3.2.1.1).

Entsprechend der vorgesehenen Evaluationsmethode wurden die Leitungen der jeweiligen Einrichtungen und jeweils zwei mit der Durchführung des Sprachstandsfeststellungsverfahrens Delfin 4 beauftragte Fach- beziehungsweise Lehrkräfte befragt. Zusätzlich wurden im Elementarbereich für jede der in die Untersuchung involvierten Kindertageseinrichtungen zwei Elternteile verschiedener Kinder, die im Jahr 2008 mit Delfin 4 in Stufe 1 oder Stufe 1 und 2 getestet wurden, für die Erhebung angesprochen. Aus diesem Verfahren ergibt sich die folgende spezifizierte Stichprobengröße:

- 150 Grundschulen (von circa 3.300 Grundschulen in NRW)
    150 Schulleitungen
    300 mit der Durchführung der Kooperation beauftragte Lehrkräfte

- 403 Kindertageseinrichtungen (von circa 9.700 Kindertageseinrichtungen in NRW)
    403 Leitungen von Kindertageseinrichtungen
    806 mit der Durchführung der Kooperation beauftragte pädagogische Fachkräfte

- 806 Eltern von mit Delfin 4 zwei Jahre vor der Einschulung getesteten Kindern

2.4 Evaluationsverlauf

Das Projekt TransKiGs NRW startete im August 2008 in seine zweite Phase. Bis Mitte Januar 2009 wurde der Fragebogen entwickelt und in einem Pretest, der 78 verwertbare und kommentierte Rückläufe erbrachte, erprobt. Davon wurden 19 ausgefüllte Fragebögen eines Paderborner Kooperationsgefüges detailliert ausgewertet (siehe Backhaus 2009). Die Ergebnisse dieser Auswertung werden durch die bisher vorliegenden Ergebnisse der Hauptuntersuchung bestätigt. Die Resonanz des Pretests war durch eine hohe Akzeptanz geprägt, wies in den Kommentaren aber auch den Wunsch nach einer weiter gehenden Reduzierung des Umfangs aus. Teile des

Fragenbogens wurden ergänzend dazu auch dem Publikum einer pädagogischen Fachtagung (‚Kinder bilden Sprache – Sprache bildet Kinder', siehe MGFFI 2009) zur Diskussion gestellt. In überarbeiteter Fassung ging der Fragebogen dann Ende Januar in den Versand, nachdem die Adressaten über die Spitzenverbände der Träger von Kindertageseinrichtungen beziehungsweise über die Koordinator/inn/en der Bezirksregierungen informiert wurden. Die Daten der nach Beantwortung eingegangenen Fragebögen wurden in das SPSS-Statistikprogramm übertragen, aufbereitet und sollen bis Ende Januar 2010 grundlegend ausgewertet sein. Die Endauswertung und Berichtlegung soll bis Ende Juli 2010 erfolgen. Die vorliegende Dissertation ist in den Evaluationsverlauf des Projektes TransKiGs NRW eingebettet.

Abb. 25: Übersicht über den Evaluationsverlauf der Studie TransKiGs NRW (Phase II)

Der Rücklauf der Fragebögen verlief insofern erfreulich, als sich folgende Erfolgsquoten ergaben:

	Kita L	Kita PF	GS L	GS PF	ELT
Anzahl der versendeten Fragebögen (100 %)	403	806	150	300	806
Anzahl der zurückgesendeten Fragebögen	278	356	134	178	454
Rücklaufquote in %	69	44/51*	89	59/75*	56

Tab. 1: Darstellung der Rücklaufquoten in den Bereichen der befragten Gruppen von Akteur/inn/en: Leitungen (L) und pädagogische Fach- beziehungsweise Lehrkräfte (PF) aus Kindertageseinrichtung (Kita) und Grundschule (GS) sowie Eltern (ELT)

* Die zweite Prozentangabe entspricht der bereinigten Rücklaufquote, bei der berücksichtigt wurde, dass entweder die an Delfin 4 beteiligte pädagogische Fachkraft der

Kindertageseinrichtung beziehungsweise die Grundschullehrkraft zugleich Leiter/in der Kindertageseinrichtung beziehungsweise Grundschule gewesen ist oder in der jeweiligen Einrichtung lediglich eine von zwei angeschriebenen Fachkräften Delfin 4 durchgeführt hat. Die Bereinigung erfolgte über eine statistische Hochrechnung auf der Grundlage des in der Studie TransKiGs vorliegenden empirischen Datenmaterials.

2.5 Datenaufbereitung und Bereinigung

Die Daten aus den Fragebögen wurden statistisch fachgerecht in die speziell dafür angelegten Datenmasken des Programms SPSS eingegeben. Nach Abschluss der Eingabe wurden ungültige sowie fehlende Werte ermittelt und jeder dieser Fälle durch einen Abgleich mit den systematisch abgelegten Originalfragebögen kontrolliert. Stellte sich heraus, dass tatsächlich ein ungültiger Wert eingetragen war, wurde dieser als fehlender Wert kodiert. Ebenso wurde bei Ankreuzungen zwischen möglichen Kästchen verfahren. Dabei wurde konsequent vorgegangen, um subjektive Interpretationseinflüsse auszuschließen und eine Datenbasis zu gewinnen, die aus eindeutigen Werten besteht. Über Recherche und Korrektur konnten so ungültige Werte gänzlich ausgeschlossen und die fehlenden Werte bestätigt werden. Nach Abschluss der Bereinigung wurden die Datensätze abgeschlossen und dienen als einheitlich originäre Stammdatensätze für alle weiteren Berechnungen in der Forschungsanalyse.

3 Auswertungsdesign und Ergebnisse der Untersuchung

In diesem Teil werden die Ergebnisse des Forschungsvorhabens detailliert dargestellt, bevor sie in Kapitel IV.4 zusammengefasst und diskutiert werden. Zunächst ist es allerdings erforderlich, das Auswertungsdesign zu erläutern, um die Befunde entsprechend valide interpretieren zu können.

3.1 Auswertungsdesign

Die Darlegung des Auswertungsdesigns soll verdeutlichen, mit welchem unterstützenden computerbasierten Programm die Analyse betrieben wurde und auf welchen rechnerischen Operationen die ermittelten Werte beruhen, deren Intention es ist, die komplexen interaktiven und kommunikativen Aspekte der Kooperation zwischen dem Elementar- und Primarbereich als soziales Interdependenzgeschehen in einem numerischen Raum abzubilden. Diese Erläuterungen sind für eine möglichst exakte Rekonstruktion der Kooperationswirklichkeit durch Interpretation der vorliegenden Ergebniswerte unverzichtbar.

3.1.1 Statistikprogramm

Für die Auswertung von rund 2500 Fragebögen ist eine benutzerfreundliche Software zur statistischen Analyse von Daten unverzichtbar. Das hier verwendete Programm heißt SPSS (Statistical Package for the Social Science, auch Superior Performing Software System). Das grundlegende Datenmanagement und die umfangreiche Datenanalyse wurden hier zunächst mit der SPSS-Version 15.0 und nachfolgend mit der neu benannten PASW-Statistics-Version 18.0 für Windows betrieben. Das Upgrade der Versionen hat auf die Ergebnisbefunde keinen Einfluss.

3.1.2 Umgang mit Missings, Perspektivenfusion und Mehrfachankreuzung

Fehlende Werte (Missings) werden in den Auswertungsergebnissen nicht berücksichtigt. Das bedeutet, dass die Prozentangaben, in denen die Ergebnisse zumeist angegeben werden, sich grundsätzlich immer auf die gültigen Werte beziehen.

Insbesondere bei der Betrachtung des Kooperationsgeschehens mithilfe des Münsteraner Kooperations-Tableaus werden die Perspektiven von Leitungen und pädagogischen Fachkräften in Kindertageseinrichtungen beziehungsweise von Leitungen und Lehrkräften in Grundschulen jeweils getrennt betrachtet, um zum einen die Ergebnisse zu vergleichen und Unterschiede in der Wahrnehmung darzustellen, zum anderen, um zu intersubjektivieren, das heißt Ausprägungen von Kooperationsmerkmalen als relativ zuverlässig gegeben anzusehen. Im zweiten Teil der empirischen Analyse, in dem die Kooperation zwischen Kindertageseinrichtungen und Grundschule dimensionenbezogen nach Korrelationen, Unterschieden und Mustern untersucht wird, werden die jeweiligen Perspektiven der verschiedenen Gruppen von Akteur/inn/en sinnvoll und sachbezogen kombiniert, um den Umfang der notwendigen Rechenverfahren, insbesondere bezüglich der Faktorenanalysen, zu begrenzen.

Bei Frageformaten mit der Möglichkeit zu Mehrfachankreuzungen wird für jeden der zur Auswahl angebotenen Items die Anzahl der Nennungen für den gesamten Fragenkomplex ermittelt und auf die Größe der Stichprobe N bezogen. Dadurch können beispielsweise Aussagen getroffen werden, welcher Bildungsabschluss in wie viel Prozent der Fälle innerhalb einer gewissen Gruppe von Akteur/inn/en vorkommt oder beispielsweise welche Funktionen die Akteur/inn/en innerhalb einer Gruppe in wie viel Prozent der Fälle übernehmen. Einen Nachteil dieses Verfahrens einer Zählung der Werte in Fällen stellt die rechnerische Berücksichtigung fehlender Werte dar. Die tatsächlichen Werte können hier jeweils in Abhängigkeit von der Höhe fehlender Werte mehr oder minder stark verzerrt in geringem Umfang von den ermittelten Werten abweichen.

3.1.3 Berechnungsgrundlage für das MKT

Für die Bestimmung von Aussagen über die Felder, Ebenen und Bereiche des Münsteraner Kooperations-Tableaus ist es erforderlich, festzulegen, mit welchen Items aus den im Projekt TransKiGs (Phase II) verwendeten Fragebögen die einzelnen Bereiche berechnet werden. Über einige wenige Bereiche können keine Aussagen getroffen werden, da in diesen Fällen wie beispielsweise im Bereich der Fairness oder im Bereich der Teilnehmer/innen an den einzelnen Kooperationsformen der Fragebogen keine angemessene Datenquelle darstellt. Gleiches gilt für einzelne Perspektiven der verschiedenen Gruppen von Akteur/inn/en. Einige Informationen wurden aus Gründen der Effizienz nur mit Bezug auf eine Gruppe von Akteur/inn/en gewonnen wie beispielsweise die formalen Angaben zu den Institutionen. Die verwendeten Bezeichnungen KITA, GS, L, PF, ELT stehen als Abkürzungen für Kindertageseinrichtung, Grundschule, Leitung, pädagogische Fachkraft und Eltern. Die im Anhang A aufgeführte tabellarische Festlegung liegt der Bestandsaufnahme im Rahmen des Kooperations-Tableaus zugrunde (vgl. Topologie des MKT, Kapitel III.3).

3.1.4 Bestimmung von Istzuständen

Bei Fragen zum Vorhandensein unterstützender Bedingungen sind als Formate für die Skala zumeist die Antwortalternativen „ja", „nein" und „weiß nicht" vorgegeben. Bei der Angabe des Vorkommens beziehungsweise der Prozentwerte für die Antwort „ja" werden im Ergebnis die Fälle mit der Antwort „weiß nicht" mit berücksichtigt. Das bedeutet, dass die komplementären restlichen Anteile zu „ja" aus der Menge der Fälle „nein" und „weiß nicht" bestehen. Werden als Bezugsgrundlage die Fälle herangezogen, die über das notwendige Wissen verfügen, um mit „ja" oder „nein" zu antworten, ergeben sich hinsichtlich des Vorhandenseins beziehungsweise Nichtvorhandensein der Merkmalsinhalte in der Praxis andere Proportionen. Eine Begründung für die Inklusion der Kategorie „weiß nicht" findet sich im Kapitel IV.4.1.

Der Istzustand der Kooperationspraxis wird hauptsächlich im Rahmen der Beschreibung des Kooperationsgeschehens im Rahmen des Münsteraner Kooperations-Tableaus beschrieben. Im Fragebogen werden aus Gründen der Reduktion kombinierte Formate verwandt, bei denen in Bezug auf die Zeiträume „vor Delfin 4" und „seit Delfin 4" differenzierte Antworten verlangt werden. Für die Bestimmung des Istzustandes werden dementsprechend die Daten verwandt, die in Bezug auf den Zeitraum „seit Delfin 4" vorliegen.

Bei der Auswertung der Antworten in den viergliedrigen Trifft-zu-Skalen werden zumeist auf der einen Seite die Angaben „trifft völlig zu" und „trifft eher zu" kumuliert und auf der anderen Seite die beiden Angaben „trifft eher nicht zu" und „trifft gar nicht zu". In Fällen, in denen eine Differenzierung sinnvoll erscheint, werden die vier Kategorien auch getrennt betrachtet.

3.1.5 Bestimmung von signifikanten Unterschieden

Die Stichproben der Gruppen von Akteur/inn/en stellen in einem statistischen Vergleichsverfahren für die Mittelwerte unabhängige Größen dar. Mit dem t-Test und dem U-Test wird beurteilt, ob die Mittelwertunterschiede der beiden zu vergleichenden unabhängigen Stichproben auf zufälligen Schwankungen beruhen oder auf systematischen, überzufälligen beziehungsweise signifikanten Unterschieden. Die Bestimmung von signifikanten Unterschieden erfolgt hier über die Durchführung des U-Tests nach Mann und Whitney (auch: Wilcoxon-Mann-Whitney-Test, Mann-Whitney-U-Test oder Wilcoxon-Rangsummentest) bei zwei miteinander zu vergleichenden Stichproben, der im Gegensatz zum t-Test weder eine Normalverteilungsannahme noch das Skalenniveau einer Intervallskala voraussetzt. Der ausgewählte parameterfreie statistische Homogenitätstest verwendet beim Vergleich der beiden Stichproben lediglich ordinale Informationen (vgl. Regionales Rechenzentrum für Niedersachsen / Leibniz Universität Hannover / Rechenzentrum der Universität des Saarlandes 2008, 109ff.). Beim Vergleich von vier beziehungsweise mehr Stichproben wird der H-Test nach Kruskal und Wallis zur Anwendung gebracht. Dieses Verfahren ist eine Ausweitung des U-Tests, die auch auf einer gemeinsamen Rangreihe der Werte aus allen Stichproben basiert. Für den Vergleich zweier unabhängiger Stichproben mit dichotomen Variablen, die als metrische Skalen in den Berechnungen betrachtet werden dürfen, wird der T-Test nach Student verwendet (vgl. Bühl 2006, 299ff.).

Von der Gewichtung von Fällen wird bei der statistischen Auswertung Abstand genommen, weil die auf die verschiedenen Gruppen von Akteur/inn/en bezogenen Stichproben auf deren Profession bezogen in sich erstens homogen sind, zweitens unabhängig voneinander und drittens grundlegend repräsentativ. Im Vergleich untereinander können zudem keine authentischen Gewichtungsfaktoren in Relation zur Grundgesamtheit erzeugt werden, eine Verzerrung der Stichprobenzahlen über eine Approximation könnte in diesem Fall die Befunde auch eher verzerren als relativieren.

Die errechnete Irrtumswahrscheinlichkeit p wird nach allgemeinen Konventionen interpretiert. Das bedeutet, dass Aussagen, die mit einer Irrtumswahrscheinlichkeit $p \leq 0,05$ behaftet sind, als signifikant bezeichnet werden. Die folgende Tabelle differenziert die Ausprägungen der Überzufälligkeit.

Irrtumswahrscheinlichkeit	Bedeutung	Symbolisierung
$p > 0.05$	nicht signifikant	ns
$p \leq 0.05$	signifikant	*
$p \leq 0.01$	sehr signifikant	**
$p \leq 0.001$	höchst signifikant	***

Abb. 26: Irrtumswahrscheinlichkeit, Bedeutung und Symbolisierung (Bühl 2006, 115)

3.1.6 Bestimmung von Korrelationen und Faktorenanalyse

Die Korrelation zwischen zwei Variablen beziehungsweise die Stärke des Zusammenhangs wird über die Berechnung des Korrelationskoeffizienten r beschrieben, dessen Wert zwischen -1 und $+1$ liegt, wobei ein Betrag nahe 1 einen starken und ein Betrag nahe 0 einen schwachen Zusammenhang bedeutet. Das Vorzeichen gibt an, ob es sich um einen gegenläufigen Zusammenhang handelt (r = negativ), bei dem der Wert der einen Variable umso größer wird, je kleiner der Wert der anderen ist, oder um einen gleichläufigen Zusammenhang, bei der der Wert der einen Variablen umso größer wird, je größer der Wert der anderen ist (r = positiv) (vgl. Bühl 2006, 342). Der Korrelationskoeffizient wird nach den üblichen Abstufungen interpretiert.

Die Beschreibung „Korrelationen in nennenswerter Ausprägung" wird für Korrelationen r ≥ 0,3 verwendet. In der Darlegung der Ergebnisse werden zumeist auch nur diese Korrelationen erwähnt.

Wert	Interpretation
≤ 0,2	sehr geringe Korrelation
≤ 0,5	geringe Korrelation
≤ 0,7	mittlere Korrelation
≤ 0,9	hohe Korrelation
> 0,9	sehr hohe Korrelation

Abb. 27: Abstufungen für die Interpretation des Korrelationskoeffizienten (siehe Bühl 2006, 342)

Je nach Skalenniveau und Verteilungsbild wird der Koeffizient nach der Produkt-Moment-Korrelation nach Pearson bei intervallskalierten und normalverteilten Variablen bestimmt sowie nach der Rangkorrelation nach Spearman und Kendall, wenn eine der beiden Variablen ordinalskaliert oder nicht normalverteilt ist.

Aufgrund der hohen Anzahl von Variablen wird bei der Suche nach Zusammenhängen eine explorative Faktorenanalyse durchgeführt, um den hohen Komplexitätsgrad handhabbar und interpretierbar zu gestalten. Die Vorstellung dabei ist, dass Variablengruppen, die hoch miteinander korrelieren, Aspekte einer ihnen gemeinsam zugrunde liegenden Dimension messen. Dieses heuristische Verfahren zur Generierung von Hypothesen identifiziert folglich Hintergrundvariable (Faktoren), die untereinander möglichst nicht beziehungsweise kaum korrelieren, deren Elemente aber untereinander in hohem Maße korrelieren. Bei dem hier verwendeten Verfahren sind folgende Grundspezifikationen zu beachten (vgl. Bühl 2006, 485ff.):

- Die Faktorextraktion erfolgt über das Verfahren der Hauptkomponentenanalyse (principal component analysis);
- die orthogonale Rotation wird über die Standardmethode ‚Varimax' durchgeführt;
- Faktorladungen mit Werten ≤ 0,50 werden unterdrückt, Variable werden angesichts der Perspektivenfusion erst ab einer Faktorladung mit Werten > 0,5 einem Faktor zugeordnet, um starke beziehungsweise valide Zusammenhänge zu erlangen;
- Variable werden nur einem Faktor zugeordnet;
- die Faktoranalyse erhält nur Gültigkeit, wenn die Determinante als Indikator von Multikollinearität einen Wert > 0,00001 aufweist;
- die Faktoranalyse erhält nur Gültigkeit, wenn die kumulierte Gesamtvarianz von allen Variablen einen Wert > 50 % aufweist;

- die Faktoranalyse erhält nur Gültigkeit, wenn das Maß der Stichprobeneignung nach Kaiser-Meyer-Olkin (KMO) einen Wert $> 0,5$ aufweist;
- die Faktoranalyse erhält nur Gültigkeit, wenn der Bartlett-Test auf Sphärizität einen Wert $< 0,05$ ausweist;
- Variable werden einem Faktor nicht zugeordnet, wenn die Kommunalität nach Extraktion als Maß der Eignung für die Variable einen Wert $< 0,2$ aufweist.

Besondere Aufmerksamkeit gilt der Maßnahme, dass eine Variable nur bei starker Ladung einem Faktor zugeordnet wird, um die Perspektivenfusion zu relativieren. Die Ergebnisse des KMO-Maßes werden nach Kaiser interpretiert:

Wert	Interpretation
$< 0,5$	inakzeptabel
$< 0,6$	schlecht
$< 0,7$	mäßig
$< 0,8$	mittelprächtig
$< 0,9$	recht gut
$\leq 1,0$	fabelhaft

Abb. 28: Bewertung der Ergebnisse des KMO-Maßes nach Kaiser (vgl. Brosius 2006, 772)

Für die Faktorenanalyse werden für die Ebenen Bedingungen, Formen und Klima jeweils charakteristische und aussagekräftige Variable ausgewählt und in einer Gesamtperspektive miteinander verschmolzen. Daraus ergeben sich die folgenden Ausgangsvariablen:

Bedingungen (Kita_L_24 / GS_L_24 / Kita_PF_ 21 / GS_PF_21)**:**

a. Absprachen zwischen den Leitungen
b. Engagement der Fachkraft der Kindertageseinrichtung
c. Engagement der Grundschullehrkraft
d. personelle Kontinuität (der Ansprechpartner/innen für die Kooperation)
e. konzeptionelle Gemeinsamkeiten
f. gemeinsame Standards für die Bildungsdokumentation
g. Protokolle (über die Ergebnisse der Kooperation)
h. schriftliche Absprachen
i. Kooperationsverträge
j. gemeinsame Fachsprache
k. wechselseitige Hospitationen
l. gemeinsame Fortbildungen (der Fach- und Lehrkräfte aus Kindertageseinrichtung und Grundschule)
m. rechtzeitige Information (in Bezug auf die Kooperation)
n. ausreichende Information (in Bezug auf die Kooperation)

Formen (Kita_L_26 / GS_L_26 / Kita_PF_ 23 / GS_PF_23)**:**

a. gemeinsame Reflexion der Qualität pädagogischer Arbeit
b. gemeinsame Konferenzen

a. Absprachen über Sprachförderkonzepte vor der Einschulung

b. Austausch über Bildungskonzepte (und das Bildungsverständnis)

c. Besuche von Kindern aus der Kindertageseinrichtung in der Grundschule

d. Besuche von Grundschulkindern in der Kindertageseinrichtung

e. gemeinsam gestaltete Projekte und Feste

f. Austausch von Lern- und Arbeitsmaterialien

g. gemeinsame Zusammenarbeit mit den Eltern

h. gemeinsame Übergabe der Bildungsdokumentation (an die Eltern)

i. gemeinsame Fortbildungen

j. Austausch darüber, wie die Sprachförderung in der Grundschule weitergeführt wird

Klima (Kita_L_25 / GS_L_25 / Kita_PF_22 / GS_PF_22):

a. Wertschätzung der Arbeit, die von der Bezugseinrichtung geleistet wird

b. Vertrauen in die (berufliche) Kompetenz der Kooperationspartner/innen

c. Aufgeschlossenheit für Veränderungen

d. offene Ansprache von (Konflikten und) Problemen

e. Bemühen um einvernehmliche Lösungen bei Konflikten

f. Partizipation bei Entscheidungen

g. Akzeptanz gegenüber Verbesserungsvorschlägen

h. aktive Beteiligung der meisten Akteur/inn/e/n an der Diskussion

i. Gleichberechtigung der Bezugseinrichtung vonseiten der eigenen Institution

j. Gleichberechtigung der eigenen Institution vonseiten der Bezugseinrichtung

Die ausgewählten Variablen mussten in allen Fragebögen vorkommen. Die Variablen wurden auch vor dem Hintergrund des Befundes auf der Grundlage der Häufigkeitsanalysen ausgewählt. Die Akteur/inn/e/n fühlen sich beispielsweise nur in sehr seltenen Fällen kontrolliert oder empfinden eine der beiden kooperierenden Institutionen als dominant. Entsprechende Variable wurden bevorzugt nicht in die Auswahl der Variablen miteinbezogen. Dies gilt ebenfalls für Variable, die lediglich eine Ausdifferenzierung einer anderen, übergeordneten Variablen darstellen. Die in Klammern aufgeführten Ergänzungen werden im Folgenden aus Gründen der Reduktion und der Übersicht nicht immer aufgeführt, sondern vorausgesetzt. Negativ formulierte Variable werden für die Berechnung entsprechend umkodiert. Bei der Perspektivenfusion sind die neuen Items in ihrer Formulierung so modifiziert, dass sie jeweils die Beschreibungen aus den Fragebögen für die Leitungen und diejenigen aus den Fragebögen für die Fach- beziehungsweise Lehrkräfte inhaltsgetreu zusammenfassen. Bei den Angaben zu den Kooperationsformen ergab sich das spezielle Problem, dass die Form der Zusammenarbeit in Bezug auf Aktionen, Feste und Projekte im Fragebogen für die Leitungen in einem Item zusammengefasst erhoben wurde, während im Fragebogen für die Fach- beziehungsweise Lehrkräfte diese Kooperationsform in zwei Items getrennt – für Projekte und für Feste – evaluiert wurde. Dementsprechend konnten die getrennten Daten zusammengefasst werden, indem der Wert übernommen wurde, der eine größere Häufigkeit der Durchführung kodiert, da es sich innerhalb der Skala um ordinal sortierte Größen mit einer Min-destens-Relation für die Interpretation handelt. Das bedeutet, wenn eine Kooperati-onsform drei- bis viermal im Jahr praktiziert wird, wird sie natürlich auch mindes-tens ein- bis zweimal im Jahr ausgeübt. Die ordinal höher angelegte Kategorie um-fasst die jeweils niedrigeren Kategorien.

In den Vergleichsanalysen ist die Kooperationspraxis als Gesamtheit aller Hin-tergrundvariablen nach Faktorenanalyse der Ebenen Bedingungen, Formen und Klima definiert.

Der Begriff der Kooperationsqualität taucht im Zusammenhang mit dem Item-komplex ‚Elemente der Kooperationsqualität‘ auf. Mit diesen Elementen sind diese-nigen Variablen gemeint, die in den verwendeten Untersuchungsbögen jenseits der Fragenkomplexe zu Bedingungen, Formen und Klima präsentiert wurden (KITA/GS_L_27; KITA/GS_24).

3.1.7 Bestimmung von Gelingensbedingungen

Der Begriff der Gelingensbedingungen ist problematisch, da es für die Verwendung dieses Ausdrucks keinen einheitlichen Begründungskontext gibt. Meist ist es nicht klar beziehungsweise nicht eindeutig, ob es sich bei den als Gelingensbedingungen aufgeführten Empfehlungen um normative beziehungsweise programmatisch ideali-sierte (teils auch ideologisierte) Orientierungen oder um empirisch belegte und all-gemeingültige Erfolgsfaktoren handelt. Die Ergebnisse, die die vorliegende Unter-suchung unter dem gängigen Begriff der Gelingensbedingungen einordnet, beruhen auf den Einschätzungen der befragten Akteur/inn/e/n und sind somit Bestandteil ei-ner Empirie der Praxis, ohne zunächst einen Anspruch auf Objektivität beziehungs-weise Validität zu erheben. Ob die sich hier auf der Grundlage der Einschätzungen der Akteur/inn/e/n abzeichnenden Gelingensbedingungen bei einer Umsetzung tat-sächlich eine kooperationsfördernde Auswirkung auf die Zusammenarbeit in der Praxis entfalten würden, muss dann erst noch in nachfolgenden Untersuchungen für jedes Unterstützungsmerkmal einzeln empirisch-statistisch standardisiert operationa-lisiert und in der Kooperationspraxis auf seine Wirkung hin getestet und überprüft werden. Folglich ist hier unter Gelingensbedingungen ein „eingeschätzter Bedarf" an Unterstützung für das Gelingen beziehungsweise für die Weiterentwicklung der Kooperation zwischen Kindertageseinrichtung und Grundschule aus Sicht der jewei-ligen Gruppen von Akteur/inn/en aus der Praxis gemeint.

Die Akteur/inn/e/n konnten sich im Fragebogen in einem ersten Schritt über das Vorliegen eines Unterstützungsmerkmals für die Kooperation zwischen Kinderta-geseinrichtung und Grundschule mit „ja", „nein" oder „weiß nicht" äußern und im Anschluss daran angeben, ob sie ihres Erachtens eine Veränderung im Sinne von „mehr" oder „weniger" oder keine Art der Veränderung für erforderlich halten, da-mit die Kooperation gelingen kann.

Unterstützung durch die Leitung bzw. das Team

16.1 Welche Art von Unterstützung haben Sie durch Ihre Leitung bzw. durch Ihr Team für die Kooperation im Kontext von Delfin 4 für die Stufe 1 im Jahr 2008 erfahren?

Welche Art der Veränderung ist aus Ihrer Sicht erforderlich, damit die Kooperation zwischen Kita und GS gelingt?

Bitte in jeder Zeile ankreuzen.		Das gab es:			Art der Veränderung		
	durch:	ja	nein	weiß nicht	mehr	keine	weniger
a. persönliche Gesprächsangebote	Leitung	☐	☐	☐	☐	☐	☐
	Team	☐	☐	☐	☐	☐	☐
b. fachliche Beratung	Leitung	☐	☐	☐	☐	☐	☐
	Team	☐	☐	☐	☐	☐	☐

Abb. 29: Beispiel einer Skala aus den eingesetzten Fragebögen (hier: Fragebogen für pädagogische Fachkraft in einer Kindertageseinrichtung) zur Feststellung des Vorhandenseins von bestimmten Formen der Unterstützung für die Kooperation zwischen Kindertageseinrichtung und Grundschule im Kontext von Delfin 4 und zur Bestimmung von Gelingensbedingungen für die Kooperation in Form eines aus Sicht der Akteur/inn/e/n eingeschätzten Bedarfs

Diese zwei mal drei Möglichkeiten ergeben in der Kombination auf einer Matrix für jedes Item neun Fälle:

- 1. Fall: Unterstützungsmerkmal vorhanden und tendenziell eine Veränderung im Sinne von „mehr" erforderlich;

- 2. Fall: Unterstützungsmerkmal vorhanden und tendenziell keine Veränderung erforderlich;

- 3. Fall: Unterstützungsmerkmal vorhanden und tendenziell eine Veränderung im Sinne von „weniger" erforderlich;

- 4. Fall: Unterstützungsmerkmal nicht vorhanden und tendenziell eine Veränderung im Sinne von „mehr" erforderlich;

- 5. Fall: Unterstützungsmerkmal nicht vorhanden und tendenziell keine Veränderung erforderlich;

- 6. Fall: Unterstützungsmerkmal nicht vorhanden und tendenziell eine Veränderung im Sinne von „weniger" erforderlich;

- 7. Fall: Vorhandensein entzieht sich der Kenntnis der befragten Akteurin beziehungsweise des befragten Akteurs, dennoch eine Veränderung der Unterstützung im Sinne von „mehr" erforderlich;

- 8. Fall: Vorhandensein entzieht sich der Kenntnis der befragten Akteurin beziehungsweise des befragten Akteurs, dennoch keine Veränderung erforderlich;

- 9. Fall: Vorhandensein entzieht sich der Kenntnis der befragten Akteurin beziehungsweise des befragten Akteurs, dennoch eine Veränderung der Unterstützung im Sinne von „weniger" erforderlich.

Die Fälle 7 bis 9 fallen aus zwei wichtigen Gründen aus der Betrachtung heraus: Erstens können die Akteur/inn/e/n, die keine Kenntnis über das Vorhandensein eines Unterstützungsmerkmals haben, keine bewussten und reflektierten Erfahrungen mit diesem gemacht haben und somit eine Veränderung im Sinne einer Gelingensbedingung nicht beurteilen. Zweitens hatten die Ergebnisse für diese Fälle bereits im Pretest und später auch in der Hauptuntersuchung keinen statistisch relevanten Umfang. Wenn die Möglichkeit „weiß nicht" angekreuzt wurde, befanden sich dahinter für den Teil, in dem die für ein Gelingen der Kooperation für notwendig erachtete Veränderung angegeben werden sollte, zumeist keine Antworten.

Fall 3 und Fall 6 spielten ebenfalls statistisch nur eine marginale Rolle, da die Akteur/inn/e/n nur äußerst selten eine Veränderung im Sinne von „weniger" als kooperationsfördernd einschätzten. Fall 2 fällt aus der Betrachtung, da hier zwar die unterstützenden Faktoren als in ausreichendem und zufriedenstellendem Maße vorhanden bewertet werden, jedoch keine Tendenz zu einer Veränderung zu erkennen ist. Ähnliches gilt für den Fall 5. Hier bestünde einerseits die Möglichkeit, vorherrschende normative Annahmen aus bildungstheoretischen und teilweise auch bildungspolitischen Empfehlungen über Gelingensbedingungen wie beispielsweise die Etablierung von Kooperationsverträgen mit dem erfahrungsbezogenen eingeschätzten Bedarf der Praxis zu vergleichen. Jedoch ist bei den Ankreuzungen in den Fragebögen der Akteur/inn/e/n nicht klar, aus welchem Grund sie das Fehlen eines Unterstützungsfaktors als nicht veränderungsnotwendig einschätzen. Ein Grund dafür könnte sein, dass sie auf dem Hintergrund von Erfahrungen oder authentischen Informationen eine Veränderung im Sinne von „mehr" ablehnen, eine andere Möglichkeit wäre aber auch, dass sie aufgrund mangelnder Erfahrung mit der zu bewertenden Kooperationsbedingung keine Veränderung wünschen. Insofern fällt der Fall 5 ebenfalls aus der Betrachtung heraus. Die Fälle 2 und 5 sind jeweils unklar in der Interpretation und neutral in Bezug auf Veränderungen.

Für die Betrachtung übrig bleiben die Fälle 1 und 4. Im Fall 1 kristallisieren sich aussichtsreiche Gelingensbedingungen heraus, da die Akteur/inn/e/n mit den angesprochenen Kooperationsmerkmalen Erfahrung haben und aufgrund ihrer Erfahrung noch eine Intensivierung der angesprochenen Bedingung wünschen. Im Fall 4 fehlt es den Akteur/inn/en zwar an Erfahrung mit der konkreten Form der Unterstützung für die Kooperation, aber gerade in dieser Situation wird in der Praxis ein Handlungsbedarf deutlich, wenn die Akteur/inn/e/n, denen es hieran fehlt, nicht eine neutrale Kategorie ankreuzen, sondern aus der Erfahrung des Mangels eine Intensivierung beziehungsweise Installierung der Bedingung als Entwicklungsbedarf für ihre Kooperationsbeziehung definieren. Nur die kombinierte Sicht auf jeweils beide Fälle ermöglicht einen ersten Schritt zur Identifizierung von Gelingensbedingungen, wobei die Zahl der zu erwartenden Nennungen im Sinne eines Bedarfs im Fall 4 höher ist als im Fall 1.

Veränderung / Vorhandensein	mehr	keine	weniger
ja	✔	✘	✘
nein	✔	✘	✘
weiß nicht	✘	✘	✘

Abb. 30: Übersicht über die möglichen Antwortkombinationen, die die in den Fragebögen gewählte Skala zur Bestimmung von Gelingensbedingungen im Sinne eines von den Akteur/inn/en der Praxis eingeschätzten Bedarfs eröffnet – mit Kennzeichnung der für die Identifizierung von Gelingensbedingungen in die Betrachtung einbezogenen Fälle durch sogenannte Korrekturhaken

Die deduzierten Leitfragen zur Identifizierung von Gelingensbedingungen lauten also:

- Für welche Arten der Unterstützung für die Kooperation zwischen Kindertageseinrichtung und Grundschule gibt es in den Fällen, in denen diese bereits gegeben ist, unter den befragten Gruppen von Akteur/inn/en eine Mehrheit für eine Intensivierung der angesprochenen Art der Unterstützung?
- Für welche Arten der Unterstützung für die Kooperation zwischen Kindertageseinrichtung und Grundschule gibt es in den Fällen, in denen diese nicht gegeben ist, unter den befragten Gruppen von Akteur/inn/en eine Mehrheit für eine Etablierung der angesprochenen Art der Unterstützung?

Die erforderliche Mehrheit zur Einordnung der durch die Akteur/inn/e/n bewerteten Bedingung in die Gruppe der Bedingungen, bei denen aufgrund des hier angewendeten Identifikationsverfahrens eine Erfolgswirkung auf die Praxis der Kooperation zwischen Kindertageseinrichtung und Grundschule vermutet werden darf, wird in dieser Betrachtung auf > 50 % festgelegt. Im Folgenden werden die Ergebnisse zur ersten Leitfrage unter der Bezeichnung Fall A geführt, die Resultate zur zweiten Leitfrage unter der Bezeichnung Fall B.

3.1.8 Bestimmung von Kooperationsmustern

Die Bestimmung von Kooperationsmustern verläuft über eine Clusteranalyse der auf die jeweiligen Gruppen von Akteur/inn/en bezogenen Datensätze. Die Clusteranalyse dient der Identifikation von typischen Mustern beziehungsweise Clustern, denen Komplexe der Ausprägung der interinstitutionellen Kooperationspraxis mit einer möglichst ähnlichen Variablengestaltung zugeordnet werden können, während sich das typische Muster dieses Clusters von anderen Typengruppen nach Möglichkeit unterscheidet (vgl. Bühl 2006, 521ff.).

Damit überhaupt überschaubare, vergleichbare und in ihrer Anzahl begrenzte Cluster gebildet werden können, ist vorab eine Faktorenanalyse ausgewählter Merkmale zur Dimensionenreduktion erforderlich. Dazu eignen sich als Ausgangsvariable zunächst diejenigen Variablen beziehungsweise Faktoren, die sich nach der Faktorenanalyse für die Untersuchung bezüglich der Bestimmung von Korrelationen in Kooperationsdimension III ergeben sowie als funktional und sinnvoll erweisen. Unter Vorgriff auf die Ergebnisse der genannten Faktorenanalyse werden dies acht Variable für die Bestimmung der Merkmale der unterstützenden Bedingungen sein, fünf Variable zur Bestimmung der Häufigkeit der praktizierten Kooperationsformen sowie ein Index zur Charakterisierung des Kooperationsklimas. Die folgende Tabelle stellt eine Übersicht der Ausgangsvariablen für die Clusteranalyse dar.

Bedingungen	gemeinsame Konzeptbausteine und wechselseitige Hospitationen
Bedingungen	Engagement der Pädagog/inn/en
Bedingungen	funktionierende Informationsstrukturen
Bedingungen	schriftliche Vereinbarungen
Bedingungen	personelle Kontinuität
Bedingungen	Protokolle
Bedingungen	gemeinsame Fachsprache
Bedingungen	gemeinsame Fortbildungen
Formen	Austausch, Reflexion und Konferenzen über die gemeinsame Bildungsarbeit
Formen	wechselseitige Besuche und gemeinsam gestaltete Aktionen
Formen	gemeinsame Zusammenarbeit mit Eltern
Formen	gemeinsame Übergabe der Bildungsdokumentation
Formen	gemeinsame Fortbildungen
Klima	Klimaindex

Abb. 31:   Übersicht über die Ausgangsvariablen und Faktoren vor der Faktorenanalyse für die Clusteranalyse

Die Faktoren lassen sich nun wie folgt weiter reduzieren: Bei den Bedingungen und bei den Formen gibt es die Variable „gemeinsame Fortbildungen", bei den Bedingungen als Angebot, bei den Formen als praktizierte Umsetzung. Hier wird hinsichtlich der Kooperationspraxis zugunsten der Form entschieden. Die Variable „gemeinsame Fachsprache" beziehungsweise deren Vorhandensein in der Praxis ist sehr unscharf und zudem höchst subjektiv, darum wird im Rahmen der Reduktion auf sie verzichtet. Die „personelle Kontinuität" der Ansprechpartner/innen ist in der Praxis der Kooperationsarbeit in so weitgehendem Maße gegeben, dass sich diese Variable nicht als Unterscheidungskriterium in den Clusterprofilen eignet. Da die Clusteranalyse vorrangig darauf abzielt, Kooperationsmuster in der Praxis der Kooperation zwischen Kindertageseinrichtung und Grundschule zu ermitteln, werden die beiden Items, welche die Eltern über die Zusammenarbeit mit der Bildungseinrichtung ihres Kindes und die Übergabe der Bildungsdokumentation miteinbeziehen, zur Verringerung des Komplexitätsgrades vorerst ebenfalls ausgegrenzt. Die gemeinsame Übergabe der Bildungsdokumentation ist zudem ein sehr spezifisches Merkmal. Aus dieser Reduktion ergibt sich die in der folgenden Tabelle dargestellte Übersicht.

Bedingungen	gemeinsame Konzeptbausteine und wechselseitige Hospitationen
Bedingungen	Engagement der Pädagog/inn/en
Bedingungen	funktionierende Informationsstrukturen
Bedingungen	schriftliche Vereinbarungen
Bedingungen	Protokolle
Formen	Austausch, Reflexion und Konferenzen über die gemeinsame Bildungsarbeit
Formen	wechselseitige Besuche und gemeinsam gestaltete Aktionen
Formen	gemeinsame Fortbildungen
Klima	Klimaindex

Abb. 32: Übersicht über die reduzierten ausgewählten Ausgangsvariablen und Faktoren vor der Faktorenanalyse für die Clusteranalyse

Zwecks Vergleichbarkeit der Cluster, die sich bei den verschiedenen Gruppen von Akteur/inn/en identifizieren lassen, wird die vorgeschaltete Faktorenanalyse wie bei den Korrelationsanalysen auf der Ebene der fusionierten Gesamtheit aller Fälle angewendet. Um die Auswirkungen der Perspektivenfusion zu relativieren, werden nur Faktoren mit hohen Ladungswerten ihrer jeweiligen Vordergrundvariablen akzeptiert. Die Faktorenanalyse lässt die Bildung folgender fünf Faktoren für die Clusteranalyse zu:

	Faktoren	**Subvariable**	**Faktorladung**
a	Kooperation auf Niveau 3 und gemeinsame Konzeptbausteine	Austausch, Reflexion und Konferenzen über die gemeinsame Bildungsarbeit	0,792
		gemeinsame Konzeptbausteine und wechselseitige Hospitationen	0,732
		gemeinsame Fortbildungen	0,699
b	Kooperation auf Niveau 2 (gemeinsam gestaltete Aktionen und wechselseitige Besuche)		
c	Engagement der Pädagog/inn/en und positives Kooperationsklima	Engagement der Pädagog/inn/en	0,860
		Klimaindex	0,710
d	funktionierende Informationsstrukturen		
e	Protokollwesen und schriftliche Vereinbarungen	schriftliche Vereinbarungen	0,837
		Protokolle über Ergebnisse der Kooperation	0,819

Abb. 33: Dimensionenreduktion für die Menge der Faktoren aus den Feldern der Bedingungen und Formen sowie des Klimafaktors der interinstitutionellen Zusammenarbeit durch Faktorenanalyse (Extraktionsmethode: Hauptkomponentenanalyse; Rotationsmethode: Varimax mit Kaiser-Normalisierung, wobei die Rotation hier in fünf Iterationen konvergiert ist) zur Vorbereitung der Clusteranalysen

Nach dieser vorgeschalteten Faktoranalyse liegen nun Variable vor, die durch die Faktortransformation z-standardisiert sind (vgl. Bühl 2006, 533f.). Aufgrund der hohen Zahl von Fällen ist die Clusterzentrenanalyse der Hierarchischen Clusteranalyse vorzuziehen. Die Clusteranalysen werden über den Modus „Iterieren und Klassifizieren" für jede Gruppe von Akteur/inn/en durchgeführt, weil die ersten Ergebnisse der Signifikanzanalysen gezeigt haben, dass die Daten sich in vielen Merkmalen überzufällig unterscheiden.

Bei der Bewertung der Clusterzentren ist zu beachten, dass aufgrund der Kodierungen der Variablen im Fragebogen (beispielsweise „ja" = 1; „nein" = 2 / „trifft völlig zu" = 1; … „trifft gar nicht zu" = 4 / „jeden Tag" = 1; … „nie" = 6), die in die Faktoren für die Clusteranalyse eingeflossen sind, ein hoher negativer Faktorwert im Spektrum von etwa –3 bis +3 eine hohe Ausprägung des betreffenden Faktors bedeutet, während umgekehrt ein hoher positiver Faktorwert bei Clusterzentren eine niedrige Ausprägung der Merkmale signalisiert.

3.2 Befunde auf dem Münsteraner Kooperations-Tableau

In den folgenden drei Unterkapiteln werden die Ergebnisse dargestellt, die sich in der Betrachtung der Kooperation zwischen Kindertageseinrichtungen und Grundschule mithilfe des Münsteraner Kooperations-Tableaus errechnen ließen. Die ermittelten Ergebnisse dienen der Bestandsaufnahme im Sinne einer Beschreibung des Istzustandes der Kooperationsbeziehung.

Die angegebenen Prozentwerte, die sich auf das Vorhandensein eines Merkmals beziehen, ergeben sich aus den vorgegebenen Antwortalternativen der Fragebögen, die häufig als dreigliedrige Skala („ja"; „nein"; „weiß nicht") gestaltet waren, um erzwungene und damit invalide Antworten zu vermeiden. Die diesbezüglichen Angaben in Text und Tabellen dokumentieren die Häufigkeit der Antwort „ja". In einigen Zusammenhängen ist es interessant zu sehen, wie groß der Anteil an Akteur/inn/en ist, die den Inhalt eines Items mangels genauerer Informationen nicht einschätzen können, selbst wenn es beispielsweise um Kenntnisse ihres Berufsfeldes geht. Entsprechende Hinweise zur Berechnung der Werte sind in den Erläuterungen zu den Tabellen enthalten.

3.2.1 Ergebnisse im Feld der Bedingungen

In diesem Unterkapitel werden die Daten über die Kooperation zwischen Kindertageseinrichtungen und Grundschule auf den drei Ebenen im Feld der Bedingungen des Münsteraner Kooperations-Tableaus nacheinander in der Gesamtsicht betrachtet und analysiert. Die Ebenen sind in die in Kapitel III.2 und III.3 dargestellten Bereiche strukturiert.

3.2.1.1 Befunde über allgemeine Angaben

Unter dieser Überschrift werden nun zunächst die statistischen Grunddaten über die Akteur/inn/e/n, die Institutionen und die zahlenmäßigen Verhältnisse zwischen den Partner/inne/n und Bezugseinrichtungen dargelegt.

▶ **Akteur/inn/e/n**

Die Darstellung des Befundes in diesem Bereich gliedert sich wie folgt:

a) Alter und Geschlecht der Pädagog/inn/en,
b) Arbeitszeitgestaltung der Pädagog/inn/en,
c) Schul-, Ausbildungs- und Bildungsabschlüsse der Pädagog/inn/en,
d) Berufserfahrung, Funktion in der Einrichtung und Tätigkeitsschwerpunkt der Pädagog/inn/en,
e) Themen in der Aus-, Fort- und Weiterbildung der Pädagog/inn/en,
f) Eltern.

a) Alter und Geschlecht der Pädagog/inn/en

Zum überwiegenden Anteil sind die Leitungspersonen von Kindertageseinrichtungen und Grundschulen zwischen 40 und 59 Jahren alt. Der Anteil an jüngeren Leitungspersonen ist im Elementarbereich viel größer als im Primarbereich, Leitungen im Alter von 60 Jahren und darüber hingegen finden sich viel häufiger in der Grundschule.

	Kita L (N=278)	**GS L** (N=132)
25 bis 29 Jahre	**2,5**	**0,0**
30 bis 39 Jahre	**10,8**	**7,6**
40 bis 49 Jahre	**38,5**	**25,0**
50 bis 59 Jahre	**45,0**	**43,2**
60 Jahre und älter	**3,2**	**24,2**

Tab. 2: Angaben zur Altersstruktur der Leitungspersonen (L) in Kindertageseinrichtungen (Kita) und Grundschulen (GS), in Prozent

Die Altersangaben der Fach- und Lehrkräfte sind in ihrer Struktur ähnlich, der Anteil der Pädagog/inn/en von 60 Jahren und darüber ist im Grundschulbereich ebenfalls um ein Vielfaches höher.

	Kita PF (N=354)	**GS PF** (N=177)
unter 25 Jahren	**4,5**	**0,0**
25 bis 29 Jahre	**14,1**	**10,2**
30 bis 39 Jahre	**26,6**	**26,0**
40 bis 49 Jahre	**36,2**	**27,1**
50 bis 59 Jahre	**17,8**	**30,5**
60 Jahre und älter	**0,8**	**6,2**

Tab. 3: Angaben zur Altersstruktur der pädagogischen Fach- beziehungsweise Lehrkräfte (PF) in Kindertageseinrichtungen (Kita) und Grundschulen (GS), in Prozent

Der Anteil von männlichen Vertretern ist in allen Gruppen von Akteur/inn/en äußerst gering. Eine abweichende Ausnahme stellt lediglich die Gruppe der Grundschulleitungen dar. Dort ist der absolute Anteil von gut einem Drittel männlichen Pädagogen in Bezug auf das Geschlechterverhältnis unter den Lehrkräften überproportional groß.

	Kita L (N=271)	Kita PF (N=348)	GS L (N=131)	GS PF (N=176)
männlich	3,3	2,9	32,8	5,1
weiblich	96,7	97,1	67,8	94,9

Tab. 4: Angaben zum Geschlechterverhältnis in den befragten Gruppen von Akteur/inn/en – Leitungen (L) und pädagogische Fach- beziehungsweise Lehrkräfte (PF) aus Kindertageseinrichtungen (Kita) und Grundschulen (GS) – in Prozent

b) Arbeitszeitgestaltung der Pädagog/inn/en

Die Leiter/innen in beiden Einrichtungen arbeiten grundsätzlich in Vollzeit. Unter den befragten nicht leitenden Akteur/inn/en ist der Anteil an Teilzeitkräften größer, dabei arbeiten von den befragten Personen in der Grundschule prozentual mehr in Teilzeit als in den Kindertageseinrichtungen.

	Kita L (N=276)	Kita PF (N=355)	GS L (N=133)	GS PF (N=177)
Vollzeit	91,7	76,3	91,0	60,5
Teilzeit	8,3	23,7	9,0	39,5

Tab. 5: Angaben zur Voll- und Teilzeitbeschäftigung von Angehörigen der befragten Gruppen von Akteur/inn/en – Leitungen (L) und pädagogische Fach- beziehungsweise Lehrkräfte (PF) aus Kindertageseinrichtungen (Kita) und Grundschule (GS) – in Prozent

Die in Vollzeit arbeitenden Leiter/innen von Kindertageseinrichtungen und die Fachkräfte in diesem Bereich geben ihre geregelte Arbeitszeit mit durchschnittlich gut 39 Zeitstunden pro Woche an. Die in Teilzeit arbeitenden Leitungspersonen sagen aus, dass ihre Arbeitszeit durchschnittlich etwa 31 Zeitstunden umfasst, die Fachkräfte in Teilzeit beziffern diese mit gut 29 Stunden. Im Primarbereich wird die Arbeitszeit in Pflicht- beziehungsweise Unterrichtsstunden gemessen. Eine Vollzeitstelle verpflichtet Lehrkräfte im Allgemeinen zu 28 Unterrichtsstunden. Den Leitungen von Grundschulen werden zur Kompensation für die Ausübung funktionaler Aufgaben Entlastungsstunden gewährt. Es ist nicht auszuschließen, dass die befragten Akteur/inn/e/n bei ihren Antworten Entlastungs- und/oder auch Ermäßigungsstunden unterschiedlich berücksichtigt haben und dass so eine gewisse Unschärfe bei den arithmetischen Mittelwerten gegeben ist. Die in Vollzeit arbeitenden Leiter/innen von Grundschulen geben ihre Pflichtstundenzahl mit einem Wert von durchschnittlich gut 26 an, die in Vollzeit beschäftigten Lehrkräfte weisen ihre Unterrichtsstunden pro Woche mit durchschnittlich gut 27 Stunden aus. In beiden Fällen ist der am häufigsten genannte Wert 28. Die Teilzeitkräfte in der Grundschule geben ihre Unterrichtszeit durchschnittlich mit gut 22 Stunden an, wenn sie zu den Leitungspersonen gehören, die Lehrkräfte mit gut 19 Stunden.

Kita L		Kita PF		GS L		GS PF	
VZ	**TZ**	**VZ**	**TZ**	**VZ**	**TZ**	**VZ**	**TZ**
(N=249)	(N=23)	(N=256)	(N=81)	(N=118)	(N=12)	(N=107)	(N=69)
38,92	**31,07**	**38,74**	**28,64**	**25,58**	**21,83**	**26,87**	**18,99**
Modus:		Modus:		Modus:		Modus:	
39 (88 %)		39 (66 %)		28 (74 %)		28 (60 %)	

Tab. 6: Angaben zur arithmetisch gemittelten Wochenarbeitszeit der befragten Angehörigen der Gruppen von Akteur/inn/en – Leitungen (L) und pädagogische Fach- beziehungsweise Lehrkräfte (PF) aus Kindertageseinrichtungen (Kita) und Grundschule (GS) – in Vollzeitstellung (VZ) und Teilzeitstellung (TZ). Im Bereich der Kindertageseinrichtungen handelt es sich um Arbeitszeitstunden, im Bereich der Grundschule um Pflichtstunden (Unterrichtsstunden, in der Regel 45 Minuten). Hinter den angegebenen Modalwerten ist in Klammern beziffert, in wie vielen gerundeten Prozent der gültigen Fälle der am häufigsten angegebene Wert beobachtet werden konnte. Eine Angabe des Modalwertes im hoch dispersen Teilzeitbereich wäre nicht aussagekräftig.

c) Schul-, Ausbildungs- und Bildungsabschlüsse der Pädagog/inn/en

Die Leitungen von Kindertageseinrichtungen geben als höchsten Schulabschluss in mehr als der Hälfte aller Fälle einen Realschulabschluss an. Fast alle übrigen befragten Leitungspersonen haben einen höheren Schulabschluss erworben. Der Anteil an Leiter/inne/n mit Hauptschulabschluss ist verschwindend gering. Für die Fachkräfte im Elementarbereich zeichnet sich diesbezüglich ein ähnliches Bild ab. Die Leitungen von Grundschulen haben faktisch alle die allgemeine Hochschulreife erworben. Unter den Akteur/inn/en in der Grundschule, die Delfin 4 im Jahr 2008 durchgeführt haben, haben rund 90 % das Abitur. Dabei ist zu beachten, dass in der Praxis nicht nur Pädagog/inn/en das Sprachstandsfeststellungsverfahren Delfin 4 für den Primarbereich durchführten, die einen Lehramtsstudiengang absolviert haben.

	Kita L (N=278)	Kita PF (N=351)	GS L (N=132)	GS PF (N=177)
Hauptschulabschluss	**1,4**	**2,6**	**0,0**	**0,0**
Realschulabschluss	**54,3**	**51,6**	**0,8**	**4,0**
Fachabitur / Fachhochschulreife	**32,7**	**36,2**	**0,0**	**6,8**
Abitur / Allgemeine Hochschulreife	**11,5**	**9,7**	**99,2**	**89,3**

Tab. 7: Angaben zum höchsten Schulabschluss von Angehörigen der befragten Gruppen von Akteur/inn/en – Leitungen (L) und pädagogische Fach- beziehungsweise Lehrkräfte (PF) aus Kindertageseinrichtungen (Kita) und Grundschule (GS) – in Prozent

Die Akteur/inn/e/n aus den Gruppen der Leitungen und der Pädagog/inn/en, die Delfin 4 in Stufe 1 im Jahr 2008 durchgeführt haben, wurden auch nach ihrem Ausbildungs- beziehungsweise Bildungsabschluss befragt; dabei waren Mehrfachankreuzungen möglich. Insofern ergeben die Spaltensummen einen Wert von über oder unter 100 %, da die einzelnen Werte angeben, in wie viel Prozent der Fälle der entsprechende Abschluss jeweils innerhalb einer Gruppe von Akteur/inn/en anzutreffen ist. Einige Akteur/inn/e/n haben bis zu vier Abschlüsse angegeben. An dieser Stelle konnten nicht alle Angaben aufgeführt werden.

Für den Bereich der Kindertageseinrichtungen ließ sich feststellen, dass Leitungen und Fachkräfte in über 90 % der Fälle eine Erzieher/innen/ausbildung genossen haben.

	Kita L (N=278)	Kita PF (N=356)
Erzieher/in	91,4	94,4
Sozialpädagogin /-pädagoge	10,1	2,0
Heilpädagogin /-pädagoge	6,8	3,1
Kinderpfleger/in	3,6	5,9

Tab. 8: Angaben, wie viele Akteur/inn/e/n den genannten Ausbildungs- beziehungsweise Bildungsabschluss erworben haben, in Prozent. Befragt wurden die Leitungen (L) und pädagogischen Fachkräfte in Kindertageseinrichtungen (Kita) mit der Möglichkeit zur Mehrfachankreuzung. Die Ergebnisse beruhen auf einer technischen Wertezählung nach Fällen; insofern finden auch fehlende Werte Berücksichtigung.

Insgesamt wurde inklusive des offenen Items eine Vielzahl von Abschlüssen im Elementarbereich angegeben. Die Abschlüsse, die sowohl bei den Leitungen als auch bei den Fachkräften in sehr geringer Häufigkeit anzutreffen sind, umfassen die folgenden Ausbildungsbereiche und (Aufbau-)Studiengänge: Heilerziehungspflege, Diplompädagogik, Diplomsozialwissenschaft, Sozialarbeit, Motopädie, Logopädie, Sprachpädagogik, Sprachförderung, Legasthenie, Sonder- und Förderpädagogik, Interkulturelle Pädagogik, Erstes Staatsexamen für ein Lehramt, Linguistik, Jugend- und Heimerziehung, Sozialfachwirtschaft, Fachwirtschaft für Erziehungswesen, Erzieher/in im Bereich Schulkindergarten, Entspannungspädagogik, Montessoripädagogik, Waldorfpädagogik, Musikalische Früherziehung, Sozialmanagement, Systemische Familienberatung, Triple-P-Beratung, Kinderkrankenpflege, Bürokauflehre und verschiedene andere Bereiche.

Für den Bereich der Grundschule stellte sich erwartungsgemäß heraus, dass die Leiter/innen stets auch Lehrer/innen für die Primarstufe beziehungsweise für die Grund- und Hauptschule beziehungsweise für die Volksschule sind. Unter den mit der Durchführung von Delfin 4 beauftragten Pädagog/inn/en betrug der Anteil der Lehrer/innen 82,6 %. Unter den 178 Angaben aus dem Bereich der pädagogischen Fachkräfte aus der Grundschule befanden sich 29, die einen Ausbildungsabschluss in Sozialpädagogik (19), Förder- beziehungsweise Sonderpädagogik (6) beziehungsweise Diplompädagogik (4) auswiesen.

d) Berufserfahrung, Funktion in der Einrichtung und Tätigkeitsschwerpunkt der Pädagog/inn/en

Ein Blick auf die Berufserfahrung zeigt, dass die befragten Akteur/inn/e/n im Durchschnitt über eine langjährige Berufserfahrung verfügen und mit der Einrichtung vertraut sind, in der sie derzeit beschäftigt sind.

	Kita L (N=278)	Kita PF (N=351)	GS L (N=132)	GS PF (N=177)
Berufserfahrung als Fach-kraft in einer Kita / GS	24,0	16,4	27,0	17,8
Tätigkeit als L / PF in der aktuellen Einrichtung	12,5	11,8	8,9	10,3

Tab. 9: Arithmetische Mittelwerte der Angaben zur Berufserfahrung von Angehörigen der befragten Gruppen von Akteur/inn/en – Leitungen (L) und pädagogische Fach- beziehungsweise Lehrkräfte (PF) aus Kindertageseinrichtungen (Kita) und Grundschule (GS) – in Jahren

In 65 % der Fälle üben die Leitungspersonen in den Kindertageseinrichtungen über ihre Leitungsfunktion hinaus die Funktion einer Gruppenleiterin beziehungsweise eines Gruppenleiters aus, 53,5 % der Leiter/innen verstehen sich als Kooperationsbeauftragte für die Zusammenarbeit zwischen Kindertageseinrichtung und Grundschule. Die im Jahr 2008 das Sprachstandsfeststellungsverfahren Delfin 4 in Stufe 1 ausführenden Fachkräfte in den befragten Kindertageseinrichtungen waren zu 79,1 % Gruppenleiter/innen und zu 15 % Ergänzungskräfte. Sieben von 365 Personen gaben an, eine integrative Zusatzkraft zu sein, und vier Personen gaben an, eine Honorarkraft zu sein.

Im Bereich der Grundschule sehen sich 47,0 % der Leiter/innen selbst in der Funktion der Kooperationsbeauftragten für die Zusammenarbeit mit den Kindertageseinrichtungen. 42,4 % sind als Klassenleiter/innen tätig, 56,1 % unterrichten ohne Klassenleitungsfunktion. Von den 177 mit der Durchführung von Delfin 4 beauftragten Personen aus dem Primarbereich, die hierzu Angaben gemacht haben, leiten 74,0 % eine Klasse, 11,9 % unterrichten ohne Klassenleitungsfunktion. Darüber hinaus wurden von den Akteur/inn/en, die den Fragebogen ausgefüllt und Delfin 4 durchgeführt haben, folgende weitere Funktionen angegeben (Anzahl der Fälle von N=177): Sozialpädagog/inn/en (19); Förder- beziehungsweise Sonderpädagog/inn/en (8); Lehramtsanwärter/innen (2); der Schule befristet zugewiesene Vertretungslehrer/innen (5); andere pädagogische Mitarbeiter/innen (4).

Die Leitungen im Elementarbereich geben an, mit durchschnittlich 17,69 Stunden pro Woche in die pädagogische Arbeit in einer Kindergruppe eingebunden zu sein (N=252). Am häufigsten sind die Leitungspersonen in Gruppen des Typs III (Kinder im Alter von drei Jahren und älter) tätig (N=258). Die Grundschulleitungen sind mit durchschnittlich 14,36 Unterrichtsstunden in die pädagogische Arbeit involviert (N=132). Auf die Frage, in welcher Jahrgangsstufe sie bisher am häufigsten eingesetzt waren, geben sie am häufigsten an: in allen Jahrgangsstufen (N=133). 59,5 % von 126 Leitungspersonen sagen, dass sie nicht in der Offenen Ganztagsschule eingesetzt sind, die Übrigen geben an, am häufigsten eine Stunde dort zu arbeiten.

In den Kindertageseinrichtungen geben die Fachkräfte ebenso wie die Leitungen an, am häufigsten im Gruppentyp III eingesetzt worden zu sein (in 56,5 % von 356 Fällen). Auch in der Grundschule teilen die Lehrkräfte ebenso wie die Leiter/innen mit, am häufigsten in allen Jahrgangsstufen gearbeitet zu haben (in 46,1 % der Fälle).

e) Themen in der Aus-, Fort- und Weiterbildung der Pädagog/inn/en

Bei der Auswertung der Angaben zu den Themen der Aus- beziehungsweise Fortoder Weiterbildung zeigt sich unter anderem, dass die Akteur/inn/e/n sich mit fast allen Themen zumindest überblicksartig beschäftigen.

Im Bereich der Kindertageseinrichtungen werden Themen aus dem Gebiet Sprache in der Mehrheit der Fälle vertiefend behandelt, der Erwerb von Deutsch als Zweitsprache und die gemeinsame Sprachförderung von Kindertageseinrichtung und Grundschule werden aber meist überblicksartig bis kaum oder überhaupt nicht behandelt. Themen aus dem Bereich des Übergangs zur Grundschule werden bei den pädagogischen Fachkräften nur in einem Fünftel der Fälle vertiefend angesprochen.

	Kita L			Kita PF			GS L			GS PF		
	K	Ü	V	K	Ü	V	K	Ü	V	K	Ü	V
kindlicher Spracherwerb	3	32	65	1	40	59	4	50	46	2	46	52
Erwerb von Deutsch als Zweitsprache	24	47	29	34	40	26	16	47	37	18	52	30
Verfahren zur Erfassung der sprachlichen Entwicklung	5	43	52	8	49	43	9	54	38	18	48	35
Dokumentation der sprachlichen Entwicklung	4	39	57	7	49	44	13	70	17	31	49	20
Sprachstandsfeststellungsverfahren Delfin 4	3	30	66	7	32	62	8	34	59	6	16	79
Förderung der Sprachentwicklung	1	26	73	2	29	70	3	47	50	5	46	49
gemeinsame Sprachförderung von Kita und GS	39	46	15	49	42	9	29	50	21	48	40	12
Kinder und Eltern im Übergang	12	44	44	31	49	20	7	36	57	33	47	19
gemeinsame Gestaltung des Übergangs	13	44	43	37	43	20	8	31	62	30	49	21
gemeinsame Einschulungskonferenzen	58	29	13	75	20	5	37	32	32	55	33	12

Tab. 10: Angaben zur Behandlung von Themen in der Aus- beziehungsweise Fort- oder Weiterbildung von Leitungen (L) und pädagogischen Fach- beziehungsweise Lehrkräften (PF) aus Kindertageseinrichtungen (Kita) und Grundschule (GS), in gerundeten Prozentwerten. Die Stufen der Intensität sind angegeben mit: kaum bis überhaupt nicht (K); überblicksartig (Ü); vertiefend (V).

Stichprobengrößen der Reihenfolge nach: Kita L (N=269; 258; 265; 276; 277; 272; 262; 269; 269; 265) / Kita PF (N=347; 334; 342; 346; 346; 347; 342; 341; 345; 345) / GS L (N=130; 129; 130; 132; 133; 131; 131; 131; 131; 130) / GS PF (N=174; 174; 174; 173; 177; 177; 176; 175; 175; 175)

Im Grundschulbereich erfahren die abgefragten Themen bezüglich des Übergangs bei den Lehrkräften ebenfalls nur in einem geringen Maße vertiefende Beachtung. Das Thema der Dokumentation der sprachlichen Entwicklung erfährt in der Aus-

beziehungsweise Fort- und Weiterbildung für den Elementarbereich eine intensivere Auseinandersetzung als im Primarbereich. Das Thema ‚gemeinsame Einschulungskonferenzen' ist in den untersuchten Bildungsgängen aller Akteur/inn/e/n unterrepräsentiert.

f) Eltern

Bei den befragten Angehörigen der Gruppe der Eltern waren 90,7 % der 454 Personen, die den Fragebogen für Eltern ausgefüllt haben, Mütter. In 31 Fällen füllte ein Vater den Erhebungsbogen aus, in acht Fällen beide Elternteile zusammen. Auch eine Pflegemutter, ein Bruder und ein Großelternpaar gaben Auskunft. 89,4 % der Eltern erziehen ihr/e Kind/er gemeinsam, 9,5 % sind alleinerziehende Mütter, und in fünf Fällen sind andere Personen für die Erziehung des Kindes verantwortlich, darunter ein alleinerziehender Vater (insgesamt 453 Angaben). 451 Eltern gaben ihre Muttersprache an. Bei 77,2 % ist dies Deutsch, bei 9,5 % Türkisch, bei 3,1 % Russisch und bei 2,0 % Polnisch. Die sonstigen angegebenen Sprachen liegen unterhalb von 1 %. Die Frage nach dem Schul- und Bildungsabschluss ergab ein gemischtes Bild, das hier aus Gründen des Umfangs nicht detailliert dargestellt werden kann. 23,6 % der 454 Eltern haben die Allgemeine Hochschulreife (Abitur) erworben, 61,4 % sind mit durchschnittlich 20,7 Stunden pro Woche erwerbstätig. Von 340 Erwerbstätigen, die Angaben über ihre berufliche Stellung machten, sind rund 64 % Angestellte, 13 % Arbeiter/innen, 11 % Beamt/inn/e/n, 9 % Selbständige oder Freiberufler/innen und 4 % in der Ausbildung beziehungsweise im Studium. 17,6 % geben an, ehrenamtlich mit durchschnittlich 3,9 Stunden pro Woche tätig zu sein (N=442).

In den meisten Haushalten der Eltern leben ein (24,3 %), zwei (52,7 %), oder drei (17,9 %) Kinder (N=452). Die Kinder, auf die sich die Fragen im Erhebungsbogen schwerpunktmäßig beziehen, sind etwa je zur Hälfte Mädchen (51,7 %) und Jungen (48,3 %) (N=451).

▶ **Institution**

	Kita L (N=273)
katholische Kirche	**27,8**
evangelische Kirche	**17,6**
Kommune	**26,4**
Elterninitiative	**8,1**
Arbeiterwohlfahrt	**7,0**
Deutsches Rotes Kreuz	**4,4**
Deutscher Paritätischer Wohlfahrtsverband	**4,0**
sonstige Träger	**4,8**

Tab. 11: Angaben der Leitungen (L) zur Trägerschaft der Kindertageseinrichtungen (Kita), in Prozent

Die meisten der untersuchten Kindertageseinrichtungen befinden sich in kirchlicher oder kommunaler Trägerschaft. In Bezug auf die vorgegebenen Kategorien der Größe der Stadt beziehungsweise Gemeinde sowie der Lage der Kindertageseinrichtung (städtisch, Vorort oder ländlich) sind die Angaben in etwa gleichmäßig verteilt. 20,8 % der Einrichtungen gaben an, in einem „sozialen Brennpunkt" beziehungsweise in einem Stadtteil mit besonderem Erneuerungsbedarf zu liegen (N=265).

	Kita L (N=277)
Gruppentyp I: Kinder im Alter von zwei Jahren bis zur Einschulung	139
Gruppentyp II: Kinder im Alter von unter drei Jahren	70
Gruppentyp III: Kinder im Alter von drei Jahren und älter	258
Familienzentrum	71
Integrative Einrichtung	17
Teilnahme an einem Projekt zum Übergang von der Kita zur GS	22
Kinderhort / Schulkindergruppe	19

Tab. 12: Häufigkeitsangaben der Leitungen (L) zu Merkmalen der Kindertageseinrichtungen (Kita) (Mehrfachankreuzungen möglich)

277 Kindertageseinrichtungen haben Angaben zu Merkmalen ihrer Einrichtung gemacht; dabei waren Mehrfachnennungen möglich. Die Ergebnisse sind in Tabelle 12 wiedergegeben. Weitere angegebene Merkmale in nicht nennenswertem Umfang (unter drei Angaben) waren: Mischgruppen; Montessoripädagogik; Waldorfpädagogik; Waldpädagogik; interkulturelle Pädagogik; Schwerpunktpädagogik Bewegung; Schwerpunktpädagogik Ernährung; Schwerpunktpädagogik Forschen.

Im Durchschnitt bestehen die Kindertageseinrichtungen aus 3,05 Gruppen (N=277) und werden durchschnittlich von 61,98 Kindern (N=275) besucht. Im Durchschnitt werden 20,21 Kinder (N=271) im Schuljahr 2009/10 eingeschult. Im Jahr 2008 wurden in den Einrichtungen durchschnittlich 15,90 Kinder (N=236) mit Delfin 4 in Stufe 1 getestet.

Im Durchschnitt umfasst die Größe eines Teams einer Kindertageseinrichtung 7,68 Mitarbeiter/innen (N=274). Die ermittelbaren detaillierten Differenzierungen hinsichtlich der Struktur des Stellenumfangs und der Altersstruktur der Teams werden hier aufgrund des anders orientierten Forschungsschwerpunkts nicht dargestellt.

Die Angaben der befragten Leitungen von Grundschulen (N=133) über die Lage ihrer Schule zeigen in ihrer Gesamtheit, dass die Schulen sich innerhalb der vorgegebenen Kategorien für die Größe der Stadt beziehungsweise Gemeinde, in der sie sich befinden, nicht auf eine bestimmte Kategorie konzentrieren. Die Verteilung in Bezug auf die Lage der Grundschulen hinsichtlich geourbaner Merkmale zeigt im Groben ebenfalls eine ausgewogene Verteilung (N=132): 41,7 % der Grundschulen befinden sich in einem städtischen Umfeld, 28,8 % in einem Vorort und 29,5 % in einem ländlichen Umfeld. 30,8 % der Schulen gaben an, in einem „sozialen Brennpunkt" beziehungsweise in einem Stadtteil mit besonderem Erneuerungsbedarf zu liegen (N=130).

Alle 134 Grundschulen haben Angaben zu Merkmalen ihrer Schule gemacht; dabei waren Mehrfachnennungen möglich.

	GS L (N=134)
Offene Ganztagseinrichtung	**111**
Gebundene Ganztagseinrichtung	**2**
Schule mit Jahrgangsklassen	**114**
Schule mit Jahrgangsmischung Klasse 1 und 2	**19**
Schule mit Jahrgangsmischung Klasse 3 und 4	**5**
Teilnahme an einem Projekt zum Übergang	**17**

Tab. 13: Häufigkeitsangaben der Leitungen (L) zu Merkmalen der Grundschulen (GS) (Mehrfachankreuzungen möglich)

Weitere angegebene Merkmale im nicht nennenswerten Umfang von bis zu drei Angaben waren die folgenden: Teilnahme am Projekt „Selbstständige Schule"; Schule mit Jahrgangsmischung ohne Angabe der Kombination; Schule mit Jahrgangsmischung Klasse 2 und 3; Mischgruppen; Schule mit Jahrgangsmischung Klasse 2 und 4; Schule mit Jahrgangsmischung Klasse 1 und 4.

Im Durchschnitt wird eine Grundschule von 213,71 Schülern besucht (N=131) und besteht aus 9,20 Klassen (N=134). Der am häufigsten genannte Wert (24,6 % der Fälle) beträgt hier acht Klassen. 105 Leitungen von Grundschulen gaben an, dass im Jahr 2008 mit Delfin 4 in Stufe 1 im Durchschnitt 47,74 Kinder getestet wurden. Für das Schuljahr 2009/10 rechneten die Leitungen (N=131) mit durchschnittlich 54,11 Neuanmeldungen.

Die Größe eines Kollegiums an Grundschulen umfasst im Durchschnitt 11,95 Lehrkräfte (N=128). Die ermittelbaren detaillierten Differenzierungen hinsichtlich der Struktur des Stellenumfangs und der Altersstruktur der Kollegien im Primarbereich wird hier ebenfalls aufgrund des anders orientierten Forschungsschwerpunkts nicht dargestellt.

▶ Partnerinstitution/en

Der Blick auf die Zahlenverhältnisse hinsichtlich der Bezugseinrichtungen in der Kooperation zwischen Kindertageseinrichtungen und Grundschulen zeigt, dass in Bezug auf Themen des Übergangs Kindertageseinrichtungen durchschnittlich mit rund zwei Grundschulen kooperieren und Grundschulen im Durchschnitt mit rund vier Kindertageseinrichtungen. Im Zusammenhang mit Delfin 4 ergibt das Bild andere Zahlenverhältnisse, da im Rahmen von Delfin 4 aus organisatorischen Gründen eine Vorgabe durch das Schulamt erforderlich war.

	Kita L	**GS L**
Anzahl der Kooperationspartnerinnen (GS(n) beziehungsweise Kita(s)) in Bezug auf Themen des Übergangs	**1,88** (N=273)	**3,91** (N=130)
Anzahl der Kooperationspartnerinnen (GS(n) beziehungsweise Kita(s)) während Delfin 4 in Stufe 1 im Jahr 2008	**1,12** (N=275)	**2,79** (N=131)

Tab. 14: Angaben der Leitungen (L) von Kindertageseinrichtungen (Kita) und Grundschulen (GS) zur Zahl der Kooperationspartnerinnen im arithmetischen Mittel

Die Angehörigen der Gruppen von Akteur/inn/en konnten auch angeben, ob sie Mitglied in einem Netzwerk sind, das sich mit dem Thema des Übergangs von der Kindertageseinrichtung in die Grundschule beschäftigt, und somit darstellen, ob sie grundsätzlich vernetzt mit Kooperationspartner/inne/n zusammenarbeiten.

In beiden Bildungsbereichen sind die Leitungen und die pädagogischen Fach- beziehungsweise Lehrkräfte zu jeweils etwa gleich hohen Anteilen Mitglieder in Netzwerken. Die Leitungen sind allerdings doppelt so häufig in Netzwerkstrukturen eingebunden wie die Fach- beziehungsweise Lehrkräfte.

	Kita L (N=266)	Kita PF (N=341)	GS L (N=126)	GS PF (N=170)
Mitglied eines Netzwerks, das sich mit dem Thema des Übergangs beschäftigt	38,3	20,8	40,5	21,8

Tab. 15: Angaben zur Mitgliedschaft von Leitungen (L) und pädagogischen Fach- beziehungsweise Lehrkräften (PF) aus Kindertageseinrichtungen (Kita) und Grundschulen (GS) in Netzwerken, in Prozent

Die jeweiligen Leitungen wurden zusätzlich nach dem Entstehungskontext ihrer Netzwerke gefragt. In beiden Bereichen haben sich die bestehenden Netzwerke zu über 90 % unabhängig von Delfin 4 gebildet. In beiden Bereichen haben sich aber auch im Kontext von Delfin 4 Netzwerke gebildet.

	Kita L (N=102)	GS L (N=53)
Mitgliedschaft in einem Netzwerk zur Gestaltung des Übergangs, das sich unabhängig von Delfin 4 gebildet hat	90,2	94,1
Mitgliedschaft in einem Netzwerk zur Gestaltung des Übergangs, das sich im Kontext von Delfin 4 gebildet hat	7,8	5,9
Mitgliedschaft in einem Netzwerk zur Gestaltung des Übergangs mit unbekanntem Entstehungshintergrund	2,0	0,0

Tab. 16: Angaben der Leitungen (L) von Kindertageseinrichtungen (Kita) und Grundschulen (GS) zum Entstehungskontext von Netzwerken, in Prozent

3.2.1.2 Befunde über Rahmenbedingungen

In diesem Unterkapitel werden auf der Ebene der Rahmenbedingungen im Feld der Bedingungen Orientierungen und Ziele sowie Themen und Inhalte der Kooperation und spezielle Fortbildungsangebote betrachtet. Ein besonderes Augenmerk wird insbesondere auf die Organisation der Arbeitsprozesse im Kontext von Delfin 4 gelegt.

▶ Orientierung und Ziele

Die Kooperation zwischen Kindertageseinrichtung und Grundschule ist in den Konzepten und Programmen beider Einrichtungen noch nicht hinreichend verankert. Im Bereich der Kindertageseinrichtungen ist das Defizit rund doppelt so groß wie im Schulbereich. Die Gemeinsamkeiten in den Konzepten und Programmen der Einrichtungen werden von keiner Akteursgruppe mit mehr als 40 % angegeben. Auffällig sind hier die hohen Anteile der Akteur/inn/e/n, die keine Aussage über das Vorhandensein von Gemeinsamkeiten in den Programmen der Einrichtungen treffen können: Es sind dies 26,6 % der Leitungen und 40,8 % der Fachkräfte der Kindertageseinrichtungen sowie 33,3 % der Schulleitungen und 41,5 % der Lehrkräfte an den Grundschulen.

Bei der großen Mehrheit aller befragten Gruppen sind klare Kenntnisse in Bezug auf gemeinsame Ziele der Kooperation zwischen Kindertageseinrichtung und Grundschule vorhanden. Auch zeigt sich, dass die verschiedenen Pädagog/inn/en über gute Kenntnisse hinsichtlich der datenschutzrechtlichen Bestimmungen für die Kooperation zwischen Elementar- und Primarbereich verfügen.

	Kita L	**Kita PF**	**GS L**	**GS PF**
Kooperation Kita-GS ist Bestandteil des pädagogischen Konzepts / Schulprogramms	**80,4** (N=275)	--	**90,2** (N=133)	--
Gemeinsamkeiten im pädagogischen Konzept und Schulprogramm vorhanden	**33,7*** (N=267)	**28,2*** (N=348)	**39,5*** (N=129)	**37,8*** (N=164)
klare Kenntnisse über die gemeinsamen Ziele der Kooperation zwischen Kita und GS vorhanden	**79,8**** (N=252)	**72,1**** (N=252)	**94,2**** (N=121)	**78,4**** (N=176)
gute Kenntnisse über die datenschutzrechtlichen Bestimmungen vorhanden	**92,1**** (N=242)	**82,1**** (N=329)	**93,4**** (N=121)	**74,1**** (N=174)

Tab. 17: Angaben zur Verankerung der Kooperation zwischen Kindertageseinrichtung (Kita) und Grundschule (GS) in den Programmen sowie zum Vorhandensein von Gemeinsamkeiten und zum Kenntnisstand der befragten Gruppen von Akteur/inn/en – Leitungen (L) und pädagogische Fach- beziehungsweise Lehrkräfte (PF) – bezüglich gemeinsamer Ziele der Kooperation und datenschutzrechtlicher Bestimmungen, in Prozent

* Der Prozentwert entspricht dem Ergebnis für die Antwort „ja" auf einer dreigliedrigen Skala („ja", „nein", „weiß nicht"). Bei der Ermittlung des Prozentwertes sind auch die Fälle berücksichtigt, die keine Kenntnisse über das abgefragte Merkmal haben. Die jeweils komplementären restlichen Anteile setzen sich folglich aus den Ergebnissen für die Antworten „nein" und „weiß nicht" zusammen.

** Die Prozentangabe ist ein kumulierter Wert aus den Ergebnissen für die Antworten „trifft völlig zu" und „trifft eher zu". Die Skala enthielt als Alternativen die Optionen „trifft eher nicht zu" und „trifft gar nicht zu".

Den Orientierungsaspekt der Anregung und Unterstützung durch die Leitung in Bezug auf Formen der Kooperation mit anderen Partner/inne/n gaben 41,8 % der Leitungen von Kindertageseinrichtungen (N=256) selbst als gegeben an, die pädagogischen Fachkräfte (N=342) schätzten dies sogar mit 55,0 % zu einem noch höheren Anteil als gegeben ein.

In den Grundschulen sagten dazu 33,1 % der Leitungen (N=124) aus, es hätte diese Orientierungsvorgabe von ihrer Seite gegeben, und die Lehrkräfte (N=161) sahen deren Vorhandensein mit 49,7 % ebenfalls zu einem höheren Anteil als gegeben an.

Zum Orientierungsaspekt des Einstehens für ein klares pädagogisches Konzept äußerten die pädagogischen Fachkräfte der Kindertageseinrichtungen (N–338; N=333), dass 60,7 % ihrer Leitungen und 54,1 % der Mitglieder ihres Teams dafür einstehen. In der Grundschule leisten dies nach Angaben der Lehrkräfte (N=163) 56,4 % der Leitungen und 40,5 % der Kolleg/inn/en.

Zudem gaben die Fachkräfte aus dem Elementarbereich an, in 71,5 % der Fälle von ihren Leitungen bezüglich der Kooperation innerhalb der eigenen Einrichtung angeregt und unterstützt worden zu sein; bei den Lehrkräften aus den Grundschulen ergibt sich hier ein Anteil von 62,7 %.

Aufschlussreich ist die Feststellung, wie Eltern ihre Einstellung zu einer Kooperation ihrerseits mit der Kindertageseinrichtung darstellen. Nur 6,9 % der Eltern (N=450) geben an, dass sie es nicht oder eher nicht als ihre Aufgabe ansehen, mit der Kindertageseinrichtung zu kooperieren.

▶ **Themen und Inhalte**

Bei einer Evaluation der Kooperationspraxis von Kindertageseinrichtungen und Grundschule sind die Themen und Inhalte der Zusammenarbeit zentrale Untersuchungsobjekte mit Auswirkungen auf die gesamte Gestaltung der Kooperation. Die hier vorliegenden Daten wurden im Kontext der Sprachstandsdiagnose Delfin 4 erhoben und geben somit Auskunft über diese top-down implementierte Kooperation sowie aufgrund des angelegten Untersuchungsdesigns und der inhaltsreichen Fragebogenkonstruktion – in allgemeiner und bezüglich der Themen unspezifischer Art – über die praktizierte Zusammenarbeit zwischen beiden Einrichtungen zur Gestaltung des Übergangs.

Themen der Zusammenarbeit ergeben sich hier aber auch aus der Betrachtung der affinen Bereiche Format und Kontaktdichte aus dem Formenfeld des Münsteraner Kooperations-Tableaus. Im Befund erweisen sich unabhängig von ihrer Häufigkeit in der Praxis der Zusammenarbeit folgende mögliche Themen als vorhanden bestätigt:

- Lern- und Arbeitsmaterialien,
- Reflexion über die pädagogische Arbeit,
- Beratungsgespräche mit Eltern,
- Bildungsdokumentation,
- Sprachförderkonzepte,
- Bildungsverständnis und Bildungskonzepte,
- gemeinsame Projekte und Feste,
- Themenabende für Eltern,
- Einschulungskonferenzen.

▶ **Arbeitsorganisation**

Die Leitungen der Kindertageseinrichtungen (N=278) gaben zu 54,3 % an, dass sie nicht in die Durchführung des Tests zur Sprachstandsermittlung von Kindern im Rahmen von Delfin 4 einbezogen waren. Im Grundschulbereich gaben 67,2 % der Leitungen (N=134) an, Delfin 4 nicht persönlich durchgeführt zu haben.

In Bezug auf die Verteilung von Aufgaben im Kontext von Delfin 4 Stufe 1 lassen sich im Blick auf den Schwerpunkt dieser Studie, die nicht Delfin 4 an sich untersucht, sondern die Kooperationsstrukturen in und zwischen den Einrichtungen, drei Kategorien zur Identifizierung intra- und interinstitutioneller Kooperation hinsichtlich der Arbeitsorganisation zusammenfassen:

- Zuständigkeitsbereich K1: alleinige Kompetenz im Aufgabenbereich

- Zuständigkeitsbereich K2: Kompetenz in einer intrainstitutionellen Kooperationsform

- Zuständigkeitsbereich K3: Kompetenz in einer interinstitutionellen (kombinierten) Kooperationsform (mit Partner/in aus der Bezugseinrichtung und auch in Kombination mit Mitarbeiter/in aus der eigenen Einrichtung)

Die Vertreter/innen der Gruppen von Akteur/inn/en, die Delfin 4 durchgeführt haben, gaben zusammengefasst folgende markante Werte an:

- Koordination in der eigenen Einrichtung

	Kita L (N=123)	Kita PF (N=310)	GS L (N=42)	GS PF (N=130)
alleine	25,2	7,1	52,4	21,5
intrainstitutionelle Kooperations-form	40,6	65,8	33,4	60,7
interinstitutionelle (kombinierte) Kooperationsform	34,1	27,0	14,3	17,7

Tab. 18: Angaben von Leitungen (L) und pädagogischen Fach- beziehungsweise Lehrkräften (PF) aus Kindertageseinrichtungen (Kita) und Grundschule (GS) zur Aufgabenverteilung bezüglich der benannten Tätigkeit im Kontext von Delfin 4 Stufe 1 im Jahr 2008, in Prozent

- Absprachen mit der Bezugseinrichtung

	Kita L (N=119)	Kita PF (N=276)	GS L (N=42)	GS PF (N=151)
alleine	25,2	7,2	19,0	17,2
intrainstitutionelle Kooperations-form	10,1	26,4	28,6	27,9
interinstitutionelle (kombinierte) Kooperationsform	64,7	66,4	52,4	55,0

Tab. 19: Angaben von Leitungen (L) und pädagogischen Fach- beziehungsweise Lehrkräften (PF) aus Kindertageseinrichtungen (Kita) und Grundschule (GS) zur Aufgabenverteilung bezüglich der benannten Tätigkeit im Kontext von Delfin 4 Stufe 1 im Jahr 2008, in Prozent

- Teilnahme an einer Informationsveranstaltung für Fachkräfte

	Kita L (N=96)	Kita PF (N=208)	GS L (N=96)	GS PF (N=142)
alleine	33,3	22,6	31,6	29,6
intrainstitutionelle Kooperations-form	37,5	47,6	47,4	50,0
interinstitutionelle (kombinierte) Kooperationsform	19,2	29,8	21,1	20,4

Tab. 20: Angaben von Leitungen (L) und pädagogischen Fach- beziehungsweise Lehrkräften (PF) aus Kindertageseinrichtungen (Kita) und Grundschule (GS) zur Aufgabenverteilung bezüglich der benannten Tätigkeit im Kontext von Delfin 4 Stufe 1 im Jahr 2008, in Prozent

- Vorbereitung, Durchführung und Nachbereitung von Delfin 4

Vorbereitung von Delfin 4	Kita L (N=123)	Kita PF (N=322)	GS L (N=43)	GS PF (N=156)
alleine	17,9	18,6	20,9	18,6
intrainstitutionelle Kooperations-form	49,6	60,0	44,2	59,7
interinstitutionelle (kombinierte) Kooperationsform	32,5	21,3	34,9	21,8

Tab. 21: Angaben von Leitungen (L) und pädagogischen Fach- beziehungsweise Lehrkräften (PF) aus Kindertageseinrichtungen (Kita) und Grundschule (GS) zur Aufgabenverteilung bezüglich der benannten Tätigkeit im Kontext von Delfin 4 Stufe 1 im Jahr 2008, in Prozent

Durchführung von Delfin 4	Kita L (N=123)	Kita PF (N=336)	GS L (N=43)	GS PF (N=168)
alleine	8,9	14,6	9,3	17,9
intrainstitutionelle Kooperations-form	22,0	21,1	30,2	36,3
interinstitutionelle (kombinierte) Kooperationsform	69,1	64,3	60,4	45,8

Tab. 22: Angaben von Leitungen (L) und pädagogischen Fach- beziehungsweise Lehrkräften (PF) aus Kindertageseinrichtungen (Kita) und Grundschule (GS) zur Aufgabenverteilung bezüglich der benannten Tätigkeit im Kontext von Delfin 4 Stufe 1 im Jahr 2008, in Prozent

Die Durchführung von Delfin 4 ist eigentlich nur in einer interinstitutionellen Kooperationsform möglich, die Werte in den Zuständigkeitsbereichen K1 und K2 lassen sich durch eine Fehlinterpretation der Frage erklären, beispielsweise dadurch, dass die Befragten zwischen der Aufgabe der Durchführung von Delfin 4 in der Funktion als Spielleiter am Spielbrett mit den Kindern und der Aufgabe der Protokollführung unterschieden haben. 2008 führte die Grundschullehrkraft stets das Protokoll.

Die Interpretation von Vorbereitung und Nachbereitung bietet zudem einen relativ breiten Spielraum.

Nachbereitung von Delfin 4	Kita L (N=119)	Kita PF (N=312)	GS L (N=43)	GS PF (N=163)
alleine	7,6	8,7	25,6	30,1
intrainstitutionelle Kooperations-form	25,2	21,5	34,9	43,5
interinstitutionelle (kombinierte) Kooperationsform	67,2	69,8	39,5	26,3

Tab. 23: Angaben von Leitungen (L) und pädagogischen Fach- beziehungsweise Lehrkräften (PF) aus Kindertageseinrichtungen (Kita) und Grundschule (GS) zur Aufgabenverteilung bezüglich der benannten Tätigkeit im Kontext von Delfin 4 Stufe 1 im Jahr 2008, in Prozent

- Zusammenarbeit mit Eltern

	Kita L (N=123)	Kita PF (N=319)	GS L (N=39)	GS PF (N=131)
alleine	26,8	24,1	7,7	17,6
intrainstitutionelle Kooperations-form	52,1	57,0	28,2	22,2
interinstitutionelle (kombinierte) Kooperationsform	21,1	18,8	64,2	60,3

Tab. 24: Angaben von Leitungen (L) und pädagogischen Fach- beziehungsweise Lehrkräften (PF) aus Kindertageseinrichtungen (Kita) und Grundschule (GS) zur Aufgabenverteilung bezüglich der benannten Tätigkeit im Kontext von Delfin 4 Stufe 1 im Jahr 2008, in Prozent

Bei den Tätigkeiten im Kontext von Delfin 4 zeigt sich, dass die Aufgaben auf kooperative Arbeitsformen verteilt sind; kooperative Strukturen werden sowohl innerhalb als auch in der Beziehung zwischen den Einrichtungen genutzt.

Aus dem Fragebogenteil, in dem danach gefragt wurde, wer in welcher Häufigkeit Kinder mit Delfin 4 getestet hat, ergab sich ein erwartungskonformes Bild, nämlich dass grundsätzlich Erzieher/innen beziehungsweise Leitungen von Kindertageseinrichtungen und Grundschullehrkräfte beziehungsweise Grundschulleitungen das Sprachstandsfeststellungsverfahren durchgeführt haben. Die pädagogischen Fachkräfte aus dem Bereich der Kindertageseinrichtungen nannten hier noch in nennenswerter Zahl die Beteiligung von Kinderpfleger/inne/n (immer: 1,2 %; oft: 1,9 %; gelegentlich: 6,9 % (N=259)) und heilpädagogischen oder integrativen Zusatzfachkräften (immer: 0,8 %; oft: 3,9 %; gelegentlich: 2,7 % (N=258)), die Lehrkräfte die Beteiligung von Sozialpädagog/inn/en (immer: 10,5 %; oft: 4,8 %; gelegentlich: 4,8 % (N=124)), Sonderpädagog/inn/en (immer: 0,8 %; oft: 4,0 %; gelegentlich: 4,0 % (N=125)) und Lehramtsanwärter/inne/n (immer: 0,8 %; oft: 3,1 %; gelegentlich: 4,7 % (N=127)).

Die Leitungen der Einrichtungen erfuhren in ihrer großen Mehrheit weder im Bereich der Kindertageseinrichtungen durch Fachberatung oder Träger noch im Bereich der Grundschule durch die Schulämter arbeitsorganisatorische Unterstützung für die Kooperation mit den Bezugseinrichtungen. Im Elementarbereich gaben 82,6 % der Leitungen (N=253) in Bezug auf ihre Fachberatungen und 81,9 % (N=249) in Bezug auf ihre Träger an, dass diese ihnen keine Entlastung von anderen und/oder funktionalen Aufgaben gewähren würden. Die befragten Schulleitungen (N=124) verneinten die Gewährung von Entlastungsstunden für die interinstitutionelle Kooperation mit Kindertageseinrichtungen zu 96,8 %. Demgegenüber unterstützt ein großer Teil der Leitungen den eigenen Angaben zufolge die pädagogischen Fachkräfte der eigenen Einrichtung in Bezug auf die zeitlichen Rahmenbedingungen sehr wohl. Die Leitungen von Kindertageseinrichtungen räumen demnach ihren Mitarbeiter/inne/n in 61,5 % der Fälle (N=260) Gelegenheiten für Kooperationstätigkeiten mit den Bezugseinrichtungen ein, die Schulleitungen in 56,5 % der Fälle (N=124). Dies bestätigen die Fachkräfte aus den Kindertageseinrichtungen indirekt insofern, als sie bezüglich der interinstitutionellen Kooperation zu 70,8 % (N=339) angeben, dass die Leitungen beim Entwerfen von Dienstplänen in ausreichendem Maße Gelegenheiten zur Teamarbeit für die Fachkräfte berücksichtigen, und in 68,0 % (N=341) bescheinigen sie den Leitungen eine gute Koordination der Zeitpläne für die Zusammenarbeit im Team außerhalb der Gruppenarbeit. In der Grundschule koordinieren die Leitungen nach Aussage der befragten Akteur/inn/e/n die Zeitpläne für die Zusammenarbeit im Kollegium außerhalb des Stundenplans in 62,3 % der Fälle (N=162) gut.

Zum zentralen Punkt in der Arbeitsorganisation, der Entlastung der Fach- und Lehrkräfte, ergab sich der Befund, dass sowohl in den Kindertageseinrichtungen als auch in den Grundschulen die jeweiligen Leitungen potenziell über Möglichkeiten verfügen, ihre Mitarbeiter/innen durch die eine oder andere Art der Freistellung zu entlasten. Realisiert wurde dies im Elementarbereich in 65,3 % (N=274) und im Primarbereich in 48,9 % der Fälle (N=133).

Während die Freistellung von Lehr- und Fachkräften durch ihre jeweilige Leitung im Grundschulbereich zum größten Teil um Zweck der gemeinsamen Vor- und/oder Nachbereitung der Diagnose Delfin 4 – jedoch nicht für die Durchführung – erfolgte, fallen im Bereich der Kindertageseinrichtungen bei einer Freistellung mehrere Gründe ins Gewicht. Angesichts der niedrigen Werte, die sich für die Freistellung für gemeinsame Fortbildungen ergeben, lässt sich ein geringes Angebot an solchen gemeinsamen Bildungsmaßnahmen vermuten.

	Kita L (N=178)	GS L (N=65)
Freistellung für die gemeinsame Vor- und/oder Nachbereitung der Diagnose Delfin 4 (nicht für die Durchführung)	88,8	61,5
Freistellung für Kooperationsabsprachen	70,8	33,8
Freistellung für Gespräche mit Eltern	80,9	47,7
Freistellung für gemeinsame Fortbildungen von Kita und GS	33,1	21,5

Tab. 25: Angaben der Leitungen (L) von Kindertageseinrichtungen (Kita) und Grundschulen (GS) zu dem Grund, wofür die pädagogischen Fachkräfte eine Freistellung erfahren haben, in Prozent

In den Kindertageseinrichtungen wurden die Fachkräfte hauptsächlich durch eine Freistellung von der Arbeit stundenweise unterstützt (76,7 % (N=176)). In den Grundschulen geschah dies nach Angaben der Leitungen (N=65) durch Freistellung von Unterrichtsstunden des Förderunterrichts (70,8 %), Freistellung von Unterrichtsstunden aus einem Doppelbesetzungskonzept (55,4 %) oder einem Integrationskonzept (29,2 %) sowie durch Entlastungsstunden im Umfang von einer oder zwei Stunden (Modalwert: 1 und 2). Im Elementarbereich gab es nur einen geringen Prozentsatz an Freistellungen von Teamsitzungen (4,5 % (N=176)) und Dienstbesprechungen (5,7 % (N=176)), im Grundschulbereich eine Freistellung von der Teilnahme an Lehrerkonferenzen (13,8 % (N=65)) und von der Teilnahme an Dienstbesprechungen (10,8 % (N=65)), also zu einem größeren Prozentsatz als in den Kindertageseinrichtungen.

Die Verteilung der Arbeit zwischen Kindertageseinrichtung und Grundschule im Kontext von Delfin 4 wird von Akteur/inn/en aus dem Elementarbereich zum größten Teil als ausgeglichen empfunden. In den Grundschulen sieht über die Hälfte der Leitungen und knapp die Hälfte der Lehrkräfte eine unausgeglichene Verteilung zwischen beiden Institutionen. Diejenigen, die eine Einrichtung als einseitig stärker belastet empfinden, sehen ihre eigene Institution stärker belastet; besonders ausgeprägt ist dies bei den Akteur/inn/en in der Grundschule.

	Kita L	Kita PF	GS L	GS PF
Ich habe den Eindruck, dass es eine unausgeglichene Verteilung der Arbeit zulasten der Kita gibt.	**21,2*** (N=269)	**19,5*** (N=348)	**8,4*** (N=131)	**3,5*** (N=171)
Ich habe den Eindruck, dass es eine unausgeglichene Verteilung der Arbeit zulasten der GS gibt.	**11,6*** (N=267)	**12,7*** (N=347)	**57,2*** (N=131)	**44,8*** (N=172)

Tab. 26: Angaben zur Einschätzung der Arbeitsverteilung zwischen Kindertageseinrichtung (Kita) und Grundschule (GS) im Kontext von Delfin 4 in Stufe 1 im Jahr 2008 aus der Perspektive von Leitungen (L) und pädagogischen Fach- beziehungsweise Lehrkräften (PF), in Prozent

* Die Prozentangabe ist ein kumulierter Wert aus den Ergebnissen für die Antworten „trifft völlig zu" und „trifft eher zu". Die Skala enthielt als Alternativen die Optionen „trifft eher nicht zu" und „trifft gar nicht zu".

Innerhalb der Einrichtungen erleben der größte Teil der Fach- beziehungsweise Lehrkräfte nach eigenen Angaben eine gerechte Arbeitsverteilung seitens ihrer Leitungen.

gerechte Arbeitsverteilung durch die Leitung der Einrichtung	Kita PF (N=342)	GS PF (N=162)
ja	**82,5**	**63,0**
nein	**12,6**	**22,8**
weiß nicht	**5,0**	**14,2**

Tab. 27: Angaben der pädagogischen Fach- beziehungsweise Lehrkräfte (PF) aus Kindertageseinrichtungen (Kita) und Grundschulen (GS) über das Vorliegen einer gerechten Arbeitsverteilung in ihrer Einrichtung im Kontext von Delfin 4, in Prozent

Bei der Vorbereitung und der Umsetzung von Delfin 4 gab es für die Kooperation im Kontext des Sprachstandsfeststellungsverfahrens in beiden Bildungsbereichen eine Unterstützung der Fach- beziehungsweise Lehrkräfte durch die Leitungen und durch die Teammitglieder beziehungsweise das Kollegium in Form einer Arbeitsteilung innerhalb der jeweiligen Einrichtung. Dies zeigte sich im Bereich der Kindertageseinrichtungen auch in Bezug auf die Nachbereitung von Delfin 4, wohingegen in den Grundschulen weniger als die Hälfte der befragten Akteur/inn/e/n eine Arbeitsteilung bei der Nachbereitung von Delfin 4 als gegeben ansah.

Vorliegen von Arbeitsteilung bei Delfin 4 innerhalb der Einrichtung als Unterstützung für die Kooperation im Kontext von Delfin 4		Kita PF	GS PF
Arbeitsteilung bei der Vorbereitung	seitens der Leitung	**73,7*** (N=342)	**65,7*** (N=166)
	seitens der TM / des K	**73,8*** (N=343)	**55,7*** (N=167)
Arbeitsteilung bei der Umsetzung	seitens der Leitung	**69,1*** (N=337)	**60,0*** (N=165)
	seitens der TM / des K	**77,1*** (N=340)	**66,9*** (N=166)
Arbeitsteilung bei der Nachbereitung	seitens der Leitung	**65,3*** (N=340)	**46,3*** (N=164)
	seitens der TM / des K	**66,7*** (N=336)	**42,4*** (N=165)
Arbeitsteilung bei Verwaltungsaufgaben	allgemein	**48,8*** (N=346)	**47,0*** (N=166)

Tab. 28: Angaben der pädagogischen Fach- beziehungsweise Lehrkräfte (PF) aus Kindertageseinrichtungen (Kita) und Grundschulen (GS) über das Vorliegen einer Arbeitsteilung seitens der Leitung oder seitens der Teammitglieder (TM) beziehungsweise des Kollegiums (K) als Unterstützung für die Kooperation im Kontext von Delfin 4, in Prozent

* Der Prozentwert entspricht dem Ergebnis für die Antwort „ja" auf einer dreigliedrigen Skala („ja", „nein", „weiß nicht"). Bei der Ermittlung des Prozentwertes sind auch diejenigen Fälle berücksichtigt, die keine Kenntnisse über das abgefragte Merkmal haben. Die jeweils komplementären restlichen Anteile setzen sich folglich aus den Ergebnissen für die Antworten „nein" und „weiß nicht" zusammen.

Die Frage, ob die Akteur/inn/e/n Themen des Übergangs von der Kindertageseinrichtung zur Grundschule in der täglichen Praxis aufgrund von Zeitmangel vernachlässigen müssten, beantwortete ein erheblicher Teil der Pädagog/inn/en zumindest in der Tendenz bejahend.

	Kita L (N=252)	Kita PF (N=329)	GS L (N=123)	GS PF (N=170)
Vernachlässigung von Themen des Übergangs in der Praxis aufgrund von Zeitmangel	**42,9***	**37,4***	**46,3***	**54,1***

Tab. 29: Angaben zur Vernachlässigung von Themen des Übergangs von der Kindertageseinrichtung (Kita) in die Grundschule (GS) aufgrund von Zeitmangel aus der Perspektive von Leitungen (L) und pädagogischen Fach- beziehungsweise Lehrkräften (PF), in Prozent

* Die Prozentangabe ist ein kumulierter Wert aus den Ergebnissen für die Antworten „trifft völlig zu" und „trifft eher zu". Die Skala enthielt als Alternativen die Optionen „trifft eher nicht zu" und „trifft gar nicht zu".

Unabhängige Moderator/inn/en sind nach Angabe der Leitungen im Elementarbereich in 9,9 % der Fälle (N=273) verfügbar, die Fachkräfte gaben diese Versorgung mit 5,0 % (N=342) an. In der Grundschule verfügen 13,2 % (N=129) der Leitungen über unabhängige Moderator/inn/en, die Lehrkräfte geben den Wert mit 14,4 % an (N=167). Damit scheint eine Unterstützung durch die Verfügbarkeit unabhängiger Moderator/inn/en im Grundschulbereich stärker ausgeprägt zu sein.

Bezüglich der Arbeitsorganisation von Delfin 4 ist zu konstatieren, dass es eine Beteiligung der Eltern bei der Vor- beziehungsweise der Nachbereitung der verbindlichen Sprachstandsdiagnostik zwei Jahre vor Einschulung nach Angaben der Leitungen von Kindertageseinrichtungen in 37,9 % (N=269), nach Angaben der pädagogischen Fachkräfte in 28,4 % (N=348), nach Angaben der Schulleitungen in 26,0 % (N=131) und nach Angabe der Lehrkräfte in 11,3 % der Fälle (N=168) gab.

Die Eltern nehmen die arbeitsorganisatorischen Aspekte der Zusammenarbeit wie folgt wahr:

Die befragten Eltern erkennen zu 54,5 % (N=431) keine beziehungsweise eher keine starke Belastung der Erzieherin beziehungsweise des Erziehers durch die Zusammenarbeit mit der Grundschule im Kontext von Delfin 4, 22,5 % können aufgrund mangelnden Wissens hierzu keine Angabe machen, 23,0 % der Eltern nehmen eine solche Arbeitsbelastung für die Akteur/inn/e/n aus dem Elementarbereich wahr.

Ein Viertel bis ein Fünftel der Eltern arbeiten mit der Kindertageseinrichtung nicht zusammen, da sie zu viele berufliche oder familiäre Aufgaben zu leisten haben. Das Freizeitprogramm der Eltern oder gesundheitliche Beeinträchtigungen spielen als Begründung, warum eine Zusammenarbeit mit der Tageseinrichtung für ihr Kind nicht stattfindet, nur eine sehr geringe Rolle.

Gründe, die gegen eine Zusammenarbeit mit der Kita sprechen	ELT
zu viele berufliche Verpflichtungen	**16,1*** (N=442)
zu viele familiäre Aufgaben	**21,4*** (N=443)
ein zu vielseitiges Freizeitprogramm	**4,3*** (N=447)
gesundheitliches Handicap	**3,6*** (N=449)

Tab. 30: Angaben der Eltern (ELT) zu den Gründen, weshalb sie nicht mit der Kindertageseinrichtung kooperieren, in Prozent

* Die Prozentangabe ist ein kumulierter Wert aus den Ergebnissen für die Antworten „trifft völlig zu" und „trifft eher zu". Die Skala enthielt als Alternativen die Optionen „trifft eher nicht zu" und „trifft gar nicht zu".

▶ **Arbeitsräume**

Zur Beschaffenheit und Ausstattung von Arbeitsräumen liefert der Fragebogen kein Datenmaterial, zum Ort der Zusammenarbeit hingegen sehr wohl.

In den Fällen, in denen es gemeinsame Arbeitstreffen zur Vor- beziehungsweise Nachbereitung von Delfin 4 gab, wurden gemeinsame Arbeitstreffen der an Delfin 4 beteiligten pädagogischen Akteur/inn/e/n eher selten alternierend in beiden Einrichtungen abgehalten. Dies mag unter anderem dadurch zu erklären sein, dass es nur jeweils ein Arbeitstreffen zur Vor- beziehungsweise Nachbereitung gab. Bei der Vorbereitung sehen die Gruppen der Akteur/inn/en aus dem Bereich der Kindertageseinrichtungen die Wahl des Ortes für die Treffen zwischen beiden Institutionen als relativ ausgeglichen an, die Akteur/inn/e/n aus den Grundschulen notieren demgegenüber, dass die Treffen häufiger in der Kindertageseinrichtung stattgefunden hätten. Bezüglich der Nachbereitung von Delfin 4 zeichnet sich ein deutlicher Vorrang der Kindertageseinrichtungen ab.

	Kita L			Kita PF			GS L			GS PF		
	K	GS	K GS	K	GS	K GS	K	GS	K GS	K	GS	K GS
Treffen zur Vorbereitung	42	45	13	48	42	11	50	36	15	57	30	13
Treffen zur Nachbereitung	74	17	10	91	5	3	68	18	14	77	10	13

Tab. 31: Angaben von Leitungen (L) und pädagogischen Fach- beziehungsweise Lehrkräften (PF) aus Kindertageseinrichtungen (Kita) und Grundschule (GS) zum Ort der Durchführung gemeinsamer Arbeitstreffen zur Vor- und Nachbereitung von Delfin 4, in gerundeten Prozentwerten. Als Orte sind angegeben: in der Kindertageseinrichtung (K); in der Grundschule (GS); in der Kindertageseinrichtung und in der Grundschule (K GS).

Stichprobengrößen der Reihenfolge nach: Kita L (N=160; 147) / Kita PF (N=171; 184) / GS L (N=82; 56) / GS PF (N=98; 88)

▶ **Fortbildungsangebote**

Unterstützung durch Fortbildungsangebote für die Kooperation zwischen Kindertageseinrichtungen und Grundschule im Kontext von Delfin 4 leisteten nach Einschätzung der Leitungen der Kindertageseinrichtungen die Fachberatungen in 60,8 % (N=255), die Träger in 49,8 % der Fälle (N=251). Die Schulleitungen weisen aus ihrer Sicht eine diesbezügliche Unterstützung durch das Schulamt in 61,5 % (N=122) der Fälle als gegeben aus.

Fortbildungsangebote, die Kooperation zum Inhalt haben, konnten 30,5 % (N=262) der Leitungen von Kindertageseinrichtungen ihren Mitarbeiter/inne/n nach eigenen Angaben anbieten, im Grundschulbereich konnten 21,4 % (N=126) der Leitungen ihrem Kollegium dieses Angebot unterbreiten. Die pädagogischen Fach- beziehungsweise Lehrkräfte sehen diese Unterstützung in der Praxis häufiger als gegeben an. Auf der Skala von „ja", „nein" und „weiß nicht" bejahen 44,8 % der Fachkräfte aus den Kindertageseinrichtungen (N=346) das Vorhandensein von Fortbildungsangeboten, die Kooperation zum Inhalt haben. Bei den Lehrkräften beträgt der entsprechende Anteil 41,6 % (N=166).

Die Existenz von Fortbildungsangeboten, die die Zusammenarbeit im Team beziehungsweise im Kollegium fördern, geben 46,6 % (N=343) der Fachkräfte in den Kindertageseinrichtungen und 35,6 % (N=163) der Lehrkräfte auf der zuvor geschilderten dreigliedrigen Skala als gegeben an.

Das Angebot an gemeinsamen Fortbildungen für Vertreter/innen aus Elementar- und Primarbereich ist im Fragebogen nicht erhoben, kann aber zum Teil indirekt vermittels der Erkenntnisse über die Teilnahme an gemeinsamen Fortbildungen im Formenfeld erschlossen werden. Die verschiedenen Gruppen der Akteur/inn/e/n konnten sich aber dazu äußern, ob sie gemeinsame Fortbildungen für Fachkräfte aus der Kindertageseinrichtung und Lehrkräfte aus der Grundschule für notwendig erachten. Ihr eindeutiges Plädoyer für gemeinsame Fortbildungen ist der nachstehenden Tabelle zu entnehmen.

	Kita L	Kita PF	GS L	GS PF
Ich halte gemeinsame Fortbildungen für Fach- und Lehrkräfte aus Kita und GS für notwendig.	**95,3*** (N=247)	**91,2*** (N=330)	**87,4*** (N=119)	**80,5*** (N=174)

Tab. 32: Angaben von Leitungen (L) und pädagogischen Fach- beziehungsweise Lehrkräften (PF) aus Kindertageseinrichtungen und Grundschule zur Notwendigkeit gemeinsamer Fortbildungen von Kindertageseinrichtung (Kita) und Grundschule (GS), in Prozent

* Die Prozentangabe ist ein kumulierter Wert aus den Ergebnissen für die Antworten „trifft völlig zu" und „trifft eher zu". Die Skala enthielt als Alternativen die Optionen „trifft eher nicht zu" und „trifft gar nicht zu".

3.2.1.3   Befunde über Informationsstrukturen

In diesem Unterkapitel geht es im Feld der Bedingungen um die Ebene der Informationsstrukturen. Im Fokus liegen hier das Angebot an Unterstützung durch fachliche Beratung, die Verwendung einer gemeinsamen Fachsprache und von Standards in der Verständigung, die Rechtzeitigkeit und der ausreichende Umfang der wechselseitigen Informationsflüsse sowie die in den Einrichtungen praktizierten Kulturen von Transparenz, Feedback und Dokumentation.

► **Fachdiskurs**

Die Kindertageseinrichtungen erhielten nach Angaben der Leitungen in der Hälfte der Fälle eine fachliche Beratung durch ihre Fachberatungen als Unterstützung für die Kooperation mit der Grundschule im Kontext von Delfin 4 (50,8 % (N=256)), in einem Viertel der Fälle gab es eine solche Beratung vonseiten der Träger (24,9 % (N=245)). Zusammengerechnet entspricht dies in etwa dem Wert, den diesbezüglich nach Angaben der Schulleitungen die Unterstützung durch die Schulämter erreicht (75,4 % (N=126)).

Die Leitungen der Kindertageseinrichtungen wiederum bieten ihren Fachkräften nach eigenen Angaben in 67,8 % der Fälle (N=258) fachliche Beratung an. Die pädagogischen Fachkräfte bestätigen das Vorkommen dieser Art der Unterstützung in der Praxis in etwa gleicher Höhe (70,4 % (N=341)). In der Grundschule äußern sich die Leitungen ähnlich; sie boten den Lehrkräften nach eigenen Angaben in 64,8 % der Fälle (N=125) fachliche Beratung an. Hier jedoch liegt die entsprechende Angabe der Lehrkräfte unter dem Wert der Leitungen. Nach Angaben der Lehrkräfte erhalten sie seitens der Leitung eine Unterstützung durch fachliche Beratung nur in 52,4 % der Fälle (N=164).

Die Verwendung einer gemeinsamen Fachsprache von Kindertageseinrichtung und Grundschule wurde an zwei Stellen in unterschiedlichen Zusammenhängen erhoben.

	Kita L	Kita PF	GS L	GS PF
Es gibt eine gemeinsame Fachsprache von Kita und GS im Kontext von Delfin 4.	**64,9*** (N=265)	**61,1*** (N=334)	**65,4*** (N=127)	**60,8*** (N=166)
Es gibt eine gemeinsame Fachsprache von Kita und GS seit Einführung von Delfin 4.	**73,3**** (N=251)	**59,9**** (N=329)	**83,1**** (N=124)	**73,2**** (N=164)

Tab. 33: Angaben von Leitungen (L) und pädagogischen Fach- beziehungsweise Lehrkräften (PF) aus Kindertageseinrichtungen und Grundschule zum Vorkommen einer gemeinsamen Fachsprache von Kindertageseinrichtung (Kita) und Grundschule (GS), in Prozent

* Der Prozentwert entspricht dem Ergebnis für die Antwort „ja" auf einer dreigliedrigen Skala („ja", „nein", „weiß nicht"). Bei der Ermittlung des Prozentwertes sind auch diejenigen Fälle berücksichtigt, die keine Kenntnisse über das abgefragte Merkmal haben. Die jeweils komplementären restlichen Anteile setzen sich folglich aus den Ergebnissen für die Antworten „nein" und „weiß nicht" zusammen.

** Die Prozentangabe ist ein kumulierter Wert aus den Ergebnissen für die Antworten „trifft völlig zu" und „trifft eher zu". Die Skala enthielt als Alternativen die Optionen „trifft eher nicht zu" und „trifft gar nicht zu".

Die Werte lassen sich aufgrund der unterschiedlichen Skalen nicht direkt miteinander vergleichen. Im ersten Fall handelt es sich um eine quasidichotomische Nominalskalierung („ja" / „nein" / „weiß nicht"), im zweiten Fall um eine viergliedrige Ordinalskalierung („trifft völlig zu" / „trifft eher zu" / „trifft eher nicht zu" / „trifft gar nicht zu"). Auffällig ist an dieser Stelle, dass die Werte im Wesentlichen die gleiche Tendenz anzeigen. Dies wiederum ist deswegen interessant, weil aufgrund der in der Praxis gelegentlich geäußerten Unzufriedenheit mit dem Verfahren Delfin 4 a priori hätte vermutet werden können, dass die Antworten auf eine Frage mit direkter Differenzierung bezüglich der Einführung von Delfin 4 im Item („vor Delfin 4" / „seit Delfin 4") beziehungsweise bezüglich der Wirkung von Delfin 4 niedrigere Werte aufweisen als die auf eine Frage, die sich auf die gesamte Zusammenarbeit beider Institutionen im Kontext von Delfin 4 bezieht. Dieser vermutete Effekt ist hier nicht zu beobachten.

Standards für die Verständigung werden im Bereich der Kindertageseinrichtungen häufiger verwendet als im Bereich der Grundschule, während es hinsichtlich der Bildungsdokumentation in beiden Bereichen nur selten gemeinsame Standards von Kindertageseinrichtung und Grundschule gibt. In der Grundschule sehen die Leitungen gemeinsame Standards für die Bildungsdokumentation häufiger als gegeben an als die pädagogischen Fachkräfte. Die Bildungsdokumentation gemäß §13 Absatz 5 Kinderbildungsgesetz (KiBiz) ist allerdings bisher auch alleinige Aufgabe der Kindertageseinrichtungen. Diese Aufgabe als gemeinsamen Auftrag von Kindertageseinrichtung und Grundschule zu verstehen, ist jedoch aus pädagogischer Perspektive empfehlenswert (vgl. Kapitel IV.4.2.1).

	Kita L	Kita PF	GS L	GS PF
Es gibt ein Bemühen um Standards für die Verständigung innerhalb der Einrichtung durch die Leitung.	**69,1*** (N=256)	**80,4*** (N=337)	**48,4*** (N=126)	**56,5*** (N=154)
Es gibt ein Bemühen um Standards für die Verständigung innerhalb der Einrichtung durch das Team / Kollegium.	--	**80,5*** (N=333)	--	**46,5*** (N=157)
Es gibt gemeinsame Standards für die Bildungsdokumentation.	**23,3*** (N=270)	**25,2*** (N=345)	**30,0*** (N=130)	**20,7*** (N=164)

Tab. 34: Angaben von Leitungen (L) und pädagogischen Fach- beziehungsweise Lehrkräften (PF) aus Kindertageseinrichtungen (Kita) und Grundschule (GS) zum Vorkommen eines Bemühens um Standards innerhalb der Einrichtung und hinsichtlich der Bildungsdokumentation, in Prozent

* Der Prozentwert entspricht dem Ergebnis für die Antwort „ja" auf einer dreigliedrigen Skala („ja", „nein", „weiß nicht"). Bei der Ermittlung des Prozentwertes sind auch diejenigen Fälle berücksichtigt, die keine Kenntnisse über das abgefragte Merkmal haben. Die jeweils komplementären restlichen Anteile setzen sich folglich aus den Antworten auf die Fragen „nein" und „weiß nicht" zusammen.

► **Informationsfluss**

Die Leitungen beider Einrichtungen geben mehrheitlich an, dass sie von ihren Fachberatungen und Trägern beziehungsweise durch die Schulämter rechtzeitig und in ausreichendem Umfang informiert werden.

		Kita L	GS L
rechtzeitige Weitergabe relevanter Informationen	durch Fachberatung / Schulamt	**74,7*** (N=257)	**79,2*** (N=125)
	durch Träger	**64,0*** (N=247)	--
Weitergabe von Informationen in ausreichendem Umfang	durch Fachberatung / Schulamt	**72,2*** (N=255)	**85,4*** (N=123)
	durch Träger	**54,9*** (N=246)	--

Tab. 35: Angaben der Leitungen (L) von Kindertageseinrichtungen (Kita) und Grundschulen (GS) zur Unterstützung der Kooperation zwischen Kindertageseinrichtung und Grundschule in Bezug auf das Informationswesen im Kontext von Delfin 4 durch Fachberatung und Träger beziehungsweise durch das Schulamt, in Prozent

* Der Prozentwert entspricht dem Ergebnis für die Antwort „ja" auf einer dreigliedrigen Skala („ja", „nein", „weiß nicht"). Bei der Ermittlung des Prozentwertes sind auch diejenigen Fälle berücksichtigt, die keine Kenntnisse über das abgefragte Merkmal haben. Die jeweils komplementären restlichen Anteile setzen sich folglich aus den Ergebnissen für die Antworten „nein" und „weiß nicht" zusammen.

Die Leitungen der Kindertageseinrichtungen geben in 88,6 % der Fälle (N=264) an, relevante Informationen rechtzeitig an die Mitarbeiter/innen weiterzugeben; in 82,5 % der Fälle geben die Leitungen nach eigenen Auskünften (N=263) Informationen in ausreichendem Umfang weiter. Im Grundschulbereich sind noch höhere Werte vorzufinden: die rechtzeitige Weitergabe von relevanten Informationen als Unterstützung für die Kooperation im Kontext von Delfin 4 konnten die Leitungen nach eigenen Angaben in 92,2 % der Fälle (N=129) leisten, die Weitergabe von Informationen in ausreichendem Umfang in 85,9 % der Fälle (N=128). Dieses hohe Niveau wird durch die Angaben der Fach- beziehungsweise Lehrkräfte bestätigt.

		Kita PF	GS PF
rechtzeitige Weitergabe relevanter Informationen	durch Leitung	**91,3*** (N=344)	**89,0*** (N=164)
	durch Team / Kollegium	**81,3*** (N=331)	**55,2*** (N=163)
Weitergabe von Informationen in ausreichendem Umfang	durch Leitung	**86,8*** (N=341)	**90,2*** (N=164)
	durch Team / Kollegium	**79,0*** (N=329)	**60,0*** (N=160)

Tab. 36: Angaben der pädagogischen Fach- beziehungsweise Lehrkräfte (PF) aus Kindertageseinrichtungen (Kita) und Grundschulen (GS) zur Unterstützung der Kooperation zwischen Kindertageseinrichtung und Grundschule in Bezug auf das Informationswesen im Kontext von Delfin 4 durch die Leitung und durch das Team beziehungsweise Kollegium, in Prozent

* Der Prozentwert entspricht dem Ergebnis für die Antwort „ja" auf einer dreigliedrigen Skala („ja", „nein", „weiß nicht"). Bei der Ermittlung des Prozentwertes sind auch diejenigen Fälle berücksichtigt, die keine Kenntnisse über das abgefragte Merkmal haben. Die jeweils komplementären restlichen Anteile setzen sich folglich aus den Ergebnissen für die Antworten „nein" und „weiß nicht" zusammen.

Der Informationsfluss zwischen den Kolleg/inn/en im Primarbereich hinkt den anderen Beziehungen in Bezug auf die Häufigkeit hinterher. Die Grundschulleitungen schätzen die Kommunikation innerhalb ihres Kollegiums allerdings deutlich besser ein. 93,1 % der Leitungen (131) gaben bezüglich einer ausreichenden Kommunikation von Informationen im Kollegium an, dass dies völlig oder tendenziell zuträfe. Im Bereich der Kindertageseinrichtungen sahen dies 93,8 % der Leitungen (N=276) so.

81,4 % der pädagogischen Fachkräfte aus dem Elementarbereich (N=345) und 81,2 % der Lehrkräfte aus dem Primarbereich (N=165) fühlen sich im Kontext von Delfin 4 durch die Leitungen beider Einrichtungen gleichberechtigt informiert.

Insgesamt ist eine Unterstützung der Kooperation durch ein rechtzeitiges und ausreichendes Informationswesen in der Zusammenarbeit gegeben, wie folgende Tabelle nochmals verdeutlicht.

	Kita L	Kita PF	GS L	GS PF
mündliche Absprachen zwischen den Leitungen	**88,7*** (N=274)	**84,1*** (N=347)	**93,9*** (N=132)	**87,6*** (N=169)
rechtzeitige Information in Bezug auf die Kooperation	**78,1*** (N=269)	**66,3*** (N=344)	**86,6*** (N=129)	**72,5*** (N=167)
ausreichende Information in Bezug auf die Kooperation	**72,2*** (N=267)	**60,7*** (N=346)	**81,5*** (N=130)	**74,3*** (N=167)

Tab. 37: Angaben von Leitungen (L) und pädagogischen Fach- beziehungsweise Lehrkräften (PF) aus Kindertageseinrichtungen (Kita) und Grundschule (GS) zu ausgewählten Aspekten der Informationsflüsse im Kontext von Delfin 4, in Prozent

* Der Prozentwert entspricht dem Ergebnis für die Antwort „ja" auf einer dreigliedrigen Skala („ja", „nein", „weiß nicht"). Bei der Ermittlung des Prozentwertes sind auch diejenigen Fälle berücksichtigt, die keine Kenntnisse über das abgefragte Merkmal haben.

Die jeweils komplementären restlichen Anteile setzen sich folglich aus den Ergebnissen für die Antworten „nein" und „weiß nicht" zusammen.

Auch die befragten Eltern fühlen sich in deutlicher Mehrheit im Kontext von Delfin 4 durch Kindertageseinrichtung und Grundschule ausreichend informiert.

Information durch Kindertageseinrichtung und Grundschule	ELT
ausreichende Information über die Ziele von Delfin 4	**73,2*** (N=437)
ausreichende Information über die Durchführung von Delfin 4	**72,1*** (N=437)
ausreichende Information über Maßnahmen zur sprachlichen Förderung nach Delfin 4	**67,4*** (N=430)

Tab. 38: Angaben der Eltern (ELT) zur Frage, ob sie sich im Kontext von Delfin 4 ausreichend informiert fühlen, in Prozent

* Die Prozentangabe ist ein kumulierter Wert aus den Ergebnissen für die Antworten „trifft völlig zu" und „trifft eher zu". Die Skala enthielt als Alternativen die Optionen „trifft eher nicht zu" und „trifft gar nicht zu".

▶ **Transparenz**

Die verwendeten Fragebögen liefern nur bezüglich des Aspekts der Arbeitsverteilung aus der Sicht der pädagogischen Fach- beziehungsweise Lehrkräfte direkte Daten über das Vorliegen von Transparenz. Dabei zeigt sich, dass die Fach- beziehungsweise Lehrkräfte von den Leitungen ihrer jeweiligen Einrichtung mehrheitlich Unterstützung durch Transparenz bei der Arbeitsverteilung erfahren haben. Im Bereich der Kindertageseinrichtungen ist diese Transparenz nach Angabe der Fachkräfte häufiger gegeben (81,0 % der Fälle (N=342)) als im Bereich der Grundschulen (69,6 % der Fälle (N=161)).

▶ **Feedback**

Rückmeldungen über die geleistete Kooperationsarbeit bekommen die Leitungen der Kindertageseinrichtungen nur in einer Minderheit der Fälle durch Fachberatung und Träger. Die Schulen handeln in diesem Punkt eigenverantwortlich, eine Rückmeldepflicht gegenüber der Schulaufsicht besteht abgesehen von der reinen Datenübermittlung nicht. Insofern kann das Schulamt zu den Kooperationsaktivitäten obligatorisch keine Rückmeldung geben.

		Kita L	GS L
Rückmeldung über geleistete Kooperationsarbeit	durch Fachberatung / Schulamt	**39,3*** (N=247)	**39,8*** (N=123)
	durch Träger	**31,7*** (N=243)	--

Tab. 39: Angaben der Leitungen (L) von Kindertageseinrichtungen (Kita) und Grundschulen (GS) zur Unterstützung der Kooperation zwischen Kindertageseinrichtung und Grundschule in Bezug auf Rückmeldungen über die geleistete Kooperationsarbeit im Kontext von Delfin 4 durch Fachberatung und Träger beziehungsweise durch das Schulamt, in Prozent

Für sich selbst geben die Leitungen von 76,5 % (N=247) der Kindertageseinrichtungen und 81,1 % (N=127) der Grundschulen an, ihren Mitarbeiter/inne/n ein Feedback über die geleistete Kooperationsarbeit zu geben. Aus Sicht der Mitarbeiter/innen gibt es jedoch seltener eine Rückmeldung über die Kooperationsarbeit. An dieser Stelle divergieren die Perspektiven.

		Kita PF	GS PF
Rückmeldung über geleistete Kooperationsarbeit	durch Leitung	68,9* (N=338)	56,1* (N=164)
	durch Team / Kollegium	59,5* (N=333)	39,6* (N=164)

Tab. 40: Angaben der pädagogischen Fach- beziehungsweise Lehrkräfte (PF) aus Kindertageseinrichtungen (Kita) und Grundschulen (GS) zur Unterstützung der Kooperation zwischen Kindertageseinrichtung und Grundschule in Bezug auf Rückmeldungen über die geleistete Kooperationsarbeit im Kontext von Delfin 4 durch ihre Leitungen und ihr Team beziehungsweise Kollegium, in Prozent

* Der Prozentwert entspricht dem Ergebnis für die Antwort „ja" auf einer dreigliedrigen Skala („ja", „nein", „weiß nicht"). Bei der Ermittlung des Prozentwertes sind auch diejenigen Fälle berücksichtigt, die keine Kenntnisse über das abgefragte Merkmal haben. Die jeweils komplementären restlichen Anteile setzen sich folglich aus den Ergebnissen für die Antworten „nein" und „weiß nicht" zusammen.

In der Beziehung zwischen Eltern und den Institutionen wird nur selten eine Kultur der Rückmeldung gepflegt. In der Grundschule kommt noch viel seltener ein Feedback der Eltern an als im Bereich der Tageseinrichtungen für Kinder.

	Kita L	Kita PF	GS L	GS PF
Rückmeldungen von Eltern über die von Kita und GS geleistete Kooperationsarbeit	39,3* (N=268)	41,3* (N=349)	18,3* (N=131)	16,3* (N=166)

Tab. 41: Angaben von Leitungen (L) und pädagogischen Fach- beziehungsweise Lehrkräften (PF) aus Kindertageseinrichtungen und Grundschule zu Rückmeldungen der Eltern bezüglich der von Kindertageseinrichtung (Kita) und Grundschule (GS) geleisteten Kooperationsarbeit im Kontext von Delfin 4, in Prozent

* Der Prozentwert entspricht dem Ergebnis für die Antwort „ja" auf einer dreigliedrigen Skala („ja", „nein", „weiß nicht"). Bei der Ermittlung des Prozentwertes sind auch diejenigen Fälle berücksichtigt, die keine Kenntnisse über das abgefragte Merkmal haben. Die jeweils komplementären restlichen Anteile setzen sich folglich aus den Ergebnissen für die Antworten „nein" und „weiß nicht" zusammen.

▶ **Dokumentation**

Die verwendeten Fragebögen liefern in diesem Evaluationsbereich nur Datenmaterial über die Dokumentation von Ergebnissen der Kooperationstätigkeiten. Eine systematische Protokollführung ist diesbezüglich bei den verschiedenen Gruppen der Akteur/inn/e/n mehrheitlich nicht etabliert.

	Kita L	Kita PF	GS L	GS PF
Protokollieren von Ergebnissen der Kooperation	**42,4*** (N=271)	**39,0*** (N=346)	**34,4*** (N=128)	**32,1*** (N=168)

Tab. 42: Angaben von Leitungen (L) und pädagogischen Fach- beziehungsweise Lehrkräften (PF) aus Kindertageseinrichtungen (Kita) und Grundschule (GS) zur Protokollierung von Ergebnissen der Kooperation im Kontext von Delfin 4, in Prozent

* Der Prozentwert entspricht dem Ergebnis für die Antwort „ja" auf einer dreigliedrigen Skala („ja", „nein", „weiß nicht"). Bei der Ermittlung des Prozentwertes sind auch diejenigen Fälle berücksichtigt, die keine Kenntnisse über das abgefragte Merkmal haben. Die jeweils komplementären restlichen Anteile setzen sich folglich aus den Ergebnissen für die Antworten „nein" und „weiß nicht" zusammen.

Dokumentation und Verbindlichkeit sind zwei stark affine Bereiche, da Verschriftlichung im heutigen gesellschaftlichen Leben eine stärker verpflichtende Verbindlichkeit zur Folge hat als das gesprochene Wort. Befunde zum Vorkommen von schriftlichen Absprachen und Kooperationsverträgen in der Praxis der Zusammenarbeit von Kindertageseinrichtungen und Grundschule sind im Formenfeld im Bereich Verbindlichkeit dargestellt.

3.2.2   Ergebnisse im Formenfeld

Im Formenfeld werden die empirischen Ergebnisse aus den Häufigkeitsanalysen dargestellt, die die Formen der Zusammenarbeit in der Praxis sowie schwerpunktartig deren Merkmalsausprägungen in Bezug auf die Kontaktdichte beschreiben.

3.2.2.1   Befunde über die Formengestalten

Die Formengestalten werden auf der Grundlage des durch den verwendeten Fragebogen gewonnenen Datenmaterials dargestellt. Da wegen der notwendigen Begrenzung des Umfangs des Fragebogens auf eine spezifizierte Analyse der verschiedenen Gruppen der Befragten im Hinblick auf alle vorkommenden Formen der Zusammenarbeit verzichtet werden musste, ist der Bereich Teilnehmer/innen im Rahmen des Tableaus (F – EI/B2) nicht eigens erhoben worden.

▶   **Format**

Die folgenden Tabellen stellen zunächst die Kooperationsformen der Dimension II inklusive der Zusammenarbeit mit Eltern dar. Für die Antworten der Leitungen war den Items eine viergliedrige Skala zugeordnet. Für den Befund wurden hier die Ankreuzungen für „trifft völlig zu" und „trifft eher zu" zusammengefasst – in Abgrenzung zu den Ankreuzungen für „trifft eher nicht zu" und „trifft gar nicht zu". Die pädagogischen Fachkräfte sollten die Formen quantifizieren. Als Existenznachweis für die betreffenden Kooperationsformen werden hier die Werte für ein mindestens ein- bis zweimal jährliches Vorkommen aufgeführt; im Bereich Kontaktdichte wird die Quantifizierung differenzierter aufbereitet.

Tendenziell ist nach Angaben der Leitungen die intrainstitutionelle Kooperation im Bereich der Kindertageseinrichtungen stärker ausgeprägt als in den Grundschulen. Dies wird besonders im Blick auf die gemeinsam durchgeführten Einheiten oder Projekte deutlich. Auffällig ist zudem die seltene Durchführung von gegenseitigen Hospitationen in beiden Einrichtungen.

Aufgrund der etwas unterschiedlichen Fragestellung und der anderen Skalenart sind die Angaben der pädagogischen Fach- beziehungsweise Lehrkräfte nicht direkt mit denen der Leitungen zu vergleichen. Setzt man die beiden Perspektiven dennoch in eine Beziehung, konvergieren die vier Perspektiven und bestätigen somit die genannten Beobachtungen. Einen detaillierteren Blick ermöglicht der Bereich Kontaktdichte (Kapitel IV.3.2.2.2).

Die Mehrheit des Teams / Kollegiums …	Kita L	GS L
tauscht Materialien aus.	96,0* (N=274)	97,7* (N=132)
plant Einheiten und/oder Projekte gemeinsam mit Kolleg/inn/en.	95,3* (N=276)	93,9* (N=131)
reflektiert gemeinsam die Qualität der eigenen pädagogischen Arbeit.	96,0* (N=275)	81,5* (N=130)
führt Einheiten und/oder Projekte gemeinsam mit Kolleg/inn/en durch.	94,9* (N=276)	40,8* (N=130)
erprobt gemeinsam neue Ideen und Methoden.	93,1* (N=277)	83,1* (N=130)
erarbeitet Ziele unserer Kita / GS im Team / Kollegium oder in kleineren Arbeitsgruppen.	93,5* (N=277)	90,1* (N=131)
erarbeitet gemeinsam Strategien zur Bewältigung beruflicher Schwierigkeiten.	84,1* (N=276)	66,4* (N=131)
führt regelmäßig gegenseitige Gruppen- / Klassenhospitationen durch.	38,5* (N=270)	17,6* (N=131)
nimmt an Fortbildungen teil, die Kooperation zum Inhalt haben.	57,7* (N=274)	42,7* (N=131)
nimmt an Fortbildungen teil, die Kooperation im Berufsfeld fördern.	56,6* (N=274)	36,6* (N=131)
arbeitet mit Eltern zusammen.	98,6* (N=277)	99,2* (N=131)

Tab. 43: Angaben der Leitungen (L) von Kindertageseinrichtungen (Kita) und Grundschulen (GS) zu praktizierten Formen der Kooperation innerhalb ihrer Einrichtungen, in Prozent

* Die Prozentangabe ist ein kumulierter Wert aus den Ergebnissen für die Antworten „trifft völlig zu" und „trifft eher zu". Die viergliedrige Skala enthielt als Alternativen die Optionen „trifft eher nicht zu" und „trifft gar nicht zu".

	Kita PF	GS PF
Austausch von Materialien	98,8* (N=344)	98,3* (N=174)
gemeinsame Planung ganzer Einheiten / Projekte / Unterrichtsstunden	97,7* (N=344)	99,4* (N=172)
gemeinsame Durchführung von Einheiten / Projekten / Unterrichtsstunden	97,7* (N=345)	78,5* (N=172)
gemeinsame Erprobung neuer Ideen und Methoden	97,7* (N=342)	95,3* (N=172)

gemeinsame Reflexion der Qualität der eigenen pädagogischen Arbeit	**99,1*** (N=350)	**97,1*** (N=173)
gegenseitige Gruppen- / Klassenhospitationen	**53,3*** (N=336)	**48,5*** (N=171)
gemeinsame Durchführung individueller Förderung	**92,2*** (N=335)	**86,7*** (N=173)
gemeinsame Erarbeitung von Zielen der Kita / GS	**98,3*** (N=347)	**97,1*** (N=173)
gemeinsame Erarbeitung von Strategien zur Bewältigung beruflicher Schwierigkeiten	**88,7*** (N=336)	**80,1*** (N=171)
Zusammenarbeit mit Eltern	**99,7*** (N=352)	**91,3*** (N=172)

Tab. 44: Angaben der pädagogischen Fach- beziehungsweise Lehrkräfte (PF) aus Kindertageseinrichtungen (Kita) und Grundschulen (GS) zu praktizierten Formen der Kooperation innerhalb ihrer Einrichtungen, in Prozent

* Die Prozentangabe ist ein kumulierter Wert aus den Ergebnissen für die Antworten „jeden Tag", „jede Woche", „monatlich", „drei- bis viermal im Jahr" und „ein- bis zweimal im Jahr". Die sechsgliedrige Skala enthielt als Alternative die Option „nie".

Die Angaben der Leitungen von Kindertageseinrichtungen und Grundschulen divergieren hingegen bezüglich der Formen interinstitutioneller Zusammenarbeit auffällig stark. Grundsätzlich werden hier die abgefragten Formen der Zusammenarbeit zwischen Kindertageseinrichtung und Grundschule von den Leitungen der Schulen öfter als gegeben angesehen als von den Leitungen der Tageseinrichtungen für Kinder.

Im Elementarbereich liegen die Angaben der Leitungen und der Fachkräfte relativ nah beieinander, wenn man bedenkt, dass es sich um eine Ex-post-Evaluation handelt. Unterschiede wie beispielsweise bei den Antworten bezüglich einer gemeinsamen Informationsveranstaltung für Eltern lassen sich durch die unterschiedlichen Zuständigkeiten und Aufgabenbereiche erklären. Dieser Effekt ist stellenweise auch im Grundschulbereich zu erkennen. Die Perspektive der Lehrkräfte stimmt dort teils mit der der Leitungen überein, teils mit den Einschätzungen der Akteur/inn/e/n aus den Kindertageseinrichtungen. Die Institution Grundschule nimmt das Vorhandensein von Besuchen einer Fach- oder Lehrkraft in der Bezugseinrichtung häufiger wahr als die Akteur/inn/e/n aus den Kindertageseinrichtungen.

Die vier Perspektiven der verschiedenen Gruppen von Akteur/inn/en lassen darauf schließen, dass Besuche von Kindern aus Tageseinrichtungen in der Grundschule fest in der Kooperationslandschaft etabliert sind, ebenso wie die gemeinsame Informationsveranstaltung, die die Schule im Auftrag des Schulträgers für die Eltern der Vierjährigen durchführt. Der Inhalt der folgenden Tabelle bestätigt die Existenz aller abgefragten beziehungsweise vermuteten Formen der interinstitutionellen Zusammenarbeit. In welcher Häufigkeit diese Formen praktiziert werden, wird im Bereich Kontaktdichte (Kapitel IV.3.2.2.2) untersucht.

Zwischen unserer Einrichtung und der kooperierenden Bezugseinrichtung gab / gibt es folgende Formen der Kooperation:	Kita L	Kita PF	GS L	GS PF
gemeinsame Reflexion der Qualität unserer pädagogischen Arbeit	53,4* (N=253)	50,6* (N=336)	75,2* (N=121)	59,4* (N=178)
Durchführung gemeinsamer Konferenzen	45,5* (N=257)	33,6* (N=333)	44,7* (N=123)	38,7* (N=168)
gemeinsame Absprachen über Sprachförderkonzepte vor der Einschulung	41,4* (N=256)	42,7* (N=335)	52,9* (N=121)	57,5* (N=178)
Austausch über das Bildungsverständnis und über Bildungskonzepte	56,0* (N=252)	47,7* (N=331)	74,4* (N=121)	55,6* (N=178)
Besuche einer Erzieherin / eines Erziehers in der GS zur Beobachtung der dortigen Erziehungs- und Bildungsarbeit	47,6* (N=254)	37,1* (N=337)	62,5* (N=120)	60,2* (N=178)
Besuche einer Erzieherin / eines Erziehers in der GS zur Beobachtung ehemaliger Kita-Kinder	39,4* (N=254)	35,4* (N=336)	53,3* (N=134)	44,3* (N=167)
Besuche einer GS-Lehrerin / eines GS-Lehrers in der Kita zur Beobachtung der dortigen Erziehungs- und Bildungsarbeit	30,9* (N=256)	26,3* (N=338)	68,9* (N=122)	55,6* (N=169)
Besuche einer GS-Lehrerin / eines GS-Lehrers in der Kita zur Beobachtung zukünftiger Schulkinder	52,1* (N=257)	46,9* (N=339)	84,4* (N=134)	70,1* (N=164)
Teilnahme einer Erzieherin / eines Erziehers an Elternabenden der GS	37,7* (N=252)	33,8* (N=337)	27,6* (N=123)	18,2* (N=165)
Teilnahme einer GS-Lehrerin / eines GS-Lehrers an Elternabenden der Kita	23,9* (N=255)	20,1* (N=334)	38,2* (N=123)	24,8* (N=161)
Besuche von Kita-Kindern in der GS	94,5* (N=255)	94,7* (N=340)	99,2* (N=122)	98,2* (N=169)
Besuche von GS-Kindern in der Kita	34,0* (N=253)	33,5* (N=337)	29,3* (N=123)	22,3* (N=166)
gemeinsam gestaltete Projekte**	28,1* (N=256)	22,4* (N=339)	45,1* (N=122)	26,2* (N=168)
gemeinsam gestaltete Feste**		16,5* (N=339)		26,7* (N=165)
gemeinsame Zusammenarbeit mit Eltern	49,4* (N=253)	51,2* (N=336)	53,7* (N=123)	44,8* (N=165)
gemeinsame Gestaltung von Themenabenden für Eltern	46,7* (N=255)	39,8* (N=342)	58,1* (N=124)	44,0* (N=168)
gemeinsame Beratungsgespräche mit Eltern	33,5* (N=251)	28,0* (N=336)	50,8* (N=124)	38,8* (N=160)
gemeinsame Informationsveranstaltung für Eltern der Vierjährigen	85,7* (N=258)	70,3* (N=342)	91,1* (N=124)	81,6* (N=163)

gemeinsame Übergabe der Bildungsdokumentation an die Eltern	**14,7*** (N=259)	**12,7*** (N=339)	**12,0*** (N=125)	**14,5*** (N=159)
Durchführung gemeinsamer Einschulungskonferenzen	**11,2*** (N=258)	**12,4*** (N=338)	**26,4*** (N=125)	**20,9*** (N=163)
Durchführung gemeinsamer Fortbildungen	**20,2*** (N=258)	**20,2*** (N=341)	**28,0*** (N=125)	**36,4*** (N=165)
Austausch von Lern- oder Arbeitsmaterialien	**36,7*** (N=256)	**31,0*** (N=336)	**38,0*** (N=122)	**34,1*** (N=167)
Austausch über die Weiterführung der Sprachförderung in der GS	**29,0*** (N=259)	**27,6*** (N=337)	**57,3*** (N=124)	**52,7*** (N=165)

Tab. 45: Angaben von Leitungen (L) und pädagogischen Fach- beziehungsweise Lehrkräften (PF) aus Kindertageseinrichtungen (Kita) und Grundschule (GS) zur Existenz interinstitutioneller Kooperationsformen unabhängig von deren Häufigkeit in der Praxis, in Prozent

* Die Prozentangabe ist ein kumulierter Wert aus den Ergebnissen für die Antworten „monatlich", „drei- bis viermal im Jahr" und „ein- bis zweimal im Jahr". Die viergliedrige Skala enthielt als Alternative noch die Option „nie".

** Im Fragebogen für die Leitungen wurden diese Merkmale zusammengefasst abgefragt.

An anderer Stelle im Fragebogen wurde das Item „gegenseitige Hospitationen" nochmals im engeren Zusammenhang mit Delfin 4 mit einer dreigliedrigen Skala von Antwortmöglichkeiten („ja", „nein", „weiß nicht") erhoben. Hier gaben die Leitungen das Vorkommen gegenseitiger Hospitationen als unterstützendes Moment für die Zusammenarbeit beider Institutionen im Kontext von Delfin 4 häufiger als gegeben an als die Fach- beziehungsweise Lehrkräfte (Leitungen Kindertageseinrichtungen / Grundschulen: 47,1 % (N=272) / 57,7 % (N=130); Fachkräfte Kindertageseinrichtungen / Grundschulen: 36,2 % (N=345) / 32,1 % (N=168)).

Speziell im Zuge des Sprachstandsfeststellungsverfahrens Delfin 4 kam es bei der Mehrheit der beteiligten Akteur/inn/e/n zu Arbeitstreffen zur Vor- und Nachbereitung der Diagnose.

Arbeitstreffen	Kita L	Kita PF	GS L	GS PF
Vorbereitung von Delfin 4	**65,5** (N=271)	**50,6** (N=344)	**66,7** (N=126)	**60,5** (N=167)
Nachbereitung von Delfin 4	**56,8** (N=273)	**54,9** (N=337)	**53,0** (N=123)	**54,0** (N=163)

Tab. 46: Angaben von Leitungen (L) und pädagogischen Fach- beziehungsweise Lehrkräften (PF) aus Kindertageseinrichtungen (Kita) und Grundschule (GS) zu der Frage, ob Arbeitstreffen zwischen den Kooperationspartner/inne/n zur Vor- beziehungsweise Nachbereitung von Delfin 4 stattgefunden haben, in Prozent

Die Teilnahme an gemeinsamen Fortbildungen im Kontext von Delfin 4 und im Kontext der Gestaltung des Übergangs hat sich noch nicht etabliert. Der Grund hierfür ist sicherlich auch in dem oben geschilderten Angebot an Fortbildungen zu sehen.

gemeinsame Fortbildungen	Kita L	Kita PF	GS L	GS PF
zu Delfin 4	**36,3** (N=273)	**23,6** (N=351)	**37,7** (N=134)	**56,6** (N=173)
zu anderen Themen des Übergangs von der Kita in die GS	**17,6** (N=245)	**10,3** (N=340)	**19,0** (N=121)	**15,8** (N=165)
im Kontext von Delfin 4	**23,3*** (N=279)	**22,4*** (N=344)	**20,8*** (N=130)	**30,4*** (N=168)

Tab. 47: Angaben von Leitungen (L) und pädagogischen Fach- beziehungsweise Lehrkräften (PF) aus Kindertageseinrichtungen (Kita) und Grundschule (GS) zur gemeinsamen Teilnahme an Fortbildungen für Akteur/inn/e/n aus dem Elementarbereich und aus dem Primarbereich, in Prozent

* Der Prozentwert entspricht dem Ergebnis für die Antwort „ja" auf einer dreigliedrigen Skala („ja", „nein", „weiß nicht"). Bei der Ermittlung des Prozentwertes sind auch diejenigen Fälle berücksichtigt, die keine Kenntnisse über das abgefragte Merkmal haben. Die jeweils komplementären restlichen Anteile setzen sich folglich aus den Ergebnissen für die Antworten „nein" und „weiß nicht" zusammen.

In den Kindertageseinrichtungen ist eine Zusammenarbeit mit Eltern häufig in allen untersuchten Zusammenhängen gegeben. Eine Kooperation zwischen Eltern, Kindertageseinrichtung und Grundschule ist nach Angaben der Eltern eher selten vorzufinden.

Auffällig sind in diesem Zusammenhang die Angaben zur Informationsveranstaltung für Eltern der Vierjährigen. Es ist schwierig, diesen Befund zu interpretieren, da nicht klar ist, wie die Eltern die vonseiten der Grundschule verbindlich anzubietende Veranstaltung in einen Zusammenhang mit der Frage der Zusammenarbeit bringen. Zusammenarbeit könnte aus dem Blickwinkel der Eltern im Sinne einer gemeinsamen Planung oder Durchführung oder auch lediglich im Sinne einer Teilnahme an der Veranstaltung gedeutet werden. Die Prozentwerte sind auch bei den Items niedriger, die die Stufe 2 von Delfin 4 betreffen. Hier ist der Anteil der Eltern relativ hoch, die „weiß nicht" angegeben haben – bezüglich der Kooperation zwischen Eltern und Kindertageseinrichtung im Zusammenhang mit Gesprächen über die Ergebnisse aus der zweiten Stufe 24,2 %, im Zusammenhang mit den Sprachfördermaßnahmen bei Nichtbestehen der zweiten Stufe 32,2 %.

Zusammenarbeit mit Kita / Zusammenarbeit mit Kita und GS	ELT (Kooperation mit Kita)	ELT (Kooperation mit Kita und GS)
gemeinsam gestaltete Projekte	**82,7*** (N=415)	**23,5*** (N=306)
gemeinsam gestaltete Feste	**95,0*** (N=419)	**17,1*** (N=299)
gemeinsame Gestaltung von Themenabenden für Eltern	**74,0*** (N=404)	**27,2*** (N=316)
Informationsveranstaltung für Eltern der Vierjährigen	**53,2*** (N=385)	**53,2*** (N=329)
Beratungsgespräche in Bezug auf mein / unser Kind	**94,7*** (N=431)	**16,3*** (N=295)

156

Besprechung / Gestaltung der Bildungsdokumentation über mein / unser Kind	**81,3*** (N=423)	**13,0*** (N=301)
Gespräch über die Ergebnisse meines / unseres Kindes bei Delfin 4 Stufe 1 („Besuch im Zoo")	**77,4*** (N=399)	**24,5*** (N=314)
Gespräch über die Ergebnisse meines / unseres Kindes bei Delfin 4 Stufe 2 („Besuch im Pfiffikus-Haus")	**47,6*** (N=237)	**29,1*** (N=237)
Austausch über Möglichkeiten der sprachlichen Förderung meines / unseres Kindes	**76,6*** (N=406)	**16,6*** (N=290)
Information über Sprachfördermaßnahmen für mein / unser Kind bei Nichtbestehen von Stufe 2 („Besuch im Pfiffikus-Haus")	**50,2*** (N=289)	**19,7*** (N=238)

Tab. 48: Angaben der Eltern (ELT) der Vierjährigen zur Existenz von Formen der Zusammenarbeit zwischen ihnen und der Tageseinrichtung ihres Kindes sowie zwischen ihnen, der Tageseinrichtung ihres Kindes und der Grundschule, in Prozent

* Der Prozentwert entspricht dem Ergebnis für die Antwort „ja" auf einer dreigliedrigen Skala („ja", „nein", „weiß nicht"). Bei der Ermittlung des Prozentwertes sind auch diejenigen Fälle berücksichtigt, die keine Kenntnisse über das abgefragte Merkmal haben. Die jeweils komplementären restlichen Anteile setzen sich folglich aus den Ergebnissen für die Antworten „nein" und „weiß nicht" zusammen.

▶ **Teilnehmer/innen**

Die Leitungen von Kindertageseinrichtungen und Grundschulen sowie die jeweiligen Fach- beziehungsweise Lehrkräfte und die Eltern und auch deren Kinder im Übergang sind Primärakteur/inn/e/n im Kooperationsgeschehen von Elementar- und Primarbereich zur Gestaltung des Übergangs von der Kindertageseinrichtung in die Grundschule (siehe Abbildung 5).

Über die Angehörigen der Teilnehmer/innen/kreise, die sich an den dargestellten Kooperationsformen beteiligen, liegt auf der Grundlage des verwendeten Fragebogens kein Datenmaterial für eine detaillierte Evaluation vor.

3.2.2.2 Befunde über Formenmerkmale

Das wichtigste Merkmal bezüglich der Kooperationsformen ist das der Häufigkeit der Zusammenkünfte, da die Frage nach der Häufigkeit, mit der Kooperationsformen praktiziert werden, ein Schwerpunkt dieser Arbeit ist. Im Folgenden werden die Kontaktdichte sowie Aspekte von Verbindlichkeit dargestellt.

▶ **Kontaktdichte**

Die intrainstitutionellen Formen der Zusammenarbeit in den Einrichtungen haben die pädagogischen Fach- beziehungsweise Lehrkräfte anhand einer sechsgliedrigen Skala quantifiziert. Dabei ergibt sich ein ähnliches Bild, wie es zuvor schon im Bereich Format zu erkennen war. In beiden Einrichtungen werden Formen der Kooperation gepflegt, im Bereich der Kindertageseinrichtungen sind Formen der intrainstitutionellen Zusammenarbeit jedoch in einer größeren Häufigkeit anzutreffen. Wechselseitige Gruppen- beziehungsweise Klassenhospitationen sind in etwa der Hälfte der Fälle nicht üblich oder werden selten durchgeführt. Ein weiterer Aspekt bei der Analyse der Dimension II ist die Streuung, die Auskunft darüber gibt, in welchem

Ausmaß einzelne Kooperationsformen entweder gar nicht oder sehr häufig umgesetzt werden.

Kita PF	jeden Tag	jede Wo- che	mo- nat- lich	3- bis 4-mal im Jahr	1- bis 2-mal im Jahr	nie
Austausch von Materialien (N=344)	52,3	30,8	9,3	4,9	1,5	1,2
gemeinsame Planung von gan- zen Einheiten, Projekten oder Gruppenstunden (N=344)	10,8	37,5	29,1	15,7	4,7	2,3
gemeinsame Durchführung von Einheiten, Projekten oder Gruppenstunden (N=345)	21,7	27,0	24,3	21,4	3,2	2,3
gemeinsame Erprobung neuer Ideen und Methoden (N=342)	16,7	24,0	27,8	20,2	9,1	2,3
gemeinsame Reflexion der Qualität der eigenen pädagogi- schen Arbeit (N=350)	15,7	38,0	25,1	10,0	10,3	0,9
wechselseitige Gruppenhospita- tionen (N=336)	10,1	8,3	6,8	9,8	18,2	46,7
gemeinsame Durchführung in- dividueller Förderung (N=335)	32,8	33,1	11,9	7,8	6,6	7,8
gemeinsame Erarbeitung von Zielen der Kita (N=347)	14,4	20,2	28,8	16,4	18,4	1,7
gemeinsame Erarbeitung von Strategien zur Bewältigung be- ruflicher Schwierigkeiten (N=336)	12,8	20,5	22,9	15,5	17,0	11,3
Zusammenarbeit mit Eltern (N=352)	77,8	7,1	8,5	4,5	1,7	0,3

Tab. 49: Angaben der pädagogischen Fachkräfte (PF) aus Kindertageseinrichtungen (Kita) zur Häufigkeit intrainstitutionell praktizierter Kooperationsformen, in Prozent

GS PF	jeden Tag	jede Wo- che	mo- nat- lich	3- bis 4-mal im Jahr	1- bis 2-mal im Jahr	nie
Austausch von Materialien (N=174)	39,1	50,0	6,3	2,9	1,7	0,0
gemeinsame Planung von gan- zen Einheiten, Projekten oder Unterrichtsstunden (N=172)	4,7	48,8	26,2	9,9	9,9	0,6
gemeinsame Durchführung von Einheiten, Projekten oder Un- terrichtsstunden (N=172)	12,2	29,1	14,0	16,9	6,4	21,5
gemeinsame Erprobung neuer Ideen und Methoden (N=172)	5,8	12,8	39,0	29,1	8,7	4,7
gemeinsame Reflexion der Qualität der eigenen pädagogi- schen Arbeit (N=173)	7,5	31,8	30,6	19,7	7,5	2,9

wechelseitige Klassenhospita-tionen (N=171)	2,3	4,7	4,1	15,8	21,6	51,5
gemeinsame Durchführung in-dividueller Förderung (N=173)	15,0	47,4	13,9	6,9	3,5	13,3
gemeinsame Erarbeitung von Zielen der GS (N=173)	4,6	15,6	38,2	27,7	11,0	2,9
gemeinsame Erarbeitung von Strategien zur Bewältigung be-ruflicher Schwierigkeiten (N=171)	3,5	10,5	26,3	17,0	22,8	19,9
Zusammenarbeit mit Eltern (N=172)	22,1	36,0	15,7	17,4	8,7	0,0

Tab. 50: Angaben der Lehrkräfte (PF) an Grundschulen (GS) zur Häufigkeit intrainstitutionell praktizierter Kooperationsformen, in Prozent

In Bezug auf die interinstitutionelle Kooperation machen die befragten Akteur/inn/e/n über die Häufigkeit des Austauschs mit Partner/inne/n aus der Bezugseinrichtung heterogene Angaben. Die Leitungen stehen anscheinend häufiger im interinstitutionellen Kontakt als die Fach- beziehungsweise Lehrkräfte.

	Kita L	Kita PF	GS L	GS PF
Ich tausche mich oft mit Fach- / Lehrkräften aus der Bezugsein-richtung über Themen des Über-gangs aus.	64,3* (N=244)	36,1* (N=332)	84,0* (N=119)	46,5* (N=172)

Tab. 51: Angaben von Leitungen (L) und pädagogischen Fach- beziehungsweise Lehrkräften (PF) aus Kindertageseinrichtungen (Kita) und Grundschule (GS) zur Häufigkeit des Austauschs mit Fach- beziehungsweise Lehrkräften aus der Bezugseinrichtung, in Prozent

* Die Prozentangabe ist ein kumulierter Wert aus den Ergebnissen für die Antworten „trifft völlig zu" und „trifft eher zu". Die viergliedrige Skala enthielt als Alternativen die Optionen „trifft eher nicht zu" und „trifft gar nicht zu".

Ein detaillierterer Blick auf die Häufigkeit der Treffen in Bezug auf die einzelnen Kooperationsformen, jeweils aus der Sicht der beteiligten Akteur/inn/e/n, macht deutlich, dass die Aussagen von Leitungen und Fach- beziehungsweise Lehrkräften insoweit Kongruenzstärke aufweisen, als sich aus ihnen aus zwei verschiedenen institutionsbezogenen Perspektiven folgendes Bild der interinstitutionellen Zusammenarbeit ergibt:

Besuche von Kindern aus Tageseinrichtungen in einer Grundschule finden vielfach ein- bis zweimal im Jahr statt. Die im Zuge des Verfahrens Delfin 4 verbindlich durchzuführende Informationsveranstaltung für die Eltern der Vierjährigen wird in jedem Jahr meistens von beiden Einrichtungen gemeinsam umgesetzt. Mindestens ein- bis zweimal pro Jahr reflektiert etwa die Hälfte der Institutionen gemeinsam über die Qualität ihrer pädagogischen Arbeit. In ähnlichem Umfang kommt es zu einer gemeinsamen Zusammenarbeit mit Eltern. In maximal rund einem Drittel der Fälle werden die weiteren erhobenen Kooperationsformen angegeben (siehe Kapitel IV.4.2.2).

Tendenziell bescheinigen die Akteur/inn/e/n aus der Grundschule den abgefragten Kooperationsformen ein häufigeres Vorkommen in der Praxis ein als die Leitungen und Fachkräfte aus dem Elementarbereich. Dies gilt beispielsweise für wechselseitige Hospitationen, einen Austausch über Bildungskonzepte und gemeinsame Absprachen.

Die am häufigsten praktizierten Kooperationsformen sind zumeist dem Niveau 1 zuzuordnen, dem Austausch von Informationen (siehe Kapitel II.3.1.1). Kooperationsformen höheren Niveaus sind nicht etabliert und konnten nur in einem sehr geringen Maße festgestellt werden. Dazu würde beispielsweise eine gemeinsame konzeptionelle Entwicklungsarbeit zählen.

Kita L	Zwischen unserer Einrichtung und der kooperierenden Bezugseinrichtung gab / gibt es folgende Formen der Kooperation:			
	monatlich	3- bis 4- mal im Jahr	1- bis 2- mal im Jahr	nie
gemeinsame Reflexion der Qualität unserer pädagogischen Arbeit (N=253)	0,8	13,8	38,7	46,6
Durchführung gemeinsamer Konferenzen (N=257)	0,4	8,9	36,2	54,5
gemeinsame Absprachen über Sprachförderkonzepte vor der Einschulung (N=256)	0,4	6,6	34,4	58,6
Austausch über das Bildungsverständnis und über Bildungskonzepte (N=252)	0,4	8,3	47,2	44,0
Besuche einer Erzieherin / eines Erziehers in der GS zur Beobachtung der dortigen Erziehungs- und Bildungsarbeit (N=254)	0,8	2,0	44,9	52,4
Besuche einer Erzieherin / eines Erziehers in der GS zur Beobachtung ehemaliger Kita-Kinder (N=254)	1,2	1,2	37,0	60,6
Besuche einer GS-Lehrerin / eines GS-Lehrers in der Kita zur Beobachtung der dortigen Erziehungs- und Bildungsarbeit (N=256)	1,2	1,6	28,1	69,1
Besuche einer GS-Lehrerin / eines GS-Lehrers in der Kita zur Beobachtung zukünftiger Schulkinder (N=257)	0,8	2,3	49,0	47,9
Teilnahme einer Erzieherin / eines Erziehers an Elternabenden der GS (N=252)	0,4	1,2	36,1	62,3
Teilnahme einer GS-Lehrerin / eines GS-Lehrers an Elternabenden der Kita (N=255)	0,4	0,4	23,1	76,1
Besuche von Kita-Kindern in der GS (N=255)	2,0	4,7	87,8	5,5
Besuche von GS-Kindern in der Kita (N=253)	3,2	3,2	27,7	66,0

gemeinsam gestaltete Aktionen, Feste oder Projekte (N=256)	1,6	2,0	24,6	71,9
gemeinsame Zusammenarbeit mit Eltern (N=253)	1,2	2,8	45,5	50,6
gemeinsame Gestaltung von Themenabenden für Eltern (N=255)	0,8	0,4	45,5	53,3
gemeinsame Beratungsgespräche mit Eltern (N=251)	1,2	2,0	30,3	66,5
gemeinsame Informationsveranstaltung für Eltern der Vierjährigen (N=258)	1,2	0,0	84,5	14,3
gemeinsame Übergabe der Bildungsdokumentation an die Eltern (N=259)	0,8	0,0	13,9	85,3
Durchführung gemeinsamer Einschulungskonferenzen (N=258)	0,4	0,0	10,9	88,8
Durchführung gemeinsamer Fortbildungen (N=258)	0,4	0,8	19,0	79,8
Austausch von Lern- oder Arbeitsmaterialien (N=256)	0,4	4,3	32,0	63,3
Austausch über die Art der Weiterführung der Sprachförderung in der GS (N=259)	0,4	0,8	27,8	71,0

Tab. 52: Angaben der Leitungen (L) von Kindertageseinrichtungen (Kita) zur Häufigkeit interinstitutionell praktizierter Kooperationsformen, in Prozent

Kita PF	Zwischen unserer Einrichtung und der kooperierenden Bezugseinrichtung gab / gibt es folgende Formen der Kooperation:			
	monatlich	3- bis 4- mal im Jahr	1- bis 2- mal im Jahr	nie
gemeinsame Reflexion der Qualität unserer pädagogischen Arbeit (N=366)	1,2	10,4	39,0	49,4
Durchführung gemeinsamer Konferenzen (N=333)	0,9	6,9	25,8	66,4
gemeinsame Absprachen über Sprachförderkonzepte vor der Einschulung (N=335)	0,9	3,9	37,9	57,3
Austausch über das Bildungsverständnis und über Bildungskonzepte (N=331)	0,6	5,1	42,0	52,3
Besuche einer Erzieherin / eines Erziehers in der GS zur Beobachtung der dortigen Erziehungs- und Bildungsarbeit (N=337)	0,0	2,7	34,4	62,9
Besuche einer Erzieherin / eines Erziehers in der GS zur Beobachtung ehemaliger Kita-Kinder (N=336)	0,0	1,8	33,6	64,6
Besuche einer GS-Lehrerin / eines GS-Lehrers in der Kita zur Beobachtung der dortigen Erziehungs- und Bildungsarbeit (N=338)	0,0	3,0	23,4	73,7

	monatlich	3- bis 4- mal im Jahr	1- bis 2- mal im Jahr	nie
Besuche einer GS-Lehrerin / eines GS-Lehrers in der Kita zur Beobachtung zukünftiger Schulkinder (N=339)	0,0	2,9	44,0	53,1
Teilnahme einer Erzieherin / eines Erziehers an Elternabenden der GS (N=337)	0,3	0,9	32,6	66,2
Teilnahme einer GS-Lehrerin / eines GS-Lehrers an Elternabenden der Kita (N=334)	0,3	0,6	19,2	79,9
Besuche von Kita-Kindern in der GS (N=340)	1,8	4,4	88,5	5,3
Besuche von GS-Kindern in der Kita (N=337)	1,5	5,6	26,4	66,5
gemeinsam gestaltete Projekte (N=339)	1,5	1,2	18,9	77,6
gemeinsam gestaltete Feste (N=339)	0,0	1,2	15,3	83,5
gemeinsame Zusammenarbeit mit Eltern (N=336)	1,5	4,8	44,9	48,8
gemeinsame Gestaltung von Themenabenden für Eltern (N=342)	0,0	2,0	37,7	60,2
gemeinsame Beratungsgespräche mit Eltern (N=336)	0,3	2,1	25,6	72,0
gemeinsame Informationsveranstaltung für Eltern der Vierjährigen (N=340)	0,3	0,3	69,7	29,7
gemeinsame Übergabe der Bildungsdokumentation an die Eltern (N=339)	0,0	0,6	12,1	87,3
Durchführung gemeinsamer Einschulungskonferenzen (N=338)	0,0	0,0	12,4	87,6
Durchführung gemeinsamer Fortbildungen (N=341)	0,0	1,5	18,8	79,8
Austausch von Lern- oder Arbeitsmaterialien (N=336)	0,0	3,3	27,7	69,0
Austausch über die Art der Weiterführung der Sprachförderung in der GS (N=337)	0,0	2,1	25,5	72,4

Tab. 53: Angaben der pädagogischen Fachkräfte (PF) aus Kindertageseinrichtungen (Kita) zur Häufigkeit interinstitutionell praktizierter Kooperationsformen, in Prozent

GS L	Zwischen unserer Einrichtung und der kooperierenden Bezugseinrichtung gab / gibt es folgende Formen der Kooperation:			
	monatlich	3- bis 4- mal im Jahr	1- bis 2- mal im Jahr	nie
gemeinsame Reflexion der Qualität unserer pädagogischen Arbeit (N=121)	0,0	24,8	50,4	24,8
Durchführung gemeinsamer Konferenzen (N=123)	0,0	6,5	38,2	55,3
gemeinsame Absprachen über Sprachförderkonzepte vor der Einschulung (N=121)	0,0	9,1	43,8	47,1

162

Austausch über das Bildungsverständnis und über Bildungskonzepte (N=121)	0,0	13,2	61,2	25,6
Besuche einer Erzieherin / eines Erziehers in der GS zur Beobachtung der dortigen Erziehungs- und Bildungsarbeit (N=120)	0,8	4,2	57,5	37,5
Besuche einer Erzieherin / eines Erziehers in der GS zur Beobachtung ehemaliger Kita-Kinder (N=122)	1,6	0,8	50,8	46,7
Besuche einer GS-Lehrerin / eines GS-Lehrers in der Kita zur Beobachtung der dortigen Erziehungs- und Bildungsarbeit (N=122)	1,6	5,7	61,5	31,1
Besuche einer GS-Lehrerin / eines GS-Lehrers in der Kita zur Beobachtung zukünftiger Schulkinder (N=122)	1,6	11,5	71,3	15,6
Teilnahme einer Erzieherin / eines Erziehers an Elternabenden der GS (N=123)	0,0	0,0	27,6	72,4
Teilnahme einer GS-Lehrerin / eines GS-Lehrers an Elternabenden der Kita (N=123)	0,0	0,0	38,2	61,8
Besuche von Kita-Kindern in der GS (N=122)	4,1	8,2	86,9	0,8
Besuche von GS-Kindern in der Kita (N=123)	1,6	4,1	23,6	70,7
gemeinsam gestaltete Aktionen, Feste oder Projekte (N=122)	0,8	4,1	40,2	54,9
gemeinsame Zusammenarbeit mit Eltern (N=123)	0,8	6,5	46,3	46,3
gemeinsame Gestaltung von Themenabenden für Eltern (N=124)	0,0	2,4	55,6	41,9
gemeinsame Beratungsgespräche mit Eltern (N=124)	0,8	7,3	42,7	49,2
gemeinsame Informationsveranstaltung für Eltern der Vierjährigen (N=124)	0,0	0,0	91,1	8,9
gemeinsame Übergabe der Bildungsdokumentation an die Eltern (N=125)	0,0	0,8	11,2	88,0
Durchführung gemeinsamer Einschulungskonferenzen (N=125)	0,0	0,0	26,4	73,6
Durchführung gemeinsamer Fortbildungen (N=125)	0,0	1,6	26,4	72,0
Austausch von Lern- oder Arbeitsmaterialien (N=121)	0,8	4,1	33,1	62,0
Austausch über die Art der Weiterführung der Sprachförderung in der GS (N=124)	0,0	6,5	50,8	42,7

Tab. 54: Angaben der Leitungen (L) von Grundschulen (GS) zur Häufigkeit interinstitutionell praktizierter Kooperationsformen, in Prozent

GS PF	Zwischen unserer Einrichtung und der kooperierenden Bezugseinrichtung gab / gibt es folgende Formen der Kooperation:			
	monatlich	3- bis 4- mal im Jahr	1- bis 2- mal im Jahr	nie
gemeinsame Reflexion der Qualität unserer pädagogischen Arbeit (N=165)	0,0	18,2	41,2	40,6
Durchführung gemeinsamer Konferenzen (N=168)	0,0	8,3	30,4	61,3
gemeinsame Absprachen über Sprachförderkonzepte vor der Einschulung (N=160)	0,0	5,6	51,9	42,5
Austausch über das Bildungsverständnis und über Bildungskonzepte (N=160)	0,0	7,5	48,1	44,4
Besuche einer Erzieherin / eines Erziehers in der GS zur Beobachtung der dortigen Erziehungs- und Bildungsarbeit (N=166)	0,6	3,0	56,6	39,8
Besuche einer Erzieherin / eines Erziehers in der GS zur Beobachtung ehemaliger Kita-Kinder (N=167)	0,6	0,0	43,7	55,7
Besuche einer GS-Lehrerin / eines GS-Lehrers in der Kita zur Beobachtung der dortigen Erziehungs- und Bildungsarbeit (N=169)	0,0	4,1	51,5	44,4
Besuche einer GS-Lehrerin / eines GS-Lehrers in der Kita zur Beobachtung zukünftiger Schulkinder (N=164)	0,6	4,9	64,6	29,9
Teilnahme einer Erzieherin / eines Erziehers an Elternabenden der GS (N=165)	0,0	0,0	18,2	81,8
Teilnahme einer GS-Lehrerin / eines GS-Lehrers an Elternabenden der Kita (N=161)	0,0	0,6	24,2	75,2
Besuche von Kita-Kindern in der GS (N=169)	4,1	4,1	89,9	1,8
Besuche von GS-Kindern in der Kita (N=166)	3,0	1,2	18,1	77,7
gemeinsam gestaltete Projekte (N=168)	1,8	1,2	23,2	73,8
gemeinsam gestaltete Feste (N=165)	0,0	1,8	24,8	73,3
gemeinsame Zusammenarbeit mit Eltern (N=165)	1,2	3,0	40,6	55,2
gemeinsame Gestaltung von Themenabenden für Eltern (N=168)	0,0	0,6	43,5	56,0
gemeinsame Beratungsgespräche mit Eltern (N=160)	0,0	2,5	36,3	61,3
gemeinsame Informationsveranstaltung für Eltern der Vierjährigen (N=163)	0,0	0,0	81,6	18,4
gemeinsame Übergabe der Bildungsdokumentation an die Eltern (N=159)	0,0	0,0	14,5	85,5

Durchführung gemeinsamer Einschulungskonferenzen (N=163)	0,0	0,0	20,9	79,1
Durchführung gemeinsamer Fortbildungen (N=165)	0,0	1,2	35,2	63,6
Austausch von Lern- oder Arbeitsmaterialien (N=167)	0,0	1,8	32,3	65,9
Austausch über die Art der Weiterführung der Sprachförderung in der GS (N=165)	0,6	3,0	49,1	47,3

Tab. 55: Angaben der Lehrkräfte (L) an Grundschulen (GS) zur Häufigkeit interinstitutionell praktizierter Kooperationsformen, in Prozent

▶ **Verbindlichkeit**

Die dokumentarischen Indikatoren für Verbindlichkeit in der Kooperationspraxis von Kindertageseinrichtungen und Grundschule, schriftliche Absprachen und Kooperationsverträge, sind selten. Die Leitungen geben das Vorhandensein dieser schriftlichen Dokumente öfter an als die Fach- beziehungsweise Lehrkräfte der jeweiligen Einrichtungen.

Absprachen und Verträge zwischen den Bezugseinrichtungen werden dennoch in der großen Mehrheit der Institutionen eingehalten. Eltern halten ihre Terminabsprachen anscheinend im Bereich der Kindertageseinrichtungen noch häufiger ein als im Grundschulbereich.

	Kita L	Kita PF	GS L	GS PF
schriftliche Absprachen	31,5* (N=270)	25,5* (N=345)	23,3* (N=129)	19,5* (N=169)
Kooperationsverträge	15,0* (N=267)	9,6* (N=342)	12,5* (N=128)	5,9* (N=169)
Einhalten von Absprachen und Verträgen	68,9* (N=267)	60,2* (N=342)	71,4* (N=126)	63,5* (N=167)
Einhaltung von Terminabsprachen durch Eltern	91,1* (N=269)	85,7* (N=349)	69,0* (N=134)	69,6* (N=1168)

Tab. 56: Angaben von Leitungen (L) und pädagogischen Fach- beziehungsweise Lehrkräften (PF) aus Kindertageseinrichtungen und Grundschule zu ausgewählten Aspekten von Verbindlichkeit in der Kooperationslandschaft von Kindertageseinrichtungen (Kita) und Grundschule (GS) im Kontext von Delfin 4, in Prozent

* Der Prozentwert entspricht dem Ergebnis für die Antwort „ja" auf einer dreigliedrigen Skala („ja", „nein", „weiß nicht"). Bei der Ermittlung des Prozentwertes sind auch diejenigen Fälle berücksichtigt, die keine Kenntnisse über das abgefragte Merkmal haben. Die jeweils komplementären restlichen Anteile setzen sich folglich aus den Ergebnissen für die Antworten „nein" und „weiß nicht" zusammen.

Die Eltern geben in 96 % (N=434) der Fälle an, dass es entweder ganz oder teilweise zutrifft, dass sie Terminabsprachen eingehalten haben.

3.2.3 Ergebnisse im Klimafeld

In diesem Unterkapitel werden die Daten über die Kooperation zwischen Kindertageseinrichtungen und Grundschule auf den drei Ebenen Motivation, Kommunikation und Vertrauen betrachtet und analysiert. Die Ebenen sind durch die Anzahl der Bereiche hoch differenziert, um den Themenkomplex des Kooperationsklimas mit seinen vielfältigen sozioemotionalen Faktoren einigermaßen angemessen evaluieren zu können.

3.2.3.1 Befunde zum Aspekt der Motivation

Auf der Ebene der Motivation werden die Aspekte der Kooperation in der Praxis und deren Elemente meist aus der Motivationsperspektive betrachtet und auf der Grundlage der Daten, die der eingesetzte Fragebogen – wenn auch teilweise nur in begrenztem Umfang – zu liefern vermag, ausgewertet.

► **Freude**

Die Leitungen der Kindertageseinrichtungen empfinden in ihrer Mehrheit ihre Träger und Fachberatungen als aufgeschlossen gegenüber Neuerungen und Veränderungen. Auf der dreigliedrigen Antwortskala mit den Alternativen „ja", „nein" und „weiß nicht" kreuzten die Leitungen in Bezug auf die Fachberatungen in 66,9 % der Fälle (N=254) die Antwort „ja" an, in Bezug auf die Träger in 64,1 % der Fälle (N=248). Die Leitungen der Grundschulen sahen diese Aufgeschlossenheit in Bezug auf die Schulämter in 54,4 % der Fälle (N=125) als gegeben an. Auch innerhalb der Einrichtungen besteht bei den Akteur/inn/en zum größten Teil Innovationsfreude.

	Kita PF	GS PF
Aufgeschlossenheit der Leitung gegenüber Neuerungen	**81,1*** (N=164)	**90,6*** (N=340)
Aufgeschlossenheit des Teams / Kollegiums gegenüber Neuerungen	**56,4*** (N=163)	**84,8*** (N=342)

Tab. 57: Angaben der pädagogischen Fach- beziehungsweise Lehrkräfte (PF) aus Kindertageseinrichtungen (Kita) und Grundschulen (GS) zur Innovationsfreude in den Institutionen, in Prozent

* Der Prozentwert entspricht dem Ergebnis für die Antwort „ja" auf einer dreigliedrigen Skala („ja", „nein", „weiß nicht"). Bei der Ermittlung des Prozentwertes sind auch diejenigen Fälle berücksichtigt, die keine Kenntnisse über das abgefragte Merkmal haben. Die jeweils komplementären restlichen Anteile setzen sich folglich aus den Ergebnissen für die Antworten „nein" und „weiß nicht" zusammen.

In Bezug auf das Klima der interinstitutionellen Kooperation zwischen den beiden Bildungsbereichen zeichnen die verschiedenen Gruppen von Akteur/inn/en in ihren Angaben ebenfalls ein Bild überwiegender Innovationsfreude.

	Kita L	Kita PF	GS L	GS PF
Die meisten Partner/innen aus Kita und GS sind im Rahmen der Kooperation aufgeschlossen für Veränderungen	**51,4*** (N=276)	**50,7*** (N=349)	**63,4*** (N=131)	**47,1*** (N=172)

Tab. 58: Angaben der Leitungen (L) und pädagogischen Fach- beziehungsweise Lehrkräfte (PF) aus Kindertageseinrichtungen (Kita) und Grundschulen (GS) zur Innovationsfreude im Rahmen der interinstitutionellen Kooperation, in Prozent

* Der Prozentwert entspricht dem Ergebnis für die Antwort „ja" auf einer dreigliedrigen Skala („ja", „nein", „weiß nicht"). Bei der Ermittlung des Prozentwertes sind auch diejenigen Fälle berücksichtigt, die keine Kenntnisse über das abgefragte Merkmal haben. Die jeweils komplementären restlichen Anteile setzen sich folglich aus den Ergebnissen für die Antworten „nein" und „weiß nicht" zusammen.

Nach Angaben aller Akteur/inn/e/n zeigen die an der Kooperation Beteiligten in ihrer großen Mehrheit Engagement. Dabei wird das Engagement und die Übernahme von Aufgaben seitens der Angehörigen der jeweils eigenen Einrichtung tendenziell höher eingeschätzt.

	Kita L	Kita PF	GS L	GS PF
Engagement der Kita-Fachkraft	**83,6*** (N=269)	**81,3*** (N=348)	**76,9*** (N=130)	**79,3*** (N=169)
Engagement der GS-Lehrkraft	**77,8*** (N=270)	**71,5*** (N=347)	**88,5*** (N=130)	**91,6*** (N=167)

Tab. 59: Angaben von Leitungen (L) und pädagogischen Fach- beziehungsweise Lehrkräften (PF) aus Kindertageseinrichtungen (Kita) und Grundschule (GS) zum Engagement im Kontext von Delfin 4 als Indikator für die Freude an der interinstitutionellen Kooperation, in Prozent

* Der Prozentwert entspricht dem Ergebnis für die Antwort „ja" auf einer dreigliedrigen Skala („ja", „nein", „weiß nicht"). Bei der Ermittlung des Prozentwertes sind auch diejenigen Fälle berücksichtigt, die keine Kenntnisse über das abgefragte Merkmal haben. Die jeweils komplementären restlichen Anteile setzen sich folglich aus den Ergebnissen für die Antworten „nein" und „weiß nicht" zusammen.

Speziell für die Mitwirkung am Sprachstandsfeststellungsverfahren Delfin 4 haben die meisten Leitungen und pädagogischen Fach- beziehungsweise Lehrkräfte, die Delfin 4 durchgeführt haben, auf der viergliedrigen Ordinalskala mit den Antwortalternativen „trifft völlig zu", „trifft eher zu", „trifft eher nicht zu" und „trifft gar nicht zu" auch als einen Motivationsfaktor für ihre Mitarbeit angegeben, dass sich bei der Zusammenarbeit Gelegenheiten zum persönlichen Austausch mit den Kooperationspartner/inne/n ergeben (Leitungen Kindertageseinrichtungen / Grundschule: 87,7 % (N=122) / 92,9 % (N=42); Fachkräfte Kindertageseinrichtungen / Grundschule: 75,3 % (N=336) / 76,2 % (N=168); jeweils kumulierte Werte aus den Ergebnissen für die Antworten „trifft völlig zu" und „trifft eher zu").

Der Freude an der Kooperation steht das Gefühl der Belastung gegenüber, das die Freude einzuschränken vermag. Dabei empfinden die Leitungen und Pädagog/inn/en aus dem Grundschulbereich die Zusammenarbeit mit der Bezugseinrichtung viel häufiger als hohe Arbeitsbelastung als die Vertreter/innen des Elementarbereichs. Die Einrichtungen üben jedoch nur selten einen gegenseitigen Erwartungsdruck aufeinander aus. Interessant ist der Befund, dass die Leitungen viel häufiger davon ausgehen, dass von ihnen Druck auf ihre Mitarbeiter/innen ausgeübt wird, als die pädagogischen Fach- beziehungsweise Lehrkräfte selbst.

	Kita L	Kita PF	GS L	GS PF
Ich empfinde die Zusammenarbeit als hohe Arbeitsbelastung.	**24,1*** (N=257)	**23,0*** (N=331)	**47,9*** (N=121)	**39,4*** (N=175)
Ich verspüre einen großen Leistungsdruck seitens der kooperierenden Bezugseinrichtung.	**16,6*** (N=271)	**7,2*** (N=348)	**14,6*** (N=130)	**14,6*** (N=171)
Fach- / Lehrkräfte verspüren einen Leistungsdruck seitens der Leitungen.	**28,8*** (N=264)	**8,8*** (N=351)	**22,3*** (N=121)	**8,7*** (N=172)

Tab. 60: Angaben von Leitungen (L) und pädagogischen Fach- beziehungsweise Lehrkräften (PF) aus Kindertageseinrichtungen (Kita) und Grundschule (GS) über die empfundene Arbeitsbelastung im Kontext von Delfin 4 als Indikator für die Freude an der interinstitutionellen Kooperation, in Prozent

* Die Prozentangabe ist ein kumulierter Wert aus den Ergebnissen für die Antworten „trifft völlig zu" und „trifft eher zu". Die viergliedrige Skala enthielt als Alternativen die Optionen „trifft eher nicht zu" und „trifft gar nicht zu".

Eltern arbeiten gerne mit der Kindertageseinrichtung zusammen, wenn es um Aktionen, Feste oder Projekte geht. Dass dies ganz oder teilweise zutrifft, gaben die Eltern in 91,5 % der Fälle an (trifft völlig zu: 64,8 %; trifft eher zu: 26,7 %; N=449).

▶ **Interesse**

Die befragten Akteur/inn/e/n gaben zum ganz überwiegenden Teil an, dass sie am Sprachstandsfeststellungsverfahren Delfin 4 mitgewirkt haben, weil sie sich sowohl für die Kooperation mit der Partnereinrichtung interessieren als auch für das Verfahren Delfin 4 selbst.

Ich habe bei dem Test mitgewirkt,	Kita L	Kita PF	GS L	GS PF
weil ich mich für die Kooperation mit der Bezugseinrichtung interessiere.	**94,2*** (N=121)	**85,3*** (N=334)	**92,9*** (N=42)	**88,5*** (N=165)
weil ich mich für Delfin 4 interessiere.	**80,2*** (N=120)	**85,8*** (N=331)	**75,6*** (N=41)	**77,2*** (N=167)

Tab. 61: Angaben von Leitungen (L) und pädagogischen Fach- beziehungsweise Lehrkräften (PF) aus Kindertageseinrichtungen (Kita) und Grundschulen (GS), die Delfin 4 durchgeführt haben, zu ihren Motiven für die Mitwirkung am Testverfahren Delfin 4, in Prozent

* Die Prozentangabe ist ein kumulierter Wert aus den Ergebnissen für die Antworten „trifft völlig zu" und „trifft eher zu". Die viergliedrige Skala enthielt als Alternativen die Optionen „trifft eher nicht zu" und „trifft gar nicht zu".

Durch ein Interesse der Fachberatungen an der Gestaltung des Übergangs fühlten sich 66,9 % der Leitungen von Kindertageseinrichtungen unterstützt (N=260; 25,2 % sahen diese Form der Unterstützung als nicht gegeben, 8,8 % verfügten nicht über genug Informationen, um dieses Item zu beantworten), durch ein Interesse der Träger 57,4 % (N=249; 31,7 % sahen diese Form der Unterstützung als nicht gegeben, 10,8 % verfügten nicht über genug Informationen, um dieses Item zu beantworten). Im Grundschulbereich gaben 68,5 % der Leitungen an, dass es ein Interesse der Schulämter an der Gestaltung des Übergangs von der Kindertageseinrichtung zur Grundschule gibt (N=124; 16,1 % sahen diese Form der Unterstützung als nicht gegeben, 15,3 % verfügten nicht über genug Informationen, um dieses Item zu beantworten).

Wird das Interesse an der Gestaltung des Übergangs vonseiten der Leitung und des Teams beziehungsweise Kollegiums von den pädagogischen Fach- beziehungsweise Lehrkräften auch als Unterstützung ihrer Arbeit betrachtet, so fühlten sich diese mehrheitlich durch das Interesse ihres Arbeitsumfeldes von beiden Instanzen unterstützt. Die Angaben hierzu wurden auf einer dreigliedrigen Antwortskala (mit den Antwortalternativen „ja", „nein", „weiß nicht") angegeben. Mit „ja" bestätigten die Fachkräfte aus den Kindertageseinrichtungen das Interesse ihrer jeweiligen Leitung zu 89,9 % (N=347) und das Interesse des Teams zu 85,1 % (N=342). In den Grundschulen interessierten sich nach Angaben der Lehrkräfte 84,1 % (N=164) der Leitungen und 71,7 % (N=166) der Kollegien für die Gestaltung des Übergangs. Darüber hinaus gaben die Fach- und Lehrkräfte auf der gleichen Antwortskala durch das Ankreuzen der Alternative „ja" an, dass sich 81,6 % (N=342) der Leitungen im Bereich der Kindertageseinrichtungen und 65,6 % (N=154) der Grundschulleitungen für die Arbeit in den einzelnen Gruppen beziehungsweise Klassen interessieren.

Auch die hohen Werte bezüglich der aktiven Beteiligung an Diskussionen als Indikator für das Interesse der verschiedenen Gruppen von Akteur/inn/en zeigen an, dass die Akteur/inn/e/n in ihrer großen Mehrheit kommunikationsfreudig kooperieren.

Im Kontext von Delfin 4	Kita L	Kita PF	GS L	GS PF
beteiligten sich bei den Gesprächen zwischen Erzieher/inne/n und Lehrer/inne/n die meisten Anwesenden aktiv an der Diskussion.	**83,3*** (N=270)	**82,2*** (N=338)	**94,5*** (N=127)	**90,4*** (N=167)

Tab. 62: Angaben von Leitungen (L) und pädagogischen Fach- beziehungsweise Lehrkräften (PF) aus Kindertageseinrichtungen (Kita) und Grundschulen (GS), die Delfin 4 durchgeführt haben, zur aktiven Beteiligung der Akteur/inn/e/n an Diskussionen im Kontext von Delfin 4 als Indikator ihres Interesses, in Prozent

* Die Prozentangabe ist ein kumulierter Wert aus den Ergebnissen für die Antworten „trifft völlig zu" und „trifft eher zu". Die viergliedrige Skala enthielt als Alternativen die Optionen „trifft eher nicht zu" und „trifft gar nicht zu".

► **Relevanz**

Bei allen Gruppen von Akteur/inn/en ist festzustellen, dass der Kooperation zwischen Kindertageseinrichtung und Grundschule hinsichtlich der abgefragten Aspekte von fast allen leitenden und nicht leitenden Pädagog/inn/en große Bedeutung zugeschrieben wird. Die Tendenzen bezüglich dieser Einschätzung in den verschiedenen Gruppen sind ähnlich, während der Nutzen der Kooperation für die eigene Qualifikation seltener Bestätigung findet. Die Bedeutung der Kooperation wird folglich von einer sehr breiten bis nahezu vollständigen Mehrheit gesehen.

Die Kommunikation mit den Eltern über die sprachliche Entwicklung ihres Kindes wird ebenfalls von fast allen Akteur/inn/en aller Gruppen als wichtig eingeschätzt.

	Kita L	Kita PF	GS L	GS PF
Ich finde es wichtig, dass Kita und GS in Bezug auf den Übergang kooperieren.	**95,9*** (N=121)	**96,8*** (N=339)	**95,2*** (N=42)	**94,7*** (N=170)
Ich bin der Auffassung, dass die gemeinsame Gestaltung des Übergangs für Kinder wichtig ist.	**98,0*** (N=246)	**98,8*** (N=326)	**97,5*** (N=120)	**97,1*** (N=174)
Ich finde es wichtig, dass Kita und GS in Bezug auf die Sprachstandsdiagnose kooperieren.	**95,9*** (N=121)	**93,4*** (N=335)	**97,6*** (N= 42)	**91,2*** (N=170)
Ich finde es wichtig, dass Kita und GS in Bezug auf die Sprachförderung kooperieren.	**96,7*** (N=122)	**92,3*** (N=338)	**95,2*** (N= 42)	**92,9*** (N=170)
Die Kooperation zwischen den verschiedenen Berufsgruppen steigert die Qualität meiner Arbeit.	**84,4*** (N=122)	**81,3*** (N=332)	**83,3*** (N= 42)	**81,1*** (N=169)
Die Kooperation eröffnet mir Möglichkeiten, mich selbst fachlich weiterzuqualifizieren.	**68,0*** (N=122)	**74,3*** (N=335)	**59,5*** (N= 42)	**69,0*** (N=168)
Ich bin der Auffassung, dass eine Kommunikation mit Eltern über die sprachliche Entwicklung ihres Kindes wichtig ist.	**98,4*** (N=243)	**99,7*** (N=329)	**100,0*** (N=121)	**98,9*** (N=175)

Tab. 63: Angaben von Leitungen (L) und pädagogischen Fach- beziehungsweise Lehrkräften (PF) aus Kindertageseinrichtungen (Kita) und Grundschulen (GS), die Delfin 4 durchgeführt haben, zu den Motiven für ihre Mitwirkung am Testverfahren Delfin 4, in Prozent

* Die Prozentangabe ist ein kumulierter Wert aus den Ergebnissen für die Antworten „trifft völlig zu" und „trifft eher zu". Die viergliedrige Skala enthielt als Alternativen die Optionen „trifft eher nicht zu" und „trifft gar nicht zu".

Auch die Eltern halten die Zusammenarbeit der beiden Berufsgruppen in ihrer großen Mehrheit für wichtig, und fast alle Eltern arbeiten gern mit der Kindertageseinrichtung zusammen, wenn es um die Förderung ihres Kindes geht.

	ELT
Für die sprachliche Förderung meines Kindes halte ich es für sinnvoll, dass Erzieher/innen und Grundschullehrer/innen Delfin 4 gemeinsam durchführen.	**81,6*** (N=441)
Ich arbeite gern mit der Erzieherin beziehungsweise dem Erzieher zusammen, wenn es um die Förderung meines Kindes geht.	**99,3**** (N=444)

Tab. 64: Angaben der Eltern (ELT) zu Relevanzindikatoren in Bezug auf Delfin 4 und die Zusammenarbeit mit der Kindertageseinrichtung, in Prozent

* Die Prozentangabe ist ein kumulierter Wert aus den Ergebnissen für die Antworten „trifft völlig zu" und „trifft eher zu". Die fünfgliedrige Skala enthielt als Alternativen die Optionen „trifft eher nicht zu" und „trifft gar nicht zu" sowie die Antwortmöglichkeit „weiß nicht".

** Die Prozentangabe ist ein kumulierter Wert aus den Ergebnissen für die Antworten „trifft völlig zu" und „trifft eher zu". Die viergliedrige Skala enthielt als Alternativen die Optionen „trifft eher nicht zu" und „trifft gar nicht zu".

▶ **Qualifikation und Erfahrung**

Die große Mehrheit der Leitungen beider Institutionen verfügt über Erfahrungen mit der Kooperation mit einer Bezugseinrichtung auch schon vor der Einführung von Delfin 4. Bei den Fach- und Lehrkräften ist es etwa die Hälfte der Pädagog/inn/en, die zuvor schon interinstitutionell kooperiert hat. Die Mehrheit in allen befragten Gruppen von Akteur/inn/en verfügt über fachliche Qualifikationen für die Kooperation im Zusammenhang mit der Sprachstandsdiagnose und fühlt sich darüber hinaus auch in einer noch größeren Mehrheit qualifiziert, diese durchzuführen. Die in der folgenden Tabelle aufgeführten Items wurden als Motiv für die Mitwirkung an Delfin 4 angegeben.

	Kita L	Kita PF	GS L	GS PF
Ich habe schon früher mit einer Kita / GS kooperiert.	**84,4*** (N=122)	**53,1*** (N=337)	**85,7*** (N= 42)	**47,0*** (N=168)
Ich verfüge über fachliche Qualifikationen für die Kooperation im Zusammenhang mit der Sprachstandsdiagnose.	**75,6*** (N=119)	**55,2*** (N=328)	**61,9*** (N= 42)	**54,2*** (N=168)
Ich fühle mich qualifiziert, eine gemeinsame Sprachstandsdiagnostik durchzuführen.	**84,4*** (N=250)	**79,0*** (N=333)	**82,1*** (N=123)	**86,2*** (N=174)

Tab. 65: Angaben von Leitungen (L) und pädagogischen Fach- beziehungsweise Lehrkräften (PF) aus Kindertageseinrichtungen (Kita) und Grundschulen (GS), die Delfin 4 durchgeführt haben, zu ihrer Qualifikation und Kooperationserfahrung, in Prozent

* Die Prozentangabe ist ein kumulierter Wert aus den Ergebnissen für die Antworten „trifft völlig zu" und „trifft eher zu". Die viergliedrige Skala enthielt als Alternativen die Optionen „trifft eher nicht zu" und „trifft gar nicht zu".

In ihrer großen Mehrheit hatten die Akteur/inn/e/n, die Delfin 4 in Stufe 1 im Jahr 2008 durchgeführt haben, auch Erfahrungen mit der Stufe 1 im Jahr 2007. Die hohen Prozentanteile derjenigen, die Delfin 4 in Stufe 1 im Jahr 2008 immer oder oft durchgeführt haben, lassen darauf schließen, dass die Tester/innen als Spezialist/inn/en tätig waren.

	Kita L	Kita PF	GS L	GS PF
Erfahrung mit Stufe 1 in den Jahren 2007 <u>und</u> 2008 (und ggf. auch mit Stufe 2 in den Jahren 2007 und/oder 2008)	**87,4** (N=127)	**70,3** (N=347)	**86,4** (N=44)	**64,5** (N=178)
Ich habe in der Testphase 2008 Kinder immer oder oft mit Delfin 4 in Stufe 1 getestet.	**82,2*** (N=118)	**76,6*** (N=325)	**68,4*** (N=38)	**77,3*** (N=178)

Tab. 66: Angaben der Leitungen (L) der Bildungseinrichtungen, die Delfin 4 durchgeführt haben, und der pädagogischen Fach- beziehungsweise Lehrkräfte (PF) aus Kindertageseinrichtungen (Kita) und Grundschule (GS) zum Umfang ihrer Erfahrungen mit Delfin 4, in Prozent

Die 118 Angaben der Leitungen von Kindertageseinrichtungen, die Delfin 4 in der Testphase 2008 auf der Stufe 1 selbst durchgeführt haben, geben Aufschluss darüber, dass diese Leiter/innen in Stufe 1 im Durchschnitt 9,39 Kinder bei einem Modalwert von 8 und einem Maximum von 31 Kindern getestet haben sowie in Stufe 2 durchschnittlich 1,16 Kinder. 308 pädagogische Fachkräfte aus dem Bereich der Kindertageseinrichtungen testeten in Stufe 1 im Jahr 2008 durchschnittlich 9,51 Kinder bei einem Modalwert von 8 und einem Maximum von 33 Kindern, in Stufe 2 durchschnittlich 1,75 Kinder. Die niedrigen Zahlenwerte für die Stufe 2 kommen zum einen dadurch zustande, dass die Testung in dieser Stufe in der alleinigen Verantwortung der Grundschule liegt, zum anderen dadurch, dass die Gesamtzahl der Kinder, die mit der Stufe 2 im zweistufigen Delfin-4-Verfahren getestet wurden, selbstverständlich viel niedriger liegt. Nicht unwahrscheinlich ist ferner, dass bei der Beantwortung dieser Frage die Anzahl der Kinder angegeben wurde, die mit Stufe 2 getestet wurden, und nicht die Anzahl der Testungen, die die Fachkraft in Stufe 2 selbst durchgeführt hat.

Die 44 Angaben der Schulleitungen, die Delfin 4 in der Testphase 2008 Stufe 1 selbst durchgeführt haben, zeigen, dass die Leitungen in Stufe 1 im Durchschnitt 15,34 Kinder bei einem Modalwert von 20 und einem Maximum von 56 Kindern getestet haben sowie in Stufe 2 durchschnittlich 5,57 Kinder. 156 Lehrkräfte testeten in Stufe 1 im Jahr 2008 durchschnittlich 19,51 Kinder bei einem Modalwert von 8 und einem Maximum von 85 Kindern, in Stufe 2 durchschnittlich 10,66 Kinder.

Die Grundschullehrkräfte konnten im Kontext von Delfin 4 im Durchschnitt bei 1,98 Kindertageseinrichtungen Erfahrungen sammeln und waren in bis zu sieben Kindertageseinrichtungen zum Testen vor Ort.

Im Durchschnitt wurden die Kinder der befragten Eltern mit 3,49 Jahren in die Kindertageseinrichtung aufgenommen (N=452). Aus den Antworten von 453 Eltern geht hervor, dass diese im Durchschnitt 1,26 Kinder aufziehen, die derzeit eine Kindertageseinrichtung besuchen, aus 364 Elternantworten, dass sie im Durchschnitt 0,94 Grundschulkinder zu ihrem Haushalt zählen. Nach Aussagen der Eltern (N=431) wurden im Durchschnitt 1,13 ihrer Kinder mit Delfin 4 getestet. 65,9 % der Kinder, die mit Delfin 4 getestet wurden, nahmen nach Angaben der Eltern (N=422) nur an der Stufe 1 teil.

▶   **Interdependenz und Reziprozität**

Über diese beiden wichtigen Größen lassen die Daten des Fragebogens nur wenige und sehr indirekte Aussagen zu.

Ein wichtiger Wert für das Vorhandensein einer gefühlten positiven Interdependenz ist die Meinung, dass die Arbeitsbeziehung zwischen den Partner/inne/n in der interinstitutionellen Dimension produktiv ist. In der intrainstitutionellen Dimension ist ein Indikator für das Aufeinander-angewiesen-Sein der Umstand, ob das primäre Motiv für die Kooperation war, dass kein/e andere/r Mitarbeiter/in diese Aufgabe übernehmen wollte.

In Bezug auf diese Indikatoren zeigen die Ergebnisse, dass die Aufgabe der Kooperation im Kontext von Delfin 4 nur in einer Minderheit der Fälle deswegen übernommen wurde, weil niemand sonst diese Aufgabe übernehmen wollte. Die Lehrkräfte im Grundschulbereich sind hiervon allerdings stärker als die anderen Gruppen von Akteur/inn/en betroffen.

Alle Gruppen von Akteur/inn/en empfinden die Zusammenarbeit mit ihrer Partnerin beziehungsweise ihrem Partner aus der Bezugseinrichtung in ihrer großen Mehrheit als produktiv, die Vertreter/innen aus dem Grundschulbereich jedoch häufiger als die Pädagog/inn/en aus dem Bereich der Kindertageseinrichtungen.

	Kita L	Kita PF	GS L	GS PF
Die Arbeitsbeziehung mit der Partnerin / dem Partner aus der Bezugseinrichtung ist produktiv.	**71,1*** (N=256)	**59,4*** (N=340)	**88,8*** (N=125)	**81,0*** (N=168)
Ich habe bei der Kooperation im Kontext von Delfin 4 mitgewirkt, da keine Kollegin / kein Kollege diese Aufgabe übernehmen wollte.	**11,8*** (N=119)	**11,6*** (N=335)	**15,0*** (N=40)	**27,1*** (N=166)

Tab. 67: Angaben der Leitungen (L) und der pädagogischen Fach- beziehungsweise Lehrkräfte (PF) aus Kindertageseinrichtungen und Grundschule zu Aspekten der Interdependenz im Kooperationsfeld zwischen Kindertageseinrichtung (Kita) und Grundschule (GS), in Prozent

* Die Prozentangabe ist ein kumulierter Wert aus den Ergebnissen für die Antworten „trifft völlig zu" und „trifft eher zu". Die viergliedrige Skala enthielt als Alternativen die Optionen „trifft eher nicht zu" und „trifft gar nicht zu".

Motivationale Unterstützung erfuhren die Leitungen der Kindertageseinrichtungen durch ihre Träger in 33,1 % (N=248) und durch die Fachberatungen in 43,7 % der Fälle (N=254). Sie selbst ließen ihren pädagogischen Fachkräften nach eigenen Angaben in 69,8 % der Fälle (N=258) eine solche Unterstützung zukommen. In der Grundschule boten die Leitungen nach eigenen Angaben den Lehrkräften in 67,2 % der Fälle (N=128) motivationale Unterstützung, die sie selbst vom Schulamt in 38,2 % der Fälle (N=123) erhielten. (Die in diesem Absatz aufgeführten Zahlen beruhen auf der im Fragebogen verwendeten dreigliedrigen Antwortskala mit den Antwortalternativen „ja", „nein" und „weiß nicht".)

► **Partizipation**

Der Befund zeigt, dass nach Ansicht aller Gruppen von Akteur/inn/en in der großen Mehrheit der Institutionen kollegiale Mitbestimmung von den Leitungen geschätzt wird. Fast überall gestalten die Pädagog/inn/en das Leben in der jeweiligen Einrichtung als Team beziehungsweise Kollegium intensiv mit. Der weitaus größte Teil der befragten Akteur/inn/en sieht auch ausreichende Möglichkeiten der Mitgestaltung von gemeinsamen Entscheidungen von Kindertageseinrichtung und Grundschule.

Etwas pessimistischer als die anderen Gruppen von Akteur/inn/en schätzen allerdings die Fachkräfte aus der Kindertageseinrichtung diese Möglichkeiten ein. Eine Möglichkeit zur Mitbestimmung bei der Zusammensetzung der kooperierenden Fachkräfte ist in der Mehrheit der Fälle nicht gegeben.

	Kita L	Kita PF	GS L	GS PF
Wertschätzung kollegialer Mitbestimmung seitens der Leiterin / des Leiters	87,1* (N=264)	85,8* (N=344)	83,5* (N=127)	73,9* (N=157)
Wertschätzung kollegialer Mitbestimmung seitens des Teams / Kollegiums	--	87,1* (N=341)	--	64,3* (N=157)
Mitbestimmung bei der Zusammensetzung der kooperierenden Fachkräfte	37,8* (N=267)	24,7* (N=344)	46,1* (N=128)	21,6* (N=167)
intensive Mitgestaltung des Lebens in der Institution durch das Team / Kollegium	95,7** (N=276)	98,6*** (N=345)	93,9** (N=131)	98,8*** (N=172)
ausreichende Möglichkeiten der Mitgestaltung gemeinsamer Entscheidungen von Kita und GS	76,8** (N=272)	56,3** (N=343)	92,2** (N=128)	84,1** (N=164)

Tab. 68: Angaben von Leitungen (L) und pädagogischen Fach- beziehungsweise Lehrkräften (PF) aus Kindertageseinrichtungen (Kita) und Grundschulen (GS), die Delfin 4 durchgeführt haben, zu Aspekten der Partizipation innerhalb ihrer Einrichtung und bei der Kooperation mit der Bezugseinrichtung, in Prozent

* Der Prozentwert entspricht dem Ergebnis für die Antwort „ja" auf einer dreigliedrigen Skala („ja", „nein", „weiß nicht"). Bei der Ermittlung des Prozentwertes sind auch diejenigen Fälle berücksichtigt, die keine Kenntnisse über das abgefragte Merkmal haben. Die jeweils komplementären restlichen Anteile setzen sich folglich aus den Ergebnissen für die Antworten „nein" und „weiß nicht" zusammen.

** Die Prozentangabe ist ein kumulierter Wert aus den Ergebnissen für die Antworten „trifft völlig zu" und „trifft eher zu". Die viergliedrige Skala enthielt als Alternativen die Optionen „trifft eher nicht zu" und „trifft gar nicht zu".

*** Die Prozentangabe ergibt sich aus einer sechsgliedrigen Häufigkeitsskala zur Quantifizierung der Ergebnisse. Die Ergebnisse für die fünf Antwortoptionen „jeden Tag", „jede Woche", „monatlich", „drei- bis viermal im Jahr" und „ein- bis zweimal im Jahr" wurden für die Feststellung der Existenz zusammengezählt. Die Antwortmöglichkeit „nie" weist das Nichtvorhandensein des Merkmals aus.

Nach Aussage der Fachkräfte aus den Kindertageseinrichtungen (N=346) sind die Leitungen ihrer Einrichtungen in 79,8 % der Fälle mit Engagement an der Gestaltung des Übergangs beteiligt. Ein diesbezügliches Engagement der Teams ist in 74,5 % der Kindertageseinrichtungen vorzufinden. Für den Grundschulbereich bestätigen die Lehrkräfte zu 70,7 % (N=164) das Engagement ihrer jeweiligen Leitung für die Gestaltung des Übergangs und zu 54,5 % (N=165) das diesbezügliche Engagement ihrer Kollegien. (Die in diesem Absatz aufgeführten Zahlen beruhen auf der im Fragebogen verwendeten dreigliedrigen Antwortskala mit den Antwortalternativen „ja", „nein" und „weiß nicht".)

Die Hälfte (50,1 %) der befragten Eltern (N=433) gab an, dass es entweder ganz oder teilweise zutrifft, dass sie von der Zusammenarbeit der Kindertageseinrichtung ihres Kindes mit der Grundschule bei Delfin 4 nichts mitbekommen haben. Die Eltern sind demzufolge zur Hälfte nicht beziehungsweise nur in sehr geringem Maße über den Aspekt der Kooperation der beiden Bildungsbereiche im Rahmen von Delfin 4 informiert.

▶ **Autonomie und Verantwortung**

Autonomie und Verantwortung der Einzelnen wie der Institution sind wichtige Aspekte im Kooperationsgeschehen. Der in der Untersuchung verwendete Fragebogen gibt lediglich Aufschluss darüber, inwiefern sich die Pädagog/inn/en durch ihre Kooperationspartner/innen kontrolliert fühlen. Dieser Wert kann ein Indikator dafür sein, wie autonom sich die beziehungsweise der Einzelne fühlt und wie viel Verantwortungsfähigkeit ihr beziehungsweise ihm zugerechnet wird.

Die Ergebnisse zeigen, dass sich nur ein Bruchteil der Pädagog/inn/en durch ihre Partner/innen aus den Bezugseinrichtungen kontrolliert fühlt. Der Anteil derjenigen, die sich kontrolliert fühlen, ist im Grundschulbereich noch niedriger als im Bereich der Kindertageseinrichtungen.

	Kita L	Kita PF	GS L	GS PF
Ich fühle mich durch Pädagog/inn/en aus der Bezugseinrichtung kontrolliert.	3,7* (N=273)	3,1* (N=350)	0,8* (N=131)	1,2* (N=173)

Tab. 69: Angaben von Leitungen (L) und pädagogischen Fach- beziehungsweise Lehrkräften (PF) aus Kindertageseinrichtungen (Kita) und Grundschulen (GS), die Delfin 4 durchgeführt haben, zum Gefühl des Kontrolliertwerdens, in Prozent

* Die Prozentangabe ist ein kumulierter Wert aus den Ergebnissen für die Antworten „trifft völlig zu" und „trifft eher zu". Die viergliedrige Skala enthielt als Alternativen die Optionen „trifft eher nicht zu" und „trifft gar nicht zu".

Die befragten Eltern haben in 60,7 % der Fälle (N=433) den Eindruck, dass die Pädagog/inn/en aus Kindertageseinrichtung und Grundschule gemeinsam die Verantwortung für Delfin 4 übernehmen („trifft völlig zu" und „trifft eher zu").

▶ **Belohnung**

Da ein Belohnungssystem für die interinstitutionelle Kooperation auf dem Bildungssektor im Elementar- und Primarbereich nicht explizit vorgesehen ist, ist der Aspekt der Belohnung in den Fragebögen auch nicht integriert.

Die pädagogischen Fach- beziehungsweise Lehrkräfte konnten jedoch als Motiv für ihre Beteiligung am Testverfahren Delfin 4 das Motiv der Arbeitsentlastung als Gegenleistung angeben. Der Befund zeigt, dass dieses Motiv bei der Übernahme dieser Kooperationsaufgabe keine große Rolle spielte. Ob dies daran liegt, dass es grundsätzlich kaum Möglichkeiten der Entlastung gibt, oder daran, dass eine Belohnung dieser Art keine starke Motivation darstellen kann, bleibt zu klären.

	Kita PF	GS PF
Ich habe bei dem Testverfahren Delfin 4 mitgewirkt, weil ich dafür eine Entlastung erfahren habe.	**3,9*** (N=331)	**3,0*** (N=166)

Tab. 70: Angaben der pädagogischen Fach- beziehungsweise Lehrkräfte (PF) aus Kindertages-einrichtungen (Kita) und Grundschulen (GS) zum Motiv ihrer Mitwirkung bei Delfin 4, in Prozent

* Die Prozentangabe ist ein kumulierter Wert aus den Ergebnissen für die Antworten „trifft völlig zu" und „trifft eher zu". Die viergliedrige Skala enthielt als Alternativen die Optionen „trifft eher nicht zu" und „trifft gar nicht zu".

▶ **Freiwilligkeit**

Zu fast neun Zehnteln sind die Vertreter/innen aller befragten Gruppen von Akteur/inn/en der Auffassung, dass Freiwilligkeit die Motivation zur Kooperation stärkt.

	Kita L	Kita PF	GS L	GS PF
Ich bin der Auffassung, dass Frei-willigkeit die Motivation zur Ko-operation stärkt	**84,4*** (N=269)	**87,6*** (N=347)	**86,2*** (N=130)	**91,1*** (N=168)

Tab. 71: Angaben von Leitungen (L) und pädagogischen Fach- beziehungsweise Lehrkräften (PF) aus Kindertageseinrichtungen (Kita) und Grundschulen (GS), die Delfin 4 durch-geführt haben, zum Aspekt der Freiwilligkeit und seiner Wirkung auf die Motivation zur Kooperation, in Prozent

* Die Prozentangabe ist ein kumulierter Wert aus den Ergebnissen für die Antworten „trifft völlig zu" und „trifft eher zu". Die viergliedrige Skala enthielt als Alternativen die Optionen „trifft eher nicht zu" und „trifft gar nicht zu".

3.2.3.2 Befunde zum Aspekt der Kommunikation

Auf der Ebene der Kommunikation werden entsprechend der Topologie des Münsteraner Kooperations-Tableaus Ergebnisse in Bezug auf Kontaktbereitschaft, die Gesprächsbeziehung zwischen den beteiligten Akteur/inn/en und Konfliktmanagement dargestellt.

▶ **Kontaktbereitschaft**

Innerhalb der Einrichtungen pflegen nach Angaben der pädagogischen Fachkräfte aus den Kindertageseinrichtungen (N=324) sowie der Lehrkräfte aus den Grundschulen (N=170) die Teams und Kollegien in der Zusammenarbeit einen häufigen Kontakt miteinander. Für das Item „Ich arbeite viel mit Kolleg/inn/en aus meiner Kita / GS zusammen" gaben 95,1 % der Pädagog/inn/en aus dem Elementarbereich und 93,5 % der Grundschullehrkräfte die Antwort „trifft völlig zu" oder „trifft eher zu". Die Leitungen bieten ihren Mitarbeiter/inne/n in den Einrichtungen nach eigenen Angaben sehr häufig persönliche Gespräche an (Leitungen Kindertageseinrichtungen / Grundschule: 87,1 % ja (N=263) / 88,5 % ja (N=130); dreigliedrige Skala mit den Antwortmöglichkeiten „ja", „nein" und „weiß nicht"). Die Angaben der jeweiligen Mitarbeiter/innen in den Einrichtungen bestätigen dieses Bild (Fach- beziehungsweise Lehrkräfte Kindertageseinrichtungen / Grundschule: 85,1 % ja

(N=343) / 81,0 % ja (N=168); dreigliedrige Skala mit den Antwortmöglichkeiten „ja", „nein" und „weiß nicht"). Die Unterstützung der Fachkräfte für die Kooperation im Kontext von Delfin 4 in Form persönlicher Gesprächsangebote vonseiten der Teamkolleg/inn/en ist in den Kindertageseinrichtungen öfter gegeben als in den Grundschulen vonseiten der Kollegiumsmitglieder für die Lehrkräfte in den Grundschulen (Fach- beziehungsweise Lehrkräfte Kindertageseinrichtungen / Grundschule: 85,3 % ja (N=339) / 62,8 % ja (N=164); dreigliedrige Skala mit den Antwortmöglichkeiten „ja", „nein" und „weiß nicht"). Die Leitungen konnten nur in einer Minderheit auf ein Angebot persönlicher Gespräche vonseiten der Fachberatungen oder der Träger beziehungsweise des Schulamts zurückgreifen (Leitungen Kindertageseinrichtung / Grundschule: 46,3 % ja in Bezug auf die Fachberatung (N=257); 26,5 % ja in Bezug auf den Träger (N=272) / 39,5 % ja in Bezug auf das zuständige Schulamt (N=124)).

In Bezug auf die interinstitutionelle Zusammenarbeit geben fast alle Leitungen an, sie seien in hohem Maße zur Kooperation mit den Vertreter/inne/n aus der Bezugseinrichtung bereit. Bei den Grundschulleitungen ergeben sich zufällig fast die gleichen Werte.

		Kita L	GS L
Ich habe eine hohe Bereitschaft zur Kooperation mit	Leitungspersonen aus der Bezugseinrichtung	94,6* (N=242)	95,8* (N=120)
	Fachkräften aus der Bezugseinrichtung	97,1* (N=240)	95,8* (N=120)

Tab. 72: Angaben der Leitungen (L) von Kindertageseinrichtungen (Kita) und Grundschulen (GS) zu ihrer Kooperationsbereitschaft gegenüber Vertreter/inne/n aus der Bezugseinrichtung, in Prozent

* Die Prozentangabe ist ein kumulierter Wert aus den Ergebnissen für die Antworten „trifft völlig zu" und „trifft eher zu". Die viergliedrige Skala enthielt als Alternative die Optionen „trifft eher nicht zu" und „trifft gar nicht zu".

Eine ebenso häufige Bereitschaft zur Kooperation zeigt sich auch bei den Angaben der Fach- beziehungsweise Lehrkräfte in Bezug auf die eigene Kooperationsbereitschaft und die des Teams beziehungsweise Kollegiums.

	Kita PF	GS PF
Ich habe eine hohe Bereitschaft, mit Fachkräften aus der Bezugseinrichtung zu kooperieren.	91,6* (N=321)	92,9* (N=169)
Ich habe den Eindruck, dass unser Team / Kollegium zur Kooperation mit der Bezugseinrichtung bereit ist.	99,2* (N=353)	97,7* (N=174)

Tab. 73: Angaben der pädagogischen Fach- beziehungsweise Lehrkräfte (PF) aus Kindertageseinrichtungen (Kita) und Grundschulen (GS) zur persönlichen Kooperationsbereitschaft und der des eigenen Teams / Kollegiums, in Prozent

* Die Prozentangabe ist ein kumulierter Wert aus den Ergebnissen für die Antworten „trifft völlig zu" und „trifft eher zu". Die viergliedrige Skala enthielt als Alternative die Optionen „trifft eher nicht zu" und „trifft gar nicht zu".

Zum Aspekt der Kontaktbereitschaft zwischen Eltern und der Erzieherin beziehungsweise dem Erzieher ihres Kindes geben die Eltern fast alle an, dass sich diese/r in Bezug auf ihr Kind gesprächsbereit zeigt und sie selbst als Eltern auch Interesse haben, mit ihr beziehungsweise ihm Fördermöglichkeiten für ihr eigenes Kind zu besprechen.

	ELT
Die Erzieherin / der Erzieher zeigt sich in Bezug auf mein Kind mir gegenüber gesprächsbereit.	**98,7*** (N=451)
Ich bin daran interessiert, dass die Erzieherin / der Erzieher mit mir über Fördermöglichkeiten für mein Kind spricht.	**97,6*** (N=450)

Tab. 74: Angaben der Eltern (ELT) zur Gesprächsbereitschaft zwischen ihnen und der Erzieherin beziehungsweise dem Erzieher ihres Kindes, in Prozent

* Der Prozentwert entspricht dem Ergebnis für die Antwort „ja" auf einer dreigliedrigen Skala („ja", „nein", „weiß nicht"). Bei der Ermittlung des Prozentwertes sind auch diejenigen Fälle berücksichtigt, die keine Kenntnisse über das abgefragte Merkmal haben. Die jeweils komplementären restlichen Anteile setzen sich folglich aus den Ergebnissen für die Antworten „nein" und „weiß nicht" zusammen.

Die pädagogischen Akteur/inn/e/n bestätigen dieses Interesse der Eltern, indem sie in ihrer großen Mehrheit angeben, dass sich die Eltern in Bezug auf die Sprachförderung ihres Kindes gesprächsbereit zeigen. Auffällig ist, dass diese Gesprächsbereitschaft von den Akteur/inn/en aus dem Bereich der Kindertageseinrichtungen häufiger wahrgenommen wird als von denen aus dem Primarbereich.

	Kita L	Kita PF	GS L	GS PF
Gesprächsbereitschaft von Eltern bezüglich der sprachlichen Förderung ihres Kindes	**94,5*** (N=273)	**94,8*** (N=348)	**79,1*** (N=129)	**71,9*** (N=167)

Tab. 75: Angaben von Leitungen (L) und pädagogischen Fach- beziehungsweise Lehrkräften (PF) aus Kindertageseinrichtungen (Kita) und Grundschulen (GS), die Delfin 4 durchgeführt haben, über die Gesprächsbereitschaft von Eltern bezüglich der sprachlichen Förderung ihres Kindes, in Prozent

* Der Prozentwert entspricht dem Ergebnis für die Antwort „ja" auf einer dreigliedrigen Skala („ja", „nein", „weiß nicht"). Bei der Ermittlung des Prozentwertes sind auch diejenigen Fälle berücksichtigt, die keine Kenntnisse über das abgefragte Merkmal haben. Die jeweils komplementären restlichen Anteile setzen sich folglich aus den Ergebnissen für die Antworten „nein" und „weiß nicht" zusammen.

► **Gesprächsbeziehung**

Die Gesprächsbeziehung zwischen den Gruppen von Akteur/inn/en aus Kindertageseinrichtungen und Grundschule wurde im Fragebogen in Bezug auf den etwas unscharfen Begriff der Dominanz und auf die Bereitschaft zum Eingehen auf Kritik betrachtet. In den meisten Fällen wird von keiner Gruppe von Akteur/inn/en eine der beiden Institutionen im Rahmen der Kooperation als dominierend wahrgenommen, doch ist eine Tendenz dahingehend zu erkennen, dass die Kooperationsbeauftragten aus der Grundschule in der Zusammenarbeit dominanter auftreten als die Vertreter/innen des Elementarbereichs. Diese Tendenz wird im Vergleich zu den anderen Gruppen von Akteur/inn/en besonders häufig von den Leitungen der Kindertageseinrichtungen empfunden. Die große Mehrheit der Akteur/inn/e/n hat das Gefühl, dass auf Kritik und Verbesserungsvorschläge, die sie im Rahmen der gemeinsamen Zusammenarbeit äußern, eingegangen wird.

	Kita L	Kita PF	GS L	GS PF
Im Verhältnis zwischen Kita und GS gibt es eine eindeutige Dominanz der / des Kooperationsbeauftragten aus der Kita.	**11,1*** (N=270)	**6,4*** (N=343)	**7,7*** (N=130)	**2,9*** (N=171)
Im Verhältnis zwischen Kita und GS gibt es eine eindeutige Dominanz der / des Kooperationsbeauftragten aus der GS.	**27,2*** (N=268)	**15,7*** (N=344)	**16,3*** (N=129)	**11,1*** (N=171)
Wenn ich aus meiner Position Kritik oder Verbesserungsvorschläge äußere, wird darauf in der gemeinsamen Arbeit eingegangen.	**83,1*** (N=266)	**70,5*** (N=336)	**93,8*** (N=128)	**89,4*** (N=160)

Tab. 76: Angaben von Leitungen (L) und pädagogischen Fach- beziehungsweise Lehrkräften (PF) aus Kindertageseinrichtungen und Grundschule zur Dominanz einer beziehungsweise eines Kooperationsbeauftragten in der Zusammenarbeit zwischen Kindertageseinrichtung (Kita) und Grundschule (GS), in Prozent

* Die Prozentangabe ist ein kumulierter Wert aus den Ergebnissen für die Antworten „trifft völlig zu" und „trifft eher zu". Die viergliedrige Skala enthielt als Alternativen die Optionen „trifft eher nicht zu" und „trifft gar nicht zu".

Bezüglich der Beziehung zwischen Eltern und Erzieher/in – die der Kooperationsdimension II zuzuordnen ist – liegen detailliertere Ergebnisse vor, die allesamt das sehr häufige Vorliegen einer guten Gesprächsbeziehung hinsichtlich der abgefragten Parameter ausweisen. Das Verhältnis ist durch gegenseitiges Interesse und Verständnis geprägt.

	ELT
Die Erzieherin / der Erzieher ist daran interessiert, mit mir Fördermöglichkeiten für mein Kind zu besprechen.	**88,2*** (N=450)
Ich nutze die Gesprächsbereitschaft der Erzieherin / des Erziehers zum Austausch über mein Kind.	**98,0*** (N=450)
Die Erzieherin / der Erzieher drückt sich mir gegenüber verständlich aus.	**98,7*** (N=452)
Ich habe den Eindruck, dass die Erzieherin / der Erzieher mich versteht.	**96,7*** (N=448)
Die Erzieherin / der Erzieher geht in ihrer Arbeit mit meinem Kind auf Verbesserungsvorschläge von mir ein.	**77,0*** (N=440)

Tab. 77: Angaben der Eltern (ELT) zu Aspekten der Beziehung zwischen ihnen und der Kindertageseinrichtung ihres Kindes, in Prozent

* Der Prozentwert entspricht dem Ergebnis für die Antwort „ja" auf einer dreigliedrigen Skala („ja", „nein", „weiß nicht"). Bei der Ermittlung des Prozentwertes sind auch diejenigen Fälle berücksichtigt, die keine Kenntnisse über das abgefragte Merkmal haben. Die jeweils komplementären restlichen Anteile setzen sich folglich aus den Ergebnissen für die Antworten „nein" und „weiß nicht" zusammen.

Zur Zusammenarbeit mit der Kindertageseinrichtung ihres Kindes und der Grundschule (Kooperationsdimension III) äußert die Gruppe der befragten Eltern, dass sehr häufig gegenseitiges Interesse besteht, über Fördermöglichkeiten für ihr Kind zu sprechen, aber auch, dass die Aussagen der Erzieher/innen zu Delfin 4 häufig besser informieren als die Aussagen der Grundschullehrer/innen. Die Gründe hierfür zu erforschen, wäre eine lohnende Aufgabe, die interessante Ergebnisse verspricht.

	ELT
Erzieher/innen und Grundschullehrer/innen sind daran interessiert, mit mir Fördermöglichkeiten für mein Kind zu besprechen.	**73,1*** (N=431)
Ich bin daran interessiert, dass Erzieher/innen und Grundschullehrer/innen mit mir Fördermöglichkeiten für mein Kind besprechen.	**90,8*** (N=434)
Die Aussagen der Erzieherin / des Erziehers in Bezug auf Delfin 4 informieren mich besser als die Aussagen der Grundschullehrerin / des Grundschullehrers.	**63,2*** (N=427)
Die Aussagen der Grundschullehrerin / des Grundschullehrers in Bezug auf Delfin 4 informieren mich besser als die Aussagen der Erzieherin / des Erziehers.	**5,9*** (N=422)

Tab. 78: Angaben der Eltern (ELT) zu Aspekten der Beziehung zwischen ihnen und der Kindertageseinrichtung ihres Kindes sowie der Grundschule, in Prozent

* Die Prozentangabe ist ein kumulierter Wert aus den Ergebnissen für die Antworten „trifft völlig zu" und „trifft eher zu". Die fünfgliedrige Skala enthielt als Alternativen die Optionen „trifft eher nicht zu" und „trifft gar nicht zu" sowie die Antwortmöglichkeit „weiß nicht".

▶ **Konfliktmanagement**

In Bezug auf Aspekte des Umgangs mit Konflikten äußerten alle Gruppen von Akteur/inn/en in ihrer großen Mehrheit, dass Konflikte offen angesprochen werden und dass dann einvernehmlich nach Lösungen gesucht wird.

	Kita L	Kita PF	GS L	GS PF
Konflikte und Probleme zwischen Kita und GS werden zwischen den Partner/inne/n offen angesprochen.	**84,6*** (N=272)	**80,6*** (N=335)	**97,7*** (N=131)	**86,5*** (N=170)
Bei Konflikten zwischen Kita und GS werden einvernehmlich Lösungen angestrebt.	**88,2*** (N=271)	**84,4*** (N=334)	**98,5*** (N=131)	**93,4*** (N=167)

Tab. 79: Angaben von Leitungen (L) und pädagogischen Fach- beziehungsweise Lehrkräften (PF) aus Kindertageseinrichtungen und Grundschule zu Aspekten des Konfliktmanagements in der Zusammenarbeit zwischen Kindertageseinrichtung (Kita) und Grundschule (GS), in Prozent

* Die Prozentangabe ist ein kumulierter Wert aus den Ergebnissen für die Antworten „trifft völlig zu" und „trifft eher zu". Die viergliedrige Skala enthielt als Alternativen die Optionen „trifft eher nicht zu" und „trifft gar nicht zu".

Auch die Gruppe der befragten Eltern sieht die offene Ansprache von Problemen und Konflikten in ihrer Zusammenarbeit mit der Kindertageseinrichtung ihres Kindes zu 88,8 % (N=445) mit ihrer Antwort auf einer dreigliedrigen Antwortskala mit den Antwortmöglichkeiten „ja", „nein" und „weiß nicht" als gegeben an.

3.2.3.3 Befunde zum Aspekt des Vertrauens

Auf der Ebene des Vertrauens werden entsprechend der Topologie des Münsteraner Kooperations-Tableaus Ergebnisse in Bezug auf Kooperationsmerkmale herausgearbeitet und dargestellt, die Vertrauen erst ermöglichen. Dazu zählen gegenseitige Kenntnis, Akzeptanz und Wertschätzung, Kontinuität und Verständnis, Fairness und Sicherheit.

► **Kenntnis**

Zunächst sagt ein Befund in diesem Bereich aus, dass in den Teams der Kindertageseinrichtungen und in den Kollegien der Grundschulen Klarheit darüber besteht, mit welchen Bezugseinrichtungen im Rahmen der Kooperation zwischen Kindertageseinrichtung und Grundschule zusammengearbeitet wird.

	Kita L	Kita PF	GS L	GS PF
Es ist den Mitarbeiter/inne/n / Kolleg/inn/en aus unserer Kita / GS klar, mit welcher GS / Kita unsere Kita / GS kooperiert.	**97,3*** (N=260)	**95,6*** (N=340)	**100,0*** (N=123)	**96,3*** (N=164)

Tab. 80: Angaben von Leitungen (L) und pädagogischen Fach- beziehungsweise Lehrkräften (PF) aus Kindertageseinrichtungen (Kita) und Grundschule (GS) zum Informationsstand in den Teams und Kollegien der kooperierenden Bildungsinstitutionen darüber, mit welchen Bezugseinrichtungen zusammengearbeitet wird, in Prozent

* Die Prozentangabe ist ein kumulierter Wert aus den Ergebnissen für die Antworten „trifft völlig zu" und „trifft eher zu". Die viergliedrige Skala enthielt als Alternativen die Optionen „trifft eher nicht zu" und „trifft gar nicht zu".

Eine Möglichkeit zum Kennenlernen der jeweiligen Kooperationspartner/innen vor Beginn der Zusammenarbeit im Kontext von Delfin 4 im Jahr 2008 war in der Mehrheit der Fälle gegeben, wurde jedoch nicht grundsätzlich praktiziert.

	Kita L	Kita PF	GS L	GS PF
Es gab eine Möglichkeit, die Kooperationspartner/innen aus der GS / Kita vor der Zusammenarbeit kennenzulernen.	**61,2*** (N=276)	**53,9*** (N=345)	**76,6*** (N=128)	**70,4*** (N=169)

Tab. 81: Angaben von Leitungen (L) und pädagogischen Fach- beziehungsweise Lehrkräften (PF) aus Kindertageseinrichtungen (Kita) und Grundschule (GS) zur Möglichkeit des Kennenlernens der Kooperationspartner/innen vor Beginn der Zusammenarbeit, in Prozent

* Der Prozentwert entspricht dem Ergebnis für die Antwort „ja" auf einer dreigliedrigen Skala („ja", „nein", „weiß nicht"). Bei der Ermittlung des Prozentwertes sind auch diejenigen Fälle berücksichtigt, die keine Kenntnisse über das abgefragte Merkmal haben. Die jeweils komplementären restlichen Anteile setzen sich folglich zusammen aus den Ergebnissen für die Antworten „nein" und „weiß nicht" zusammen.

Eine Kernaussage dieser Untersuchung zeichnet sich hinsichtlich der Kenntnisse übereinander in Bezug auf den Bildungs- und Erziehungsauftrag der Partnereinrichtung sowie in Bezug auf die in der kooperierenden Bezugseinrichtung praktizierten

Regeln, Rituale und Arbeitsformen ab. Die Selbsteinschätzungen der verschiedenen Gruppen von Akteur/inn/en hinsichtlich dieser Merkmale zeigen, dass die Akteur/inn/e/n aus den Kindertageseinrichtungen seltener gute Kenntnisse über Auftrag und Praxis der Grundschule besitzen als umgekehrt die Akteur/inn/e/n aus der Grundschule. In beiden Einrichtungen verfügen zudem die pädagogischen Fach- beziehungsweise Lehrkräfte in geringerem Maße über diese Kenntnisse als die jeweiligen Leitungen. Bezüglich des in der folgenden Tabelle ebenfalls dargestellten Items der Fremdeinschätzung dieser Kenntnisse nehmen die Akteur/inn/e/n aus dem Grundschulbereich viel häufiger an, dass ihre Kooperationspartner/innen aus dem Elementarbereich gute Kenntnisse über den Bildungs- und Erziehungsauftrag der eigenen Institution haben, als dies umgekehrt die Akteur/inn/e/n aus dem Elementarbereich annehmen. Diese bei allen Items der Tabelle zu beobachtende optimistischere Sichtweise der Akteur/inn/e/n aus dem Grundschulbereich hängt möglicherweise damit zusammen, dass die Pädagog/inn/en aus dem Primarbereich eine andere Wahrnehmung haben, weil – wie bereits dargelegt – die Grundschulen mit mehr Kindertageseinrichtungen kooperieren als umgekehrt.

	Kita L	Kita PF	GS L	GS PF
Ich habe gute Kenntnisse über den Bildungs- und Erziehungsauftrag der Kooperationspartner/innen aus der GS / Kita.	**45,6*** (N=259)	**34,9*** (N=335)	**80,0*** (N=125)	**63,5*** (N=170)
Ich habe gute Kenntnisse über die in der kooperierenden GS / Kita praktizierten Regeln, Rituale und Arbeitsformen.	**39,3*** (N=262)	**34,4*** (N=337)	**62,8*** (N=121)	**56,3*** (N=167)
Die Kooperationspartner/innen haben gute Kenntnisse über den Bildungs- und Erziehungsauftrag der Kooperationspartner/innen aus der GS / Kita.	**49,6*** (N=258)	**56,7*** (N=319)	**78,0*** (N=123)	**74,0*** (N=154)

Tab. 82: Angaben von Leitungen (L) und pädagogischen Fach- beziehungsweise Lehrkräften (PF) aus Kindertageseinrichtungen (Kita) und Grundschule (GS) zum Kenntnisstand über Bildungs- und Erziehungsaufträge der jeweils kooperierenden Einrichtungen sowie über deren Regeln, Rituale und Arbeitsformen, in Prozent

* Die Prozentangabe ist ein kumulierter Wert aus den Ergebnissen für die Antworten „trifft völlig zu" und „trifft eher zu". Die viergliedrige Skala enthielt als Alternativen die Optionen „trifft eher nicht zu" und „trifft gar nicht zu".

An dieser Stelle erweist sich ein differenzierterer Blick auf die Ergebnisse für die Antwort „trifft völlig zu" als ergiebig, um den bestehenden Mangel an Kenntnissen über die jeweiligen Partnerinstitutionen zu verdeutlichen. Die zuvor dargestellten Tendenzen zeichnen sich auch hierbei ab. Die insgesamt festzustellenden niedrigen Prozentwerte in Bezug auf eine völlige Übereinstimmung mit der Aussage, dass gute Kenntnisse über den Bildungs- und Erziehungsauftrag beziehungsweise über die in der kooperierenden Bezugseinrichtung praktizierten Regeln, Rituale und Arbeitsformen vorliegen, deutet auf ein systematisches Defizit in der Kooperation zwischen beiden Bildungsbereichen hin.

	Kita L	Kita PF	GS L	GS PF
Ich habe gute Kenntnisse über den Bildungs- und Erziehungsauftrag der Kooperationspartner/innen aus der GS / Kita.	**12,4*** (N=259)	**9,3*** (N=335)	**28,0*** (N=125)	**18,2*** (N=170)
Ich habe gute Kenntnisse über die in der kooperierenden GS / Kita praktizierten Regeln, Rituale und Arbeitsformen.	**5,7*** (N=262)	**5,9*** (N=337)	**11,6*** (N=121)	**11,4*** (N=167)
Die Kooperationspartner/innen haben gute Kenntnisse über den Bildungs- und Erziehungsauftrag der Kooperationspartner/innen aus der GS / Kita.	**9,7*** (N=258)	**11,9*** (N=337)	**17,1*** (N=123)	**16,2*** (N=154)

Tab. 83: Angaben von Leitungen (L) und pädagogischen Fach- beziehungsweise Lehrkräften (PF) aus Kindertageseinrichtungen (Kita) und Grundschule (GS) zum Kenntnisstand über Bildungs- und Erziehungsaufträge der jeweils kooperierenden Einrichtungen sowie über deren Regeln, Rituale und Arbeitsformen, in Prozent

* Die Prozentangaben entsprechen den Ergebnissen für die Antwort „trifft völlig zu" auf der verwendeten viergliedrigen Skala mit den Antwortmöglichkeiten „trifft völlig zu", „trifft eher zu", „trifft eher nicht zu" und „trifft gar nicht zu".

Die befragten Eltern geben in ihren Angaben über die Zusammenarbeit mit der Kindertageseinrichtung, die ihr Kind besucht, an, dass sie fast durchweg über das pädagogische Konzept der Kindertageseinrichtung informiert sind und Einblick in die Arbeit der Fachkraft mit ihrem Kind haben.

	ELT
Ich bin über das pädagogische Konzept der Kita informiert.	**92,0*** (N=449)
Ich habe Einblick in die Arbeit der Erzieherin / des Erziehers mit meinem Kind.	**90,2*** (N=450)

Tab. 84: Angaben der Eltern (ELT) zu ihren Kenntnissen über die Arbeit der Kindertageseinrichtung (Kita), die ihr Kind besucht, in Prozent

* Der Prozentwert entspricht dem Ergebnis für die Antwort „ja" auf einer dreigliedrigen Skala („ja", „nein", „weiß nicht"). Bei der Ermittlung des Prozentwertes sind auch diejenigen Fälle berücksichtigt, die keine Kenntnisse über das abgefragte Merkmal haben. Die jeweils komplementären restlichen Anteile setzen sich folglich aus den Ergebnissen für die Antworten „nein" und „weiß nicht" zusammen.

▶ **Akzeptanz und Wertschätzung**

Bezogen auf die Unterstützung der Arbeit der Akteur/inn/e/n im Rahmen der interinstitutionellen Zusammenarbeit zeigen die Ergebnisse der Befragung, dass intrainstitutionell in beiden Bildungsbereichen in der großen Mehrheit der Einrichtungen eine Unterstützungskultur vorhanden ist, die sich durch eine Wertschätzung für die

Arbeit der Pädagog/inn/en durch deren Leitungen und Mitarbeiter/innen auszeichnet.

		Kita PF	GS PF
Wertschätzung meiner Arbeit	durch die Leitung	**88,4*** (N=346)	**78,4*** (N=162)
	durch das Team / Kollegium	**86,9*** (N=344)	**72,0*** (N=161)

Tab. 85: Angaben der pädagogischen Fach- beziehungsweise Lehrkräfte (PF) aus Kindertageseinrichtungen (Kita) und Grundschulen (GS) zur Unterstützung der Kooperation zwischen Kindertageseinrichtung und Grundschule durch ihre Leitungen und ihr Team beziehungsweise Kollegium in Bezug auf Rückmeldungen über die geleistete Kooperationsarbeit im Kontext von Delfin 4, in Prozent

* Der Prozentwert entspricht dem Ergebnis für die Antwort „ja" auf einer dreigliedrigen Skala („ja", „nein", „weiß nicht"). Bei der Ermittlung des Prozentwertes sind auch diejenigen Fälle berücksichtigt, die keine Kenntnisse über das abgefragte Merkmal haben. Die jeweils komplementären restlichen Anteile setzen sich folglich aus den Ergebnissen für die Antworten „nein" und „weiß nicht" zusammen.

Eine entsprechende Unterstützung für die Leitungen durch die Sekundärakteur/inn/e/n ist nicht annähernd so häufig etabliert.

		Kita L	GS L
Wertschätzung meiner Arbeit	durch die Fachberatung / das Schulamt	**54,3*** (N=256)	**43,2*** (N=125)
	durch den Träger	**55,8*** (N=251)	--

Tab. 86: Angaben der Leitungen (L) von Kindertageseinrichtungen (Kita) und Grundschulen (GS) zur Unterstützung der Kooperation zwischen Kindertageseinrichtung und Grundschule durch Fachberatung und Träger beziehungsweise durch das Schulamt in Bezug auf die Wertschätzung der eigenen Arbeit im Kontext von Delfin 4, in Prozent

* Der Prozentwert entspricht dem Ergebnis für die Antwort „ja" auf einer dreigliedrigen Skala („ja", „nein", „weiß nicht"). Bei der Ermittlung des Prozentwertes sind auch diejenigen Fälle berücksichtigt, die keine Kenntnisse über das abgefragte Merkmal haben. Die jeweils komplementären restlichen Anteile setzen sich folglich aus den Ergebnissen für die Antworten „nein" und „weiß nicht" zusammen.

In über 90 % der Fälle schätzen die Angehörigen der unterschiedlichen Gruppen von Akteur/inn/en die Arbeit, die von der Bezugseinrichtung beziehungsweise von den Partner/inne/n aus dem kooperierenden Bildungsbereich in der gemeinsamen Zusammenarbeit geleistet wird. Zum überwiegenden Teil akzeptieren sich die Kooperationspartner/innen auch gegenseitig als gleichberechtigt in der Zusammenarbeit und nehmen dies auch wechselseitig wahr. Tendenziell nehmen die Vertreter/innen des Primarbereichs diese Kooperationsmerkmale noch positiver wahr als die Elementarpädagog/inn/en.

	Kita L	Kita PF	GS L	GS PF
Ich schätze die Arbeit, die von der kooperierenden Bezugseinrichtung beziehungsweise meiner Kooperationspartnerin / meinem Kooperationspartner aus der Kita / GS geleistet wird.	92,7* (N=275)	90,9* (N=350)	99,2* (N=130)	98,3* (N=174)
Ich habe den Eindruck, dass meine Kita / GS beziehungsweise ich von der kooperierenden Bezugseinrichtung / meiner Kooperationspartnerin / meinem Kooperationspartner in der gemeinsamen Arbeit als gleichberechtigt akzeptiert werden.	84,0* (N=286)	87,3* (N=347)	99,2* (N=129)	98,8* (N=172)
Meine Kita / GS beziehungsweise ich akzeptieren die kooperierende Bezugseinrichtung / meine Kooperationspartnerin / meinen Kooperationspartner in der gemeinsamen Arbeit als gleichberechtigt.	94,9* (N=274)	96,5* (N=347)	97,7* (N=131)	100,0* (N=171)

Tab. 87: Angaben von Leitungen (L) und pädagogischen Fach- beziehungsweise Lehrkräften (PF) aus Kindertageseinrichtungen (Kita) und Grundschule (GS) zu Aspekten der interinstitutionellen Wertschätzung und Akzeptanz, in Prozent

* Die Prozentangabe ist ein kumulierter Wert aus den Ergebnissen für die Antworten „trifft völlig zu" und „trifft eher zu". Die viergliedrige Skala enthielt als Alternativen die Optionen „trifft eher nicht zu" und „trifft gar nicht zu".

► **Kontinuität**

Nach Einschätzung der großen Mehrheit in den verschiedenen Gruppen von Akteur/inn/en ist in der Kooperation zwischen Kindertageseinrichtungen und Grundschule eine personelle Kontinuität der Ansprechpartner/innen für die Kooperation in den jeweiligen Einrichtungen gegeben.

	Kita L	Kita PF	GS L	GS PF
personelle Kontinuität der Ansprechpartner/innen für die Kooperation	79,6* (N=274)	75,8* (N=347)	82,4* (N=131)	82,6* (N=167)

Tab. 88: Angaben von Leitungen (L) und pädagogischen Fach- beziehungsweise Lehrkräften (PF) aus Kindertageseinrichtungen (Kita) und Grundschule (GS) zur Kontinuität der Ansprechpartner/innen für die Kooperation in den Bezugseinrichtungen, in Prozent

* Der Prozentwert entspricht dem Ergebnis für die Antwort „ja" auf einer dreigliedrigen Skala („ja", „nein", „weiß nicht"). Bei der Ermittlung des Prozentwertes sind auch diejenigen Fälle berücksichtigt, die keine Kenntnisse über das abgefragte Merkmal haben. Die jeweils komplementären restlichen Anteile setzen sich folglich aus den Ergebnissen für die Antworten „nein" und „weiß nicht" zusammen.

Einen ähnlichen Befund liefert eine Betrachtung der Zeiträume, in denen das Verfahren Delfin 4 im Jahr 2007 und im Jahr 2008 durchgeführt wurde. In dem größeren Zeitraum zwischen den beiden Verfahren gab es vergleichsweise eine höhere Fluktuation und damit eine geringere Kontinuität der Ansprechpartner/innen für die

Kooperation. Dabei wechseln die Ansprechpartner/innen in den Grundschulen häufiger als in den Kindertageseinrichtungen.

Wechsel der Ansprechpartner/innen in den Einrichtungen		Kita L	Kita PF	GS L	GS PF
während Delfin 4 im Jahr 2007 – Stufe 1	**kein Wechsel**	**80,8** (N=271)	**77,2** (N=337)	**80,2** (N=126)	**72,7** (N=169)
	bei der Kita	3,3	3,0	5,6	2,4
	bei der GS	9,6	8,6	4,0	0,6
	bei Kita und GS	2,6	4,5	2,4	3,6
	weiß nicht	3,7	6,8	7,9	21,3
während Delfin 4 im Jahr 2008 – Stufe 1	**kein Wechsel**	**83,2** (N=273)	**78,1** (N=342)	**79,1** (N=129)	**80,7** (N=171)
	bei der Kita	3,7	4,7	7,8	2,9
	bei der GS	7,7	9,6	3,1	1,8
	bei Kita und GS	2,9	4,1	2,3	3,5
	weiß nicht	2,6	3,5	7,8	11,1
zwischen Delfin 4 im Jahr 2007 und Delfin 4 im Jahr 2008	**kein Wechsel**	**63,7** (N=270)	**54,4** (N=338)	**70,5** (N=129)	**64,1** (N=170)
	bei der Kita	7,0	11,2	5,4	4,7
	bei der GS	17,8	17,5	11,6	9,4
	bei Kita und GS	7,0	10,9	3,9	2,9
	weiß nicht	4,4	5,9	8,5	18,8

Tab. 89: Angaben von Leitungen (L) und pädagogischen Fach- beziehungsweise Lehrkräften (PF) aus Kindertageseinrichtungen (Kita) und Grundschule (GS) zur Kontinuität der Ansprechpartner/innen bei Delfin 4, in Prozent

Die deutlich verstärkt eingerahmten Felder markieren die Zeilen, in denen die Fälle aufgeführt werden, in denen es keinen Wechsel der Ansprechpartner/innen gegeben hat; die anderen Zeilen dokumentieren die Fälle, in denen die Ansprechpartner/innen in den Einrichtungen gewechselt haben beziehungsweise die Befragten über den Sachverhalt nicht informiert sind.

Die befragten Eltern geben an, dass die Erzieherin beziehungsweise der Erzieher in der Gruppe ihres Kindes in 97,8 % der Fälle (N=448) nicht oft wechselt. Bei ihren Ansprechpartner/inne/n in den Einrichtungen beobachten sie also grundsätzlich eine weitgehende Kontinuität.

► **Verständnis**

Die Fragebögen liefern anhand von zwei Items zwei unterschiedliche Grundlagen für Aussagen über das Verständnis der verschiedenen Akteur/inn/e/n für ihre jeweiligen Kooperationspartner/innen. Gefragt wird zum einen danach, ob der Pädagogin beziehungsweise dem Pädagogen aus dem einen Bildungsbereich die Problemfelder in der Arbeit der Pädagog/inn/en aus dem anderen Bildungsbereich zugänglich sind, zum anderen danach, ob den befragten Akteur/inn/en die Erwartungen der Angehörigen der mit ihnen kooperierenden anderen Profession in Bezug auf die eigene Arbeit klar sind.

Der Befund zu den diesbezüglichen Items zeigt, dass die Grundlagen für den Aufbau eines Verständnisses für die Arbeitswelt der jeweiligen Kooperationspartner/innen in mehr als der Hälfte der Fälle, teilweise auch deutlich häufiger gegeben ist. Diese Anteile sind selbstverständlich weiter ausbaufähig. Eine solche Entwicklung hängt aber sicherlich auch stark mit der Intensivierung der wechselseitigen Kenntnisse zusammen sowie mit Möglichkeiten des Austauschs und gemeinsamer Fortbildungen.

	Kita L	Kita PF	GS L	GS PF
Die Erwartungen der anderen Berufsgruppe in der GS / Kita in Bezug auf meine Arbeit in der Kita / GS sind mir klar.	61,9* (N=257)	52,1* (N=332)	73,0* (N=122)	60,9* (N=161)
Die Problemfelder in der Arbeit der anderen Berufsgruppe in der GS / Kita sind mir verständlich.	67,2* (N=256)	59,1* (N=325)	85,2* (N=122)	79,9* (N=164)

Tab. 90: Angaben von Leitungen (L) und pädagogischen Fach- beziehungsweise Lehrkräften (PF) aus Kindertageseinrichtungen (Kita) und Grundschule (GS) zu Grundlagen für den Aufbau von Vertrauen, in Prozent

* Die Prozentangabe ist ein kumulierter Wert aus den Ergebnissen für die Antworten „trifft völlig zu" und „trifft eher zu". Die viergliedrige Skala enthielt als Alternativen die Optionen „trifft eher nicht zu" und „trifft gar nicht zu".

▶ **Fairness**

Zu diesem Bereich liefern die der vorliegenden Untersuchung zugrunde liegenden Fragebögen keine expliziten spezifischen Daten. Es lässt sich bestenfalls eine tendenzielle Trendaussage treffen: Aufgrund des im Allgemeinen positiven Kooperationsklimas und insbesondere der gegenseitigen Wertschätzung und Akzeptanz ist in der Zusammenarbeit von einem fairen und respektvollen Umgang miteinander auszugehen.

▶ **Sicherheit**

	Kita L	Kita PF	GS L	GS PF
Ich fühle mich sicher im Umgang mit den anderen Berufsgruppen.	94,6* (N=241)	90,1* (N=324)	94,2* (N=121)	93,6* (N=171)
Ich habe Vertrauen in die berufliche Kompetenz der Kooperationspartnerin / des Kooperationspartners aus der Bezugseinrichtung.	94,9* (N=275)	92,8* (N=349)	98,5* (N=131)	98,8* (N=172)

Tab. 91: Angaben von Leitungen (L) und pädagogischen Fach- beziehungsweise Lehrkräften (PF) aus Kindertageseinrichtungen (Kita) und Grundschule (GS) zu Aspekten eines Gefühls der Sicherheit in der Zusammenarbeit, in Prozent

* Die Prozentangabe ist ein kumulierter Wert aus den Ergebnissen für die Antworten „trifft völlig zu" und „trifft eher zu". Die viergliedrige Skala enthielt als Alternativen die Optionen „trifft eher nicht zu" und „trifft gar nicht zu".

Der weitaus größte Teil der Angehörigen der verschiedenen Gruppen von Akteur/inn/en fühlt sich im Umgang mit den anderen Berufsgruppen sicher, und es besteht in der Kooperationspraxis von Kindertageseinrichtungen und Grundschule ein nahezu umfassendes Vertrauen in die berufliche Kompetenz der Pädagog/inn/en der jeweils anderen Profession.

Auch die befragten Eltern haben in fast allen Fällen Vertrauen in die Arbeit der Erzieherin beziehungsweise des Erziehers mit ihrem Kind und zum größten Teil auch in die gemeinsame Arbeit von Erzieher/in und Grundschullehrer/in im Rahmen von Delfin 4.

	ELT
Ich habe Vertrauen in die Arbeit der Erzieherin / des Erziehers mit meinem Kind.	**95,8*** (N=448)
Ich habe Vertrauen in die gemeinsam verantwortete Arbeit von Erzieher/in und Grundschullehrer/in im Rahmen von Delfin 4.	**72,2*** (N=436)

Tab. 92: Angaben der Eltern (ELT) zu Aspekten des Vertrauens in die Arbeit von Elementar- und Primarpädagog/inn/en, in Prozent

* Die Prozentangabe ist ein kumulierter Wert aus den Ergebnissen für die Antworten „trifft völlig zu" und „trifft eher zu". Die fünfgliedrige Skala enthielt als Alternativen die Optionen „trifft eher nicht zu" und „trifft gar nicht zu" sowie die Antwortmöglichkeit „weiß nicht".

3.3 Befunde im intradimensionalen Forschungsraum

Die im Folgenden dargestellten Befunde beziehen sich auf die Ergebnisse der Befragung über Gelingensbedingungen und Korrelationen, deren Aussage in den jeweiligen Kooperationsdimensionen Gültigkeit besitzt. Die ausführlichen Forschungsfragen mit den zugehörigen Hypothesen sind im Kapitel IV.1.2 dargestellt. Ergebnisse, die sich auf Aussagen über die zwischendimensionale Kooperation beziehen, werden im Kapitel IV.3.4 untersucht.

3.3.1 Ergebnisse in der Kooperationsdimension I

▶ D I.   F/H 01:   **Unterschiede bei den Ausbildungsmerkmalen der Akteur/inn/e/n**

Zur Beantwortung dieser Forschungsfrage sind insbesondere drei Vergleiche interessant:

- der Vergleich zwischen Leitungen und Fachkräften im Bereich der Kindertageseinrichtungen (Kita L ↔ Kita PF)
- der Vergleich zwischen Leitungen und Lehrkräften im Bereich der Grundschule (GS L ↔ GS PF)
- der Vergleich zwischen den Fachkräften aus dem Bereich der Kindertageseinrichtungen und den Lehrkräften aus dem Bereich der Grundschule (Kita PF ↔ GS PF)

Themen der Aus- / Fort- oder Weiterbildung	Kita L ↔ Kita PF	GS L ↔ GS PF	Kita PF ↔ GS PF
kindlicher Spracherwerb	$0{,}118^{ns}$ (N=269↔347)	$0{,}230^{ns}$ (N=130↔174)	$0{,}160^{ns}$ (N=347↔174)
Erwerb von Deutsch als Zweitsprache	$0{,}036^{*}$ (N=258↔335)	$0{,}193^{ns}$ (N=129↔174)	$0{,}004^{**}$ (N=335↔174)
Verfahren zur Erfassung des sprachlichen Entwicklungsstandes	$0{,}026^{*}$ (N=265↔342)	$0{,}150^{ns}$ (N=130↔174)	$0{,}005^{**}$ (N=342↔174)
Dokumentation der sprachlichen Entwicklung	$0{,}001^{***}$ (N=276↔346)	$0{,}026^{*}$ (N=132↔173)	$0{,}000^{***}$ (N=346↔173)
Sprachstandsfeststellungsverfahren Delfin 4	$0{,}156^{ns}$ (N=277↔346)	$0{,}000^{***}$ (N=133↔177)	$0{,}000^{***}$ (N=346↔177)
Förderung der Sprachentwicklung	$0{,}275^{ns}$ (N=272↔347)	$0{,}731^{ns}$ (N=131↔177)	$0{,}000^{***}$ (N=347↔177)
gemeinsame Sprachförderung von Kita und GS	$0{,}004^{**}$ (N=262↔342)	$0{,}000^{***}$ (N=131↔176)	$0{,}588^{ns}$ (N=342↔176)
Kinder und Eltern im Übergang von der Kita zur GS	$0{,}000^{***}$ (N=269↔341)	$0{,}000^{***}$ (N=131↔175)	$0{,}686^{ns}$ (N=341↔175)
gemeinsame Gestaltung des Übergangs von der Kita zur GS	$0{,}000^{***}$ (N=269↔345)	$0{,}000^{***}$ (N=131↔175)	$0{,}196^{ns}$ (N=345↔175)
gemeinsame Einschulungskonferenzen	$0{,}000^{***}$ (N=265↔345)	$0{,}000^{***}$ (N=130↔175)	$0{,}000^{***}$ (N=345↔175)

Tab. 93: Unterschiede zwischen den übergangsspezifischen Themen, mit denen sich die Angehörigen der verschiedenen Gruppen von Akteur/inn/en (Kita L = Leitungen der Kindertageseinrichtungen; Kita PF = pädagogische Fachkräfte aus den Kindertageseinrichtungen; GS L = Leitungen der Grundschulen; GS PF = Lehrkräfte aus den Grundschulen) in ihrer Aus- beziehungsweise Fort- oder Weiterbildung beschäftigen; Angegeben ist der Wert p für die Irrtumswahrscheinlichkeit (hier nach U-Test ohne Fallgewichtung), ergänzt um die Angabe seiner Signifikanz (ns = nicht signifikant; * = signifikant; ** = sehr signifikant; *** = höchst signifikant).

Themen der Aus- / Fort- oder Weiterbildung	Kita L ↔ Kita PF	GS L ↔ GS PF	Kita PF ↔ GS PF
kindlicher Spracherwerb	319 ↔ 300 43770,000	146 ↔ 157 10512,500	267 ↔ 250 28222,500
Erwerb von Deutsch als Zweitsprache	313 ↔ 285 39165,000	159 ↔ 147 10325,000	243 ↔ 279 24957,000
Verfahren zur Erfassung des sprachlichen Entwicklungsstandes	320 ↔ 292 41064,000	160 ↔ 147 10318,500	270 ↔ 235 25727,000
Dokumentation der sprachlichen Entwicklung	335 ↔ 293 41328,000	164 ↔ 144 9911,000	291 ↔ 198 19152,500
Sprachstandsfeststellungsverfahren Delfin 4	322 ↔ 304 45252,500	139 ↔ 168 9515,000	248 ↔ 290 25736,000
Förderung der Sprachentwicklung	317 ↔ 305 45292,000	156 ↔ 153 11359,000	281 ↔ 225 24134,500
gemeinsame Sprachförderung von Kita und GS	324 ↔ 286 39287,500	173 ↔ 140 9052,500	257 ↔ 264 29307,500
Kinder und Eltern im Übergang von der Kita zur GS	360 ↔ 263 31256,500	194 ↔ 123 6137,500	260 ↔ 255 29240,500

gemeinsame Gestaltung des Übergangs von der Kita zur GS	364 ↔ 263 31074,000	194 ↔ 123 6188,500	255 ↔ 272 28248,000
gemeinsame Einschulungskonferenzen	336 ↔ 282 37600,500	174 ↔ 137 8576,500	242 ↔ 296 23930,500

Tab. 94: Angaben zum Vergleich der Mittleren Ränge (gerundete Werte) sowie Angabe des U-Wertes (Mann-Whitney-U) entsprechend Tabelle 93. In den Vergleichsfeldern, in denen sich signifikante Unterschiede (siehe Tabelle 93) feststellen lassen, ist der jeweils höhere Mittlere Rang durch einen Rahmen markiert.

Innerhalb der Kindertageseinrichtungen unterscheiden sich die Angaben der Leitungen und der pädagogischen Fachkräfte in Bezug auf die Intensität der in der Aus- beziehungsweise Fort- oder Weiterbildung behandelten übergangsspezifischen Themen signifikant (die Nullhypothese wird verworfen) bezüglich der folgenden Bildungsinhalte:

- Erwerb von Deutsch als Fremdsprache,
- Verfahren zur Erfassung des sprachlichen Entwicklungsstandes,
- Dokumentation der sprachlichen Entwicklung,
- gemeinsame Sprachförderung von Kindertageseinrichtung und Grundschule,
- Kinder und Eltern im Übergang von der Kindertageseinrichtung zur Grundschule,
- gemeinsame Gestaltung des Übergangs von der Kindertageseinrichtung zur Grundschule,
- gemeinsame Einschulungskonferenzen.

Innerhalb der Grundschulen unterscheiden sich die Angaben der Leitungen und der pädagogischen Fachkräfte in Bezug auf die Intensität der in der Aus- beziehungsweise Fort- oder Weiterbildung behandelten übergangsspezifischen Themen signifikant (die Nullhypothese wird verworfen) bezüglich der folgenden Bildungsinhalte:

- Dokumentation der sprachlichen Entwicklung,
- Sprachstandsfeststellungsverfahren Delfin 4,
- gemeinsame Sprachförderung von Kindertageseinrichtung und Grundschule,
- Kinder und Eltern im Übergang von der Kindertageseinrichtung zur Grundschule,
- gemeinsame Gestaltung des Übergangs von der Kindertageseinrichtung zur Grundschule,
- gemeinsame Einschulungskonferenzen.

Die Angaben der pädagogischen Fachkräfte aus den Kindertageseinrichtungen und der Lehrkräfte aus den Grundschulen in Bezug auf die Intensität der in der Aus- beziehungsweise Fort- oder Weiterbildung behandelten übergangsspezifischen Themen unterscheiden sich signifikant (die Nullhypothese wird verworfen) bezüglich der folgenden Bildungsinhalte:

- Erwerb von Deutsch als Zweitsprache,
- Verfahren zur Erfassung des sprachlichen Entwicklungsstandes,

- Dokumentation der sprachlichen Entwicklung,
- Sprachstandsfeststellungsverfahren Delfin 4,
- Förderung der Sprachentwicklung,
- gemeinsame Einschulungskonferenzen.

Das Thema ‚kindlicher Spracherwerb' scheint hinsichtlich der Intensität, mit der sich die verschiedenen pädagogischen Akteur/inn/e/n in ihrem Bildungsgang mit ihm beschäftigen, ähnliche Berücksichtigung zu finden.

Die Häufigkeitsangaben der befragten Akteur/inn/e/n zu den Aus- beziehungsweise Fort- oder Weiterbildungsthemen sind im Befund auf dem Münsteraner Kooperations-Tableau im Kapitel IV.3.2.1.1 dargestellt.

Tabelle 95 bietet einen Vergleich der Mittleren Ränge und ermöglicht somit einen Blick darauf, welche Gruppe von Akteur/inn/en sich mit dem jeweiligen Thema intensiver beschäftigt hat. Die Angaben sind so kodiert worden, dass ein höherer Wert des Mittleren Ranges eine höhere Intensität andeutet. Der Befund weist darauf hin, dass sowohl in der Institution Kindertageseinrichtung als auch in der Institution Grundschule die Leitungen sich intensiver mit den angesprochenen Themen in ihrer Aus- beziehungsweise Fort- und Weiterbildung beschäftigen als die pädagogischen Fachkräfte beziehungsweise Lehrkräfte. Der diesbezügliche Vergleich zwischen den pädagogischen Fach- und Lehrkräften zeigt keine unausgeglichene Verteilung, sondern stellt eher Tendenzen bezüglich bereichsspezifischer Schwerpunkte heraus. Die Kindertageseinrichtungen betonen in diesem Vergleich Verfahren zur Erfassung des sprachlichen Entwicklungsstandes, die Dokumentation der sprachlichen Entwicklung und die Förderung der Sprachentwicklung, die Grundschulen dagegen eher gemeinsame Einschulungskonferenzen, Sprachstandsfeststellungsverfahren Delfin 4 und den Erwerb von Deutsch als Zweitsprache.

3.3.2   Ergebnisse in Kooperationsdimension II

► D II.   F/H 01:   **Unterschiede in der programmatischen Verankerung der Kooperation in den Einrichtungen**

Es gibt einen überzufälligen Unterschied zwischen Elementar- und Primarbereich hinsichtlich der programmatischen Verankerung der Kooperation zwischen Kindertageseinrichtung und Grundschule in den Institutionen. Der bei einer dichotomen Nominalskala zulässige T-Test nach Student für zwei unabhängige Stichproben weist bei einer Untersuchung der Fragestellung in Bezug auf die Gleichheit der Varianzen (Varianzhomogenität) den Irrtumswahrscheinlichkeitswert $p = 0,012$ aus. Damit ist die Nullhypothese verworfen beziehungsweise die Alternativhypothese mit der Ausprägung „signifikant" behaftet.

► D II.   F/H 02:   **Eingeschätzter Bedarf an Unterstützung durch Sekundärakteur/inn/e/n für einen Erfolg der Kooperation zwischen Kindertageseinrichtung und Grundschule**

Die Leitungen der Kindertageseinrichtungen sehen in den meisten Bereichen mehrheitlich keinen Handlungsbedarf seitens der Träger in Bezug auf eine Intensivierung
der verschiedenen Formen der Unterstützung. Was sich die Mehrheit von ihnen für
ein Gelingen der Kooperation zwischen Kindertageseinrichtung und Grundschule in
den Fällen wünscht, in denen sie die entsprechende Unterstützung nicht erhalten, ist
die Wertschätzung ihrer Arbeit, eine Rückmeldung über ihre Kooperationsleistungen sowie eine Entlastung in ihrer Alltagsarbeit.

Eingeschätzter Bedarf: Unterstützung durch die Trä-ger im Kontext von Delfin 4	**Fall A** (ja / „mehr")	**Fall B** (nein / „mehr")
persönliche Gesprächsangebote	**16,4** (N=55)	**39,9** (N=143)
fachliche Beratung	**23,5** (N=51)	**36,4** (N=143)
motivationale Unterstützung	**12,9** (N=70)	**42,2** (N=128)
Aufgeschlossenheit in Bezug auf Neuerungen	**15,4** (N=136)	**46,8** (N=47)
Interesse an der Gestaltung des Übergangs von der Kita zur GS	**32,5** (N=117)	**48,5** (N=68)
rechtzeitige Weitergabe relevanter Informationen	**18,0** (N=133)	**50,0** (N=58)
Weitergabe von Informationen in ausreichendem Um-fang	**13,6** (N=110)	**49,3** (N=75)
Rückmeldungen über die geleistete Kooperationsarbeit	**13,1** (N=61)	**56,3** (N=126)
Wertschätzung meiner Arbeit	**19,7** (N=122)	**69,7** (N=66)
Entlastung von anderen Arbeiten / funktionalen Aufga-ben für mich	**22,2** (N=27)	**66,5** (N=179)
Fortbildungsangebote	**28,8** (N=104)	**46,5** (N=99)

Tab. 95: Einschätzungen der Leitungen (L) von Kindertageseinrichtungen (Kita) hinsichtlich des
Bedarfs an Unterstützung seitens der Träger als Bedingung für einen Erfolg der Kooperation zwischen Kindertageseinrichtung und Grundschule (GS), in Prozent (Antwort
„mehr" auf einer dreigliedrigen Skala mit den Antwortalternativen „mehr", „keine" und
„weniger"). Dargestellt sind die Fälle, in denen hinsichtlich des angegebenen Aspekts
eine Unterstützung gegeben ist und eine Veränderung im Sinne von „mehr" als Bedingung für einen Erfolg der Kooperation bewertet wird (Fall A), sowie die Fälle, in denen
hinsichtlich des angegebenen Aspekts eine Unterstützung nicht gegeben ist und eine
Veränderung im Sinne von „mehr" als Bedingung für einen Erfolg der Kooperation bewertet wird (Fall B). Mit einem in der Tabelle deutlich stärkeren Zellrahmen gekennzeichnet sind die Ergebnisse für diejenigen Aspekte, bei denen auf der Grundlage des
hier angewendeten Bestimmungsverfahrens für die genannten Bedingungen bei Umsetzung der gewünschten Veränderung eine Erfolgswirkung auf die Kooperationspraxis
von über 50 % der befragten Akteur/inn/e/n erwartet wird. (Siehe dazu Kapitel
IV.3.1.7.)

An die Fachberatungen stellt der über die mehrheitlichen Einschätzungen seitens der
Leitungen der Kindertageseinrichtungen ermittelte Bedarf im Fall B der Untersuchung vielseitige Unterstützungsanforderungen. Die Leitungen wünschen sich mehr

Gespräche und Beratung, Interesse an Neuerungen und Akzeptanz derselben, einen verbesserten Informationsfluss, Rückmeldungen und Wertschätzung sowie Entlastung bei der Arbeit und Fortbildungsangebote.

Eingeschätzter Bedarf: Unterstützung durch die Fachberatungen im Kontext von Delfin 4	Fall A (ja / „mehr")	Fall B (nein / „mehr")
persönliche Gesprächsangebote	**18,3** (N=104)	**60,2** (N=103)
fachliche Beratung	**25,0** (N=112)	**60,9** (N=92)
motivationale Unterstützung	**15,8** (N=95)	**47,1** (N=104)
Aufgeschlossenheit in Bezug auf Neuerungen	**13,8** (N=145)	**58,1** (N=43)
Interesse an der Gestaltung des Übergangs von der Kita zur GS	**27,8** (N=144)	**64,7** (N=51)
rechtzeitige Weitergabe relevanter Informationen	**16,6** (N=163)	**59,5** (N=42)
Weitergabe von Informationen in ausreichendem Umfang	**17,4** (N=155)	**60,0** (N=45)
Rückmeldungen über die geleistete Kooperationsarbeit	**11,3** (N=80)	**63,4** (N=112)
Wertschätzung meiner Arbeit	**20,2** (N=119)	**63,4** (N=71)
Entlastung von anderen Arbeiten / funktionalen Aufgaben für mich	**31,8** (N=22)	**63,1** (N=179)
Fortbildungsangebote	**32,1** (N=131)	**58,9** (N=73)

Tab. 96: Einschätzungen der Leitungen (L) von Kindertageseinrichtungen (Kita) hinsichtlich des Bedarfs an Unterstützung seitens der Fachberatungen als Bedingung für einen Erfolg der Kooperation zwischen Kindertageseinrichtung und Grundschule (GS), in Prozent (Antwort „mehr" auf einer dreigliedrigen Skala mit den Antwortalternativen „mehr", „keine" und „weniger"). Dargestellt sind die Fälle, in denen hinsichtlich des angegebenen Aspekts eine Unterstützung gegeben ist und eine Veränderung im Sinne von „mehr" als Bedingung für einen Erfolg der Kooperation bewertet wird (Fall A), sowie die Fälle, in denen hinsichtlich des angegebenen Aspekts eine Unterstützung nicht gegeben ist und eine Veränderung im Sinne von „mehr" als Bedingung für einen Erfolg der Kooperation bewertet wird (Fall B). Mit einem in der Tabelle deutlich stärkeren Zellenrahmen gekennzeichnet sind die Ergebnisse für diejenigen Aspekte, bei denen auf der Grundlage des hier angewendeten Bestimmungsverfahrens für die genannten Bedingungen bei Umsetzung der gewünschten Veränderung eine Erfolgswirkung auf die Kooperationspraxis von über 50 % der befragten Akteur/inn/e/n erwartet wird. (Siehe dazu Kapitel IV.3.1.7.)

Die Leitungen der Grundschulen erwarten sich jeweils im Fall B vom zuständigen Schulamt mehrheitlich mehr Unterstützung in den Bereichen motivationale Unterstützung, Interesse an der Gestaltung des Übergangs von der Kindertageseinrichtung zur Grundschule, Qualität des Informationsflusses, Rückmeldungen und Wertschätzung in der Arbeit sowie Fortbildungsangebote. Sowohl im Fall A als auch im Fall B fordern die Leitungen für ihre Arbeit eine zusätzliche Entlastung von anderen Aufgaben und mehr Entlastungsstunden.

Eingeschätzter Bedarf: Unterstützung durch das Schulamt im Kontext von Delfin 4	Fall A (ja / „mehr")	Fall B (nein / „mehr")
persönliche Gesprächsangebote	16,7 (N=42)	28,6 (N=49)
fachliche Beratung	20,3 (N=79)	42,1 (N=19)
motivationale Unterstützung	19,5 (N=41)	54,7 (N=53)
Aufgeschlossenheit in Bezug auf Neuerungen	16,9 (N=59)	33,3 (N=21)
Interesse an der Gestaltung des Übergangs von der Kita zur GS	26,8 (N=71)	70,6 (N=17)
rechtzeitige Weitergabe relevanter Informationen	18,3 (N=82)	88,2 (N=17)
Weitergabe von Informationen in ausreichendem Umfang	11,4 (N=88)	90,9 (N=11)
Rückmeldungen über die geleistete Kooperationsarbeit	26,3 (N=38)	64,7 (N=51)
Wertschätzung meiner Arbeit	20,9 (N=43)	75,6 (N=45)
Entlastungsstunde(n)	100,0 (N=2)	83,0 (N=106)
Entlastung von anderen Arbeiten / funktionalen Aufgaben für mich als Leiter/in	80,0 (N=5)	78,6 (N=103)
Fortbildungsangebote	22,2 (N=63)	68,8 (N=32)

Tab. 97: Einschätzungen der Leitungen (L) von Grundschulen (GS) hinsichtlich des Bedarfs an Unterstützung seitens des Schulamts als Bedingung für einen Erfolg der Kooperation zwischen Kindertageseinrichtung und Grundschule (GS), in Prozent (Antwort „mehr" auf einer dreigliedrigen Skala mit den Antwortalternativen „mehr", „keine" und „weniger"). Dargestellt sind die Fälle, in denen hinsichtlich des angegebenen Aspekts eine Unterstützung gegeben ist und eine Veränderung im Sinne von „mehr" als Bedingung für einen Erfolg der Kooperation bewertet wird (Fall A), sowie die Fälle, in denen hinsichtlich des angegebenen Aspekts eine Unterstützung nicht gegeben ist und eine Veränderung im Sinne von „mehr" als Bedingung für einen Erfolg der Kooperation bewertet wird (Fall B). Mit einem in der Tabelle deutlich stärkeren Zellenrahmen gekennzeichnet sind die Ergebnisse für diejenigen Aspekte, bei denen auf der Grundlage des hier angewendeten Bestimmungsverfahrens für die genannten Bedingungen bei Umsetzung der gewünschten Veränderung eine Erfolgswirkung auf die Kooperationspraxis von über 50 % der befragten Akteur/inn/e/n erwartet wird. (Siehe dazu Kapitel IV.3.1.7.)

▶ D II.   F/H 03:   **Eingeschätzter Bedarf an Unterstützung seitens der Leitungen für einen Erfolg der Kooperation zwischen Kindertageseinrichtung und Grundschule**

Im Bereich der Kindertageseinrichtungen sind für die Weiterentwicklung der Kooperation mit der Grundschule nach Einschätzung der Akteur/inn/e/n, denen es an entsprechenden Formen der Unterstützung durch ihre Leitung mangelt, unter anderem Gespräche und Beratung, Innovationsbereitschaft und Impulse für die Kooperation, ein funktionierender Informationsfluss, Fortbildungsangebote sowie eine gerechte und transparente Arbeitsverteilung Gelingensbedingungen im Sinne des Auswertungsdesigns. Dass sich die Leitungen um Standards in der Verständigung innerhalb des Teams bemühen, sehen diese selbst im Gegensatz zu den pädagogischen Fachkräften mehrheitlich als kooperationsfördernd an – interessanterweise aber nur dann, wenn sie solche Standards nicht gegeben sehen. Weitere Aufschlüsse bietet die nachfolgend aufgeführte Tabelle.

Eingeschätzter Bedarf: **Unterstützung der Fachkräfte durch die Leitungen im Kontext von Delfin 4**	**Kita L**		**Kita PF**	
	Fall A (ja / „mehr")	**Fall B** (nein / „mehr")	**Fall A** (ja / „mehr")	**Fall B** (nein / „mehr")
persönliche Gesprächsangebote	**44,3** (N=201)	**76,0** (N=25)	**25,2** (N=262)	**59,5** (N=42)
fachliche Beratung	**45,8** (N=153)	**81,1** (N=74)	**26,8** (N=209)	**59,0** (N=78)
motivationale Unterstützung	**23,0** (N=148)	**55,9** (N=59)	**21,4** (N=229)	**48,1** (N=54)
Aufgeschlossenheit in Bezug auf Neuerungen	--	--	**26,9** (N=275)	**70,0** (N=10)
Interesse an der Gestaltung des Übergangs von der Kita zur GS	--	--	**31,9** (N=282)	**50,0** (N=16)
Engagement für die Gestaltung des Übergangs von der Kita zur GS	--	--	**33,6** (N=247)	**50,0** (N=24)
Einstehen für ein klares pädagogisches Konzept in Bezug auf die Kooperation zwischen Kita und GS	--	--	**34,4** (N=186)	**53,7** (N=54)
Rückmeldungen über die geleistete Kooperationsarbeit	**39,5** (N=172)	**75,5** (N=49)	**27,5** (N=207)	**56,7** (N=60)
rechtzeitige Weitergabe relevanter Informationen	**25,6** (N=199)	**91,3** (N=23)	**23,6** (N=276)	**66,7** (N=15)
Weitergabe von Informationen in ausreichendem Umfang	**26,6** (N=154)	**82,4** (N=34)	**21,6** (N=259)	**65,0** (N=20)
Arbeitsteilung bei der Vorbereitung von Delfin 4	--	--	**19,5** (N=221)	**30,2** (N=63)
Arbeitsteilung bei der Umsetzung von Delfin 4	--	--	**20,8** (N=202)	**20,7** (N=82)
Arbeitsteilung bei der Nachbereitung von Delfin 4	--	--	**15,2** (N=197)	**18,5** (N=260)
Wertschätzung kollegialer Mitbestimmung	**26,3** (N=198)	**68,8** (N=16)	**18,5** (N=260)	**57,9** (N=19)
Wertschätzung meiner pädagogischen Arbeit	--	--	**16,7** (N=269)	**66,7** (N=18)
Bemühen um Standards für die Verständigung innerhalb des Teams	**28,5** (N=151)	**57,1** (N=49)	**21,0** (N=238)	**44,4** (N=27)
Fortbildungsangebote, die Kooperation zum Inhalt haben	**49,3** (N=67)	**74,2** (N=155)	**46,7** (N=137)	**64,4** (N=160)

Fortbildungsangebote, die die Zu-sammenarbeit im Team fördern	--	--	**43,0** (N=142)	**51,3** (N=150)
Interesse an der Arbeit in den ein-zelnen Gruppen	--	--	**27,2** (N=250)	**44,4** (N=36)
Anregung und Unterstützung in Bezug auf Formen der Kooperati-on innerhalb des Teams	--	--	**23,6** (N=216)	**61,9** (N=63)
Anregung und Unterstützung in Bezug auf Formen der Kooperati-on mit anderen Partnern	**41,8** (N=91)	**65,2** (N=112)	**29,8** (N=171)	**55,6** (N=99)
Berücksichtigung ausreichender Gelegenheiten zur Teamarbeit beim Entwerfen der Dienstpläne	**49,3** (N=138)	**78,7** (N=75)	**23,7** (N=215)	**61,2** (N=67)
gute Koordination der Zeitpläne für die Zusammenarbeit im Team außerhalb der Gruppenarbeit	--	--	**22,3** (N=211)	**64,6** (N=79)
gerechte Arbeitsverteilung	--	--	**13,9** (N=282)	**56,1** (N=41)
transparente Arbeitsverteilung	--	--	**17,4** (N=274)	**62,9** (N=35)

Tab. 98: Einschätzungen der Leitungen (L) sowie der pädagogischen Fachkräfte (PF) in Kinder-tageseinrichtungen (Kita) hinsichtlich des Bedarfs an Unterstützung für die pädagogi-schen Fachkräfte seitens der Leitungen der Einrichtungen als Bedingung für einen Er-folg der Kooperation zwischen Kindertageseinrichtung und Grundschule (GS), in Pro-zent (Antwort „mehr" auf einer dreigliedrigen Skala mit den Antwortalternativen „mehr", „keine" und „weniger"). Dargestellt sind die Fälle, in denen hinsichtlich des angegebenen Aspekts eine Unterstützung gegeben ist und eine Veränderung im Sinne von „mehr" als Bedingung für einen Erfolg der Kooperation bewertet wird (Fall A), sowie die Fälle, in denen hinsichtlich des angegebenen Aspekts eine Unterstützung nicht gegeben ist und eine Veränderung im Sinne von „mehr" als Bedingung für einen Erfolg der Kooperation bewertet wird (Fall B). Mit einem in der Tabelle deutlich stärke-ren Zellenrahmen gekennzeichnet sind die Ergebnisse für diejenigen Aspekte, bei denen auf der Grundlage des hier angewendeten Bestimmungsverfahrens für die genannten Bedingungen bei Umsetzung der gewünschten Veränderung eine Erfolgswirkung auf die Kooperationspraxis von über 50 % der befragten Akteur/inn/e/n erwartet wird. (Sie-he dazu Kapitel IV.3.1.7.) Da in den Fragebögen für die Leitungen der Kindertagesein-richtungen nicht alle hier berücksichtigten Fragen enthalten waren, fehlen in der Tabelle Werte in den entsprechenden Feldern.

Wie im Bereich der Kindertageseinrichtungen erachten auch im Bereich der Grund-schule die Leitungen anders als die Fachkräfte das Bemühen um Standards in der Verständigung innerhalb des Teams als notwendig für ein Gelingen der Kooperati-on. In gleicher Weise unterscheiden sich innerhalb des Primarbereichs die Ansichten bezüglich persönlicher Gesprächsangebote und fachlicher Beratung. Übereinstim-mend spricht sich jedoch die Mehrheit beider Gruppen von Akteur/inn/en für fol-gende Bedingungen für ein Gelingen der Kooperation aus: Rückmeldungen über die geleistete Kooperationsarbeit, rechtzeitige und ausreichende Information, Wert-schätzung kollegialer Mitarbeit, Impulse für die Kooperation mit anderen Part-ner/inne/n sowie Fortbildungsangebote, die Kooperation im Allgemeinen zum Inhalt haben. Die Gruppe der Lehrkräfte bewertet zudem das Einstehen der Leitung für ein klares pädagogisches Konzept in Bezug auf die Kooperation zwischen den beiden Bildungsinstitutionen, eine gute Koordination der Zeitpläne für die Zusammenarbeit außerhalb des Stundenplans sowie eine gerechte und transparente Arbeitsverteilung durch die Leitungen als Erfolgsbedingungen für die Zusammenarbeit mit den Kindertageseinrichtungen. Die Arbeitsteilungsprozesse beim Sprachstandsfeststellungsverfahren Delfin 4 haben bei den Akteur/inn/en aus dem Grundschulbereich wie auch in den Kindertageseinrichtungen in der Praxis mehrheitlich keinen Entwicklungsbedarf geweckt. Weitere Informationen sind der nachfolgenden Tabelle zu entnehmen.

Eingeschätzter Bedarf: Unterstützung der Fachkräfte durch die Leitungen im Kontext von Delfin 4	GS L		GS PF	
	Fall A (ja / „mehr")	Fall B (nein / „mehr")	Fall A (ja / „mehr")	Fall B (nein / „mehr")
persönliche Gesprächsangebote	**31,9** (N=94)	**83,3** (N=12)	**14,5** (N=124)	**44,0** (N=25)
fachliche Beratung	**42,4** (N=66)	**64,7** (N=34)	**10,3** (N=78)	**19,1** (N=68)
motivationale Unterstützung	**34,3** (N=70)	**36,8** (N=19)	**5,8** (N=104)	**28,1** (N=32)
Aufgeschlossenheit in Bezug auf Neuerungen	--	--	**12,0** (N=117)	**50,0** (N=10)
Interesse an der Gestaltung des Übergangs von der Kita zur GS	--	--	**18,2** (N=121)	**33,3** (N=6)
Engagement für die Gestaltung des Übergangs von der Kita zur GS	--	--	**13,7** (N=102)	**36,4** (N=11)
Einstehen für ein klares pädagogisches Konzept in Bezug auf die Kooperation zwischen Kita und GS	--	--	**24,1** (N=79)	**58,3** (N=24)
Rückmeldungen über die geleistete Kooperationsarbeit	**31,4** (N=86)	**66,7** (N=15)	**14,5** (N=83)	**52,6** (N=38)
rechtzeitige Weitergabe relevanter Informationen	**26,8** (N=97)	**100,0** (N=8)	**14,7** (N=129)	**75,0** (N=12)
Weitergabe von Informationen in ausreichendem Umfang	**25,3** (N=87)	**91,7** (N=12)	**13,2** (N=)	**57,1** (N=7)
Arbeitsteilung bei der Vorbereitung von Delfin 4	--	--	**12,6** (N=95)	**39,1** (N=46)
Arbeitsteilung bei der Umsetzung von Delfin 4	--	--	**18,2** (N=88)	**35,8** (N=53)
Arbeitsteilung bei der Nachbereitung von Delfin 4	--	--	**7,6** (N=66)	**27,1** (N=70)
Wertschätzung kollegialer Mitbestimmung	**24,4** (N=86)	**57,1** (N=7)	**7,8** (N=102)	**58,3** (N=12)
Wertschätzung meiner pädagogischen Arbeit	--	--	**10,3** (N=117)	**50,0** (N=6)

Bemühen um Standards für die Verständigung innerhalb des Teams	**22,4** (N=49)	**60,6** (N=33)	**15,4** (N=78)	**40,0** (N=25)
Fortbildungsangebote, die Koope- ration zum Inhalt haben	**45,0** (N=20)	**59,8** (N=82)	**21,7** (N=60)	**52,9** (N=68)
Fortbildungsangebote, die die Zu- sammenarbeit im Team fördern	--	--	**12,2** (N=49)	**32,1** (N=78)
Interesse an der Arbeit in den Klassen	--	--	**7,6** (N=92)	**50,0** (N=28)
Anregung und Unterstützung in Bezug auf Formen der Kooperati- on innerhalb des Kollegiums	--	--	**13,2** (N=91)	**39,4** (N=33)
Anregung und Unterstützung in Bezug auf Formen der Kooperati- on mit anderen Partner/inne/n	**42,9** (N=35)	**63,8** (N=58)	**11,0** (N=73)	**52,3** (N=44)
Einräumen von Gelegenheiten für Kooperationstätigkeiten	**46,6** (N=58)	**75,0** (N=40)	--	--
gute Koordination der Zeitpläne für die Zusammenarbeit im Kolle- gium außerhalb des Stundenplans	--	--	**5,4** (N=82)	**61,8** (N=34)
gerechte Arbeitsverteilung	--	--	**8,9** (N=90)	**78,1** (N=32)
transparente Arbeitsverteilung	--	--	**7,1** (N=99)	**79,2** (N=24)

Tab. 99: Einschätzungen der Leitungen (L) sowie der pädagogischen Fachkräfte (PF) in Grund-schulen (GS) hinsichtlich des Bedarfs an Unterstützung für die Lehrkräfte seitens der Leitungen der Schulen als Bedingung für einen Erfolg der Kooperation zwischen Kin-dertageseinrichtung und Grundschule (GS), in Prozent (Antwort „mehr" auf einer drei-gliedrigen Skala mit den Antwortalternativen „mehr", „keine" und „weniger"). Darge-stellt sind die Fälle, in denen hinsichtlich des angegebenen Aspekts eine Unterstützung gegeben ist und eine Veränderung im Sinne von „mehr" als Bedingung für einen Erfolg der Kooperation bewertet wird (Fall A), sowie die Fälle, in denen hinsichtlich des ange-gebenen Aspekts eine Unterstützung nicht gegeben ist und eine Veränderung im Sinne von „mehr" als Bedingung für einen Erfolg der Kooperation bewertet wird (Fall B). Mit einem in der Tabelle deutlich stärkeren Zellenrahmen gekennzeichnet sind die Ergeb-nisse für diejenigen Aspekte, bei denen auf der Grundlage des hier angewendeten Be-stimmungsverfahrens für die genannten Bedingungen bei Umsetzung der gewünschten Veränderung eine Erfolgswirkung auf die Kooperationspraxis von über 50 % der be-fragten Akteur/inn/e/n erwartet wird. (Siehe dazu Kapitel IV.3.1.7.) Da in den Fragebö-gen für die Leitungen der Grundschulen nicht alle hier berücksichtigten Fragen enthal-ten waren, fehlen in der Tabelle Werte in den entsprechenden Feldern.

► **D II.** **F/H 04: Eingeschätzter Bedarf an Unterstützung durch das Team beziehungsweise Kollegium für einen Erfolg der Kooperation zwischen Kindertageseinrichtung und Grundschule**

Die pädagogischen Fach- und Lehrkräfte stellen in Bezug auf die verschiedenen Formen der Unterstützung an die Teammitglieder beziehungsweise Kolleg/inn/en weniger breit gefächerte Forderungen als Bedingungen für ein Gelingen der Koope-ration zwischen Kindertageseinrichtungen und Grundschule als an ihre jeweiligen

Leitungen. Die Fachkräfte in beiden Einrichtungen fordern von ihren Arbeits-
partner/inne/n in Fällen, in denen die entsprechende Unterstützung nicht gegeben ist,
mehrheitlich Aufgeschlossenheit gegenüber Innovationen und ein klares Einstehen
für ein Konzept der Kooperation zwischen Kindertageseinrichtung und Grundschule, die pädagogischen Fachkräfte aus dem Bereich der Kindertageseinrichtungen
zudem ein Engagement der Teammitglieder für die Gestaltung des Übergangs von
der Kindertageseinrichtung zur Grundschule.

Eingeschätzter Bedarf: **Unterstützung der Fachkräfte durch das Team / Kollegium im Kontext von Delfin 4**	**Kita PF**		**GS PF**	
	Fall A (ja / „mehr")	**Fall B** (nein / „mehr")	**Fall A** (ja / „mehr")	**Fall B** (nein / „mehr")
persönliche Gesprächsangebote	**25,9** (N=263)	**48,6** (N=35)	**10,8** (N=93)	**46,9** (N=49)
fachliche Beratung	**32,0** (N=175)	**47,6** (N=105)	**7,3** (N=55)	**22,5** (N=89)
motivationale Unterstützung	**23,3** (N=219)	**38,6** (N=57)	**3,9** (N=76)	**32,1** (N=53)
Aufgeschlossenheit in Bezug auf Neuerungen	**30,7** (N=257)	**59,1** (N=22)	**10,8** (N=83)	**57,7** (N=26)
Interesse an der Gestaltung des Übergangs von der Kita zur GS	**35,5** (N=265)	**41,2** (N=17)	**20,6** (N=102)	**47,1** (N=17)
Engagement für die Gestaltung des Übergangs von der Kita zur GS	**36,9** (N=225)	**52,8** (N=36)	**16,3** (N=80)	**47,8** (N=23)
Einstehen für ein klares pädago-gisches Konzept in Bezug auf die Kooperation zwischen Kita und GS	**37,7** (N=167)	**57,9** (N=57)	**22,0** (N=59)	**63,9** (N=36)
Rückmeldungen über die geleistete Kooperationsarbeit	**29,8** (N=178)	**48,7** (N=78)	**13,8** (N=58)	**48,3** (N=58)
rechtzeitige Weitergabe relevanter Informationen	**25,0** (N=240)	**46,4** (N=28)	**12,7** (N=79)	**35,0** (N=40)
Weitergabe von Informationen in ausreichendem Umfang	**23,3** (N=232)	**37,9** (N=29)	**11,8** (N=85)	**30,8** (N=39)
Arbeitsteilung bei der Vorberei-tung von Delfin 4	**21,1** (N=228)	**29,0** (N=62)	**12,2** (N=82)	**40,0** (N=60)
Arbeitsteilung bei der Umsetzung von Delfin 4	**22,0** (N=232)	**28,1** (N=57)	**18,2** (N=99)	**38,3** (N=47)
Arbeitsteilung bei der Nachberei-tung von Delfin 4	**16,7** (N=198)	**24,7** (N=77)	**7,8** (N=64)	**26,9** (N=78)
Wertschätzung kollegialer Mitbe-stimmung	**19,1** (N=262)	**18,8** (N=16)	**9,0** (N=89)	**47,6** (N=21)
Wertschätzung meiner pädagogi-schen Arbeit	**17,5** (N=263)	**33,3** (N=15)	**7,5** (N=106)	**50,0** (N=12)
Bemühen um Standards für die Verständigung innerhalb des Teams	**22,8** (N=237)	**41,7** (N=24)	**14,7** (N=68)	**46,9** (N=32)

Tab. 100: Einschätzungen der pädagogischen Fachkräfte (PF) in Kindertageseinrichtungen
(Kita) und Grundschulen (GS) hinsichtlich ihres Bedarfs an Unterstützung durch das

Team beziehungsweise Kollegium als Bedingung für einen Erfolg der Kooperation zwischen Kindertageseinrichtung und Grundschule (GS), in Prozent (Antwort „mehr" auf einer dreigliedrigen Skala mit den Antwortalternativen „mehr", „keine" und „weniger"). Dargestellt sind die Fälle, in denen hinsichtlich des angegebenen Aspekts eine Unterstützung gegeben ist und eine Veränderung im Sinne von „mehr" als Bedingung für einen Erfolg der Kooperation bewertet wird (Fall A), sowie die Fälle, in denen hinsichtlich des angegebenen Aspekts eine Unterstützung nicht gegeben ist und eine Veränderung im Sinne von „mehr" als Bedingung für einen Erfolg der Kooperation bewertet wird (Fall B). Mit einem in der Tabelle deutlich stärkeren Zellenrahmen gekennzeichnet sind die Ergebnisse für diejenigen Aspekte, bei denen auf der Grundlage des hier angewendeten Bestimmungsverfahrens für die genannten Bedingungen bei Umsetzung der gewünschten Veränderung eine Erfolgswirkung auf die Kooperationspraxis von über 50 % der befragten Akteur/inn/e/n erwartet wird. (Siehe dazu Kapitel IV.3.1.7.)

▶ **D II.** **F/H 05:** **Wünsche der Eltern im Hinblick auf Veränderungen der Kooperationsvoraussetzungen für die Zusammenarbeit zwischen Eltern und Kindertageseinrichtung**

Die Eltern sind mit der Kooperation mit der Kindertageseinrichtung ihrer Kinder, wie im Befund mithilfe des Münsteraner Kooperations-Tableaus dargestellt, sehr häufig zufrieden. Aus diesem Grund sind die Fallzahlen in der Kategorie Fall B sehr gering. Dennoch sind in dieser Kategorie, wenn auch mit deutlichen Einschränkungen und unter Vorbehalten, Anhaltspunkte für Gelingensbedingungen zu erkennen, denn nur wenige der abgefragten Items wurden von den Eltern nicht mehrheitlich als wünschenswert bezeichnet. In der folgenden Tabelle sind es die Items, bei denen die Ergebniszeile nicht grau hinterlegt ist.

Wünsche der Eltern: Veränderungen der Kooperationsvoraussetzungen	Kita ELT	
	Fall A (ja / „mehr")	Fall B (nein / „mehr")
Informationen über das pädagogische Konzept der Kita	12,7 (N=332)	76,5 (N=17)
Einblick in die Arbeit der Erzieherin / des Erziehers mit Kindern	17,8 (N=332)	80,8 (N=26)
Vertrauen in die Arbeit der Erzieherin / des Erziehers mit Kindern	8,2 (N=342)	100,0 (N=11)
Eingehen der Erzieherin / des Erziehers auf Verbesserungsvorschläge der Eltern	7,5 (N=280)	75,0 (N=12)
Gesprächsbereitschaft der Erzieherin / des Erziehers	5,8 (N=362)	0,0 (N=0)
Nutzung der Gesprächsbereitschaft der Erzieherin / des Erziehers durch die Eltern zum Austausch über die Kinder	9,0 (N=357)	14,3 (N=7)
offene Ansprache von Problemen und Konflikten zwischen Eltern und Kita	5,9 (N=320)	69,2 (N=13)
verständliche Ausdrucksweise der Erzieherin / des Erziehers	4,2 (N=358)	100,0 (N=2)
Verständnis der Erzieherin / des Erziehers gegenüber Eltern	4,0 (N=350)	66,7 (N=3)

Interesse der Erzieherin / des Erziehers am Gespräch über Fördermöglichkeiten für die Kinder	**10,0** (N=321)	**76,5** (N=17)
Interesse der Eltern am Gespräch über Fördermöglichkeiten für die Kinder	**22,3** (N=349)	**14,3** (N=7)
seltener Wechsel der Gruppenbetreuung	**1,8*** (N=78)	**58,8*** (N=34)

Tab. 101: Wünsche der Eltern (ELT), deren Eltern eine Kindertageseinrichtung (Kita) besuchen, im Hinblick auf Veränderungen der Kooperationsvoraussetzungen für die Zusammenarbeit zwischen Eltern und Kindertageseinrichtung, in Prozent (Antwort „mehr" auf einer dreigliedrigen Skala mit den Antwortalternativen „mehr", „keine" und „weniger"). Dargestellt sind die Fälle, in denen hinsichtlich des angegebenen Aspekts die Kooperationsvoraussetzungen aus Sicht der Eltern gegeben sind und eine Veränderung im Sinne von „mehr" gewünscht wird (Fall A), sowie die Fälle, in denen hinsichtlich des angegebenen Aspekts die Kooperationsvoraussetzungen aus Sicht der Eltern nicht gegeben sind und eine Veränderung im Sinne von „mehr" gewünscht wird (Fall B). Mit einem in der Tabelle deutlich stärkeren Zellenrahmen gekennzeichnet sind die Ergebnisse für diejenigen Aspekte, bei denen der Wunsch nach Veränderung von über 50 % der befragten Eltern getragen wird.

* Der Prozentwert entspricht hier dem Ergebnis für den invertierten Fall aus dem Fragebogen (nein / „weniger" für Fall A; ja / „weniger" für Fall B), weil das Item dort im Hinblick auf eine Weiterentwicklung der Kooperation auch invertiert formuliert ist.

► D II.   F/H 06: Wünsche der Eltern im Hinblick auf Veränderungen in Bezug auf Formen der Kooperation zwischen Eltern und Kindertageseinrichtung

Die Fallzahlen für die Kategorie Fall B sind hier ebenfalls teilweise sehr gering. Wie bei den Ergebnissen zur zuvor diskutierten Frage können daher auch in dieser Kategorie nur mit deutlichen Einschränkungen und unter Vorbehalten Hinweise auf Gelingensbedingungen gegeben werden. Auch hier deutet sich aber zumindest an, dass die befragten Eltern sich für die meisten der abgefragten Kooperationsformen, die sie als nicht gegeben sehen, eine Intensivierung wünschen. In der folgenden Tabelle handelt es sich dabei um die Items, bei denen die Ergebniszeile grau hinterlegt ist.

Wünsche der Eltern: **Veränderungen der Kooperationsformen in der Zusammenarbeit mit der Kindertageseinrichtung**	Kita ELT	
	Fall A (ja / „mehr")	**Fall B** (nein / „mehr")
gemeinsam gestaltete Projekte	**19,5** (N=261)	**72,7** (N=33)
gemeinsam gestaltete Feste	**17,0** (N=289)	**66,7** (N=9)
gemeinsame Gestaltung von Themenabenden für Eltern	**19,3** (N=223)	**55,4** (N=65)
Informationsveranstaltung für Eltern der Vierjährigen	**17,2** (N=157)	**51,0** (N=98)
Beratungsgespräche in Bezug auf mein Kind	**18,8** (N=303)	**83,3** (N=18)
Besprechung / Gestaltung der Bildungsdokumentation über mein Kind	**17,6** (N=261)	**81,0** (N=42)

Gespräch über die Ergebnisse meines Kindes bei Delfin 4 Stufe 1 („Besuch im Zoo")	**16,9** (N=236)	**84,5** (N=58)
Gespräch über die Ergebnisse meines Kindes bei Delfin 4 Stufe 2 („Besuch im Pfiffikus-Haus")	**18,2** (N=99)	**40,7** (N=54)
Austausch über Möglichkeiten der sprachlichen Förderung meines Kindes	**17,6** (N=230)	**56,3** (N=48)
Information über Sprachfördermaßnahmen für mein Kind bei Nichtbestehen von Stufe 2 („Besuch im Pfiffikus-Haus")	**19,4** (N=108)	**35,9** (N=39)

Tab. 102: Wünsche der Eltern (ELT), deren Eltern eine Kindertageseinrichtung (Kita) besuchen, im Hinblick auf Veränderungen bei den Kooperationsformen in der Zusammenarbeit zwischen Eltern und Kindertageseinrichtung, in Prozent (Antwort „mehr" auf einer dreigliedrigen Skala mit den Antwortalternativen „mehr", „keine" und „weniger"). Dargestellt sind die Fälle, in denen hinsichtlich des angegebenen Aspekts die jeweilige Kooperationsform aus Sicht der Eltern gegeben ist und eine Veränderung im Sinne von „mehr" gewünscht wird (Fall A), sowie die Fälle, in denen hinsichtlich des angegebenen Aspekts die Kooperationsform aus Sicht der Eltern nicht gegeben ist und eine Veränderung im Sinne von „mehr" gewünscht wird (Fall B). Mit einem in der Tabelle deutlich stärkeren Zellenrahmen gekennzeichnet sind die Ergebnisse für diejenigen Aspekte, bei denen der Wunsch nach Veränderung von über 50 % der befragten Eltern getragen wird.

3.3.3 Ergebnisse in Kooperationsdimension III

▶ **D III.** **F/H 01: Zusammenhänge bezüglich der Zahl kooperierender Bezugseinrichtungen**

Ein signifikanter Zusammenhang zwischen der Zahl kooperierender Bezugseinrichtungen pro Einrichtung und der Häufigkeit des Wechsels der Ansprechpartner/innen ist sowohl im Elementar- als auch im Primarbereich nicht gegeben. In Bezug auf das Vorliegen von die Kooperation zwischen Kindertageseinrichtung und Grundschule unterstützenden Faktoren konnte im Elementarbereich eine signifikante, sehr geringe gegenläufige Korrelation mit der Zahl kooperierender Bezugseinrichtungen festgestellt werden. Ergebnisse der Kooperation werden in sehr geringen Maße eher protokolliert, wenn die Zahl der kooperierenden Bezugseinrichtungen gering ist. Im Primarbereich konnten keine Korrelationen zwischen der Zahl der kooperierenden Bezugseinrichtungen pro Einrichtung und dem Vorliegen von Formen der Unterstützung festgestellt werden, und im Primar- wie im Elementarbereich bestehen weder signifikante Korrelationen zwischen der Zahl der kooperierenden Bezugseinrichtungen pro Einrichtung und dem Klima der Kooperation noch zwischen der Zahl der kooperierenden Bezugseinrichtungen pro Einrichtung und der Häufigkeit der praktizierten Kooperationsformen. Für die abgefragten ausgewählten Qualitätsmerkmale der Kooperation gilt mit einer Ausnahme dasselbe; es ist lediglich im Bereich der Grundschule eine sehr signifikante, geringe Korrelation zwischen der Zahl der kooperierenden Bezugseinrichtungen pro Einrichtung und der Einschätzung der Leitungen zu beobachten, dass es den Kolleg/inn/en in der Schule klar sei, mit welchen Kindertageseinrichtungen kooperiert wird. Unter Berücksichtigung der Kodierung des Korrelats bedeutet dies, dass die Lehrkräfte nach Einschätzung der Leitungen die Partnerinstitutionen in geringem Maße eher kennen, wenn die Zahl der Bezugseinrichtungen klein ist.

Zahl der kooperierenden Bezugseinrich-tungen pro Einrichtung	Spearman-Rho		
	Korrelations-koeffizient	Sig. (zweiseitig)	N (Kita L)
Protokollieren von Kooperationsergebnissen	– 0,148*	0,015	268

Tab. 103: Rangkorrelationskoeffizient nach Spearman und Signifikanzniveau bezüglich des Zusammenhangs zwischen der Zahl kooperierender Bezugseinrichtungen pro Einrichtung und der Etablierung von Ergebnisprotokollen über die Kooperation auf der Grundlage der Angaben der Gruppe der Leitungen (L) von Kindertageseinrichtungen (Kita)

* sehr geringe, signifikante gegenläufige Korrelation

Zahl der kooperierenden Bezugseinrich-tungen pro Einrichtung	Spearman-Rho		
	Korrelations-koeffizient	Sig. (zweiseitig)	N (Kita L)
Es ist den Kolleg/inn/en der GS klar, mit welchen Kitas unsere Grundschule koope-riert.	0,253**	0,005	121

Tab. 104: Rangkorrelationskoeffizient nach Spearman und Signifikanzniveau bezüglich des Zusammenhangs zwischen der Zahl kooperierender Bezugseinrichtungen pro Einrichtung und dem Kenntnisstand der Mitglieder des Grundschulkollegiums darüber, mit welchen Kindertageseinrichtungen kooperiert wird, auf der Grundlage der Angaben der Gruppe der Leitungen (L) von Grundschulen (GS)

** geringe, sehr signifikante gegenläufige Korrelation (aufgrund der Kodierung des Korrelats ist dieser Zusammenhang trotz des positiven Betrags des Koeffizienten gegenläufig)

▶ **D III.   F/H 02:   Einschätzung des Bedarfs an unterstützenden Aspek-ten für das Gelingen der Kooperation zwischen Kin-dertageseinrichtung und Grundschule**

Im Bereich der Kindertageseinrichtungen haben sich die meisten in den Fragebögen aufgeführten unterstützenden Aspekte nach Einschätzung der beiden Gruppen von Akteur/inn/en über das angewandte Identifizierungsverfahren als Gelingensbedingungen herausgestellt. Die Leitungen halten in den in der folgenden Tabelle dargestellten Fällen mehrheitlich ein noch größeres Engagement der Fach- beziehungsweise Lehrkräfte aus beiden Einrichtungen für erforderlich, damit die Kooperation gelingt. Als weitere kooperationsfördernde Bedingungen ergaben sich aus den Angaben der Leitungen – im Gegensatz zu denen der Fachkräfte – das Einhalten von Absprachen und Verträgen, eine gemeinsame Fachsprache und die Verfügbarkeit unabhängiger Moderator/inn/en. Bemerkenswert ist die Tatsache, dass von den Akteur/inn/en, bei denen es keine Unterstützung für die Kooperation in Form schriftlicher Absprachen und Kooperationsverträge gibt, nicht mehrheitlich eine Etablierung dieser Formen gewünscht wird. Auch im Fall A erweist sich ein Kooperationsmerkmal als Gelingensbedingung im Sinne der Untersuchung – die gemeinsamen Fortbildungen von Akteur/inn/en aus Kindertageseinrichtungen und Grundschule. Diese haben sich folglich nach Ansicht beider Gruppen von Akteur/inn/en im Bereich der Kindertageseinrichtungen bewährt.

Eingeschätzter Bedarf: Unterstützende Aspekte für die Kooperation zwischen Kita und GS im Kontext von Delfin 4	Kita L		Kita PF	
	Fall A (ja / „mehr")	**Fall B** (nein / „mehr")	**Fall A** (ja / „mehr")	**Fall B** (nein / „mehr")
mündliche Absprachen zwischen den Leitungen	**29,0** (N=210)	**88,2** (N=17)	**27,0** (N=256)	**56,3** (N=16)
Engagement der Kita-Fachkraft und Übernahme von Aufgaben (z.B. bei der Koordination)	**15,0** (N=193)	**51,6** (N=31)	**13,9** (N=251)	**40,5** (N=37)
Engagement der GS-Fachkraft und Übernahme von Aufgaben (z.B. bei der Koordination)	**24,6** (N=179)	**73,5** (N=34)	**19,0** (N=216)	**49,0** (N=49)
personelle Kontinuität der Ansprechpartner/innen für die Kooperation	**10,2** (N=186)	**88,1** (N=42)	**19,7** (N=234)	**61,9** (N=42)
Gemeinsamkeiten im pädagogischen Konzept der Kita und im Schulprogramm der GS	**33,3** (N=75)	**67,0** (N=97)	**27,8** (N=90)	**55,1** (N=98)
gemeinsame Standards für die Bildungsdokumentation	**36,4** (N=55)	**63,6** (N=140)	**26,0** (N=77)	**64,2** (N=87,8)
Protokollieren von Ergebnissen der Kooperation	**26,8** (N=97)	**59,0** (N=122)	**22,5** (N=120)	**53,8** (N=119)
schriftliche Absprachen	**23,3** (N=73)	**45,5** (N=172)	**20,5** (N=73)	**37,8** (N=164)
Kooperationsverträge	**32,4** (N=34)	**44,3** (N=185)	**17,2** (N=29)	**31,5** (N=178)
Einhalten von Absprachen und Verträgen	**16,1** (N=155)	**56,1** (N=57)	**12,9** (N=170)	**42,4** (N=59)
gemeinsame Fachsprache	**15,8** (N=146)	**50,9** (N=55)	**11,3** (N=177)	**28,6** (N=56)
gegenseitige Hospitationen	**41,1** (N=112)	**80,5** (N=128)	**41,0** (N=105)	**58,7** (N=179)
gemeinsame Fortbildungen der pädagogischen Fachkräfte aus Kita und GS	**52,8** (N=53)	**75,1** (N=181)	**55,9** (N=68)	**63,9** (N=216)
Verfügbarkeit unabhängiger Moderator/inn/en	**30,0** (N=20)	**51,3** (N=189)	**35,3** (N=17)	**37,2** (N=207)
Möglichkeit des Kennenlernens der Kooperationspartner/innen aus der GS / Kita vor der Zusammenarbeit	**21,5** (N=144)	**80,0** (N=85)	**27,7** (N=159)	**67,2** (N=125)
Mitbestimmung bei der Zusammensetzung der kooperierenden Fachkräfte	**10,3** (N=87)	**35,6** (N=132)	**14,1** (N=78)	**32,1** (N=196)
rechtzeitige Information in Bezug auf die Kooperation	**16,6** (N=175)	**84,4** (N=45)	**17,8** (N=197)	**72,6** (N=73)
ausreichende Information in Bezug auf die Kooperation	**11,7** (N=163)	**87,7** (N=57)	**16,9** (N=189)	**67,5** (N=12,6)
Arbeitsteilung bei Verwaltungsaufgaben im Kontext von Delfin 4	--	--	**14,3** (N=147)	**30,7** (N=114)

Beteiligung der Eltern bei der Vor- beziehungsweise Nachbereitung von Delfin 4	**19,0** (N=84)	**39,7** (N=141)	**29,1** (N=86)	**17,5** (N=194)
Einhaltung von Terminabsprachen durch die Eltern	**10,1** (N=208)	**87,5** (N=16)	**12,5** (N=256)	**54,5** (N=22)
Gesprächsbereitschaft der Eltern bezüglich der sprachlichen Förde- rung ihres Kindes	**22,7** (N=220)	**87,5** (N=8)	**29,6** (N=284)	**75,0** (N=8)
Rückmeldungen von Eltern über die von Kita und GS geleistete Kooperationsarbeit	**37,4** (N=91)	**64,3** (N=126)	**37,6** (N=125)	**56,9** (N=144)

Tab. 105: Einschätzungen der Leitungen (L) sowie der pädagogischen Fachkräfte (PF) in Kindertageseinrichtungen (Kita) hinsichtlich unterstützender Aspekte für einen Erfolg der Kooperation zwischen Kindertageseinrichtung und Grundschule (GS), in Prozent (Antwort „mehr" auf einer dreigliedrigen Skala mit den Antwortalternativen „mehr", „keine" und „weniger"). Dargestellt sind die Fälle, in denen der angegebene unterstützende Aspekt gegeben ist und eine Veränderung im Sinne von „mehr" als Bedingung für einen Erfolg der Kooperation bewertet wird (Fall A), sowie die Fälle, in denen der angegebene unterstützende Aspekt nicht gegeben ist und eine Veränderung im Sinne von „mehr" als Bedingung für einen Erfolg der Kooperation bewertet wird (Fall B). Mit einem in der Tabelle deutlich stärkeren Zellenrahmen gekennzeichnet sind die Ergebnisse für diejenigen Aspekte, bei denen auf der Grundlage des hier angewendeten Bestimmungsverfahrens für die genannten Bedingungen bei Umsetzung der gewünschten Veränderung eine Erfolgswirkung auf die Kooperationspraxis von über 50 % der befragten Akteur/inn/e/n erwartet wird. (Siehe dazu Kapitel IV.3.1.7.) Da in den Fragebögen für die Leitungen der Kindertageseinrichtungen nicht alle hier berücksichtigten Fragen enthalten waren, fehlen in der Tabelle Werte in den entsprechenden Feldern.

Auch im Bereich der Grundschule werden die gemeinsamen Fortbildungen als einziger Aspekt auch für den Fall A mehrheitlich – von den Leitungen der Grundschulen – als Bedingung für einen Erfolg der Kooperation benannt, und auch hier schätzt die Mehrheit der Leitungen Bedingungen in der Mehrheit als kooperationsfördernd ein, die in den Augen der Mehrheit der Lehrkräfte keine Verbesserung im Sinne von „mehr" als Bedingung für einen Erfolg der Kooperation erfordern. Dazu zählen Absprachen zwischen den Leitungen, das Einhalten von Absprachen und Verträgen, eine gemeinsame Fachsprache, die Verfügbarkeit von unabhängigen Moderator/inn/en, die Möglichkeit des Kennenlernens der Kooperationspartnerin beziehungsweise des Kooperationspartners aus der Bezugseinrichtung vor Beginn der Zusammenarbeit und Rückmeldungen von Eltern über die von Kindertageseinrichtung und Grundschule geleistete Kooperationsarbeit. Auffällig ist auch hier, dass Aspekten, die in Empfehlungen und der Fachliteratur normativ als Gelingensbedingungen für die interinstitutionelle Kooperation zwischen Kindertageseinrichtungen und Grundschule beschrieben werden, in dem hier verwendeten Bestimmungsverfahren nach Einschätzung der befragten primären Praxisakteur/inn/e/n keine besondere Bedeutung als Gelingensbedingung beigemessen wird. Dazu gehören insbesondere schriftliche Absprachen in der Zusammenarbeit und Kooperationsverträge und das Protokollieren von Kooperationsergebnissen sowie die Möglichkeit der Mitbestimmung bei der Zusammensetzung der kooperierenden Fachkräfte.

Eingeschätzter Bedarf: Unterstützende Aspekte für die Kooperation zwischen Kita und GS im Kontext von Delfin 4	GS L		GS PF	
	Fall A (ja / „mehr")	**Fall B** (nein / „mehr")	**Fall A** (ja / „mehr")	**Fall B** (nein / „mehr")
mündliche Absprachen zwischen den Leitungen	**15,4** (N=104)	**66,7** (N=6)	**9,8** (N=133)	**25,0** (N=8)
Engagement der Kita-Fachkraft und Übernahme von Aufgaben (z.B. bei der Koordination)	**10,5** (N=86)	**52,9** (N=17)	**7,4** (N=121)	**60,0** (N=10)
Engagement der GS-Fachkraft und Übernahme von Aufgaben (z.B. bei der Koordination)	**8,0** (N=100)	**50,0** (N=10)	**6,0** (N=134)	**60,0** (N=5)
personelle Kontinuität der Ansprechpartner/innen für die Kooperation	**8,9** (N=90)	**53,8** (N=13)	**3,3** (N=121)	**60,0** (N=15)
Gemeinsamkeiten im pädagogischen Konzept der Kita und im Schulprogramm der GS	**34,1** (N=41)	**63,6** (N=33)	**14,5** (N=62)	**63,0** (N=27)
gemeinsame Standards für die Bildungsdokumentation	**27,3** (N=33)	**66,1** (N=56)	**13,3** (N=30)	**64,4** (N=59)
Protokollieren von Ergebnissen der Kooperation	**23,7** (N=38)	**45,3** (N=64)	**12,0** (N=50)	**46,7** (N=60)
schriftliche Absprachen	**19,2** (N=26)	**45,6** (N=79)	**6,5** (N=31)	**16,3** (N=80)
Kooperationsverträge	**21,4** (N=14)	**33,0** (N=91)	**11,1** (N=9)	**12,8** (N=94)
Einhalten von Absprachen und Verträgen	**10,3** (N=78)	**68,2** (N=22)	**6,5** (N=93)	**38,9** (N=18)
gemeinsame Fachsprache	**7,5** (N=67)	**55,6** (N=18)	**4,4** (N=90)	**31,6** (N=19)
gegenseitige Hospitationen	**39,1** (N=64)	**82,2** (N=45)	**8,9** (N=45)	**59,6** (N=94)
gemeinsame Fortbildungen der pädagogischen Fachkräfte aus Kita und GS	**68,2** (N=22)	**64,6** (N=82)	**28,6** (N=42)	**56,2** (N=89)
Verfügbarkeit unabhängiger Moderator/inn/en	**46,7** (N=15)	**62,3** (N=69)	**23,8** (N=21)	**42,5** (N=80)
Möglichkeit des Kennenlernens der Kooperationspartner/innen aus der GS / Kita vor der Zusammenarbeit	**15,0** (N=80)	**58,3** (N=24)	**3,9** (N=103)	**40,6** (N=32)
Mitbestimmung bei der Zusammensetzung der kooperierenden Fachkräfte	**2,1** (N=47)	**20,4** (N=49)	**6,1** (N=33)	**22,3** (N=94)
rechtzeitige Information in Bezug auf die Kooperation	**4,4** (N=90)	**54,5** (N=11)	**4,7** (N=106)	**69,6** (N=27)
ausreichende Information in Bezug auf die Kooperation	**5,7** (N=106)	**84,6** (N=13)	**7,2** (N=111)	**77,3** (N=22)
Arbeitsteilung bei Verwaltungsaufgaben im Kontext von Delfin 4	--	--	**5,8** (N=69)	**45,3** (N=53)

Beteiligung der Eltern bei der Vor- beziehungsweise Nachbereitung von Delfin 4	**13,6** (N=22)	**15,2** (N=66)	**6,3** (N=16)	**9,0** (N=111)
Einhaltung von Terminabsprachen durch die Eltern	**23,2** (N=69)	**86,4** (N=22)	**9,9** (N=101)	**84,2** (N=19)
Gesprächsbereitschaft von Eltern bezüglich der sprachlichen Förde- rung ihres Kindes	**30,9** (N=81)	**63,6** (N=11)	**22,1** (N=104)	**100,0** (N=10)
Rückmeldungen von Eltern über die von Kita und GS geleistete Kooperationsarbeit	**28,6** (N=21)	**54,8** (N=62)	**22,7** (N=22)	**41,7** (N=60)

Tab. 106: Einschätzungen der Leitungen (L) sowie der Lehrkräfte (PF) in Grundschulen (GS) hinsichtlich unterstützender Aspekte für einen Erfolg der Kooperation zwischen Kindertageseinrichtung (Kita) und Grundschule, in Prozent (Antwort „mehr" auf einer dreigliedrigen Skala mit den Antwortalternativen „mehr", „keine" und „weniger"). Dargestellt sind die Fälle, in denen der angegebene unterstützende Aspekt gegeben ist und eine Veränderung im Sinne von „mehr" als Bedingung für einen Erfolg der Kooperation bewertet wird (Fall A), sowie die Fälle, in denen der angegebene unterstützende Aspekt nicht gegeben ist und eine Veränderung im Sinne von „mehr" als Bedingung für einen Erfolg der Kooperation bewertet wird (Fall B). Mit einem in der Tabelle deutlich stärkeren Zellenrahmen gekennzeichnet sind die Ergebnisse für diejenigen Aspekte, bei denen auf der Grundlage des hier angewendeten Bestimmungsverfahrens für die genannten Bedingungen bei Umsetzung der gewünschten Veränderung eine Erfolgswirkung auf die Kooperationspraxis von über 50 % der befragten Akteur/inn/e/n erwartet wird. (Siehe dazu Kapitel IV.3.1.7.) Da in den Fragebögen für die Leitungen der Kindertageseinrichtungen nicht alle hier berücksichtigten Fragen enthalten waren, fehlen in der Tabelle Werte in den entsprechenden Feldern.

In beiden Bildungsbereichen sehen die Akteur/inn/e/n eine Beteiligung der Eltern an der Vor- beziehungsweise Nachbereitung von Delfin 4 mehrheitlich nicht als für ein Gelingen der Kooperation erforderlich an.

► **D III.** **F/H 03: Zusammenhänge zwischen unterstützenden Bedingungen für einen Erfolg der Kooperation**

Die Anwendung des Auswertungsdesigns hinsichtlich der Bestimmung von Korrelationen und der Durchführung einer Faktorenanalyse (siehe Kapitel IV.3.1.6) reduziert die Anzahl der Variablen bezüglich der unterstützenden Bedingungen für die interinstitutionelle Kooperation auf folgende Dimensionen:

	Faktoren / nicht subsumierte Ausgangsvariable	**Subvariable**	**Faktorladung**
a	gemeinsame Konzeptbausteine und wechselseitige Hospitationen	konzeptionelle Gemeinsamkeiten	0,734
		gemeinsame Standards für die Bildungsdokumentation	0,734
		wechselseitige Hospitationen	0,541
b	Engagement der Pädagog/inn/en	Engagement der Kita-Fachkraft	0,733
		Engagement der GS-Fachkraft	0,674
		Absprachen zwischen den Leitungen	0,662

c	funktionierende Informations-strukturen	rechtzeitige Information	0,841
		ausreichende Information	0,820
d	schriftliche Vereinbarungen	schriftliche Absprachen	0,789
		Kooperationsverträge	0,706
e	Protokolle		
f	gemeinsame Fortbildungen		
g	gemeinsame Fachsprache		
h	personelle Kontinuität		

Tab. 107: Dimensionenreduktion der Variablenmenge „Bedingungen – unterstützende Faktoren für die interinstitutionelle Zusammenarbeit" durch Faktorenanalyse (Extraktionsmethode: Hauptkomponentenanalyse; Rotationsmethode: Varimax mit Kaiser-Normalisierung. Die Rotation ist hier in fünf Iterationen konvergiert.)

Da die Variablen eines Faktors stark miteinander korrelieren, ist der Tabelle zu entnehmen, welche Items miteinander zusammenhängen. Die Faktoren selbst korrelieren miteinander nicht beziehungsweise nur in sehr geringem Maße. Eine bivariate Korrelationsanalyse zeigt, welche durch die Faktorenanalyse nicht subsumierten Variablen mit den Faktoren korrelieren. Die nennenswerten Korrelationen ($r \geq 0,3$) zeigen unter anderem, dass es jeweils einen Zusammenhang zwischen gemeinsamen Fortbildungen und gemeinsamen Konzeptbausteinen in den Programmen der Einrichtungen sowie einen Zusammenhang zwischen dem Engagement der Pädagog/inn/en und der personellen Kontinuität gibt.

Korrelation[1]	Korrelate		Spearman-Rho		
			Korrelati-ons-koeffizient	Sig. (zwei-seitig)	N (Kita L/PF + GS L/PF)
g	gemeinsame Konzept-bausteine und wechsel-seitige Hospitationen	Protokolle	0,461***	0,000	827
g	gemeinsame Konzept-bausteine und wechsel-seitige Hospitationen	gemeinsame Fortbil-dungen	0,428***	0,000	827
g	Engagement der Päda-gog/inn/en	gemeinsame Fach-sprache	0,490***	0,000	827
g	Engagement der Päda-gog/inn/en	personelle Kontinuität	0,363***	0,000	827
g	schriftliche Vereinba-rungen	Protokolle	0,410***	0,000	827
g	schriftliche Vereinba-rungen	gemeinsame Fach-sprache	0,305***	0,000	827

Tab. 108: Rangkorrelationskoeffizienten nach Spearman und Signifikanzniveaus bezüglich der Zusammenhänge zwischen unterstützenden Bedingungen für die interinstitutionelle Kooperation nach Angaben der Leitungen (L) und Fach- beziehungsweise Lehrkräfte

(PF) aus Kindertageseinrichtungen (Kita) und Grundschulen (GS). Dargestellt sind nur die signifikanten Korrelationen in „nennenswerter Ausprägung" (r ≥ 0,3).

[1] Interpretation des Wertes des Korrelationskoeffizienten: sehr geringe Korrelation (sg); geringe Korrelation (g); mittlere Korrelation (m); hohe Korrelation (h); sehr hohe Korrelation (sh)

*** Die Korrelation ist höchst signifikant.

▶ **D III.** **F/H 04: Zusammenhänge zwischen praktizierten Kooperationsformen**

Die Anwendung des Auswertungsdesigns hinsichtlich der Bestimmung von Korrelationen und der Durchführung einer Faktorenanalyse (siehe Kapitel IV.3.1.6) reduziert die Anzahl der Variablen bezüglich der praktizierten Formen der Kooperationsformen zwischen beiden Bildungseinrichtungen auf folgende Dimensionen:

	Faktoren / nicht subsumierte Ausgangsvariable	Subvariable	Faktorladung
a	Austausch, Reflexion und Konferenzen über die Bildungsarbeit	Austausch über Bildungskonzepte	0,818
		Absprachen über Sprachförderkonzepte vor der Einschulung	0,762
		gemeinsame Reflexion der Qualität pädagogischer Arbeit	0,753
		Austausch über die Art der Weiterführung der Sprachförderung in der Grundschule	0,671
		Austausch von Lern- und Arbeitsmaterialien	0,634
		gemeinsame Konferenzen	0,590
b	wechselseitige Besuche und gemeinsam gestaltete Aktionen	Besuche von Kita-Kindern in der GS	0,746
		Besuche von GS-Kindern in der Kita	0,723
		gemeinsam gestaltete Projekte und Feste	0,710
c	gemeinsame Fortbildungen		
d	gemeinsame Zusammenarbeit mit Eltern		
e	gemeinsame Übergabe der Bildungsdokumentation		

Tab. 109: Dimensionenreduktion der Variablenmenge „Häufigkeit praktizierter Formen der Kooperation zwischen Kindertageseinrichtung und Grundschule" durch Faktorenanalyse (Extraktionsmethode: Hauptkomponentenanalyse; Rotationsmethode: Varimax mit Kaiser-Normalisierung. Die Rotation ist hier in drei Iterationen konvergiert.)

Die Faktorenanalyse legt offen, dass die abgefragten Formen des Austauschs, der Reflexion und des Konferierens über Bildungsarbeit eng zusammenhängen und Besuche von Kindern in den jeweiligen Bezugsinstitutionen in reziproker Beziehung zueinander stehen. Die anschließende bivariate Korrelationsanalyse zeigt den Zusammenhang zwischen den Austauschhandlungen und erstens gemeinsamen Fortbildungen sowie zweitens der gemeinsamen Zusammenarbeit mit Eltern.

Korrelation[1]	Korrelate		Spearman-Rho		
			Korrelati-ons-koeffizient	Sig. (zwei-seitig)	N (Kita L/PF + GS L/PF)
g	Austausch, Reflexion und Konferenzen über die Bildungsarbeit	gemeinsame Fortbil-dungen	0,349***	0,000	803
g	Austausch, Reflexion und Konferenzen über die Bildungsarbeit	gemeinsame Zusam-menarbeit mit Eltern	0,360***	0,000	795

Tab. 110: Rangkorrelationskoeffizienten nach Spearman und Signifikanzniveaus bezüglich der Zusammenhänge zwischen den Häufigkeiten praktizierter Formen der Kooperation zwischen Kindertageseinrichtungen und Grundschulen nach Angaben der Leitungen (L) und Fach- beziehungsweise Lehrkräfte (PF) aus Kindertageseinrichtungen (Kita) und Grundschulen (GS). Dargestellt sind nur die signifikanten Korrelationen in „nennenswerter Ausprägung" (r ≥ 0,3).

[1] Interpretation des Wertes des Korrelationskoeffizienten: sehr geringe Korrelation (sg); geringe Korrelation (g); mittlere Korrelation (m); hohe Korrelation (h); sehr hohe Korrelation (sh)

*** Die Korrelation ist höchst signifikant.

▶ **D III.**   **F/H 05:   Zusammenhänge zwischen Klimafaktoren**

	Faktoren / nicht subsumierte Ausgangsvariable	Subvariable	Faktor-ladung
a	Klimaindex	Bemühen um einvernehmliche Lö-sungen bei Konflikten	0,830
		offene Ansprache von Problemen	0,818
		Gleichberechtigung der Bezugsein-richtung seitens der eigenen Institu-tion	0,813
		Akzeptanz gegenüber Verbesse-rungsvorschlägen	0,811
		Partizipation an Entscheidungen	0,753
		Wertschätzung der von der Be-zugseinrichtung geleisteten Arbeit	0,746
		Gleichberechtigung der eigenen In-stitution seitens der Bezugseinrich-tung	0,730
		Aufgeschlossenheit für Verände-rungen	0,727
		aktive Beteiligung der meisten Ak-teur/inn/e/ne an Diskussionen	0,723
		Vertrauen in die Kompetenz der Kooperationspartner/innen	0,689

Tab. 111: Dimensionenreduktion der Variablenmenge „Klimafaktoren der Kooperationspraxis von Kindertageseinrichtungen und Grundschule" durch Faktorenanalyse (Extraktionsmethode: Hauptkomponentenanalyse; Komponenten extrahiert und aufgrund des einfaktoriellen Ergebnisses nicht rotiert)

Die Faktorenanalyse bei den ausgewählten Items zum Kooperationsklima ergab, dass alle Items stark miteinander korrelieren und infolgedessen ein Klimaindex direkt abgeleitet werden kann.

▶ **D III.**   **F/H 06: Zusammenhänge zwischen unterstützenden Bedingungen, Kooperationsformen und Klimafaktoren**

Die Korrelationsanalyse der Variablen der Bereiche unterstützende Bedingungen, Kooperationsformen und Klimafaktoren, die nach den Faktorenanalysen bestimmt wurden, ergibt, dass die Hintergrundvariablen und Variablen bis auf eine Ausnahme nicht in nennenswerter Ausprägung ($r \geq 0{,}3$) korrelieren. Zwischen dem Faktor Austausch, Reflexion und Konferenzen über die Bildungsarbeit der Ebene Kooperationsformen und dem Faktor gemeinsame Konzeptbausteine und wechselseitige Hospitationen besteht eine geringe Korrelation.

Korrelation[1]	Korrelate		Spearman-Rho		
			Korrelations-koeffizient	Sig. (zwei-seitig)	N (Kita L/PF + GS L/PF)
g	Austausch, Reflexion und Konferenzen über die Bildungsarbeit	gemeinsame Konzept-bausteine und wech-selseitige Hospitatio-nen	0,354***	0,000	723

Tab. 112: Rangkorrelationskoeffizienten nach Spearman und Signifikanzniveau bezüglich des Zusammenhangs zwischen Kooperationsformen und Bedingungen der Kooperation zwischen Kindertageseinrichtungen und Grundschule nach Angaben der Leitungen (L) und Fach- beziehungsweise Lehrkräfte (PF) aus Kindertageseinrichtungen (Kita) und Grundschulen (GS). Dargestellt sind nur die signifikanten Korrelationen in „nennenswerter Ausprägung" ($r \geq 0{,}3$).

[1] Interpretation des Wertes des Korrelationskoeffizienten: sehr geringe Korrelation (sg); geringe Korrelation (g); mittlere Korrelation (m); hohe Korrelation (h); sehr hohe Korrelation (sh)

*** Die Korrelation ist höchst signifikant.

Die geringe Zahl der Korrelationen zwischen den Ebenen Bedingungen, Formen und Klima stellt die vorgenommene Perspektivenfusion der Angaben der beteiligten Gruppen von Akteur/inn/en in Frage und erfordert zusammen mit einem Vorgriff auf weitere Untersuchungsergebnisse bezüglich der Signifikanz von Angaben der Gruppen von Akteur/inn/en eine differenzierte Analyse. Diese Präzisierung manifestiert sich in den in der folgenden Tabelle dargestellten Korrelationen:

Ak-teu-r/in-n/e/n	Korrelate		Korrel.-koeffizient	Sig. (zwei-seitig)	N	IK [1]
	Dimension III	Dimension III				
Kita L	Austausch, Reflexion und Konferenzen über die Bildungsarbeit	gemeinsame Konzeptbausteine und wechselseitige Hospitationen	**0,457***	0,000	209	g
Kita L	Austausch, Reflexion und Konferenzen über die Bildungsarbeit	Protokollieren von Kooperationsergebnissen	**0,430***	0,000	230	g
Kita L	Austausch, Reflexion und Konferenzen über die Bildungsarbeit	gemeinsame Fachsprache	**0,300***	0,000	225	g
Kita L	gemeinsame Konzeptbausteine und wechselseitige Hospitationen	gemeinsame Fortbildungen	**0,327***	0,000	229	g
Kita L	funktionierende Informationsstrukturen	Klimaindex	**0,300***	0,000	227	g
Kita L	personelle Kontinuität der Ansprechpartner/innen	Klimaindex	**0,311***	0,000	254	g
Kita L	gemeinsame Fachsprache	Klimaindex	**0,304***	0,000	248	g
Kita L	Austausch, Reflexion und Konferenzen über die Bildungsarbeit	Klimaindex	**0,384***	0,000	219	g
Kita PF	Austausch, Reflexion und Konferenzen über die Bildungsarbeit	funktionierende Informationsstrukturen	**0,309***	0,000	273	g
Kita PF	Klimaindex	funktionierende Informationsstrukturen	**0,352***	0,000	277	g
GS L	Austausch, Reflexion und Konferenzen über die Bildungsarbeit	Protokollieren von Kooperationsergebnissen	**0,301***	0,001	113	g
GS PF	Austausch, Reflexion und Konferenzen über die Bildungsarbeit	gemeinsame Konzeptbausteine und wechselseitige Hospitationen	**0,349***	0,000	133	g

GS PF	Austausch, Reflexion und Konferenzen über die Bildungsarbeit	Protokollieren von Kooperationsergebnissen	**0,310*****	0,000	144	g
GS PF	gemeinsame Fortbildungen	Protokollieren von Kooperationsergebnissen	**0,338*****	0,000	158	g

Tab. 113: Rangkorrelationskoeffizienten nach Spearman und Signifikanzniveaus in Bezug auf Zusammenhänge zwischen unterstützenden Bedingungen für einen Erfolg der Kooperation, der Häufigkeit der praktizierten Kooperationsformen und dem Klima der Kooperation nach Angaben der Leitungen (L) und Fachkräfte (PF) aus Kindertageseinrichtungen (Kita) und Grundschulen (GS). Dargestellt sind nur die signifikanten Korrelationen in „nennenswerter Ausprägung" (r ≥ 0,3).

[1] Interpretation des Wertes des Korrelationskoeffizienten (IK): sehr geringe Korrelation (sg); geringe Korrelation (g); mittlere Korrelation (m); hohe Korrelation (h); sehr hohe Korrelation (sh)

*** Die Korrelation ist höchst signifikant.

Die Interpretation dieser Daten macht einige wichtige Faktoren im Kooperationsgeschehen zwischen Kindertageseinrichtungen und Grundschule aus der Perspektive jeder einzelnen Gruppe von Akteur/inn/en deutlich. So lässt sich beispielsweise erkennen, dass der regelmäßige wechselseitige Austausch, die gemeinsame Reflexion und Konferenzen über die gemeinsame Bildungs- und Erziehungsarbeit sowie wechselseitige Hospitationen und gemeinsame Fortbildungen das Entstehen gemeinsamer konzeptioneller Bausteine in den Programmen der Einrichtungen fördern und so die Zusammenarbeit optimieren. Große Bedeutung haben darüber hinaus das Klima der Kooperation und die Existenz eines funktionierenden Informationssystems.

▶ D III. F/H 07: Unterschiede bei der Wahrnehmung ausgewählter Elemente der Kooperationsqualität

Die Werte der folgenden Tabellen 115 bis 119 resultieren aus der Anwendung des H-Tests nach Kruskal und Wallis. An dieser Stelle sind die p-Werte aufgeführt. Die weiteren Ergebnisse und Werte aus den H-Tests sind dem Anhang zu entnehmen.

Ein Vergleich innerhalb des Bereichs der Kindertageseinrichtungen zeigt, dass die abgefragten ausgewählten Elemente der Kooperationsqualität etwa zur Hälfte von Leitungen und Fachkräften gleich eingeschätzt werden.

Vergleich Kita: Leitungen ↔ Fachkraft	Asymptotische Signifikanz p
Die Arbeitsbeziehung zwischen mir und meinen Kooperationspartner/inne/n aus der Bezugseinrichtung ist produktiv. (N=256↔340)	**0,001*****
Es gibt eine gemeinsame Fachsprache von Kita und GS. (N=251↔329)	**0,000*****
Ich habe gute Kenntnisse über den Bildungs- und Erziehungsauftrag der Kooperationspartner/innen aus der Bezugseinrichtung. (N=259↔335)	**0,003****
Meine Kooperationspartner/innen aus der Bezugseinrichtung haben gute Kenntnisse über den Erziehungs- und Bildungsauftrag unserer Institution. (N=258↔319)	**0,330 [ns]**

Ich habe gute Kenntnisse über die in der kooperierenden Bezugseinrichtung praktizierten Regeln, Rituale und Arbeitsformen. (N=262↔337)	**0,138** ns
Die Erwartungen der kooperierenden Profession in Bezug auf meine Arbeit sind mir klar. (N=257↔332)	**0,045***
Die Problemfelder in der Arbeit der anderen Profession sind mir verständlich. (N=256↔325)	**0,128** ns
Absprachen zwischen Kita und GS werden eingehalten. (N=260↔327)	**0,293** ns
Es ist den Kolleg/inn/en klar, mit welchen Bezugseinrichtungen unsere Institution kooperiert. (N=260↔340)	**0,001***

Tab. 114: Vergleich der Angaben von Leitungen und Fachkräften im Bereich der Kindertageseinrichtungen zu ausgewählten Elementen der Kooperationsqualität im Hinblick auf deren Signifikanz. Der Vergleich wurde mit einem auf zwei unabhängige Stichproben reduzierten H-Test nach Kruskal und Wallis durchgeführt. Mit einem in der Tabelle deutlich stärkeren Zellenrahmen gekennzeichnet sind die Felder mit den Ergebnissen für die Antworten, bei denen sich die Angaben nicht signifikant unterscheiden.

ns Die Korrelation ist nicht signifikant. / * Die Korrelation ist signifikant. / ** Die Korrelation ist sehr signifikant. / *** Die Korrelation ist höchst signifikant.

Ein Vergleich innerhalb des Bereichs der Grundschule wiederum zeigt, dass die abgefragten ausgewählten Elemente der Kooperationsqualität von Leitungen und Lehrkräften zum größten Teil gleich eingeschätzt werden.

Vergleich GS: Leitungen ↔ Fachkraft	Asymptotische Signifikanz p
Die Arbeitsbeziehung zwischen mir und meinen Kooperationspartner/inne/n aus der Bezugseinrichtung ist produktiv. (N=125↔168)	**0,020***
Es gibt eine gemeinsame Fachsprache von Kita und GS. (N=124↔164)	**0,066** ns
Ich habe gute Kenntnisse über den Bildungs- und Erziehungsauftrag der Kooperationspartner/innen aus der Bezugseinrichtung. (N=125↔170)	**0,001***
Meine Kooperationspartner/innen aus der Bezugseinrichtung haben gute Kenntnisse über den Erziehungs- und Bildungsauftrag unserer Institution. (N=123↔154)	**0,432** ns
Ich habe gute Kenntnisse über die in der kooperierenden Bezugseinrichtung praktizierten Regeln, Rituale und Arbeitsformen. (N=121↔167)	**0,337** ns
Die Erwartungen der kooperierenden Profession in Bezug auf meine Arbeit sind mir klar. (N=122↔161)	**0,046***
Die Problemfelder in der Arbeit der anderen Profession sind mir verständlich. (N=122↔164)	**0,112** ns
Absprachen zwischen Kita und GS werden eingehalten. (N=123↔165)	**0,113** ns
Es ist den Kolleg/inn/en klar, mit welchen Bezugseinrichtungen unsere Institution kooperiert. (N=123↔164)	**0,517** ns

Tab. 115: Vergleich der Angaben von Leitungen und Lehrkräften im Bereich der Grundschule zu ausgewählten Elementen der Kooperationsqualität im Hinblick auf deren Signifikanz. Der Vergleich wurde mit einem auf zwei unabhängige Stichproben reduzierten H-Test nach Kruskal und Wallis durchgeführt. Mit einem in der Tabelle deutlich stär-

keren Zellenrahmen gekennzeichnet sind die Felder mit den Ergebnissen für die Antworten, bei denen sich die Angaben nicht signifikant unterscheiden.

[ns] Die Korrelation ist nicht signifikant. / * Die Korrelation ist signifikant. / ** Die Korrelation ist sehr signifikant. / *** Die Korrelation ist höchst signifikant.

Ein Vergleich der Angaben der Leitungen von Kindertageseinrichtungen und Grundschulen zeigt, dass die Angaben der beiden Gruppen von Akteur/inn/en sich signifikant unterscheiden. Eine Ausnahme bildet die Aussage über die Kenntnis der Bezugseinrichtungen, mit denen die eigene Einrichtung kooperiert.

Vergleich Leitungen: Kindertageseinrichtungen ↔ Grundschule	Asymptotische Signifikanz p
Die Arbeitsbeziehung zwischen mir und meinen Kooperationspartner/inne/n aus der Bezugseinrichtung ist produktiv. (N=256↔125)	**0,000***
Es gibt eine gemeinsame Fachsprache von Kita und GS. (N=251↔124)	**0,045***
Ich habe gute Kenntnisse über den Bildungs- und Erziehungsauftrag der Kooperationspartner/innen aus der Bezugseinrichtung. (N=259↔125)	**0,000***
Meine Kooperationspartner/innen aus der Bezugseinrichtung haben gute Kenntnisse über den Erziehungs- und Bildungsauftrag unserer Institution. (N=258↔123)	**0,000***
Ich habe gute Kenntnisse über die in der kooperierenden Bezugseinrichtung praktizierten Regeln, Rituale und Arbeitsformen. (N=262↔121)	**0,000***
Die Erwartungen der kooperierenden Profession in Bezug auf meine Arbeit sind mir klar. (N=257↔122)	**0,011***
Die Problemfelder in der Arbeit der anderen Profession sind mir verständlich. (N=256↔122)	**0,000***
Absprachen zwischen Kita und GS werden eingehalten. (N=260↔123)	**0,002** **
Es ist den Kolleg/inn/en klar, mit welchen Bezugseinrichtungen unsere Institution kooperiert. (N=260↔123)	**0,280 [ns]**

Tab. 116: Vergleich der Angaben von Leitungen von Kindertageseinrichtungen zu ausgewählten Elementen der Kooperationsqualität mit den Angaben von Leitungen von Grundschulen im Hinblick auf deren Signifikanz. Der Vergleich wurde mit einem auf zwei unabhängige Stichproben reduzierten H-Test nach Kruskal und Wallis durchgeführt. Mit einem in der Tabelle deutlich stärkeren Zellenrahmen gekennzeichnet sind die Felder mit den Ergebnissen für die Antworten, bei denen sich die Angaben nicht signifikant unterscheiden.

[ns] Die Korrelation ist nicht signifikant. / * Die Korrelation ist signifikant. / ** Die Korrelation ist sehr signifikant. / *** Die Korrelation ist höchst signifikant.

Ein Vergleich der Angaben von Fachkräften aus den Kindertageseinrichtungen mit denen der Grundschullehrkräfte zu den ausgewählten Elementen der Kooperationsqualität schließlich ergibt, dass sich die Wahrnehmungen bezüglich der abgefragten Merkmale ebenfalls bis auf eine Ausnahme signifikant unterscheiden.

Vergleich Fach- / Lehrkräfte: Kindertageseinrichtungen ↔ Grundschule	Asymptotische Signifikanz p
Die Arbeitsbeziehung zwischen mir und meinen Kooperationspartner/inne/n aus der Bezugseinrichtung ist produktiv. (N=340↔168)	**0,000***
Es gibt eine gemeinsame Fachsprache von Kita und GS. (N=329↔164)	**0,001***
Ich habe gute Kenntnisse über den Bildungs- und Erziehungsauftrag der Kooperationspartner/innen aus der Bezugseinrichtung. (N=335↔170)	**0,000***
Meine Kooperationspartner/innen aus der Bezugseinrichtung haben gute Kenntnisse über den Erziehungs- und Bildungsauftrag unserer Institution. (N=319↔154)	**0,000***
Ich habe gute Kenntnisse über die in der kooperierenden Bezugseinrichtung praktizierten Regeln, Rituale und Arbeitsformen. (N=337↔167)	**0,000***
Die Erwartungen der kooperierenden Profession in Bezug auf meine Arbeit sind mir klar. (N=332↔161)	**0,029***
Die Problemfelder in der Arbeit der anderen Profession sind mir verständlich. (N=325↔164)	**0,000***
Absprachen zwischen Kita und GS werden eingehalten. (N=327↔165)	**0,010***
Es ist den Kolleg/inn/en klar, mit welchen Bezugseinrichtungen unsere Institution kooperiert. (N=340↔164)	**0,273 ns**

Tab. 117: Vergleich der Angaben von Fachkräften aus den Kindertageseinrichtungen zu ausgewählten Elementen der Kooperationsqualität mit den Angaben der Lehrkräfte aus den Grundschulen in Hinblick auf deren Signifikanz. Der Vergleich wurde mit einem auf zwei unabhängige Stichproben reduzierten H-Test nach Kruskal und Wallis durchgeführt. Mit einem in der Tabelle deutlich stärkeren Zellenrahmen gekennzeichnet sind die Felder mit den Ergebnissen für die Antworten, bei denen sich die Angaben nicht signifikant unterscheiden.

ns Die Korrelation ist nicht signifikant. / * Die Korrelation ist signifikant. / ** Die Korrelation ist sehr signifikant. / *** Die Korrelation ist höchst signifikant.

In einem synchronen Parallelvergleich aller Gruppen von Akteur/inn/en zeigt sich, dass die Nullhypothese zu verwerfen ist beziehungsweise dass sich die Angaben bei allen Variablen signifikant unterscheiden.

Vergleich aller Gruppen von Akteur/inn/en: Kita L ↔ Kita PF ↔ GS L ↔ GS PF	Asymptotische Signifikanz p
Die Arbeitsbeziehung zwischen mir und meinen Kooperationspartner/inne/n aus der Bezugseinrichtung ist produktiv. (N=256↔340↔125↔168)	**0,000***
Es gibt eine gemeinsame Fachsprache von Kita und GS. (N=251↔329↔124↔164)	**0,000***
Ich habe gute Kenntnisse über den Bildungs- und Erziehungsauftrag der Kooperationspartner/innen aus der Bezugseinrichtung. (N=259↔335↔125↔170)	**0,000***
Meine Kooperationspartner/innen aus der Bezugseinrichtung haben gute Kenntnisse über den Erziehungs- und Bildungsauftrag unserer Institution. (N=258↔319↔123↔154)	**0,000***

Ich habe gute Kenntnisse über die in der kooperierenden Bezugseinrichtung praktizierten Regeln, Rituale und Arbeitsformen. (N=262↔337↔121↔167)	**0,000***
Die Erwartungen der kooperierenden Profession in Bezug auf meine Arbeit sind mir klar. (N=257↔332↔122↔161)	**0,000***
Die Problemfelder in der Arbeit der anderen Profession sind mir verständlich. (N=256↔325↔122↔164)	**0,000***
Absprachen zwischen Kita und GS werden eingehalten. (N=260↔327↔123↔165)	**0,000***
Es ist den Kolleg/inn/en klar, mit welchen Bezugseinrichtungen unsere Institution kooperiert. (N=260↔340↔123↔164)	**0,005**

Tab. 118: Vergleich aller Angaben von Leitungen (L) und pädagogischen Fachkräften (PF) aus Kindertageseinrichtungen (Kita) sowie von Leitungen (L) und Lehrkräften (PF) aus Grundschulen (GS) zu ausgewählten Elementen der Kooperationsqualität im Hinblick auf deren Signifikanz. Der Vergleich wurde mit dem H-Test nach Kruskal und Wallis durchgeführt. Mit einem in der Tabelle deutlich stärkeren Zellenrahmen gekennzeichnet sind die Felder mit den Ergebnissen für die Antworten, bei denen sich die Angaben nicht signifikant unterscheiden.

[ns] Die Korrelation ist nicht signifikant. / * Die Korrelation ist signifikant. / ** Die Korrelation ist sehr signifikant. / *** Die Korrelation ist höchst signifikant.

Die verschiedenen Gruppen von Akteur/inn/en nehmen die Kooperationspraxis unterschiedlich wahr. Diese Erkenntnis weist auf Probleme hin, die bei einer Fusion der Perspektiven verschiedener Gruppen von Akteur/inn/en entstehen können.

▶ **D III.** **F/H 08: Einschätzung des Bedarfs an Veränderungen der Formen der Kooperation zwischen Eltern, Kindertageseinrichtung und Grundschule aus Sicht der Eltern**

Mithilfe des angewandten Bestimmungsverfahrens lässt sich bei den Eltern ein mehrheitlicher Wunsch nach Etablierung weiterer Formen der Kooperation zwischen ihnen, der Kindertageseinrichtung und der Grundschule in den Fällen A oder B feststellen – in den Bereichen gemeinsam gestaltete Projekte und Feste, gemeinsame Gestaltung von Themenabenden für Eltern, Informationsveranstaltungen für Eltern der Vierjährigen sowie Beratungsgespräche über die eigenen Kinder. Insbesondere für den Kontext dieser Studie ist es von Bedeutung, dass die Eltern, die über die Ergebnisse ihrer Kinder bei Delfin 4 in der Stufe 1 kein Gespräch geführt haben, mehrheitlich den Wunsch nach einem solchen Gespräch äußern.

Wünsche der Eltern: **Veränderungen bei den Kooperationsformen in der Zusammenarbeit mit der Kindertageseinrichtung und der Grundschule**	**Kita ELT**	
	Fall A (ja / „mehr")	**Fall B** (nein / „mehr")
gemeinsam gestaltete Projekte	**41,1** (N=56)	**55,0** (N=120)
gemeinsam gestaltete Feste	**39,0** (N=41)	**45,6** (N=160)
gemeinsame Gestaltung von Themenabenden für Eltern	**43,1** (N=65)	**61,3** (N=137)
Informationsveranstaltung für Eltern der Vierjährigen	**19,2** (N=125)	**53,3** (N=92)

Beratungsgespräche in Bezug auf mein Kind	**33,3** (N=36)	**52,8** (N=161)
Besprechung / Gestaltung der Bildungsdokumentation zu meinem Kind	**26,7** (N=30)	**40,4** (N=156)
Gespräch über die Ergebnisse meines Kindes bei Delfin 4 Stufe 1 („Besuch im Zoo")	**33,3** (N=51)	**54,2** (N=168)
Gespräch über die Ergebnisse meines Kindes bei Delfin 4 Stufe 2 („Besuch im Pfiffikus-Haus")	**28,8** (N=52)	**42,5** (N=80)
Austausch über Möglichkeiten der sprachlichen Förderung meines Kindes	**28,6** (N=35)	**46,0** (N=139)
Information über Sprachfördermaßnahmen für mein Kind bei Nichtbestehen von Stufe 2 („Besuch im Pfiffikus-Haus")	**40,5** (N=37)	**36,0** (N=75)

Tab. 119: Wünsche der Eltern (ELT), deren Kinder eine Kindertageseinrichtung (Kita) besuchen, in Bezug auf Veränderungen bei den Kooperationsformen in ihrer Zusammenarbeit mit der Kindertageseinrichtung und der Grundschule, in Prozent (Angabe „mehr" auf einer dreigliedrigen Skala mit den Antwortalternativen „mehr", „keine" und „weniger"). Dargestellt sind die Fälle, in denen die angegebene Kooperationsform gegeben ist und eine Veränderung im Sinne von „mehr" gewünscht wird (Fall A), sowie die Fälle, in denen die angegebene Kooperationsform nicht gegeben ist und eine Veränderung im Sinne von „mehr" gewünscht wird (Fall B). Mit einem in der Tabelle deutlich stärkeren Zellenrahmen gekennzeichnet sind die Ergebnisse für diejenigen Aspekte, bei denen der Wunsch nach Veränderung von über 50 % der befragten Eltern getragen wird.

3.4 Befunde im interdimensionalen Forschungsraum

In diesem Kapitel werden die Ergebnisse dargestellt, die aus den Korrelationsanalysen resultieren, bei denen Kooperationsmerkmale aus den Kooperationsdimensionen I und II mit der Kooperationsdimension III in Beziehung gesetzt werden.

3.4.1 Ergebnisse bezüglich der Kooperationsdimensionen I und III

▶ **D I ↔ III. F/H 01:** Zusammenhang zwischen individuellen Kooperationsdispositionen und interinstitutionellen Kooperationsmerkmalen

In einer umfangreichen bivariaten Korrelationsanalyse wurden in einer Matrix folgende individuelle Kooperationsvoraussetzungen:

- Alter der Akteur/inn/e/n,
- Geschlecht der Akteur/inn/e/n,
- Ausbildungs- und Bildungsabschluss,
- Berufserfahrung als Fachkraft,
- Tätigkeitsdauer in der Einrichtung,
- Einbindung der Leitungen in die pädagogische Arbeit,
- schwerpunktmäßiger Arbeitseinsatz der Fach- beziehungsweise Lehrkräfte in Altersgruppen beziehungsweise Klassenstufen,
- Themen der Aus- sowie Fort- und Weiterbildung der Akteur/inn/e/n,

mit folgenden interinstitutionellen Kooperationsmerkmalen:

- Wechsel der Ansprechpartner/innen,
- gemeinsame Arbeitstreffen zur Vor- und Nachbereitung von Delfin 4,
- Teilnahme an gemeinsamen Fortbildungen,
- ausgewählte Elemente der Kooperationsqualität (Fragebogen für die Leitungen 21, Fragebogen für die Fach- beziehungsweise Lehrkräfte 24),
- unterstützende Bedingungen für einen Erfolg der Kooperation nach Faktorenanalyse,
- Häufigkeit der praktizierten Kooperationsformen nach Faktorenanalyse,
- Klimaindex,

in Beziehung gesetzt.

Dabei zeigte sich, dass die Kooperationspraxis in keinem beziehungsweise teilweise nur in einem sehr geringen signifikanten Zusammenhang mit den individuellen Kooperationsvoraussetzungen steht. Die Kooperation ist also nicht abhängig von Alter oder Geschlecht der Akteur/inn/e/n und weiteren erhobenen Daten. Eine Ausnahme stellen jedoch einige Themen der Aus- beziehungsweise Fort- und Weiterbildung bei den Akteur/inn/en dar. Insbesondere die Themen ‚gemeinsame Sprachförderung von Kindertageseinrichtung und Grundschule‘ sowie ‚gemeinsame Gestaltung des Übergangs‘ korrelieren mit der Ausgestaltung der Kooperation zwischen beiden Einrichtungen. Bei den Grundschulleitungen waren keine relevanten signifikanten Korrelationen ($r \geq 0{,}3$) festzustellen. Insgesamt korreliert die Kooperation im Grundschulbereich weniger mit den individuellen Kooperationsvoraussetzungen als im Bereich der Kindertageseinrichtungen.

Korrelation[1]	**Kita L**		Spearman-Rho		
			Korrelationskoeffizient	Sig. (zweiseitig)	N
	Korrelate				
	Thema der Aus- / Fort- oder Weiterbildung	Interinstitutionelles Kooperationsmerkmal			
g	gemeinsame Gestaltung des Übergangs von der Kita zur GS	Produktivität der Zusammenarbeit	0,300***	0,000	248
g	gemeinsame Gestaltung des Übergangs von der Kita zur GS	gemeinsame Fachsprache von Kita und GS	0,302***	0,000	243
g	gemeinsame Gestaltung des Übergangs von der Kita zur GS	Fremdeinschätzung: gute Kenntnisse der Kooperationspartner/innen über den Bildungs- und Erziehungsauftrag der eigenen Institution	0,301***	0,000	251
g	gemeinsame Gestaltung des Übergangs von der Kita zur GS	Verständnis für Problemfelder in der Arbeit der anderen Profession	0,305***	0,000	249

Korrelation[1]		Kita PF		Spearman-Rho		
g	gemeinsame Gestaltung des Übergangs von der Kita zur GS	Austausch, Reflexion und Konferenzen über die Bildungs-arbeit	0,401***	0,000	226	
g	gemeinsame Gestaltung des Übergangs von der Kita zur GS	Klimaindex	0,344***	0,000	246	
g	gemeinsame Gestaltung des Übergangs von der Kita zur GS	Einhaltung von Ab-sprachen zwischen Kita und GS	0,327***	0,000	252	
g	gemeinsame Sprachför-derung von Kita und GS	Austausch, Reflexion und Konferenzen über die Bildungs-arbeit	0,364***	0,000	220	
g	gemeinsame Einschu-lungskonferenzen	gemeinsame Überga-be der Bildungsdo-kumentation	0,306***	0,000	248	

Tab. 120: Rangkorrelationskoeffizienten nach Spearman und Signifikanzniveaus bezüglich der Zusammenhänge zwischen individuellen Kooperationsdispositionen und interinstituti-onellen Kooperationsmerkmalen nach Angaben der Leitungen (L) von Kindertages-einrichtungen (Kita). Dargestellt sind nur die signifikanten Korrelationen in „nen-nenswerter Ausprägung" (r ≥ 0,3).

[1] Interpretation des Wertes des Korrelationskoeffizienten: sehr geringe Korrelation (sg); geringe Korrelation (g); mittlere Korrelation (m); hohe Korrelation (h); sehr hohe Korrelation (sh)

*** Die Korrelation ist höchst signifikant.

Korrelation[1]	Kita PF		Spearman-Rho		
	Korrelate		Korrelati-ons-koeffizient	Sig. (zwei-seitig)	N
	Thema der Aus- / Fort- oder Weiterbildung	Interinstitutionelles Kooperationsmerk-mal			
g	gemeinsame Gestaltung des Übergangs von der Kita zur GS	Produktivität der Zu-sammenarbeit	0,365***	0,000	329
g	gemeinsame Gestaltung des Übergangs von der Kita zur GS	gute Kenntnisse über den Bildungs- und Erziehungsauftrag der Partnerinstitution	0,312***	0,000	324
g	gemeinsame Gestaltung des Übergangs von der Kita zur GS	Fremdeinschätzung: gute Kenntnisse der Kooperationspartner/ innen über den Bil-dungs- und Erzie-hungsauftrag der ei-genen Institution	0,367***	0,000	309

				0,331***	0,000	326
g	gemeinsame Gestaltung des Übergangs von der Kita zur GS	gute Kenntnisse über die in der Partnerinstitution praktizierten Rituale, Regeln und Arbeitsformen		0,331***	0,000	326
g	gemeinsame Gestaltung des Übergangs von der Kita zur GS	Klarheit über Erwartungen der anderen Profession in Bezug auf die eigene Arbeit		0,323***	0,000	321
g	gemeinsame Gestaltung des Übergangs von der Kita zur GS	Austausch, Reflexion und Konferenzen über die Bildungsarbeit		0,355***	0,000	296
g	gemeinsame Gestaltung des Übergangs von der Kita zur GS	gemeinsame Zusammenarbeit mit Eltern		0,324***	0,000	326
g	Kinder und Eltern im Übergang von der Kita zur GS	gemeinsame Fachsprache		0,305***	0,000	314
g	gemeinsame Sprachförderung von Kita und GS	Austausch, Reflexion und Konferenzen über die Bildungsarbeit		0,331***	0,000	294

Tab. 121: Rangkorrelationskoeffizienten nach Spearman und Signifikanzniveaus bezüglich der Zusammenhänge zwischen individuellen Kooperationsdispositionen und interinstitutionellen Kooperationsmerkmalen nach Angaben der Fachkräfte (PF) aus Kindertageseinrichtungen (Kita). Dargestellt sind nur die signifikanten Korrelationen in „nennenswerter Ausprägung" (r ≥ 0,3).

[1] Interpretation des Wertes des Korrelationskoeffizienten: sehr geringe Korrelation (sg); geringe Korrelation (g); mittlere Korrelation (m); hohe Korrelation (h); sehr hohe Korrelation (sh)

*** Die Korrelation ist höchst signifikant.

	GS PF			Spearman-Rho		
Korrelation[1]	**Korrelate**			Korrelationskoeffizient	Sig. (zweiseitig)	N
	Thema der Aus- / Fort- oder Weiterbildung	Interinstitutionelles Kooperationsmerkmal				
g	gemeinsame Gestaltung des Übergangs von der Kita zur GS	Austausch, Reflexion und Konferenzen über die Bildungsarbeit		0,315***	0,000	149
g	gemeinsame Sprachförderung von Kita und GS	Austausch, Reflexion und Konferenzen über die Bildungsarbeit		0,316***	0,000	149

| g | gemeinsame Sprachförderung von Kita und GS | Protokolle über Ergebnisse der Kooperation | 0,324*** | 0,000 | 166 |

Tab. 122: Rangkorrelationskoeffizienten nach Spearman und Signifikanzniveaus bezüglich der Zusammenhänge zwischen individuellen Kooperationsdispositionen und interinstitutionellen Kooperationsmerkmalen nach Angaben der Lehrkräfte (PF) an Grundschulen (GS). Dargestellt sind nur die signifikanten Korrelationen in „nennenswerter Ausprägung" (r ≥ 0,3).

[1] Interpretation des Wertes des Korrelationskoeffizienten: sehr geringe Korrelation (sg); geringe Korrelation (g); mittlere Korrelation (m); hohe Korrelation (h); sehr hohe Korrelation (sh)

*** Die Korrelation ist höchst signifikant.

Bei den Lehrkräften (N = 166) lag rechnerisch in der Matrix noch eine weitere höchst signifikante (p = 0,000) nennenswerte Korrelation (r = 0,301) vor: der Zusammenhang zwischen der Tätigkeit der Lehrkraft in einer Schule und dem Wechsel der Ansprechpartner/innen im Verlauf des Verfahrens Delfin 4 (2007, Stufe 1). Diese Korrelation ist aufgrund der kombinierten nominalskalierten Kodierung einer der beiden Variablen aber nicht klar zu interpretieren.

3.4.2   Ergebnisse bezüglich der Kooperationsdimensionen II und III

▶ **D II ↔ III. F/H 01:   Zusammenhang zwischen intrainstitutionellen und interinstitutionellen Kooperationsmerkmalen**

In einer umfangreichen bivariaten Korrelationsanalyse wurden in einer Matrix für jede Gruppe von Akteur/inn/en folgende intrainstitutionellen Kooperationsmerkmale:

- Unterstützung für die interinstitutionelle Kooperation seitens der Leitung innerhalb der Einrichtung,
- Unterstützung der Fach- beziehungsweise Lehrkräfte für die interinstitutionelle Kooperation durch das Team beziehungsweise Kollegium innerhalb der Einrichtung,
- Häufigkeit intrainstitutioneller Kooperationsformen nach Angaben der Fach- beziehungsweise Lehrkräfte,

mit folgenden interinstitutionellen Kooperationsmerkmalen:

- ausgewählte Elemente der Kooperationsqualität (Fragebogen für die Leitungen 21, Fragebogen für die Fach- beziehungsweise Lehrkräfte 24),
- unterstützende Bedingungen für einen Erfolg der Kooperation nach Faktorenanalyse,
- Häufigkeit der praktizierten Kooperationsformen nach Faktorenanalyse,
- Klimaindex,

in Beziehung gesetzt.

Die Angaben der Leiter/innen aus beiden Bereichen zur Häufigkeit der praktizierten Kooperationsformen wurden aus drei Gründen, von denen der erste für diese Entscheidung der ausschlaggebende ist, nicht in die Korrelationsanalyse für die Leitungen miteinbezogen:

1. Die Angaben der Leitungen sind im Gegensatz zu den Angaben der Fach- beziehungsweise Lehrkräfte durch die dort verwendete Skala nicht quantifiziert und zeigen folglich keinen Befund über die Häufigkeit an, sondern aufgrund der Verwendung einer Skala mit den Antwortalternativen „trifft völlig zu", „trifft eher zu", „trifft eher nicht zu" und „trifft gar nicht zu" lediglich ein unscharfes Bild der Intensität.

2. Die Leitungen geben Einschätzungen über ihre Teams beziehungsweise Kollegien ab (Fremdeinschätzung), während die Fach- beziehungsweise Lehrkräfte selbst in die Kooperationstätigkeiten der Teams beziehungsweise Kollegien involviert sind.

3. Die Angaben unterliegen in diesem Zusammenhang besonders dem Effekt der ‚sozialen Erwünschtheit'.

Die aufschlussreichen Resultate der Korrelationsanalyse zwischen den Kooperationsdimensionen II und III liefern Erkenntnisse über den Zusammenhang zwischen intrainstitutioneller und interinstitutioneller Kultur der Zusammenarbeit sowie einen diesbezüglichen Unterschied zwischen Elementar- und Primarbereich. Im Elementarbereich lassen sich bei der Gruppe der pädagogischen Fachkräfte keine beziehungsweise nur sehr geringe Zusammenhänge zwischen den der Berechnung zugrunde liegenden Daten aus den Dimensionen II und III feststellen, wohingegen im Primarbereich bei den Angaben der Lehrkräfte eine vielfältige Verwobenheit der Kooperationsmerkmale von intra- und interinstitutioneller Kooperation zu verzeichnen ist. Der entscheidende Klimafaktor der interinstitutionellen Klimavariablen korreliert in allen Fällen (mit einer Ausnahme bei den Lehrkräften) nicht mit der Kooperationskultur innerhalb der Einrichtungen. Jedoch korrelieren einige ausgewählte Elemente der interinstitutionellen Kooperationsqualität mit Merkmalen der intrainstitutionellen Zusammenarbeit. Im Gesamtbild der Korrelationsmatrizen auf der Berechnungsgrundlage der Angaben der Lehrkräfte zeigt sich, dass die Häufigkeit der in den Einrichtungen praktizierten Formen der Kooperation überhaupt keinen nennenswerten signifikanten reziproken Einfluss auf die Kooperation zwischen Kindertageseinrichtungen und Grundschulen ausübt, sondern vielmehr die Bedingungen der Unterstützungskultur, die den Lehrkräften für die interinstitutionelle Kooperation innerhalb ihrer Schule durch Leitung und Kolleg/inn/en geboten werden.

Insgesamt gesehen üben die beiden dimensionsbezogenen Kooperationskulturen nach Angaben der Leitungen, insbesondere der Grundschulleitungen, nur in wenigen Zusammenhängen einen wechselseitigen Einfluss aufeinander aus. In den Einschätzungen der Fachkräfte im Elementarbereich sind keine nennenswerten signifikanten Zusammenhänge zwischen intrainstitutioneller und interinstitutioneller Kooperation zu erkennen, wohingegen die Merkmale beider Kooperationsdimensionen nach den Angaben der Lehrkräfte in vielfältigen Zusammenhängen korrelieren.

Ak-teur/in-n/e/n	Korrelate		Korrel.-koeffizient	Sig. (zwei-seitig)	N	IK[1]
	Dimension II	Dimension III				
Kita L	persönliche Gesprächsangebote der Leitung	Engagement der Pädagog/inn/en	0,327***	0,000	235	g
Kita L	fachliche Beratung durch die Leitung	gute Kenntnisse über den Bildungs- und Erziehungsauftrag der Kooperationspartner/innen	0,324***	0,000	246	g
Kita L	Einräumen von Gelegenheiten zu Kooperationstätigkeiten durch die Leitungen	Produktivität der Kooperation mit der Partnerinstitution	0,332***	0,000	246	g
Kita L	Einräumen von Gelegenheiten zu Kooperationstätigkeiten durch die Leitungen	gemeinsame Fachsprache	0,303***	0,000	242	g
Kita L	Einräumen von Gelegenheiten zu Kooperationstätigkeiten durch die Leitungen	Austausch, Reflexion und Konferenzen über die Bildungsarbeit	0,358***	0,000	222	g
Kita L	Fortbildungsangebote seitens der Leitung	gemeinsame Fortbildungen	0,323***	0,000	258	g
GS L	Rückmeldungen der Leitung an die Lehrkräfte über die Kooperationsarbeit	Klarheit über Erwartungen der anderen Profession in Bezug auf die eigene Arbeit	0,358***	0,000	117	g
GS PF	Interesse der Leitung an der Gestaltung des Übergangs	gemeinsame Konzeptbausteine und wechselseitige Hospitationen	0,350***	0,000	148	g
GS PF	Interesse der Leitung an der Gestaltung des Übergangs	Austausch, Reflexion und Konferenzen über die Bildungsarbeit	0,386***	0,000	141	g
GS PF	Interesse der Leitung an der Gestaltung des Übergangs	gemeinsame Zusammenarbeit mit Eltern	0,308***	0,000	153	g
GS PF	Engagement der Leitung bei der Gestaltung des Übergangs	Austausch, Reflexion und Konferenzen über die Bildungsarbeit	0,348***	0,000	141	g

GS PF	Einstehen der Leitung für ein klares pädagogisches Konzept	Produktivität der Kooperation mit der Partnerinstitution	**0,304***	0,000	155	g
GS PF	Einstehen der Leitung für ein klares pädagogisches Konzept	gemeinsame Fachsprache	**0,371***	0,000	151	g
GS PF	Einstehen der Leitung für ein klares pädagogisches Konzept	gute Kenntnisse über die in der Partnereinrichtung praktizierten Regeln, Rituale und Arbeitsformen	**0,310***	0,000	155	g
GS PF	Einstehen der Leitung für ein klares pädagogisches Konzept	Klarheit über Erwartungen der anderen Profession in Bezug auf die eigene Arbeit	**0,370***	0,000	149	g
GS PF	Einstehen der Leitung für ein klares pädagogisches Konzept	gemeinsame Konzeptbausteine und wechselseitige Hospitationen	**0,352***	0,000	147	g
GS PF	Einstehen der Leitung für ein klares pädagogisches Konzept	Austausch, Reflexion und Konferenzen über die Bildungsarbeit	**0,535***	0,000	139	m
GS PF	Rückmeldungen der Leitung über die Kooperationsarbeit	Klarheit über Erwartungen der anderen Profession in Bezug auf die eigene Arbeit	**0,355***	0,000	150	g
GS PF	Rückmeldungen der Leitung über die Kooperationsarbeit	Austausch, Reflexion und Konferenzen über die Bildungsarbeit	**0,384***	0,000	142	g
GS PF	Arbeitsteilung bei der Vorbereitung von Delfin 4 seitens der Leitung	Engagement der Pädagog/inn/en	**0,311***	0,000	149	g
GS PF	Arbeitsteilung bei der Nachbereitung von Delfin 4 seitens der Leitung	Engagement der Pädagog/inn/en	**0,305***	0,000	146	g
GS PF	Wertschätzung kollegialer Mitbestimmung durch die Leitung	Austausch, Reflexion und Konferenzen über die Bildungsarbeit	**0,372***	0,000	134	g
GS PF	Bemühen der Leitung um Standards für die Verständigung	gemeinsame Konzeptbausteine und wechselseitige Hospitationen	**0,324***	0,000	143	g

GS PF	Bemühen der Leitung um Standards für die Verständigung	Austausch, Reflexion und Konferenzen über die Bildungsarbeit	0,305***	0,000	136	g
GS PF	Fortbildungsangebote seitens der Leitung, die Kooperation zum Inhalt haben	gemeinsame Konzeptbausteine und wechselseitige Hospitationen	0,309***	0,000	149	g
GS PF	Fortbildungsangebote seitens der Leitung, die Kooperation zum Inhalt haben	gemeinsame Fortbildungen	0,342***	0,000	164	g
GS PF	Anregung und Unterstützung der Leitung für die Kooperation im Kollegium	Austausch, Reflexion und Konferenzen über die Bildungsarbeit	0,308***	0,000	139	g
GS PF	Anregung und Unterstützung der Leitung für die Kooperation mit anderen Partner/inne/n	Klarheit über Erwartungen der anderen Profession in Bezug auf die eigene Arbeit	0,340***	0,000	149	g
GS PF	Anregung und Unterstützung der Leitung für die Kooperation mit anderen Partner/inne/n	Einhaltung von Absprachen zwischen Kindertageseinrichtung und Grundschule	0,304***	0,000	154	g
GS PF	Anregung und Unterstützung der Leitung für die Kooperation mit anderen Partner/inne/n	Klarheit im Kollegium über die kooperierende/n Institution/en	0,307***	0,000	153	g
GS PF	Anregung und Unterstützung der Leitung für die Kooperation mit anderen Partner/inne/n	Klimaindex der Kooperation zwischen Kindertageseinrichtung und Grundschule	0,349***	0,000	145	g
GS PF	gute Koordination der Zeitpläne für die Zusammenarbeit im Kollegium außerhalb des Stundenplans durch die Leitung	Klarheit über Erwartungen der anderen Profession in Bezug auf die eigene Arbeit	0,353***	0,000	148	g
GS PF	gute Koordination der Zeitpläne für die Zusammenarbeit im Kollegium außerhalb des Stundenplans durch die Leitung	Verständnis für Problemfelder in der Arbeit der Kooperationspartner/innen	0,302***	0,000	152	g

GS PF	Aufgeschlossenheit des Kollegiums für Neuerungen	gute Kenntnisse über den Bildungs- und Erziehungsautrags der Kooperations- partner/innen	**0,311*****	0,000	157	g
GS PF	Aufgeschlossenheit des Kollegiums für Neuerungen	Klarheit über Erwar- tungen der anderen Profession in Bezug auf die eigene Arbeit	**0,313*****	0,000	149	g
GS PF	Aufgeschlossenheit des Kollegiums für Neuerungen	Klimaindex	**0,322*****	0,000	144	g
GS PF	Interesse des Kolle- giums an der Gestal- tung des Übergangs	gemeinsame Kon- zeptbausteine und wechselseitige Hos- pitationen	**0,328*****	0,000	149	g
GS PF	Engagement des Kollegiums bei der Gestaltung des Übergangs	Klarheit über Erwar- tungen der anderen Profession in Bezug auf die eigene Arbeit	**0,324*****	0,000	151	g
GS PF	Einstehen des Kolle- giums für ein klares pädagogisches Kon- zept	gemeinsame Fach- sprache	**0,344*****	0,000	155	g
GS PF	Einstehen des Kolle- giums für ein klares pädagogisches Kon- zept	gute Kenntnisse über die in der Partnerein- richtung praktizier- ten Regeln, Rituale und Arbeitsformen	**0,314*****	0,000	156	g
GS PF	Einstehen des Kolle- giums für ein klares pädagogisches Kon- zept	Klarheit über Erwar- tungen der anderen Profession in Bezug auf die eigene Arbeit	**0,326*****	0,000	150	g
GS PF	Einstehen des Kolle- giums für ein klares pädagogisches Kon- zept	gemeinsame Kon- zeptbausteine und wechselseitige Hos- pitationen	**0,320*****	0,000	146	g
GS PF	Rückmeldungen des Kollegiums über die Kooperationsarbeit	Klarheit über Erwar- tungen der anderen Profession in Bezug auf die eigene Arbeit	**0,310*****	0,000	151	g
GS PF	Bemühen des Kolle- giums um Standards für die Verständi- gung	gemeinsame Kon- zeptbausteine und wechselseitige Hos- pitationen	**0,429*****	0,000	144	g

Tab. 123: Rangkorrelationskoeffizienten nach Spearman und Signifikanzniveaus bezüglich der Zusammenhänge zwischen intrainstitutioneller und interinstitutioneller Kooperations- dimension nach Angaben der Leitungen (L) und Fachkräfte (PF) aus Kindertagesein-

richtungen (Kita) und Grundschulen (GS). Dargestellt sind nur die signifikanten Korrelationen in „nennenswerter Ausprägung" (r ≥ 0,3).

[1] Interpretation des Wertes des Korrelationskoeffizienten (IK): sehr geringe Korrelation (sg); geringe Korrelation (g); mittlere Korrelation (m); hohe Korrelation (h); sehr hohe Korrelation (sh)

*** Die Korrelation ist höchst signifikant.

Bei den Grundschullehrkräften sind bezüglich der schulinternen unterstützenden Bedingungen Korrelationen mit der Praxis der Kooperation mit den Kindertageseinrichtungen festzustellen, die es vermutlich erlauben, Forderungen an die Leitungen und an die Kollegien zu stellen, damit die Kooperation zwischen beiden Einrichtungen gelingen kann. Dazu zählt eine Intensivierung der Unterstützungsangebote, die in der obigen Tabelle unter Dimension II dargestellt sind.

3.5 Befunde bezüglich der Kooperationsmuster

Für die Clusteranalyse werden die Faktoren der Kooperationspraxis verwendet, die im Kapitel IV.3.1.8 zur Bestimmung von Kooperationsmustern benannt wurden. Die Bezeichnung des Faktors „Kooperation auf Niveau 3 und gemeinsame Konzeptbausteine" kann in der Interpretation auf „Kooperation auf Niveau 3" verkürzt werden, da diese auf der Ebene der Kokonstruktion gemeinsame konzeptionelle Bausteine mit sich bringt.

Die Clusterzentrenanalyse im Datensatz der Angaben von Leitungen und pädagogischen Fachkräften der Kindertageseinrichtungen ergibt das in den folgenden Tabellen dargestellte Bild der Clusterzentren der endgültigen Lösung.

Kita L	Cluster			
	Typ 1	**Typ 2**	**Typ 3**	**Typ 4**
Kooperation auf Niveau 3 und gemeinsame Konzeptbausteine	–0,96446	–0,21174	0,63728	0,28492
Kooperation auf Niveau 2	0,05921	–3,54086	0,12215	0,33300
Engagement der Pädagog/inn/en und positives Kooperationsklima	–0,26032	–0,21591	–0,35258	1,55206
funktionierende Informationsstrukturen	–0,24749	–0,29287	–0,07260	0,71046
Protokollwesen und schriftliche Vereinbarungen	–0,78578	–0,76053	–0,21034	–0,06668
Anzahl der Fälle:	56	6	97	39
	28 %	3 %	50 %	20 %

Tab. 124: Clusterzentren der endgültigen Lösung nach analytischer Iteration und Klassifikation der Daten der Gruppe der Leitungen (L) von Kindertageseinrichtungen (Kita). Konvergenz wurde aufgrund geringer oder keiner Änderungen der Clusterzentren erreicht. Die maximale Änderung der absoluten Koordination für jedes Zentrum beträgt 0,000. Die aktuelle Iteration ist 8. Der Mindestabstand zwischen den anfänglichen Zentren beträgt 5,391.

Kita PF	Cluster			
	Typ 1	**Typ 2**	**Typ 3**	**Typ 4**
Kooperation auf Niveau 3 und gemeinsame Konzeptbausteine	−1,30822	0,45856	0,56962	0,18590
Kooperation auf Niveau 2	−0,30398	−2,85051	0,26214	0,22482
Engagement der Pädagog/inn/en und positives Kooperationsklima	−0,14088	−0,18459	−0,42422	1,73706
funktionierende Informationsstrukturen	−0,52286	−0,09128	0,14409	0,91083
Protokollwesen und schriftliche Vereinbarungen	0,61716	−0,31936	−0,01474	0,10858
Anzahl der Fälle:	47	13	128	58
	19 %	5 %	52 %	24 %

Tab. 125: Clusterzentren der endgültigen Lösung nach analytischer Iteration und Klassifikation der Daten der Gruppe der pädagogischen Fachkräfte (PF) aus Kindertageseinrichtungen (Kita). Konvergenz wurde aufgrund geringer oder keiner Änderungen der Clusterzentren erreicht. Die maximale Änderung der absoluten Koordination für jedes Zentrum beträgt 0,000. Die aktuelle Iteration ist 14. Der Mindestabstand zwischen den anfänglichen Zentren beträgt 6,275.

Die eruierten Typen unterscheiden sich hauptsächlich hinsichtlich der Häufigkeit praktizierter Kooperationsformen auf unterschiedlichen Niveaus. Werden die Tabellen mit Blick auf die Kodierung der Variablen interpretiert, so zeigt sich, dass die Clusterbildung aus den Daten der Leitungen der Kindertageseinrichtungen der Clusterbildung aus den Daten der pädagogischen Fachkräfte tendenziell sehr ähnelt. Insofern können aus den beiden Tabellen grundsätzlich dieselben Typen von Kooperationspraxis abgeleitet werden. Dazu wird wie folgt vorgegangen:

Um die Charakteristika der Typen zu schärfen, werden alle Betragswerte $\leq 0,2$ in Klammern gesetzt und durch Vorzeichen ausgetauscht, die eine positive beziehungsweise negative Tendenz symbolisieren. Diese relativ neutralen Merkmalsausprägungen, die bei der Interpretation zu vernachlässigen sind, können bei einer gemeinsamen Typifizierung aus Angaben der Leitungen und der pädagogischen Fachkräfte hilfreich sein. Zur Verdeutlichung werden Werte $< −0,5$ durch zwei positive Vorzeichen, Werte $> 0,5$ werden durch zwei negative Vorzeichen ersetzt. Werte in den Intervallen $(−0,5 \leq x < −0,2)$ und $(0,2 < x \leq 0,5)$ werden jeweils durch ein entsprechendes Vorzeichen substituiert.

Kita L	Cluster			
	Typ 1	**Typ 2**	**Typ 3**	**Typ 4**
Kooperation auf Niveau 3 und gemeinsame Konzeptbausteine	++	+	--	−
Kooperation auf Niveau 2	(−)	++	(−)	−
Engagement der Pädagog/inn/en und positives Kooperationsklima	+	+	+	--

funktionierende Informationsstrukturen	+	+	(+)	--
Protokollwesen und schriftliche Vereinbarungen	++	++	+	(+)
Anzahl der Fälle:	56	6	97	39
	28 %	3 %	50 %	20 %

Tab. 126: Darstellung der Clusterzentren aus den Analysen der Daten der Gruppe der Leitungen (L) von Kindertageseinrichtungen (Kita) nach deren Substituierung durch Vorzeichensymbole

Kita PF	Cluster			
	Typ 1	**Typ 2**	**Typ 3**	**Typ 4**
Kooperation auf Niveau 3 und gemeinsame Konzeptbausteine	++	–	--	(–)
Kooperation auf Niveau 2	+	++	–	–
Engagement der Pädagog/inn/en und positives Kooperationsklima	(+)	(+)	+	--
funktionierende Informationsstrukturen	++	(+)	(–)	--
Protokollwesen und schriftliche Vereinbarungen	--	+	(+)	(–)
Anzahl der Fälle:	47	13	128	58
	19 %	5 %	52 %	24 %

Tab. 127: Darstellung der Clusterzentren aus den Analysen der Daten der Gruppe der pädagogischen Fachkräfte (PF) aus Kindertageseinrichtungen (Kita) nach deren Substituierung durch Vorzeichensymbole

Mithilfe der Vorzeichensymbole ist zu erkennen, dass sich eine gemeinsame artifizielle Typifizierung auf der Grundlage der Daten beider Gruppen von Akteur/inn/en anbietet. Die bisherigen jeweiligen Typen 1 und 2 unterscheiden sich bei den Leitungen und Fachkräften bezüglich des Protokollwesens und der schriftlichen Manifestationen der Kooperation. Dies lässt sich jedoch dadurch erklären, dass im Elementarbereich die aus diesem Feld resultierenden Aufgaben meist von den Leitungen bearbeitet werden. Insofern ist bei der Interpretation davon auszugehen, dass die Angaben der Leitungen über diese Formen der Dokumentation zutreffen. Im Bereich der Kindertageseinrichtungen lassen sich also folgende Typen der praktizierten Kooperation zwischen Kindertageseinrichtung und Grundschule unterscheiden:

- Typ$_{Kita}$ 1: Kooperationsformen des Niveaus 3 werden intensiv praktiziert. Das Kooperationsklima und das Engagement der Pädagog/inn/en weisen eine positive Tendenz auf. Die Informationsstrukturen funktionieren, insbesondere aus der Sicht der Fachkräfte. Ergebnisse der Kooperation und schriftliche Vereinbarungen werden von den Leitungen schriftlich festgehalten.

- Typ_{Kita} 2: Kooperationsformen des Niveaus 2 werden sehr intensiv praktiziert, aus der Sicht der Leitungen zudem auch häufiger Formen des Niveaus 3. Das Kooperationsklima und das Engagement der Pädagog/inn/en ist tendenziell positiv, und nach Einschätzung der Akteur/inn/e/n funktionieren die Informationsstrukturen. Es werden Protokolle geführt und schriftliche Vereinbarungen getroffen.

- Typ_{Kita} 3: Kooperationsformen der Niveaustufen 2 und 3 werden selten oder gar nicht praktiziert. Das Engagement der Pädagog/inn/en und das Kooperationsklima sind positiv. Die Informationsstrukturen sind nicht nennenswert ausgeprägt, doch gibt es Protokolle oder schriftliche Vereinbarungen.

- Typ_{Kita} 4: Kooperationsformen der Niveaustufen 2 und 3 werden selten oder gar nicht praktiziert. Das Kooperationsklima ist negativ. Die Informationsstrukturen funktionieren nicht zur Zufriedenheit der Akteur/inn/e/n. Protokollwesen und schriftliche Vereinbarungen sind bei diesem Typus nicht anzutreffen.

Im Bereich der Grundschulen lässt sich keine gemeinsame Klassifizierung für die Daten durchführen, die für die jeweiligen Akteur/inn/e/n spezifisch sind. Bei den Leitungen ergibt sich eine sinnvolle Clusteranzahl von drei Typen, bei den Lehrkräften lassen sich vier Typen ermitteln. Die ‚Leitungstypen' sind den ‚Lehrkrafttypen' nicht eindeutig zuzuordnen, da sich hier die für die jeweilige Gruppe der Akteur/inn/e/n spezifische Wahrnehmung und Darstellung der Kooperationspraxis bemerkbar macht.

GS L	Cluster		
	Typ 1	**Typ 2**	**Typ 3**
Kooperation auf Niveau 3 und gemeinsame Konzeptbausteine	−1,09176	−0,48270	0,23026
Kooperation auf Niveau 2	−0,14738	−2,99980	0,33441
Engagement der Pädagog/inn/en und positives Kooperationsklima	−0,14471	−0,21115	−0,39311
funktionierende Informationsstrukturen	−0,16370	−0,33762	−0,40123
Protokollwesen und schriftliche Vereinbarungen	−0,61854	−0,72985	−0,02400
Anzahl der Fälle:	31	10	61
	30 %	10 %	60 %

Tab. 128: Clusterzentren der endgültigen Lösung nach analytischer Iteration und Klassifikation der Daten der Gruppe der Leitungen (L) von Grundschulen (GS). Konvergenz wurde aufgrund geringer oder keiner Änderungen der Clusterzentren erreicht. Die maximale Änderung der absoluten Koordination für jedes Zentrum beträgt 0,000. Die aktuelle Iteration ist 13. Der Mindestabstand zwischen den anfänglichen Zentren beträgt 5,342.

GS L	Cluster		
	Typ 1	**Typ 2**	**Typ 3**
Kooperation auf Niveau 3 und gemeinsame Konzeptbausteine	++	+	–
Kooperation auf Niveau 2	(+)	++	–
Engagement der Pädagog/inn/en und positives Kooperationsklima	(+)	+	+
funktionierende Informationsstrukturen	(+)	+	+
Protokollwesen und schriftliche Vereinbarungen	++	++	(+)
Anzahl der Fälle:	31	10	61
	30 %	10 %	60 %

Tab. 129: Darstellung der Clusterzentren aus den Analysen der Daten der Gruppe der Leitungen (L) von Grundschulen (GS) nach deren Substituierung durch Vorzeichensymbole

Aus der Perspektive der Leitungen ergeben sich drei Typen der Kooperationspraxis, die sich ähnlich wie die Typen im Bereich der Kindertageseinrichtungen hauptsächlich durch die Häufigkeit der praktizierten Kooperationsformen unterschiedlichen Niveaus definieren. Bei allen Typen sind jedoch tendenziell ein aktives Engagement der Pädagog/inn/en und ein positives Kooperationsklima auszumachen. Bei den Angaben der Schulleitungen ist zu berücksichtigen, dass diese mit größerer Wahrscheinlichkeit in die Formen des Niveaus 3 involviert sind als in die des Niveaus 2, weil das Aufgabenprofil einer Schulleitung eher einen Zugang zu konzeptionellen Entwicklungsprozessen eröffnet als zu den Prozessen, in denen Arbeitsteilung, beispielsweise bei der Gestaltung gemeinsamer Aktionen, praktisch vollzogen wird. Auf dieser Grundlage lassen sich aus den Angaben der Grundschulleitungen folgende Typen ermitteln:

- Typ$_{GS\_L}$ 1: Kooperationsformen des Niveaus 3 werden intensiv praktiziert. Das Kooperationsklima und Engagement der Pädagog/inn/en sowie die Zufriedenheit mit den Informationsstrukturen weisen eine positive Tendenz auf. Das Protokollieren von Ergebnissen der Kooperationsarbeit und schriftliche Vereinbarungen zwischen den beteiligten Institutionen sind etabliert.

- Typ$_{GS\_L}$ 2: Kooperationsformen der Niveaus 2 und 3 werden praktiziert, besonders intensiv auf dem Niveau der Arbeitsteilung. Das Klima der Kooperation ist positiv und ein Engagement der Pädagog/inn/en ebenso gegeben wie Zufriedenheit mit den Informationsstrukturen. Das Protokollieren von Ergebnissen der Kooperation und schriftliche Vereinbarungen sind nicht etabliert.

- Typ _{GS_L}: Kooperationsformen der Niveaus 2 und 3 sind nicht etabliert. Ein positives Klima der Kooperation und Zufriedenheit mit den Informationsstrukturen sind gegeben. Protokollwesen und schriftliche Vereinbarungen gehören dagegen nicht zu den Merkmalen dieses Typs.

Typ $_{GS\_L}$ 1 und Typ $_{GS\_L}$ 2 unterscheiden sich in den Akzentuierungen der Kooperationsniveaus und in Bezug auf das Protokollwesen und die schriftlichen Vereinbarungen. Bei der Interpretation spielt zum einen die Frage eine Rolle, inwiefern auf der Niveaustufe 3 kooperiert werden kann, ohne dass die Niveaustufen 1 und 2 praktiziert werden, zum anderen die Überlegung, inwiefern die Leitungen mehr in die Kooperationstätigkeiten des Niveaus 3 als in die Tätigkeiten des Niveaus 2 involviert sind. Der Autor geht davon aus, dass die Stufen 1 und 2 in der Regel Voraussetzungen für eine Kooperation auf Niveaustufe 3 sind und dass die Leitungen von Schulen selbst eher in die konzeptionellen Kooperationstätigkeiten einbezogen werden und die Aufgaben im Kontext des Niveaus 2 an ihre Fachkräfte delegieren. Schriftliche Vereinbarungen muss jede Schulleitung treffen, sich damit auseinandersetzen und ihnen gegebenenfalls zustimmen. So ist die Wahrnehmung der Schulleitungen hier sicherlich auch eine ganz andere als bei den Lehrkräften, die sich mehr auf die Umsetzung der protokollierten Ergebnisse und schriftlichen Vereinbarungen konzentrieren. Eine Konsequenz dieser Überlegungen ist die These, dass Typ $_{GS\_L}$ 1 und Typ $_{GS\_L}$ 2 sich lediglich darin unterscheiden, dass Typ $_{GS\_L}$ 1 einer ‚leitungsbezogenen' Perspektive entspricht, Typ $_{GS\_L}$ 2 dagegen einer ‚lehrkraftbezogenen' Perspektive, beide Perspektiven aber denselben Typus beschreiben, bei dem Formen der Kooperation auf den Niveaustufen 2 und 3 praktiziert werden. Dieser Typus stünde dann einem einzigen anderen Typus gegenüber, in dem die Kooperationsformen der Niveaustufen 2 und 3 nur selten oder nie gepflegt werden.

GS PF	Cluster		
	Typ 1	**Typ 2**	**Typ 3**
Kooperation auf Niveau 3 und gemeinsame Konzeptbausteine	–0,42721	–0,01259	0,21383
Kooperation auf Niveau 2	–0,17524	0,14571	0,27134
Engagement der Pädagog/inn/en und positives Kooperationsklima	–0,30355	–0,38678	0,31910
funktionierende Informationsstrukturen	–0,28768	1,73457	–1,05677
Protokollwesen und schriftliche Vereinbarungen	–0,24279	0,75375	1,55623
Anzahl der Fälle:	66	21	34
	54 %	17 %	28 %

Tab. 130: Clusterzentren der endgültigen Lösung nach Iteration und Klassifikation der Daten der Gruppe der Lehrkräfte (PF) an Grundschulen (GS). Konvergenz wurde aufgrund geringer oder keiner Änderungen der Clusterzentren erreicht. Die maximale Änderung der absoluten Koordination für jedes Zentrum beträgt 0,000. Die aktuelle Iteration ist 9. Der Mindestabstand zwischen den anfänglichen Zentren beträgt 6,485.

Aus der Perspektive der Lehrkräfte ergeben sich wie aus der der Leitungen drei Typen der Kooperationspraxis, die sich wiederum hauptsächlich durch die Häufigkeit praktizierter Kooperationsformen unterschiedlichen Niveaus definieren.

GS PF	Cluster		
	Typ 1	**Typ 2**	**Typ 3**
Kooperation auf Niveau 3 und gemeinsame Konzeptbausteine	+	(+)	–
Kooperation auf Niveau 2	(+)	(–)	–
Engagement der Pädagog/inn/en und positives Kooperationsklima	+	+	–
funktionierende Informationsstrukturen	+	--	++
Protokollwesen und schriftliche Vereinbarungen	+	--	--
Anzahl der Fälle:	31	10	61
	30 %	10 %	60 %

Tab. 131: Darstellung der Clusterzentren aus den Analysen der Daten der Gruppe der Lehrkräfte (PF) an Grundschulen (GS) nach deren Substituierung durch Vorzeichensymbole

Entsprechend dem Clusterzentrenbild auf der Grundlage der Angaben der Gruppe der Lehrkräfte lassen sich drei Kooperationsmuster der Praxis typifizieren:

- Typ$_{GS\_PF}$ 1: Kooperationsformen der Niveaus 2 und 3 sind ansatzweise bis vollständig etabliert. Das Kooperationsklima und das Engagement der Pädagog/inn/en sowie die Zufriedenheit mit den Informationsstrukturen sind positiv entwickelt. Das Protokollieren von Ergebnissen der Kooperation und schriftliche Vereinbarungen sind Bestandteil der Kooperation.

- Typ$_{GS\_PF}$ 2: Kooperationsformen der Niveaus 2 und 3 sind nicht etabliert. Ein positives Kooperationsklima ist gegeben, die Pädagog/inn/en sind engagiert, jedoch ist die Zufriedenheit mit den Informationsstrukturen mangelhaft, und das Protokollieren von Ergebnissen der Kooperation sowie schriftliche Vereinbarungen sind nicht etabliert.

- Typ$_{GS\_PF}$ 3: Kooperationsformen der Niveaus 2 und 3 sind nicht etabliert. Ein positives Kooperationsklima ist nicht gegeben, die Pädagog/inn/en sind nicht engagiert, jedoch herrscht Zufriedenheit mit den Informationsstrukturen. Das Protokollieren von Ergebnissen der Kooperation und schriftliche Vereinbarungen sind nicht Bestandteil der Kooperationsbeziehung.

Die Zufriedenheit mit den Informationsstrukturen lässt sich beim Typ GS_PF 3 wohl dadurch erklären, dass bei einem geringen Engagement für die Kooperation auch keine hohen Ansprüche an ein Informationssystem gegeben sind, das Informationen in ausreichendem Umfang und rechtzeitig übermittelt. Insofern entspricht der identifizierte Typ GS_PF 3 in etwa dem TypKita 4 sowie der Typ GS_PF 2 in etwa dem TypKita 3.

Solche Parallelen zu entdecken ist besonders wichtig, da die Kooperationspraxis von drei verschiedenen Typifizierungen nicht entscheidend profitieren kann. Aufgabe des nächsten Schrittes ist es daher, ein Modell zu kreieren, dass alle bisher gefundenen Typifizierungen integrierend zusammenfasst und die Möglichkeit bietet, verschiedene in der Wirklichkeit anzutreffende Arten einer konkreten gemeinsamen Kooperationspraxis von Kindertageseinrichtungen und Grundschulen zu klassifizieren. Das im Folgenden dargestellte Modell berücksichtigt, dass sich die Cluster hauptsächlich über die Häufigkeit der praktizierten Kooperationsformen definieren, und liefert einen praktikablen Vorschlag, der aber selbstverständlich auch den Charakter eines wissenschaftlichen Artefakts beibehält. Da sich die Realität der Kooperationspraxis so hoch komplex und vielfältig gestaltet, wird es nicht möglich sein, jede Ausprägung eines Kooperationsgefüges eindeutig einem Typus zuzuordnen. Die Grenzen sind fließend, und Typen bilden im strengen Sinne keine Klassen mit voneinander disjunkten Elementen, sondern offene Kategorien. Da die Kooperation zwischen Kindertageseinrichtung und Grundschule aktuell vornehmlich der Gestaltung des Übergangs dient, werden die Typenlabels mit dem Begriff der Übergangsgestaltung versehen. Die Typen der Kooperation in der Übergangsgestaltung werden durch eine kombinierte Angabe aus einem Attribut in Bezug auf das Kooperationsklima und einem Attribut in Bezug auf das dominierende Kooperationsniveau charakterisiert.

Die Clusteranalysen insinuieren, dass das Klima der Kooperation mit den Niveaus der praktizierten Formen korreliert, da bei Vorliegen niveauhöherer Kooperationsformen das Klima der Zusammenarbeit keine negative Ausprägung aufweist.

	Kooperations-Typ 1 konstruktiv-konzeptionelle Übergangsgestaltung	Kooperations-Typ 2 konstruktiv-arbeitsteilige Übergangsgestaltung	Kooperations-Typ 3 konstruktiv-informationelle Übergangsgestaltung	Kooperations-Typ 4 eingeschränkt konstruktiv-informationelle Übergangsgestaltung
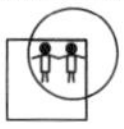 [icon]	Kooperationsformen der Niveaustufen 2 und 3 sind in der Zusammenarbeit etabliert.	Kooperationsformen der Niveaustufe 2 werden intensiv praktiziert.	Kooperationsformen beschränken sich, sofern vorhanden, auf Niveau 1 und gegebenenfalls ansatzweise auf Niveau 2.	Kooperationsformen beschränken sich, sofern vorhanden, auf Niveau 1 und gegebenenfalls ansatzweise auf Niveau 2.
	Spezifikation Typ 1+: Kooperationsformen der Niveaustufe 3 werden intensiv praktiziert.	Spezifikation Typ 2+: Kooperationsformen der Niveaustufe 3 werden ansatzweise praktiziert.	Spezifikation Typ 3+: Kooperationsformen der Niveaustufe 2 werden ansatzweise praktiziert.	
 [icon]	tendenziell positives Kooperationsklima und Engagement der Akteur/inn/e/n	tendenziell positives Kooperationsklima und Engagement der Akteur/inn/e/n	tendenziell positives Kooperationsklima und Engagement der Akteur/inn/e/n	tendenziell negatives Kooperationsklima und fehlendes Engagement der Akteur/inn/e/n
 [icon]	vornehmlich kooperationsfördernde Bedingungen, die der stetigen Adaption und Weiterentwicklung bedürfen	vornehmlich kooperationsfördernde Bedingungen, die der stetigen Adaption und Weiterentwicklung bedürfen	teils gegebene unterstützende Bedingungen für die Kooperation, die der stetigen Adaption und Weiterentwicklung bedürfen, teils fehlende unterstützende Bedingungen	Zustand des Vorhandenseins von nur wenigen kooperationsunterstützenden Bedingungen, der eine dringende Intervention erforderlich macht

Abb. 34: Typologiemodell zur Klassifizierung von Kooperationsbeziehungen zwischen Kindertageseinrichtungen und Grundschulen in der Praxis

4 Zusammenfassung, Interpretation und Diskussion

Aufgrund des exploratorischen Charakters dieser Arbeit ist diese recht umfangreich, und die vielfältigen Aspekte der Untersuchung können in einer ungenügend untergliederten Zusammenfassung nicht ohne erheblichen Informationsverlust diskutiert werden. Deshalb wird für die Zusammenfassung die der gesamten Arbeit inhaltlich zugrunde liegende Struktur als Möglichkeit für einen systematischen Aufbau des resümierenden Fazits genutzt. So wird zunächst das Bild der Kooperation zwischen Kindertageseinrichtungen und Grundschule aus dem Blickwinkel und mit den Ordnungsstrukturen des Münsteraner Kooperations-Tableaus gezeichnet. Anschließend folgt eine Zusammenfassung der Ergebnisse aus den weiteren Untersuchungsfragen der Arbeit. Dazu gehören die Befunde bezüglich der für die verschiedenen Kooperationsbereiche und Gruppen von Akteur/inn/en spezifischen Unterschiede in der Wahrnehmung der Zusammenarbeit, der eruierten Zusammenhänge zwischen Merkmalen der Kooperation innerhalb der drei behandelten Kooperationsdimensionen und zwischen ihnen, der Hinweise auf Gelingensbedingungen für die Kooperation zwischen Kindertageseinrichtungen und Grundschule sowie schließlich das Typologiemodell zur Klassifizierung von Kooperationsbeziehungen zwischen Kindertageseinrichtungen und Grundschule im Kontext der Übergangsgestaltung.

4.1 Interpretationskontext

Die Interpretation der Daten aus den Fragebögen liefert Erkenntnisse über die Kooperation zwischen Kindertageseinrichtung und Grundschule, bezogen auf die Zusammenarbeit der professionellen Vertreter/innen beider Einrichtungen im allgemeinen Rahmen der Übergangsgestaltung sowie speziell bezogen auf Aspekte der Kooperation im Verfahren der Sprachstandsdiagnostik Delfin 4.

Bei der Interpretation ist grundsätzlich zu beachten, dass sich eine für die jeweilige Gruppe von Akteur/inn/en spezifische Wahrnehmung und Darstellung der Kooperationspraxis in den Daten der Fragebögen widerspiegelt. Dies lässt sich unter anderem damit erklären, dass die untersuchten Professionen des Elementar- und des Primarbereichs zwei unterschiedlichen Institutionen mit unterschiedlichen Aufgaben und Alltagsherausforderungen, unterschiedlichen Entwicklungsgeschichten und unterschiedlichen Ausbildungsgängen etc. angehören und die Akteur/inn/e/n auch innerhalb einer Einrichtung teils leitende, teils nicht leitende, also auch mehr oder weniger repräsentative Funktionen wahrnehmen sowie in unterschiedlicher Art in die konzeptionelle beziehungsweise in die durchführende Praxis eingebunden sind. Auch die Zahlenverhältnisse zwischen den kooperierenden Einrichtungen machen sich bei der Interpretation bemerkbar. Die Grundschullehrkräfte kooperieren mit mehr Kindertageseinrichtungen als die Pädagog/inn/en des Elementarbereichs mit Grundschulen. Dies könnte eine intensivere Wahrnehmung der Kooperation vonseiten der Grundschullehrkräfte zur Folge haben. In diesem Zusammenhang spielt es auch eine Rolle, dass Grundschullehrkräfte bei Besuchen in der Kindertageseinrichtung dem direkten Kontakt mit der Arbeit am Kind in den Gruppen beiwohnen, wohingegen Erzieher/innen in der Grundschule seltener während der Unterrichtsstunden zu Besprechungen in den Klassen weilen, sondern meistens im Rahmen von Terminen außerhalb des Unterrichts. Beide Professionen verfügen zudem aufgrund der Anerkennung und Dotierung ihrer Arbeit durch die Gesellschaft über ein unterschiedlich ausgeprägtes Berufswertgefühl, und dasselbe leidige Gefälle und wechselseitige Missverständnis von Erwartungen und ‚Bringschuld‘, das zwischen Sekundarstufenbildung und Primarbereich besteht, ist auch zwischen Primar- und Elementarbereich anzunehmen.

Bei der Interpretation aller Antworten und Schlussfolgerungen und der Beurteilung von Zusammenhängen ist stets zu beachten, dass es sich, wie an anderer Stelle bereits hinreichend erläutert, um eine Ex-post-Evaluation handelt, bei der die Angaben auf der Grundlage der Erinnerungen der Akteur/inn/e/n aus der Retrospektive rekonstruiert und somit auch durch die Mechanismen des Erinnerns im Gedächtnis bedingt zu einem Teil neu kreiert und bewertet wurden.

Abschließend ist zur Interpretation anzumerken, dass die Antwortalternative „weiß nicht" von den Befragten als Instrument gegen erzwungene oder konstruktfremde Antworten gewählt wurde, wenn ihnen die Antwort nicht bekannt war. Bei der Auswertung der Daten, die aus den Skalen mit den Antwortmöglichkeiten „ja", „nein" und „weiß nicht" resultieren, werden die Antworten, die auf „weiß nicht" entfallen, bei der Beurteilung der Existenz unterstützender Bedingungen nicht ausgeschlossen. Das heißt, wenn beispielsweise bei einer Stichprobe von N = 100 auf „ja" 50 % entfallen, auf „nein" 20 % und auf „weiß nicht" 30 %, besteht zwar die Möglichkeit, die Antworten „ja" und „nein" auf N = 70 zu beziehen und das Vorliegen der betreffenden unterstützenden Bedingung mit einem vom Ausgangswert abweichenden, neu berechneten, auf der Dichotomie von „ja" und „nein" basierenden Häufigkeitswert in Prozent anzugeben, doch wird diese Möglichkeit bei der Datenauswertung bewusst nicht wahrgenommen, um die bewusst auf den Inhalt der Fragen eingehenden Antworten im Gesamtkontext aller Antworten zu betrachten.

4.2 Das Bild der Kooperation auf dem Münsteraner Kooperations-Tableau

In den folgenden Unterkapiteln werden die Befunde, die sich bei der Betrachtung des Kooperationsgeschehens zwischen Kindertageseinrichtung und Grundschule ergeben, zum Zweck der Reduktion zusammengefasst und fokussiert betrachtet. Die Zusammenfassung ist den Feldern des Münsteraner Kooperations-Tableaus entsprechend gegliedert.

4.2.1 Feld der Bedingungen

An der Kooperation zwischen Kindertageseinrichtungen und Grundschule sind berufserfahrene, größtenteils in Vollzeitarbeitsverhältnissen beschäftigte pädagogische Akteur/inn/e/n aus beiden Bildungsbereichen beteiligt, die nur zu einem sehr geringen Teil männlich sind. In der Aus- beziehungsweise Fort- und Weiterbildung der pädagogischen Fach- beziehungsweise Lehrkräfte sind Themen des Übergangs von der Kindertageseinrichtung in die Grundschule allerdings noch unterrepräsentiert. Die Einrichtungen beider Bildungsbereiche nehmen nur in wenigen Fällen an Projekten zu dieser Übergangsthematik teil.

Entsprechend den Bestandszahlen von Kindertageseinrichtungen und Grundschulen in Nordrhein-Westfalen kooperierten Kindertageseinrichtungen und Grundschulen im Verhältnis so, dass eine Kindertageseinrichtung mit durchschnittlich zwei Grundschulen zusammenarbeitet und eine Grundschule mit durchschnittlich vier Kindertageseinrichtungen. Ungefähr ein Fünftel der Fach- und Lehrkräfte sind Mitglied in einem Netzwerk, das sich mit Themen des Übergangs beschäftigt. Die Leitungen von Kindertageseinrichtungen und Grundschulen sind zu rund zwei Fünfteln in solche Netzwerke involviert.

Obwohl die Kooperation zwischen Kindertageseinrichtungen und Grundschule in Nordrhein-Westfalen im Kinderbildungsgesetz (§ 14 Abs. 1) und im Schulgesetz (§ 11 Abs. 1) verankert ist, geben fast 20 % der Leitungen von Kindertageseinrichtungen und knapp 10 % der Schulleitungen im Grundschulbereich an, dass die Kooperation mit Grundschulen beziehungsweise Kindertageseinrichtungen kein Bestandteil ihres pädagogischen Konzepts beziehungsweise Schulprogramms ist (vgl. Hanke / Merkelbach / Rathmer / Zensen 2009). Gemeinsamkeiten in den Konzepten der Kindertageseinrichtungen und den Schulprogrammen kann die Mehrheit der befragten Akteur/inn/e/n nicht bejahen, die verbreitete Unkenntnis über diesen Sachverhalt ist auffällig. Die Ziele einer Zusammenarbeit von Kindertageseinrichtung und Grundschule scheinen dagegen den meisten Akteur/inn/en klar zu sein; sie verfügen auch in ihrer großen Mehrheit über gute Kenntnisse bezüglich der in diesem Zusammenhang relevanten datenschutzrechtlichen Bestimmungen.

Die Pädagog/inn/en werden rund zur Hälfte durch ihre Leitungen dazu angeregt, mit externen Partner/inne/n zusammenzuarbeiten, und darin auch unterstützt. Größenteils werden sie dazu motiviert, innerhalb der eigenen Einrichtung miteinander zu kooperieren. Auch fast alle Eltern sehen es als ihre Aufgabe an, mit der Kindertageseinrichtung zusammenzuarbeiten.

Die Leitungen beider Institutionen leisten nach Einschätzung ihrer Fach- und Lehrkräfte hinsichtlich der arbeitsorganisatorischen Koordination in ihren Einrichtungen in ihrer großen Mehrheit gute Arbeit. Sie selbst schätzen ein, dass sie dabei durch Fachberatungen und Träger beziehungsweise durch die Schulaufsichtsbehörden kaum in Form einer spezifiziert ausgewiesenen Entlastung von anderen Aufgaben oder Funktionen unterstützt werden. Allerdings erhalten Schulleitungen beispielsweise Entlastungsstunden für Leitungstätigkeiten in pauschalierter Form, die nicht einzelnen Tätigkeiten zugeordnet ist. Die Höhe der Entlastung wird von Zeit zu Zeit den Erfordernissen angepasst, das heißt in der Tendenz erhöht.

In beiden Einrichtungen verfügen die Leitungen über Möglichkeiten, ihre Mitarbeiter/innen durch die eine oder andere Art der Freistellung zu unterstützen. Im Elementarbereich geschah dies in etwa zwei Dritteln der Einrichtungen, im Primarbereich in knapp der Hälfte der befragten Schulen.

Innerhalb beider Einrichtungen beurteilen die Fach- beziehungsweise Lehrkräfte die Arbeitsverteilung durch ihre Leitungen als gerecht und transparent.

In der alltäglichen Praxis beider Bildungsbereiche werden Themen des Übergangs häufig wegen Zeitmangels vernachlässigt. In wenigen Fällen stehen unabhängige Moderator/inn/en zur Verfügung. Diese arbeitstechnische Unterstützung ist im Grundschulbereich stärker ausgeprägt als im Bereich der Kindertageseinrichtungen.

Allgemein betrachtet ist das Angebot an institutionsspezifischen Fortbildungen gut etabliert. Es gibt jedoch nicht allzu viele Fortbildungsangebote, die Kooperation zum Inhalt haben, und noch weniger solche, die die interinstitutionelle Zusammenarbeit fördern. Alle Gruppen von Akteur/inn/en erachten jedoch in ihrer ganz überwiegenden Mehrheit gemeinsame Fortbildungen für pädagogische Mitarbeiter/innen aus Kindertageseinrichtung und Grundschule für notwendig.

Die Leiter/innen beider Einrichtungen erhalten zu drei Vierteln fachliche Beratung durch Fachberatungen und Träger beziehungsweise Schulämter und beraten ihrerseits mehrheitlich ihre Mitarbeiter/innen in fachlichen Fragen. Die große Mehrheit aller Akteur/inn/e/n bestätigt die Existenz einer gemeinsamen Fachsprache von Kindertageseinrichtung und Grundschule. Standards zur Verständigung innerhalb einer Institution werden sehr häufig verwendet, während gemeinsame Standards beider Institutionen für die Bildungsdokumentation selten vorkommen. Gemäß §13 Absatz 5 Kinderbildungsgesetz (KiBiz) ist es bisher allerdings auch alleinige Aufgabe der Kindertageseinrichtungen, die Entwicklung des Kindes zu beobachten und regelmäßig zu dokumentieren. Zudem werden Bildungsdokumentationen innerhalb der Frühpädagogik unterschiedlich konzeptualisiert. Vor dem Hintergrund von Befunden frühpädagogischer Forschung und der Transitionsforschung (vgl. Tietze / Rossbach / Grenner 2004, Griebel / Niesel 2011), der unter anderem die Relevanz einer anschlussfähigen Förderung von Kindern im Übergang zur Grundschule hervorhebt, besteht aus pädagogischer Perspektive die Empfehlung und Notwendigkeit einer systematischen und ressourcenorientierten Beobachtung und Dokumentation individueller Entwicklungs- und Bildungsprozesse zur Kenntnisnahme und Weiterführung an die Grundschule (vgl. Hanke 2011; Bachkaus / Bogatz / Hanke 2011). Dies impliziert sowohl gemeinsame Standards als auch ein Verständnis von der Bildungsdokumentation als gemeinsame Aufgabe von Kindertageseinrichtung und Grundschule. Zukunftsweisend ist deshalb zu diskutieren, inwiefern die Bildungsdokumentation in einer kokonstruktiven Kooperation umgesetzt werden kann. Forschungsergebnisse dazu sind aus dem Projekt „Wirkungen von Formen und Niveaus der Kooperation von Kindertageseinrichtung und Grundschule auf Erzieher/innen, Grundschullehrkräfte, Eltern und Kinder" (WirKt) unter der Leitung von Frau Prof. Dr. Petra Hanke an der Universität zu Köln zu erwarten.

Die Informationsflüsse zwischen Fachberatungen und Trägern einerseits und den Kindertageseinrichtungen andererseits, zwischen Schulämtern und Schulleitungen sowie in beiden Institutionen zwischen den Leitungen und den pädagogischen Fach- beziehungsweise Lehrkräften sind so gestaltet, dass sich die deutliche Mehrheit der Akteur/inn/e/n rechtzeitig und in einem ausreichenden Maße informiert fühlt.

Eine Kultur der Rückmeldungen über geleistete Kooperationstätigkeiten wird nur selten gepflegt. Diese Feststellung gilt für alle untersuchten Beziehungsgeflechte von Fachberatungen, Trägern, Schulämtern, Leitungspersonen, Fach- und Lehrkräften und Eltern. Die Ergebnisse der Kooperationstätigkeit werden in den meisten Fällen auch nicht protokolliert.

4.2.2 Formenfeld

Beide Institutionen haben intern eine Kultur der Kooperation etabliert, im Elementarbereich häufiger als im Primarbereich. Das wechselseitige Hospitieren in Gruppen beziehungsweise Klassen von Kolleg/inn/en ist allerdings in der Praxis seltener anzutreffen.

Eltern kooperieren in vielerlei Hinsicht sehr häufig mit der Tageseinrichtung ihrer Kinder. Die Zusammenarbeit sowohl mit der Kindertageseinrichtung als auch mit der Grundschule ist deutlich schwächer ausgeprägt.

Die zentralen Ergebnisse der Befragung hinsichtlich der interinstitutionellen Zusammenarbeit sind bereits im Abschlussbericht der Länder zum Projekt TransKiGs übersichtlich zusammengefasst:

Nach Angabe von mehr als drei Viertel der befragten Akteure aus Kindertageseinrichtungen und Grundschulen haben sich insbesondere die folgenden Formen der Kooperation zwischen den Einrichtungen in der Praxis etabliert:

- Besuche von Kindern aus Tageseinrichtungen in der Grundschule (88 % der Akteure aus den Kindertageseinrichtungen und 89 % der Akteure aus den Grundschulen gaben an, dass diese ein- bis zweimal im Jahr stattfinden),
- gemeinsame Informationsveranstaltung, die die Schule im Auftrag des Schulträgers für die Eltern der Vierjährigen durchführt (77 % der Akteure aus den Kindertageseinrichtungen und 86 % der Akteure aus den Grundschulen).

Jeweils ca. die Hälfte der befragten Akteure aus den Kindertageseinrichtungen und Grundschulen gab an, dass folgende Kooperationsformen mindestens ein- bis zweimal im Jahr stattfinden:

- gemeinsame Reflexion der Qualität der pädagogischen Arbeit,
- gemeinsame Zusammenarbeit mit Eltern.

Zu ca. einem Drittel oder weniger werden sowohl aus der Perspektive der Kindertageseinrichtungen als auch der Grundschulen folgende Formen der Zusammenarbeit angegeben:

- Austausch von Lern- oder Arbeitsmaterialien,
- Besuche von Grundschulkindern in der Kindertageseinrichtung,
- Teilnahme einer Grundschullehrkraft an Elternabenden der Kindertageseinrichtung,
- Teilnahme einer Erzieherin an Elternabenden der Grundschule,
- gemeinsame Übergabe der Bildungsdokumentationen an die Eltern,

- gemeinsam gestaltete Aktionen, Feste, Projekte,
- gemeinsame Fort- und Weiterbildungen (zu Delfin 4 und Themen des Übergangs),
- gemeinsame Konferenzen (einschließlich der Einschulungskonferenz).

[…] Darüber hinaus sind die in der Praxis am häufigsten vorzufindenden Kooperationsformen vorwiegend auf einen Austausch von Informationen konzentriert. Kooperationsformen eines höheren Niveaus wie beispielsweise gemeinsame konzeptionelle Entwicklungsarbeit konnten nur in einem geringen Maße festgestellt werden.

(aus: Hanke / Merkelbach / Rathmer / Zensen 2009)

Schriftliche Absprachen und Kooperationsverträge zwischen Kindertageseinrichtungen und Grundschulen sind selten anzutreffen, Absprachen und Vereinbarungen werden jedoch in den meisten Fällen eingehalten.

4.2.3 Klimafeld

Die Indikatoren für Freude an der Zusammenarbeit zwischen den Bezugseinrichtungen zeigen ein positives Kooperationsklima an. Innovationsfreude und Engagement sind sehr häufig gegeben. Eine hohe Arbeitsbelastung durch die interinstitutionelle Kooperation empfinden sie mehrheitlich nicht, Grundschulpädagog/inn/en aber in einem größeren Umfang als Pädagog/inn/en aus dem Elementarbereich. Im Kontext der interinstitutionellen Kooperation verspüren die Akteur/inn/e/n weder vonseiten der eigenen Leitung noch vonseiten der Bezugseinrichtung häufig einen Leistungsdruck. Die Eltern arbeiten bei Aktionen, Festen und Projekten fast immer gerne mit den Kindertageseinrichtungen zusammen.

Der Gestaltung des Übergangs von der Kindertageseinrichtung zur Grundschule wird von allen Gruppen von Akteur/inn/en in den meisten Fällen Interesse entgegengebracht. Fast alle Akteur/inn/e/n schreiben der interinstitutionellen Kooperation hinsichtlich der Bildungsarbeit und Förderung von Kindern eine große Bedeutung zu und erachten die Kommunikation mit Eltern für wichtig. Die befragten Eltern wiederum halten die Zusammenarbeit von Kindertageseinrichtung und Grundschule in ihrer großen Mehrheit für sinnvoll.

In Bezug auf die interinstitutionelle Kooperation brachten die Leiter/innen im Elementar- wie im Primarbereich in ihrer großen Mehrheit Erfahrungen mit ein, bei den nicht leitenden Pädagog/inn/en konnte etwa die Hälfte auf Kooperationserfahrungen mit einer Bezugseinrichtung aus dem anderen Bildungsbereich verweisen.

Alle Gruppen von Akteur/inn/en erachten Freiwilligkeit als Verstärker für die Motivation zur Kooperation. Das Arbeitsverhältnis wird von den meisten pädagogischen Akteur/inn/en der Kooperation zwischen Kindertageseinrichtungen und Grundschule als produktiv empfunden, von den Vertreter/inne/n aus der Grundschule noch häufiger als von den Pädagog/inn/en aus dem Bereich der Kindertageseinrichtung. In allen Gruppen von Akteur/inn/en empfinden sich nahezu alle Vertreter/innen in der Kooperation nicht durch die Partner/innen aus der Bezugseinrichtung kontrolliert, und nur wenige Akteur/inn/e/n haben das Gefühl einer Dominanz der beziehungsweise des Kooperationsbeauftragten aus der Bezugseinrichtung. Möglicherweise nehmen die Akteur/inn/e/n ihre Gestaltungsmöglichkeiten bewusst wahr und fühlen sich der Verantwortung und den Anforderungen gegenüber gewachsen. Kontakt- und Kooperationsbereitschaft ist unter und zwischen allen Gruppen von Akteur/inn/en inklusive der Eltern gegeben, und sehr häufig können die Befragten Kritik und Verbesserungsvorschläge akzeptieren. Konflikte und Probleme werden in fast allen Einrichtungen offen angesprochen und daraufhin in den meisten Fällen einvernehmliche Lösungen angestrebt.

Die befragten Eltern sehen ihre Zusammenarbeit mit der Kindertageseinrichtung überhaupt fast immer von gegenseitigem Interesse und Verständnis geprägt. In der Zusammenarbeit mit der Kindertageseinrichtung und der Grundschule nehmen sie ebenfalls ein wechselseitiges Interesse in Bezug auf einen Austausch über ihr Kind wahr.

Kollegiale Mitbestimmung wird von den Leitungen in der großen Mehrheit der Einrichtungen aus beiden Bildungsbereichen geschätzt, und in den meisten Fällen engagieren sie sich für die Gestaltung des Übergangs. Die Pädagog/inn/en an Kindertageseinrichtungen und Schulen sind ihrerseits intensiv an der Mitgestaltung des Alltagslebens in den Institutionen beteiligt, und in der überwiegenden Mehrheit der Einrichtungen sind für die interinstitutionelle Zusammenarbeit in ausreichendem Maße Möglichkeiten gegeben, sich in gemeinsame Entscheidungen von Kindertageseinrichtung und Grundschule einzubringen.

Der Befund zu dem viel und breit diskutierten Thema der Wertschätzung und Akzeptanz in der Zusammenarbeit ist im Hinblick auf ein gutes Kooperationsklima unter den beteiligten Einrichtungen und unter den kooperierenden Primärakteur/inn/en positiv. Zu rund 90 % schätzen die Akteur/inn/en aus dem einen Bildungsbereich die von den Pädagog/inn/en des anderen Bildungsbereichs geleistete Arbeit und akzeptieren einander in der Zusammenarbeit als gleichberechtigt. Ein fairer und respektvoller Umgang miteinander scheint mithin in der Zusammenarbeit von Kindertageseinrichtung und Grundschule grundsätzlich gegeben zu sein.

Der weitaus größte Teil der Akteur/inn/e/n innerhalb aller Gruppen fühlt sich sicher im Umgang mit anderen Berufsgruppen, und es besteht in der Kooperationspraxis von Kindertageseinrichtungen und Grundschule ein fast gänzlich flächendeckendes Vertrauen in die berufliche Kompetenz der Pädagog/inn/en aus der jeweils anderen Profession. In der großen Mehrheit der Fälle ist eine personelle Kontinuität der Ansprechpartner/innen für die interinstitutionelle Zusammenarbeit in den Einrichtungen als wichtige Vertrauensbasis für die Kooperation zwischen Kindertageseinrichtung und Grundschule gegeben, in den Kindertageseinrichtungen in einem noch höheren Maß als im Primarbereich. Obwohl die Befragungsergebnisse bezüglich der eigenen Einsicht in die Probleme der Arbeitswelt der jeweils anderen Profession und der Klarheit über die Erwartungen der kooperierenden Profession an die eigene Arbeit zeigt, dass diese Grundlagen für den Aufbau von Vertrauen bei mehr als der Hälfte der Befragten und teils noch deutlich häufiger gegeben sind, besteht dennoch in der Kooperationspraxis ein systematisches Defizit zwischen beiden Bildungseinrichtungen in Bezug auf die Kenntnisse sowohl über den Bildungs- und Erziehungsauftrag der kooperierenden Bezugseinrichtung als auch über die in der Partnereinrichtung praktizierten Regeln, Rituale und Arbeitsformen. Die Einrichtungen wissen also zu wenig voneinander. Insbesondere der Elementarbereich kennt häufig zu wenig von der Arbeit in der Grundschule, und deren Akteur/inn/e/n schätzen die Kenntnisse der mit ihnen kooperierenden Kindertageseinrichtungen über ihre eigene Arbeit optimistischer ein als die Akteur/inn/e/n der Kindertageseinrichtungen selbst. Die Eltern sind über die Arbeit mit ihrem Kind in den Kindertageseinrichtungen zu gut neun Zehnteln gut informiert und haben Einblick in die tägliche Praxis. In fast allen Fällen haben sie Vertrauen in die Arbeit der Erzieherin beziehungsweise des Erziehers mit ihrem Kind und zum weitaus größten Teil Vertrauen in die gemeinsame Arbeit von Erzieher/in und Grundschullehrer/in.

4.3 Das Bild der Kooperation bezüglich weiterer Untersuchungsfragen in den Forschungsdimensionen

In diesem Kapitel liegt der Akzent auf den Schwerpunkten des zweiten Teils der empirischen Untersuchung: signifikante Unterschiede im Vergleich der Angaben der befragten Gruppen von Akteur/inn/en, Korrelationen zwischen Kooperationsmerkmalen sowie die Identifikation von Gelingensbedingungen und Kooperationsmustern.

4.3.1 Unterschiede zwischen den Institutionen und den Perspektiven der verschiedenen Gruppen von Akteur/inn/en

Die Kooperation zwischen Kindertageseinrichtung und Grundschule ist in den Tageseinrichtungen in fast 20 % der Fälle und in den Grundschulen in knapp 10 % der Fälle nicht im pädagogischen Konzept beziehungsweise im Schulprogramm verankert. Dieser Unterschied ist signifikant.

Die Ergebnisse für die Kooperationsdimension I zeigen in Bezug auf die Bildungsgänge der befragten Gruppen von Akteur/inn/en, dass bezüglich der Intensität, mit der ausgewählte übergangsspezifische Themen gemäß den Angaben der einzelnen Akteursgruppen in der Aus- beziehungsweise Fort- oder Weiterbildung behandelt werden, sowohl innerhalb des Bereichs der Kindertageseinrichtungen zwischen den Leitungen und den pädagogischen Fachkräften als auch innerhalb des Grundschulbereichs zwischen Leitungen und Lehrkräften in den meisten betrachteten Fällen signifikante Unterschiede zu beobachten sind. Bei den meisten Themen gibt es bezüglich der Intensität der Behandlung auch Unterschiede zwischen den Fachkräften aus Kindertageseinrichtungen und den Lehrkräften aus der Grundschule. Das

Thema des kindlichen Spracherwerbs scheint in den Bildungsgängen aller Gruppen von Akteur/inn/en mit ähnlicher Intensität berücksichtigt zu werden.

Die vergleichende Analyse von Angaben der verschiedenen Gruppen von Akteur/inn/en zu Elementen der Kooperationsqualität zeigt, dass sich die Angaben der Leitungen aus beiden Bildungsbereichen untereinander in den meisten Fällen unterscheiden. Der gleiche Befund lässt sich im Vergleich zwischen Fachkräften aus den Kindertageseinrichtungen und Lehrkräften aus der Grundschule beobachten. Die Angaben von Leitungen und Fach- beziehungsweise Lehrkräften innerhalb eines Bildungsbereichs ähneln sich dagegen in diesem Fragenkomplex zumeist in mindestens 50 % der Fälle. Die verschiedenen Gruppen von Akteur/inn/en nehmen also die Kooperationspraxis, zumindest die gemessene Kooperationsqualität, unterschiedlich wahr.

4.3.2 Korrelationen zwischen Kooperationsmerkmalen

Die Untersuchung von Zusammenhängen zwischen Merkmalen der Kooperation wie beispielsweise Klimaeigenschaften oder der Häufigkeit der praktizierten Kooperationsformen und der Anzahl kooperierender Bezugseinrichtungen ergab bis auf die Ausnahmefälle zweier geringer beziehungsweise sehr geringer Korrelationen keine signifikanten Ausprägungen von Zusammenhängen. Insofern ist es den Akteur/inn/en in der Praxis unabhängig von der Größe ihrer Netzwerkstrukturen möglich, ihre Kooperation in Bezug auf Formen, Klima und Qualitätsaspekte zu gestalten.

Bei der Suche nach Zusammenhängen zwischen verschiedenen Formen der Unterstützung für die interinstitutionelle Zusammenarbeit zeigte sich, dass das Engagement der jeweiligen Pädagog/inn/en aus den Einrichtungen stark miteinander korreliert. Dieser Befund unterstreicht die Bedeutung der Reziprozität. Das Engagement hängt seinerseits wesentlich mit der personellen Kontinuität der Ansprechpartner/innen für die Kooperation zusammen. Die Existenz gemeinsamer Konzeptbausteine in den Programmen beider Einrichtungen korreliert mit gemeinsamen Fortbildungen. Daraus lassen sich hypothetisch mindestens zwei wichtige Forderungen für die Praxis ableiten: die Forderung nach personeller Kontinuität der Ansprechpartner/innen für die Kooperation und die nach gemeinsamen Fortbildungen für Pädagog/inn/en aus Kindertageseinrichtungen und Grundschulen.

Formen des Austauschs, der Reflexion und der Konferenzen über Bildungsarbeit hängen eng miteinander zusammen, und wechselseitige Besuche von Kindern aus einer Einrichtung in der Partnerinstitution stehen in einer reziproken Beziehung zueinander. Die Ergebnisse lassen vermuten, dass gemeinsame Fortbildungen die Kooperationsentwicklung in Bezug auf den wechselseitigen Austausch zwischen beiden Institutionen, gemeinsame Aktivitäten der Reflexion und gemeinsame Konferenzen über pädagogische Bildungsarbeit anregen. Ein intensiver interinstitutioneller Austausch korreliert mit einer häufigeren gemeinsamen Zusammenarbeit mit den Eltern.

Die Korrelationen zwischen den Elementen der Kooperationsebenen Bedingungen, Formen und Klima führen zu dem Schluss, dass der regelmäßige Austausch, die gemeinsame Reflexion und gemeinsame Konferenzen über Bildungs- und Erziehungsarbeit sowie wechselseitige Hospitationen und auch gemeinsame Fortbildungen als potenzielle Erfolgsfaktoren für die Kooperation beider Einrichtungen gedeutet werden können. Das Gleiche gilt für eine gemeinsame Fachsprache, ein funktionierendes Informationssystem und ein positives Kooperationsklima.

Die Ergebnisse aus der Analyse der fusionierten Perspektive aller Akteur/inn/e/n bestätigen in gewisser Hinsicht diese Erfolgsfaktoren, indem sie zeigen, dass die Häufigkeit, mit der die Vertreter/innen beider Institutionen miteinander über ihre pädagogische Bildungsarbeit reflektieren und konferieren, mit dem Vorliegen konzeptioneller Gemeinsamkeiten in den Programmen der Einrichtungen und der Praxis wechselseitiger Hospitationen korreliert. Daraus lassen sich wiederum im Hinblick auf das Ziel einer anschlussfähigen Didaktik im Sinne konzeptioneller Gemeinsamkeiten Hinweise auf Gelingensbedingungen ableiten: Zum Erfolg einer Kooperationsbeziehung tragen wechselseitige Hospitationen und eine Intensivierung des Austauschs sowie der gemeinsamen Reflexion über die Bildungsarbeit bei.

Insgesamt gesehen zeigt sich aber auch, dass die drei Kooperationsebenen bei den einzelnen Gruppen von Akteur/inn/en in relativ wenigen Schnittpunkten signifikant und nennenswert miteinander korrelieren. Das bedeutet, dass die Ebenen in der Praxis mit Einschränkungen getrennt voneinander ausgestaltet werden können. Dies ist besonders mit Blick auf das Klima der Kooperation interessant. Es zeigt, dass die Zusammenarbeit im praktischen Vollzug grundsätzlich trotz schlechter Rahmenbedingungen positiv erlebt werden kann.

Die umfangreichen bivariaten interdimensionalen Korrelationsanalysen in Bezug auf Zusammenhänge zwischen individuellen Kooperationsdispositionen und Kooperationsmerkmalen der interinstitutionellen Kooperation führen zu der Erkenntnis, dass die Kooperationspraxis beider Einrichtungen nicht vom Alter oder Geschlecht der Akteur/inn/e/n beeinflusst wird. Signifikante Korrelationen zeigten sich aber in Bezug auf Themen der Aus- beziehungsweise Fort- und Weiterbildung, insbesondere im Bereich der Kindertageseinrichtungen. Für die interinstitutionelle Kooperationsentwicklung empfiehlt sich demnach eine Intensivierung der Behandlung folgender Themen: ‚Gemeinsame Gestaltung des Übergangs von der Kindertageseinrichtung zur Grundschule‘, ‚Gemeinsame Sprachförderung von Kindertageseinrichtung und Grundschule‘, ‚Gemeinsame Einschulungskonferenzen‘ sowie ‚Kinder und Eltern im Übergang von der Kindertageseinrichtung zur Grundschule‘.

Der wissenschaftliche Blick auf die Zusammenhänge zwischen der intrainstitutionellen Kooperationsdimension und den interdimensionalen Merkmalen der Zusammenarbeit bei den verschiedenen Gruppen von Akteur/inn/en führt zu drei unterschiedlichen Beobachtungen: In den Einschätzungen der befragten Fachkräfte im Elementarbereich sind keine nennenswerten signifikanten Zusammenhänge zwischen intrainstitutioneller und interinstitutioneller Kooperation festzustellen. Bei den Leitungen der Bildungseinrichtungen, insbesondere bei denen der Grundschulen, sind wenige signifikante Zusammenhänge zu erkennen. Das Bild hingegen, das die Lehrkräfte in ihren Angaben von der Kooperationspraxis zeichnen, zeigt eine vielfältige Verwobenheit von Merkmalen der beiden in Beziehung gesetzten Kooperationsdimensionen. Die Frage, ob der Unterschied zwischen den beiden Bildungsbereichen sich mit der Annahme erklären lässt, dass die intrainstitutionelle Kooperationspraxis in den Kindertageseinrichtungen weiter entwickelt ist als in den vorrangig zellular organisierten Schulstrukturen, eröffnet eine neue Aufgabe für die Forschung.

Die eruierten Zusammenhänge zwischen den Kooperationsdimensionen II und III ergaben sich bei den Leitungen beider Einrichtungen und bei den Lehrkräften der Grundschulen nicht zwischen der Häufigkeit der intern praktizierten Kooperationsformen und der interinstitutionellen Kooperation, sondern zwischen den unterstützenden Bedingungen und der Kooperationsdimension III. Daraus lassen sich in Bezug auf eine Optimierung der in den Einrichtungen gegebenen Bedingungen für eine Weiterentwicklung der Kooperation zwischen Kindertageseinrichtungen hypothetisch Forderungen für die intrainstitutionelle Förderung der interinstitutionellen Zusammenarbeit ableiten.

Eine Übersicht der aus diesem Kapitel hypothetisch abzuleitenden Erfolgsfaktoren, die allerdings noch der wissenschaftlichen Überprüfung bedürfen, findet sich im Abschluss des folgenden Kapitels über Gelingensbedingungen.

4.3.3 Gelingensbedingungen für die Kooperation zwischen Kindertageseinrichtungen und Grundschule

Auf der Grundlage des angewandten Identifikationsverfahrens für Gelingensbedingungen kristallisierten sich bestimmte Formen der Unterstützung für die Kooperation zwischen Kindertageseinrichtung und Grundschule vonseiten der in die Arbeit der beiden Institutionen involvierten Sekundärakteur/inn/e/n heraus, von denen nach Einschätzung der befragten Leitungen beider Einrichtungen ein kooperationsförderndes Erfolgspotenzial für die Zusammenarbeit von Kindertageseinrichtung und Grundschule vermutet werden darf. Hinsichtlich der Unterstützung durch die Träger und Fachberatungen im Elementarbereich sowie durch das Schulamt im Primarbereich ergeben sich die in der folgenden Tabelle dargestellten Gelingensbedingungen im Sinne des Auswertungsdesigns.

Einschätzung des Bedarfs an institutionenbezogenen Formen der Unterstützung durch Sekundärakteur/inn/e/n für ein Gelingen der Kooperation	Träger	Fachberatung	Schulamt
persönliche Gesprächsangebote		✗	
fachliche Beratung		✗	
motivationale Unterstützung			✗
Aufgeschlossenheit in Bezug auf Neuerungen		✗	
Interesse an der Gestaltung des Übergangs von der Kita zur GS		✗	✗
rechtzeitige Weitergabe relevanter Informationen		✗	✗
Weitergabe von Informationen in ausreichendem Umfang		✗	✗
Rückmeldungen über die geleistete Kooperationsarbeit	✗	✗	✗
Wertschätzung meiner Arbeit	✗	✗	✗
Entlastungsstunde(n)		✗	✗
Entlastung von anderen Arbeiten / funktionalen Aufgaben für mich als Leiterin	✗	✗	✗
Fortbildungsangebote		✗	✗

Abb. 35:   Einschätzung des Bedarfs an für ein Gelingen der Kooperation mit der Bezugseinrichtung notwendigen Formen der Unterstützung vonseiten der Sekundärakteur/inn/e/n durch die Leitungen (L) von Kindertageseinrichtungen (Kita) und Grundschulen (GS). Die Bereiche, in denen die Sekundärakteur/inn/e/n nach den Vorstellungen der befragten Leitungen die für ein Gelingen der Kooperation für erforderlich erachtete Unterstützung leisten sollten, sind mit einem X gekennzeichnet. Die Tabelle gibt allerdings keine Auskunft darüber, wie verbreitet diese Formen der Unterstützung in der Praxis tatsächlich sind, weil die gekennzeichneten Punkte sich größtenteils in denjenigen Fällen herauskristallisiert haben, in denen sie in der Praxis nicht gegeben waren. Diese Fälle, in denen es an Unterstützung fehlt, sind jedoch häufig in der Minderheit. Zum tatsächlichen Vorkommen der genannten Formen der Unterstützung für die Bildungseinrichtungen ist der Befund auf dem Münsteraner Kooperations-Tableau zu betrachten.

In besonders vielen Fällen wünschen sich die Leitungen der Grundschulen eine Entlastung in ihrer Arbeit.

Die verschiedenen Gruppen von Akteur/inn/en schätzen die Gelingensbedingungen für eine Weiterentwicklung der Kooperation zwischen Kindertageseinrichtung und Grundschule jeweils unterschiedlich ein. Die beiden folgenden tabellarischen Auflistungen fassen die diesbezüglichen Untersuchungsergebnisse und die Angaben zu den Wünschen von Eltern, deren Kinder eine Tageseinrichtung besuchen, in einem Überblick zusammen:

Einschätzung der notwendigen Gelingensbedingungen für die Kooperation zwischen Kindertageseinrichtung und Grundschule aus der Sicht der Akteur/inn/e/n im Bereich der Kindertageseinrichtungen		
DIM II (intrainstitutionelle Kooperation)	aus der Sicht von L und PF	persönliche Gesprächsangebote der Leitung
		fachliche Beratung durch die Leitung
		Rückmeldungen der Leitung an die Teammitglieder über die geleistete Kooperationsarbeit
		rechtzeitige Weitergabe relevanter Informationen an die Teammitglieder durch die Leitung
		Weitergabe von Informationen in ausreichendem Umfang an die Teammitglieder durch die Leitung
		Wertschätzung kollegialer Mitbestimmung durch die Leitung
		Fortbildungsangebote, die Kooperation zum Inhalt haben
		Anregung und Unterstützung in Bezug auf Formen der Kooperation mit anderen Partner/inne/n vonseiten der Leitung
	nur aus der Sicht der L	motivationale Unterstützung des Teams durch die Leitung
		Bemühen der Leitung um Standards für die Verständigung innerhalb der Einrichtung
	nur aus der Sicht der PF	Aufgeschlossenheit der Leitung in Bezug auf Neuerungen
		Einstehen der Leitung für ein klares pädagogisches Konzept in Bezug auf die Kooperation zwischen Kindertageseinrichtung und Grundschule
		Wertschätzung der von den Teammitgliedern geleisteten pädagogischen Arbeit durch die Leitung
		Fortbildungsangebote, die die Zusammenarbeit im Team fördern
		Anregung und Unterstützung in Bezug auf Formen der Kooperation innerhalb des Teams vonseiten der Leitung
		Berücksichtigung ausreichender Gelegenheiten zur Teamarbeit beim Entwerfen der Dienstpläne
		gute Koordination der Zeitpläne für die Zusammenarbeit im Team außerhalb der Gruppenarbeit
		gerechte Arbeitsverteilung durch die Leitung
		transparente Arbeitsverteilung durch die Leitung
		Aufgeschlossenheit der Teammitglieder für Neuerungen
		Engagement der Teammitglieder für die Gestaltung des Übergangs
		Einstehen der Teammitglieder für ein klares pädagogisches Konzept in Bezug auf die Kooperation zwischen Kindertageseinrichtung und Grundschule
	aus der Sicht der ELT*	Informationen über das pädagogische Konzept der Kita
		Einblicke in die Arbeit der Erzieherin / des Erziehers mit Kindern
		Vertrauen in die Arbeit der Erzieherin / des Erziehers mit Kindern
		Eingehen der Erzieherin / des Erziehers auf Verbesserungsvorschläge von Eltern
		offene Ansprache von Problemen und Konflikten zwischen Eltern und Kita
		verständliche Ausdrucksweise der Erzieherin / des Erziehers
		Verständnis der Erzieherin / des Erziehers gegenüber den Eltern
		Interesse der Erzieherin / des Erziehers an der Besprechung von Fördermöglichkeiten
		seltener Wechsel der Gruppenbetreuung
		gemeinsame Gestaltung von Projekten mit der Kindertageseinrichtung
		gemeinsame Gestaltung von Festen mit der Kindertageseinrichtung
		gemeinsame Gestaltung von Themenabenden für Eltern mit der Kindertageseinrichtung
		Informationsveranstaltungen für Eltern der Vierjährigen
		gemeinsame Beratungsgespräche in Bezug auf die Förderung des Kindes
		gemeinsame Besprechung / Gestaltung der Bildungsdokumentation zum Kind
		Gespräche über die Ergebnisse des Kindes bei Delfin 4 Stufe 1 („Besuch im Zoo")
		Austausch über Möglichkeiten der sprachlichen Förderung des Kindes

.
.
.

DIM III (interinstitutionelle Kooperation)	aus der Sicht von L und PF	mündliche Absprachen zwischen den Leitungen
		personelle Kontinuität der Ansprechpartner/innen für die Kooperation
		Gemeinsamkeiten zwischen pädagogischem Konzept der Kita und Schulprogramm der GS
		gemeinsame Standards für die Bildungsdokumentation
		Protokollieren von Ergebnissen der Kooperation
		gegenseitige Hospitationen
		gemeinsame Fortbildungen der pädagogischen Fachkräfte aus Kita und GS
		Möglichkeit des Kennenlernens der Kooperationspartner/innen aus der GS / Kita vor der Zusammenarbeit
		rechtzeitige Information in Bezug auf die Kooperation
		ausreichende Information in Bezug auf die Kooperation
		Einhaltung von Terminabsprachen seitens der Eltern
		Gesprächsbereitschaft von Eltern bezüglich der sprachlichen Förderung ihres Kindes
		Rückmeldungen von Eltern über die von Kita und GS geleistete Kooperationsarbeit
	nur aus der Sicht der L	Engagement der Kita-Fachkräfte und Übernahme von Aufgaben (z.B. bei der Koordination)
		Engagement der GS-Fachkräfte und Übernahme von Aufgaben (z.B. bei der Koordination)
		Einhalten von Absprachen und Verträgen
		gemeinsame Fachsprache
		Verfügbarkeit unabhängiger Moderator/inn/en
	aus der Sicht der ELT*	gemeinsam gestaltete Projekte
		gemeinsame Gestaltung von Themenabenden für Eltern
		Informationsveranstaltung für Eltern der Vierjährigen
		Beratungsgespräche in Bezug auf das Kind
		Gespräche über die Ergebnisse des Kindes bei Delfin 4 Stufe 1

Abb. 36: Einschätzung der Gelingensbedingungen für die Kooperation zwischen Kindertages-einrichtung und Grundschule durch die Leitungen (L) und pädagogischen Fachkräfte (PF) von Kindertageseinrichtungen (Kita) auf der Grundlage des in dieser Arbeit an-gewandten Identifikationsverfahrens (siehe dazu Kapitel IV.3.1.7)

* Die Darstellung der Gelingensbedingungen aus Sicht der Eltern betrifft Verände-rungswünsche bezüglich der Zusammenarbeit mit der Kindertageseinrichtung (DIM II) beziehungsweise der Zusammenarbeit mit Kindertageseinrichtung und Grundschu-le (DIM III), die nur sehr eingeschränkt als Gelingensbedingungen zu betrachten sind (siehe dazu Kapitel IV.3.3.2, zu DII F/H 05 und DII F/H 06).

		Einschätzung der notwendigen Gelingensbedingungen für die Kooperation zwischen Kindertageseinrichtung und Grundschule aus der Sicht der Akteur/inn/e/n im Bereich der Grundschule
DIM II (intrainstitutionelle Kooperation)	aus der Sicht von L und PF	Rückmeldungen der Leitung an die Teammitglieder über die geleistete Kooperationsarbeit
		rechtzeitige Weitergabe relevanter Informationen an die Teammitglieder durch die Leitung
		Weitergabe von Informationen in ausreichendem Umfang an die Teammitglieder durch die Leitung
		Wertschätzung kollegialer Mitbestimmung durch die Leitung
		Fortbildungsangebote, die Kooperation zum Inhalt haben
		Anregung und Unterstützung in Bezug auf Formen der Kooperation mit anderen Partner/inne/n vonseiten der Leitung
	nur aus der Sicht der L	persönliche Gesprächsangebote der Leitung
		fachliche Beratung durch die Leitung
		Bemühen der Leitung um Standards in der Verständigung innerhalb der Einrichtung
		Einräumen von Gelegenheiten zu Kooperationstätigkeiten durch die Leitung
	nur aus der Sicht der PF	Einstehen der Leitung für ein klares pädagogisches Konzept in Bezug auf die Kooperation zwischen Kindertageseinrichtung und Grundschule
		gute Koordination der Zeitpläne für die Zusammenarbeit im Kollegium außerhalb des Stundenplans
		gerechte Arbeitsverteilung durch die Leitung
		transparente Arbeitsverteilung durch die Leitung
		Aufgeschlossenheit der Kolleg/inn/en für Neuerungen
		Einstehen der Teammitglieder für ein klares pädagogisches Konzept in Bezug auf die Kooperation zwischen Kindertageseinrichtung und Grundschule
DIM III (interinstitutionelle Kooperation)	aus der Sicht von L und PF	Engagement der Kita-Fachkräfte und Übernahme von Aufgaben (z.B. bei der Koordination)
		Engagement der GS-Fachkräfte und Übernahme von Aufgaben (z.B. bei der Koordination)
		personelle Kontinuität der Ansprechpartner/innen für die Kooperation
		Gemeinsamkeiten zwischen pädagogischem Konzept der Kita und Schulprogramm der GS
		gemeinsame Standards für die Bildungsdokumentation
		gegenseitige Hospitationen
		gemeinsame Fortbildungen der pädagogischen Fachkräfte aus Kita und GS
		rechtzeitige Information in Bezug auf die Kooperation
		ausreichende Information in Bezug auf die Kooperation
		Einhaltung von Terminabsprachen seitens der Eltern
		Gesprächsbereitschaft von Eltern bezüglich der sprachlichen Förderung ihres Kindes
	nur aus der Sicht der L	mündliche Absprachen zwischen den Leitungen
		Einhalten von Absprachen und Verträgen
		gemeinsame Fachsprache
		Verfügbarkeit unabhängiger Moderator/inn/en
		Möglichkeit des Kennenlernens der Kooperationspartner/innen aus der GS / Kita vor der Zusammenarbeit
		Rückmeldungen von Eltern über die von Kita und GS geleistete Kooperationsarbeit

Abb. 37:   Einschätzung der Gelingensbedingungen für die Kooperation zwischen Kindertageseinrichtung und Grundschule durch die Leitungen (L) und Lehrkräfte (PF) von Grundschulen (GS) auf der Grundlage des in dieser Arbeit angewandten Identifikationsverfahrens (siehe dazu Kapitel IV.3.1.7)

Die dargestellten Gelingensbedingungen beruhen bisher lediglich auf Einschätzungen der befragten Gruppen von Akteur/inn/en und stellen somit Hypothesen dar, die noch empirisch-wissenschaftlich auf ihre tatsächliche kooperationsfördernde Wirkung überprüft werden müssen. Dies gilt aber nicht nur für die dargestellten Bedingungen, sondern insbesondere auch für diejenigen, die in offiziellen Empfehlungen und in der Literatur normativ als Gelingensbedingungen präsentiert werden, sich aber im hier angewandten Identifikationsverfahren nicht als solche bestätigt haben. Dazu zählen insbesondere schriftliche Absprachen und Kooperationsverträge.

Eine andere Möglichkeit, Hinweise auf Gelingensbedingungen zu erhalten, die sich im Rahmen der Untersuchungen für diese Arbeit eröffnete, bestand darin, die Korrelationsanalysen zu nutzen und aus den signifikanten Zusammenhängen zu extrahieren, welche Ausprägungen von Kooperationsmerkmalen der Zusammenarbeit förderlich sind. Das Ergebnis ist die folgende Übersicht hypothetisch abgeleiteter Erfolgsfaktoren, die als Gelingensbedingungen noch der wissenschaftlichen Überprüfung ihrer Wirksamkeit bedürfen und bis dahin lediglich Hinweis- und nicht Nachweischarakter besitzen:

- positives Kooperationsklima,

- reziprokes Engagement der Pädagog/inn/en aus beiden Bildungseinrichtungen,

- personelle Kontinuität der Ansprechpartner/innen für die Kooperation in beiden Einrichtungen,

- funktionierende Informationsstrukturen, die Informationen rechtzeitig und in einem ausreichendem Umfang übermitteln,

- gemeinsame Fachsprache von Pädagog/inn/en aus beiden Bildungsbereichen,

- Durchführung von Fortbildungen für Elementar- und Primarpädagog/inn/en,

- wechselseitige Hospitationen von Pädagog/inn/en und Kindern in den Partnerinstitutionen,

- Intensivierung des regelmäßigen Austauschs und der gemeinsamen Reflexion über die Bildungsarbeit,

- gemeinsame Konferenzen,

- Intensivierung der Behandlung folgender Themen in Aus- beziehungsweise Fort- und Weiterbildung, insbesondere im Elementarbereich: ‚Gemeinsame Gestaltung des Übergangs von der Kindertageseinrichtung zur Grundschule', ‚Gemeinsame Sprachförderung von Kindertageseinrichtung und Grundschule', ‚Gemeinsame Einschulungskonferenzen' sowie ‚Kinder und Eltern im Übergang von der Kindertageseinrichtung zur Grundschule',

- intrainstitutionelle Unterstützung für die interinstitutionelle Zusammenarbeit durch die Leitungen im Elementarbereich in Form von persönlichen Gesprächsangeboten, fachlicher Beratung, Gelegenheiten zu Kooperationstätigkeiten und Angeboten für gemeinsame Fortbildungen von Elementar- und Primarpädagog/inn/en,

- intrainstitutionelle Unterstützung für die interinstitutionelle Zusammenarbeit durch die Leitungen im Primarbereich in Form von Rückmeldungen an die Lehrkräfte über die geleistete Kooperationsarbeit, Interesse an und Engagement bei der Gestaltung des Übergangs, Einstehen für ein klares pädagogisches Konzept, Wertschätzung kollegialer Mitarbeit, Fortbildungsangeboten, die Kooperation zum Inhalt haben, Anregung und Unterstützung bezüglich der Kooperation im Kollegium sowie mit anderen Partner/inne/n, guter Koordination der Zeitpläne für die Zusammenarbeit im Kollegium außerhalb des Stundenplans und Arbeitsteilung bei der Vor- und Nachbereitung von Delfin 4 sowie des Bemühens um Standards bei der Verständigung,

- intrainstitutionelle Unterstützung für die interinstitutionelle Zusammenarbeit durch das Kollegium im Primarbereich in Form von Aufgeschlossenheit für Neuerungen, Engagement bei und Interesse an der Gestaltung des Übergangs, Rückmeldungen über die geleistete Kooperationsarbeit sowie des Einstehens für ein klares pädagogisches Konzept und des Bemühens um Standards für die Verständigung.

Aus dem Ergebnis der Clusteranalysen ist zu folgern, dass ein Erfolg der Kooperation eine

- stetige, parallele und verknüpfte Weiterentwicklung aller drei Kooperationsebenen (Bedingungen, Formen, Klima) voraussetzt (siehe Kapitel IV.3.5 und IV.4.3.5).

4.3.4 Kooperationsmuster im Untersuchungsfeld

Kooperationsmuster, die sich hauptsächlich anhand der Häufigkeit der von ihnen praktizierten niveaustufenbezogenen Kooperationsformen typifizieren lassen, ließen sich bei allen Gruppen von Akteur/inn/en feststellen. So definiert sich der Kooperations-Typ 1 durch das Vorliegen der Kooperationsformen der Niveaustufen Kokonstruktion (N3) und Arbeitsteilung (N2) im Rahmen der Zusammenarbeit bei der gemeinsamen Gestaltung des Übergangs. Kooperations-Typ 2 ist durch eine ausgeprägte Kooperation auf Niveaustufe 2 charakterisiert. Beide Kooperationstypen können in der Beschreibung mit einem Plus (+) versehen werden, wenn die Kooperationsformen auf N3 bei Typ 1 intensiv und bei Typ 2 ansatzweise praktiziert werden. Kooperations-Typ 1 kann als konstruktiv-konzeptionelle Übergangsgestaltung bezeichnet werden, weil hier in einer postiv wahrgenommenen Arbeitsatmosphäre gemeinsame Konzeptbausteine für die Programme der Einrichtungen entworfen und umgesetzt werden, Typ 2 als konstruktiv-arbeitsteilige Übergangsgestaltung, weil hier auf einer pragmatischen Ebene bei vielfältigen Gelegenheiten – beispielsweise bei Festen, Projekten und Aktionen – Arbeitsprozesse geteilt und im Sinne einer Effizienzsteigerung wieder zusammengeführt werden. Die Netzwerkgefüge, die dem Kooperations-Typ 3 beziehungsweise dem Typ 3+ zuzuordnen sind, arbeiten auf der Basis des Austauschs von Informationen zusammen (Niveaustufe N1) beziehungsweise auf N1 und ansatzweise auf N2. Unter den kooperierenden Akteur/inn/en herrscht zumindest tendenziell ein positives Kooperationsklima, und die beteiligten Pädagog/inn/en engagieren sich für die Kooperation. Diese informationelle Übergangsgestaltung unterscheidet sich vom letzten Typ 4 dadurch, dass die Kooperation in der vierten Kategorie durch ein tendenziell negatives Klima, ein mangelndes Engagement der Akteur/inn/e/n und mehrheitlich hemmende Rahmenbedingungen eingeschränkt ist. Eine Übersicht befindet sich bei den diesbezüglichen Befunden am Ende des Kapitels IV.3.5.

In der Gesamtsicht lässt sich ein Zusammenhang zwischen der Ausprägung der niveaustufenbezogenen Kooperationsformen beziehungsweise deren Vorkommen und Häufigkeit und dem Klima der Kooperation sowie den unterstützenden Bedingungen erkennen. Diese Deutung führt zu einem Schluss, der in dieser Art den Korrelationsanalysen noch nicht zu entnehmen war: Ein Gelingen der Kooperation zwischen Kindertageseinrichtung und Grundschule im Rahmen der Übergangsgestaltung erfordert, gemessen an einer niveaustufenbezogenen Zusammenarbeit, zwingend eine Weiterentwicklung aller kooperationsfördernden Rahmenbedingungen ohne Ausnahmen, der arbeitsteiligen und kokonstruktiven Kooperationsformen und der klimatischen Faktoren.

4.4 Interpretation und Diskussion

Der hier vorliegende Befund stützt größtenteils die Ergebnisse anderer aktueller Forschungen (siehe Kapitel II.3.3) bezüglich praktizierter Kooperationsformen, wohingegen das in dieser Arbeit festgestellte Kooperationsklima in der Zusammenarbeit von Kindertageseinrichtungen und Grundschule den bisherigen Befunden nicht entspricht.

Insbesondere Carle und Samuel (2007) stellten in ihren nicht repräsentativen Untersuchungen ein negatives Kooperationsklima zwischen den jeweiligen Fachkräften beider Institutionen fest, ebenso Emmerl (2008) in ihrer Beschreibung des Hierarchiegefälles zwischen beiden Professionen. Auch die Ergebnisse von Tröschel (2006) lassen in der Nennung der Wünsche der Pädagog/inn/en und der von ihr beschriebenen Schwierigkeiten in der Zusammenarbeit kein gutes Klima in der Kooperation beider Berufsgruppen vermuten. Dagegen weisen die Ergebnisse der vorliegenden quantitativen Studie diesbezüglich ein völlig anderes Bild aus, das von einer Atmosphäre gegenseitiger Wertschätzung und Akzeptanz sowie der Aufgeschlossenheit und Offenheit gegenüber der Kooperation und einer vertrauensvollen Zusammenarbeit in Bezug auf die berufliche Kompetenz der Kooperationspartner/innen geprägt ist (vgl. Hanke / Merkelbach / Rathmer / Zensen 2009, 44). Auch in der Auswertung der Fragebogenerhebung von Feichtl, Kalicki, Oberhuemer und Warfolomjeew (2008) zeichnete sich eine angenehme und wertschätzende, vertrauensvolle und motivierende Zusammenarbeit beider Professionen ab. Für diese unterschiedlichen Befunde in Bezug auf das Kooperationsklima gibt es im Wesentlichen zwei Erklärungen: Entweder sind die nicht generalisierbaren Klimabefunde von Carle und Samuel sowie von Emmerl und Tröschel in den Regionen und (Projekt-)Kontexten, in denen die Ergebnisse erhoben wurden, tatsächlich gravierend anders als die der vorliegenden Studie zugrunde liegenden repräsentativen Werte, oder aber die forschungsmethodischen Verfahren und Instrumente (quantitativ versus qualitativ; teilnehmende Beobachtung versus Fragebogen) generieren unterschiedliche Befunde. Aufgrund des repräsentativen Untersuchungsdesigns dieser Arbeit ist aber generell davon auszugehen, dass die Merkmale des Kooperationsklimas nicht die Problemstellen in der Zusammenarbeit zwischen Kindertageseinrichtungen und Grundschulen sind. Letztlich konstatiert auch Tröschel bei den von ihr durchgeführten Workshops eine sehr positive, gute und offene Arbeitsatmosphäre mit einem nachhaltigen Motivationsgewinn (Tröschel 2006, 198). Auf dem Münsteraner Kooperations-Tableau wiederum lassen sich zwei Bereiche im Klimafeld ausfindig machen, bei denen Entwicklungsbedarf besteht: Vertrauen und Kenntnis. Beide Bereiche sind aus den angeführten Gründen (siehe Kapitel III.2.3.8 und III.2.3.13) im Klimafeld den Ebenen Motivation und Vertrauen zugeordnet, jedoch gehören Kenntnisse zugleich zu den Rahmenbedingungen und betreffen auch den Fachdiskurs, den Informationsfluss und die Transparenz auf der Ebene der Informationsstrukturen so wie Belohnungen in Form eines Entlastungsausgleichs immer auch eine Frage von Bedingungen und Ressourcen sind.

Die Problemstellen liegen folglich vor allem im Bereich der Felder Kooperationsformen und Bedingungen. Die wissenschaftliche Fachkommunität stimmt in ihrem Diskurs auch darin überein, dass Formen der Kooperation, die über das traditionelle Standardrepertoire von Schulbesuchstagen der Kinder aus den Tageseinrichtungen in der Grundschule hinausgehen, nur in geringem Maße praktiziert werden. Insbesondere die umfangreiche und repräsentative Studie von Tietze, Rossbach und Grenner (2005) legt diesbezüglich sehr ähnliche Ergebnisse vor, wie sie hier eruiert wurden. Die Zusammenarbeit ist nicht ausgeprägt, auf kokonstruktivem Niveau kommt sie nur in wenigen Fällen vor. Der von Tröschel (2006) sowie Carle und Samuel (2007) beschriebene Mangel an Wissen über die Bezugseinrichtung beziehungsweise an Kenntnissen einer Berufsgruppe über die pädagogische Praxis der jeweils anderen wird durch die Befunde der vorliegenden Arbeit tendenziell bestätigt. Zur Behebung dieses Mangels als Voraussetzung für eine vertiefte Kooperation empfehlen sich sicherlich entsprechende Fortbildungen beziehungsweise gemeinsame Fortbildungen von Erzieher/inne/n und Grundschullehrkräften. Diese Forderung findet sich auch in allen diskutierten Untersuchungen wieder. Insbesondere Tietze, Rossbach und Grenner (2005) machen darauf aufmerksam, dass von Fortbildungen der größte Effekt in Bezug auf eine Entschärfung der Übergangsproblematik zu erwarten ist.

Gemeinsame Fortbildungen für beide pädagogische Berufsgruppen sind auch in der dieser Arbeit zugrunde liegenden Projektuntersuchung von den befragten Akteur/inn/en als Gelingensbedingung für die Kooperation zwischen Kindertageseinrichtungen und Grundschule benannt worden. Carle und Samuel (2007) sowie Schmidt (2009) sehen solche gemeinsamen Fort- und Weiterbildungsprogramme ebenfalls als Erfolgsfaktoren für die interinstitutionelle Zusammenarbeit an. Übereinstimmung in Bezug auf sogenannte Gelingensbedingungen beziehungsweise „eingeschätzte Bedarfe" (vgl. Kapitel IV.3.1.7) besteht darüber hinaus in Bezug auf die Gestaltung gemeinsamer Konzepte und Bildungsprogramme, die Erarbeitung gemeinsamer Vor- und Einstellungen sowie den Einsatz von Moderator/inn/en. Aussagen darüber, inwiefern bestimmte Bedingungen mit einer gewissen Wahrscheinlichkeit das Gelingen der Zusammenarbeit zwischen Kindertageseinrichtungen und Grundschulen garantieren, können allerdings derzeit vor dem Hintergrund des vorliegenden Forschungsstandes nicht valide getroffen werden. Es liegen zwar Hinweise und Hypothesen vor, aber keine entsprechenden Effektstudien. Vor der mehr oder weniger verbindlichen Formulierung spezifischer Gelingensbedingungen, wie sie von einigen Autor/inn/en mit einem gewissen Anspruch auf Allgemeingültigkeit vorgetragen werden, empfiehlt es sich deshalb zunächst, Faktoren der Kooperationspraxis in angemessener Form wissenschaftlich zu begleiten und die Auswirkungen zu evaluieren.

Schmidt (2009) stellt im Rahmen des TransKiGs-Projekts eine Kooperation der Akteur/inn/e/n auf anspruchsvollstem kokonstruktivem Niveau fest. Mit Blick auf dieses Ergebnis ist davon auszugehen, dass die Praxis für die Weiterentwicklung der Formen und die Verbesserung der Kooperationsbedingungen solcher Impulse bedarf. Dabei sollten Modellprojekte so konzipiert und gestaltet sein, dass sie nachhaltig in die Praxis hineinwirken und ihre Elemente trotz Ressourcenknappheit auch noch nach Ablauf der Projektphase realisiert werden können.

Die hier herausgearbeiteten Typen beziehungsweise Cluster der Kooperationspraxis definieren sich klar über die Niveaustufen der praktizierten Kooperationsformen. Da die Entwicklung dieser Formen als Problembereich der Kooperation zwischen Kindertageseinrichtungen und Grundschule anzusehen ist, markieren die Cluster gezielte Ansatzpunkte für die Förderung der interinstitutionellen Kooperation. Somit eignet sich das zur Klassifizierung von Kooperationsbeziehungen angewandte Modell sowohl dazu, strukturelle Analysen des jeweiligen regionalen Kooperationsgeschehens vorzunehmen und darzustellen als auch gezielte Bedarfe in einzelnen Kooperationsgefügen zu ermitteln und entsprechende Fördermaßnahmen für eine Weiterentwicklung der Kooperationskulturen zu formulieren. Jeder Kooperationstyp weist einen speziellen Förderbedarf auf; so benötigt der Typ 3 beispielsweise eine Intensivierung der Formen des Kooperationsniveaus 1 (Austausch) und die Etablierung von Formen des Niveaus 2 (Arbeitsteilung), wohingegen der Typ 1 Impulse für eine Ausdifferenzierung der Formen des Kooperationsniveaus 3 (Kokonstruktion) bedarf. Beim speziellen Typ 4 ist eine besondere Förderung mit den Schwerpunkten Kooperationsklima und Motivation erforderlich, die bei den anderen Typen den Bedarfsschwerpunkt verfehlen würde.

Die Weiterentwicklung der Kooperationspraxis von Kindertageseinrichtungen und Grundschule hängt von einer Förderung der Praxis ab, die die Bedingungen und Kooperationsformen gezielt unterstützt. Das Klima der Kooperation zwischen den beteiligten Professionen ist grundsätzlich als tendenziell positiv zu beschreiben.

4.5   Kritische Reflexion der Studie

Diese Arbeit eröffnet viel Raum für konstruktive Kritik, da die Untersuchung in einem hohen Maß exploratorisch ausgerichtet ist und sich aus der Retrospektive entsprechend viele Entwicklungsräume zeigen. Die kritische Reflexion ist deshalb aus Gründen der Übersicht in Anmerkungen zum Münsteraner Kooperations-Tableau, zum Untersuchungsdesign sowie zum Auswertungsdesign und zur Interpretation der Ergebnisse gegliedert.

Zur Kritik an der konzeptionellen Entscheidung, die Kooperation als Untersuchungsgegenstand am Verfahren Delfin 4 festzumachen, ist anzuführen, dass dieses Vorgehen Vor- und scheinbar auch Nachteile mit sich bringt. Als Nachteil fällt zunächst die Einengung der Kooperation zwischen Kindertageseinrichtung und Grundschule auf dieses eine Thema der Übergangsgestaltung ins Auge. Gewachsene Kooperationsformen, -bedingungen und -klimata sind in so mannigfaltigen Ausprägungen mit jeweils nur schwerlich objektivierbaren Strukturspezifika anzutreffen, wie es Kontakte zwischen Kindertageseinrichtungen und Grundschulen mit kooperativer Absicht gibt. Aber genau hier liegt für eine systematische wissenschaftliche Untersuchung, die valide und zuverlässige Ergebnisse intendiert, ein Problem, da sich die verschiedenen Ausprägungen von Kooperationsbeziehungen in der Praxis kaum vergleichen lassen und sich für eine Fragebogenerhebung kaum gemeinsame Bezugspunkte bieten. Delfin 4 bildet einen Kristallisationspunkt, an dem sich alle wichtigen allgemeinen und speziellen Aspekte der Kooperation konkretisieren und in der Analyse wissenschaftlich evaluieren lassen.

4.5.1 Kritik am Münsteraner Kooperations-Tableau

Das Münsteraner Kooperations-Tableau (MKT) ist das erste Modell seiner Art und somit ein Pilotmodell zur umfassenden Beschreibung der Praxis der Kooperation zwischen Kindertageseinrichtung und Grundschule. Dementsprechend ist es weder ausreichend erprobt noch komplett ausgestaltet. Es steht am Anfang der Entwicklung eines Evaluationsinstrumentes und Interventionsmodells sowie einer konsequenten Bewegung für die Stärkung der Bildungs- und Erziehungsarbeit in Kindertageseinrichtungen und Grundschule durch eine Optimierung des Übergangs vom elementaren zum schulischen Bildungsbereich. Das Tableau ist somit zunächst einmal eine Vorlage, die das Bewusstsein für die im Rahmen einer Kooperation stattfindenden Prozesse schärft und noch viele apriorische Konstrukte beinhaltet, die der empirischen Überprüfung bedürfen. Viele Ausführungen zum Münsteraner Kooperations-Tableau in dieser Arbeit sind teils von normativen Wertungen, teils von empirischen Befunden und teils von einer Mischung aus beiden geprägt. Um hier im Interesse eines stabilen empirischen Fundaments klare Abgrenzungen vorzunehmen, sind noch ausgiebige Forschungsarbeiten in diesem Bereich zu leisten.

Das Münsteraner Kooperations-Tableau ordnet also in einem anfänglichen Versuch phänotypische Kooperationsmerkmale und genotypische Strukturen der Kooperation zwischen Elementar- und Primarbereich. Die im Modell benannten Bereiche korrespondieren in vielfältiger Art und Weise miteinander. Es bieten sich bereits zahlreiche Möglichkeiten, Teile der Konstruktion anders zu komponieren. Um hier die möglichst beste Wahl und die Entscheidungen zu treffen, die es ermöglichen, die Wirklichkeit der Kooperationspraxis adäquat wiederzugeben und geeignete Interventionsmaßnahmen aufzuzeigen, bedarf es der Erfahrung, die sich erst in der Zukunft einstellen wird. Grundsätzlich bedarf das Modell auch immer einer gewissen Dynamik, da die Bereiche des MKT sich in Abhängigkeit von der Entwicklung der

Realität der Praxis auch immer wieder einer neuen Inhaltsbestimmung und Umstrukturierung stellen müssen.

Die Beurteilung der Kooperation auf der Grundlage des MKT hat sich im Verlauf der Untersuchung auch als nicht immer unproblematisch erwiesen, da das Datenmaterial nicht immer passende Antworten auf die Fragen liefern konnte, die das MKT aufwirft. Das liegt daran, dass das MKT aus projektorganisatorischen Gründen nicht vor der Konstruktion des Fragebogens entwickelt werden konnte, sondern parallel zu der Erhebung entstand. Struktur und Inhalt von Erhebungsinstrumenten und Beschreibungsmodell bedürfen noch dringend der Synchronisierung.

4.5.2 Kritik am Untersuchungsdesign

Die Kritik am Untersuchungsdesign konzentriert sich an dieser Stelle auf die verwendeten Fragebögen, da hier gravierende Auffälligkeiten zu registrieren waren, während sich die anderen Aspekte des Untersuchungsdesigns wie beispielsweise Stichprobenauswahl und Organisation der Durchführung sehr bewährt haben und die Prozesse größtenteils in optimaler Weise abliefen.

Für einen ersten explorativen Einstieg in die Thematik der Übergangsgestaltung mit explizitem Schwerpunkt auf dem Aspekt der Kooperation zwischen den Akteur/inn/en aus Kindertageseinrichtung und Grundschule haben die Fragebögen umfangreiche und wertvolle Erkenntnisse in diesem Forschungsfeld geliefert. Trotz dieses Erfolges und trotz eines vorab durchgeführten Pretests, der eine gründliche Überarbeitung der Prototypen für die in der Studie verwendete Endfassung bewirkte, zeigt sich jedoch a posteriori ein erheblicher Nachbesserungsbedarf bezüglich der Konstruktion der Fragebögen. Die Fragen sind weitgehend noch nicht so formuliert, dass sie auf die Adressat/inn/en eineindeutig wirken, vielmehr eröffnet sich für das Verständnis der Fragen häufig ein ungewollter Interpretationsspielraum. Was ist beispielsweise unter einer Zusammenarbeit zu verstehen? Ist die Teilnahme an einer Informationsveranstaltung eine Zusammenarbeit, oder darf erst davon gesprochen werden, wenn diese Veranstaltung gemeinsam vor- oder nachbereitet oder durchgeführt wird? Was ist unter einer Beteiligung an Delfin 4 zu verstehen? Ist das Protokollieren schon eine Beteiligung an der Durchführung, oder bedeutet Durchführung, im Verfahren die Rolle des Spielleiters für die Kinder zu übernehmen? Was ist unter einer Beteiligung der Eltern an der Vor- beziehungsweise Nachbereitung von Delfin 4 zu verstehen? Bedeutet das, die Kinder zum Test zu bringen oder den Testraum aufzuräumen, oder vielleicht sogar die Durchführung eines gezielten Trainings mit den Kindern für die Sprachstandsfeststellungsdiagnostik? Welche Personen werden als Grundschullehrer/innen bezeichnet? Sind es die Lehrkräfte eines Kollegiums ohne leitende Funktionen, oder gehören die Schulleitungen dazu, da diese im Regelfall auch Grundschullehrer/innen sind? Solche Fragen müssen forschungsmethodisch präzisiert und konkretisiert werden.

Ebenso ist zu kritisieren, dass im Erhebungsbogen die Fragen zu den Kooperationsdimensionen II und III nicht immer trennscharf aufgeführt sind. Eine präzisere

Unterscheidung von Formen und Themen der Zusammenarbeit wäre im Nachhinein für eine differenziertere Analyse wünschenswert. Die einzelnen Items, die unter der Bezeichnung „ausgewählte Elemente der Kooperationsqualität" zusammengefasst sind, müssen unabdinglich den drei Feldern Bedingungen, Formen und Klima zugeordnet werden. Einige Aspekte, die das später entwickelte MKT anspricht, sind im Fragebogen noch nicht operationalisiert worden. Problematisch ist auch, dass die gruppenspezifischen Fragebögen für die Akteur/inn/e/n der vier pädagogischen Professionsgruppen bisher nicht gänzlich so weit wie möglich parallelisiert sind. Dies hat bei der Auswertung die Gefahr einer Verwechslung der zu vergleichenden Items zur Folge und macht es in einigen besonderen Fällen schwierig, wenn gleich gemeinte Inhalte in den Items unterschiedlich formuliert sind beziehungsweise durch eine unterschiedlichen Anzahl von Items abgedeckt werden. Als Beispiel hierfür seien die Items zu den praktizierten Kooperationsformen genannt: Im Erhebungsbogen für die Leitungen wird in einem Item nach gemeinsam gestalteten Aktionen, Festen und Projekten gefragt, bei den Fach- beziehungsweise Lehrkräften hingegen in einem Item nach den Projekten und in einem anderen nach Festen.

Ein entscheidendes Kriterium für die Bewertung eines Fragebogens ist auch der Umfang der von den Adressat/inn/en zu bewältigenden Ankreuzaufgaben. Obwohl der Fragebogen durch die erfreulich gut ausgefallenen Rücklaufquoten diesbezüglich bestätigt wird, weil diese eine breite Akzeptanz bei den Adressat/inn/en anzeigen, darf trotzdem kritisch hinterfragt werden, ob der Fragebogen unter Berücksichtigung der Exhaustivität der Antwortalternativen nicht doch noch Kürzungspotenzial aufweist. Es ist zu vermuten, dass eine Reduktion der vielen Ankreuzmöglichkeiten bei den Adressat/inn/en die Motivation fördert, auch in den offenen Kategorien Antworten zu formulieren. Die Möglichkeit, im Fragebogen auch bei Fragen mit freiem Antwortformat Angaben zu machen, wurde von den befragten Akteur/inn/en nämlich nur in äußerst seltenen Fällen genutzt. Diese Stellen stellen somit im Ergebnis keine Erkenntnisquellen dar, fungierten aber vermutlich andererseits in einzelnen Fällen als Möglichkeit für die Akteur/inn/e/n, ihr Mitteilungsbedürfnis bezüglich einer eigenen Botschaft über Delfin 4 als Sprachstandsdiagnostik in Abgrenzung zum Kooperationsgeschehen zu befriedigen.

Die verwendeten Skalen zeigen hinsichtlich einer solchen ersten exploratorischen Erhebung auch Alternativen auf. Die zumeist viergliedrige ‚Trifft-zu-Skala' hätte für die Analyse auch weniger differenziert ausfallen können. Da die Angaben „trifft zu" und „trifft eher zu" sowie „trifft eher nicht zu" und „trifft gar nicht zu" bei der Auswertung in den meisten Fällen jeweils zu zweit zusammengefasst wurden, hätte eine zweigliedrige Skala zunächst ausgereicht. Bei einer verfeinerten und differenzierten Operationalisierung für spezielle Teilaspekte empfiehlt sich hingegen die verwendete Skala. Die Angabe „weiß nicht" hat sich für die Auswertung und Interpretation als problematisch erwiesen, da nicht klar ist, warum die befragte Akteurin beziehungsweise der befragte Akteur über das Vorliegen eines bestimmten die Kooperation unterstützenden Faktors nicht informiert ist. Sollten dann die Prozentwerte in der Auswertung auf die Dreigliedrigkeit der Skala mit den Antwortalternativen

„ja", „nein" und „weiß nicht" bezogen werden, um aus der Menge der Gesamtangaben klare und eindeutige Werte zu gewinnen, oder sollten sich die Prozentangaben auf die eindeutigen Angaben „ja" und „nein" ohne Berücksichtigung der „Weiß-nicht"-Antworten beziehen, die dann wiederum eine andere Aussagekraft haben? Im ersten Fall unterstützen die Prozentwerte die Tendenz, im zweiten bleiben diejenigen, die „weiß nicht" angekreuzt haben, ohne Beachtung. Zu den Vorteilen einer Berücksichtigung der „Weiß-nicht"-Antworten gehört ferner, dass konstruktfremde Antworten, aber auch der Effekt von Forced Choice weitgehend ausgeschlossen werden. Die Antwortalternative „weniger" für die Identifikation von Gelingensbedingungen erwies sich als eigentlich gänzlich überflüssig, da sie fast nie angekreuzt wurde.

Grundsätzlich sind viele Schwachstellen in der Fragebogenkonstruktion durch das Vorhaben generiert worden, möglichst viele Aspekte der bisher weitgehend unerforschten Kooperationslandschaft zwischen Kindertageseinrichtung und Grundschule einzufangen und abzubilden. Die gefundenen Phänomene und Korrelationen werden sich in künftigen Forschungsschritten einer spezielleren, gezielten und auf jeweils einen Aspekt konzentrierten Untersuchung unterziehen müssen, bei der sich komplexe Skalen potenziell eher bewähren können. Für diese Untersuchung hätten einfache Skalen und eine reduzierte Datenmenge die Arbeit sicherlich erleichtert.

Unter den gegebenen Umständen des Projektkontextes ergab sich keine Möglichkeit, Wirkungen zu messen. Die repräsentative Ex-post-Evaluation mit einer Erhebungsphase war im Projektkontext sicherlich die beste Konstruktion der Wahl, jedoch besteht der Nachteil dieses Untersuchungsdesigns in der fehlenden Möglichkeit, mit wissenschaftlichen Maßstäben Wirkungen zu ermitteln. Insbesondere die identifizierten Gelingensbedingungen bedürfen der empirischen Erforschung hinsichtlich ihrer Auswirkungen auf die Kooperationspraxis. Ein weiterer Aspekt, bezüglich dessen das wissenschaftliche Forschungsinteresse wegen des Untersuchungsdesigns des Fragebogens an Grenzen stößt, ist, dass die mnemonische Rekonstruktion des Kooperationsgeschehens durch die befragten Akteur/inn/e/n sowohl ein starkes Maß an Subjektivität in den Ergebnissen zur Folge hat als auch eine durch die Erinnerung an teilweise bereits länger zurückliegende Ereignisse und Entwicklungen bedingte Ungenauigkeit vermuten lässt.

4.5.3 Kritik am Auswertungsdesign und an der Interpretation

Die Auswertung auf der Grundlage des Münsteraner Kooperations-Tableaus beruht auf einfachen univariaten Häufigkeitsanalysen und stellt grundsätzlich an die Wissenschaftler/innen nur Anforderungen, die sich mit einfachen bewährten analytischen Standardverfahren problemlos bewältigen lassen. Die einzige Problematik, die sich im Auswertungsprozess in Bezug auf das MKT bemerkbar machte, ist die oben angesprochene mangelnde inhaltliche und strukturelle Übereinstimmung von Erhebungsinstrument und Beschreibungsmodell.

Bei der Auswertung und Interpretation der Daten in Bezug auf Signifikanzen und Korrelationen ergab sich die Schwierigkeit, dass Ergebnisse aufgrund eines bisher noch unterentwickelten empirischen Forschungskontextes nur mit großen Problemen beziehungsweise teils nur normativ zu bewerten sind. Hinzu kommt noch der Umstand, dass die allgemeine interdisziplinäre Klassifizierung von Korrelationen im Bereich der Sozial- und Bildungswissenschaften nur zu verhältnismäßig unauffälligen Befunden führt. Eine Korrelation mit r = 0,4 wird im Allgemeinen als geringe Korrelation eingestuft, obwohl sie in relativer Sicht im Untersuchungskontext sozialer Interaktionen schon bemerkenswert ist.

Ein wichtiges Ergebnis der Untersuchung besteht in der Feststellung, dass die Wahrnehmung und Darstellung des Kooperationsgeschehens je nach Gruppe von Akteur/inn/en spezifische Ausprägungen aufweist. Für die Interpretation und für Schlussfolgerungen ist es wichtig, zu erkennen, wie dieser Befund zustande kommt. Hierfür gibt es Erklärungsansätze (siehe Kapitel IV.4.1), allerdings ist bislang nicht zu klären, welche Gründe bei den jeweiligen Items zu einer gruppenspezifisch unterschiedlichen Wahrnehmung führen. Insofern ist es auch schwierig, die intendierte Intersubjektivierung durch einen Vergleich der verschiedenen Perspektiven exakt begründet durchzuführen. Für eine weitreichende Klärung müsste auch hier wiederum eine Spezialisierung der Untersuchung erfolgen, die das Forschungsanliegen der Studie von einer eher als Makroebene zu bezeichnenden Stufe auf eine Mikroebene herunterbricht, die sich in Analysen einzelner Kooperationsphänomene äußert. Ferner müssten für eine verfeinerte Analyse zusätzlich noch Überlegungen über den tatsächlichen Effekt der sozialen Erwünschtheit und über den Einfluss von ‚response sets‘, insbesondere der Akquieszenz, angestellt und in die Interpretation integriert werden. Abschließend sei nochmals darauf hingewiesen, dass die Evaluation im Kontext der Sprachstandsdiagnostik Delfin 4 viele Vorteile geboten hat, besonders die damit verbundenen Konkretisierungen und nicht disparaten Kristallisationspunkte; jedoch hat dieser Kontext sicherlich auch seinen Einfluss mit ungeklärten Auswirkungen auf die grundsätzlichen Merkmale der Zusammenarbeit zwischen Kindertageseinrichtung und Grundschule, sodass nachfolgende Studien nach Abwägung im Einzelfall auch gut beraten sein könnten, Befunde über die Kooperation im Zusammenhang mit einer anderen Schwerpunktsetzung oder der allgemeinen Gestaltung des Übergangs von der Kindetageseinrichtung zur Grundschule zu erheben und zu den hier dargestellten Ergebnissen in Beziehung zu setzen. In diesem Zusammenhang muss auch mit kritischem Blick auf die Stichprobe speziell für die Gruppe der Lehrkräfte bedacht werden, dass alle befragten Lehrkräfte das Verfahren Delfin 4 durchgeführt haben. Hat hier also möglicherweise eine Vorauswahl unter den Lehrkräften stattgefunden, beziehungsweise ist die häufig im Vergleich zu den anderen Gruppen von Akteur/inn/en positive Sicht auf das Kooperationsgeschehen eventuell dadurch bedingt, dass kooperationsfreudige und besonders engagierte Lehrkräfte ihre Einschätzungen wiedergegeben haben? Diese spekulative Frage wird erst zu klären sein, wenn Informationen darüber vorliegen, ob Lehrkräfte, die Delfin 4 durchführen, sich im Hinblick auf Aspekte der Kooperation signifikant von der Gesamtheit aller Lehrkräfte unterscheiden.

Abschließend empfiehlt es sich für nachfolgende Studien, den Zeitpunkt der Erhebung in möglichst große Synchronität mit den zu evaluierenden Prozessen zu bringen. Im Forschungskontext der vorliegenden Arbeit gab es zur Ex-post-Evaluation keine Alternative, doch birgt diese durch den mnemonischen Rekonstruktionscharakter die Gefahr einer Verzerrung der Wirklichkeit, von Neukonstruktionen, Neubewertungen und der Beeinflussung durch bewusste und unbewusste Manipulationen.

V. Perspektiven

Perspektiven und Entwicklungschancen bietet das Thema der Kooperation zur Optimierung der Übergangsgestaltung in großem Maße, da es aus sich selbst heraus ein Höchstmaß an Relevanz für die Praxis beziehungsweise für alle im Übergang zwischen Kindertageseinrichtung und Grundschule befindlichen Kinder aufweist und weil die Politik dies ihrerseits bundesweit erkannt hat und mit bildungsprogrammatischen Forderungen die Weiterentwicklung der Kooperation zwischen den beiden Bildungseinrichtungen forciert und auch finanziell in Form von Projekten unterstützt. Die Aufgaben, die aus den notwendigen Forderungen resultieren, lassen sich allerdings nicht von einzelnen öffentlichen Größen lösen, vielmehr muss den Herausforderungen im Rahmen eines gesamtgesellschaftlichen Prozesses mit einer konzertierten und nachhaltigen (Re-)Aktion von Eltern, Kindern, Primär- und Sekundärakteur/inn/en und mit Unterstützung durch die Forschung gemeinsam begegnet werden. Hier sind im Folgenden Möglichkeiten der universitären Forschung darzustellen, ihren Beitrag zu einer Stärkung der Bildungs- und Erziehungsarbeit mit Blick auf die Gestaltung des Übergangs von der Kindertageseinrichtung zur Grundschule zu leisten. Dabei werden erstens Optionen für die Forschung aufgezeigt, die direkte Perspektiven für die Arbeit im universitären Bereich ermöglichen, und zweitens Optionen, die Handlungskonsequenzen für die Praxis schaffen. Im ersten Teil werden so die an diese Arbeit anschließenden möglichen Untersuchungsschritte und die Entwicklung eines Verfahrens zur Selbstevaluation der Kooperationspraxis für die Einrichtungen angeregt, im zweiten Teil dann die Entwicklung eines Programms zur Förderung der interinstitutionellen Kooperation mit Maßnahmen, die von Sekundärakteur/inn/en zu beeinflussen und zu gestalten sind, sowie die Entwicklung eines ‚Leitfadens‘, der den Primärakteur/inn/en eine fundierte Orientierung bietet. Wissenschaft und Praxis stehen dabei in einem arbeitsintensiven und kontinuierlichen Austauschprozess.

1 Perspektiven für die Forschung

Die Forschung steht vor der Aufgabe, Normen und teils ideologisch-plakative programmatische Forderungen empirisch auf ihre Auswirkungen im Sinne einer Steigerung der Qualität der Bildungs- und Erziehungsarbeit in Kindertageseinrichtungen und Grundschule wissenschaftlich zu bewerten und einen Beitrag dazu zu leisten, dass sich die Kooperationspraxis weiterentwickeln kann. Letzteres Desiderat kann durch das Angebot eines Selbstevaluationsverfahrens für interinstitutionelle Kooperationsgefüge von Kindertageseinrichtungen und Grundschulen eingelöst werden, für den ersten Punkt sind in der Zukunft noch größere differenzierte Forschungsmaßnahmen notwendig. Die zu erwartenden Ergebnisse sollten dann von normativen Vorgaben möglichst freie Erkenntnisse liefern, die weitere valide und stabile Aussagen über Kooperationszusammenhänge im Kontext der Zusammenarbeit zwischen den beiden Bildungsinstitutionen ermöglichen.

Im Folgenden sind einige mögliche Forschungsschritte dargestellt, die an diese Arbeit anschließen, und es wird eine grobe erste Konzeptidee für ein Verfahren zur Selbstevaluation der Kooperationspraxis von Kindertageseinrichtungen und Grundschulen angedacht.

1.1 Anschließende Forschungsschritte

Der sich eröffnende Forschungsraum ist groß und weit, räumlich wie zeitlich. Wissen und Erkenntnisse, die das Kooperationsgeschehen von Kindertageseinrichtungen und Grundschulen bisher noch nicht preisgegeben hat, werden den künftigen Entdecker/inne/n die Anwendung bewährter Forschungsmethoden und zugleich die Entwicklung neuer Forschungswege und -fragen abverlangen. Dabei werden sie die bisherigen Untersuchungen weiter präzisieren, konkretisieren und differenzieren müssen. Vor allem aber wird für eine empirische Erforschung Zeit und Geduld aufgebracht werden müssen, um stabile und ideologiefreie, handlungsweisende und nachhaltige Ergebnisse zu gewinnen, aus denen sich dann Empfehlungen für hochwertige Implementationsmaßnahmen ergeben.

Die im TransKiGs-Projekt verwendeten Fragebögen stellen eine Möglichkeit dar, die interinstitutionelle Kooperation zwischen Kindertageseinrichtungen und Grundschule zu evaluieren. Allerdings bedürfen die Fragebögen noch der Überarbeitung (siehe Kapitel IV.4.4.2) und der Weiterentwicklung zu einem Evaluationsverfahren im Sinne eines Instrumentes, das allen allgemeinen Testgütekriterien entspricht.

Ein umfangreiches Aufgabengebiet stellen die sogenannten Gelingensbedingungen dar. Hier müssen in naher Zukunft viele normative und hypothetische Kooperationseffekte untersucht werden, um Erfolgsfaktoren einschließlich ihres Wirkungspotenzials valide beschreiben zu können. Dafür ist eine enge Zusammenarbeit von Praxis und Wissenschaft unabdingbar.

Ein an die vorliegende direkt anschließender Forschungsschritt in Bezug auf Erfolgsfaktoren ist die fallspezifische Analyse des Datenmaterials aus dem TransKiGs-Projekt NRW (Phase II). Die Fragebögen aus dem Bereich der Kindertageseinrichtungen, der Eltern und der Grundschulen beziehen sich wechselseitig aufeinander und lassen sich über das verwendete Kodierungssystem entsprechend zuweisen. In einem weiteren Schritt müssen nun die einzelnen Kooperationsgefüge bewertet und klassifiziert und dann miteinander verglichen werden. Aus solch einem komparativen Verfahren mit einem Vergleich der Netzwerkstrukturen dürften sich dann weitere Hinweise für Gelingens- und Misslingensbedingungen ergeben, die dann in weiteren wissenschaftlichen Untersuchungen empirisch auf Wirkung und Validität überprüft werden müssten.

Für die Bewertung von Netzwerkstrukturen empfiehlt sich die Entwicklung eines ausgereiften Instrumentariums für Berechnungen von Indizes, die standardisierte und somit vergleichbare Aussagen über Bedingungen, Formen und Klima der Kooperationspraxis ermöglichen.

Die bisherige Konstruktion des Münsteraner Kooperations-Tableaus muss vor dem Hintergrund der künftigen Forschungsergebnisse stets neu reflektiert und modifiziert werden. Das Modell kann zum gegenwärtigen Zeitpunkt noch nicht ausgereift sein und darf auch nie als abgeschlossen betrachtet werden, da der Kooperationsprozess, der damit beschrieben und bewertet werden soll, an sich ein dynamischer Komplex sozialer Interaktion ist. Besonders Affinitäten und Teilkongruenzen müssen differenziert und Kooperationseffekte wissenschaftlich nach empirischen Maßstäben überprüft werden.

Die bisherigen Ergebnisse beziehen sich hauptsächlich auf die Kooperation der Primärakteur/inn/e/n, auch wenn das Handeln der Leitungen teilweise durchaus auch der Funktion der Sekundärakteur/inn/e/n zugeordnet werden kann. Aufgabe wird es sein, das komplexe Geschehen der Kooperation zwischen den Institutionen Kindertageseinrichtung und Grundschule noch mehr im Zusammenhang mit den steuernden Aktivitäten der Sekundärakteur/inn/e/n zu betrachten und zu erforschen, auch mit Blick auf die Zusammenarbeit der Letzteren untereinander.

1.2 Entwicklung eines Selbstevaluationsverfahrens für Kindertageseinrichtungen und Grundschulen

Kindertageseinrichtungen und Grundschulen stehen vor dem Problem eines dringenden Bedarfs an Instrumenten und Materialien für die Evaluation und Weiterentwicklung der eigenen Kooperationspraxis in der Zusammenarbeit mit der Beziehungseinrichtung beziehungsweise den Bezugseinrichtungen vor dem Hintergrund bildungspolitischer Forderungen auf Landes- und Bundesebene. Hier ist die Wissenschaft aufgerufen, Lösungskonzepte für dieses Aufgabenfeld zu entwerfen. Ein Baustein zur Stärkung der Bildungs- und Erziehungsqualität in Kindertageseinrichtungen und Grundschulen in vielerlei Hinsicht ist die Entwicklung eines Selbstevaluationsverfahrens für beide Bildungseinrichtungen, mit dem die Akteur/inn/e/n selbst aus ihrer je eigenen Sicht heraus einen systematischen empirischen Befund über das Kooperationsgeschehen vor Ort erstellen können. Im Rahmen des Verbundprojektes TransKiGs ist aus den beteiligten Ländern bereits der Bedarf für ein solches Verfahren angemeldet worden und durch das TransKiGs Team NRW wie im Folgenden dargestellt angedacht worden (siehe Rathmer / Hanke / Merkelbach / Zensen 2009).

Das Ziel eines solchen Verfahrens ist erstens eine Sensibilisierung für zentrale Kooperationsaspekte. Die Selbstevaluation erfüllt eine Aufklärungsfunktion, denn sie beschreibt, welche Arten der Unterstützung es für Kooperation geben kann, welche Formen in der Praxis Verwendung finden können und welche Merkmale ein bestimmtes Kooperationsklima kennzeichnen. Zweitens soll sie Trendaussagen zum Istzustand der Kooperationspraxis im Kooperationsgefüge der beteiligten Einrichtungen treffen, und zwar ganz konkret für die konkrete Zusammenarbeit. Drittens zielt ein solches Verfahren auf die Identifikation von Ansatzpunkten zur Weiterentwicklung der Kooperation ab, um zu sehen, an welchen Stellrädern im Laufwerk der Kooperation zu drehen ist, um eine Optimierung zu erreichen. Viertens intendiert die Selbstevaluation die Formulierung konkreter Interventionsmaßnahmen zum Zweck der erwähnten angestrebten Optimierung der Kooperationspraxis. Jede Einrichtung und jede/r Akteur/in im Gefüge der Kooperation sollen von einem institutionell und individuell passenden Programm zur Kooperationsentwicklung erreicht werden.

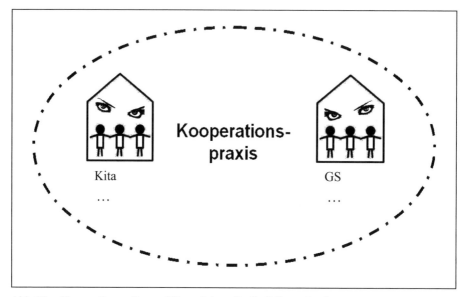

Abb. 38: Kooperationsgefüge und Perspektiven für die Selbstevaluation

Ein perspektivisches Selbstevaluationsverfahren sollte sowohl die intra- als auch die interinstitutionelle Kooperation in den Blick nehmen. Durch die verschiedenen Perspektiven können die Befunde differenziert und intersubjektiviert werden. Eine Differenzierung würde auf die Frage eingehen: Gibt es einen Unterschied in der Wahrnehmung von Akteur/inn/en aus den Kindertageseinrichtungen und aus der Grundschule beziehungsweise zwischen Fachkräften und Leitungen in Kindertageseinrichtungen oder Grundschule? Eine Intersubjektivierung wiederum gibt Auskunft darüber, ob alle an der Kooperation beteiligten Akteur/inn/e/n in Bezug auf einen Kooperationsaspekt ähnlich empfinden, sodass von einer als relativ gegebenen Tatsache ausgegangen werden kann.

Die Selbstevaluation sollte den Kooperationsgegenstand ähnlich wie in dieser Arbeit dargestellt auf den Ebenen Rahmenbedingungen der Kooperation, Häufigkeit und Formen der Kooperation und Klima der Kooperation systematisch gliedern und evaluieren. Dabei wären die Kooperationsformen durch die drei Niveaustufen ‚Austausch‘, ‚Arbeitsteilung‘ und ‚Kokonstruktion‘ zu differenzieren.

Das Verfahren könnte computerbasiert durchgeführt werden, damit die teilnehmenden Akteur/inn/e/n möglichst schnell ein realistisches Bild ihrer Kooperationspraxis erhalten, um diese dann weiterentwickeln zu können. So könnten die Leitungen der Einrichtungen und die Fachkräfte beispielsweise via Internet (oder auch Pocket-PC) einen Fragebogen innerhalb kürzester Zeit bearbeiten und unmittelbar nach Eingabe aller spezifischen Daten eine Auswertung mit Vorschlägen für konkrete Interventionsmaßnahmen erhalten.

Im Folgenden sind einige Beispiele aufgeführt, wie ein solches Verfahren mit dem Statistikprogramm GrafStat (siehe www.grafstat.de) möglicherweise durchgeführt und die Ergebnisse ausgegeben werden könnten.

---

1. Welche Art der Unterstützung für die Zusammenarbeit zwischen Kita und GS gibt es?

☐ mündliche Absprache zwischen den Leitungen

☐ personelle Kontinuität der Ansprechpartner für die Kooperation

☐ Gemeinsamkeiten im pädagogischen Konzept der Kita und im Schulprogramm der GS

☐ Kooperationsverträge

…

☐ wechselseitige Hospitationen

☐ gemeinsame Fortbildungen der Pädagogen aus der Kita und der GS

☐ rechtzeitige Information in Bezug auf die Kooperation

Abb. 39: Beispiel einer Internet-Fragebogenseite zur Erfassung der gegebenen unterstützenden Bedingungen für einen Erfolg der Kooperation

---

2. In welchen Bereichen sehen Sie einen Bedarf an mehr Unterstützung, damit sich ihre Kooperation mit der/den Partnereinrichtung/en weiterentwickeln kann?

☐ mündliche Absprache zwischen den Leitungen

☐ personelle Kontinuität der Ansprechpartner für die Kooperation

☐ Gemeinsamkeiten im pädagogischen Konzept der Kita und im Schulprogramm der GS

☐ Kooperationsverträge

…

☐ wechselseitige Hospitationen

☐ gemeinsame Fortbildungen der Pädagogen aus der Kita und der GS

☐ rechtzeitige Information in Bezug auf die Kooperation

Abb. 40: Beispiel einer Internet-Fragebogenseite zur Erfassung der Einschätzung des Unterstützungsbedarfs

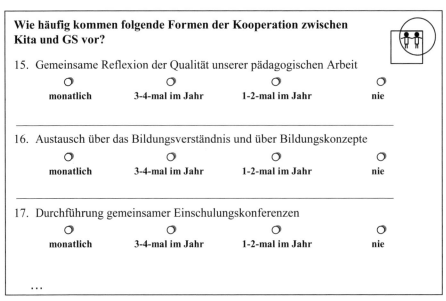

Wie häufig kommen folgende Formen der Kooperation zwischen
Kita und GS vor?

15. Gemeinsame Reflexion der Qualität unserer pädagogischen Arbeit

    ○   ○   ○   ○

  monatlich   **3-4-mal im Jahr**   **1-2-mal im Jahr**   **nie**

16. Austausch über das Bildungsverständnis und über Bildungskonzepte

    ○   ○   ○   ○

  monatlich   **3-4-mal im Jahr**   **1-2-mal im Jahr**   **nie**

17. Durchführung gemeinsamer Einschulungskonferenzen

    ○   ○   ○   ○

  monatlich   **3-4-mal im Jahr**   **1-2-mal im Jahr**   **nie**

...

Abb. 41: Beispiel einer Internet-Fragebogenseite zur Erfassung der praktizierten Kooperationsformen

Inwieweit stimmen Sie den folgenden Aussagen zum Klima Ihrer
Zusammenarbeit mit der/den Partnereinrichtung/en zu?

3. Ich habe den Eindruck, dass unser Kollegium zur Kooperation mit
der/den Partnerinstitution/en bereit ist.

    ○   ○   ○   ○

  trifft völlig zu   **trifft eher zu**   **trifft eher nicht zu**   **trifft gar nicht zu**

4. Ich schätze die Arbeit, die von meiner/meinem Kooperations-
partner/in aus der/den Partnereinrichtung/en geleistet wird.

    ○   ○   ○   ○

  trifft völlig zu   **trifft eher zu**   **trifft eher nicht zu**   **trifft gar nicht zu**

5. Ich fühle mich durch die/den Partner/in aus der/den Partnereinrich-
tung/en kontrolliert.

    ○   ○   ○   ○

  trifft völlig zu   **trifft eher zu**   **trifft eher nicht zu**   **trifft gar nicht zu**
...

Abb. 42: Beispiel einer Internet-Fragebogenseite zur Erfassung des Kooperationsklimas

Unterstützung für die Kooperation

mündliche Absprachen zwischen den Leitungen	1	(14,29%)
personelle Kontinuität der Ansprechpartner	3	(42,86%)
Gemeinsamkeiten im päd. Konzept und im Schulprogramm	2	(28,57%)
Kooperationsverträge	0	(0,00%)
wechselseitige Hospitationen	0	(0,00%)
gemeinsame Fortbildungen	0	(0,00%)
rechtzeitige Information	6	(85,71%)
Nennungen (Mehrfachwahl möglich!)	12	
geantwortet haben	7	
ohne Antwort	0	

Abb. 43:   Beispiel einer computerbasierten Auswertung der Unterstützungskultur

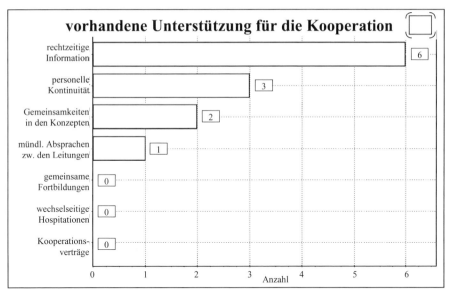

Abb. 44:   Beispiel einer computerbasierten grafischen Darstellung einer Auswertung der Unterstützungskultur

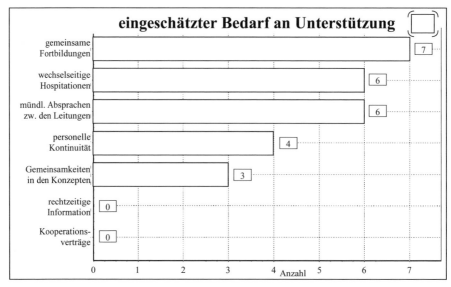

Abb. 45: Beispiel einer computerbasierten grafischen Darstellung der Einschätzungen der befragten Akteur/inn/e/n bezüglich ihres Bedarfs an Unterstützung

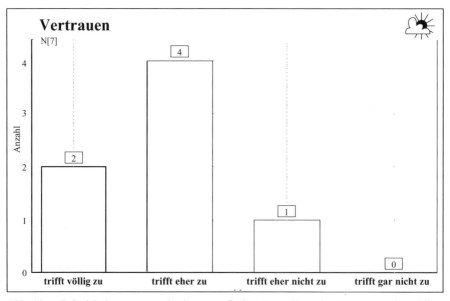

Abb. 46: Beispiel einer computerbasierten grafischen Darstellung der Bewertung eines Klimamerkmals der Kooperation

2 Perspektiven für die Praxis

In der Bildungspraxis sind zwei Dimensionen von den hier dargestellten Entwicklungsperspektiven betroffen, der Handlungsraum der Sekundärakteur/inn/e/n und der Handlungsraum der Primärakteur/inn/e/n. Aufgabe der Ersteren wird es in der Zukunft noch stärker als bisher sein, die Rahmenbedingungen in und die Unterstützung für Kindertageseinrichtungen und Grundschulen so zu modellieren, dass den Kindern in und zwischen den Institutionen der Übergang von der Tageseinrichtung in die Schule durch eine anschlussfähige Gestaltung der Strukturen und der Instrumente im Bildungssektor möglichst problemlos gelingt. Aufgabe der Primärakteur/inn/e/n wird es weiterhin sein, die konkreten Kinder vor Ort persönlich vertraut, pädagogisch engagiert und didaktisch überlegt bei diesem Übergang zu begleiten und Strategien zu entwickeln, um den Prozess kindorientiert zum Erfolg zu führen.

Um diesen Herausforderungen zu begegnen, benötigt die Praxis ein Förderprogramm, erstellt und in der Umsetzung finanziert auf der Ebene der Sekundärakteur/inn/e/n, sowie empirisch abgesicherte und klare Orientierungen für die pädagogische Arbeit in Kindertageseinrichtungen und Grundschule. Die Zusammenarbeit darf sich jedoch nicht durch Programme und Leitfäden zu einem primär institutionell-mechanistisch-technokratischen Verfahren entwickeln, sondern muss stets als ganzheitliches, dynamisches und evolutiv offenes Zusammenwirken von Menschen betrachtet werden, das einen gewissen Grad an Gestaltungsfreiheit benötigt, um sich den konkreten Gegebenheiten vor Ort anzupassen.

2.1 Entwicklung eines Programms zur Förderung der Kooperationspraxis

Die Kooperation zwischen Kindertageseinrichtungen und Grundschule steht auf den landespolitischen Agenden weit oben. Nicht nur aus pädagogischen und sozialen, sondern auch aus wirtschaftlichen Gründen benötigt unsere Gesellschaft eine bildungspolitische Ausrichtung, die Kinder im frühen Alter mit großen Investitionen fördert. So postuliert auch der international und interdisziplinär renommierte Wirtschaftsnobelpreisträger James Heckman, dass Investitionen in die frühkindliche Bildung die Produktivität des deutschen Wirtschaftssystems in bildungsökonomisch preiswerter Weise erhöhen würden (siehe Wößmann 2009). Aus dieser Erkenntnis resultiert die Forderung nach dem Aufbau einer Infrastruktur für die Kooperation durch die Fachministerien der Länder für Familien und Bildung. Als Bestandteile eines denkbaren Förderprogramms bieten sich vor dem Hintergrund der Ergebnisse der vorliegenden Arbeit die folgenden an (vgl. Reichert-Garschhammer 2003):

- Angebot gemeinsamer Aus-, Fort- und Weiterbildungsmaßnahmen für Fachkräfte aus beiden Bildungsbereichen,

- verbindliche Verankerung der Kooperation zwischen den Bildungsbereichen in allen pädagogischen Konzepten der Tageseinrichtungen für Kinder und allen Schulprogrammen,

- Angebot einer qualifizierten und intensiven Beratung für die Einrichtungen durch entsprechende ‚Kooperationscoaches‘,

- Etablierung länderübergreifender Standards und Gütesiegel für die interinstitutionelle Kooperation und Einrichtung eines unabhängigen Qualitätssicherungs- und Kontrollorgans,

- Entwicklung und Zurverfügungstellung eines Selbstevaluationsverfahrens für die Kooperationspraxis,

- Aufstockung der Personalressourcen für den Aufbau und die Pflege von Kooperationsbeziehungen,

- Bekanntmachung bildungspolitischer Vorgaben, die empirisch belegte Erfolgsfaktoren beziehungsweise sinnvolle Kooperationsmethoden mit konkretem Gehalt benennen,

- Finanzierung flächendeckender innovativer Initialprojekte, die der Gestaltung des Übergangs dienen sowie die Kooperation zwischen beiden Bildungsbereichen fördern und fordern,

- Klärung des Umgangs mit dem Datenschutz und pragmatische Vereinfachung der Handhabung der Personendaten der Kinder (zum Beispiel durch einen einheitlichen Einwilligungsvordruck).

Grundsätzlich ist politisch auch die Frage zu klären, ob die Kooperation zwischen den beiden Bildungsbereichen Final- oder Modalziel ist. Im letzteren Fall wäre eine Entwicklung von der Kooperation der beiden Einrichtungen zu ihrer Fusion zu einer Institution angestrebt. Das Transferzentrum für Neurowissenschaften und Lernen der Universität Ulm (ZNL) hat bereits ein Modell erstellt, demzufolge Kindertageseinrichtung und Grundschule zu einem Kinderhaus für Kinder von drei bis zehn Jahren verschmelzen (Strätz / Solbach / Holst-Solbach 2007, 44).

Mit der Frage nach einer Verschmelzung beider Institutionen verbindet sich unter anderem auch die Frage nach einer Fusion der Professionen. Im Kontext der Untersuchung von Klassenteams bei Schüler/inne/n mit sonderpädagogischem Förderbedarf entwickeln und diskutieren unter anderem Goll (1996), Orelove und Sobsey (1996), Koskie und Freeze (2000) sowie Janz (2006) ausführlich Modelle der Zusammenarbeit von Pädagog/inn/en und Therapeut/inn/en verschiedener Disziplinen. Entsprechend dem Grad der Koordination und Kooperation der beteiligten pädagogischen und therapeutischen Disziplinen unterscheidet unter anderem Goll (1996, 166) drei wesentliche Funktionsmodelle, die jeweils durch eine Art handlungsleitendes Motto charakterisiert werden:

- multidisziplinäre Teams: „Nebeneinander planen – Nebeneinander handeln“,

- interdisziplinäre Teams: „Miteinander planen – Nebeneinander handeln",

- transdisziplinäre Teams: „Miteinander planen – Miteinander handeln".

Kennzeichen von transdisziplinären Teams ist der Kompetenztransfer, also ein Kennzeichen der kokonstruktiven Kooperation der Niveaustufe 3. Die Übertragung der Teamcharakteristika auf das Feld der Kooperation zwischen Kindertageseinrichtungen und Grundschule zeigt in Abhängigkeit von politischem Willen, Zeit und Ressourcen eine Entwicklungsperspektive für die beiden Professionen auf, in der die beiden originären Berufsgruppen aus dem Elementar- und Primarbereich für den Abschnitt, in dem sich Kinder im Übergang befinden, miteinander Bildungs- und Erziehungsprozesse gestalten und dabei voneinander lernen, ihr Wissen aufeinander beziehen sowie neue Konzepte und Strategien kreieren und die Umsetzung in einen gemeinsamen Handlungsvollzug in der alltäglichen Praxis erleben. Damit ist hier perspektivisch der Begriff der transprofessionellen Kooperation angerissen und kann zur kokonstruktiven Kooperation in Beziehung gesetzt werden. Die transprofessionelle unterscheidet sich von der kokonstruktiven Kooperation zunächst dadurch, dass sie nicht nur die gemeinsame Konzeptionalisierung betont, sondern auch das gemeinsame Handeln in den Vordergrund hebt. Da transprofessionelle Kooperation den Menschen mehr anspricht als der Begriff der interinstitutionellen Kooperation und Kooperation in ihrer Ausgestaltung in erster Linie ein Prozess zwischen Menschen und nicht zwischen Institutionen ist, liefern diese Überlegungen auch für die wissenschaftliche Theoriebildung eine Anregung, den Begriff der transprofessionellen Kooperation weiter auszuarbeiten. Den Sekundärakteur/inn/e/n der Praxis wird sich die Aufgabe stellen, den Rahmen beziehungsweise die unterstützenden Bedingungen für eine transprofessionelle Kooperation zu schaffen.

Ein wichtiger Ansatzpunkt für Reformen in dieser Richtung sind die Ausbildungssysteme der Pädagog/inn/en. In der Phase der Ausbildung kann ein gewünschtes und für die veränderten Bedarfsstrukturen unserer Zeit erforderliches Bewusstsein und Verständnis des eigenen Berufsbildes durch entsprechende Inhalte und Impulse maßgeblich beeinflusst werden. Dabei geht es auch darum, die Pädagog/inn/en selbst in die Verantwortung für die Ausgestaltung und das Erleben ihrer Arbeitswelt zu nehmen. Dutke und Singleton sehen genau darin eine relevante Aufgabe der Lehrer/innen/ausbildung: „Zu vermitteln, dass Lehrerinnen und Lehrer nicht nur Gestalter von Lernsituationen, sondern auch maßgebliche Gestalter ihrer eigenen Arbeitssituation sind, erscheint vor allem im Hinblick auf die gut dokumentierten Belastungs- und Burnout-Phänomene im Lehrerberuf (z. B. Heyse / Krampen / Schui / Vedder 2004; Neuenschwander 2003) eine weitere psychologiedidaktische Herausforderung für die Umgestaltung der Lehramtsstudiengänge zu sein" (Dutke / Singleton 2006, 14).

2.2 Entwicklung eines Leitfadens für Einrichtungen

Ein Leitfaden wird aus einer gewissen Perspektive nie mehr als eine im optimalen Falle hilfreiche Orientierung sein, die praktische Hinweise für die Kooperationspraxis vor Ort liefert, da sich Kooperation nicht per Rezept umsetzen lässt. Dennoch können Leitfäden, die bereits in Form von Checklisten, Praxisbegleitern und ähnlichen Schriften vorliegen (siehe beispielsweise Bertelsmann Stiftung 2006; Bertelsmann Stiftung 2007; Carina Stiftung / Kreis Herford 2008; MBJS Brandenburg 2008; Freie Hansestadt Bremen 2009; Franken 2004), Anstöße und Orientierung liefern, um konkrete Kooperation zu fixieren, innovativ auszugestalten und weiterzuentwickeln. Diese vorhandenen Impuls- und Vorgabeformen sind trotz deutlicher Mängel im Bereich der Allgemeingültigkeit besonders wertvoll und angesichts der Tatsache, dass eine Kooperation zwischen Kindertageseinrichtungen und Grundschule auf höherer Niveaustufe erst ansatzweise etabliert ist, auch notwendig.

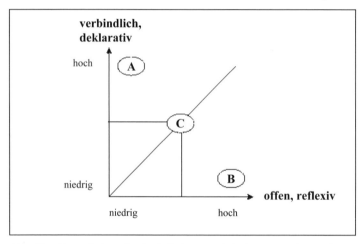

Abb. 47: Strategisch optimales Mischungsverhältnis von Festlegung bestimmter Fixpunkte und offener Gestaltungsmöglichkeit im Prozessverlauf auf dem Weg zu einem gemeinsamen Bildungsverständnis von Kindertageseinrichtung und Grundschule nach Sickinger (2009, 12)

Auf die Frage, mit welchem Grad der Verbindlichkeit sich ein Kooperationsgefüge in seiner Gestaltungsfreiheit einer programmatischen Form wie beispielsweise einem Leitfaden unterordnet, liefert das für den Weg zu einem gemeinsamen Bildungsverständnis von Kindertageseinrichtung und Grundschule empfohlene Mischungsverhältnis von Sickinger (2009) einen Ausgangspunkt zur Orientierung. Sickinger favorisiert die Konzentration auf einen mittleren Festlegungs- und Gestaltungsgrad (Option C in vorstehender Grafik), die auf die Kooperation übertragbar sind.

Mit Blick auf dieses Modell sollte ein Leitfaden also in Bezug auf Konzeptbausteine, Methoden, Materialien und Arbeitshilfen Elemente enthalten, die – insofern sie empirisch allgemein als kooperationsfördernd bewiesen sind – als verbindliche Vorgaben gelten, und solche, die offen gestaltbar sind. Hinweise auf entsprechende Basiselemente und Maßstäbe für die angesprochene Unterscheidung liefern die Ergebnisse dieser Arbeit in Bezug auf Gelingensbedingungen (Kapitel IV.4.3.4).

Ein Leitfaden hat grundsätzlich das Potenzial, immer wieder in kleinen Schritten und in verschiedenen Teilbereichen neue Anfänge anzuregen, und „[ein] Anfang ist die Hälfte des Ganzen" (Platon). Teilaspekte eines Leitfadens daraufhin zu überprüfen, ob eine Implementierung in der eigenen Kooperationspraxis eine Steigerung der Prozess- und Ergebnisqualität der pädagogischen Bildungs- und Erziehungsarbeit verspricht, fördert in einer dialogischen Auseinandersetzung im Team der Kindertageseinrichtung beziehungsweise Kollegium der Grundschule die intrainstitutionelle Kooperation und sowohl das institutionelle als auch das personenbezogene Bewusstsein für interinstitutionelle Kooperationsprozesse. Von besonderer Bedeutung dabei ist jedoch, dass die praxisorientierten Vorlagen empirisch fundierte Aussagen beinhalten und keiner normativen Ideologie unterliegen sowie dass die Praxis ihre Erfahrungen im Zusammenspiel mit der Wissenschaft reflektiert und auswertet, denn nur so kann die Kooperation zwischen Kindertageseinrichtungen und Grundschule neue Handlungsspielräume für die Primärakteur/inn/e/n eröffnen.

Kooperationstätigkeiten nach Maßgabe eines Leitfadens alleine sind jedoch weder Garantien für neue Handlungsspielräume noch gleichbedeutend mit einer Qualitätssteigerung der pädagogischen Arbeit; die Kooperationserfahrungen bedürfen einer Kultur der systematischen und kriteriengeleiteten Reflexion und der (Selbst-)Evaluation von Kooperationseffekten in den konkreten Kooperationsgefügen. Um die Motivation zur Kooperation bei den beteiligten Akteur/inn/en aufrecht zu erhalten, ist zudem zu betonen, dass Kooperation bereits mittelfristig zu einer Arbeitsentlastung und -optimierung führen muss. Sie bedarf daher keiner gut gemeinten Absichten, sondern konkreter Umsetzungen, die die Akteur/inn/e/n Wohlwollen und Fürsorge vonseiten der Systeme verspüren lassen. Institutionalisierte Kooperation muss die Tiefengrammatik des Menschen positiv ansprechen und die sozioemotionale Gesundheit aller beteiligter Akteur/inn/e/n im Blick behalten, damit sie das Leben und die Qualität in Kindertageseinrichtungen und Grundschulen bereichern kann.

Abschließend sei noch bemerkt, dass es sich bei Kooperation um ein weitreichendes und tiefgreifendes Verhalten des Menschen handelt, in dem Individualnatur und Sozialnatur miteinander verschmelzen. Dieser Wesenszug der Personalität und inneren Selbstorganisation ereignet sich als Prinzip gelingenden menschlichen Zusammenlebens in Gesellschaft und Staat im Bereich des Bildungswesens in Abhängigkeit von den Gesamtsystemen Kindertageseinrichtung und Grundschule, in denen „der ganze Mensch lernt" (Heitkämper 1996, 293) und zusammenlebt beziehungsweise kooperiert. Ein solcher holistisch und ökosystemisch orientierter Gedanke fordert somit einen kontinuierlich dynamischen Reformprozess in Bezug auf alle Konzeptionalisierungen der Bildungseinrichtungen, damit für Kinder, Eltern und Pädagog/inn/en Lebens- und Kooperationsräume entstehen, die spezifische Regeln und Rituale, Räume und Zeiten, Formen und Rahmen für „Konzentration und Entspannung, Kommunikation und Kreativität, Intuition und Körperbewußtsein" (Heitkämper 1995, 3) sowie konkrete positive Bedingungen und eine klimatische Komfortzone für intra- und interinstitutionelle Kooperationsformen bieten. In diesem Zusammenhang ist beispielsweise eine Bildungseinrichtung anzustreben, in der das ganzheitliche Lernen und lustvolle Kooperieren funktioniert, wie sie Peter Heitkämper (1995, 3ff.) auf Grundlage eines bioenergetischen Ansatzes in einer ansprechenden Realutopie formuliert.

Cooperatio sana in institutione educationis sana.

VI. Bilanz

Mit dieser Arbeit liegen Auswertungen vor, die einen wichtigen Beitrag zur Erforschung von Formen, Klima und Bedingungen der Kooperation zwischen Kindertageseinrichtungen und Grundschulen leistet. Für die Beschreibung der Kooperationspraxis zwischen Kindertageseinrichtungen und Grundschule lassen sich folgende relevante, zentrale und im Rahmen dieser Arbeit empirisch belegte Aussagen pointiert zusammenfassend formulieren:

Typen von Kooperationsmustern unterscheiden sich hauptsächlich durch das Funktionsniveau ihrer Zusammenarbeit. In der Praxis sind traditionelle Kooperationsformen (insbesondere Schulbesuchstage) etabliert bzw. der Kooperations-Typ 3 (siehe S. 235). Ein Entwicklungsbedarf besteht hinsichtlich der Gestaltung anspruchsvoller Kooperationsformen (Niveau 3: Ko-Konstruktion). Damit sind vor allem gemeinsame Konzepte und Standards sowie gemeinsame Fortbildungen gemeint.

Das Kooperationsklima der Zusammenarbeit beider Institutionen ist geprägt durch ein hohes Maß an gegenseitiger Wertschätzung, Vertrauen und Aufgeschlossenheit. Hier besteht Entwicklungsbedarf hinsichtlich der effizienten und intelligenten Nutzung des Kooperationsklimas durch entsprechend unterstützende Rahmenbedingungen und Maßnahmen zur Förderung der gegenseitigen Kenntnis voneinander.

Perspektiven für die Wissenschaft eröffnen sich in einer Weiterentwicklung des Münsteraner Kooperations-Tableau, der Entwicklung eines Instrumentariums für die (Selbst-) Evaluation der Kooperation zwischen Kindertageseinrichtung und Grundschule, der Untersuchung der Wirkung von Kooperation auf die Bildungs- und Erziehungsqualität in Kindertageseinrichtung und Grundschule und der Untersuchung der Wirkung einzelner Kooperationsfaktoren auf die Kooperation sowie der Einbeziehung der Sekundärakteure in die Forschung.

Für die Praxis sind hinsichtlich folgender Aufgaben und Herausforderungen Perspektiven zu erkennen: Reform der Ausbildungssysteme, Einsatz von „Kooperationscoaches" in den Institutionen, Etablierung länderübergreifender Konzepte, Standards und Gütesiegel für die Kooperation, Klärung des Umgangs mit dem Datenschutz und der Frage, ob Kindertageseinrichtungen und Grundschule auf Kooperation oder Integration zusteuern sollten.

Literaturverzeichnis

AKGÜN, M. (2006): Praxis der Kooperation zwischen Kindertageseinrichtungen und Grundschulen in Nordrhein-Westfalen. Ergebnisse einer Erhebung im Rahmen des Projektes TransKiGs NRW. Köln.

AKGÜN, M. (O.J.): Zusammenarbeit Kindergarten-Grundschule. http://www.transkigs.nrw.de/praxis/minempf .pdf (Abruf: 08.06.2009).

ALLEN, T. J. / LEE, M. S. / TUSHMAN, M. (1980): R/D performance as a function of internal communication, project management, and the nature of the work. In: IEEE Transactions on Engineering Management, 27. 2–12.

AMASON, A. C. (1996): Distinguishing the effects of functional and dysfunctional conflict on strategic decision making: Resolving a paradox for top management teams. In: Academy of Management Journal, 39 (1). 123–148.

ANTONS, K. (2000): Praxis der Gruppendynamik. Übungen und Techniken. Göttingen.

ARDELT-GATTINGER, E. / GATTINGER, E. (1998): Gruppenarten und Gruppenphasen. In: Ardelt-Gattinger, E. / Lechner, H. / Schlögl, W. (Hrsg.): Gruppendynamik. Anspruch und Wirklichkeit der Arbeit in Gruppen. Göttingen. 2–10.

AUSTIN, W. / HATFIELD, E. (1980): Equity-Theorie, Macht und soziale Gerechtigkeit. In: Mikula, G. (Hrsg.): Gerechtigkeit und soziale Interaktion. Bern. 25–68.

BACKHAUS, J. (2009): Kooperation von Kindertageseinrichtung und Grundschule im Kontext von „Delfin 4". Unveröffentlichte Bachelorarbeit. Institut für Erziehungswissenschaft, Westfälische Wilhelms-Universität Münster.

BACKHAUS, J. / BOGATZ A. / HANKE, P. (2011): Wirkungen von Formen und Niveaus der Kooperation von Kindertageseinrichtung und Grundschule auf Erzieherinnen und Erzieher, Lehrpersonen, Eltern und Kinder (WirKt). Projektplakat. http://hf.uni-koeln.de/data/eso34/File/Hanke/Plakat_WirKt_WV.pdf (Abruf: 09.07.2012).

BADEN-POWELL, R. S. S. (1930): Rovering to Success. A Guide for Young Manhood. Milwaukee.

BALAGUER, I. / MESTRES, J. / PENN, H. (1992): Quality in services for young children: A discussion paper. Brüssel.

BALLING, R. (1997): Kooperation: strategische Allianzen, Netzwerke, Joint Ventures und andere Organisationsformen zwischenbetrieblicher Zusammenarbeit in Theorie und Praxis. Frankfurt am Main.

BALTZ, H.-J. / SPIEß, E. (2009): Kooperation in sozialen Organisationen. Grundlagen und Instrumente der Teamarbeit. Ein Lehrbuch. Stuttgart.

BALZER, L. (1998): Der Erfolg von EDV-Seminaren. Eine Evaluation von Computerkursen einer Volksschule. Unveröffentlichte Diplomarbeit. Universität Koblenz-Landau.

BALZER, L. / FREY, A. / NENNINGER, P. (1999): Was ist und wie funktioniert Evaluation? In: Empirische Pädagogik, 13 (4). 393–413.

BASTIAN, J. / ROLFF, H.-G. (2002): Abschlussevaluation des Projekts „Schule / Co.". Gütersloh.

BAUER, J. (2008): Prinzip Menschlichkeit. Warum wir von Natur aus kooperieren. München.

BECK, D. / ORTH, B. (2002): Wer spricht mit wem? Ordnungsmuster bei der Zusammenarbeit in aufgabenorientierten Kleingruppen. In: Fisch, R. / Beck, D. / Englich, B. (Hrsg.): Projektgruppen in der Organisation. Praktische Erfahrungen und Erträge der Forschung. Göttingen. 287–306.

BEELMANN, W. (2000): Entwicklungsrisiken und -chancen bei der Bewältigung normativer sozialer Übergänge im Kindesalter. In: Leyendecker, C. / Horstmann, T. (Hrsg.): Große Pläne für kleine Leute. München. 71–77.

BEHRINGER, L. / HÖFER, R. (2005): Wie Kooperation in der Frühförderung gelingt. München.

BERGIUS, R. / CASPAR, F. (2004): Angst. In: Häcker, H. O. / Stapf, K.-H. (Hrsg.): Dorsch. Psychologisches Wörterbuch. Bern. 44–45.

BERGIUS, R. / SCHMALT, H.-D. (2004): Motivation, Motivationsforschung. In: Häcker, H. O. / Stapf, K.-H. (Hrsg.): Dorsch. Psychologisches Wörterbuch. Bern. 614–617.

BERLYNE, D. E. / MADSEN, K. B. (HRSG.) (1973): Pleasure, reward, preference. Their nature, determinants, and role in behavior. New York.

BERTELSMANN STIFTUNG (HRSG.) (2006): Dreikäsehoch 2005. KiTa-Preis zum Thema: „Von der Kita in die Schule". Gütersloh.

BERTELSMANN STIFTUNG (HRSG.) (2007): Von der Kita in die Schule. Handlungsempfehlungen an Politik, Träger und Einrichtungen. Gütersloh.

BESSOTH, R. / WEIBEL, W. (2003): Führungsqualität an Schweizer Schulen. Werkzeuge zu Klima, Kultur und Kompetenz der Führenden. Aarau.

BIERHOFF, H. W. / MÜLLER, G. F. (1993): Kooperation in Organisationen. In: Zeitschrift für Arbeits- und Organisationspsychologie, 37. 42–51.

BISCHOF-KÖHLER, D. (1989): Spiegelbild und Empathie. Die Anfänge der sozialen Kognition. Bern.

BLOH, E. (2000): Entwicklungspädagogik der Kooperation. Zur ontogenetischen und pädagogischen Dimension einer sozialen Kompetenz- und Interaktionsform. Münster.

BMBF (BUNDESMINISTERIUM FÜR BILDUNG UND FORSCHUNG) (2009): Bekanntmachung des Bundesministeriums für Bildung und Forschung von Richtlinien zur Förderung der Bildungsforschung „Kooperation von Elementarbereich und Primarbereich" vom 12.08.2009. Berlin.

BOETTCHER, E. (1974): Kooperation und Demokratie in der Wirtschaft. Tübingen.

BONFENBRENNER, U. (1981): Die Ökologie der menschlichen Entwicklung. Natürliche und geplante Experimente. Stuttgart.

BONSEN, M. / ROLFF, H.-G. (2006): Professionelle Lerngemeinschaften von Lehrerinnen und Lehrern. In: Zeitschrift für Pädagogik, 52. 167–184.

BORTZ, J. (2005): Statistik für Human- und Sozialwissenschaftler. Heidelberg.

BORTZ, J. / DÖRING, N. (1995): Forschungsmethoden und Evaluation. Berlin.

BORTZ, J. / DÖRING, N. (2006): Forschungsmethoden und Evaluation für Human- und Sozialwissenschaftler. Berlin.

BRÄGGER, G. / POSSE, N. (2007): Instrumente für die Qualitätsentwicklung und Evaluation in Schulen (IQES). Wie Schulen durch eine integrierte Gesundheits- und Qualitätsförderung besser werden können. Bern.

BRONDER, C. / PRITZL, R. (1992): Ein konzeptioneller Ansatz zu Gestaltung und Entwicklung strategischer Allianzen. In: Bronder, C. / Pritzl, R. (Hrsg.): Wegweiser für strategische Allianzen. Frankfurt am Main / Wiesbaden. 17–44.

BROSIUS, F. (2006): SPSS 14. Heidelberg.

BROSTRÖM, S. (2002): Communication and continuity in the transition from kindergarten to school. In: Fabian, H. / Dunlop, A.-W. (Hrsg.): Transitions in the early years. Debating continuity and progression for children in early education. London. 52–63.

BROSTRÖM, S. (2003): Transition from kindergarten to school in Denmark: Building bridges. In: Broström, S. / Wagner, J. (Hrsg.): Early childhood education in five Nordic countries. Perspectives on the transition from preschool to school. Århus. 39–74.

BROSTRÖM, S. / WAGNER, J. (2003a). Transitions in context: Models, practicalities and problems. In: Broström, S. / Wagner, J. (Hrsg.): Early childhood education in five Nordic countries. Perspectives on the transition from preschool to school. Århus. 27–36.

BROSTRÖM, S. / WAGNER, J. (2003b): Transitions in early childhood education: progress and promise. In: Broström, S. / Wagner, J. (Hrsg.): Early childhood education in five Nordic countries. Perspectives on the transition from preschool to school. Århus. 175–178.

BÜHL, A. (2006): SPSS Version 14. Einführung in die moderne Datenanalyse. München.

BÜHLER, K. (1927): Die Krise der Psychologie. Jena.

BÜHLER, K. (1934): Sprachtheorie. Jena.

BUHREN, C. G. / ROLFF, H.-G. (2002): Personalentwicklung in Schulen. Konzepte, Praxisbausteine, Methoden. Weinheim 2002.

BÜRGISSER, T. (2006): Gesundheitsförderung, Schulklima und Leistungsorientierung – ein Widerspruch? Luzern.

CARINA STIFTUNG / KREIS HERFORD (HRSG.) (2008): Kita / Co. Den Übergang gestalten. Ein Modellprojekt des Kreises Herford und der Carina Stiftung zum Übergang zwischen Kita und Grundschule im Kreis Herford. Herford.

CARLE, U. / SAMUEL, A. (2007): Frühes Lernen – Kindergarten und Grundschule kooperieren. Kindergarten und Grundschule gestalten den Schulanfang. Baltmannsweiler.

CARTWRIGHT, D. (1968): The nature of group cohesiveness. In: Cartwright, D. (Hrsg.): Group dynamics – research and theory. New York. 91–109.

CHAMBERS, R. (1989): Vulnerability, Coping and Policy. In: IDS Bulletin, 20 (2). 1–7.

CHARLESWORTH, R. U.A. (1993): Measuring the Developmental Appropriateness of Kindergarten Teachers' Beliefs and Practices. In: Early Childhood Research Quarterly, 8 (3). 255–276.

COSER, L. A. (1956): The functions of social conflict. Glencoe (Illinois).

COSTA, P. T. / MCCRAE, R. R. (1992): Four ways five factors are basic. In: Personality and Individual Differences, 13. 653–665.

DALIN, P. (1999): Theorie und Praxis zur Schulentwicklung. Neuwied.

DALIN, P. / ROLFF, H.-G. (1990): Institutionelles Schulentwicklungsprogramm. Soest.

DECI, E. L. / RYAN, R. M. (1985): Intrinsic motivation and self-determination in human behaviour. New York.

DECI, E. L. / RYAN, R. M. (1993): Die Selbstbestimmungstheorie der Motivation und ihre Bedeutung für die Pädagogik. In: Zeitschrift für Pädagogik, 39 (2). 223–238.

DECI, E. L. / RYAN, R. M. (2000): The „what" and „why" of goal pursuits: Human needs and the self-determination of behaviour. In: Psychological Inquiry, 11. 227–268.

DEUTSCH, M. (1949): A theory of cooperation and competition. In: Human Relations, 2. 129–151.

DEUTSCH, M. (1976): Konfliktregelung. München / Basel.

DEUTSCH, M. (1990): Sixty years of conflict. In: The International Journal of Conflict Management, 1. 237–263.

DEWEY, J. (1938): Experience and education. New York.

DITTON, H. (2000): Qualitätskontrolle und Qualitätssicherung in Schule und Unterricht. Ein Überblick zum Stand der empirischen Forschung. In: Helmke, A. / Hornstein, W. / Terhart, E. (Hrsg.): Qualität und Qualitätssicherung im Bildungsbereich. Schule, Sozialpädagogik, Hochschule. 41. Beiheft der Zeitschrift für Pädagogik. Weinheim / Basel. 73–92.

DITTON, H. (2004): Lehrkräfte und Unterricht aus Schülersicht. Ergebnisse einer Untersuchung im Fach Mathematik. In: Zeitschrift für Pädagogik, 48. 262–286.

DITTON, H. / ARNOLD, B. / BORNEMANN, E. (2002): Entwicklung und Implementation eines extern unterstützten Systems zur Qualitätssicherung an Schulen – QuaSSU. In: Bildungsqualität in Schulen. 45. Beiheft der Zeitschrift für Pädagogik. Weinheim / Basel. 374–389.

DLUGOSCH, G. E. / WOTTAWA, H. (1994): Evaluation in der Gesundheitspsychologie. In: Schwenkmezger, P. / Schmidt, L. R. (Hrsg.): Lehrbuch der Gesundheitspsychologie. Stuttgart. 149–168.

DRAGONAS, T. / TSIANTIS, J. / LAMBIDI, A. (1995): Assessing quality day care. The WHO child care facility schedule. Paper presented at the symposium „Quality in day care. An international perspective". SRCD Conference, New Orleans. In: International Journal of Behavioral Development, 18 (3). 557–568.

DE DREU, C. K. W. (1997): Productive conflict: The importance of conflict management and conflict issue. In: de Dreu, C. K. W. / van de Vliert, E. (Hrsg.): Using conflict in organizations. London. 9–22.

DUFFY, B. (2002): Thomas Choram Early Excellence Centre. Ein multifunktionales Nachbarschaftszentrum in London / Camden. In: Lipp-Peetz, C. / Wagner, I. (Hrsg.): Bildungsort und Nachbarschaftszentrum. Kindertageseinrichtungen im zweiten Jahrzehnt des KJHG. Jahrbuch 7. Hohengehren. 144–148.

DUNLOP, A.-W. (2003): Bridging early educational transitions in learning through children's agency. In: European Early Childhood Education Research Journal. Themed Monograph No. 1: Transitions. 67–86.

DUNLOP, A.-W. / FABIAN, H. (2002): Conclusions: Debating transitions, continuity and progression in the early years. In: Fabian, H. / Dunlop, A.-W. (Hrsg.): Transitions in the early years. Debating continuity and progression for children in early education. London. 146–154.

DUPREE, E. / BERTRAM, T. / PASCAL, C. (2000): Listening to Children's Perspectives of their Early Childhood Settings. Paper presented at the 10th Conference of the European Early Childhood Education and Research Association „Complexity, Diversity / Multiple Perspectives in Early Childhood" in London, UK, 29.08.–01.09.2000.

DUTKE, S. / PAUL, H. / FOKS, T. (1996): Privatheit, Gruppenhandeln und mentale Modelle. Psychologische Schlüsselkonzepte in der Gestaltung multimedial unterstützter kooperativer Arbeit. Herausgegeben vom Institut Arbeit und Technik. Gelsenkirchen.

DUTKE, S. / SINGLETON, K. (2006): Psychologie in der Aus- und Weiterbildung von Lehrerinnen und Lehrern. Relevanzurteile erfahrener Lehrkräfte. Psychologische Berichte Online, 3. Kaiserslautern.

EDELMANN, W. (2000): Lernpsychologie. Weinheim.

EDER, F. (1996): Schul- und Klassenklima: Ausprägung, Determinanten und Wirkungen des Klimas an höheren Schulen. Innsbruck, Wien.

EDER, F. (1998): Der Linzer Fragebogen zum Schul- und Klassenklima. Göttingen.

EDER, F. (2001): Schul- und Klassenklima. In: Rost, D.H. (Hrsg.): Handwörterbuch Pädagogische Psychologie. Weinheim. 641–646.

EINARSDÓTTIR, J. (2003a): When the bell rings we have to go inside: Preschool children's views on the elementary school. In: European Early Childhood Education Research Journal. Themed Monograph No. 1: Transitions. 35–49.

EINARSDÓTTIR, J. (2003b): Charting a smooth course: Transition from playschool to primary school in Iceland. In: Broström, S. / Wagner, J. T. (Hrsg.): Early childhood education in five Nordic countries. Perspectives on the transition from preschool to school. Århus. 101–127.

EINSIEDLER, W. (1988): Schulanfang und Persönlichkeitsentwicklung. In: Grundschule, 20 (11). 20–23.

EISENHARDT, K. M. / KAHWAJY, J. L. / BOURGEOIS, L .J. (1997): How management teams can have a good fight. In: Harvard Business Review, 75 (4). 77–85.

EMMERL, D. (2008): Kooperation zwischen Tageseinrichtungen und Grundschulen im Wandel. Qualitative Evaluationsstudie eines Bildungsprogramms für Elementar- und Primarpädagogen. Hamburg.

ETZIONI, A. (1999): Martin Buber und die kommunitarische Idee. Wien.

EVANS, J. L. (1996): Quality in ECCD. Everyone's concern. In: Coordinator's Notebook, 18. 1–16.

EWERT, J.-P. (1998): Neurobiologie des Verhaltens. Kurzgefasstes Lehrbuch für Psychologen, Mediziner, Biologen. Bern / Göttingen / Toronto / Seattle.

FABIAN, H. (2002): Children starting school. A guide to successful transitions and transfers for teachers and assistants. London.

FARQUHAR, S.-E. (1990): Defining quality in the evaluation of early childhood programms. In: Australian Journal of Early Childhood, 15. 16–23.

FAUST, G. (2008): Übergänge gestalten – Übergänge bewältigen. Zum Übergang vom Kindergarten in die Grundschule. In: Thole, W. / Rossbach, H.-G. / Fölling-Albers, M. / Tippelt, R. (Hrsg.): Bildung und Kindheit. Pädagogik der frühen Kindheit in Wissenschaft und Lehre. Opladen / Farmington Hills. 225–240.

FAUST, G. / GÖTZ, M. / HACKER, H. / ROSSBACH, H.-G. (HRSG.) (2004): Anschlussfähige Bildungsprozesse im Elementar- und Primarbereich. Bad Heilbrunn.

FEGER, H. (1972): Gruppensolidarität und Konflikt. In: Graumann, C. F. (Hrsg.): Sozialpsychologie. Handbuch der Psychologie. Bd. 7. Göttingen.

FEICHTL, J. / KALICKI, B. / OBERHUEMER, P. / WARFOLOMJEEW, G. (2008): Übergang als Chance. Kampagne zur Intensivierung der Kooperation von Kindertageseinrichtung und Grundschule. Evaluationsbericht 2007. Zwischenergebnis zum zweiten Durchführungsjahr. Herausgegeben von den im Fachausschuss „Tageseinrichtungen für Kinder" der Landesarbeitsgemeinschaft der freien Wohlfahrtspflege in Bayern (LAG FW) vertretenen Verbänden und dem Bayrischen Staatsministerium für Arbeit und Sozialordnung, Familie und Frauen. München.

FEND, H. (1986): „Gute Schulen – schlechte Schulen". Die einzelne Schule als pädagogische Handlungseinheit. In: Die Deutsche Schule, 78. 275–293.

FEND, H. (1998): Qualität im Bildungswesen. Schulforschung zu Systembedingungen, Schulprofilen und Lehrerleistung. Weinheim / München.

FESTINGER, L. (1957): Theorie der Kognitiven Dissonanz. Bern.

FEUSER, G. (2002): Qualitätsmerkmale integrativen Unterrichts. In: Behinderte in Familie, Schule und Gesellschaft, 25 (2–3). 67–84.

FILIPP, S.-H. (1982): Kritische Lebensereignisse als Brennpunkte einer angewandten Entwicklungspsychologie des mittleren und höheren Erwachsenenalters. In: Oerter, R. / Montada, L. (Hrsg.): Entwicklungspsychologie. München. 769–788.

FISCH, R. / BECK, D. (2002): Zusammenarbeit in Projektgruppen: Eine sozialwissenschaftliche Perspektive. In: Fisch, R. / Beck, D. / Englich, B. (Hrsg.): Projektgruppen in der Organisation. Praktische Erfahrungen und Erträge der Forschung. Göttingen. 3–17.

FLICK, U. (2006): Qualitative Evaluationsforschung zwischen Methodik und Pragmatik – Einleitung und Überblick. In: Flick, U. (Hrsg.): Qualitative Evaluationsforschung. Konzepte, Methoden, Umsetzungen. Reinbek. 9–29.

FLOCKEN, P. U.A. (2001): Erfolgreich im Verbund. Die Praxis des Netzwerkmanagements. Eschborn.

FONTANARI, M. (2001): Kooperationsgestaltungsprozesse in Theorie und Praxis. Berlin.

FRANKEN, B. (2004): Kooperation zwischen Kindergarten und Grundschule. Kindergarten heute. Basiswissen Kita. Sonderheft. Freiburg im Breisgau.

FREIE HANSESTADT BREMEN. SENATORIN FÜR ARBEIT, FRAUEN, GESUNDHEIT, JUGEND UND SOZIALES / SENATORIN FÜR BILDUNG UND WISSENSCHAFT (HRSG.) (2009): Gestaltung des Übergangs von der Kita in die Schule. Für eine kontinuierliche Bildungsbiografie.

FRIED, L. (2008): Pädagogische Sprachdiagnostik für Vorschulkinder – Dynamik, Stand und Ausblick. In: Zeitschrift für Erziehungswissenschaft, 10, Sonderheft 11/2008. 63–78.

FROMM, H. (1986): Kooperation im Unternehmen. Landsberg.

FROST, B. (1968): Anxiety and educational achievement. In: British Journal of Educational Psychology, 38. 293–301.

FTHENAKIS, W. E. (1998): Erziehungsqualität: Ein Versuch der Konkretisierung durch das Kindernetzwerk der Europäischen Union. In: Sturzbecher, D. (Hrsg): Kindertagesbetreuung in Deutschland: Bilanzen und Perspektiven. Freiburg im Breisgau. 45–70.

FTHENAKIS, W. E. (2005): Pädagogische Qualität in Tageseinrichtungen für Kinder. In: Fthenakis, W. E. (Hrsg): Elementarpädagogik nach Pisa. Wie aus Kindertagesstätten Bildungseinrichtungen werden können. Freiburg im Breisgau. 208–242.

GELLERT, M. / NOWAK, C. (2004): Teamarbeit, Teamentwicklung, Teamberatung. Ein Praxisbuch für die Arbeit in und mit Teams. Meezen.

GEMÜNDEN, H. G. / WALTER, A. (1995): Der Beziehungspromoter. Schlüsselperson für interorganisationale Innovationsprozesse. In: Zeitschrift für Betriebswirtschaft, 65 (7). 971–986.

GENSICKE, T. / PICOT, S. / GEISS, S. (2006): Freiwilliges Engagement in Deutschland 1999–2004. Repräsentative Erhebung im Auftrag des Bundesministeriums für Familie, Senioren, Frauen und Jugend. München.

GERNAND, B. / HÜTTENBERGER, M. (1989): Die Zusammenarbeit von Kindergarten und Grundschule im Bedingungsgefüge ihrer sozialgeschichtlichen Entwicklung, dargestellt am Beispiel des Schulamtsbezirks Darmstadt. Frankfurt am Main.

VON GLASERFELD, E. (1996): Wege des Wissens. Konstruktivistische Erkundungen durch unser Denken. Heidelberg.

GLASL, F. (2002): Konfliktmanagement. Ein Handbuch für Führungskräfte, Beraterinnen und Berater. Bern.

GOLL, H. (1996): Transdisziplinarität. Realität in der Praxis, Vision in Forschung und Lehre – oder nur ein neuer Begriff? In: Opp, G. / Freytag, A. / Budnik, I. (Hrsg.): Heilpädagogik in der Wendezeit. Brüche – Kontinuitäten – Perspektiven. Zürich. 164–174.

GOODY, J. (1977): The Domestication of the Savage Mind. Cambridge.

GRÄSEL, C. / FUßANGEL, K. / PRÖBSTEL, C. (2006): Lehrkräfte zur Kooperation anregen – eine Aufgabe für Sisyphos? In: Zeitschrift für Pädagogik, 52 (2). 205–219.

GRÄSEL, C. / PARCHMANN, I. (2004): Implementationsforschung – oder: der steinige Weg, Unterricht zu verändern. In: Zeitschrift Unterrichtswissenschaft, 32 (3). 196–214.

GRÄSEL, C. / STARK, R. / SPARKA, A. / HERZMANN, P. (2007): Schulische Kooperationsmuster und die Implementation eines Programms zur Förderung der Lesekompetenz. In: Zeitschrift für Berufs- und Wirtschaftspädagogik. Kooperatives Lernen in der beruflichen Bildung, 21. 93–107.

GRAFSTAT (2009): http://www.grafstat.de (Abruf: 27.11.2009).

GRIEBEL, W. / NIESEL, R. (2001). Übergang zum Schulkind: Was sagen die Kinder selbst dazu? In: Bildung, Erziehung, Betreuung von Kindern in Bayern, 6 (2). 17–20.

GRIEBEL, W. / NIESEL, R. (2002): Co-constructing transition into kindergarten and school by children, parents, and teachers. In: Fabian, H. / Dunlop, A.-W. (Hrsg.): Transitions in the early years. Debating continuity and progression for children in early education. London. 64–75.

GRIEBEL, W. / NIESEL, R. (2003): Abschied vom Kindergarten, Start in die Schule. Grundlagen und Praxishilfen für Erzieherinnen, Lehrkräfte und Eltern. München.

GRIEBEL, W. / NIESEL, R. (2004): Transitionen. Fähigkeit von Kindern in Tageseinrichtungen fördern, Veränderungen erfolgreich zu bewältigen. Weinheim / Basel.

GRIEBEL, W. / NIESEL, R. (2007): Forschungsergebnisse und pädagogische Ansätze zur Ausgestaltung des Übergangs vom Kindergarten zur Grundschule. In: BMBF (Bundesministerium für Bildung und Forschung) (Hrsg.): Auf den Anfang kommt es an: Perspektiven für eine Neuorientierung frühkindlicher Bildung. Bonn / Berlin.

GRIEBEL/NIESEL (2011): Übergänge verstehen und begleiten. Transtitionen in der Bildungslaufbahn von Kindern. Berlin.

GROTZ, T. (2005): Die Bewältigung des Übergangs vom Kindergarten zur Grundschule. Zur Bedeutung kindbezogener, familienbezogener und institutionsbezogener Schutz- und Risikofaktoren im Übergangsprozess. Hamburg.

GRUNWALD, W. (1981): Konflikt – Konkurrenz – Kooperation: Eine theoretisch-empirische Konzeptanalyse. In: Grunwald, W. / Lilge, H.-G. (1981): Kooperation und Konkurrenz in Organisationen. Bern / Stuttgart. 50–96.

GRUNWALD, W. / LILGE, H.-G. (1981): Kooperation und Konkurrenz in Organisationen. Bern / Stuttgart.

GUETZKOW, H. / GYR, J. (1954): An analysis of conflict in decision making groups. In: Human Relations, 7. 367–381.

HAASE, K. (2002): Gerechtigkeit und Unparteilichkeit. Zum Verhältnis von normativen und empirischen Theorien der Gerechtigkeit. In: Liebig, S. / Lengfeld, H. (Hrsg.): Interdisziplinäre Gerechtigkeitsforschung. Zur Verknüpfung empirischer und normativer Perspektiven. Hamburg. 53–75.

HAEBERLIN, U. / JENNY-FUCHS, E. / MOSER OPITZ, E. (1992): Zusammenarbeit: Wie Lehrpersonen Kooperation zwischen Regel- und Sonderpädagogik in integrativen Kindergärten und Schulklassen erfahren. Bern / Stuttgart.

HÄCKER, H. O. / STAPF, K.-H. (HRSG.) (2004): Dorsch. Psychologisches Wörterbuch. Bern.

HANKE, P. (2007): Anfangsunterricht. Leben und Lernen in der Schuleingangsphase. Weinheim / Basel.

HANKE, P. (2008): Der Übergang vom Elementarbereich in die Grundschule im Fokus der Forschung. In: Ramseger, J. / Wagener, M. (Hrsg.): Chancengleichheit in der Grundschule. Ursachen und Wege aus der Krise. Jahrbuch Grundschulforschung, 12. Wiesbaden. 271–274.

HANKE, P. (HRSG) (2011): Wirkungen von Formen und Niveaus der Kooperation von Kindertageseinrichtung und Grundschule auf Erzieherinnen und Erzieher, Lehrpersonen, Eltern und Kinder (WirKt). Projektflyer. http://hf.uni-koeln.de/data/eso34/File/Hanke/Flyer_WirKt_n.pdf (Abruf: 09.07.2012).

HANKE, P. / HEIN, A. K. (i.Dr.): Der Übergang zur Grundschule als Forschungsthema. In: Leu, H. R. / Diller, A. (Hrsg.): Kindergarten oder Schule – Wem gehören die Kinder? Kontroversen um Konzepte, Strukturen und Bildungsorte. Wiesbaden.

HANKE, P. / MERKELBACH, I. / RATHMER, B. / ZENSEN, I. (2009): Evaluation der Kooperationspraxis zwischen Kindertageseinrichtung und Grundschule. Ergebnisse aus dem Landesprojekt TransKiGs Nordrhein-Westfalen. In: Lenkungsgruppe TransKiGs (Hrsg.): Übergang Kita – Schule zwischen Kontinuität und Herausforderung. Materialien, Instrumente und Ergebnisse des TransKiGs-Verbundprojekts. Ludwigsfelde. 40–47.

HANKE, P. / RATHMER, B. (2009): Kooperation zwischen Kindertageseinrichtungen und Grundschulen im Kontext der Sprachstandsdiagnose Delfin 4 – Konzeption des TransKiGs-Projektes NRW (Phase II). In: MGFFI (Ministerium für Generationen, Familie, Frauen und Integration Nordrhein-Westfalen) (Hrsg.): Kinder bilden Sprache – Sprache bildet Kinder. Tagungsband Recklinghausen. Münster.

HARRIS, T. E. (1993): Applied organizational communication: Perspectives, principles and pragmatics. Hillsdale.

HARVEY, L. / GREEN, D. (1993): Defining Quality. In: Assessment and Evaluation in Higher Education, 18. 9–34.

HARVEY, L. / GREEN, D. (2000): Qualität definieren. Fünf unterschiedliche Ansätze. In: Helmke, A. / Hornstein, W. / Terhart, E. (Hrsg.): Qualität und Qualitätssicherung im Bildungsbereich. Schule, Sozialpädagogik, Hochschule. 41. Beiheft der Zeitschrift für Pädagogik. Weinheim / Basel. 17–40.

HASCHER, T. (2004): Wohlbefinden in der Schule – eine Einführung. In: Hascher, T. (Hrsg): Schule positiv erleben: Ergebnisse und Erkenntnisse zum Wohlbefinden von Schülerinnen und Schülern. Bern.

HAUSMANN-VOHL, I. (2003): Was brauchen Kinder, damit der Schulstart gelingt? In: Roux, S. (Hrsg.): PISA und die Folgen. Bildung im Kindergarten. Landau. 57–71.

HEBENSTREIT-MÜLLER, S. (2004): „Integrated Services" als Leitkonzept. Erfahrungen und internationale Standards. In: Diskowski, D. / Hammes-Di Bernado, E. (Hrsg.): Lernkulturen und Bildungsstandards. Baltmannsweiler. 165–171.

HEID, H. (2000): Qualität: Überlegungen zur Begründung einer pädagogischen Beurteilungskategorie. In: Helmke, A. / Hornstein, W. / Terhart, E. (Hrsg.): Qualität und Qualitätssicherung im Bildungsbereich. Schule, Sozialpädagogik, Hochschule. 41. Beiheft der Zeitschrift für Pädagogik. Weinheim / Basel. 41–54.

HEITKÄMPER, P. (1995): Vorwort. In: Heitkämper, P. (Hrsg.): Mehr Lust auf Schule. Ein Handbuch für einen innovativen und gehirngerechten Unterricht. Paderborn. 1–5.

HEITKÄMPER, P. (1996): Die bioenergetische Schule. Der Weg zum innovativen Lernen und Lehren. Paderborn.

HEITKÄMPER, P. (2000): Die Kunst erfolgreichen Lernens. Handbuch kreativer Lehr- und Lernformen. Ein Didaktiken-Lexikon. Paderborn.

HEITKÄMPER, P. (2006): Neuropädagogik. Gehirnforschung für ein verbessertes Lernen. Münster.

HELLRIEGEL, D. / SLOCUM, J. W. (1976): Organizational behavior. Saint Paul.

HELMKE, A. (2007): Unterrichtsqualität – erfassen, bewerten, verbessern. Seelze.

HENSE, M. / BUSCHMEIER, G. (2002): Kindergarten und Grundschule Hand in Hand. Chancen, Aufgaben und Praxisbeispiele. München.

VON HENTIG, H. (1985): Die Menschen stärken, die Sachen klären. Ein Plädoyer für die Wiederherstellung der Aufklärung. Stuttgart.

HERZMANN, P. / SPARKA, A. / GRÄSEL, C. (2006): Leseförderung durch professionelle Kooperation. Die Bedeutung des Kompetenzaufbaus bei Lehrkräften. In: Journal für Schulentwicklung, 10 (3). 35–44.

HEYSE, H. / KRAMPEN, G. / SCHUI, G. / VEDDER, M. (2004): Berufliche Belastungen und Belastungsreaktionen früh- versus alterspensionierter Lehrkräfte in der Retrospektive. In: Report Psychologie, 6. 372–379.

HIELSCHER, H. (1974): Erlernen von Kooperation. In: Hielscher, H. (Hrsg.): Materialien zur sozialen Erziehung im Kindesalter. Heidelberg. 104–120.

HIGHTOWER, R. / SAYEED, L. (1996): Effects of communication mode and prediscussion information distribution characteristics on information exchange in groups. In: Information Systems Research, 7 (4). 451–465.

HOMAN, G. C. (1961): Social Behaviour. Its Elementary Forms. London.

HORD, S. M. (1997): Professional learning communities. Communities of continuous inquiry and improvement. Austin.

HUPPERTZ, N. / RUMPF, J. (1983): Kooperation zwischen Kindergarten und Schule. Beiträge zur Theoriebildung. München.

JÄGER, M. (2008): Wenn Ideen Schule machen. Anregungen zum Transfer von FörMig-Prinzipien und bewährter Praxis. Herausgegeben von Dirim, I. u.a.: FörMig Material. Bd. 1. Münster.

JANDT, F. E. (1995): Intercultural communication. An introduction. Thousand Oaks.

JANKE, N. (2006): Soziales Klima an Schulen aus Lehrer-, Schulleiter- und Schülerperspektive. Eine Sekundäranalyse der Studie „Kompetenzen und Einstellungen von Schülerinnen und Schülern – Jahrgangsstufe 4 (KESS 4). Münster.

JANKISZ, E. / MOOSBRUGGER, H. (2007): Planung und Entwicklung von psychologischen Tests und Fragebogen. In: Moosbrugger, H. / Kelava, A. (Hrsg.): Testtheorie und Fragebogenkonstruktion. Heidelberg. 27–72.

JANZ, F. (2006): Interprofessionelle Kooperation in Klassenteams von Schülerinnen und Schülern mit schweren und mehrfachen Behinderungen. Eine empirische Untersuchung in Baden-Württemberg. Heidelberg.

JEHN, K. A. (1992): The impact of intragroup conflict of effectiveness: A review and proposed integration. Unveröffentlichte Doktorarbeit. Northwestern University, Evanston.

JEHN, K. A. (1997a): A qualitative analysis of conflict types and dimensions in organizational groups. In: Administrative Science Quarterly, 42 (3). 530–557.

JEHN, K.A. (1997b): Affective and cognitive conflict in work groups: Increasing performance through value-based intragroup conflict. In: de Dreu, C. K. W. / van de Vliert, E. (Hrsg.): Using conflict in organizations. London. 72–86.

JOHNSON, D. W. / JOHNSON, R. W. (2003): Training for cooperative group work. In: West, M. A. / Tjosvold, D. / Smith, K. G. (Hrsg.): International Handbook of Organizational Teamwork and Cooperative Working. Chichester / Hoboken. 167–184.

JONES, E. E. (1964): Ingratiation: A social psychological analysis. New York.

JÜPTNER, H. (1993): Burnout: Gesundheitsbildung durch physische und psychische Aktivierung und Entspannung. In: Zeitschrift für Arbeitswissenschaft, 2. 93–97.

KABEL, D. U.A. (1999): Projektmanagement in Kooperationsprojekten. In: Luczak, H. / Schenk, M. (Hrsg.): Kooperation in Theorie und Praxis. Personale, organisatorische und juristische Aspekte bei Kooperationen industrieller Dienstleistungen im Mittelstand. Düsseldorf.

284

KAMMERMEYER, G. (2001): Schulfähigkeit. In: Faust-Siehl, G. / Speck-Hamdan, A. (Hrsg.): Schulanfang ohne Umwege – Mehr Flexibilität im Bildungswesen. Frankfurt am Main. 96–118.

KAMMERMEYER, G. (2005): Schulfähigkeit. In: Christiani, R. (Hrsg.): Schuleingangsphase neu gestalten: Diagnostisches Vorgehen; Differenziertes Fördern und Förderpläne; Jahrgangsübergreifendes Unterrichten. Berlin. 54–64.

KANDEL, E. R. (2006): Psychiatrie, Psychoanalyse und die neue Biologie des Geistes. Frankfurt am Main.

KASPER, H. / MAYRHOFER, W. (HRSG.) (2002): Personalmanagement, Führung, Organisation. Wien.

KEISER, O. (2002): Virtuelle Teams. Konzeptionelle Annäherung, theoretische Grundlagen und kritische Reflexion. Frankfurt am Main.

KELLEY, H. H. (1967): Attribution theory in social psychology. In: Levine, D. (Hrsg.): Current theory and research in motivation. Nebraska symposium on motivation, 15. 192–238.

KIBIZ – KINDERBILDUNGSGESETZ NRW vom 20.10.2007 (Gesetz zur frühen Bildung und Förderung von Kindern).

KILLICH, S. / LUCZAK, H. (2003): Unternehmenskooperationen für kleine und mittelständische Unternehmen. Lösungen für die Praxis. Berlin / Heidelberg.

KILPATRICK, W. H. (1951): Philosophy of education. New York.

KLEBER, H. (2001): Reale Gewalt – Mediale Gewalt: Förderung der Konfliktlösungsfähigkeit von Schülern im Rahmen der moralischen Erziehung. Entwicklung, Erprobung und Evaluation eines Interventionsprogramms zur gewaltfreien Konfliktlösung. http://www.opus.ub.uni-erlangen.de/opus/volltexte/2004/18 (Abruf: 12.01.2010).

KNAUF, T. (2005): Der Einfluss pädagogischer Konzepte auf die Qualitätsentwicklung in Kindertageseinrichtungen. In: Fthenakis, W. E. (Hrsg): Elementarpädagogik nach Pisa. Wie aus Kindertagesstätten Bildungseinrichtungen werden können. Freiburg im Breisgau. 243–263.

KNAUF, T. / SCHUBERT, E. (2006): Der Übergang vom Kindergarten in die Grundschule. Grundlagen, Lösungsansätze und Strategien für eine systemische Neustrukturierung des Schulanfangs. In: Diskowski, D. u.a. (Hrsg.): Übergänge gestalten. Wie Bildungsprozesse anschlussfähig werden. Berlin. 150–174.

KÖNIG, O. / SCHATTENHOFER, K. (2006): Einführung in die Gruppendynamik. Heidelberg.

KOHLBERG, L. (1969): Stage and sequence: The cognitive-developmental approach to socialization. In: Goslin, D. A. (Hrsg.): Handbook of socialization theory and research. Chicago. 347–480.

KORSGAARD, M. A. / MEGLINO, B. M. / LESTER, S. W. (1997): Beyond helping: Do other-oriented values have broader implications in organisations? In: Journal of Applied Psychology, 82. 160–177.

KOSKIE, J. / FREEZE, R. (2000): A critique of multidisciplinary teaming: Problems and possibilities. In: Developmental disabilities Bulletin, 28 (1). 1–17.

KRAUS, W. A. (1980): Collaboration in organizations. New York / London.

KULTUSMINISTERKONFERENZ / JUGEND- UND FAMILIENMINISTERKONFERENZ (2009): Den Übergang von der Tageseinrichtung für Kinder in die Grundschule sinnvoll und wirksam gestalten – das Zusammenwirken von Elementarbereich und Primarstufe optimieren.

LANGER, A. (2008): Schulleben und Schulkultur. München.

LASSWELL, H. D. (1948): The structure and function of communication in society. In: Bryson, C. (Hrsg.): The communication of ideas. New York. 37–51.

LAZARUS, R. S. / FOLKMAN, S. (1984): Stress, appraisal, and coping. New York.

LAZARUS, R. S. / LAUNIER, R. A. (1978): Stress-related transactions between person and environment. In: Pervin, L. A. / Lewis, M. (Hrsg.): Perspectives in interactional psychology. New York. 287–327.

LENKUNGSGRUPPE TRANSKIGS (HRSG.): Übergang Kita – Schule zwischen Kontinuität und Herausforderung. Materialien, Instrumente und Ergebnisse des TransKiGs-Verbundprojekts. Ludwigsfelde.

LERSCH, P. (1964): Der Mensch als soziales Wesen. München.

LEWICKI, R. J. / BUNKER, B. B. (1995): Developing and maintaining trust in work relationships. In: Kramer, R. M. / Tylor, T. R. (Hrsg.): Trust in organisations: Frontiers of theory and research. Thousand Oaks. 114–139.

LOHMANN, A. (O.J.): Kooperationen im Sozialwesen am Beispiel sozialer Frühwarnsysteme. Diplomarbeit zur Erlangung des akademischen Grades einer Diplom-Pädagogin. Institut für Erziehungswissenschaft, Westfälische Wilhelms-Universität Münster.

LUCZAK, H. (2002): Unternehmenskooperation in Theorie und Praxis. Düsseldorf.

LUCZAK, H. / SCHENK, M. (HRSG.) (1999): Kooperation in Theorie und Praxis. Personale, organisatorische und juristische Aspekte bei Kooperationen industrieller Dienstleistungen im Mittelstand. Düsseldorf.

LUHMANN, N. (2000): Vertrauen – ein Mechanismus der Reduktion sozialer Komplexität. Stuttgart.

MAAG MERKI, K. (HRSG.) (2009): Kooperation und Netzwerkbildung. Strategien zur Qualitätsentwicklung in Schulen. Seelze.

MALETZKE, G. (1963): Psychologie der Massenkommunikation. Hamburg.

MARGETTS, K. (2002): Planning transition programmes. In: Fabian, H. / Dunlop, A.-W. (Hrsg.): Transitions in the early years. Debating continuity and progression for children in early education. London. 111–122.

MASLACH, C. / JACKSON, S. (1984): Patterns of burnout among a national sample of public contact workers. Journal of health and human recources administration, 7. 133-153.

MATURANA, H. R. / VARELA, F. (1987): Der Baum der Erkenntnis. Die biologischen Wurzeln menschlichen Erkennens. Bern.

MAYRING, PH. (2003): Qualitative Inhaltsanalyse. Grundlagen und Techniken. Weinheim / Basel.

MBJS (MINISTERIUM FÜR BILDUNG, JUGEND UND SPORT BRANDENBURG) (HRSG.) (2008): Gemeinsamer Orientierungsrahmen für die Bildung in Kindertagesbetreuung und Grundschule (GOrBiKs). Zwei Bildungseinrichtungen in gemeinsamer Bildungsverantwortung beim Übergang vom Elementarbereich in den Primarbereich. Weimar / Berlin.

MCGREGOR, D. (1966): Leadership and Motivation. Cambridge (Mass.).

MCLAUGHLIN, M. W. / TALBERT, J. E. (2006): Building school-based teacher learning communities. New York.

MEHRABIAN, A. / EPSTEIN, N. A. (1972): A measure of emotional empathy. In: Journal of personality, 40. 525–543.

MEHRABIAN, A. / KSIONZKY, S. (1974): A theory of affiliation. Lexington (Mass.).

MEYER, H. / PFIFFNER, M. / WALTER, C. (2007): Ein unterstützendes Lernklima erzeugen. Was wissen wir über den Einfluss der Lernumwelt. In: Pädagogik 11. 42–47.

MGFFI (MINISTERIUM FÜR GENERATIONEN, FAMILIE, FRAUEN UND INTEGRATION NORDRHEIN-WESTFALEN) (HRSG.) (2009): Kinder bilden Sprache – Sprache bildet Kinder. Tagungsband Recklinghausen. Münster.

MILLER, D. (2007): Grundsätze sozialer Gerechtigkeit. Frankfurt am Main.

MOOSBRUGGER, H. / KELAVA, A. (2007): Qualitätsanforderungen an einen psychologischen Test (Testgütekriterien). In: Moosbrugger, H, / Kelava, A. (Hrsg.): Testtheorie und Fragebogenkonstruktion. Heidelberg. 7–26.

MOSS, P. / PENCE, A. R. (HRSG.) (1994): Valuing quality in early childhood services. New York.

MSJK (MINISTERIUM FÜR SCHULE, JUGEND UND KINDER DES LANDES NORDRHEIN-WESTFALEN) (HRSG.) (2003): Bildungsvereinbarung NRW. Fundament stärken und erfolgreich starten. Düsseldorf.

MSW (MINISTERIUM FÜR SCHULE UND WEITERBILDUNG NORDRHEIN-WESTFALEN) / MGFFI (MINISTERIUM FÜR GENERATIONEN, FAMILIE, FRAUEN UND INTEGRATION NORDRHEIN-WESTFALEN) (HRSG.) (2007): Feststellung des Sprachstandes zwei Jahre vor der Einschulung. Fachinformation zum Verfahren 2008. Düsseldorf.

MÜLLER, S. / DEDERING, K. / BOS, W. (HRSG.) (2008): Schulische Qualitätsanalyse in Nordrhein-Westfalen. Konzepte, erste Erfahrungen, Perspektiven. Köln.

NEUENSCHWANDER, M. P. (2003): Belastungen und Ressourcen bei Burnout von Lehrkräften der Sekundarstufe I und II. In: Psychologie in Erziehung und Unterricht, 50. 210–219.

NICKEL, H. (1981): Schulreife und Schulversagen. Ein ökopsychologischer Ergänzungsansatz und seine praktischen Konsequenzen. In: Psychologie in Erziehung und Unterricht, 28 (1). 19–37.

NICKEL, H. (1988): Die Schulreife – Kriterien und Anhaltspunkte für Schuleingangsdiagnostik und Einschulungsberatung. In: Portmann, R. (Hrsg.): Kinder kommen zur Schule. Frankfurt am Main. 44–58.

NICKEL, H. (1990): Das Problem der Einschulung aus ökologisch-systemischer Perspektive. In: Psychologie in Erziehung und Unterricht, 37. 217–227.

NICKEL, H. (1992): Die Einschulung als pädagogisch-psychologische Herausforderung – „Schulreife" aus ökosystemischer Sicht. In: Haarmann, D. (Hrsg.): Handbuch Grundschule. Bd. 1. Weinheim. 88–100.

NICKEL, H. (1999): Die Einschulung als pädagogisch-psychologische Herausforderung – „Schulreife" aus ökosystemischer Sicht. In: Haarmann, D. (Hrsg.): Handbuch Grundschule. Bd. 1. Weinheim. 88–100.

OERTER, R. (1978): Zur Dynamik von Entwicklungsaufgaben im menschlichen Lebenslauf. In: Oerter, R. (Hrsg.): Entwicklung als lebenslanger Prozess. Hamburg. 66–110.

OERTER, R. (1995): Kultur, Ökologie und Entwicklung. In: Oerter, R. / Montada, L. (Hrsg.): Entwicklungspsychologie. Weinheim. 84–127.

OLBERMANN, U. (1982): Kooperation von Erziehern, Sozialpädagogen und Lehrern. Materialien aus dem Modellversuch „Übergang vom Elementar- zum Primarbereich". Wiesbaden.

ORELOVE, F. P. / SOBSEY, D. (1996): Educating children with multiple disabilities. A transdisciplinary approach. Baltimore.

ORENDI, B. / PAPST, J. (1983): „Die Schere im Kopf" – Erfahrungen mit kollektiven Analysen von Kooperationsbedingungen. In: Psychosozial, 20. 91–109.

PASSOS, A. M. / CAETANO, A. (2005): Exploring the effects of intragroup conflict and past performance feedback on team effectiveness. In: Journal of Managerial Psychology, 20 (3/4). 231–244.

PELLED, L. H. / EISENHARDT, K. M./ XIN, K. R. (1999): Exploring the black box: An analysis of work group diversity, conflict, and performance. In: Administrative Science Quarterly, 44 (1). 1–28.

PERVIN, L. A. (2000): Persönlichkeitstheorien. München.

PETERS, S. (2002): Teachers' perspectives of transitions. In: Fabian, H. / Dunlop, A.-W. (Hrsg.): Transitions in the early years. Debating continuity and progression for children in early education. London. 87–97.

PETILLON, H. (1993): Soziales Lernen in der Grundschule. Anspruch und Wirklichkeit. Frankfurt am Main.

PFEIFFER, A. (2004): Faktoren erfolgreicher Netzwerkarbeit. Spannend und spannungsvoll. In: ProjektArbeit 3 (1). 5–12.

PHILLIPS, D. A. (1995): Reconsidering quality in early care and education. New Haven.

PIANTA, R. C. / KRAFT-SAYRE, M. (2003): Successful kindergarten transition. Baltimore.

PINKLEY, R. L. (1990): Dimensions of conflict frame: Disputant interpretations of conflict. In: Journal of Applied Psychology, 75. 117–126.

PODSAKOFF, P. M. / MACKENZIE, S. B. / LEE, J.-Y. / PODSAKOFF, N. P. (2003): Common Method Biases in Behavioral Research: A Critical Review of Literature and Recommended Remedies. In: Journal of Applied Psychology, 88 (5). 879–903.

PRIEM, R. L. / HARRISON, D. A. / MUIR, N. K. (1995): Structured conflict and consensus outcomes in group decision making. In: Journal of Management, 21 (4). 691–710.

PRIEM, R. L. / PRICE, K. (1991): Process and outcome expectations for the dialectical inquiry, devil's advocacy, and consensus techniques of strategic decision making. In: Group and Organization Studies, 16. 206–225.

PROTT, R. / HAUTUMM, A. (2004): 12 Prinzipien für eine erfolgreiche Zusammenarbeit von Erzieherinnen und Eltern. Berlin.

PÜHL, H. (HRSG.) (2003): Handbuch Supervision und Organisationsentwicklung. Wiesbaden.

RATHMER, B. / HANKE, P. / MERKELBACH, I. / ZENSEN, I. (2009): Selbstevaluation der Kooperationspraxis zwischen Kindertageseinrichtung und Grundschule. http://www.transkigs.de/fileadmin/user/redakteur/Veranstaltungen/Abschlusstagung/NRW_Berlin_Praes_III_131109.pdf (Abruf: 09.12.2009).

REGIONALES RECHENZENTRUM FÜR NIEDERSACHSEN (RRZN) / LEIBNIZ UNIVERSITÄT HANNOVER / RECHENZENTRUM DER UNIVERSITÄT DES SAARLANDES (2008): SPSS Grundlagen. Einführung anhand der Version 15 mit Hinweisen zu Version 16. Hannover / Saarbrücken.

REICHERT-GARSCHHAMMER, E. (2003): Steuerung und Weiterentwicklung des Systems der Tageseinrichtungen. In: BMFSFJ (Bundesministerium für Familie, Senioren, Frauen und Jugend) (Hrsg.): Perspektiven zur Weiterentwicklung des Systems der Tageseinrichtungen für Kinder in Deutschland. Zusammenfassung und Empfehlungen. Weinheim / Basel / Berlin. 13–20.

REISCHMANN, J. (1995): Evaluation von Bildungsprozessen. Teil 1. Kaiserslautern.

REYER, J. (2006): Einführung in die Geschichte des Kindergartens und der Grundschule. Bad Heilbrunn.

RIED, C. (1992): Spieltheorie – Einführung für Wirtschafts- und Sozialwissenschaftler. Wiesbaden.

ROEHL, H. / ROLLWAGEN, I. (2005): Organisationale Gestaltung als Gestaltung von Kooperation. In: Aderhold, J. / Meyer, M. / Wetzel, R.: Modernes Netzwerkmanagement. Anforderungen – Methoden – Anwendungsfelder. Wiesbaden. 165–184.

RÖHRLE, B. (1994): Soziale Netzwerke und soziale Unterstützung. Weinheim.

ROGERS, C. R. (1972): Die nicht direktive Beratung. München.

ROSENHOLTZ, S. J. (1991): Teacher's workplace. The social organization of schools. New York.

VON ROSENSTIEL, L. (1992): Grundlagen der Organisationspsychologie. Stuttgart.

ROST, D. H. (2007): Interpretation und Bewertung pädagogisch-psychologischer Studien. Weinheim.

RÜTHERS, B. (2009): Das Ungerechte an der Gerechtigkeit. Fehldeutungen eines Begriffs. Tübingen.

RYAN, R. M. / DECI, E. L. (2000): Self-determination theory and the facilitation of intrinsic motivation, social development, and well-being. In: American Psychologist, 55. 68–78.

SADER, M. (1991): Psychologie der Gruppe. Weinheim.

SAMMONS, P. / HILLMANN, J. / MORTIMORE, P. (1995): Key Characteristics of Effective Schools: A Review of School Effectiveness Research. London.

VAN SANTEN, E. / SECKINGER, M. (2003): Kooperation: Mythos und Realität einer Praxis. Eine empirische Studie zur interinstitutionellen Zusammenarbeit am Beispiel der Kinder- und Jugendhilfe. München.

SCHÄDLER, J. (2001): Qualitätsentwicklung und Qualitätssicherung – Plädoyer für ein professionsnahes Konzept in der Sozialen Arbeit. In: Schädler, J. / Schwarte, N. / Trube, A. (Hrsg.): Der Stand der Kunst: Qualitätsmanagement sozialer Dienste. Von grundsätzlichen Überlegungen zu praktischen Ansätzen eines fach- und adressatenorientierten Instrumentensets. Münster. 13–38.

SCHEERENS, J. / BOSKER, R. (1997): The Foundations of Educational Effectiveness. Oxford.

SCHIERSMANN, C. / THIEL, H.-J. / FUCHS, K. / PFIZENMAIER, E. (1998): Innovationen in Einrichtungen der Familienbildung. Eine bundesweite empirische Institutionenanalyse. Opladen.

SCHMIDT, K. (2009): Geteilte Einstellung und kooperatives Handeln. Befragung der Akteure des Verbundprojekts TransKiGs. Ludwigsfelde.

Schmidt, S. / Kochan, T. (1972): Conflict: Toward Conceptual Clarity. Administrative Science Quarterly , September. 359-370.

SCHNABEL, K.-U. (1998): Schuleffekte. In: Rost, D. R. (Hrsg.): Handwörterbuch Pädagogische Psychologie. Weinheim. 431–435.

SCHULZ VON THUN, F. (1981): Miteinander reden 1. Störungen und Klärungen. Reinbek.

SCHULZ VON THUN, F. (1999): Miteinander reden 3. Das innere Team und situationsgerechte Kommunikation. Reinbek.

SCHWARZ, P. (1979): Morphologie von Kooperationen und Verbänden. Tübingen.

SEASHORE, L. K. / KRUSE S. D. / MARKS, H. M. (1996): Schoolwide professional community. In: Newman, F. M. (Hrsg.): Authentic Achievement – Restructuring Schools for Intellectual Quality. San Francisco. 179–203.

SHANNON, C. E. / WEAVER, W. (1949): The Mathematical Theory of Communication. Urbana.

SHANNON, C. E. / WEAVER, W. (1976): Mathematische Grundlagen in der Informationstheorie. München / Wien.

SHAW, M. E. (1964): Communication networks. In: Advances in Experimental Social Psychology, 1. 11–147.

SICKINGER, F. (2009): Anschluss und Gemeinsamkeit im Bildungsprozess. Konzept(e) – Material(ien) – Strategie(n). Arbeitstagung Projektverbund TransKiGs Bremen Februar 2009. http://www.transkigs.de/file admin/user/redakteur/Veranstaltungen/Praxis_Material/Folienvortrag_Transkigs_2009_6.pdf (Abruf: 29.12. 2009).

SIMONS, T. L. / PETERSON, R. (2000): Task conflict and relationship conflict in top management teams: The pivotal role of intragroup trust. In: Journal of Applied Psychology, 85 (1). 102–111.

SLAVIN, R. E. (1996): Education for all. Lisse.

SLAVIN, R. E. / HOPKINS, J. (1992): Kooperatives Lernen und Leistung: Eine empirisch fundierte Theorie. In: Huber, G. L. (Hrsg.): Neue Perspektiven der Kooperation. Ausgewählte Beiträge der Internationalen Konferenz 1992 über Kooperatives Lernen. Utrecht. 151–170.

SMITH, K. G. / CARROLL, S. J. / ASHFORD, S. J. (1995): Intra- and interorganizational cooperation: Toward a research agenda. In: Academy of Management Journal, 38. 7–24.

SPECK-HAMDAN, A. (1991): Risiken und Chancen des Schulanfangs. In: Grundschule, 23 (4). 27–29.

SPIEß, E. (2004): Kooperation und Konflikt. In: Schuler, H. (Hrsg.): Organisationspsychologie – Gruppe und Organisation. Göttingen. 193–247.

SPITZER, M. (2000): Geist im Netz. Modelle für Lernen, Denken und Handeln. Heidelberg / Berlin.

SPITZER, M. (2002): Lernen. Gehirnforschung und die Schule des Lebens. Heidelberg / Berlin.

288

STAEHLE, W. H. (1994): Management. Eine verhaltenswissenschaftliche Perspektive. München.

STANGE, W. (1974): Elternarbeit und Sozialerziehung. In: Hielscher, H. (Hrsg.): Materialien zur sozialen Erziehung im Kindergarten. Heidelberg. 159–169.

STEINERT, B. / KLIEME, E. / MAAG MERKI, K. / DÖBRICH, P. / HALBHEER, U. / KUNZ, A. (2006): Lehrerkooperation in der Schule: Konzeption, Erfassung, Ergebnisse. In: Zeitschrift für Pädagogik, 52 (2). 185–203.

STÖCKLI, G. (1989): Vom Kind zum Schüler. Bad Heilbrunn.

STRÄTZ, R. / SOLBACH, R. / HOLST-SOLBACH, F. (2007): Bildungshäuser für Kinder von drei bis zehn Jahren. Expertise. Herausgegeben vom Bundesministerium für Bildung und Forschung (BMBF).

STRINGFIELD, S. (1994): A Model of Elementary School Effects. In: Reynolds, D. u.a.: Advances in School Effectiveness Research and Practice. Oxford. 153–187.

STUCK, A. (2003): Schulfähigkeit – alter Begriff, neue Ideen? In: Roux, S. (Hrsg): PISA und die Folgen. Bildung im Kindergarten. Landau. 72–81.

TAUSCH, R. / TAUSCH, A.-M. (1990): Gesprächspsychotherapie. Hilfreiche Gruppen- und Einzelgespräche in Psychotherapie und alltäglichem Leben. Göttingen.

TEDDLIE, C. / REYNOLDS, D. (2000): The International Handbook of School Effectiveness Research. London.

TERHART, E. (1998): Lehrerberuf: Arbeitsplatz, Biographie, Profession. In: Altrichter, H. / Schley, W. / Schratz, M. (Hrsg.): Handbuch zur Schulentwicklung. Innsbruck / Wien. 560–585.

TERHART, E. (2000): Qualität und Qualitätssicherung im Schulsystem. Hintergründe – Konzepte – Probleme. In: Zeitschrift für Pädagogik, 46 (6). 809–829.

TERHART, E. (2002): Nach PISA. Hamburg.

TERHART, E. / KLIEME, E. (2006): Kooperation im Lehrerberuf: Forschungsproblem und Gestaltungsaufgabe. In: Zeitschrift für Pädagogik, 52 (2). 163–166.

TEXTOR, M. / BLANK, B. (2004): Elternmitarbeit: Auf dem Wege zur Bildungs- und Erziehungswissenschaft. München.

THUNIG, K. (1999): Erfolgsfaktoren für die Zielerreichung in Teams. Eine empirische Untersuchung am Beispiel von teilautonomen Fertigungsteams. Frankfurt am Main.

THURNER, F. (1970): Ängstlichkeit: eine Persönlichkeitsvariable und ihre Auswirkung. In: Psychologische Rundschau, 1. 187–213.

TIETZE, W. (1999): Zur Relevanz einer Externen Empirischen Evaluation. In: Becker, P. / Conrad, S. / Wolf, B. (Hrsg.): Kindersituationen im Diskurs. Landau. 29–37.

TIETZE, W. (2006): Qualitätssicherung in der Früherziehung. Internationale Ansätze. Opladen.

TIETZE, W. / ROSSBACH, H.-G. / GRENNER, K. (2005): Kinder von 4 bis 8 Jahren. Weinheim.

TJOSVOLD, D. (1991): Team organization: an enduring competitive advantage. Chichester.

TJOSVOLD, D. / WEST, M. A. / SMITH, K. G. (2003): Teamwork and cooperation. Fundamentals of organizational effectiveness. In: West, M. A. / Tjosvold, D. / Smith, K. G. (Hrsg.): International Handbook of Organizational Teamwork and Cooperative Working. Chichester / Hoboken. 3–8.

TRÖSCHEL, K. (2006): Kooperation von Kindertagesstätten und Grundschulen in der vorschulischen Sprachförderung. Eine Evaluation des integrierenden Oldenburger Fortbildungsmodells. Oldenburg.

TUCKMAN, B. W. (1965): Developmental sequence in small groups. In: Psychological Bulletin, 63. 384–399.

TUCKMAN, B. W. / JENSEN, M. A. (1977): Stages of small group development revisited. In: Group and Organizational Studies, 24. 419–427.

UHLMANN, D. (1999): Strategisches Management von Unternehmenskooperationen. In: Luczak, H. / Schenk, M. (Hrsg.): Kooperation in Theorie und Praxis. Personale, organisatorische und juristische Aspekte bei Kooperationen industrieller Dienstleistungen im Mittelstand. Düsseldorf.

URY, W. (1991): Getting Past No: Negotiating Your Way From Confrontation To Cooperation. New York.

VARBELOW, D. (2003): Schulklima und Schulqualität im Kontext abweichender Verhaltensweisen. Marburg.

VOELKER, C. (2007): Konkurrenz, Kooperation und Stresserleben am Arbeitsplatz. Eine empirische Untersuchung zur Verstärkung und Moderation von arbeitsbedingten Stressaktionen. Saarbrücken.

VUILLE, J.-C. / CARVAJAL, M.I. / CASAULTA, F. / SCHENKEL, M. (2004): Die gesunde Schule im Unterricht. Wie eine Stadt versucht, eine Idee umzusetzen und was die Menschen davon spüren. Zürich.

WAHREN, H.-K. E. (1994): Gruppen- und Teamarbeit in Unternehmen. Berlin.

WALL, J. A. / CALLISTER, R. R. (1995): Conflict and its management. In: Journal of Management, 21 (3). 515–558.

WALTER, J. / PELLER, J. (2002): Lösungsorientierte Kurztherapie. Dortmund.

WANG, M. / HAERTEL, G. D. / WALBERG, H. J. (1993): Toward a Knowledge Base for School Learning. In: Review of Educational Research, 63. 249–294.

WATSON, J. / FRIEND, L. (1969): Measurement of social evaluative anxiety. In: Journal of Consulting and Clinical Psychology, 33. 448–457.

WATZLAWICK, P. / BEAVIN, J. H. / JACKSON, D. (1969): Menschliche Kommunikation. Bern.

WATZLAWICK, P. / BEAVIN, J. H. / JACKSON, D. (1972): Menschliche Kommunikation. Formen, Störungen, Paradoxien. Bern.

WEINERT, A. B. (2004): Organisations- und Persönlichkeitspsychologie. Weinheim.

WEISS, J. (1981): Substance versus symbol in administrative reform: the case of human services coordination. In: Policy Analysis, 7. 21–45.

WILKE, H. / WIT, A. (2002): Gruppenleistung. In: Stroebe, W. / Jonas, K. / Hewstone, M. (Hrsg.): Sozialpsychologie. Eine Einführung. Berlin. 497–535.

WITTING, H. (1989): Der Bildungsprozess des Kindes im Übergang von der Familie in die Schule. Eine qualitativ-interpretative Untersuchung. Frankfurt am Main.

WÖßMANN, L. (2009): Startchancen für junge Menschen verbessern. Um die Produktivität und damit auch die Akzeptanz des deutschen Wirtschaftssystems zu erhöhen, benötigen wir eine andere Bildungspolitik. In: Süddeutsche Zeitung, 18.11.2009.

WOTTAWA, H. / THIERAU, H. (1998): Lehrbuch Evaluation. Bern.

WULF, C. (HRSG.) (1972): Evaluation. Beschreibung und Bewertung von Unterricht, Curricula und Schulversuchen. München.

WUNDERER, R. / GRUNWALD, W. (1980): Führungslehre. Bd. 1 und 2. Berlin / New York.

YEBOAH, D. A. (2002): Enhancing transition from early childhood phase into primary education: evidence from the research literature. In: Early Years, 22. 51–68.

ZACCARO, S. J. / LOWE, C. A. (1986): Cohesiveness and performance on an additive task: Evidence for multidimensionality. In: The Journal of Social Psychology, 128. 547–558.

Verzeichnis der Abbildungen

Verzeichnis der Tabellen

293

297

Abkürzungen

Anh.:	Anhang
B:	Bereich (Kodierung MKT)
B – E / B:	Feld der Bedingungen – Ebene / Bereich (Lokalisierung MKT)
Bd.:	Band
d.h.:	das heißt
E:	Ebene (Kodierung MKT)
ebd.:	ebenda
ELT:	Eltern (Kodierung und Lokalisierung Fragebögen, Darstellung Tabellen)
etc.:	et cetera (und so weiter)
F – E / B:	Formenfeld – Ebene / Bereich (Lokalisierung MKT)
f.:	folgende (Einzahl)
ff.:	folgende (Mehrzahl)
gem.:	gemeinsame (Variablenlabels)

GS(n):	Grundschule(n) (Kodierung und Lokalisierung Fragebögen, Darstellung Tabellen)
Hrsg.:	Herausgeber (Bibliografie)
i. Dr.:	im Druck
IT.NRW	Landesbetrieb Information und Technik Nordrhein-Westfalen
JMK:	Jugendministerkonferenz
JFMK:	Jugend- und Familienministerkonferenz
K:	kaum bis überhaupt nicht
KITA(s):	Kindertageseinrichtung(en) (Kodierung und Lokalisierung Fragebögen, Darstellung Tabellen)
K – E / B:	Klimafeld – Ebene / Bereich (Lokalisierung MKT)
KMK:	Kultusministerkonferenz
L:	Leitung einer Kindertageseinrichtung oder einer Grundschule (Kodierung und Lokalisierung Fragebögen, Darstellung Tabellen)
m-Ebene:	Main- beziehungsweise Hauptebene (Fragebogenkonstruktion)
MGFFI:	Ministerium für Generationen, Familie, Frauen und Integration des Landes Nordrhein-Westfalen.
MKT:	Münsteraner Kooperations-Tableau
MSW:	Ministerium für Schule und Weiterbildung des Landes Nordrhein-Westfalen
NRW:	Nordrhein-Westfalen
o.J.:	ohne Jahresangabe
PF:	Pädagogische Fachkraft aus dem Bereich der Kindertageseinrichtung oder dem Bereich der Grundschule (Kodierung und Lokalisierung Fragebögen, Darstellung Tabellen)
s.:	siehe (Zitation)
sub-Ebene:	Unterebene (Fragebogenkonstruktion)
sub-Eb:	s.o.
Tab.:	Tabelle
TZ:	Teilzeit (Arbeitsverhältnis)
u.:	und
u.a.:	und andere
Ü:	überblicksartig
V:	vertiefend
vgl.:	vergleiche (Zitation)
VZ:	Vollzeit (Arbeitsverhältnis)

Anhang

- Fragebogen für die Leitung einer Kindertageseinrichtung

- Fragebogen für die Leitung einer Grundschule

- Fragebogen für die pädagogische Fachkraft in einer Kindertageseinrichtung

- Fragebogen für die pädagogische Fachkraft in einer Grundschule

- Fragebogen für Eltern

Anhang A

Feld der Bedingungen			
MKT-Ebene	MKT-Bereich	Fragebogen	Items
E I	B1	Kita L	01; 02; 03; 04; 05; 06; 07; 08; 09
		Kita PF	01; 02; 03; 04; 05; 06; 07; 08; 09
		GS L	01; 02; 03; 04; 05; 06; 07; 08; 09
		GS PF	01; 02; 03; 04; 05; 06; 07; 08; 09
		ELT	01; 02; 03; 04; 05; 06; 07; 08.1; 09
	B2	Kita L	12; 13; 14
		Kita PF	--- (über Leitung erfragt)
		GS L	12; 13; 14
		GS PF	--- (über Leitung erfragt)
		ELT	--- (über Leitung erfragt)
	B3	Kita L	20; 28
		Kita PF	25
		GS L	20; 28
		GS PF	25
		ELT	14 a, b
E II	B1	Kita L	11 h, l; 15; 17 j; 24 e
		Kita PF	15 h, l; 16.1 g; 16.2 d, e; 21 e
		GS L	11 h, l; 15; 17 j; 24 e
		GS PF	15 h, l; 16.1 g; 16.2 d, e; 21 e
		ELT	14 g
	B2	Kita L	--- (hier: Gestaltung des Übergangs und Delfin 4)
		Kita PF	--- (hier: Gestaltung des Übergangs und Delfin 4)
		GS L	--- (hier: Gestaltung des Übergangs und Delfin 4)
		GS PF	--- (hier: Gestaltung des Übergangs und Delfin 4)
		ELT	--- (hier: Gestaltung des Übergangs und Delfin 4)
	B3	Kita L	10.1; 10.2.4; 10.2.5 b, c, d, e, f; 11 e; 16; 17 k; 18 j; 24 n, s; 25 o, p
		Kita PF	12; 13 b, c, d, e, f; 15 e; 16.1 k, l, m; 16.2 f, g, h; 21 n, s, t; 22 r, s
		GS L	10.1; 10.2.4; 10.2.5 b, c, d, e, f; 11 e; 16; 17 k; 18 j; 24 n, s; 25 o, p
		GS PF	12; 13 b, c, d, e, f; 15 e; 16.1 k, l, m; 16.2 f, g; 21 n, s, t; 22 r, s
		ELT	14 c, d, e, f; 15 d

	B4	Kita L	22
		Kita PF	19
		GS L	22
		GS PF	19
		ELT	--- (keine Datenquelle)
	B5	Kita L	17 i; 18 k
		Kita PF	16.2 a, b
		GS L	17 i; 18 k
		GS PF	16.2 a, b
		ELT	--- (keine Datenquelle)
E III	B1	Kita L	17 b, h; 18 b; 24 f, k; 27 b
		Kita PF	16.1 b, p; 21 f, k; 24 b
		GS L	17 b, h; 18 b; 24 f, k; 27 b
		GS PF	16.1 b, p; 21 f, k; 24 b
		ELT	--- (keine Datenquelle)
	B2	Kita L	17 e, f; 18 f, g; 19 j; 24 a, q, r
		Kita PF	16.1 i, j; 21 a, q, r; 22 e
		GS L	17 e, f; 18 f, g; 19 j; 24 a, q, r
		GS PF	16.1 i, j; 21 a, q, r; 22 e
		ELT	15 f, g, h
	B3	Kita L	--- (keine Datenquelle)
		Kita PF	16.2 i
		GS L	--- (keine Datenquelle)
		GS PF	16.2 i
		ELT	--- (keine Datenquelle)
	B4	Kita L	17 d; 18 h; 24 v
		Kita PF	16.1 h; 21 w
		GS L	17 d; 18 h; 24 v
		GS PF	16.1 h; 21 w
		ELT	--- (keine Datenquelle)
	B5	Kita L	24 g
		Kita PF	21 g
		GS L	24 g
		GS PF	21 g
		ELT	--- (keine Datenquelle)

Feld der Bedingungen, Zuordnung MKT ↔ Fragebogen

Formenfeld			
MKT-Ebene	MKT-Bereich	Fragebogen	Items
E I	B1	Kita L	19 a, b, c, d, e, f, g, h, k, l, m; 22; 23; 24 l, m; 26
		Kita PF	17 a, b, c, d, e, f, g, h, i, k; 19; 20; 21 l, m; 23
		GS L	19 a, b, c, d, e, f, g, h, k, l, m; 22; 23; 24 l, m; 26
		GS PF	17 a, b, c, d, e, f, g, h, i, k; 19; 20; 21 l, m; 23
		ELT	12
	B2	Kita L	--- (keine Datenquelle)
		Kita PF	--- (keine Datenquelle)
		GS L	--- (keine Datenquelle)
		GS PF	--- (keine Datenquelle)
		ELT	--- (keine Datenquelle)
E II	B1	Kita L	11 c; 26
		Kita PF	15 c; 17; 23
		GS L	11 c; 26
		GS PF	15 c; 17; 23
		ELT	--- (keine Datenquelle)
	B2	Kita L	24 h, i, j, t; 27 h
		Kita PF	21 h, i, j, u; 24 h
		GS L	24 h, i, j, t; 27 h
		GS PF	21 h, i, j, u; 24 h
		ELT	15 e

Formenfeld, Zuordnung MKT ↔ Fragebogen

Klimafeld

MKT-Ebene	MKT-Bereich	Fragebogen	Items
E I	**B1**	Kita L	10.2.6 j; 11 d; 18 d; 19 n; 24 b, c; 25 d, n
		Kita PF	14 l; 15 d; 16.1 d; 18 d; 21 b, c; 22 f, p, q
		GS L	10.2.6 j; 11 d; 19 n; 24 b, c; 25 d, n
		GS PF	14 l; 15 d; 16.1 d; 21 b, c; 22 f, p, q
		ELT	14 b
	B2	Kita L	10.2.6 a, b; 18 e; 25 i
		Kita PF	14 a, b; 16.1 e; 16.2 c; 22 k
		GS L	10.2.6 a, b; 18 e; 25 i
		GS PF	14 a, b; 16.1 e; 16.2 c; 22 k
		ELT	--- (keine Datenquelle)
	B3	Kita L	10.2.6 c, d, e, g, h; 11 g, j, k
		Kita PF	14 c, d, e, g, h; 15 g, j, k
		GS L	10.2.6 c, d, e, g, h; 11 g, j, k
		GS PF	14 c, d, e, g, h; 15 g, j, k
		ELT	14 a; 15 a
	B4	Kita L	10.2.1; 10.2.2; 10.2.3; 10.2.5 a; 10.2.6 f, i; 11 f
		Kita PF	10; 11; 13 a; 14 f, k; 15 f
		GS L	10.2.1; 10.2.2; 10.2.3; 10.2.5 ; 10.2.6 f, i; 11 f
		GS PF	10; 11; 13 a; 14 f, k; 15 f
		ELT	08.2; 08.3; 08.4; 10; 11
	B5	Kita L	10.2.6 k; 17 c; 18 c; 27 a
		Kita PF	14 m; 24 a
		GS L	10.2.6 k; 17 c; 18 c; 27 a
		GS PF	14 m; 24 a
		ELT	--- (keine Datenquelle)
	B6	Kita L	17 g; 19 i; 24 p; 25 g
		Kita PF	16.1 f, n; 17 j; 21 p; 22 i
		GS L	17 g; 19 i; 24 p; 25 g
		GS PF	16.1 f, n; 17 j; 21 p; 22 i
		ELT	15 m
	B7	Kita L	25 b
		Kita PF	22 c
		GS L	25 b
		GS PF	22 c
		ELT	15 b
	B8	Kita L	--- (keine Datenquelle)
		Kita PF	14 n
		GS L	--- (keine Datenquelle)
		GS PF	14 n
		ELT	--- (keine Datenquelle)
	B9	Kita L	25 q
		Kita PF	14 i; j; 22 t
		GS L	25 q
		GS PF	14 i, j; 22 t
		ELT	--- (keine Datenquelle)
E II	**B1**	Kita L	11 a, b; 17 a; 18 a; 24 u
		Kita PF	15 a, b; 16.1 a; 21 v; 22 a
		GS L	11 a, b; 17 a; 18 a; 24 u
		GS PF	15 a, b; 16.1 a; 21 v; 22 a
		ELT	13 e, k
	B2	Kita L	25 h, j, k
		Kita PF	22 j, l, m
		GS L	25 h, j, k
		GS PF	22 j, l, m
		ELT	13 d, f, h, i, j; 15 i, j, k, l

	B3	Kita L	25 e, f
		Kita PF	22 g, h
		GS L	25 e, f
		GS PF	22 g, h
		ELT	13 g
E III	B1	Kita L	24 o; 27 c, d, e, i
		Kita PF	21 o; 24 c, d, e, i
		GS L	24 o; 27 c, d, e, i
		GS PF	21 o; 24 c, d, e, i
		ELT	13 a, b
	B2	Kita L	18 i; 25 a, l, m
		Kita PF	16.1 o; 22 b, n, o
		GS L	18 i; 25 a, l, m
		GS PF	16.1 o; 22 b, n, o
		ELT	--- (keine Datenquelle)
	B3	Kita L	21; 24 d
		Kita PF	18; 21 d
		GS L	21; 24 d
		GS PF	18; 21 d
		ELT	13 l
	B4	Kita L	27 f, g
		Kita PF	24 f, g
		GS L	27 f, g
		GS PF	24 f, g
		ELT	--- (keine Datenquelle)
	B5	Kita L	--- (keine Datenquelle)
		Kita PF	--- (keine Datenquelle)
		GS L	--- (keine Datenquelle)
		GS PF	--- (keine Datenquelle)
		ELT	--- (keine Datenquelle)
	B6	Kita L	11 i; 25 c
		Kita PF	15 i; 22 d
		GS L	11 i; 25 c
		GS PF	15 i; 22 d
		ELT	13 c; 15 c

Klimafeld, Zuordnung MKT ↔ Fragebogen

Anhang B

Ergänzende Angaben zu den H-Tests (Tabellen 114 – 118)

zu Tabelle 114

		Ränge		
		Akteur	N	Mittlerer Rang
a)	Die Arbeitsbeziehung zwischen mir und meinen Kooperationspartner/inne/n aus der Bezugseinrichtung ist produktiv.	Kita L	256	273,83
		Kita PF	340	317,08
		Gesamt	596	
b)	Es gibt eine gemeinsame Fachsprache von Kita und GS.	Kita L	251	262,18
		Kita PF	329	312,11
		Gesamt	580	
c)	Ich habe gute Kenntnisse über den Bildungs- und Erziehungsauftrag der Kooperationspartner/innen aus der Bezugseinrichtung.	Kita L	259	274,68
		Kita PF	335	315,14
		Gesamt	594	
d)	Meine Kooperationspartner/innen aus der Bezugseinrichtung haben gute Kenntnisse über den Erziehungs- und Bildungsauftrag unserer Institution.	Kita L	258	296,00
		Kita PF	319	283,32
		Gesamt	577	
e)	Ich habe gute Kenntnisse über die in der kooperierenden Bezugseinrichtung praktizierten Regeln, Rituale und Arbeitsformen.	Kita L	262	288,91
		Kita PF	337	308,62
		Gesamt	599	
f)	Die Erwartungen der kooperierenden Profession in Bezug auf meine Arbeit sind mir klar.	Kita L	257	279,95
		Kita PF	332	306,65
		Gesamt	589	
g)	Die Problemfelder in der Arbeit der anderen Profession sind mir verständlich.	Kita L	256	279,86
		Kita PF	325	299,78
		Gesamt	581	
h)	Absprachen zwischen Kita und GS werden eingehalten.	Kita L	260	288,56
		Kita PF	327	299,92
		Gesamt	587	
i)	Es ist den Kolleg/inn/en klar, mit welchen Bezugseinrichtungen unsere Institution kooperiert.	Kita L	260	280,57
		Kita PF	340	315,74
		Gesamt	600	

Statistik für Test (Kruskal-Wallis-Test), Gruppenvariable: Akteur									
	a)	**b)**	**c)**	**d)**	**e)**	**f)**	**g)**	**h)**	**i)**
Chi-Quadrat	10,221	14,175	9,065	,951	2,198	4,011	2,315	1,104	11,950
df	1	1	1	1	1	1	1	1	1
Asymptotische Signifikanz	,001	,000	,003	,330	,138	,045	,128	,293	,001

zu Tabelle 115

Ränge			
	Akteur	N	Mittlerer Rang
a) Die Arbeitsbeziehung zwischen mir und meinen Kooperationspartner/inne/n aus der Bezugseinrichtung ist produktiv.	GS L	125	134,83
	GS PF	168	156,05
	Gesamt	293	
b) Es gibt eine gemeinsame Fachsprache von Kita und GS.	GS L	124	134,91
	GS PF	164	151,75
	Gesamt	288	
c) Ich habe gute Kenntnisse über den Bildungs- und Erziehungsauftrag der Kooperationspartner/innen aus der Bezugseinrichtung.	GS L	125	130,78
	GS PF	170	160,66
	Gesamt	295	
d) Meine Kooperationspartner/innen aus der Bezugseinrichtung haben gute Kenntnisse über den Erziehungs- und Bildungsauftrag unserer Institution.	GS L	123	135,27
	GS PF	154	141,98
	Gesamt	277	
e) Ich habe gute Kenntnisse über die in der kooperierenden Bezugseinrichtung praktizierten Regeln, Rituale und Arbeitsformen.	GS L	121	139,42
	GS PF	167	148,82
	Gesamt	288	
f) Die Erwartungen der kooperierenden Profession in Bezug auf meine Arbeit sind mir klar.	GS L	122	131,68
	GS PF	161	149,82
	Gesamt	283	
g) Die Problemfelder in der Arbeit der anderen Profession sind mir verständlich.	GS L	122	135,56
	GS PF	164	149,41
	Gesamt	286	
h) Absprachen zwischen Kita und GS werden eingehalten.	GS L	123	136,72
	GS PF	165	150,30
	Gesamt	288	
i) Es ist den Kolleg/inn/en klar, mit welchen Bezugseinrichtungen unsere Institution kooperiert.	GS L	123	141,41
	GS PF	164	145,94
	Gesamt	287	

Statistik für Test (Kruskal-Wallis-Test), Gruppenvariable: Akteur									
	a)	b)	c)	d)	e)	f)	g)	h)	i)
Chi-Quadrat	5,371	3,391	10,274	,618	,921	3,992	2,523	2,505	,419
df	1	1	1	1	1	1	1	1	1
Asymptotische Signifikanz	,020	,066	,001	,432	,337	,046	,112	,113	,517

zu Tabelle 116

Ränge			
	Akteur	N	Mittlerer Rang
a) Die Arbeitsbeziehung zwischen mir und meinen Kooperationspartner/inne/n aus der Bezugseinrichtung ist produktiv.	Kita L	256	206,02
	GS L	125	160,24
	Gesamt	381	
b) Es gibt eine gemeinsame Fachsprache von Kita und GS.	Kita L	251	195,31
	GS L	124	173,20
	Gesamt	375	
c) Ich habe gute Kenntnisse über den Bildungs- und Erziehungsauftrag der Kooperationspartner/innen aus der Bezugseinrichtung.	Kita L	259	217,06
	GS L	125	141,51
	Gesamt	384	
d) Meine Kooperationspartner/innen aus der Bezugseinrichtung haben gute Kenntnisse über den Erziehungs- und Bildungsauftrag unserer Institution.	Kita L	258	210,04
	GS L	123	151,06
	Gesamt	381	
e) Ich habe gute Kenntnisse über die in der kooperierenden Bezugseinrichtung praktizierten Regeln, Rituale und Arbeitsformen.	Kita L	262	208,71
	GS L	121	155,82
	Gesamt	383	
f) Die Erwartungen der kooperierenden Profession in Bezug auf meine Arbeit sind mir klar.	Kita L	257	199,09
	GS L	122	170,84
	Gesamt	379	
g) Die Problemfelder in der Arbeit der anderen Profession sind mir verständlich.	Kita L	256	203,48
	GS L	122	160,16
	Gesamt	378	
h) Absprachen zwischen Kita und GS werden eingehalten.	Kita L	260	202,44
	GS L	123	169,94
	Gesamt	383	
i) Es ist den Kolleg/inn/en klar, mit welchen Bezugseinrichtungen unsere Institution kooperiert.	Kita L	260	189,31
	GS L	123	197,68
	Gesamt	383	

Statistik für Test (Kruskal-Wallis-Test), Gruppenvariable: Akteur									
	a)	b)	c)	d)	e)	f)	g)	h)	i)
Chi-Quadrat	16,725	4,028	43,451	28,150	21,809	6,462	15,644	9,169	1,169
df	1	1	1	1	1	1	1	1	1
Asymptotische Signifikanz	,000	,045	,000	,000	,000	,011	,000	,002	,280

zu Tabelle 117

Ränge		Akteur	N	Mittlerer Rang
a) Die Arbeitsbeziehung zwischen mir und meinen Kooperationspartner/inne/n aus der Bezugseinrichtung ist produktiv.		Kita PF	340	274,12
		GS PF	168	214,79
		Gesamt	508	
b) Es gibt eine gemeinsame Fachsprache von Kita und GS.		Kita PF	329	261,72
		GS PF	164	217,47
		Gesamt	493	
c) Ich habe gute Kenntnisse über den Bildungs- und Erziehungsauftrag der Kooperationspartner/innen aus der Bezugseinrichtung.		Kita PF	335	281,42
		GS PF	170	197,00
		Gesamt	505	
d) Meine Kooperationspartner/innen aus der Bezugseinrichtung haben gute Kenntnisse über den Erziehungs- und Bildungsauftrag unserer Institution.		Kita PF	319	251,82
		GS PF	154	206,30
		Gesamt	473	
e) Ich habe gute Kenntnisse über die in der kooperierenden Bezugseinrichtung praktizierten Regeln, Rituale und Arbeitsformen.		Kita PF	337	275,54
		GS PF	167	206,00
		Gesamt	504	
f) Die Erwartungen der kooperierenden Profession in Bezug auf meine Arbeit sind mir klar.		Kita PF	332	256,24
		GS PF	161	227,95
		Gesamt	493	
g) Die Problemfelder in der Arbeit der anderen Profession sind mir verständlich.		Kita PF	325	262,13
		GS PF	164	211,05
		Gesamt	489	
h) Absprachen zwischen Kita und GS werden eingehalten.		Kita PF	327	256,97
		GS PF	165	225,74
		Gesamt	492	
i) Es ist den Kolleg/inn/en klar, mit welchen Bezugseinrichtungen unsere Institution kooperiert.		Kita PF	340	256,23
		GS PF	164	244,77
		Gesamt	504	

Statistik für Test (Kruskal-Wallis-Test), Gruppenvariable: Akteur

	a)	b)	c)	d)	e)	f)	g)	h)	i)
Chi-Quadrat	20,443	11,841	41,828	13,445	29,065	4,778	16,556	6,587	1,203
df	1	1	1	1	1	1	1	1	1
Asymptotische Signifikanz	,000	,001	,000	,000	,000	,029	,000	,010	,273

zu Tabelle 118

Ränge			
	Akteur	N	Mittlerer Rang
a) Die Arbeitsbeziehung zwischen mir und meinen Kooperationspartner/inne/n aus der Bezugseinrichtung ist produktiv.	Kita L	256	443,56
	Kita PF	340	506,06
	GS L	125	339,87
	GS PF	168	401,83
	Gesamt	889	
b) Es gibt eine gemeinsame Fachsprache von Kita und GS.	Kita L	251	413,79
	Kita PF	329	488,66
	GS L	124	362,79
	GS PF	164	411,77
	Gesamt	868	
c) Ich habe gute Kenntnisse über den Bildungs- und Erziehungsauftrag der Kooperationspartner/innen aus der Bezugseinrichtung.	Kita L	259	464,11
	Kita PF	335	522,87
	GS L	125	291,65
	GS PF	170	375,20
	Gesamt	889	
d) Meine Kooperationspartner/innen aus der Bezugseinrichtung haben gute Kenntnisse über den Erziehungs- und Bildungsauftrag unserer Institution.	Kita L	258	473,01
	Kita PF	319	451,68
	GS L	123	344,83
	GS PF	154	367,21
	Gesamt	854	
e) Ich habe gute Kenntnisse über die in der kooperierenden Bezugseinrichtung praktizierten Regeln, Rituale und Arbeitsformen.	Kita L	262	467,68
	Kita PF	337	495,83
	GS L	121	346,58
	GS PF	167	372,85
	Gesamt	887	
f) Die Erwartungen der kooperierenden Profession in Bezug auf meine Arbeit sind mir klar.	Kita L	257	432,33
	Kita PF	332	471,54
	GS L	122	368,24
	GS PF	161	422,42
	Gesamt	872	
g) Die Problemfelder in der Arbeit der anderen Profession sind mir verständlich.	Kita L	256	446,48
	Kita PF	325	477,57
	GS L	122	349,66
	GS PF	164	387,80
	Gesamt	867	
h) Absprachen zwischen Kita und GS werden eingehalten.	Kita L	260	447,51
	Kita PF	327	467,79
	GS L	123	372,52
	GS PF	165	412,77
	Gesamt	875	
i) Es ist den Kolleg/inn/en klar, mit welchen Bezugseinrichtungen unsere Institution kooperiert.	Kita L	260	415,47
	Kita PF	340	467,78
	GS L	123	433,80
	GS PF	164	447,59
	Gesamt	887	

Statistik für Test (Kruskal-Wallis-Test), Gruppenvariable: Akteur									
	a)	b)	c)	d)	e)	f)	g)	h)	i)
Chi-Quadrat	50,655	32,432	99,025	40,761	53,169	18,181	36,477	18,593	12,643
df	3	3	3	3	3	3	3	3	3
Asymptotische Signifikanz	,000	,000	,000	,000	,000	,000	,000	,000	,005

309

Anhang C

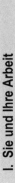

WESTFÄLISCHE
WILHELMS-UNIVERSITÄT
MÜNSTER

Fachbereich Erziehungswissenschaft
und Sozialwissenschaften
Institut für Erziehungswissenschaft

Trans KiGs

Stärkung der Bildungs- und Erziehungsqualität
in Kindertageseinrichtungen und Grundschule

Gestaltung des Übergangs

NRW

Fragebogen für die Leitung der Kita

Codenummer und Name der kooperierenden Grundschule:

Prof. Dr. Petra Hanke

*Wissenschaftliche Projektleitung
TransKiGs NRW*
Abteilung für Schulpädagogik/
Schul- und Unterrichtsforschung
Bispinghof 5/6
48143 Münster

Kontakt:
Benedikt Rathmer
Tel. +49 251 / 83-24240
Fax +49 251 / 83-29267

rathmbe@uni-muenster.de

20. Januar 2009

Sehr geehrte Leiterin, sehr geehrter Leiter der Kindertageseinrichtung,

Sie und Ihre Kindertageseinrichtung wurden ausgewählt, an einer Untersuchung zur Praxis der Kooperation zwischen Kita und Grundschule im Zusammenhang mit Delfin 4 teilzunehmen (TransKiGs NRW). Ziel der Studie ist es, Bedingungen für das Gelingen von Kooperation zu untersuchen sowie Ansatzpunkte zu gewinnen, die zu einer Verbesserung der Kooperationsbedingungen vor Ort beitragen können und die in Ihrer Arbeit bei der sprachlichen Förderung von Kindern unterstützen. Die Antworten sind wichtig, um die Kooperationspraxis wirklichkeitsgetreu beschreiben zu können. Das ist die Voraussetzung dafür, gezielt notwendige Veränderungen vornehmen zu können.

Dieser Fragebogen richtet sich speziell an die Leiterinnen und Leiter der Kindertageseinrichtungen. Befragt werden darüber hinaus die Leitung der mit Ihrer Kita kooperierenden Grundschule, die Pädagogischen Fachkräfte an Kita und Grundschule, die Delfin 4 im Jahr 2008 durchgeführt haben, sowie Eltern der mit Delfin 4 getesteten Kinder. Die Fragebogen sind inhaltlich identisch. Insgesamt nehmen ca 600 Einrichtungen an dieser Untersuchung teil.

Die Studie ist ein Landesprojekt, das auch durch das Ministerium für Generationen, Familie, Frauen und Integration getragen wird. Die Spitzenverbände und Träger sind darüber informiert. Auch Ihr Träger wurde gebeten, die Untersuchung zu unterstützen. Der Fragebogen ist vollständig anonymisiert. Die erhobenen Daten werden nur für den mit der Untersuchung verbundenen Zweck genutzt. Die Bestimmungen des Datenschutzes werden eingehalten.

Aufgrund des höheren Frauenanteils in beiden Einrichtungen sowie des Umfangs und der besseren Lesbarkeit wegen wurden im Fragebogen ausschließlich die weiblichen Berufsbezeichnungen verwendet.

Kita(s) steht für Kindertageseinrichtung(en) und GS(n) für Grundschule(n).

Beziehen Sie sich bitte bei Ihren Angaben zur Kooperation mit Grundschulen speziell auf die im Fragebogen oben angegebene Grundschule.

Für das Ausfüllen des Fragebogens benötigen Sie ca. 30-40 Minuten. Wir wissen es sehr zu schätzen, dass Sie hierfür Zeit und Mühe aufwenden, und bedanken uns herzlich für Ihre Unterstützung und Zusammenarbeit.

Bitte senden Sie den ausgefüllten Fragebogen bis zum **06. Februar 2009** in dem dafür bereits frankierten Rückumschlag an die Universität Münster zurück.

Das TransKiGs-Team NRW dankt Ihnen nochmals herzlich für Ihre Unterstützung!

Struktur des Fragebogens:

I. Sie und Ihre Arbeit................ 01 - 11

II. **Zusammenarbeit in Ihrer Kita.** 12 - 19

III. **Zusammenarbeit zwischen Kita und GS.** 20 - 27

IV. **Zusammenarbeit im Netzwerk................** 28

I. Sie und Ihre Arbeit

01 | Persönliche Angaben

01.1 | Wie alt sind Sie?

- a. unter 25 Jahre ☐
- b. 25 bis 29 Jahre ☐
- c. 30 bis 39 Jahre ☐
- d. 40 bis 49 Jahre ☐
- e. 50 bis 59 Jahre ☐
- f. 60 Jahre und älter ☐

01.2 | Sind Sie männlich oder weiblich?

- a. männlich ☐
- b. weiblich ☐

02 | Arbeitszeitverpflichtung

02.1 | Arbeiten Sie in Vollzeit oder in Teilzeit?

- a. Vollzeit ☐
- b. Teilzeit ☐

02.2 | Wie viele Zeitstunden pro Woche umfasst Ihr Arbeitsverhältnis?

Anzahl der Zeitstunden pro Woche laut Arbeitsvertrag ☐☐

03 | Welchen höchsten Schulabschluss haben Sie?

Bitte nur ein Kästchen ankreuzen.

- a. Hauptschulabschluss ☐
- b. Realschulabschluss ☐
- c. Fachabitur / Fachhochschulreife ☐
- d. Abitur / Allgemeine Hochschulreife ☐

04 | Welchen Ausbildungs- / Bildungsabschluss haben Sie?

Mehrfachankreuzungen möglich.

- a. Kinderpflegerin ☐
- b. Erzieherin ☐
- c. Heilpädagogin ☐
- d. Heilerziehungspflegerin ☐
- e. Sozialpädagogin ☐
- f. Diplompädagogin ☐
- g. Sonder- / Förderpädagogin ☐
- h. einen anderen, und zwar: ☐

05

Wie viele Jahre (einschließlich des laufenden Kita-Jahres) sind Sie schon als Fachkraft in einer Kita tätig?

Bitte auf die nächste ganze Zahl aufrunden. ☐☐ **Jahre** *Bitte tragen Sie die Anzahl rechtsbündig ein.*

06

Wie viele Jahre (einschließlich des laufenden Kita-Jahres) sind Sie schon in der Leitung Ihrer jetzigen Kita tätig?

Bitte auf die nächste ganze Zahl aufrunden. ☐☐ **Jahre** *Bitte tragen Sie die Anzahl rechtsbündig ein.*

07

Welche Funktion(en) üben Sie über die Leitung hinaus in Ihrer Kita aus?

Mehrfachankreuzungen möglich.

a. Gruppenleiterin ☐

b. Ergänzungskraft ☐

c. Integrative Zusatzfachkraft ☐

d. Kooperationsbeauftragte für die Zusammenarbeit zwischen Kita und GS ☐

08

Einbindung in die pädagogische Arbeit

08.1 Wie viele Stunden arbeiten Sie pro Woche in einer Kindergruppe?

Anzahl der Stunden pro Woche ☐☐ *Bitte tragen Sie die Anzahl rechtsbündig ein.*

08.2 In welchen Gruppentypen waren Sie bislang am häufigsten eingesetzt?

Mehrfachankreuzungen möglich.

a. Gruppentyp I: Kinder im Alter von zwei Jahren bis zur Einschulung ☐

b. Gruppentyp II: Kinder im Alter von unter drei Jahren ☐

c. Gruppentyp III: Kinder im Alter von drei Jahren und älter ☐

09

Wie intensiv haben Sie sich im Rahmen Ihrer Aus- / Fort- oder Weiterbildung mit den folgenden Themen beschäftigt?

Bitte in jeder Zeile ein Kästchen ankreuzen.

	kaum bis überhaupt nicht	überblicksartig	vertiefend
a. kindlicher Spracherwerb	☐	☐	☐
b. Erwerb von Deutsch als Zweitsprache	☐	☐	☐
c. Verfahren zur Erfassung des sprachlichen Entwicklungsstandes	☐	☐	☐
d. Dokumentieren sprachlicher Entwicklung	☐	☐	☐
e. Sprachstandsfeststellungsverfahren Delfin 4	☐	☐	☐
f. Förderung der Sprachentwicklung	☐	☐	☐
g. gemeinsame Sprachförderung von Kita und GS	☐	☐	☐
h. Kinder und Eltern im Übergang von der Kita zur GS	☐	☐	☐
i. gemeinsame Gestaltung des Übergangs von der Kita zur GS	☐	☐	☐
j. gemeinsame Einschulungskonferenzen	☐	☐	☐

10

Einbindung in Delfin 4

10.1 Haben Sie persönlich im Jahr 2008 Kinder mit Delfin 4 getestet?

a. ja ☐

b. nein ☐ **Falls nein, bitte weiter mit Nr. 11.**

10.2 Falls ja:

10.2.1 In welchem Jahr haben Sie selbst in welchen Stufen Kinder mit Delfin 4 getestet?

a. 2007 - Stufe 1 (Besuch im Zoo) ☐ c. 2008 - Stufe 1 (Besuch im Zoo) ☐

b. 2007 - Stufe 2 (Besuch im Pfiffikus-Haus) ☐ d. 2008 - Stufe 2 (Besuch im Pfiffikus-Haus) ☐

10.2.2 Wie viele Kinder haben Sie persönlich im Jahr 2008 in Stufe 1 getestet?

[ ][ ] Kinder   *Bitte tragen Sie die Anzahl rechtsbündig ein.*

10.2.3 Wie viele Kinder haben Sie persönlich im Jahr 2008 in Stufe 2 getestet?

[ ][ ] Kinder   *Bitte tragen Sie die Anzahl rechtsbündig ein.*

10.2.4 Welche der folgenden Aufgaben haben Sie im Kontext von Delfin 4 in Stufe 1 im Jahr 2008 übernommen?

Mehrfachankreuzungen möglich.

	ich alleine	mit Kollegin aus Kita	mit Partnerin aus GS
a. Koordination in der eigenen Kita	☐	☐	☐
b. Teilnahme an einer Infoveranstaltung für Fachkräfte	☐	☐	☐
c. Vorbereitung von Delfin 4	☐	☐	☐
d. Durchführung von Delfin 4	☐	☐	☐
e. Nachbereitung von Delfin 4	☐	☐	☐
f. Absprachen mit der kooperierenden GS	☐	☐	☐
g. Zusammenarbeit mit Eltern	☐	☐	☐

10.2.5 Wie oft haben Sie selbst und die folgenden Personen in der Testphase 2008 Kinder mit Delfin 4 in Stufe 1 getestet?

Bitte in jeder Zeile ein Kästchen ankreuzen.

	immer	oft	gelegentlich	nie
a. ich	☐	☐	☐	☐
und die folgenden weiteren Personen:				
b. Erzieherin aus dem Kita-Bereich	☐	☐	☐	☐
c. Erzieherin aus dem GS-Bereich	☐	☐	☐	☐
d. Grundschullehrerin	☐	☐	☐	☐
e. GS-Leitung	☐	☐	☐	☐
f. andere pädagogische Mitarbeiterin	☐	☐	☐	☐

10.2.6 Warum haben Sie bei Delfin 4 im Jahr 2008 mitgetestet?

Bitte in jeder Zeile ein Kästchen ankreuzen.

Ich habe bei dem Test mitgewirkt, …

	trifft völlig zu	trifft eher zu	trifft eher nicht zu	trifft gar nicht zu
a. weil ich mich für die Kooperation mit der GS interessiere.	☐	☐	☐	☐
b. weil ich mich für Delfin 4 interessiere.	☐	☐	☐	☐
c. weil ich es wichtig finde, dass Kita und GS in Bezug auf die Sprachstandsdiagnose kooperieren.	☐	☐	☐	☐
d. weil ich es wichtig finde, dass Kita und GS in Bezug auf die Sprachförderung kooperieren.	☐	☐	☐	☐
e. weil ich es wichtig finde, dass Kita und GS in Bezug auf den Übergang kooperieren.	☐	☐	☐	☐
f. weil ich schon früher mit einer GS kooperiert habe.	☐	☐	☐	☐
g. weil die Kooperation zwischen den verschiedenen Berufsgruppen meines Erachtens die Qualität meiner Arbeit steigert.	☐	☐	☐	☐
h. weil die Kooperation mir Möglichkeiten eröffnet, mich selbst fachlich weiterzuqualifizieren.	☐	☐	☐	☐
i. weil ich über fachliche Qualifikationen für die Kooperation im Zusammenhang mit der Sprachstandsdiagnose verfüge.	☐	☐	☐	☐
j. weil sich dabei Gelegenheiten zum persönlichen Austausch mit den Kooperationspartnerinnen aus den anderen Berufsgruppen ergeben.	☐	☐	☐	☐
k. weil keine Kollegin diese Aufgabe übernehmen wollte.	☐	☐	☐	☐
l. weil: …	☐	☐	☐	☐

11

Wie hat sich Delfin 4 auf Sie persönlich als Kooperationspartnerin ausgewirkt?

Bitte in jeder Zeile ein Kästchen ankreuzen.

Folgende Einschätzungen trafen bzw. treffen für mich zu:

		trifft völlig zu	trifft eher zu	trifft eher nicht zu	trifft gar nicht zu
a.	Ich habe eine hohe Bereitschaft, mit Leitungen aus GSn zu kooperieren.	vor Delfin 4	☐	☐	☐	☐
		seit Delfin 4	☐	☐	☐	☐
b.	Ich habe eine hohe Bereitschaft, mit Fachkräften aus der GS zu kooperieren.	vor Delfin 4	☐	☐	☐	☐
		seit Delfin 4	☐	☐	☐	☐
c.	Ich tausche mich oft mit Fachkräften aus dem GS-Bereich zu Themen des Übergangs aus.	vor Delfin 4	☐	☐	☐	☐
		seit Delfin 4	☐	☐	☐	☐
d.	Ich empfinde die Zusammenarbeit als hohe Arbeitsbelastung.	vor Delfin 4	☐	☐	☐	☐
		seit Delfin 4	☐	☐	☐	☐
e.	Ich muss aufgrund von Zeitmangel Themen des Übergangs von der Kita zur GS in der täglichen Praxis vernachlässigen.	vor Delfin 4	☐	☐	☐	☐
		seit Delfin 4	☐	☐	☐	☐
f.	Ich fühle mich qualifiziert, eine gemeinsame Sprachstandsdiagnostik durchzuführen.	vor Delfin 4	☐	☐	☐	☐
		seit Delfin 4	☐	☐	☐	☐
g.	Ich bin der Auffassung, dass die gemeinsame Gestaltung des Übergangs für Kinder wichtig ist.	vor Delfin 4	☐	☐	☐	☐
		seit Delfin 4	☐	☐	☐	☐
h.	Ich habe über die Ziele der Kooperation zwischen unserer Kita und der an Delfin 4 beteiligten GS klare Kenntnis.	vor Delfin 4	☐	☐	☐	☐
		seit Delfin 4	☐	☐	☐	☐
i.	Ich fühle mich sicher im Umgang mit anderen Berufsgruppen.	vor Delfin 4	☐	☐	☐	☐
		seit Delfin 4	☐	☐	☐	☐
j.	Ich halte gemeinsame Fortbildungen für Fachkräfte aus Kita und GS für notwendig.	vor Delfin 4	☐	☐	☐	☐
		seit Delfin 4	☐	☐	☐	☐
k.	Ich bin der Auffassung, dass eine Kommunikation mit Eltern über die sprachliche Entwicklung des Kindes wichtig ist.	vor Delfin 4	☐	☐	☐	☐
		seit Delfin 4	☐	☐	☐	☐
l.	Ich verfüge über gute Kenntnisse in Bezug auf die datenschutzrechtlichen Bestimmungen für die Zusammenarbeit zwischen Kita und GS.	vor Delfin 4	☐	☐	☐	☐
		seit Delfin 4	☐	☐	☐	☐

II. Zusammenarbeit in Ihrer Kita

12

Angaben zu Ihrer Kita

12.1 Wer ist der Träger Ihrer Kita?

- a. Kommune ☐
- b. Arbeiterwohlfahrt ☐
- c. Evangelische Kirche ☐
- d. Katholische Kirche ☐
- e. Der Paritätische Wohlfahrtsverband ☐
- f. Deutsches Rotes Kreuz ☐
- g. Betrieb ☐
- h. Elterninitiative ☐
- i. andere(r) Träger, und zwar: ☐

12.2 Ihre Kita liegt in einem Dorf / einer Stadt mit …

- a. weniger als 3.000 Einwohnern. ☐
- b. 3.000 bis 10.000 Einwohnern. ☐
- c. 10.000 bis 50.000 Einwohnern. ☐
- d. 50.000 bis 200.000 Einwohnern. ☐
- e. 200.000 bis 500.000 Einwohnern. ☐
- f. mehr als 500.000 Einwohnern. ☐

12.3 Die Lage Ihrer Kita ist zu beschreiben als …

- a. städtisch. ☐
- b. Vorort. ☐
- c. ländlich. ☐

12.4 Liegt Ihre Kita in einem sozialen Brennpunkt?

- a. ja ☐
- b. nein ☐

13

Welche der folgenden Merkmale treffen auf Ihre Kita zu?

Mehrfachankreuzungen möglich.

- a. Kita mit Gruppentyp I: Kinder im Alter von zwei Jahren bis zur Einschulung ☐
- b. Kita mit Gruppentyp II: Kinder im Alter von unter drei Jahren ☐
- c. Kita mit Gruppentyp III: Kinder im Alter von drei Jahren und älter ☐
- d. Familienzentrum ☐
- e. Kinderhort / Schulkindergruppe ☐
- f. Teilnahme an einem Projekt zum Übergang von der Kita zur GS Name des Projekts: ☐
- g. Sonstige, und zwar: ☐

Kitadaten — *Bitte tragen Sie die Anzahl jeweils rechtsbündig ein.*

14.1 Wie groß war die Anzahl der mit Delfin 4 in Stufe 1 im Jahr 2008 insgesamt getesteten Kinder aus Ihrer Kita?

☐☐☐ **Kinder**

14.2 Wie viele Kinder besuchen zurzeit Ihre Kita?

☐☐☐ **Kinder**

14.3 Wie viele Gruppen hat Ihre Kita?

☐☐ **Gruppen**

14.4 Wie viele Kinder aus Ihrer Kita werden im Schuljahr 2009/10 eingeschult?

☐☐☐ **Kinder**

14.5 Aus wie vielen Pädagogischen Fachkräften besteht das Team Ihrer Kita?

☐☐ Fachkräfte bis 1/2 Stelle

☐☐ Fachkräfte mit mehr als 1/2 Stelle bis 3/4-Stelle

☐☐ Fachkräfte mit mehr als 3/4-Stelle bis Vollzeitstelle

☐☐ Fachkräfte Vollzeit

14.6 Wie setzt sich das Team altersmäßig zusammen – wie viele Mitarbeiterinnen der nachfolgend aufgeführten Altersstufen sind an Ihrer Kita tätig?

☐☐ Fachkräfte unter 25 Jahre ☐☐ Fachkräfte von 40 bis 49 Jahren

☐☐ Fachkräfte von 25 bis 29 Jahren ☐☐ Fachkräfte von 50 bis 59 Jahren

☐☐ Fachkräfte von 30 bis 39 Jahren ☐☐ Fachkräfte von 60 Jahren und älter

Ist die Kooperation zwischen Kita und GS Bestandteil des pädagogischen Konzepts Ihrer Kita?

a. ja ☐

b. nein ☐

Arbeitsorganisation im Kontext von Delfin 4 im Jahr 2008

16. Konnten Sie der Pädagogischen Fachkraft in Ihrer Kita eine Art von Freistellung für die Kooperationstätigkeit im Kontext von Delfin 4 in Stufe 1 im Jahr 2008 bieten?

a. ja ☐

b. nein ☐

16.1 Falls ja: Wofür haben Sie die Pädagogische Fachkraft freigestellt?

Mehrfachankreuzungen möglich.

a. Freistellung für die gemeinsame Vorbereitung und / oder Nachbereitung der Diagnose Delfin 4 (nicht für die Durchführung) ☐

b. Freistellung für Kooperationsabsprachen ☐

c. Freistellung für Gespräche mit Eltern ☐

d. Freistellung für gemeinsame Fortbildungen von Kita und GS ☐

16.2 Falls ja: Wovon haben Sie die Pädagogische Fachkraft freigestellt?

Mehrfachankreuzungen möglich.

a. Freistellung von der Teilnahme an Teamsitzungen ☐

b. Freistellung von der Teilnahme an Dienstbesprechungen ☐

c. Freistellung von der empfohlenen Teilnahme an Fortbildungen ☐

d. stundenweise Freistellung von der Arbeit ☐

e. Freistellung von anderen Aufgaben ☐

f. von Anderem, und zwar: _____

Was konnten Sie als Leiterin Ihrem Team unter den gegebenen Bedingungen an Unterstützung für die Kooperation im Kontext von Delfin 4 in Stufe 1 im Jahr 2008 anbieten?

Welche Art der Veränderung ist aus Ihrer Sicht erforderlich, damit die Kooperation zwischen Kita und GS gelingt?

Bitte in jeder Zeile ankreuzen.

		Das gab es:			Art der Veränderung:		
		ja	nein	weiß nicht	mehr	keine	weniger
a.	persönliche Gesprächsangebote	☐	☐	☐	☐	☐	☐
b.	fachliche Beratung	☐	☐	☐	☐	☐	☐
c.	motivationale Unterstützung	☐	☐	☐	☐	☐	☐
d.	Rückmeldungen über die geleistete Kooperationsarbeit	☐	☐	☐	☐	☐	☐
e.	rechtzeitige Weitergabe relevanter Informationen	☐	☐	☐	☐	☐	☐
f.	Weitergabe von Informationen in ausreichendem Umfang	☐	☐	☐	☐	☐	☐
g.	Wertschätzung kollegialer Mitbestimmung	☐	☐	☐	☐	☐	☐
h.	Standards für die Verständigung innerhalb des Teams	☐	☐	☐	☐	☐	☐
i.	Fortbildungsangebote, die Kooperation zum Inhalt haben	☐	☐	☐	☐	☐	☐
j.	Anregung und Unterstützung in Bezug auf Formen der Kooperation mit anderen Partnern	☐	☐	☐	☐	☐	☐
k.	Einräumen von Gelegenheiten für Kooperationstätigkeiten	☐	☐	☐	☐	☐	☐
l.	Anderes, und zwar:	☐	☐	☐	☐	☐	☐
	_____	☐	☐	☐	☐	☐	☐

18

Welcher Art war die Unterstützung der Kooperation zwischen Kita und GS im Kontext von Delfin 4 in Stufe 1 im Jahr 2008 durch Ihre Fachberatung bzw. Ihren Träger?

Welche Art der Veränderung ist aus Ihrer Sicht erforderlich, damit die Kooperation zwischen Kita und GS gelingt?

Bitte in jeder Zeile ankreuzen.

			Das gab es:			Art der Veränderung:		
			ja	nein	weiß nicht	mehr	keine	weniger
a.	persönliche Gesprächsangebote	Fachberatung	☐	☐	☐	☐	☐	☐
		Träger	☐	☐	☐	☐	☐	☐
b.	fachliche Beratung	Fachberatung	☐	☐	☐	☐	☐	☐
		Träger	☐	☐	☐	☐	☐	☐
c.	motivationale Unterstützung	Fachberatung	☐	☐	☐	☐	☐	☐
		Träger	☐	☐	☐	☐	☐	☐
d.	Aufgeschlossenheit in Bezug auf Neuerungen	Fachberatung	☐	☐	☐	☐	☐	☐
		Träger	☐	☐	☐	☐	☐	☐
e.	Interesse an der Gestaltung des Übergangs von der Kita zur GS	Fachberatung	☐	☐	☐	☐	☐	☐
		Träger	☐	☐	☐	☐	☐	☐
f.	rechtzeitige Weitergabe relevanter Informationen	Fachberatung	☐	☐	☐	☐	☐	☐
		Träger	☐	☐	☐	☐	☐	☐
g.	Weitergabe von Informationen in ausreichendem Umfang	Fachberatung	☐	☐	☐	☐	☐	☐
		Träger	☐	☐	☐	☐	☐	☐
h.	Rückmeldungen über die geleistete Kooperationsarbeit	Fachberatung	☐	☐	☐	☐	☐	☐
		Träger	☐	☐	☐	☐	☐	☐
i.	Wertschätzung meiner Arbeit	Fachberatung	☐	☐	☐	☐	☐	☐
		Träger	☐	☐	☐	☐	☐	☐
j.	Entlastung von anderen Arbeiten / funktionalen Aufgaben für mich	Fachberatung	☐	☐	☐	☐	☐	☐
		Träger	☐	☐	☐	☐	☐	☐
k.	Fortbildungsangebote	Fachberatung	☐	☐	☐	☐	☐	☐
		Träger	☐	☐	☐	☐	☐	☐
l.	Anderes, und zwar:	Fachberatung	☐	☐	☐	☐	☐	☐
	_____	Träger	☐	☐	☐	☐	☐	☐

19

Wie schätzen Sie die folgenden Aussagen zu den Formen der Kooperation in Ihrer Kita ein?

Bitte in jeder Zeile ein Kästchen ankreuzen.

Die Mehrheit des Teams …	trifft völlig zu	trifft eher zu	trifft eher nicht zu	trifft gar nicht zu
a. tauscht Materialien aus.	☐	☐	☐	☐
b. plant Einheiten / Projekte gemeinsam mit Kolleginnen.	☐	☐	☐	☐
c. reflektiert gemeinsam die Qualität ihrer pädagogischen Arbeit.	☐	☐	☐	☐
d. führt Einheiten / Projekte gemeinsam mit Kolleginnen durch.	☐	☐	☐	☐
e. erprobt gemeinsam neue Ideen und Methoden.	☐	☐	☐	☐
f. erarbeitet Ziele unserer Kita im Team oder in kleineren Arbeitsgruppen.	☐	☐	☐	☐
g. erarbeitet gemeinsam Strategien zur Bewältigung beruflicher Schwierigkeiten.	☐	☐	☐	☐
h. führt regelmäßig gegenseitige Gruppenhospitationen durch.	☐	☐	☐	☐
i. nimmt Möglichkeiten zur Mitgestaltung des Kita-Lebens intensiv wahr.	☐	☐	☐	☐
j. kommuniziert Informationen in ausreichendem Maße.	☐	☐	☐	☐
k. nimmt an Fortbildungen teil, die Kooperation zum Inhalt haben.	☐	☐	☐	☐
l. nimmt an Fortbildungen teil, die Kooperation im Berufsfeld fördern.	☐	☐	☐	☐
m. arbeitet mit Eltern zusammen.	☐	☐	☐	☐
n. verspürt durch die Leitung einen großen Leistungsdruck.	☐	☐	☐	☐

III. Zusammenarbeit zwischen Kita und GS

20

Kooperationspartner   *Bitte tragen Sie die Anzahl jeweils rechtsbündig ein.*

20.1 Mit wie vielen GSn kooperiert Ihre Kita in Bezug auf Themen des Übergangs?

☐☐ GS(n)

20.2 Mit wie vielen GSn kooperierte Ihre Kita bei der Sprachstandserhebung Delfin 4 während der Stufe 1 im Jahr 2008?

☐☐ GS(n)

20.3 Mit wie vielen GSn, mit denen Ihre Kita Delfin 4 gemeinsam durchgeführt hat, gab es bereits vorher eine Kooperation?

☐☐ GS(n)

20.4 An wie vielen GSn wurden die 2007 getesteten Kinder im November 2008 angemeldet?

☐☐ GS(n)

21

Haben die Ansprechpartnerinnen für die Kooperation zwischen Kita und GS bei Delfin 4 in den Einrichtungen gewechselt?

	ja	falls ja:	nein	weiß nicht
a. während Delfin 4 im Jahr 2007 – Stufe 1	☐	bei der Kita ☐ bei der GS ☐	☐	☐
b. während Delfin 4 im Jahr 2008 – Stufe 1	☐	bei der Kita ☐ bei der GS ☐	☐	☐
c. zwischen Delfin 4 im Jahr 2007 und Delfin 4 im Jahr 2008	☐	bei der Kita ☐ bei der GS ☐	☐	☐

22

Haben gemeinsame Arbeitstreffen der kooperierenden Kita und GS unter Ihrer Beteiligung stattgefunden, um Delfin 4 in Stufe 1 im Jahr 2008 vor- bzw. nachzubereiten?

Wo haben Sie sich getroffen?

gemeinsame Arbeitstreffen	ja	falls ja:			nein
a. Vorbereitung von Delfin 4	☐	in der Kita ☐ in der GS ☐ andernorts ☐	und zwar: _____		☐
b. Nachbereitung von Delfin 4	☐	in der Kita ☐ in der GS ☐ andernorts ☐	und zwar: _____		☐

23

Haben Sie an gemeinsamen Fortbildungen für Erzieherinnen und Grundschullehrerinnen teilgenommen?

Bitte in jeder Zeile ein Kästchen ankreuzen.

	ja	nein
a. zu Delfin 4	☐	☐
b. zu anderen Themen des Übergangs von der Kita zur GS — vor Delfin 4	☐	☐
b. zu anderen Themen des Übergangs von der Kita zur GS — seit Delfin 4	☐	☐

24

Welche Art der Unterstützung für die Zusammenarbeit zwischen Kita und GS gab es im Kontext von Delfin 4 in Stufe 1 im Jahr 2008?

Welche Art der Veränderung ist aus Ihrer Sicht erforderlich, damit die Kooperation zwischen Kita und GS gelingt?

Bitte in jeder Zeile ankreuzen.

	Das gab es:			Art der Veränderung:		
	ja	nein	weiß nicht	mehr	keine	weniger
a. mündliche Absprachen zwischen den Leitungen	☐	☐	☐	☐	☐	☐
b. Engagement der Kita-Fachkraft / Übernahme von Aufgaben (z.B. bei der Koordination...)	☐	☐	☐	☐	☐	☐
c. Engagement der GS-Fachkraft / Übernahme von Aufgaben (z.B. bei der Koordination...)	☐	☐	☐	☐	☐	☐
d. personelle Kontinuität der Ansprechpartnerinnen für die Kooperation	☐	☐	☐	☐	☐	☐
e. Gemeinsamkeiten im pädagogischen Konzept der Kita und im Schulprogramm der GS	☐	☐	☐	☐	☐	☐
f. gemeinsame Standards für die Bildungsdokumentation	☐	☐	☐	☐	☐	☐
g. Protokollieren von Ergebnissen der Kooperation	☐	☐	☐	☐	☐	☐
h. schriftliche Absprachen	☐	☐	☐	☐	☐	☐
i. Kooperationsverträge	☐	☐	☐	☐	☐	☐
j. Einhalten von Absprachen und Verträgen	☐	☐	☐	☐	☐	☐
k. gemeinsame Fachsprache	☐	☐	☐	☐	☐	☐
l. gegenseitige Hospitationen	☐	☐	☐	☐	☐	☐
m. gemeinsame Fortbildungen der Pädagogischen Fachkräfte aus Kita und GS	☐	☐	☐	☐	☐	☐
n. Verfügbarkeit unabhängiger Moderatorinnen	☐	☐	☐	☐	☐	☐
o. Möglichkeit des Kennenlernens der Kooperationspartnerinnen aus der GS vor der Zusammenarbeit	☐	☐	☐	☐	☐	☐

Bitte in jeder Zeile ankreuzen.

	Das gab es:			Art der Veränderung:		
	ja	nein	weiß nicht	mehr	keine	weniger
p. Mitbestimmung bei der Zusammensetzung der kooperierenden Fachkräfte	☐	☐	☐	☐	☐	☐
q. rechtzeitige Information in Bezug auf die Kooperation	☐	☐	☐	☐	☐	☐
r. ausreichende Information in Bezug auf die Kooperation	☐	☐	☐	☐	☐	☐
s. Beteiligung der Eltern bei der Vorbereitung bzw. Nachbereitung von Delfin 4	☐	☐	☐	☐	☐	☐
t. Einhaltung von Terminabsprachen durch die Eltern	☐	☐	☐	☐	☐	☐
u. Gesprächsbereitschaft von Eltern bezüglich der sprachlichen Förderung ihres Kindes	☐	☐	☐	☐	☐	☐
v. Rückmeldungen von Eltern über die von Kita und GS geleistete Kooperationsarbeit	☐	☐	☐	☐	☐	☐
w. Anderes, und zwar:	☐	☐	☐	☐	☐	☐

25

Inwieweit stimmen Sie den folgenden Aussagen zum Klima Ihrer Zusammenarbeit mit der Kita im Kontext von Delfin 4 zu?

Bitte in jeder Zeile ein Kästchen ankreuzen.

	trifft völlig zu	trifft eher zu	trifft eher nicht zu	trifft gar nicht zu
a. Ich schätze die Arbeit, die von der kooperierenden GS geleistet wird.	☐	☐	☐	☐
b. Die Delfin 4 durchführende Fachkraft aus unserer Kita fühlt sich durch die Kooperationspartnerin aus der GS kontrolliert.	☐	☐	☐	☐
c. Ich habe Vertrauen in die berufliche Kompetenz der Kooperationspartnerin aus der GS.	☐	☐	☐	☐
d. Die meisten Partnerinnen aus Kita und GS sind bei der Kooperation aufgeschlossen für Veränderungen.	☐	☐	☐	☐
e. Konflikte und Probleme zwischen Kita und GS werden zwischen uns offen angesprochen.	☐	☐	☐	☐
f. Bei Konflikten zwischen Kita und GS werden einvernehmlich Lösungen angestrebt.	☐	☐	☐	☐

Bitte in jeder Zeile ein Kästchen ankreuzen.

	trifft völlig zu	trifft eher zu	trifft eher nicht zu	trifft gar nicht zu
g. Ich kann als Leiterin gemeinsame Entscheidungen von Kita und GS in ausreichendem Maße mitgestalten.	☐	☐	☐	☐
h. Wenn ich als Leiterin Kritik an der Kooperation oder Verbesserungsvorschläge äußere, wird darauf in der gemeinsamen Arbeit eingegangen.	☐	☐	☐	☐
i. Bei den Gesprächen zwischen Kita und GS beteiligen sich die meisten Anwesenden aktiv an der Diskussion.	☐	☐	☐	☐
j. Im Verhältnis zwischen Kita und GS gibt es eine eindeutige Dominanz der Kooperationsbeauftragten aus der Kita.	☐	☐	☐	☐
k. Im Verhältnis zwischen Kita und GS gibt es eine eindeutige Dominanz der Kooperationsbeauftragten aus der GS.	☐	☐	☐	☐
l. Ich habe den Eindruck, dass meine Kita von der kooperierenden GS als gleichberechtigt akzeptiert wird.	☐	☐	☐	☐
m. Ich habe den Eindruck, dass meine Kita die kooperierende GS als gleichberechtigt akzeptiert.	☐	☐	☐	☐
n. Ich verspüre einen großen Erwartungsdruck vonseiten der kooperierenden GS.	☐	☐	☐	☐
o. Ich habe den Eindruck, dass es eine unausgeglichene Verteilung der Arbeit zu Lasten der Kita gibt.	☐	☐	☐	☐
p. Ich habe den Eindruck, dass es eine unausgeglichene Verteilung der Arbeit zu Lasten der GS gibt.	☐	☐	☐	☐
q. Ich bin der Auffassung, dass Freiwilligkeit die Motivation zur Kooperation stärkt.	☐	☐	☐	☐

Wie häufig kommen folgende Formen der Kooperation zwischen Kita und GS vor?

Bitte in jeder Zeile ein Kästchen ankreuzen.

Zwischen unserer Kita und der kooperierenden GS gab / gibt es folgende Formen der Kooperation:

		monatlich	3-4-mal im Jahr	1-2-mal im Jahr	nie
a. eine gemeinsame Reflexion der Qualität unserer pädagogischen Arbeit	vor Delfin 4	☐	☐	☐	☐
	seit Delfin 4	☐	☐	☐	☐
b. Durchführung gemeinsamer Konferenzen	vor Delfin 4	☐	☐	☐	☐
	seit Delfin 4	☐	☐	☐	☐
c. gemeinsame Absprachen über Sprachförderkonzepte vor der Einschulung	vor Delfin 4	☐	☐	☐	☐
	seit Delfin 4	☐	☐	☐	☐
d. einen Austausch über das Bildungsverständnis und über Bildungskonzepte	vor Delfin 4	☐	☐	☐	☐
	seit Delfin 4	☐	☐	☐	☐
e. Besuche einer Erzieherin in der GS zur Beobachtung der dortigen Erziehungs- und Bildungsarbeit	vor Delfin 4	☐	☐	☐	☐
	seit Delfin 4	☐	☐	☐	☐
f. Besuche einer Erzieherin in der GS zur Beobachtung ehemaliger Kita-Kinder	vor Delfin 4	☐	☐	☐	☐
	seit Delfin 4	☐	☐	☐	☐
g. Besuche einer GS-Lehrerin in der Kita zur Beobachtung der dortigen Erziehungs- und Bildungsarbeit	vor Delfin 4	☐	☐	☐	☐
	seit Delfin 4	☐	☐	☐	☐
h. Besuche einer GS-Lehrerin in der Kita zur Beobachtung zukünftiger Schulkinder	vor Delfin 4	☐	☐	☐	☐
	seit Delfin 4	☐	☐	☐	☐
i. Teilnahme einer Erzieherin an Elternabenden der GS	vor Delfin 4	☐	☐	☐	☐
	seit Delfin 4	☐	☐	☐	☐
j. Teilnahme einer GS-Lehrerin an Elternabenden der Kita	vor Delfin 4	☐	☐	☐	☐
	seit Delfin 4	☐	☐	☐	☐
k. Besuche von Kita-Kindern in der GS	vor Delfin 4	☐	☐	☐	☐
	seit Delfin 4	☐	☐	☐	☐
l. Besuche von GS-Kindern in der Kita	vor Delfin 4	☐	☐	☐	☐
	seit Delfin 4	☐	☐	☐	☐
m. gemeinsam gestaltete Aktionen, Feste oder Projekte	vor Delfin 4	☐	☐	☐	☐
	seit Delfin 4	☐	☐	☐	☐
n. einen Austausch von Lern- oder Arbeitsmaterialien	vor Delfin 4	☐	☐	☐	☐
	seit Delfin 4	☐	☐	☐	☐

Bitte in jeder Zeile ein Kästchen ankreuzen.

Zwischen unserer Kita und der kooperierenden GS gab / gibt es folgende Formen der Kooperation:

		monatlich	3-4-mal im Jahr	1-2-mal im Jahr	nie
o.	gemeinsame Zusammenarbeit mit Eltern	vor Delfin 4	☐	☐	☐	☐
		seit Delfin 4	☐	☐	☐	☐
p.	gemeinsame Gestaltung von Themenabenden für Eltern	vor Delfin 4	☐	☐	☐	☐
		seit Delfin 4	☐	☐	☐	☐
q.	gemeinsame Beratungsgespräche mit Eltern	vor Delfin 4	☐	☐	☐	☐
		seit Delfin 4	☐	☐	☐	☐
r.	gemeinsame Infoveranstaltung für Eltern der Vierjährigen	vor Delfin 4	☐	☐	☐	☐
		seit Delfin 4	☐	☐	☐	☐
s.	gemeinsame Übergabe der Bildungsdokumentation an die Eltern	vor Delfin 4	☐	☐	☐	☐
		seit Delfin 4	☐	☐	☐	☐
t.	Durchführung gemeinsamer Einschulungskonferenzen	vor Delfin 4	☐	☐	☐	☐
		seit Delfin 4	☐	☐	☐	☐
u.	Durchführung gemeinsamer Fortbildungen	vor Delfin 4	☐	☐	☐	☐
		seit Delfin 4	☐	☐	☐	☐
v.	einen Austausch darüber, wie die Sprachförderung in der GS weitergeführt wird	vor Delfin 4	☐	☐	☐	☐
		seit Delfin 4	☐	☐	☐	☐

27 **Wie hat sich Delfin 4 Ihrer Meinung nach auf Ihre Zusammenarbeit mit der GS ausgewirkt?**

Bitte in jeder Zeile ein Kästchen ankreuzen.

Folgende Einschätzungen trafen bzw. treffen zu:

		trifft völlig zu	trifft eher zu	trifft eher nicht zu	trifft gar nicht zu
a.	Die Arbeitsbeziehung zwischen mir und meinen Kooperationspartnerinnen aus der GS ist produktiv.	vor Delfin 4	☐	☐	☐	☐
		seit Delfin 4	☐	☐	☐	☐
b.	Es gibt eine gemeinsame Fachsprache von Kita und GS.	vor Delfin 4	☐	☐	☐	☐
		seit Delfin 4	☐	☐	☐	☐
c.	Ich habe gute Kenntnisse über den Bildungs- und Erziehungsauftrag der Kooperationspartnerinnen aus der GS.	vor Delfin 4	☐	☐	☐	☐
		seit Delfin 4	☐	☐	☐	☐

Bitte in jeder Zeile ein Kästchen ankreuzen.

Folgende Einschätzungen trafen bzw. treffen zu:

		trifft völlig zu	trifft eher zu	trifft eher nicht zu	trifft gar nicht zu
d.	Die Kooperationspartnerinnen aus der GS haben gute Kenntnisse über den Erziehungs- und Bildungsauftrag der Kita.	vor Delfin 4	☐	☐	☐	☐
		seit Delfin 4	☐	☐	☐	☐
e.	Ich habe gute Kenntnisse über die in der kooperierenden GS praktizierten Regeln, Rituale und Arbeitsformen.	vor Delfin 4	☐	☐	☐	☐
		seit Delfin 4	☐	☐	☐	☐
f.	Die Erwartungen der anderen Berufsgruppe in der GS in Bezug auf unsere Arbeit in der Kita sind mir klar.	vor Delfin 4	☐	☐	☐	☐
		seit Delfin 4	☐	☐	☐	☐
g.	Die Problemfelder in der Arbeit der anderen Berufsgruppe in der GS sind mir verständlich.	vor Delfin 4	☐	☐	☐	☐
		seit Delfin 4	☐	☐	☐	☐
h.	Absprachen zwischen Kita und GS werden eingehalten.	vor Delfin 4	☐	☐	☐	☐
		seit Delfin 4	☐	☐	☐	☐
i.	Es ist den Mitarbeiterinnen der Kita klar, mit welcher GS unsere Kita kooperiert.	vor Delfin 4	☐	☐	☐	☐
		seit Delfin 4	☐	☐	☐	☐

IV. Zusammenarbeit im Netzwerk

Kita und Grundschule arbeiten in unterschiedlichen Strukturen zusammen. Im Folgenden fragen wir nach Ihrer Mitgliedschaft in einem Netzwerk, bestehend aus einer oder mehreren Kitas und einer oder mehreren Grundschulen. Es kann sich hier um einen Arbeitskreis handeln, um die Zusammenarbeit an einem Projekt oder beispielsweise um Sozialraumkonferenzen. Auch andere Strukturen sind möglich. Für alle gilt jedoch, dass sie sich mit der Gestaltung des Übergangs von der Kita in die Grundschule befassen. Entweder ist dieses Thema alleiniger Schwerpunkt des Netzwerkes oder zumindest einer von mehreren Schwerpunkten.

28 **Sind Sie Mitglied eines Netzwerks, das sich mit dem Thema des Übergangs von der Kita zur GS beschäftigt?**
Falls ja: In welchem Kontext hat sich dieses Netzwerk gebildet?

a.	ja	☐	falls ja:	a.	unabhängig von Delfin 4 ☐
b.	nein	☐		b.	im Kontext von Delfin 4 ☐
				c.	weiß nicht ☐

Herzlichen Dank für Ihre Mitarbeit!

WESTFÄLISCHE
WILHELMS-UNIVERSITÄT
MÜNSTER

Fachbereich Erziehungswissenschaft
und Sozialwissenschaften
Institut f r Erziehungswissenschaft

Trans KiGs

Stärkung der Bildungs- und Erziehungsqualität
in Kindertageseinrichtungen und Grundschule
Gestaltung des Übergangs

NRW

Fragebogen für die Leitung der Grundschule

Codenummer und Name der kooperierenden Kita:

Prof. Dr. Petra Hanke

Wissenschaftliche Projektleitung
TransKiGs NRW
Abteilung für Schulpädagogik/
Schul- und Unterrichtsforschung
Bispinghof 5/6
48143 Münster

Kontakt:
Benedikt Rathmer
Tel. +49 251 / 83-24240
Fax +49 251 / 83-29267

rathmbe@uni-muenster.de

20. Januar 2009

Sehr geehrte Schulleiterin, sehr geehrter Schulleiter,

Sie und Ihre Schule wurden ausgewählt, an einer Untersuchung zur Praxis der Kooperation zwischen Kita und Grundschule im Zusammenhang mit Delfin 4 teilzunehmen (TransKiGs NRW). Ziel dieser Studie ist es, Bedingungen für das Gelingen von Kooperation zu untersuchen sowie Ansatzpunkte zu einer Verbesserung der Kooperationsbedingungen vor Ort beitragen können und Sie in Ihrer Arbeit bei der sprachlichen Förderung von Kindern unterstützen. Ihre Antworten sind wichtig, um die Kooperationspraxis wirklichkeitsgetreu beschreiben zu können. Das ist die Voraussetzung dafür, gezielt notwendige Veränderungen vornehmen zu können.

Dieser Fragebogen richtet sich speziell an Schulleiterinnen und Schulleiter. Befragt werden darüber hinaus die Leitungen der mit Ihrer Schule kooperierenden Kindertageseinrichtungen, die Pädagogischen Fachkräfte an Kita und Grundschule, die Delfin 4 im Jahr 2008 durchgeführt haben, sowie Eltern der mit Delfin 4 im Jahr 2008 getesteten Kinder. Die Fragebögen sind inhaltlich identisch. Insgesamt ca. 600 Einrichtungen nehmen an dieser Untersuchung teil.

Das Ministerium für Schule und Weiterbildung NRW sowie die Obere und Untere Schulaufsicht unterstützen das Projekt. Der Fragebogen ist vollständig anonymisiert. Wir versichern Ihnen, dass die Antworten aus dem Fragebogen nach den Bestimmungen des Datenschutzes streng vertraulich behandelt werden.

Aufgrund des höheren Frauenanteils in beiden Einrichtungen sowie des Umfangs und der besseren Lesbarkeit wegen wurden im Fragebogen ausschließlich die weiblichen Berufsbezeichnungen verwendet. Kita(s) steht für Kindertageseinrichtung(en) und GS(n) für Grundschule(n).

Beziehen Sie sich bitte bei Ihren Angaben zur Kooperation mit Kindertageseinrichtungen speziell auf die im Fragebogen oben angegebene Kita.

Für das Ausfüllen des Fragebogens benötigen Sie ca. 30-40 Minuten. Wir wissen es sehr zu schätzen, dass Sie hierfür Zeit und Mühe aufwenden, und bedanken uns herzlich für Ihre Unterstützung und Zusammenarbeit.

Bitte senden Sie den ausgefüllten Fragebogen bis zum **06. Februar 2009** in dem dafür bereits frankierten Rückumschlag an die Universität Münster zurück.

Das TransKiGs-Team NRW dankt Ihnen nochmals herzlich für Ihre Unterstützung!

Struktur des Fragebogens:

I.   Sie und Ihre Arbeit................. 01 – 11   III. Zusammenarbeit zwischen Kita und GS.. 20 – 27

II. Zusammenarbeit in Ihrer GS... 12 – 19   IV. Zusammenarbeit im Netzwerk............... 28

I. Sie und Ihre Arbeit

01 Persönliche Angaben

01.1 Wie alt sind Sie?

a. unter 25 Jahre ☐
b. 25 bis 29 Jahre ☐
c. 30 bis 39 Jahre ☐
d. 40 bis 49 Jahre ☐
e. 50 bis 59 Jahre ☐
f. 60 Jahre und älter ☐

01.2 Sind Sie männlich oder weiblich?

a. männlich ☐
b. weiblich ☐

02 Arbeitszeitverpflichtung

02.1 Arbeiten Sie in Vollzeit oder in Teilzeit?

a. Vollzeit ☐
b. Teilzeit ☐

02.2 Wie hoch ist die Anzahl Ihrer Pflichtstunden pro Woche?

Anzahl Ihrer Pflichtstunden pro Woche ☐☐

03 Welchen höchsten Schulabschluss haben Sie?

Bitte nur ein Kästchen ankreuzen.

a. Hauptschulabschluss ☐   c. Fachabitur / Fachhochschulreife ☐
b. Realschulabschluss ☐   d. Abitur / Allgemeine Hochschulreife ☐

04 Welchen Ausbildungs- / Bildungsabschluss haben Sie? *Mehrfachankreuzungen möglich.*

a. Erzieherin ☐
b. Sozialpädagogin ☐
c. Diplompädagogin ☐
d. Sonder- / Förderpädagogin ☐
e. Lehrerin für die Primarstufe ☐
f. Lehrerin für die Sekundarstufe I ☐
g. einen anderen, und zwar: ☐ _____

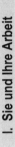

09

Wie intensiv haben Sie sich im Rahmen Ihrer Aus- / Fort- oder Weiterbildung mit den folgenden Themen beschäftigt?

Bitte in jeder Zeile ein Kästchen ankreuzen.

	kaum bis überhaupt nicht	überblicksartig	vertiefend
a. kindlicher Spracherwerb	☐	☐	☐
b. Erwerb von Deutsch als Zweitsprache	☐	☐	☐
c. Verfahren zur Erfassung des sprachlichen Entwicklungsstandes	☐	☐	☐
d. Dokumentieren sprachlicher Entwicklung	☐	☐	☐
e. Sprachstandsfeststellungsverfahren Delfin 4	☐	☐	☐
f. Förderung der Sprachentwicklung	☐	☐	☐
g. gemeinsame Sprachförderung von Kita und GS	☐	☐	☐
h. Kinder und Eltern im Übergang von der Kita zur GS	☐	☐	☐
i. gemeinsame Gestaltung des Übergangs von der Kita zur GS	☐	☐	☐
j. gemeinsame Einschulungskonferenzen	☐	☐	☐

10 **Einbindung in Delfin 4**

10.1 Haben Sie persönlich im Jahr 2008 Kinder mit Delfin 4 getestet?

a. ja ☐

b. nein ☐ *Falls nein, bitte weiter mit Nr. 11.*

10.2 Falls ja:

10.2.1 In welchem Jahr haben Sie selbst in welchen Stufen Kinder mit Delfin 4 getestet?

a. 2007 - Stufe 1 (Besuch im Zoo) ☐

b. 2007 - Stufe 2 (Besuch im Pfiffikus-Haus) ☐

c. 2008 - Stufe 1 (Besuch im Zoo) ☐

d. 2008 - Stufe 2 (Besuch im Pfiffikus-Haus) ☐

05

Wie viele Jahre (einschließlich des laufenden Schuljahres) sind Sie schon als Lehrerin in einer Schule tätig?

☐☐ **Jahre** *Bitte tragen Sie die Anzahl rechtsbündig ein.*

Bitte auf die nächste ganze Zahl aufrunden.

06

Wie viele Jahre (einschließlich des laufenden Schuljahres) sind Sie schon in der Leitung Ihrer jetzigen Schule tätig?

☐☐ **Jahre** *Bitte tragen Sie die Anzahl rechtsbündig ein.*

Bitte auf die nächste ganze Zahl aufrunden.

07

Welche Funktion(en) üben Sie über die Leitung hinaus in Ihrer Schule aus?

Mehrfachankreuzungen möglich.

a. Klassenlehrerin ☐

b. Lehrerin ohne Klassenleitungsfunktion ☐

c. Kooperationsbeauftragte für die Zusammenarbeit zwischen Kita und GS ☐

08 **Einbindung in die pädagogische Arbeit**

08.1 Wie viele Stunden sind Sie pro Woche im Unterricht tätig?

Anzahl der Unterrichtsstunden pro Woche ☐☐ *Bitte tragen Sie die Anzahl rechtsbündig ein.*

08.2 In welchen Jahrgangsstufen waren Sie bislang am häufigsten eingesetzt?

Mehrfachankreuzungen möglich.

a. Jahrgangsstufe 1 ☐ c. Jahrgangsstufe 3 ☐

b. Jahrgangsstufe 2 ☐ d. Jahrgangsstufe 4 ☐

08.3 Wie viele Stunden sind Sie ggf. pro Woche im Offenen Ganztag eingesetzt?

Anzahl der Stunden pro Woche ☐☐ *Bitte tragen Sie die Anzahl rechtsbündig ein.*

10.2.2 Wie viele Kinder haben Sie persönlich im Jahr 2008 in Stufe 1 getestet?

☐☐ **Kinder**   *Bitte tragen Sie die Anzahl rechtsbündig ein.*

10.2.3 Wie viele Kinder haben Sie persönlich im Jahr 2008 in Stufe 2 getestet?

☐☐ **Kinder**   *Bitte tragen Sie die Anzahl rechtsbündig ein.*

10.2.4 Welche der folgenden Aufgaben haben Sie im Kontext von Delfin 4 in Stufe 1 im Jahr 2008 übernommen?

Mehrfachankreuzungen möglich.

	ich alleine	mit Kollegin aus GS	mit Partnerin aus Kita
a. Koordination in der eigenen GS	☐	☐	☐
b. Teilnahme an einer Infoveranstaltung für Fachkräfte	☐	☐	☐
c. Vorbereitung von Delfin 4	☐	☐	☐
d. Durchführung von Delfin 4	☐	☐	☐
e. Nachbereitung von Delfin 4	☐	☐	☐
f. Absprachen mit der kooperierenden Kita	☐	☐	☐
g. Zusammenarbeit mit Eltern	☐	☐	☐

10.2.6 Wie oft haben Sie selbst und die folgenden Personen in der Testphase 2008 Kinder mit Delfin 4 in Stufe 1 getestet?

Bitte in jeder Zeile ein Kästchen ankreuzen.

	immer	oft	gelegentlich	nie
a. ich	☐	☐	☐	☐
und die folgenden weiteren Personen:				
b. Erzieherin aus dem Kita-Bereich	☐	☐	☐	☐
c. Erzieherin aus dem GS-Bereich	☐	☐	☐	☐
d. Grundschullehrerin	☐	☐	☐	☐
e. Kita-Leitung	☐	☐	☐	☐
f. andere pädagogische Mitarbeiterin	☐	☐	☐	☐

10.2.6 Warum haben Sie bei Delfin 4 im Jahr 2008 mitgetestet?

Bitte in jeder Zeile ein Kästchen ankreuzen.

Ich habe bei dem Test mitgewirkt, …

	trifft völlig zu	trifft eher zu	trifft eher nicht zu	trifft gar nicht zu
a. weil ich mich für die Kooperation mit der Kita interessiere.	☐	☐	☐	☐
b. weil ich mich für Delfin 4 interessiere.	☐	☐	☐	☐
c. weil ich es wichtig finde, dass Kita und GS in Bezug auf die Sprachstandsdiagnose kooperieren.	☐	☐	☐	☐
d. weil ich es wichtig finde, dass Kita und GS in Bezug auf die Sprachförderung kooperieren.	☐	☐	☐	☐
e. weil ich es wichtig finde, dass Kita und GS in Bezug auf den Übergang kooperieren.	☐	☐	☐	☐
f. weil ich schon früher mit einer Kita kooperiert habe.	☐	☐	☐	☐
g. weil die Kooperation zwischen den verschiedenen Berufsgruppen meines Erachtens die Qualität meiner Arbeit steigert.	☐	☐	☐	☐
h. weil die Kooperation mir Möglichkeiten eröffnet, mich selbst fachlich weiterzuqualifizieren.	☐	☐	☐	☐
i. weil ich über fachliche Qualifikationen für die Kooperation im Zusammenhang mit der Sprachstandsdiagnose verfüge.	☐	☐	☐	☐
j. weil sich dabei Gelegenheiten zum persönlichen Austausch mit den Kooperationspartnerinnen aus den anderen Berufsgruppen ergeben.	☐	☐	☐	☐
k. weil keine Kollegin diese Aufgabe übernehmen wollte.	☐	☐	☐	☐
l. weil: …	☐	☐	☐	☐

II. Zusammenarbeit in Ihrer GS

12 Angaben zu Ihrer Schule

12.1 Ihre GS liegt in einem Dorf / in einer Stadt mit …

a. weniger als 3.000 Einwohnern. ☐
b. 3.000 bis 10.000 Einwohnern. ☐
c. 10.000 bis 50.000 Einwohnern. ☐
d. 50.000 bis 200.000 Einwohnern. ☐
e. 200.000 bis 500.000 Einwohnern. ☐
f. mehr als 500.000 Einwohnern. ☐

12.2 Die Lage Ihrer GS ist zu beschreiben als …

a. städtisch. ☐
b. Vorort. ☐
c. ländlich. ☐

12.3 Liegt Ihre GS in einem sozialen Brennpunkt?

a. ja ☐
b. nein ☐

13 Welche der folgenden Merkmale treffen auf Ihre GS zu?

Mehrfachankreuzungen möglich.

a. Gebundene Ganztagseinrichtung ☐
b. Offene Ganztagseinrichtung ☐
c. Teilnahme am Projekt „Selbstständige Schule" ☐
d. Schule mit Jahrgangsklassen ☐
e. Schule mit Jahrgangsmischung 1 – 2 ☐
f. Schule mit Jahrgangsmischung in der Kombination: ☐
g. Teilnahme an einem Projekt zum Übergang von der Kita zur GS ☐
    Name des Projektes:

---

11 Wie hat sich Delfin 4 auf Sie persönlich als Kooperationspartnerin ausgewirkt?

Bitte in jeder Zeile ein Kästchen ankreuzen.

Folgende Einschätzungen trafen bzw. treffen für mich zu:

		trifft völlig zu	trifft eher zu	trifft eher nicht zu	trifft gar nicht zu
a. Ich habe eine hohe Bereitschaft, mit Leitungen aus Kitas zu kooperieren.	vor Delfin 4	☐	☐	☐	☐
	seit Delfin 4	☐	☐	☐	☐
b. Ich habe eine hohe Bereitschaft, mit Fachkräften aus der Kita zu kooperieren.	vor Delfin 4	☐	☐	☐	☐
	seit Delfin 4	☐	☐	☐	☐
c. Ich tausche mich oft mit Fachkräften aus dem Kita-Bereich zu Themen des Übergangs aus.	vor Delfin 4	☐	☐	☐	☐
	seit Delfin 4	☐	☐	☐	☐
d. Ich empfinde die Zusammenarbeit als hohe Arbeitsbelastung.	vor Delfin 4	☐	☐	☐	☐
	seit Delfin 4	☐	☐	☐	☐
e. Ich muss aufgrund von Zeitmangel Themen des Übergangs von der Kita zur GS in der täglichen Praxis vernachlässigen.	vor Delfin 4	☐	☐	☐	☐
	seit Delfin 4	☐	☐	☐	☐
f. Ich fühle mich qualifiziert, eine gemeinsame Sprachstandsdiagnostik durchzuführen.	vor Delfin 4	☐	☐	☐	☐
	seit Delfin 4	☐	☐	☐	☐
g. Ich bin der Auffassung, dass die gemeinsame Gestaltung des Übergangs für Kinder wichtig ist.	vor Delfin 4	☐	☐	☐	☐
	seit Delfin 4	☐	☐	☐	☐
h. Ich habe über die Ziele der Kooperation zwischen unserer GS und der an Delfin 4 beteiligten Kita klare Kenntnis.	vor Delfin 4	☐	☐	☐	☐
	seit Delfin 4	☐	☐	☐	☐
i. Ich fühle mich sicher im Umgang mit anderen Berufsgruppen.	vor Delfin 4	☐	☐	☐	☐
	seit Delfin 4	☐	☐	☐	☐
j. Ich halte gemeinsame Fortbildungen für Fachkräfte aus Kita und GS für notwendig.	vor Delfin 4	☐	☐	☐	☐
	seit Delfin 4	☐	☐	☐	☐
k. Ich bin der Auffassung, dass eine Kommunikation mit Eltern über die sprachliche Entwicklung des Kindes wichtig ist.	vor Delfin 4	☐	☐	☐	☐
	seit Delfin 4	☐	☐	☐	☐
l. Ich verfüge über gute Kenntnisse in Bezug auf die datenschutzrechtlichen Bestimmungen für die Zusammenarbeit zwischen Kita und GS.	vor Delfin 4	☐	☐	☐	☐
	seit Delfin 4	☐	☐	☐	☐

Schuldaten — *Bitte tragen Sie die Anzahl jeweils rechtsbündig ein.*

14.1 Wie groß war die Anzahl der von Ihrer GS mit Delfin 4 in Stufe 1 im Jahr 2008 insgesamt getesteten Kinder?

☐☐☐ Kinder

14.2 Wie viele Schüler besuchen zurzeit Ihre Schule?

☐☐☐ Schüler

14.3 Wie viele Klassen hat Ihre Schule?

☐☐ Klassen

14.4 Wie viele Kinder werden voraussichtlich im Schuljahr 2009/10 an Ihrer Schule eingeschult?

☐☐☐ Kinder

14.5 Aus wie vielen Pädagogischen Fachkräften besteht das Kollegium Ihrer Schule?

☐☐ Fachkräfte bis 1/2 Stelle

☐☐ Fachkräfte mit mehr als 1/2 Stelle bis 3/4-Stelle

☐☐ Fachkräfte mit mehr als 3/4-Stelle bis Vollzeitstelle

☐☐ Fachkräfte Vollzeit

14.6 Wie setzt sich das Kollegium altersmäßig zusammen – wie viele Kolleginnen der nachfolgend aufgeführten Altersstufen sind an Ihrer GS tätig?

☐☐ Fachkräfte unter 25 Jahre   ☐☐ Fachkräfte von 40 bis 49 Jahren

☐☐ Fachkräfte von 25 bis 29 Jahren   ☐☐ Fachkräfte von 50 bis 59 Jahren

☐☐ Fachkräfte von 30 bis 39 Jahren   ☐☐ Fachkräfte von 60 Jahren und älter

Ist die Kooperation zwischen Kita und GS Bestandteil des Schulprogramms Ihrer Schule?

a. ja ☐

b. nein ☐

Arbeitsorganisation im Kontext von Delfin 4 in Stufe 1 im Jahr 2008

16. Konnten Sie der Pädagogischen Fachkraft an Ihrer GS eine Art von Freistellung für die Kooperationstätigkeit im Kontext von Delfin 4 in Stufe 1 im Jahr 2008 bieten?

a. ja ☐

b. nein ☐

16.1. Falls ja: Wofür haben Sie die Pädagogische Fachkraft freigestellt?

Mehrfachankreuzungen möglich.

a. Freistellung für die gemeinsame Vorbereitung und / oder Nachbereitung der Diagnose Delfin 4 (nicht für die Durchführung) ☐

b. Freistellung für Kooperationsabsprachen ☐

c. Freistellung für Gespräche mit Eltern ☐

d. Freistellung für gemeinsame Fortbildungen von Kita und GS ☐

16.2 Falls ja: Welcher Art war diese Freistellung?

Mehrfachankreuzungen möglich.

a. Entlastungsstunde(n) im Umfang von ___ Stunde(n) pro Woche ☐

b. Freistellung von der Teilnahme an Lehrerkonferenzen ☐

c. Freistellung von der Teilnahme an Dienstbesprechungen ☐

d. Freistellung von der Teilnahme an Jahrgangsstufenkonferenzen ☐

e. Freistellung von der Teilnahme an Fachkonferenzen bzw. fachbezogenen Arbeitsgruppen ☐

f. Freistellung von der empfohlenen Teilnahme an Fortbildungen ☐

g. Freistellung von Unterrichtsstunden des Förderunterrichts ☐

h. Freistellung von Unterrichtsstunden aus einem Doppelbesetzungskonzept ☐

i. Freistellung von Unterrichtsstunden aus einem Integrationskonzept ☐

j. Freistellung von einer Tätigkeit in einer AG ☐

k. Freistellung von funktionalen Aufgaben ☐

l. Anderes, und zwar: _____ ☐

Welcher Art war die Unterstützung der Kooperation zwischen Kita und GS im Kontext von Delfin 4 in Stufe 1 im Jahr 2008 durch das Schulamt?

Welche Art der Veränderung ist aus Ihrer Sicht erforderlich, damit die Kooperation zwischen Kita und GS gelingt?

Bitte in jeder Zeile ankreuzen.

		Das gab es:			Art der Veränderung:		
		ja	nein	weiß nicht	mehr	keine	weniger
a.	persönliche Gesprächsangebote	☐	☐	☐	☐	☐	☐
b.	fachliche Beratung	☐	☐	☐	☐	☐	☐
c.	motivationale Unterstützung	☐	☐	☐	☐	☐	☐
d.	Aufgeschlossenheit in Bezug auf Neuerungen	☐	☐	☐	☐	☐	☐
e.	Interesse an der Gestaltung des Übergangs von der Kita zur GS	☐	☐	☐	☐	☐	☐
f.	rechtzeitige Weitergabe relevanter Informationen	☐	☐	☐	☐	☐	☐
g.	Weitergabe von Informationen in ausreichendem Umfang	☐	☐	☐	☐	☐	☐
h.	Rückmeldungen über die geleistete Kooperationsarbeit	☐	☐	☐	☐	☐	☐
i.	Wertschätzung meiner Arbeit	☐	☐	☐	☐	☐	☐
j.	Entlastungsstunde(n)	☐	☐	☐	☐	☐	☐
k.	Entlastung von anderen Arbeiten / funktionalen Aufgaben für mich als Leiterin	☐	☐	☐	☐	☐	☐
l.	Fortbildungsangebote	☐	☐	☐	☐	☐	☐
m.	Anderes, und zwar:	☐	☐	☐	☐	☐	☐

Was konnten Sie als Leiterin Ihrem Kollegium unter den gegebenen Bedingungen an Unterstützung für die Kooperation im Kontext von Delfin 4 in Stufe 1 im Jahr 2008 anbieten?

Welche Art der Veränderung ist aus Ihrer Sicht erforderlich, damit die Kooperation zwischen Kita und GS gelingt?

Bitte in jeder Zeile ankreuzen.

		Das gab es:			Art der Veränderung:		
		ja	nein	weiß nicht	mehr	keine	weniger
a.	persönliche Gesprächsangebote	☐	☐	☐	☐	☐	☐
b.	fachliche Beratung	☐	☐	☐	☐	☐	☐
c.	motivationale Unterstützung	☐	☐	☐	☐	☐	☐
d.	Rückmeldungen über die geleistete Kooperationsarbeit	☐	☐	☐	☐	☐	☐
e.	rechtzeitige Weitergabe relevanter Informationen	☐	☐	☐	☐	☐	☐
f.	Weitergabe von Informationen in ausreichendem Umfang	☐	☐	☐	☐	☐	☐
g.	Wertschätzung kollegialer Mitbestimmung	☐	☐	☐	☐	☐	☐
h.	Standards für die Verständigung innerhalb des Kollegiums	☐	☐	☐	☐	☐	☐
i.	Fortbildungsangebote, die Kooperation zum Inhalt haben	☐	☐	☐	☐	☐	☐
j.	Anregung und Unterstützung in Bezug auf Formen der Kooperation mit anderen Partnern	☐	☐	☐	☐	☐	☐
k.	Einräumen von Gelegenheiten für Kooperationstätigkeiten	☐	☐	☐	☐	☐	☐
l.	Anderes, und zwar:	☐	☐	☐	☐	☐	☐

III. Zusammenarbeit zwischen Kita und GS

20

Kooperationspartner *Bitte tragen Sie die Anzahl jeweils rechtsbündig ein.*

20.1 Mit wie vielen Kitas kooperiert Ihre GS in Bezug auf Themen des Übergangs?

☐☐ Kita(s)

20.2 Mit wie vielen Kitas kooperierte Ihre GS bei der Sprachstandserhebung Delfin 4 während der Stufe 1 im Jahr 2008?

☐☐ Kita(s)

20.3 Mit wie vielen der Kitas, mit denen Ihre GS Delfin 4 gemeinsam durchgeführt hat, gab es bereits vorher eine Kooperation?

☐☐ Kita(s)

21 **Haben die Ansprechpartnerinnen für die Kooperation zwischen Kita und GS bei Delfin 4 in den Einrichtungen gewechselt?**

	ja	falls ja:	nein	weiß nicht
a. während Delfin 4 im Jahr 2007 – Stufe 1	☐	bei der Kita ☐ / bei der GS ☐	☐	☐
b. während Delfin 4 im Jahr 2008 – Stufe 1	☐	bei der Kita ☐ / bei der GS ☐	☐	☐
c. zwischen Delfin 4 im Jahr 2007 und Delfin 4 im Jahr 2008	☐	bei der Kita ☐ / bei der GS ☐	☐	☐

22 **Haben gemeinsame Arbeitstreffen der kooperierenden Kita und GS unter Ihrer Beteiligung stattgefunden, um Delfin 4 in Stufe 1 im Jahr 2008 vor- bzw. nachzubereiten?**

Wo haben Sie sich getroffen?

gemeinsame Arbeitstreffen	ja	falls ja:	nein
a. Vorbereitung von Delfin 4	☐	in der Kita ☐ / in der GS ☐ / andernorts ☐ und zwar: _____	☐
b. Nachbereitung von Delfin 4	☐	in der Kita ☐ / in der GS ☐ / andernorts ☐ und zwar: _____	☐

---

19 **Wie schätzen Sie die folgenden Aussagen zu den Formen der Kooperation in Ihrer Schule ein?**

Bitte in jeder Zeile ein Kästchen ankreuzen.

Die Mehrheit des Kollegiums …

	trifft völlig zu	trifft eher zu	trifft eher nicht zu	trifft gar nicht zu
a. tauscht Unterrichtsmaterialien aus.	☐	☐	☐	☐
b. plant Unterrichtseinheiten oder Projekte gemeinsam mit Kolleginnen.	☐	☐	☐	☐
c. reflektiert gemeinsam die Qualität ihrer pädagogischen Arbeit.	☐	☐	☐	☐
d. führt Unterrichtsstunden gemeinsam mit Kolleginnen durch.	☐	☐	☐	☐
e. erprobt gemeinsam neue Ideen und Methoden.	☐	☐	☐	☐
f. erarbeitet die Ziele unserer GS im Team oder in kleineren Arbeitsgruppen.	☐	☐	☐	☐
g. erarbeitet gemeinsam Strategien zur Bewältigung beruflicher Schwierigkeiten.	☐	☐	☐	☐
h. führt regelmäßig gegenseitige Unterrichtsbesuche durch.	☐	☐	☐	☐
i. nimmt Möglichkeiten zur Mitgestaltung des Schullebens intensiv wahr.	☐	☐	☐	☐
j. kommuniziert Informationen in ausreichendem Maße.	☐	☐	☐	☐
k. nimmt an Fortbildungen teil, die Kooperation zum Inhalt haben.	☐	☐	☐	☐
l. nimmt an Fortbildungen teil, die Kooperation im Berufsfeld fördern.	☐	☐	☐	☐
m. arbeitet mit Eltern zusammen.	☐	☐	☐	☐
n. verspürt durch die Leitung einen großen Leistungsdruck.	☐	☐	☐	☐

23

Haben Sie an gemeinsamen Fortbildungen für Erzieherinnen und Grundschullehrerinnen teilgenommen?

Bitte in jeder Zeile ein Kästchen ankreuzen.

	ja	nein
a. zu Delfin 4	☐	☐
b. zu anderen Themen des Übergangs von der Kita zur GS — vor Delfin 4	☐	☐
b. zu anderen Themen des Übergangs von der Kita zur GS — seit Delfin 4	☐	☐

24

Welche Art der Unterstützung für die Zusammenarbeit zwischen Kita und GS gab es im Kontext von Delfin 4 in Stufe 1 im Jahr 2008?

Welche Art der Veränderung ist aus Ihrer Sicht erforderlich, damit die Kooperation zwischen Kita und GS gelingt?

Bitte in jeder Zeile ankreuzen.

	Das gab es: ja	nein	weiß nicht	Art der Veränderung: mehr	keine	weniger
a. mündliche Absprachen zwischen den Leitungen	☐	☐	☐	☐	☐	☐
b. Engagement der Kita-Fachkraft / Übernahme von Aufgaben (z.B. bei der Koordination...)	☐	☐	☐	☐	☐	☐
c. Engagement der GS-Fachkraft / Übernahme von Aufgaben (z.B. bei der Koordination...)	☐	☐	☐	☐	☐	☐
d. personelle Kontinuität der Ansprechpartnerinnen für die Kooperation	☐	☐	☐	☐	☐	☐
e. Gemeinsamkeiten im pädagogischen Konzept der Kita und im Schulprogramm der GS	☐	☐	☐	☐	☐	☐
f. gemeinsame Standards für die Bildungsdokumentation	☐	☐	☐	☐	☐	☐
g. Protokollieren von Ergebnissen der Kooperation	☐	☐	☐	☐	☐	☐
h. schriftliche Absprachen	☐	☐	☐	☐	☐	☐
i. Kooperationsverträge	☐	☐	☐	☐	☐	☐
j. Einhalten von Absprachen und Verträgen	☐	☐	☐	☐	☐	☐
k. gemeinsame Fachsprache	☐	☐	☐	☐	☐	☐
l. gegenseitige Hospitationen	☐	☐	☐	☐	☐	☐
m. gemeinsame Fortbildungen der Pädagogischen Fachkräfte aus Kita und GS	☐	☐	☐	☐	☐	☐
n. Verfügbarkeit unabhängiger Moderatorinnen	☐	☐	☐	☐	☐	☐
o. Möglichkeit des Kennenlernens von Kooperationspartnerinnen aus der Kita vor der Zusammenarbeit	☐	☐	☐	☐	☐	☐

Bitte in jeder Zeile ankreuzen.

	Das gab es: ja	nein	weiß nicht	Art der Veränderung: mehr	keine	weniger
p. Mitbestimmung bei der Zusammensetzung der kooperierenden Fachkräfte	☐	☐	☐	☐	☐	☐
q. rechtzeitige Information in Bezug auf die Kooperation	☐	☐	☐	☐	☐	☐
r. ausreichende Information in Bezug auf die Kooperation	☐	☐	☐	☐	☐	☐
s. Beteiligung der Eltern bei der Vorbereitung bzw. Nachbereitung von Delfin 4	☐	☐	☐	☐	☐	☐
t. Einhaltung von Terminabsprachen durch die Eltern	☐	☐	☐	☐	☐	☐
u. Gesprächsbereitschaft von Eltern bezüglich der sprachlichen Förderung ihres Kindes	☐	☐	☐	☐	☐	☐
v. Rückmeldungen von Eltern über die von Kita und GS geleistete Kooperationsarbeit	☐	☐	☐	☐	☐	☐
w. Anderes, und zwar:	☐	☐	☐	☐	☐	☐

25

Inwieweit stimmen Sie den folgenden Aussagen zum Klima Ihrer Zusammenarbeit mit der Kita im Kontext von Delfin 4 zu?

Bitte in jeder Zeile ein Kästchen ankreuzen.

	trifft völlig zu	trifft eher zu	trifft eher nicht zu	trifft gar nicht zu
a. Ich schätze die Arbeit, die von der kooperierenden Kita geleistet wird.	☐	☐	☐	☐
b. Die Delfin 4 durchführende Fachkraft aus unserer GS fühlt sich durch die Kooperationspartnerinnen aus der Kita kontrolliert.	☐	☐	☐	☐
c. Ich habe Vertrauen in die berufliche Kompetenz der Kooperationspartnerin aus der Kita.	☐	☐	☐	☐
d. Die meisten Partnerinnen aus Kita und GS sind bei der Kooperation aufgeschlossen für Veränderungen.	☐	☐	☐	☐
e. Konflikte und Probleme zwischen Kita und GS werden zwischen uns offen angesprochen.	☐	☐	☐	☐
f. Bei Konflikten zwischen Kita und GS werden einvernehmlich Lösungen angestrebt.	☐	☐	☐	☐

Bitte *in jeder Zeile ein Kästchen ankreuzen.*

	trifft völlig zu	trifft eher zu	trifft eher nicht zu	trifft gar nicht zu
g.	Ich kann als Leiterin gemeinsame Entscheidungen von Kita und GS in ausreichendem Maße mitgestalten.	☐	☐	☐	☐
h.	Wenn ich als Leiterin Kritik an der Kooperation oder Verbesserungsvorschläge äußere, wird darauf in der gemeinsamen Arbeit eingegangen.	☐	☐	☐	☐
i.	Bei den Gesprächen zwischen Kita und GS beteiligen sich die meisten Anwesenden aktiv an der Diskussion.	☐	☐	☐	☐
j.	Im Verhältnis zwischen Kita und GS gibt es eine eindeutige Dominanz der Kooperationsbeauftragten aus der Kita.	☐	☐	☐	☐
k.	Im Verhältnis zwischen Kita und GS gibt es eine eindeutige Dominanz der Kooperationsbeauftragten aus der GS.	☐	☐	☐	☐
l.	Ich habe den Eindruck, dass meine GS von der kooperierenden Kita als gleichberechtigt akzeptiert wird.	☐	☐	☐	☐
m.	Ich habe den Eindruck, dass meine GS die kooperierende Kita als gleichberechtigt akzeptiert.	☐	☐	☐	☐
n.	Ich verspüre einen großen Erwartungsdruck vonseiten der kooperierenden Kita.	☐	☐	☐	☐
o.	Ich habe den Eindruck, dass es eine unausgeglichene Verteilung der Arbeit zu Lasten der Kita gibt.	☐	☐	☐	☐
p.	Ich habe den Eindruck, dass es eine unausgeglichene Verteilung der Arbeit zu Lasten der GS gibt.	☐	☐	☐	☐
q.	Ich bin der Auffassung, dass Freiwilligkeit die Motivation zur Kooperation stärkt.	☐	☐	☐	☐

26

Wie häufig kommen folgende Formen der Kooperation zwischen Kita und GS vor?

Bitte in jeder Zeile ein Kästchen ankreuzen.

Zwischen unserer GS und der kooperierenden Kita gab / gibt es folgende Formen der Kooperation:

			monatlich	3-4-mal im Jahr	1-2-mal im Jahr	nie
a.	eine gemeinsame Reflexion der Qualität unserer pädagogischen Arbeit	vor Delfin 4	☐	☐	☐	☐
		seit Delfin 4	☐	☐	☐	☐
b.	Durchführung gemeinsamer Konferenzen	vor Delfin 4	☐	☐	☐	☐
		seit Delfin 4	☐	☐	☐	☐
c.	gemeinsame Absprachen über Sprachförderkonzepte vor der Einschulung	vor Delfin 4	☐	☐	☐	☐
		seit Delfin 4	☐	☐	☐	☐
d.	einen Austausch über das Bildungsverständnis und über Bildungskonzepte	vor Delfin 4	☐	☐	☐	☐
		seit Delfin 4	☐	☐	☐	☐
e.	Besuche einer Erzieherin in der GS zur Beobachtung der dortigen Erziehungs- und Bildungsarbeit	vor Delfin 4	☐	☐	☐	☐
		seit Delfin 4	☐	☐	☐	☐
f.	Besuche einer Erzieherin in der GS zur Beobachtung ehemaliger Kita-Kinder	vor Delfin 4	☐	☐	☐	☐
		seit Delfin 4	☐	☐	☐	☐
g.	Besuche einer GS-Lehrerin in der Kita zur Beobachtung der dortigen Erziehungs- und Bildungsarbeit	vor Delfin 4	☐	☐	☐	☐
		seit Delfin 4	☐	☐	☐	☐
h.	Besuche einer GS-Lehrerin in der Kita zur Beobachtung zukünftiger Schulkinder	vor Delfin 4	☐	☐	☐	☐
		seit Delfin 4	☐	☐	☐	☐
i.	Teilnahme einer Erzieherin an Elternabenden der GS	vor Delfin 4	☐	☐	☐	☐
		seit Delfin 4	☐	☐	☐	☐
j.	Teilnahme einer GS-Lehrerin an Elternabenden der Kita	vor Delfin 4	☐	☐	☐	☐
		seit Delfin 4	☐	☐	☐	☐
k.	Besuche von Kita-Kindern in der GS	vor Delfin 4	☐	☐	☐	☐
		seit Delfin 4	☐	☐	☐	☐
l.	Besuche von GS-Kindern in der Kita	vor Delfin 4	☐	☐	☐	☐
		seit Delfin 4	☐	☐	☐	☐
m.	gemeinsam gestaltete Aktionen, Feste oder Projekte	vor Delfin 4	☐	☐	☐	☐
		seit Delfin 4	☐	☐	☐	☐
n.	einen Austausch von Lern- oder Arbeitsmaterialien	vor Delfin 4	☐	☐	☐	☐
		seit Delfin 4	☐	☐	☐	☐

Bitte in jeder Zeile ein Kästchen ankreuzen.

Folgende Einschätzungen trafen bzw. treffen zu:

		trifft völlig zu	trifft eher zu	trifft eher nicht zu	trifft gar nicht zu
d.	Meine Kooperationspartnerinnen aus der Kita haben gute Kenntnisse über den Erziehungs- und Bildungsauftrag der GS.	vor Delfin 4 ☐	☐	☐	☐
		seit Delfin 4 ☐	☐	☐	☐
e.	Ich habe gute Kenntnisse über die in der kooperierenden Kita praktizierten Regeln, Rituale und Arbeitsformen.	vor Delfin 4 ☐	☐	☐	☐
		seit Delfin 4 ☐	☐	☐	☐
f.	Die Erwartungen der anderen Berufsgruppe in der Kita in Bezug auf unsere Arbeit in der GS sind mir klar.	vor Delfin 4 ☐	☐	☐	☐
		seit Delfin 4 ☐	☐	☐	☐
g.	Die Problemfelder in der Arbeit der anderen Berufsgruppe in der Kita sind mir verständlich.	vor Delfin 4 ☐	☐	☐	☐
		seit Delfin 4 ☐	☐	☐	☐
h.	Absprachen zwischen Kita und GS werden eingehalten.	vor Delfin 4 ☐	☐	☐	☐
		seit Delfin 4 ☐	☐	☐	☐
i.	Es ist den Kolleginnen der GS klar, mit welchen Kitas unsere GS kooperiert.	vor Delfin 4 ☐	☐	☐	☐
		seit Delfin 4 ☐	☐	☐	☐

IV. Zusammenarbeit im Netzwerk

Kita und Grundschule arbeiten in unterschiedlichen Strukturen zusammen. Im Folgenden fragen wir nach Ihrer Mitgliedschaft in einem Netzwerk, bestehend aus einer oder mehreren Kitas und einer oder mehreren Grundschulen. Es kann sich hier um einen Arbeitskreis handeln, um die Zusammenarbeit an einem Projekt oder beispielsweise um Sozialraumkonferenzen. Auch andere Strukturen sind möglich. Für alle gilt jedoch, dass sie sich mit der Gestaltung des Übergangs von der Kita in die Grundschule befassen. Entweder ist dieses Thema alleiniger Schwerpunkt des Netzwerkes oder zumindest einer von mehreren Schwerpunkten.

28 Sind Sie Mitglied eines Netzwerks, das sich mit dem Thema des Übergangs von der Kita zur GS beschäftigt?
Falls ja: In welchem Kontext hat sich dieses Netzwerk gebildet?

a.	ja	☐	falls ja:	a.	unabhängig von Delfin 4	☐
b.	nein	☐		b.	im Kontext von Delfin 4	☐
				c.	weiß nicht	☐

Herzlichen Dank für Ihre Mitarbeit!

Bitte in jeder Zeile ein Kästchen ankreuzen.

Zwischen unserer GS und der kooperierenden Kita gab / gibt es folgende Formen der Kooperation:

		monatlich	3-4-mal im Jahr	1-2-mal im Jahr	nie
o.	gemeinsame Zusammenarbeit mit Eltern	vor Delfin 4 ☐	☐	☐	☐
		seit Delfin 4 ☐	☐	☐	☐
p.	gemeinsame Gestaltung von Themenabenden für Eltern	vor Delfin 4 ☐	☐	☐	☐
		seit Delfin 4 ☐	☐	☐	☐
q.	gemeinsame Beratungsgespräche mit Eltern	vor Delfin 4 ☐	☐	☐	☐
		seit Delfin 4 ☐	☐	☐	☐
r.	eine gemeinsame Infoveranstaltung für Eltern der Vierjährigen	vor Delfin 4 ☐	☐	☐	☐
		seit Delfin 4 ☐	☐	☐	☐
s.	eine gemeinsame Übergabe der Bildungsdokumentation an die Eltern	vor Delfin 4 ☐	☐	☐	☐
		seit Delfin 4 ☐	☐	☐	☐
t.	Durchführung gemeinsamer Einschulungskonferenzen	vor Delfin 4 ☐	☐	☐	☐
		seit Delfin 4 ☐	☐	☐	☐
u.	Durchführung gemeinsamer Fortbildungen	vor Delfin 4 ☐	☐	☐	☐
		seit Delfin 4 ☐	☐	☐	☐
v.	einen Austausch darüber, wie die Sprachförderung in der GS weitergeführt wird	vor Delfin 4 ☐	☐	☐	☐
		seit Delfin 4 ☐	☐	☐	☐

27 Wie hat sich Delfin 4 Ihrer Meinung nach auf Ihre Zusammenarbeit mit der Kita ausgewirkt?

Bitte in jeder Zeile ein Kästchen ankreuzen.

Folgende Einschätzungen trafen bzw. treffen zu:

		trifft völlig zu	trifft eher zu	trifft eher nicht zu	trifft gar nicht zu
a.	Die Arbeitsbeziehung zwischen mir und meinen Kooperationspartnerinnen aus der Kita ist produktiv.	vor Delfin 4 ☐	☐	☐	☐
		seit Delfin 4 ☐	☐	☐	☐
b.	Es gibt eine gemeinsame Fachsprache von Kita und GS.	vor Delfin 4 ☐	☐	☐	☐
		seit Delfin 4 ☐	☐	☐	☐
c.	Ich habe gute Kenntnisse über den Bildungs- und Erziehungsauftrag der Kooperationspartnerinnen aus der Kita.	vor Delfin 4 ☐	☐	☐	☐
		seit Delfin 4 ☐	☐	☐	☐

WESTFÄLISCHE
WILHELMS-UNIVERSITÄT
MÜNSTER

Fachbereich Erziehungswissenschaft
und Sozialwissenschaften
Institut f r Erziehungswissenschaft

Trans KiGs

Stärkung der Bildungs- und Erziehungsqualität
in Kindertageseinrichtungen und Grundschule

Gestaltung des Übergangs

NRW

Prof. Dr. Petra Hanke

Wissenschaftliche Projektleitung
TransKiGs NRW
Abteilung für Schulpädagogik/
Schul- und Unterrichtsforschung
Bispinghof 5/6
48143 Münster

Kontakt:
Benedikt Rathmer
Tel. +49 251 / 83-24240
Fax +49 251 / 83-29267

rathmbe@uni-muenster.de

20. Januar 2009

Fragebogen für die Pädagogische Fachkraft in der Kindertageseinrichtung

Codenummer und Name der kooperierenden Grundschule:

Sehr geehrte Pädagoginnen und Pädagogen,

Sie und Ihre Kindertageseinrichtung wurden ausgewählt, an einer Untersuchung zur Praxis der Kooperation zwischen Kita und Grundschule im Zusammenhang mit Delfin 4 teilzunehmen (TransKiGs NRW). Ziel der Studie ist es, Bedingungen für das Gelingen von Kooperation zu untersuchen sowie Ansatzpunkte zu gewinnen, die zu einer Verbesserung der Kooperationsbedingungen vor Ort beitragen können und Sie in Ihrer Arbeit bei der sprachlichen Förderung von Kindern unterstützen. Ihre Antworten sind wichtig, um die Kooperationspraxis wirklichkeitsgetreu beschreiben zu können. Das ist die Voraussetzung dafür, gezielt notwendige Veränderungen vornehmen zu können.

Dieser Fragebogen richtet sich speziell an die Pädagogischen Fachkräfte an den Kindertageseinrichtungen, die im Jahr 2008 Delfin 4 in Stufe 1 durchgeführt haben. Befragt werden darüber hinaus die Leitungen der Kitas und der beteiligten Grundschulen, die Pädagogischen Fachkräfte aus der Grundschule sowie Eltern der mit Delfin 4 getesteten Kinder. Die Fragebögen sind inhaltlich identisch. Insgesamt nehmen ca. 600 Einrichtungen an dieser Untersuchung teil.

Die Studie ist ein Landesprojekt, das auch durch das Ministerium für Generationen, Familie, Frauen und Integration getragen wird. Die Spitzenverbände und Träger sind darüber informiert. Auch Ihr Träger wurde gebeten, die Untersuchung zu unterstützen. Der Fragebogen ist vollständig anonymisiert. Die erhobenen Daten werden nur für den mit der Untersuchung verbundenen Zweck genutzt. Die Bestimmungen des Datenschutzes werden eingehalten.

Aufgrund des höheren Frauenanteils in beiden Einrichtungen sowie des Umfangs und der besseren Lesbarkeit wegen wurden im Fragebogen ausschließlich die weiblichen Berufsbezeichnungen verwendet.
Kita(s) steht für Kindertageseinrichtung(en) und GS(n) für Grundschule(n).
Beziehen Sie sich bitte bei Ihren Angaben zur Kooperation mit Grundschulen speziell auf die im Fragebogen oben angegebene Grundschule.

Für das Ausfüllen des Fragebogens benötigen Sie ca. 30 Minuten. Wir wissen es sehr zu schätzen, dass Sie hierfür Zeit und Mühe aufwenden, und bedanken uns herzlich für Ihre Unterstützung und Zusammenarbeit.
Bitte senden Sie den ausgefüllten Fragebogen bis zum **06. Februar 2009** in dem dafür bereits frankierten Rückumschlag an die Universität Münster zurück.

Das TransKiGs-Team NRW dankt Ihnen nochmals herzlich für Ihre Unterstützung!

Struktur des Fragebogens:

I.   Sie und Ihre Arbeit..................... 01 – 15

II. Zusammenarbeit in Ihrer Kita..   16 – 17

III. Zusammenarbeit zwischen Kita und GS. 18 - 24

IV. Zusammenarbeit im Netzwerk.................. 25

I. Sie und Ihre Arbeit

01

Persönliche Angaben

01.1 Wie alt sind Sie?

a. unter 25 Jahre ☐
b. 25 bis 29 Jahre ☐
c. 30 bis 39 Jahre ☐
d. 40 bis 49 Jahre ☐
e. 50 bis 59 Jahre ☐
f. 60 Jahre und älter ☐

01.2 Sind Sie männlich oder weiblich?

a. männlich ☐
b. weiblich ☐

02

Arbeitszeitverpflichtung

02.1 Arbeiten Sie in Vollzeit oder in Teilzeit?

a. Vollzeit ☐
b. Teilzeit ☐

02.2 Wie viele Zeitstunden pro Woche umfasst Ihr Arbeitsverhältnis?

Anzahl der Zeitstunden pro Woche laut Arbeitsvertrag ☐☐

03

Welchen höchsten Schulabschluss haben Sie? *Bitte nur ein Kästchen ankreuzen.*

a. Hauptschulabschluss ☐
b. Realschulabschluss ☐
c. Fachabitur / Fachhochschulreife ☐
d. Abitur / Allgemeine Hochschulreife ☐

04

Welchen Ausbildungs- / Bildungsabschluss haben Sie? *Mehrfachankreuzungen möglich.*

a. Kinderpflegerin ☐
b. Erzieherin ☐
c. Heilpädagogin ☐
d. Heilerziehungspflegerin ☐
e. Sozialpädagogin ☐
f. Diplompädagogin ☐
g. Sonder- / Förderpädagogin ☐
h. einen anderen, und zwar: ☐

09

Wie intensiv haben Sie sich im Rahmen Ihrer Aus- / Fort- oder Weiterbildung mit den folgenden Themen beschäftigt?

Bitte in jeder Zeile ein Kästchen ankreuzen.

	kaum bis überhaupt nicht	überblicksartig	vertiefend
a. kindlicher Spracherwerb	☐	☐	☐
b. Erwerb von Deutsch als Zweitsprache	☐	☐	☐
c. Verfahren zur Erfassung des sprachlichen Entwicklungsstandes	☐	☐	☐
d. Dokumentieren sprachlicher Entwicklung	☐	☐	☐
e. Sprachstandsfeststellungsverfahren Delfin 4	☐	☐	☐
f. Förderung der Sprachentwicklung	☐	☐	☐
g. gemeinsame Sprachförderung von Kita und GS	☐	☐	☐
h. Kinder und Eltern im Übergang von der Kita zur GS	☐	☐	☐
i. gemeinsame Gestaltung des Übergangs von der Kita zur GS	☐	☐	☐
j. gemeinsame Einschulungskonferenzen	☐	☐	☐

10

In welchem Jahr haben Sie in welchen Stufen Kinder mit Delfin 4 getestet?

a. 2007 - Stufe 1 (Besuch im Zoo) ☐   c. 2008 - Stufe 1 (Besuch im Zoo) ☐

b. 2007 - Stufe 2 (Besuch im Pfiffikus-Haus) ☐   d. 2008 - Stufe 2 (Besuch im Pfiffikus-Haus) ☐

11

Anzahl der getesteten Kinder   *Bitte tragen Sie jeweils die Anzahl rechtsbündig ein.*

11.1 Wie viele Kinder haben Sie persönlich im Jahr 2008 in Stufe 1 getestet?

☐☐ Kinder

11.2 Wie viele Kinder haben Sie persönlich im Jahr 2008 in Stufe 2 getestet?

☐☐ Kinder

05

Wie viele Jahre (einschließlich des laufenden Kita-Jahres) sind Sie schon als Fachkraft in einer Kita tätig?

☐☐ Jahre   *Bitte tragen Sie die Anzahl rechtsbündig ein.*

Bitte auf die nächste ganze Zahl aufrunden.

06

Wie viele Jahre (einschließlich des laufenden Kita-Jahres) sind Sie schon als Fachkraft in Ihrer jetzigen Kita tätig?

☐☐ Jahre   *Bitte tragen Sie die Anzahl rechtsbündig ein.*

Bitte auf die nächste ganze Zahl aufrunden.

07

Welche Funktion(en) üben Sie in Ihrer Kita aus?   *Mehrfachankreuzungen möglich.*

a. Gruppenleiterin ☐   d. Honorarkraft ☐

b. Ergänzungskraft ☐   e. Praktikantin ☐

c. Integrative Zusatzfachkraft ☐   f. andere pädagogische Mitarbeiterin ☐

08

In welchen Altersgruppen sind Sie schwerpunktmäßig tätig?

Mehrfachankreuzungen möglich.

a. Kinder im Alter von zwei Jahren bis zur Einschulung ☐

b. Kinder im Alter von unter drei Jahren ☐

c. Kinder im Alter von drei Jahren und älter ☐

Welche der folgenden Tätigkeiten gehörten im Kontext von Delfin 4 in Stufe 1 im Jahr 2008 zu Ihren Aufgaben?

Mehrfachankreuzungen möglich.

	ich alleine	mit Kollegin aus Kita	mit Partnerin aus GS
a. Koordination in der eigenen Kita	☐	☐	☐
b. Teilnahme an einer Infoveranstaltung für Fachkräfte	☐	☐	☐
c. Vorbereitung von Delfin 4	☐	☐	☐
d. Durchführung von Delfin 4	☐	☐	☐
e. Nachbereitung von Delfin 4	☐	☐	☐
f. Absprachen mit der kooperierenden GS	☐	☐	☐
g. Zusammenarbeit mit Eltern	☐	☐	☐

Wie oft haben Sie selbst und die folgenden Personen in der Testphase 2008 Kinder mit Delfin 4 in Stufe 1 getestet?

Bitte in jeder Zeile ein Kästchen ankreuzen.

	immer	oft	gelegentlich	nie
a. ich	☐	☐	☐	☐
und die folgenden weiteren Personen:				
b. Erzieherin aus dem Kita-Bereich	☐	☐	☐	☐
c. Erzieherin aus dem GS-Bereich	☐	☐	☐	☐
d. Grundschullehrerin	☐	☐	☐	☐
e. GS-Leitung	☐	☐	☐	☐
f. Kita-Leitung	☐	☐	☐	☐
g. Heilpädagogische oder Integrative Zusatzkraft aus dem Kita-Bereich	☐	☐	☐	☐
h. Sonder- / Förderpädagogin aus dem Kita-Bereich	☐	☐	☐	☐
i. Sozialpädagogin aus dem Kita-Bereich	☐	☐	☐	☐
j. Kinderpflegerin	☐	☐	☐	☐
k. Honorarkraft aus dem Kita-Bereich	☐	☐	☐	☐
l. Praktikantin aus dem Kita-Bereich	☐	☐	☐	☐
m. andere pädagogische Mitarbeiterin aus dem Kita-Bereich	☐	☐	☐	☐

Warum haben Sie bei Delfin 4 im Jahr 2008 mitgetestet?

Bitte in jeder Zeile ein Kästchen ankreuzen.

Ich habe bei dem Test mitgewirkt, …

	trifft völlig zu	trifft eher zu	trifft eher nicht zu	trifft gar nicht zu
a. weil ich mich für die Kooperation mit der GS interessiere.	☐	☐	☐	☐
b. weil ich mich für Delfin 4 interessiere.	☐	☐	☐	☐
c. weil ich es wichtig finde, dass Kita und GS in Bezug auf die Sprachstandsdiagnose kooperieren.	☐	☐	☐	☐
d. weil ich es wichtig finde, dass Kita und GS in Bezug auf die Sprachförderung kooperieren.	☐	☐	☐	☐
e. weil ich es wichtig finde, dass Kita und GS in Bezug auf den Übergang kooperieren.	☐	☐	☐	☐
f. weil ich schon früher mit einer GS kooperiert habe.	☐	☐	☐	☐
g. weil die Kooperation zwischen den verschiedenen Berufsgruppen meines Erachtens die Qualität meiner Arbeit steigert.	☐	☐	☐	☐
h. weil die Kooperation mir Möglichkeiten eröffnet, mich selbst fachlich weiterzuqualifizieren.	☐	☐	☐	☐
i. weil ich von meinen Kolleginnen dazu ausgewählt wurde.	☐	☐	☐	☐
j. weil ich von meiner Kita-Leitung damit beauftragt wurde.	☐	☐	☐	☐
k. weil ich über fachliche Qualifikationen für die Kooperation im Zusammenhang mit der Sprachstandsdiagnose verfüge.	☐	☐	☐	☐
l. weil sich dabei Gelegenheiten zum persönlichen Austausch mit den Kooperationspartnerinnen aus den anderen Berufsgruppen ergeben.	☐	☐	☐	☐
m. weil keine andere Kollegin diese Aufgabe übernehmen wollte.	☐	☐	☐	☐
n. weil ich dafür eine Entlastung erfahren habe.	☐	☐	☐	☐
o. weil: …	☐	☐	☐	☐

II. Zusammenarbeit in Ihrer Kita

16

Unterstützung durch die Leitung bzw. das Team

16.1 Welche Art von Unterstützung haben Sie durch Ihre Leitung bzw. durch Ihr Team für die Kooperation im Kontext von Delfin 4 für die Stufe 1 im Jahr 2008 erfahren?

Welche Art der Veränderung ist aus Ihrer Sicht erforderlich, damit die Kooperation zwischen Kita und GS gelingt?

Bitte in jeder Zeile ankreuzen.

	durch:	Das gab es:			Art der Veränderung:		
		ja	nein	weiß nicht	mehr	keine	weniger
a. persönliche Gesprächsangebote	Leitung	☐	☐	☐	☐	☐	☐
	Team	☐	☐	☐	☐	☐	☐
b. fachliche Beratung	Leitung	☐	☐	☐	☐	☐	☐
	Team	☐	☐	☐	☐	☐	☐
c. motivationale Unterstützung	Leitung	☐	☐	☐	☐	☐	☐
	Team	☐	☐	☐	☐	☐	☐
d. Aufgeschlossenheit in Bezug auf Neuerungen	Leitung	☐	☐	☐	☐	☐	☐
	Team	☐	☐	☐	☐	☐	☐
e. Interesse an der Gestaltung des Übergangs von der Kita zur GS	Leitung	☐	☐	☐	☐	☐	☐
	Team	☐	☐	☐	☐	☐	☐
f. Engagement für die Gestaltung des Übergangs von der Kita zur GS	Leitung	☐	☐	☐	☐	☐	☐
	Team	☐	☐	☐	☐	☐	☐
g. Einstehen für ein klares pädagogisches Konzept in Bezug auf die Kooperation zwischen Kita und GS	Leitung	☐	☐	☐	☐	☐	☐
	Team	☐	☐	☐	☐	☐	☐
h. Rückmeldungen über die geleistete Kooperationsarbeit	Leitung	☐	☐	☐	☐	☐	☐
	Team	☐	☐	☐	☐	☐	☐
i. rechtzeitige Weitergabe relevanter Informationen	Leitung	☐	☐	☐	☐	☐	☐
	Team	☐	☐	☐	☐	☐	☐
j. Weitergabe von Informationen in ausreichendem Umfang	Leitung	☐	☐	☐	☐	☐	☐
	Team	☐	☐	☐	☐	☐	☐
k. Arbeitsteilung bei der Vorbereitung	Leitung	☐	☐	☐	☐	☐	☐
	Team	☐	☐	☐	☐	☐	☐
l. Arbeitsteilung bei der Umsetzung	Leitung	☐	☐	☐	☐	☐	☐
	Team	☐	☐	☐	☐	☐	☐

15

Wie hat sich Delfin 4 auf Sie persönlich als Kooperationspartnerin ausgewirkt?

Bitte in jeder Zeile ein Kästchen ankreuzen.

Folgende Einschätzungen trafen bzw. treffen für mich zu:

		trifft völlig zu	trifft eher zu	trifft eher nicht zu	trifft gar nicht zu
a. Ich habe eine hohe Bereitschaft, mit Fachkräften aus der GS zu kooperieren.	vor Delfin 4	☐	☐	☐	☐
	seit Delfin 4	☐	☐	☐	☐
b. Ich arbeite viel mit Kolleginnen aus meiner Kita zusammen.	vor Delfin 4	☐	☐	☐	☐
	seit Delfin 4	☐	☐	☐	☐
c. Ich tausche mich oft mit Fachkräften aus dem GS-Bereich zu Themen des Übergangs aus.	vor Delfin 4	☐	☐	☐	☐
	seit Delfin 4	☐	☐	☐	☐
d. Ich empfinde die Zusammenarbeit als hohe Arbeitsbelastung.	vor Delfin 4	☐	☐	☐	☐
	seit Delfin 4	☐	☐	☐	☐
e. Ich muss aufgrund von Zeitmangel Themen des Übergangs von der Kita zur GS in der täglichen Praxis vernachlässigen.	vor Delfin 4	☐	☐	☐	☐
	seit Delfin 4	☐	☐	☐	☐
f. Ich fühle mich qualifiziert, eine gemeinsame Sprachstandsdiagnostik durchzuführen.	vor Delfin 4	☐	☐	☐	☐
	seit Delfin 4	☐	☐	☐	☐
g. Ich bin der Auffassung, dass die gemeinsame Gestaltung des Übergangs für Kinder wichtig ist.	vor Delfin 4	☐	☐	☐	☐
	seit Delfin 4	☐	☐	☐	☐
h. Ich habe über die Ziele der Kooperation zwischen unserer Kita und der an Delfin 4 beteiligten GS klare Kenntnis.	vor Delfin 4	☐	☐	☐	☐
	seit Delfin 4	☐	☐	☐	☐
i. Ich fühle mich sicher im Umgang mit anderen Berufsgruppen.	vor Delfin 4	☐	☐	☐	☐
	seit Delfin 4	☐	☐	☐	☐
j. Ich halte gemeinsame Fortbildungen von Fachkräften aus Kita und GS für notwendig.	vor Delfin 4	☐	☐	☐	☐
	seit Delfin 4	☐	☐	☐	☐
k. Ich bin der Auffassung, dass eine Kommunikation mit Eltern über die sprachliche Entwicklung des Kindes wichtig ist.	vor Delfin 4	☐	☐	☐	☐
	seit Delfin 4	☐	☐	☐	☐
l. Ich verfüge über gute Kenntnisse in Bezug auf die datenschutzrechtlichen Bestimmungen für die Zusammenarbeit zwischen Kita und GS.	vor Delfin 4	☐	☐	☐	☐
	seit Delfin 4	☐	☐	☐	☐

17

Wie oft beteiligen Sie sich an folgenden Formen der Zusammenarbeit in Ihrer Kita?

Bitte in jeder Zeile ein Kästchen ankreuzen.

	jeden Tag	jede Woche	monatlich	3-4-mal im Jahr	1-2-mal im Jahr	nie
a. Austausch von Materialien	☐	☐	☐	☐	☐	☐
b. gemeinsame Planung ganzer Einheiten / Projekte	☐	☐	☐	☐	☐	☐
c. gemeinsame Durchführung von Einheiten / Projekten	☐	☐	☐	☐	☐	☐
d. gemeinsame Erprobung neuer Ideen und Methoden	☐	☐	☐	☐	☐	☐
e. gemeinsame Reflexion der Qualität unserer pädagogischen Arbeit	☐	☐	☐	☐	☐	☐
f. gegenseitige Gruppenhospitation	☐	☐	☐	☐	☐	☐
g. gemeinsame Durchführung individueller Förderung	☐	☐	☐	☐	☐	☐
h. gemeinsame Erarbeitung von Zielen der Kita	☐	☐	☐	☐	☐	☐
i. gemeinsame Erarbeitung von Strategien zur Bewältigung beruflicher Schwierigkeiten	☐	☐	☐	☐	☐	☐
j. gemeinsame Wahrnehmung von Möglichkeiten der Mitgestaltung des Kita-Lebens	☐	☐	☐	☐	☐	☐
k. Zusammenarbeit mit Eltern	☐	☐	☐	☐	☐	☐

III. Zusammenarbeit zwischen Kita und GS

18 Haben die Ansprechpartnerinnen für die Kooperation zwischen Kita und GS bei Delfin 4 in den Einrichtungen gewechselt?

	ja	falls ja:	nein	weiß nicht
a. während Delfin 4 im Jahr 2007 – Stufe 1	☐	bei der Kita ☐ bei der GS ☐	☐	☐
b. während Delfin 4 im Jahr 2008 – Stufe 1	☐	bei der Kita ☐ bei der GS ☐	☐	☐
c. zwischen Delfin 4 im Jahr 2007 und Delfin 4 im Jahr 2008	☐	bei der Kita ☐ bei der GS ☐	☐	☐

Bitte in jeder Zeile ankreuzen.

	durch:	Das gab es: ja	nein	weiß nicht	Art der Veränderung: mehr	keine	weniger
m. Arbeitsteilung bei der Nachbereitung	Leitung	☐	☐	☐	☐	☐	☐
	Team	☐	☐	☐	☐	☐	☐
n. Wertschätzung kollegialer Mitbestimmung	Leitung	☐	☐	☐	☐	☐	☐
	Team	☐	☐	☐	☐	☐	☐
o. Wertschätzung meiner pädagogischen Arbeit	Leitung	☐	☐	☐	☐	☐	☐
	Team	☐	☐	☐	☐	☐	☐
p. Bemühen um Standards für die Verständigung innerhalb des Teams	Leitung	☐	☐	☐	☐	☐	☐
	Team	☐	☐	☐	☐	☐	☐
q. Anderes, und zwar:	Leitung	☐	☐	☐	☐	☐	☐
	Team	☐	☐	☐	☐	☐	☐

16.2 Welche Art von Unterstützung haben Sie ausschließlich durch Ihre Leitung für die Kooperation im Kontext von Delfin 4 für die Stufe 1 im Jahr 2008 erfahren?

Welche Art der Veränderung ist aus Ihrer Sicht erforderlich, damit die Kooperation zwischen Kita und GS gelingt?

Bitte in jeder Zeile ankreuzen.

	Das gab es: ja	nein	weiß nicht	Art der Veränderung: mehr	keine	weniger
a. Fortbildungsangebote, die Kooperation zum Inhalt haben	☐	☐	☐	☐	☐	☐
b. Fortbildungsangebote, die die Zusammenarbeit im Team fördern	☐	☐	☐	☐	☐	☐
c. Interesse an der Arbeit in den einzelnen Gruppen	☐	☐	☐	☐	☐	☐
d. Anregung und Unterstützung in Bezug auf Formen der Kooperation innerhalb des Teams	☐	☐	☐	☐	☐	☐
e. Anregung und Unterstützung in Bezug auf Formen der Kooperation mit anderen Partnern	☐	☐	☐	☐	☐	☐
f. Berücksichtigung ausreichender Gelegenheiten zur Teamarbeit beim Entwerfen der Dienstpläne	☐	☐	☐	☐	☐	☐
g. gute Koordination der Zeitpläne für die Zusammenarbeit im Team außerhalb der Gruppenarbeit	☐	☐	☐	☐	☐	☐
h. gerechte Arbeitsverteilung	☐	☐	☐	☐	☐	☐
i. transparente Arbeitsverteilung	☐	☐	☐	☐	☐	☐

19 Haben Arbeitstreffen zwischen Ihnen und Ihrer Kooperationspartnerin aus der GS stattgefunden, um Delfin 4 in Stufe 1 im Jahr 2008 gemeinsam vor- bzw. nachzubereiten? Wo haben Sie sich getroffen?

gemeinsame Arbeitstreffen	ja	falls ja:	nein
a. Vorbereitung von Delfin 4	☐	in der Kita ☐	
		in der GS ☐	☐
		andernorts ☐ und zwar:	
b. Nachbereitung von Delfin 4	☐	in der Kita ☐	
		in der GS ☐	☐
		andernorts ☐ und zwar:	

20 Haben Sie an gemeinsamen Fortbildungen für Erzieherinnen und Grundschullehrerinnen teilgenommen?.

Bitte in jeder Zeile ein Kästchen ankreuzen.

	ja	nein
a. zu Delfin 4	☐	☐
b. zu anderen Themen des Übergangs von der Kita zur GS	vor Delfin 4 ☐	seit Delfin 4 ☐

21 Welche Art der Unterstützung für die Zusammenarbeit zwischen Kita und GS gab es **im Kontext von Delfin 4 in Stufe 1 im Jahr 2008?**
Welche Art der Veränderung ist aus Ihrer Sicht erforderlich, damit die Kooperation zwischen Kita und GS gelingt?

Bitte in jeder Zeile ankreuzen.

	Das gab es:			Art der Veränderung		
	ja	nein	weiß nicht	mehr	keine	weniger
a. mündliche Absprachen zwischen den Leitungen	☐	☐	☐	☐	☐	☐
b. Engagement der Kita-Fachkraft / Übernahme von Aufgaben (z.B. bei der Koordination...)	☐	☐	☐	☐	☐	☐
c. Engagement der GS-Fachkraft / Übernahme von Aufgaben (z.B. bei der Koordination...)	☐	☐	☐	☐	☐	☐
d. personelle Kontinuität der Ansprechpartnerinnen für die Kooperation	☐	☐	☐	☐	☐	☐
e. Gemeinsamkeiten im pädagogischen Konzept der Kita und im Schulprogramm der GS	☐	☐	☐	☐	☐	☐
f. gemeinsame Standards für die Bildungsdokumentation	☐	☐	☐	☐	☐	☐
g. Protokollieren von Ergebnissen der Kooperation	☐	☐	☐	☐	☐	☐

Bitte in jeder Zeile ankreuzen.

	Das gab es:			Art der Veränderung		
	ja	nein	weiß nicht	mehr	keine	weniger
h. schriftliche Absprachen	☐	☐	☐	☐	☐	☐
i. Kooperationsverträge	☐	☐	☐	☐	☐	☐
j. Einhalten von Absprachen und Verträgen	☐	☐	☐	☐	☐	☐
k. gemeinsame Fachsprache	☐	☐	☐	☐	☐	☐
l. gegenseitige Hospitationen	☐	☐	☐	☐	☐	☐
m. gemeinsame Fortbildungen der Pädagogischen Fachkräfte aus Kita und GS	☐	☐	☐	☐	☐	☐
n. Verfügbarkeit unabhängiger Moderatorinnen	☐	☐	☐	☐	☐	☐
o. Möglichkeit des Kennenlernens der Kooperationspartnerinnen aus der GS vor der Zusammenarbeit	☐	☐	☐	☐	☐	☐
p. Mitbestimmung bei der Zusammensetzung der kooperierenden Fachkräfte	☐	☐	☐	☐	☐	☐
q. rechtzeitige Information in Bezug auf die Kooperation	☐	☐	☐	☐	☐	☐
r. ausreichende Information in Bezug auf die Kooperation	☐	☐	☐	☐	☐	☐
s. Arbeitsteilung bei Verwaltungsaufgaben im Kontext von Delfin 4	☐	☐	☐	☐	☐	☐
t. Beteiligung der Eltern bei der Vorbereitung bzw. Nachbereitung von Delfin 4	☐	☐	☐	☐	☐	☐
u. Einhaltung von Terminabsprachen durch die Eltern	☐	☐	☐	☐	☐	☐
v. Gesprächsbereitschaft von Eltern bezüglich der sprachlichen Förderung ihres Kindes	☐	☐	☐	☐	☐	☐
w. Rückmeldungen von Eltern über die von Kita und GS geleistete Kooperationsarbeit	☐	☐	☐	☐	☐	☐
x. Anderes, und zwar:	☐	☐	☐	☐	☐	☐

22 Inwieweit stimmen Sie den folgenden Aussagen zum Klima Ihrer Zusammenarbeit mit der GS im Kontext von Delfin 4 zu?

Bitte in jeder Zeile ein Kästchen ankreuzen.

	trifft völlig zu	trifft eher zu	trifft eher nicht zu	trifft gar nicht zu
a. Ich habe den Eindruck, dass unser Team zur Kooperation mit der GS bereit ist.	☐	☐	☐	☐

Wie häufig kommen folgende Formen der Kooperation zwischen Kita und GS vor?

Bitte in jeder Zeile ein Kästchen ankreuzen.

Zwischen unserer Kita und der kooperierenden GS gab / gibt es folgende Formen der Kooperation:

		monatlich	3-4-mal im Jahr	1-2-mal im Jahr	nie
a.	eine gemeinsame Reflexion der Qualität unserer pädagogischen Arbeit	vor Delfin 4	☐	☐	☐	☐
		seit Delfin 4	☐	☐	☐	☐
b.	Durchführung gemeinsamer Konferenzen	vor Delfin 4	☐	☐	☐	☐
		seit Delfin 4	☐	☐	☐	☐
c.	gemeinsame Absprachen über Sprachförderkonzepte vor der Einschulung	vor Delfin 4	☐	☐	☐	☐
		seit Delfin 4	☐	☐	☐	☐
d.	einen Austausch über das Bildungsverständnis und über Bildungskonzepte	vor Delfin 4	☐	☐	☐	☐
		seit Delfin 4	☐	☐	☐	☐
e.	Besuche einer Erzieherin in der GS zur Beobachtung der dortigen Erziehungs- und Bildungsarbeit	vor Delfin 4	☐	☐	☐	☐
		seit Delfin 4	☐	☐	☐	☐
f.	Besuche einer Erzieherin in der GS zur Beobachtung ehemaliger Kita-Kinder	vor Delfin 4	☐	☐	☐	☐
		seit Delfin 4	☐	☐	☐	☐
g.	Besuche einer GS-Lehrerin in der Kita zur Beobachtung der dortigen Erziehungs- und Bildungsarbeit	vor Delfin 4	☐	☐	☐	☐
		seit Delfin 4	☐	☐	☐	☐
h.	Besuche einer GS-Lehrerin in der Kita zur Beobachtung zukünftiger Schulkinder	vor Delfin 4	☐	☐	☐	☐
		seit Delfin 4	☐	☐	☐	☐
i.	Teilnahme einer Erzieherin an Elternabenden der GS	vor Delfin 4	☐	☐	☐	☐
		seit Delfin 4	☐	☐	☐	☐
j.	Teilnahme einer GS-Lehrerin an Elternabenden der Kita	vor Delfin 4	☐	☐	☐	☐
		seit Delfin 4	☐	☐	☐	☐
k.	Besuche von Kita-Kindern in der GS	vor Delfin 4	☐	☐	☐	☐
		seit Delfin 4	☐	☐	☐	☐
l.	Besuche von GS-Kindern in der Kita	vor Delfin 4	☐	☐	☐	☐
		seit Delfin 4	☐	☐	☐	☐
m.	gemeinsam gestaltete Projekte	vor Delfin 4	☐	☐	☐	☐
		seit Delfin 4	☐	☐	☐	☐
n.	gemeinsam gestaltete Feste	vor Delfin 4	☐	☐	☐	☐
		seit Delfin 4	☐	☐	☐	☐

Bitte in jeder Zeile ein Kästchen ankreuzen.

		trifft völlig zu	trifft eher zu	trifft eher nicht zu	trifft gar nicht zu
b.	Ich schätze die Arbeit, die von meiner Kooperationspartnerin aus der GS geleistet wird.	☐	☐	☐	☐
c.	Ich fühle mich durch die Partnerin aus der GS kontrolliert.	☐	☐	☐	☐
d.	Ich habe Vertrauen in die berufliche Kompetenz meiner Kooperationspartnerin aus der GS.	☐	☐	☐	☐
e.	Als Kooperationspartnerinnen wurden wir gleichberechtigt durch die jeweiligen Leitungen über die Durchführung von Delfin 4 Stufe 1 informiert.	☐	☐	☐	☐
f.	Die meisten Partnerinnen aus Kita und GS sind bei der Kooperation aufgeschlossen für Veränderungen.	☐	☐	☐	☐
g.	Konflikte und Probleme zwischen Kita und GS werden zwischen uns offen angesprochen.	☐	☐	☐	☐
h.	Bei Konflikten zwischen Kita und GS werden einvernehmlich Lösungen angestrebt.	☐	☐	☐	☐
i.	Ich kann als Kooperationspartnerin gemeinsame Entscheidungen von Kita und GS in ausreichendem Maße mitgestalten.	☐	☐	☐	☐
j.	Wenn ich als Partnerin Kritik an der Kooperation oder Verbesserungsvorschläge äußere, wird darauf in der gemeinsamen Arbeit eingegangen.	☐	☐	☐	☐
k.	Bei den Gesprächen zwischen Erzieherinnen und Lehrerinnen beteiligen sich die meisten Anwesenden aktiv an der Diskussion.	☐	☐	☐	☐
l.	Im Verhältnis zwischen Kita und GS gibt es eine eindeutige Dominanz der Erzieherin aus der Kita.	☐	☐	☐	☐
m.	Im Verhältnis zwischen Kita und GS gibt es eine eindeutige Dominanz der GS-Lehrerin.	☐	☐	☐	☐
n.	Ich habe den Eindruck, dass meine Kooperationspartnerin aus der GS mich in der gemeinsamen Arbeit als gleichberechtigt akzeptiert.	☐	☐	☐	☐
o.	Ich akzeptiere meine Kooperationspartnerin aus der GS in der gemeinsamen Arbeit als gleichberechtigt.	☐	☐	☐	☐
p.	Ich verspüre einen großen Erwartungsdruck durch die kooperierende GS-Lehrerin.	☐	☐	☐	☐
q.	Ich verspüre einen großen Leistungsdruck durch meine Kita-Leitung.	☐	☐	☐	☐
r.	Ich habe den Eindruck, dass es eine unausgeglichene Verteilung der Arbeit zu Lasten der Kita gibt.	☐	☐	☐	☐
s.	Ich habe den Eindruck, dass es eine unausgeglichene Verteilung der Arbeit zu Lasten der GS gibt.	☐	☐	☐	☐
t.	Ich bin der Auffassung, dass Freiwilligkeit die Motivation zur Kooperation stärkt.	☐	☐	☐	☐

Bitte in jeder Zeile ein Kästchen ankreuzen.

Zwischen unserer Kita und der kooperierenden GS gab / gibt es folgende Formen der Kooperation:

		monatlich	3-4-mal im Jahr	1-2-mal im Jahr	nie
o.	gemeinsame Zusammenarbeit mit Eltern	vor Delfin 4	☐	☐	☐	☐
		seit Delfin 4	☐	☐	☐	☐
p.	gemeinsame Gestaltung von Themenabenden für Eltern	vor Delfin 4	☐	☐	☐	☐
		seit Delfin 4	☐	☐	☐	☐
q.	gemeinsame Beratungsgespräche mit Eltern	vor Delfin 4	☐	☐	☐	☐
		seit Delfin 4	☐	☐	☐	☐
r.	eine gemeinsame Infoveranstaltung für Eltern der Vierjährigen	vor Delfin 4	☐	☐	☐	☐
		seit Delfin 4	☐	☐	☐	☐
s.	eine gemeinsame Übergabe der Bildungsdokumentation an die Eltern	vor Delfin 4	☐	☐	☐	☐
		seit Delfin 4	☐	☐	☐	☐
t.	Durchführung gemeinsamer Einschulungskonferenzen	vor Delfin 4	☐	☐	☐	☐
		seit Delfin 4	☐	☐	☐	☐
u.	Durchführung gemeinsamer Fortbildungen	vor Delfin 4	☐	☐	☐	☐
		seit Delfin 4	☐	☐	☐	☐
v.	einen Austausch von Lern- oder Arbeitsmaterialien	vor Delfin 4	☐	☐	☐	☐
		seit Delfin 4	☐	☐	☐	☐
w.	einen Austausch darüber, wie die Sprachförderung in der GS weitergeführt wird	vor Delfin 4	☐	☐	☐	☐
		seit Delfin 4	☐	☐	☐	☐

24   Wie hat sich Delfin 4 Ihrer Meinung nach auf Ihre Zusammenarbeit mit der GS ausgewirkt?

Bitte in jeder Zeile ein Kästchen ankreuzen.

Folgende Einschätzungen trafen bzw. treffen zu:

		trifft völlig zu	trifft eher zu	trifft eher nicht zu	trifft gar nicht zu
a.	Die Arbeitsbeziehung zwischen mir und meinen Kooperationspartnerinnen aus der GS ist produktiv.	vor Delfin 4	☐	☐	☐	☐
		seit Delfin 4	☐	☐	☐	☐
b.	Es gibt eine gemeinsame Fachsprache von Kita und GS.	vor Delfin 4	☐	☐	☐	☐
		seit Delfin 4	☐	☐	☐	☐
c.	Ich habe gute Kenntnisse über den Bildungs- und Erziehungsauftrag meiner Partnerin aus der GS.	vor Delfin 4	☐	☐	☐	☐
		seit Delfin 4	☐	☐	☐	☐

Bitte in jeder Zeile ein Kästchen ankreuzen.

Folgende Einschätzungen trafen bzw. treffen zu:

		trifft völlig zu	trifft eher zu	trifft eher nicht zu	trifft gar nicht zu
d.	Meine Kooperationspartnerinnen aus der GS haben gute Kenntnisse über den Erziehungs- und Bildungsauftrag der Kita.	vor Delfin 4	☐	☐	☐	☐
		seit Delfin 4	☐	☐	☐	☐
e.	Ich habe gute Kenntnisse über die in der kooperierenden GS praktizierten Regeln, Rituale und Arbeitsformen.	vor Delfin 4	☐	☐	☐	☐
		seit Delfin 4	☐	☐	☐	☐
f.	Die Erwartungen der anderen Berufsgruppe in der GS in Bezug auf meine Arbeit in der Kita sind mir klar.	vor Delfin 4	☐	☐	☐	☐
		seit Delfin 4	☐	☐	☐	☐
g.	Die Problemfelder in der Arbeit der anderen Berufsgruppe in der GS sind mir verständlich.	vor Delfin 4	☐	☐	☐	☐
		seit Delfin 4	☐	☐	☐	☐
h.	Absprachen zwischen Kita und GS werden eingehalten.	vor Delfin 4	☐	☐	☐	☐
		seit Delfin 4	☐	☐	☐	☐
i.	Es ist den Mitarbeiterinnen aus unserer Kita klar, mit welchen GSn unsere Einrichtung kooperiert.	vor Delfin 4	☐	☐	☐	☐
		seit Delfin 4	☐	☐	☐	☐

IV. Zusammenarbeit im Netzwerk

Kita und Grundschule arbeiten in unterschiedlichen Strukturen zusammen. Im Folgenden fragen wir nach Ihrer Mitgliedschaft in einem Netzwerk, bestehend aus einer oder mehreren Kitas und einer oder mehreren Grundschulen. Es kann sich hier um einen Arbeitskreis handeln, um die Zusammenarbeit an einem Projekt oder beispielsweise um Sozialraumkonferenzen. Auch andere Strukturen sind möglich. Für alle gilt jedoch, dass sie sich mit der Gestaltung des Übergangs von der Kita in die Grundschule befassen. Entweder ist dieses Thema alleiniger Schwerpunkt des Netzwerkes oder zumindest einer von mehreren Schwerpunkten.

25   Sind Sie Mitglied eines Netzwerkes, das sich mit dem Thema des Übergangs von der Kita zur Grundschule beschäftigt?

a. ja ☐
b. nein ☐

Herzlichen Dank für Ihre Mitarbeit!

WESTFÄLISCHE
WILHELMS-UNIVERSITÄT
MÜNSTER

Fachbereich Erziehungswissenschaft
und Sozialwissenschaften
Institut f. Erziehungswissenschaft

Trans KiGs

*Stärkung der Bildungs- und Erziehungsqualität
in Kindertageseinrichtungen und Grundschule*
Gestaltung des Übergangs

NRW

Fragebogen für die Pädagogische Fachkraft in der Grundschule

Codenummer und Name der kooperierenden Kita:

Prof. Dr. Petra Hanke

*Wissenschaftliche Projektleitung
TransKiGs NRW*
Abteilung für Schulpädagogik/
Schul- und Unterrichtsforschung
Bispinghof 5/6
48143 Münster

Kontakt:
Benedikt Rathmer
Tel. +49 251 / 83-24240
Fax +49 251 / 83-29267

rathmbe@uni-muenster.de

20. Januar 2009

Sehr geehrte Pädagoginnen und Pädagogen,

Sie und Ihre Schule wurden ausgewählt, an einer Untersuchung zur Praxis der Kooperation zwischen Kita und Grundschule im Zusammenhang mit Delfin 4 teilzunehmen (TransKiGs NRW). Ziel der Studie ist es, Bedingungen für das Gelingen von Kooperation zu untersuchen sowie Ansatzpunkte zu gewinnen, die zu einer Verbesserung der Kooperationsbedingungen vor Ort beitragen können und Sie in Ihrer Arbeit bei der sprachlichen Förderung von Kindern unterstützen. Ihre Antworten sind wichtig, um die Kooperationspraxis wirklichkeitsgetreu beschreiben zu können. Das ist die Voraussetzung dafür, gezielt notwendige Veränderungen vornehmen zu können.

Dieser Fragebogen richtet sich speziell an die Pädagogischen Fachkräfte an Grundschulen, die im Jahr 2008 Delfin 4 in Stufe 1 durchgeführt haben. Befragt werden darüber hinaus die Leitungen der beteiligten Grundschulen und Kindertageseinrichtungen, die Pädagogischen Fachkräfte aus den Kitas sowie Eltern der mit Delfin 4 getesteten Kinder. Die Fragebögen sind inhaltlich identisch. Insgesamt nehmen ca. 600 Einrichtungen an dieser Untersuchung teil.

Das Ministerium für Schule und Weiterbildung NRW sowie die Obere und Untere Schulaufsicht unterstützen das Projekt. Der Fragebogen ist vollständig anonymisiert. Wir versichern Ihnen, dass die Antworten aus dem Fragebogen nach den Bestimmungen des Datenschutzes streng vertraulich behandelt werden.

Aufgrund des höheren Frauenanteils in beiden Einrichtungen sowie des Umfangs und der besseren Lesbarkeit wegen wurden im Fragebogen ausschließlich die weiblichen Berufsbezeichnungen verwendet. Kita(s) steht für Kindertageseinrichtung(en) und GS(n) für Grundschule(n).

Beziehen Sie sich bitte bei Ihren Angaben zur Kooperation mit Kindertageseinrichtungen speziell auf die im Fragebogen oben angegebene Kita.

Für das Ausfüllen des Fragebogens benötigen Sie ca. 30 Minuten. Wir wissen es sehr zu schätzen, dass Sie hierfür Zeit und Mühe aufwenden, und bedanken uns herzlich für Ihre Unterstützung und Zusammenarbeit.

Bitte senden Sie den ausgefüllten Fragebogen bis zum **06. Februar 2009** in dem dafür bereits frankierten Rückumschlag an die Universität Münster zurück.

Das TransKiGs-Team NRW dankt Ihnen nochmals herzlich für Ihre Unterstützung!

Struktur des Fragebogens:

I.   Sie und Ihre Arbeit...............   01 – 15

II. Zusammenarbeit in Ihrer GS...   16 – 17

III. Zusammenarbeit zwischen Kita und GS..   18 - 24

IV. Zusammenarbeit im Netzwerk...............   25

I. Sie und Ihre Arbeit

01 Persönliche Angaben

01.1 Wie alt sind Sie?

a. unter 25 Jahre ☐
b. 25 bis 29 Jahre ☐
c. 30 bis 39 Jahre ☐
d. 40 bis 49 Jahre ☐
e. 50 bis 59 Jahre ☐
f. 60 Jahre und älter ☐

01.2 Sind Sie männlich oder weiblich?

a. männlich ☐
b. weiblich ☐

02 Arbeitszeitverpflichtung

02.1 Arbeiten Sie in Vollzeit oder in Teilzeit?

a. Vollzeit ☐
b. Teilzeit ☐

02.2 Wie viele Unterrichtsstunden geben Sie in der Woche?

Anzahl der Unterrichtsstunden pro Woche ☐☐

03 Welchen höchsten Schulabschluss haben Sie?

Bitte nur ein Kästchen ankreuzen.

a. Hauptschulabschluss ☐
b. Realschulabschluss ☐
c. Fachabitur / Fachhochschulreife ☐
d. Abitur / Allgemeine Hochschulreife ☐

04 Welchen Ausbildungs- / Bildungsabschluss haben Sie?   *Mehrfachankreuzungen möglich.*

a. Kinderpflegerin ☐
b. Erzieherin ☐
c. Heilpädagogische Fachkraft (Heilpädagogin / Heilerziehungspflegerin) ☐
d. Sozialpädagogin ☐
e. Diplompädagogin ☐
f. Sonder- / Förderpädagogin ☐
g. Lehrerin für die Primarstufe ☐
h. Lehrerin für die Sekundarstufe I ☐
i. Erstes Staatsexamen für ein Lehramt ☐
j. einen anderen, und zwar: ☐

09

Wie intensiv haben Sie sich im Rahmen Ihrer Aus- / Fort- oder Weiterbildung mit den folgenden Themen beschäftigt?

Bitte in jeder Zeile ein Kästchen ankreuzen.

	kaum bis überhaupt nicht	überblicksartig	vertiefend
a. kindlicher Spracherwerb	☐	☐	☐
b. Erwerb von Deutsch als Zweitsprache	☐	☐	☐
c. Verfahren zur Erfassung des sprachlichen Entwicklungsstandes	☐	☐	☐
d. Dokumentieren sprachlicher Entwicklung	☐	☐	☐
e. Sprachstandsfeststellungsverfahren Delfin 4	☐	☐	☐
f. Förderung der Sprachentwicklung	☐	☐	☐
g. gemeinsame Sprachförderung von Kita und GS	☐	☐	☐
h. Kinder und Eltern im Übergang von der Kita zur GS	☐	☐	☐
i. gemeinsame Gestaltung des Übergangs von der Kita zur GS	☐	☐	☐
j. gemeinsame Einschulungskonferenzen	☐	☐	☐

10

In welchem Jahr haben Sie in welchen Stufen Kinder mit Delfin 4 getestet?

a. 2007 - Stufe 1 (Besuch im Zoo) ☐   c. 2008 - Stufe 1 (Besuch im Zoo) ☐

b. 2007 - Stufe 2 (Besuch im Pfiffikus-Haus) ☐   d. 2008 - Stufe 2 (Besuch im Pfiffikus-Haus) ☐

11

Anzahl der getesteten Kinder   *Bitte tragen Sie jeweils die Anzahl rechtsbündig ein.*

11.1 Wie viele Kinder haben Sie persönlich im Jahr 2008 in Stufe 1 getestet?

☐☐ Kinder

11.2 Wie viele Kinder haben Sie persönlich im Jahr 2008 in Stufe 2 getestet?

☐☐ Kinder

11.3 In wie vielen Kitas haben Sie Kinder im Jahr 2008 mit Delfin 4 getestet?

☐☐ Kita(s)

05

Wie viele Jahre (einschließlich des laufenden Schuljahres) sind Sie schon als Fachkraft in einer Schule tätig?

Bitte auf die nächste ganze Zahl aufrunden.   ☐☐ **Jahre**   *Bitte tragen Sie die Anzahl rechtsbündig ein.*

06

Wie viele Jahre (einschließlich des laufenden Schuljahres) sind Sie schon als Fachkraft in Ihrer jetzigen Schule tätig?

Bitte auf die nächste ganze Zahl aufrunden.   ☐☐ **Jahre**   *Bitte tragen Sie die Anzahl rechtsbündig ein.*

07

Welche Funktion(en) üben Sie in Ihrer GS aus?   *Mehrfachankreuzungen möglich.*

a. Klassenlehrerin ☐

b. Grundschullehrerin ohne Klassenleitungsfunktion ☐

c. Sonder- bzw. Förderschulpädagogin ☐

d. Erzieherin ☐

e. Sozialpädagogin ☐

f. Diplompädagogin ☐

g. Lehramtsanwärterin ☐

h. eine der Schule zeitlich befristet zugewiesene Vertretungslehrerin ☐

i. Honorarkraft ☐

j. Praktikantin ☐

k. andere pädagogische Mitarbeiterin ☐

08

In welchen Jahrgangsstufen waren Sie bislang am häufigsten eingesetzt?

Mehrfachankreuzungen möglich.

a. Jahrgangsstufe 1 ☐   c. Jahrgangsstufe 3 ☐

b. Jahrgangsstufe 2 ☐   d. Jahrgangsstufe 4 ☐

Welche der folgenden Tätigkeiten gehörten im Kontext von Delfin 4 in Stufe 1 im Jahr 2008 zu Ihren Aufgaben?

Mehrfachankreuzungen möglich.

	ich alleine	mit Kollegin aus GS	mit Partnerin aus Kita
a. Koordination in der eigenen GS	☐	☐	☐
b. Teilnahme an einer Infoveranstaltung für Fachkräfte	☐	☐	☐
c. Vorbereitung von Delfin 4	☐	☐	☐
d. Durchführung von Delfin 4	☐	☐	☐
e. Nachbereitung von Delfin 4	☐	☐	☐
f. Absprachen mit der kooperierenden Kita	☐	☐	☐
g. Zusammenarbeit mit Eltern	☐	☐	☐

Wie oft haben Sie selbst und die folgenden Personen in der Testphase 2008 Kinder mit Delfin 4 in Stufe 1 getestet?

Bitte in jeder Zeile ein Kästchen ankreuzen.

	immer	oft	gelegentlich	nie
a. ich	☐	☐	☐	☐
und die folgenden weiteren Personen:				
b. Erzieherin aus dem Kita-Bereich	☐	☐	☐	☐
c. Erzieherin aus dem GS-Bereich	☐	☐	☐	☐
d. Grundschullehrerin	☐	☐	☐	☐
e. GS-Leitung	☐	☐	☐	☐
f. Kita-Leitung	☐	☐	☐	☐
g. Heilpädagogische oder Integrative Zusatzkraft aus dem GS-Bereich	☐	☐	☐	☐
h. Sonder- / Förderpädagogin aus dem GS-Bereich	☐	☐	☐	☐
i. Sozialpädagogin aus dem GS-Bereich	☐	☐	☐	☐
j. Lehramtsanwärterin	☐	☐	☐	☐
k. Honorarkraft aus dem GS-Bereich	☐	☐	☐	☐
l. Praktikantin aus dem GS-Bereich	☐	☐	☐	☐
m. andere pädagogische Mitarbeiterin aus dem GS-Bereich	☐	☐	☐	☐

Warum haben Sie bei Delfin 4 im Jahr 2008 mitgetestet?

Bitte in jeder Zeile ein Kästchen ankreuzen.

Ich habe bei dem Test mitgewirkt, …

	trifft völlig zu	trifft eher zu	trifft eher nicht zu	trifft gar nicht zu
a. weil ich mich für die Kooperation mit der Kita interessiere.	☐	☐	☐	☐
b. weil ich mich für Delfin 4 interessiere.	☐	☐	☐	☐
c. weil ich es wichtig finde, dass Kita und GS in Bezug auf die Sprachstandsdiagnose kooperieren.	☐	☐	☐	☐
d. weil ich es wichtig finde, dass Kita und GS in Bezug auf die Sprachförderung kooperieren.	☐	☐	☐	☐
e. weil ich es wichtig finde, dass Kita und GS in Bezug auf den Übergang kooperieren.	☐	☐	☐	☐
f. weil ich schon früher mit einer Kita kooperiert habe.	☐	☐	☐	☐
g. weil die Kooperation zwischen den verschiedenen Berufsgruppen meines Erachtens die Qualität meiner Arbeit steigert.	☐	☐	☐	☐
h. weil die Kooperation mir Möglichkeiten eröffnet, mich selbst fachlich weiterzuqualifizieren.	☐	☐	☐	☐
i. weil ich von meinen Kolleginnen dazu ausgewählt wurde.	☐	☐	☐	☐
j. weil ich von meiner Schulleitung damit beauftragt wurde.	☐	☐	☐	☐
k. weil ich über fachliche Qualifikationen für die Kooperation im Zusammenhang mit der Sprachstandsdiagnose verfüge.	☐	☐	☐	☐
l. weil sich dabei Gelegenheiten zum persönlichen Austausch mit den Kooperationspartnerinnen aus den anderen Berufsgruppen ergeben.	☐	☐	☐	☐
m. weil keine andere Kollegin diese Aufgabe übernehmen wollte.	☐	☐	☐	☐
n. weil ich dafür eine Entlastung erfahren habe.	☐	☐	☐	☐
o. weil: …	☐	☐	☐	☐

15

Wie hat sich Delfin 4 auf Sie persönlich als Kooperationspartnerin ausgewirkt?

Bitte in jeder Zeile ein Kästchen ankreuzen.

Folgende Einschätzungen trafen bzw. treffen für mich zu:

		trifft völlig zu	trifft eher zu	trifft eher nicht zu	trifft gar nicht zu
a.	Ich habe eine hohe Bereitschaft, mit Fachkräften aus der Kita zu kooperieren.	vor Delfin 4	☐	☐	☐	☐
		seit Delfin 4	☐	☐	☐	☐
b.	Ich arbeite viel mit Kolleginnen aus meiner GS zusammen.	vor Delfin 4	☐	☐	☐	☐
		seit Delfin 4	☐	☐	☐	☐
c.	Ich tausche mich oft mit Fachkräften aus dem Kita-Bereich über Themen des Übergangs aus.	vor Delfin 4	☐	☐	☐	☐
		seit Delfin 4	☐	☐	☐	☐
d.	Ich empfinde die Zusammenarbeit als hohe Arbeitsbelastung.	vor Delfin 4	☐	☐	☐	☐
		seit Delfin 4	☐	☐	☐	☐
e.	Ich muss aufgrund von Zeitmangel Themen des Übergangs von der Kita zur GS in der täglichen Praxis vernachlässigen.	vor Delfin 4	☐	☐	☐	☐
		seit Delfin 4	☐	☐	☐	☐
f.	Ich fühle mich qualifiziert, eine gemeinsame Sprachstandsdiagnostik durchzuführen.	vor Delfin 4	☐	☐	☐	☐
		seit Delfin 4	☐	☐	☐	☐
g.	Ich bin der Auffassung, dass die gemeinsame Gestaltung des Übergangs für Kinder wichtig ist.	vor Delfin 4	☐	☐	☐	☐
		seit Delfin 4	☐	☐	☐	☐
h.	Ich habe über die Ziele der Kooperation zwischen unserer GS und der an Delfin 4 beteiligten Kita klare Kenntnis.	vor Delfin 4	☐	☐	☐	☐
		seit Delfin 4	☐	☐	☐	☐
i.	Ich fühle mich sicher im Umgang mit anderen Berufsgruppen.	vor Delfin 4	☐	☐	☐	☐
		seit Delfin 4	☐	☐	☐	☐
j.	Ich halte gemeinsame Fortbildungen von Fachkräften aus Kita und GS für notwendig.	vor Delfin 4	☐	☐	☐	☐
		seit Delfin 4	☐	☐	☐	☐
k.	Ich bin der Auffassung, dass eine Kommunikation mit den Eltern über die sprachliche Entwicklung des Kindes wichtig ist.	vor Delfin 4	☐	☐	☐	☐
		seit Delfin 4	☐	☐	☐	☐
l.	Ich verfüge über gute Kenntnisse in Bezug auf die datenschutzrechtlichen Bestimmungen für die Zusammenarbeit zwischen Kita und GS.	vor Delfin 4	☐	☐	☐	☐
		seit Delfin 4	☐	☐	☐	☐

II. Zusammenarbeit in Ihrer GS

16

Unterstützung durch die Leitung bzw. das Kollegium

16.1 Welche Art von Unterstützung haben Sie durch Ihre Leitung bzw. durch Ihr Kollegium für die Kooperation im Kontext von Delfin 4 für die Stufe 1 im Jahr 2008 erfahren? Welche Art der Veränderung ist aus Ihrer Sicht erforderlich, damit die Kooperation zwischen Kita und GS gelingt?

Bitte in jeder Zeile ankreuzen.

		durch:	Das gab es: ja	nein	weiß nicht	Art der Veränderung: mehr	keine	weniger
d.	persönliche Gesprächsangebote	Leitung	☐	☐	☐	☐	☐	☐
		Kollegium	☐	☐	☐	☐	☐	☐
e.	fachliche Beratung	Leitung	☐	☐	☐	☐	☐	☐
		Kollegium	☐	☐	☐	☐	☐	☐
f.	motivationale Unterstützung	Leitung	☐	☐	☐	☐	☐	☐
		Kollegium	☐	☐	☐	☐	☐	☐
d.	Aufgeschlossenheit in Bezug auf Neuerungen	Leitung	☐	☐	☐	☐	☐	☐
		Kollegium	☐	☐	☐	☐	☐	☐
e.	Interesse an der Gestaltung des Übergangs von der Kita zur GS	Leitung	☐	☐	☐	☐	☐	☐
		Kollegium	☐	☐	☐	☐	☐	☐
f.	Engagement für die Gestaltung des Übergangs von der Kita zur GS	Leitung	☐	☐	☐	☐	☐	☐
		Kollegium	☐	☐	☐	☐	☐	☐
g.	Einstehen für ein klares pädagogisches Konzept in Bezug auf die Kooperation zwischen Kita und GS	Leitung	☐	☐	☐	☐	☐	☐
		Kollegium	☐	☐	☐	☐	☐	☐
h.	Rückmeldungen über die geleistete Kooperationsarbeit	Leitung	☐	☐	☐	☐	☐	☐
		Kollegium	☐	☐	☐	☐	☐	☐
i.	rechtzeitige Weitergabe relevanter Informationen	Leitung	☐	☐	☐	☐	☐	☐
		Kollegium	☐	☐	☐	☐	☐	☐
j.	Weitergabe von Informationen in ausreichendem Umfang	Leitung	☐	☐	☐	☐	☐	☐
		Kollegium	☐	☐	☐	☐	☐	☐
k.	Arbeitsteilung bei der Vorbereitung	Leitung	☐	☐	☐	☐	☐	☐
		Kollegium	☐	☐	☐	☐	☐	☐
l.	Arbeitsteilung bei der Umsetzung	Leitung	☐	☐	☐	☐	☐	☐
		Kollegium	☐	☐	☐	☐	☐	☐

17 Wie oft beteiligen Sie sich an folgenden Formen der Zusammenarbeit in Ihrer Schule?

Bitte in jeder Zeile ein Kästchen ankreuzen.

	jeden Tag	jede Woche	monatlich	3-4-mal im Jahr	1-2-mal im Jahr	nie
a. Austausch von Materialien	☐	☐	☐	☐	☐	☐
b. gemeinsame Planung ganzer Unterrichtseinheiten oder Projekte	☐	☐	☐	☐	☐	☐
c. gemeinsame Durchführung von Unterrichtsstunden	☐	☐	☐	☐	☐	☐
d. gemeinsame Erprobung neuer Ideen und Methoden	☐	☐	☐	☐	☐	☐
e. gemeinsame Reflexion der Qualität unserer pädagogischen Arbeit	☐	☐	☐	☐	☐	☐
f. gegenseitige Hospitation	☐	☐	☐	☐	☐	☐
g. gemeinsame Durchführung individueller Förderung	☐	☐	☐	☐	☐	☐
h. gemeinsame Erarbeitung von Zielen der GS	☐	☐	☐	☐	☐	☐
i. gemeinsame Erarbeitung von Strategien zur Bewältigung beruflicher Schwierigkeiten	☐	☐	☐	☐	☐	☐
j. gemeinsame Wahrnehmung von Möglichkeiten der Mitgestaltung des Schullebens	☐	☐	☐	☐	☐	☐
k. Zusammenarbeit mit Eltern	☐	☐	☐	☐	☐	☐

III. Zusammenarbeit zwischen Kita und GS

18 Haben die Ansprechpartnerinnen für die Kooperation zwischen Kita und GS bei Delfin 4 in den Einrichtungen gewechselt?

	ja	falls ja:	nein	weiß nicht
a. während Delfin 4 im Jahr 2007 – Stufe 1	☐	bei der Kita ☐ / bei der GS ☐	☐	☐
b. während Delfin 4 im Jahr 2008 – Stufe 1	☐	bei der Kita ☐ / bei der GS ☐	☐	☐
c. zwischen Delfin 4 im Jahr 2007 und Delfin 4 im Jahr 2008	☐	bei der Kita ☐ / bei der GS ☐	☐	☐

Bitte in jeder Zeile ankreuzen.

	durch:	Das gab es: ja	nein	weiß nicht	Art der Veränderung: mehr	keine	weniger
m. Arbeitsteilung bei der Nachbereitung	Leitung	☐	☐	☐	☐	☐	☐
	Kollegium	☐	☐	☐	☐	☐	☐
n. Wertschätzung kollegialer Mitbestimmung	Leitung	☐	☐	☐	☐	☐	☐
	Kollegium	☐	☐	☐	☐	☐	☐
o. Wertschätzung meiner pädagogischen Arbeit	Leitung	☐	☐	☐	☐	☐	☐
	Kollegium	☐	☐	☐	☐	☐	☐
p. Bemühen um Standards für die Verständigung innerhalb des Kollegiums	Leitung	☐	☐	☐	☐	☐	☐
	Kollegium	☐	☐	☐	☐	☐	☐
q. Anderes, und zwar:	Leitung	☐	☐	☐	☐	☐	☐
	Kollegium	☐	☐	☐	☐	☐	☐

16.2 Welche Art von Unterstützung haben Sie ausschließlich durch Ihre Leitung für die Kooperation im Kontext von Delfin 4 für die Stufe 1 im Jahr 2008 erfahren?
Welche Art der Veränderung ist aus Ihrer Sicht erforderlich, damit die Kooperation zwischen Kita und GS gelingt?

Bitte in jeder Zeile ankreuzen.

	Das gab es: ja	nein	weiß nicht	Art der Veränderung: mehr	keine	weniger
a. Fortbildungsangebote, die die Kooperation zum Inhalt haben	☐	☐	☐	☐	☐	☐
b. Fortbildungsangebote, die die Zusammenarbeit im Kollegium fördern	☐	☐	☐	☐	☐	☐
c. Interesse an der Arbeit in den einzelnen Klassen	☐	☐	☐	☐	☐	☐
d. Anregung und Unterstützung in Bezug auf Formen der Kooperation innerhalb des Kollegiums	☐	☐	☐	☐	☐	☐
e. Anregung und Unterstützung in Bezug auf Formen der Kooperation mit anderen Partnern	☐	☐	☐	☐	☐	☐
f. gute Koordination der Zeitpläne für die Zusammenarbeit im Kollegium außerhalb des Stundenplans	☐	☐	☐	☐	☐	☐
g. gerechte Arbeitsverteilung	☐	☐	☐	☐	☐	☐
h. transparente Arbeitsverteilung	☐	☐	☐	☐	☐	☐

Bitte in jeder Zeile ankreuzen.

	Das gab es: ja	nein	weiß nicht	Art der Veränderung: mehr	keine	weniger
h. schriftliche Absprachen	☐	☐	☐	☐	☐	☐
i. Kooperationsverträge	☐	☐	☐	☐	☐	☐
j. Einhalten von Absprachen und Verträgen	☐	☐	☐	☐	☐	☐
k. gemeinsame Fachsprache	☐	☐	☐	☐	☐	☐
l. gegenseitige Hospitationen	☐	☐	☐	☐	☐	☐
m. gemeinsame Fortbildungen der Pädagogischen Fachkräfte aus Kita und GS	☐	☐	☐	☐	☐	☐
n. Verfügbarkeit unabhängiger Moderatorinnen	☐	☐	☐	☐	☐	☐
o. Möglichkeit des Kennenlernens der Kooperationspartnerinnen aus der Kita vor der Zusammenarbeit	☐	☐	☐	☐	☐	☐
p. Mitbestimmung bei der Zusammensetzung der kooperierenden Fachkräfte	☐	☐	☐	☐	☐	☐
q. rechtzeitige Information in Bezug auf die Kooperation	☐	☐	☐	☐	☐	☐
r. ausreichende Information in Bezug auf die Kooperation	☐	☐	☐	☐	☐	☐
s. Arbeitsteilung bei Verwaltungsaufgaben im Kontext von Delfin 4	☐	☐	☐	☐	☐	☐
t. Beteiligung der Eltern bei der Vorbereitung bzw. Nachbereitung von Delfin 4	☐	☐	☐	☐	☐	☐
u. Einhaltung von Terminabsprachen durch die Eltern	☐	☐	☐	☐	☐	☐
v. Gesprächsbereitschaft von Eltern bezüglich der sprachlichen Förderung ihres Kindes	☐	☐	☐	☐	☐	☐
w. Rückmeldungen von Eltern über die von Kita und GS geleistete Kooperationsarbeit	☐	☐	☐	☐	☐	☐
x. Anderes, und zwar: _____	☐	☐	☐	☐	☐	☐

22 **Inwieweit stimmen Sie den folgenden Aussagen zum Klima Ihrer Zusammenarbeit mit der Kita im Kontext von Delfin 4 zu?**

Bitte in jeder Zeile ein Kästchen ankreuzen.

	trifft völlig zu	trifft eher zu	trifft eher nicht zu	trifft gar nicht zu
a. Ich habe den Eindruck, dass unser Kollegium zur Kooperation mit der Kita bereit ist.	☐	☐	☐	☐

---

19 **Haben Arbeitstreffen zwischen Ihnen und Ihrer Kooperationspartnerin aus der Kita stattgefunden, um Delfin 4 in Stufe 1 im Jahr 2008 gemeinsam vor- bzw. nachzubereiten?**
Wo haben Sie sich getroffen?

gemeinsame Arbeitstreffen	ja	falls ja:	nein
a. Vorbereitung von Delfin 4	☐	in der Kita ☐ / in der GS ☐ / andermorts ☐ und zwar: ____	☐
b. Nachbereitung von Delfin 4	☐	In der Kita ☐ / in der GS ☐ / andermorts ☐ und zwar: ____	☐

20 **Haben Sie an gemeinsamen Fortbildungen für Erzieherinnen und Grundschullehrerinnen teilgenommen?**

Bitte in jeder Zeile ein Kästchen ankreuzen

	ja	nein
a. zu Delfin 4	☐	☐
b. zu anderen Themen des Übergangs von der Kita zur GS — vor Delfin 4	☐	☐
seit Delfin 4	☐	☐

21 **Welche Art der Unterstützung für die Zusammenarbeit zwischen Kita und GS gab es im Kontext von Delfin 4 in Stufe 1 im Jahr 2008?**
Welche Art der Veränderung ist aus Ihrer Sicht erforderlich, damit die Kooperation zwischen Kita und GS gelingt?

Bitte in jeder Zeile ankreuzen.

	Das gab es: ja	nein	weiß nicht	Art der Veränderung: mehr	keine	weniger
a. mündliche Absprachen zwischen den Leitungen	☐	☐	☐	☐	☐	☐
b. Engagement der Kita-Fachkraft / Übernahme von Aufgaben (z.B. bei der Koordination...)	☐	☐	☐	☐	☐	☐
c. Engagement der GS-Fachkraft / Übernahme von Aufgaben (z.B. bei der Koordination...)	☐	☐	☐	☐	☐	☐
d. personelle Kontinuität der Ansprechpartnerinnen für die Kooperation	☐	☐	☐	☐	☐	☐
e. Gemeinsamkeiten im pädagogischen Konzept der Kita und im Schulprogramm der GS	☐	☐	☐	☐	☐	☐
f. gemeinsame Standards für die Bildungsdokumentation	☐	☐	☐	☐	☐	☐
g. Protokollieren von Ergebnissen der Kooperation	☐	☐	☐	☐	☐	☐

Bitte in jeder Zeile ein Kästchen ankreuzen.

	trifft völlig zu	trifft eher zu	trifft eher nicht zu	trifft gar nicht zu
b. Ich schätze die Arbeit, die von meiner Kooperationspartnerin aus der Kita geleistet wird.	☐	☐	☐	☐
c. Ich fühle mich durch die Partnerin aus der Kita kontrolliert.	☐	☐	☐	☐
d. Ich habe Vertrauen in die berufliche Kompetenz meiner Kooperationspartnerin aus der Kita.	☐	☐	☐	☐
e. Als Kooperationspartnerinnen wurden wir gleichberechtigt durch die jeweiligen Leitungen über die Durchführung von Delfin 4 Stufe 1 informiert.	☐	☐	☐	☐
f. Die meisten Partnerinnen aus Kita und GS sind bei der Kooperation aufgeschlossen für Veränderungen.	☐	☐	☐	☐
g. Konflikte und Probleme zwischen Kita und GS werden zwischen uns offen angesprochen.	☐	☐	☐	☐
h. Bei Konflikten zwischen Kita und GS werden einvernehmlich Lösungen angestrebt.	☐	☐	☐	☐
i. Ich kann als Kooperationspartnerin gemeinsame Entscheidungen von Kita und GS in ausreichendem Maße mitgestalten.	☐	☐	☐	☐
j. Wenn ich als Partnerin Kritik an der Kooperation oder Verbesserungsvorschläge äußere, wird darauf in der gemeinsamen Arbeit eingegangen.	☐	☐	☐	☐
k. Bei den Gesprächen zwischen Erzieherinnen und Lehrerinnen beteiligen sich die meisten Anwesenden aktiv an der Diskussion.	☐	☐	☐	☐
l. Im Verhältnis zwischen Kita und GS gibt es eine eindeutige Dominanz der Erzieherin aus der Kita.	☐	☐	☐	☐
m. Im Verhältnis zwischen Kita und GS gibt es eine eindeutige Dominanz der GS-Lehrerin.	☐	☐	☐	☐
n. Ich habe den Eindruck, dass meine Kooperationspartnerin aus der Kita mich in der gemeinsamen Arbeit als gleichberechtigt akzeptiert.	☐	☐	☐	☐
o. Ich akzeptiere meine Kooperationspartnerin aus der Kita in der gemeinsamen Arbeit als gleichberechtigt.	☐	☐	☐	☐
p. Ich verspüre einen großen Erwartungsdruck durch die kooperierende Erzieherin.	☐	☐	☐	☐
q. Ich verspüre einen großen Leistungsdruck durch meine Schulleitung.	☐	☐	☐	☐
r. Ich habe den Eindruck, dass es eine unausgeglichene Verteilung der Arbeit zu Lasten der Kita gibt.	☐	☐	☐	☐
s. Ich habe den Eindruck, dass es eine unausgeglichene Verteilung der Arbeit zu Lasten der GS gibt.	☐	☐	☐	☐
t. Ich bin der Auffassung, dass Freiwilligkeit die Motivation zur Kooperation stärkt.	☐	☐	☐	☐

---

23. Wie häufig kommen folgende Formen der Kooperation zwischen Kita und GS vor?

Bitte in jeder Zeile ein Kästchen ankreuzen.

Zwischen unserer GS und der kooperierenden Kita gab / gibt es folgende Formen der Kooperation:

		monatlich	3-4-mal im Jahr	1-2-mal im Jahr	nie
a. eine gemeinsame Reflexion der Qualität unserer pädagogischen Arbeit	vor Delfin 4	☐	☐	☐	☐
	seit Delfin 4	☐	☐	☐	☐
b. Durchführung gemeinsamer Konferenzen	vor Delfin 4	☐	☐	☐	☐
	seit Delfin 4	☐	☐	☐	☐
c. gemeinsame Absprachen über Sprachförderkonzepte vor der Einschulung	vor Delfin 4	☐	☐	☐	☐
	seit Delfin 4	☐	☐	☐	☐
d. einen Austausch über das Bildungsverständnis und über Bildungskonzepte	vor Delfin 4	☐	☐	☐	☐
	seit Delfin 4	☐	☐	☐	☐
e. Besuche einer Erzieherin in der GS zur Beobachtung der dortigen Erziehungs- und Bildungsarbeit	vor Delfin 4	☐	☐	☐	☐
	seit Delfin 4	☐	☐	☐	☐
f. Besuche einer Erzieherin in der GS zur Beobachtung ehemaliger Kita-Kinder	vor Delfin 4	☐	☐	☐	☐
	seit Delfin 4	☐	☐	☐	☐
g. Besuche einer GS-Lehrerin in der Kita zur Beobachtung der dortigen Erziehungs- und Bildungsarbeit	vor Delfin 4	☐	☐	☐	☐
	seit Delfin 4	☐	☐	☐	☐
h. Besuche einer GS-Lehrerin in der Kita zur Beobachtung zukünftiger Schulkinder	vor Delfin 4	☐	☐	☐	☐
	seit Delfin 4	☐	☐	☐	☐
i. Teilnahme einer Erzieherin an Elternabenden der GS	vor Delfin 4	☐	☐	☐	☐
	seit Delfin 4	☐	☐	☐	☐
j. Teilnahme einer GS-Lehrerin an Elternabenden der Kita	vor Delfin 4	☐	☐	☐	☐
	seit Delfin 4	☐	☐	☐	☐
k. Besuche von Kita-Kindern in der GS	vor Delfin 4	☐	☐	☐	☐
	seit Delfin 4	☐	☐	☐	☐
l. Besuche von GS-Kindern in der Kita	vor Delfin 4	☐	☐	☐	☐
	seit Delfin 4	☐	☐	☐	☐
m. gemeinsam gestaltete Projekte	vor Delfin 4	☐	☐	☐	☐
	seit Delfin 4	☐	☐	☐	☐
n. gemeinsam gestaltete Feste	vor Delfin 4	☐	☐	☐	☐
	seit Delfin 4	☐	☐	☐	☐

Bitte in jeder Zeile ein Kästchen ankreuzen.

Zwischen unserer GS und der kooperierenden Kita gab / gibt es folgende Formen der Kooperation:

		monatlich	3-4-mal im Jahr	1-2-mal im Jahr	nie
o.	gemeinsame Zusammenarbeit mit Eltern	vor Delfin 4	☐	☐	☐	☐
		seit Delfin 4	☐	☐	☐	☐
p.	gemeinsame Gestaltung von Themenabenden für Eltern	vor Delfin 4	☐	☐	☐	☐
		seit Delfin 4	☐	☐	☐	☐
q.	gemeinsame Beratungsgespräche mit Eltern	vor Delfin 4	☐	☐	☐	☐
		seit Delfin 4	☐	☐	☐	☐
r.	eine gemeinsame Infoveranstaltung für Eltern der Vierjährigen	vor Delfin 4	☐	☐	☐	☐
		seit Delfin 4	☐	☐	☐	☐
s.	eine gemeinsame Übergabe der Bildungsdokumentation an die Eltern	vor Delfin 4	☐	☐	☐	☐
		seit Delfin 4	☐	☐	☐	☐
t.	Durchführung gemeinsamer Einschulungskonferenzen	vor Delfin 4	☐	☐	☐	☐
		seit Delfin 4	☐	☐	☐	☐
u.	Durchführung gemeinsamer Fortbildungen	vor Delfin 4	☐	☐	☐	☐
		seit Delfin 4	☐	☐	☐	☐
v.	einen Austausch von Lern- oder Arbeitsmaterialien	vor Delfin 4	☐	☐	☐	☐
		seit Delfin 4	☐	☐	☐	☐
w.	einen Austausch darüber, wie die Sprachförderung in der GS weitergeführt wird	vor Delfin 4	☐	☐	☐	☐
		seit Delfin 4	☐	☐	☐	☐

24 **Wie hat sich Delfin 4 Ihrer Meinung nach auf Ihre Zusammenarbeit mit der Kita ausgewirkt?**

Bitte in jeder Zeile ein Kästchen ankreuzen.

Folgende Einschätzungen trafen bzw. treffen zu:

		trifft völlig zu	trifft eher zu	trifft eher nicht zu	trifft gar nicht zu
a.	Die Arbeitsbeziehung zwischen mir und meinen Kooperationspartnerinnen aus der Kita ist produktiv.	vor Delfin 4	☐	☐	☐	☐
		seit Delfin 4	☐	☐	☐	☐
b.	Es gibt eine gemeinsame Fachsprache von Kita und GS.	vor Delfin 4	☐	☐	☐	☐
		seit Delfin 4	☐	☐	☐	☐
c.	Ich habe gute Kenntnisse über den Bildungs- und Erziehungsauftrag meiner Partnerin aus der Kita.	vor Delfin 4	☐	☐	☐	☐
		seit Delfin 4	☐	☐	☐	☐

Bitte in jeder Zeile ein Kästchen ankreuzen.

Folgende Einschätzungen trafen bzw. treffen zu:

		trifft völlig zu	trifft eher zu	trifft eher nicht zu	trifft gar nicht zu
d.	Meine Kooperationspartnerinnen aus der Kita haben gute Kenntnisse über den Erziehungs- und Bildungsauftrag der GS.	vor Delfin 4	☐	☐	☐	☐
		seit Delfin 4	☐	☐	☐	☐
e.	Ich habe gute Kenntnisse über die in der kooperierenden Kita praktizierten Regeln, Rituale und Arbeitsformen.	vor Delfin 4	☐	☐	☐	☐
		seit Delfin 4	☐	☐	☐	☐
f.	Die Erwartungen der anderen Berufsgruppe in der Kita in Bezug auf meine Arbeit in der GS sind mir klar.	vor Delfin 4	☐	☐	☐	☐
		seit Delfin 4	☐	☐	☐	☐
g.	Die Problemfelder in der Arbeit der anderen Berufsgruppe in der Kita sind mir verständlich.	vor Delfin 4	☐	☐	☐	☐
		seit Delfin 4	☐	☐	☐	☐
h.	Absprachen zwischen unserer Kita und GS werden eingehalten.	vor Delfin 4	☐	☐	☐	☐
		seit Delfin 4	☐	☐	☐	☐
i.	Es ist den Kolleginnen aus unserer GS klar, mit welchen Kitas unsere GS kooperiert.	vor Delfin 4	☐	☐	☐	☐
		seit Delfin 4	☐	☐	☐	☐

IV. Zusammenarbeit im Netzwerk

Kita und Grundschule arbeiten in unterschiedlichen Strukturen zusammen. Im Folgenden fragen wir nach Ihrer Mitgliedschaft in einem Netzwerk, das aus einer oder mehreren Kitas und einer oder mehreren Grundschulen besteht. Es kann sich hier um einen Arbeitskreis handeln, um die Zusammenarbeit an einem Projekt oder beispielsweise um Sozialraumkonferenzen. Auch andere Strukturen sind möglich. Für alle gilt jedoch, dass sie sich mit der Gestaltung des Übergangs von der Kita in die Grundschule befassen. Entweder ist dieses Thema alleiniger Schwerpunkt des Netzwerkes oder zumindest einer von mehreren Schwerpunkten.

25 **Sind Sie Mitglied eines Netzwerkes, das sich mit dem Thema des Übergangs von der Kita zur Grundschule beschäftigt?**

a.	ja	☐
b.	nein	☐

Herzlichen Dank für Ihre Mitarbeit!

WESTFÄLISCHE
WILHELMS-UNIVERSITÄT
MÜNSTER

Fachbereich Erziehungswissenschaft
und Sozialwissenschaften
Institut für Erziehungswissenschaft

Trans KiGs

Stärkung der Bildungs- und Erziehungsqualität
in Kindertageseinrichtungen und Grundschule
Gestaltung des Übergangs
NRW

Fragebogen für Eltern

Codenummer:

Prof. Dr. Petra Hanke

Wissenschaftliche Projektleitung
TransKiGs NRW

Abteilung für Schulpädagogik/
Schul- und Unterrichtsforschung
Bispinghof 5/6
48143 Münster

Kontakt:
Benedikt Rathmer
Tel. +49 251 / 83-24240
Fax +49 251 / 83-29267

rathmbe@uni-muenster.de

20. Januar 2009

Liebe Eltern,

Ihr Kind wurde im Jahr 2008 mit dem Sprachstandsfeststellungsverfahren Delfin 4 getestet. Die Kita Ihres Kindes nimmt an einer Untersuchung teil, in der es um die Zusammenarbeit zwischen Kindertageseinrichtungen und Grundschulen bei Delfin 4 geht (TransKiGs NRW). Dabei sind uns Ihre Einschätzungen als Eltern zur Zusammenarbeit mit der Kita und der Grundschule im Rahmen von Delfin 4 sehr wichtig. Ihre Angaben werden sehr hilfreich sein, die Zusammenarbeit zwischen beiden Einrichtungen im Hinblick auf die Förderung von Kindern weiterzuentwickeln.

Der Fragebogen ist vollständig anonymisiert. Wir versichern Ihnen, dass die Antworten aus dem Fragebogen nach den Bestimmungen des Datenschutzes streng vertraulich behandelt werden.

Aufgrund des höheren Frauenanteils in beiden Einrichtungen sowie des Umfangs und der besseren Lesbarkeit wegen wurden im Fragebogen ausschließlich die weiblichen Berufsbezeichnungen verwendet. Kita(s) steht für Kindertageseinrichtung(en) und GS(n) für Grundschule(n).

Für das Ausfüllen des Fragebogens benötigen Sie ca. 20-30 Minuten. Wir wissen es sehr zu schätzen, dass Sie hierfür Zeit und Mühe aufwenden, und bedanken uns herzlich für Ihre Unterstützung und Zusammenarbeit.

Bitte senden Sie den ausgefüllten Fragebogen bis zum **06. Februar 2009** in dem dafür bereits frankierten Rückumschlag an die Universität Münster zurück.

Das TransKiGs-Team NRW dankt Ihnen nochmals herzlich für Ihre Unterstützung!

Struktur des Fragebogens:

I.   **Sie und Ihr(e) Kind(er)**... 01 - 11

II.   **Zusammenarbeit mit Kita und GS**................................ 12 - 16

I.   Sie und Ihr(e) Kind(er)

01
In welcher Rolle füllen Sie diesen Fragebogen aus?

a. Mutter ☐
b. Vater ☐
c. Sonstige *(bitte angeben)*: ☐
_____

02
Sind Sie ...?

a. allein erziehende Mutter ☐
b. allein erziehender Vater ☐
c. gemeinsam erziehende Eltern ☐
d. Sonstiges ☐

03
Welche Sprache ist Ihre Muttersprache?

a. Deutsch ☐
b. eine andere Sprache *(bitte angeben)*: ☐
_____

04
Welchen Schul- / Bildungsabschluss haben Sie?

Mehrfachankreuzungen möglich.

a. keinen Schulabschluss ☐
b. Hauptschulabschluss ☐
c. Realschulabschluss ☐
d. Abschluss einer Ausbildung / Lehre ☐
e. Abschluss einer Berufsfachschule / Handelsschule ☐
f. Fachschulabschluss (z.B. Techniker- oder Meisterschule) ☐
g. Fachabitur / Fachhochschulreife ☐
h. Fachhochschulabschluss / Diplom (Fachhochschule) ☐
i. Abitur / Allgemeine Hochschulreife ☐
j. Akademischer Hochschulabschluss (Diplom, Magister, Staatsexamen) ☐
k. Promotion / Habilitation ☐

05
Sind Sie zurzeit erwerbstätig?

a. ja, ____ Stunden pro Woche ☐
b. nein ☐

06
In welcher beruflichen Stellung sind Sie tätig?

a. Arbeiterin / Arbeiter ☐
b. Angestellte / Angestellter ☐
c. Beamtin / Beamter ☐
d. Selbstständige / Selbstständiger oder Freiberuflerin / Freiberufler ☐
e. in einer Ausbildung / einem Studium ☐

07
Sind Sie ehrenamtlich tätig?

a. ja, ____ Stunden pro Woche ☐
b. nein ☐

II. Zusammenarbeit mit Kita und Grundschule

12

Welche Formen der Zusammenarbeit gibt es zwischen
- den Eltern und der Kita Ihres Kindes ohne Beteiligung der Grundschule sowie
- den Eltern und der Kita Ihres Kindes und der Grundschule?

Welche Art der Veränderung wünschen Sie sich?

Bitte in jeder Zeile ankreuzen.

Eltern arbeiten bei folgenden Anlässen zusammen

	mit:	Das gibt es: ja	nein	weiß nicht	Art der Veränderung: mehr	keine	weniger
a. gemeinsam gestaltete Projekte	- Kita ohne GS	☐	☐	☐	☐	☐	☐
	- Kita und GS	☐	☐	☐	☐	☐	☐
b. gemeinsam gestaltete Feste	- Kita ohne GS	☐	☐	☐	☐	☐	☐
	- Kita und GS	☐	☐	☐	☐	☐	☐
c. gemeinsame Gestaltung von Themenabenden für Eltern	- Kita ohne GS	☐	☐	☐	☐	☐	☐
	- Kita und GS	☐	☐	☐	☐	☐	☐
d. Infoveranstaltung für Eltern der Vierjährigen	- Kita ohne GS	☐	☐	☐	☐	☐	☐
	- Kita und GS	☐	☐	☐	☐	☐	☐
e. Beratungsgespräche in Bezug auf mein Kind	- Kita ohne GS	☐	☐	☐	☐	☐	☐
	- Kita und GS	☐	☐	☐	☐	☐	☐
f. Besprechung / Gestaltung der Bildungsdokumentation zu meinem Kind	- Kita ohne GS	☐	☐	☐	☐	☐	☐
	- Kita und GS	☐	☐	☐	☐	☐	☐
g. Gespräch über die Ergebnisse meines Kindes bei Delfin 4 Stufe 1 (Besuch im Zoo)	- Kita ohne GS	☐	☐	☐	☐	☐	☐
	- Kita und GS	☐	☐	☐	☐	☐	☐
h. Gespräch über die Ergebnisse meines Kindes bei Delfin 4 Stufe 2 (Besuch im Pfiffikus-Haus)	- Kita ohne GS	☐	☐	☐	☐	☐	☐
	- Kita und GS	☐	☐	☐	☐	☐	☐
i. Austausch über Möglichkeiten der sprachlichen Förderung meines Kindes	- Kita ohne GS	☐	☐	☐	☐	☐	☐
	- Kita und GS	☐	☐	☐	☐	☐	☐
j. Information über Sprachfördermaßnahmen für mein Kind bei Nichtbestehen von Stufe 2 (Besuch im Pfiffikus-Haus)	- Kita ohne GS	☐	☐	☐	☐	☐	☐
	- Kita und GS	☐	☐	☐	☐	☐	☐

---

08 Ihre Kinder   *Bitte tragen Sie jeweils die Anzahl ein.*

08.1 Wie viele Kinder leben in Ihrem Haushalt?
☐☐ Kinder

08.2 Wie viele Ihrer Kinder besuchen derzeit eine Kita?
☐☐ Kinder

08.3 Wie viele Ihrer Kinder besuchen derzeit eine Grundschule?
☐☐ Kinder

08.4 Wie viele Ihrer Kinder wurden bereits mit Delfin 4 getestet?
☐☐ Kinder

Hinweis: **Beziehen Sie sich bei Ihren folgenden Aussagen bitte nur auf das Kind, das im Jahr 2008 mit Delfin 4 getestet wurde.**
Falls Sie mehr als ein Kind haben sollten, das im Jahr 2008 mit Delfin 4 getestet wurde, beziehen Sie sich bei Ihren Aussagen bitte nur auf ein Kind.

09 Ist Ihr Kind ein Mädchen oder ein Junge?

a. Mädchen ☐
b. Junge ☐

10 In welchem Lebensalter wurde Ihr Kind in eine Kita aufgenommen?

a. 0 – 1 Jahre ☐
b. 1 – 2 Jahre ☐
c. 2 – 3 Jahre ☐
d. 3 – 4 Jahre ☐

11 An welchen Stufen von Delfin 4 hat Ihr Kind im Jahr 2008 teilgenommen?

a. Stufe 1 (Besuch im Zoo) ☐
b. Stufe 2 (Besuch im Pfiffikus-Haus) ☐

13

Welche Voraussetzungen sind für Ihre Zusammenarbeit mit der Kita gegeben?

Welche Art der Veränderung wünschen Sie sich?

Bitte in jeder Zeile ankreuzen.

	Das trifft zu:			Art der Veränderung:		
	ja	nein	weiß nicht	mehr	keine	weniger
a.	Ich bin über das pädagogische Konzept der Kita informiert.	☐	☐	☐	☐	☐	☐
b.	Ich habe Einblick, wie die Erzieherin mit meinem Kind arbeitet.	☐	☐	☐	☐	☐	☐
c.	Ich habe Vertrauen in die Arbeit der Erzieherin mit meinem Kind.	☐	☐	☐	☐	☐	☐
d.	Die Erzieherin geht in ihrer Arbeit mit meinem Kind auf Verbesserungsvorschläge von mir ein.	☐	☐	☐	☐	☐	☐
e.	Die Erzieherin zeigt sich in Bezug auf mein Kind mir gegenüber gesprächsbereit.	☐	☐	☐	☐	☐	☐
f.	Ich nutze die Gesprächsbereitschaft der Erzieherin zum Austausch über mein Kind.	☐	☐	☐	☐	☐	☐
g.	Probleme und Konflikte in Bezug auf die Zusammenarbeit zwischen mir und der Kita werden offen angesprochen.	☐	☐	☐	☐	☐	☐
h.	Die Erzieherin drückt sich mir gegenüber verständlich aus.	☐	☐	☐	☐	☐	☐
i.	Ich habe den Eindruck, dass die Erzieherin mich versteht.	☐	☐	☐	☐	☐	☐
j.	Die Erzieherin ist daran interessiert, mit mir Fördermöglichkeiten für mein Kind zu besprechen.	☐	☐	☐	☐	☐	☐
k.	Ich bin daran interessiert, dass die Erzieherin mit mir über Fördermöglichkeiten für mein Kind spricht.	☐	☐	☐	☐	☐	☐
l.	Die Erzieherin in der Gruppe meines Kindes wechselt oft.	☐	☐	☐	☐	☐	☐

14

Inwieweit treffen folgende Aussagen für Ihre Zusammenarbeit mit der Kita zu?

Bitte in jeder Zeile ein Kästchen ankreuzen.

	trifft völlig zu	trifft eher zu	trifft eher nicht zu	trifft gar nicht zu
a.	Ich arbeite gern mit der Erzieherin zusammen, wenn es um die Förderung meines Kindes geht.	☐	☐	☐	☐
b.	Ich arbeite gern mit der Kita bei Aktionen, Festen oder Projekten zusammen.	☐	☐	☐	☐
c.	Ich habe zu viele berufliche Verpflichtungen, um mit der Kita zusammenzuarbeiten.	☐	☐	☐	☐
d.	Ich habe zu viele familiäre Aufgaben zu erledigen, um mit der Kita zusammenzuarbeiten.	☐	☐	☐	☐
e.	Ich habe ein vielseitiges Freizeitprogramm, sodass ich mit der Kita nicht zusammenarbeiten kann.	☐	☐	☐	☐
f.	Ich kann aus gesundheitlichen Gründen nicht mit der Kita zusammenarbeiten.	☐	☐	☐	☐
g.	Ich halte es nicht für meine Aufgabe, mit der Kita zusammenzuarbeiten.	☐	☐	☐	☐

15

Inwieweit treffen folgende Aussagen für Ihre Zusammenarbeit mit der Kita und der Grundschule zu?

Bitte in jeder Zeile ein Kästchen ankreuzen.

	trifft völlig zu	trifft eher zu	trifft eher nicht zu	trifft gar nicht zu	weiß nicht
a. Für die sprachliche Förderung meines Kindes halte ich es für sinnvoll, dass Erzieherinnen und Grundschullehrerinnen Delfin 4 gemeinsam durchführen.	☐	☐	☐	☐	☐
b. Ich habe den Eindruck, dass die Erzieherin und die Grundschullehrerin gemeinsam die Verantwortung für Delfin 4 übernehmen.	☐	☐	☐	☐	☐
c. Ich habe Vertrauen in die gemeinsam verantwortete Arbeit von Erzieherin und Grundschullehrerin bei Delfin 4.	☐	☐	☐	☐	☐
d. Ich habe den Eindruck, dass die Erzieherin durch die Zusammenarbeit mit der Grundschullehrerin bei Delfin 4 stark belastet ist.	☐	☐	☐	☐	☐
e. Ich habe die Termine bei Delfin 4 eingehalten.	☐	☐	☐	☐	☐
f. Ich fühle mich durch Kita und GS ausreichend über die Ziele von Delfin 4 informiert.	☐	☐	☐	☐	☐
g. Ich fühle mich durch Kita und GS ausreichend über die Durchführung von Delfin 4 informiert.	☐	☐	☐	☐	☐
h. Ich fühle mich durch Kita und GS ausreichend über die Maßnahmen zur sprachlichen Förderung nach Delfin 4 informiert.	☐	☐	☐	☐	☐
i. Erzieherinnen und Grundschullehrerinnen sind daran interessiert, mit mir Fördermöglichkeiten für mein Kind zu besprechen.	☐	☐	☐	☐	☐
j. Ich bin daran interessiert, dass Erzieherinnen und Grundschullehrerinnen mit mir Fördermöglichkeiten für mein Kind besprechen.	☐	☐	☐	☐	☐
k. Die Aussagen der Erzieherin in Bezug auf Delfin 4 informieren mich besser als die Aussagen der Grundschullehrerin.	☐	☐	☐	☐	☐
l. Die Aussagen der Grundschullehrerin in Bezug auf Delfin 4 informieren mich besser als die Aussagen der Erzieherin.	☐	☐	☐	☐	☐
m. Ich habe von der Zusammenarbeit zwischen der Erzieherin und der Grundschullehrerin bei Delfin 4 nichts mitbekommen.	☐	☐	☐	☐	☐

16

Wie schätzen Sie die folgenden Wirkungen von Delfin 4 ein?

Bitte in jeder Zeile ein Kästchen ankreuzen.

	trifft völlig zu	trifft eher zu	trifft eher nicht zu	trifft gar nicht zu
a. Durch Delfin 4 habe ich nun mehr Einblick in die Arbeit der Erzieherin mit meinem Kind.	☐	☐	☐	☐
b. Ich habe seit Delfin 4 mehr Gelegenheit, mich in die Zusammenarbeit mit der Kita einzubringen.	☐	☐	☐	☐
c. Die Verständigung zwischen mir und der Erzieherin meines Kindes hat sich durch Delfin 4 verbessert.	☐	☐	☐	☐
d. Delfin 4 hat mein Vertrauen in die Tätigkeit der Erzieherin gestärkt.	☐	☐	☐	☐
e. Ich habe seit Delfin 4 mehr Gelegenheit, mit Kita und GS gemeinsam zusammenzuarbeiten.	☐	☐	☐	☐
f. Durch die Begegnung mit der Grundschullehrerin freut sich mein Kind auf die Schule.	☐	☐	☐	☐
g. Mein Kind hat es als Belastung empfunden, von Erzieherin und Grundschullehrerin gemeinsam getestet zu werden.	☐	☐	☐	☐
h. Die Anwesenheit einer Grundschullehrerin in der Kita empfinde ich für mich als Elternteil als Kontrollsituation.	☐	☐	☐	☐
i. Durch die Zusammenarbeit zwischen Kita und GS bei Delfin 4 hat sich unsere Entscheidung für eine bestimmte GS verändert.	☐	☐	☐	☐
j. Ich bin durch die Zusammenarbeit von Kita und GS bei Delfin 4 nun zufriedener mit der sprachlichen Förderung meines Kindes in der Kita.	☐	☐	☐	☐
k. Durch die Zusammenarbeit zwischen Kita und GS bei Delfin 4 erhalte ich nun mehr Anregungen für die sprachliche Förderung meines Kindes.	☐	☐	☐	☐
l. Meine Erwartung an die sprachliche Förderung in der Kita ist seit Delfin 4 gestiegen.	☐	☐	☐	☐
m. Meine Erwartung an die sprachliche Förderung in der GS ist seit Delfin 4 gestiegen.	☐	☐	☐	☐
n. Ich halte es aufgrund meiner Erfahrung mit Delfin 4 für die Förderung meines Kindes für sinnvoll, dass eine Grundschullehrerin öfter mit der Erzieherin in der Kita zusammenarbeitet.	☐	☐	☐	☐
o. Ich halte es für sinnvoll, dass bei der Zusammenarbeit zwischen Kita und GS zur besseren Förderung meines Kindes Daten über mein Kind von der Kita an die GS weitergegeben werden.	☐	☐	☐	☐

Herzlichen Dank für Ihre Mitarbeit!

Petra Hanke, Gudrun Möwes-Butschko,
Anna Katharina Hein, Detlef Berntzen,
Andree Thieltges (Hrsg.)

Anspruchvolles Fördern
in der Grundschule

2010, 350 Seiten, br., mit einigen Abb., 29,90 €
ISBN 978-3-8309-2695-5

Die nationalen und internationalen Schulleistungsstudien (z.B. LAU, IGLU) verweisen in den letzten Jahren darauf, dass ein Entwicklungsbedarf der Grundschule maßgeblich in einer verbesserten Förderung von Kindern mit ganz unterschiedlichen Lernvoraussetzungen, Lernbedingungen und Lernmöglichkeiten besteht. In der Internationalen Grundschul-Lese-Untersuchung wurde diese Notwendigkeit insbesondere für die Gruppe der Kinder mit schwierigen Lernentwicklungen als auch die Gruppe der Kinder mit besonderen Begabungen deutlich.

Die Landesregierung NRW hat „individuelles Fördern" im neuen Schulgesetz daher zu einem Grundrecht erklärt. Was aber bedeutet „anspruchvolles Fördern" in der Grundschule? Welche Herausforderungen sind damit verbunden und wie sind diese im Schulalltag leistbar?

WAXMANN
Münster · New York · München · Berlin

Jens Kratzmann

Türkische Familien beim Übergang vom Kindergarten in die Grundschule

Einschulungsentscheidungen
in der Migrationssituation

2011, 276 Seiten, br., 29,90 €
ISBN 978-3-8309-2552-1

Bildung wird als ein zentraler Schlüssel zur Integration gesehen. Jedoch deuten sich bereits auf den ersten Stufen des Bildungssystems Unterschiede in den Bildungslaufbahnen von Zuwandererkindern an. Nach welchen Kriterien entscheiden Eltern türkischer Herkunft über die Einschulung? Welche Prozesse liegen dahinter? Wie können Zuwandererfamilien in dieser Phase unterstützt werden? Anhand einer Kombination von qualitativen und quantitativen Verfahren zeichnet diese Studie die Entscheidung über die Einschulung und deren Bewährung aus Perspektive der Eltern in einer längsschnittlichen Interviewstudie nach. Es wird ein Modell entwickelt, das Entscheidungsfaktoren darlegt, die speziell für Zuwanderer bei der Einschulung eine Rolle spielen. Schließlich werden Ansatzpunkte zur Unterstützung von Zuwandererfamilien aus der Türkei beim Übergang vom Kindergarten in die Grundschule vorgeschlagen.

Insgesamt handelt es sich [...] um ein für diese speziellen Fragen von Migration und Bildung lesenswertes Buch mit einigen neuen Erkenntnissen.
Nausikaa Schirilla, http://www.socialnet.de/

Münster · New York · München · Berlin

Hans Merkens, Nicole Bellin (Hrsg.)

Die Grundschule entwickelt sich

2012, 180 Seiten, br., 27,90 €
ISBN 978-3-8309-2634-4

Bildung wird als ein zentraler Schlüssel zur Integration gesehen. Jedoch deuten sich bereits auf den ersten Stufen des Bildungssystems Unterschiede in den Bildungslaufbahnen von Zuwandererkindern an. Nach welchen Kriterien entscheiden Eltern türkischer Herkunft über die Einschulung? Welche Prozesse liegen dahinter? Wie können Zuwandererfamilien in dieser Phase unterstützt werden? Anhand einer Kombination von qualitativen und quantitativen Verfahren zeichnet diese Studie die Entscheidung über die Einschulung und deren Bewährung aus Perspektive der Eltern in einer längsschnittlichen Interviewstudie nach. Es wird ein Modell entwickelt, das Entscheidungsfaktoren darlegt, die speziell für Zuwanderer bei der Einschulung eine Rolle spielen. Schließlich werden Ansatzpunkte zur Unterstützung von Zuwandererfamilien aus der Türkei beim Übergang vom Kindergarten in die Grundschule vorgeschlagen.

WAXMANN
Münster · New York · München · Berlin